龙湾年鉴

2011

龙湾区史志编纂委员会
《龙湾年鉴》编辑部

龙湾年鉴荣获

第二届中国地方志年鉴奖特等奖

第四届全国年鉴编纂出版质量评比综合奖一等奖

方志出版社

图书在版编目（CIP）数据

龙湾年鉴.2011 / 温州市龙湾区史志编纂委员会，《龙湾年鉴》编辑部主编；陈建敏编.—北京：方志出版社，2011.12

ISBN 978-7-5144-0357-2

Ⅰ.①龙… Ⅱ.①温… ②龙… ③陈… Ⅲ.①区（城市）—温州市—2011—年鉴 Ⅳ.①Z525.53

中国版本图书馆CIP数据核字（2011）第251425号

龙湾年鉴（2011）

编　　者：温州市龙湾区地方志编纂委员会、《龙湾年鉴》编辑部

主　　编：陈建敏

责任编辑：徐　宏

出 版 者：方 志 出 版 社

（北京市建国门内大街5号中国社会科学院科研大楼12层）

邮编　100732

网址　http://www.fzph.org

发　　行:方志出版社发行部

（010）85195814　85196281

经　　销:新华书店总店北京发行所

法律顾问:北京市大禹律师事务所

印　　刷:温州市北大方印务有限公司

开　　本:889×1194　1/16

印　　张:27.25

字　　数:942千字

版　　次:2011年12月第1版　2011年12月第1次印刷

印　　数:0001～1800册

ISBN 978-7-5144-0357-2/K·294　定价：180.00元

龙湾区史志编纂委员会

温龙委发〔2011〕7号

LONGWAN YEARBOOK 2011 龙湾年鉴

《龙湾年鉴》编辑部

主　　编　陈建敏

副 主 编　孙作材

编　　辑　潘伟光　徐　亮　孙建胜　王葸葸（女）林小英（女）

郑福云　叶茂恒　林学光　项有仁　王　锷

何黄彬　周鼎如　王振成

编　　务　孙作材

封面摄影　朱永春　**封底摄影**　项绍雄

版面策划　陈建敏

校　　对　王葸葸（女）

撰稿人（以姓氏笔画为序）

孔令明（龙湾区文明办）
方星懿（龙湾区边防大队）
王　武（永中街道办事处）
王一平（永强供电公司）
王小春（龙湾区协作办）
王文武（龙湾区温瑞塘河保护管委会）
王东升（龙湾房管分局）
王建云（龙湾区信访局）
王昌湖（温州经济技术开发区）
王昌福（建行龙湾支行）
王林华（天河镇人民政府）
王爱芬（龙湾区残联）
王素林（龙湾区审管办）
王继义（龙湾区城市管理与行政执法局）
王艳艳（龙湾区公路管理段）
王勤福（沙城镇人民政府）
王靖通（龙湾区阀门行业协会）
冯小华（龙湾区公安分局）
叶　珊（龙湾供电分局）
叶　静（龙湾区人事劳动局）
叶庆挺（温州市交警三大队）
叶丽蓉（龙湾区流管局）
叶海艳（温州银行龙湾支行）
叶镇宇（温州邮政局龙湾区局）
刘国忠〔龙湾区五金洁具协会（筹）〕
孙　成（永兴街道办事处）
孙成栋（龙湾农村合作银行）
孙作材（龙湾区史志办）
孙美华（龙湾区新闻中心）
孙晓梅（龙湾中心区建设指挥部）
朱　敏（龙湾区慈善总会）
朱　博（灵昆镇人民政府）
朱长锋（龙湾区科技局）
朱世材（龙湾区安监局）
朱建伟（人寿龙湾支公司）
池仁国（龙湾区电器行业协会）
何干进（温州市不锈钢行业协会）
何建洪（海城街道办事处）
吴长理（龙湾区人武部）
吴杰升（温州市紧固件协会）
吴海花（龙湾区妇联）
张茂群（中国移动龙湾分公司）
张旭东（龙湾区永昌堡管委会）
张茜茜（龙湾区移民办）
张晓华（龙湾区发改局）
张益欣（龙湾区文博馆）
张益娜（兴业银行龙湾支行）
张鲜艳（龙湾区区级机关事务管理局）
李文杰（龙湾电信分局）
李东平（龙湾社保分局）
李嘉木（龙湾区政府办）
杨　旸（龙湾区文联）
杨安晓（瑶溪镇人民政府）
杨洁晓（温州市公积金龙湾管理部）
沈娇娜（浦东发展银行龙湾支行）
苏　茜（龙湾区农林局）
邵中镐（龙湾区标准厂房建设指挥部）
邵伟明（龙湾区审计局）
邵美玲（龙湾区金融办）
邵荣禄（温州农业对外综合开发区）
陈　峰（瓯江口新区管委会）
陈　继（温州机场边防检查站）
陈启兴（龙湾区委组织部）
陈宏伟（龙湾国土资源分局）
陈春妹（龙湾区科协）
陈荆州（龙湾区纪委）
陈晓丹（中行龙湾支行）
陈浩杰（龙湾区委宣传部）
陈裕平（龙湾区总工会）
陈嘉河（龙湾区图书馆）
周　暄（中信银行龙湾支行）
周　慧（龙湾区政协办）
周纪锋（龙湾国税分局）
周启云（团区委）
季　琼（龙湾区城市管理与行政执法局）
林　敏（龙湾区人大办）
林日伟（龙湾区住建局）
林发坚（龙湾区民宗局）
林正坤（龙湾区供销社）
林延安（龙湾区三产办）
林西子（温州高速公路交警支队）
林国南（温州大桥管理处）
林盈达（招商银行龙湾支行）
林能杰（龙湾区司法局）
林铁强（龙湾区旅游局）
林锁园（龙湾区卫生局）
范祥明（金温铁路公司）
郑长洲（龙湾区外经贸局）
郑若丽（龙湾区人民法院）
郑笃权（温州市合成革商会）
郑晓微（龙湾工商分局）
郑益银（龙湾区城市化建设办公室）
郑祥彬（海滨街道办事处）
郑莉娜（龙湾地税分局）
郑德登（龙湾区饭店餐饮协会）
金佩珍（温州市文化商品市场）
金凌云（交通银行龙湾支行）
金振弟（瓯海大道龙湾段指挥部）
南建琴（龙湾区教育局）
姜周迅（温州开发区海关）
姜婵娟（龙湾区消防大队）
姜群英（龙湾区档案局）
娄振国（龙湾区委统战部）
施潘娟（广东发展银行龙湾支行）
赵淑文（人保龙湾支公司）
项有生（温州市食品制药机械协会）
项有森（永强粮食收储公司）
项洁娜（龙湾区环保局）
倪　力（龙湾区统计局）
夏欢瑞（龙湾区委老干部局）
夏茂盛（龙湾区沿海办）
夏彩珍（龙湾区直机关党工委）
徐　伟（状元镇人民政府）
徐小红（龙湾区粮油公司）
徐丽貌（龙湾区水利局）
徐茫茫（龙湾质监分局）
徐寅顺（武警龙湾区中队）
涂圣楷（浙商银行龙湾支行）
涂克军（龙湾药监分局）
高郭敏（龙湾区民政局）
崔秀燕（民生银行龙湾支行）
晨　曦（龙湾区人民检察院）
章雪藕（温州市制笔协会）
章魁杰（龙湾区关工委办）
黄　楚（中国联通龙湾分公司）
黄日聪（龙湾区文化局）
黄伟炜（龙湾区经贸局）
黄克文（温州永强机场）
黄君畅（龙湾区财政局）
黄建海（龙湾区计生局）
黄海敏（温州工业园区）
黄琦立（龙湾区体育局）
黄瑞云（龙湾区住建局）
温　江（龙湾区委统战部）
舒　丹（蒲州街道办事处）
董炯泽（龙湾区海涂围垦指挥部）
路　璐（龙湾区委办）
蔡学榜（龙湾规划分局）
蔡燕炯（龙湾区鞋业行业协会）
潘　伦（龙湾区委政法委）
潘成春（龙湾区海洋与渔业局）
潘秀雄（温州市铜业商会）
潘英富（深圳发展银行龙湾支行）
戴　珍（农行龙湾支行）
戴　冕（工行龙湾支行）

序

龙湾区史志编纂委员会主任 刘 峰

年鉴是存史资政的工具，具有很强的客观性、权威性、严肃性、规范性和知识性。1979年正值我国改革开放之初，邓小平同志就指出："编辑出版年鉴，很有必要。这是国家的需要，四化建设的需要。"从在《龙湾年鉴》编纂的田垄中踩下的第一个脚印起，我们便深知脚下的使命，积极发挥《龙湾年鉴》资政育人的作用，为把龙湾建设成生产、生活、生态"三生融合"的现代化滨海新城区服务。

2010年是"十一五"的收官之年。在这一年中，物价上涨、房价调控、食品安全等民生热点问题引人关切，面对这一系列机遇和挑战，龙湾区委、区政府审时度势，把握经济和社会发展规律，引导全区人民解放思想、振奋精神、团结奋战，实现社会经济的又好又快发展。2010年，全区实现地区生产总值233.33亿元，比上年增长9.0%；财政总收入26.69亿元，比上年增长6.2%；城镇居民人均可支配收入27255元，比上年增长11.1%；农村居民人均纯收入15294元，比上年增长12.0%。完成全年计划发展目标，促进经济平稳快速发展，社会保持和谐稳定。

以科学发展观为统领，促进经济社会快速发展。一年来，龙湾区委、区政府带头落实科学发展观，以经济建设为中心，以民生为本，注重经济社会的协调发展。编制传统支柱行业转型升级行动计划，成功组建阀门科技集团。启动空港物流商贸区、总部商务区、城市综合体等重点区块和温州金属现代物流中心等项目前期工作，开工建设温州五金装饰市场。制订出台《内外龙湾人互动发展实施意见》，吸引在外企业回乡投资5.93亿元。有序推进农业功能区建设，农技推广、动植物疫病防控、农产品质量安全监管"三位一体"基层农业公共服务体系基本形成。龙湾区被中国金融网、中国金融研究院和中央电视台经济频道联合授予"中国金融生态区"，龙湾区获"浙江省金融创新示范区"称号。龙湾企业在第39届全国制药机械暨南京国际制药机械博览会达成项目合作意向近4500万元。龙湾区有两家企业进入"2010中国民营企业500家"行列中。全区新增高新技术企业13家、省级研发中心3家，获得国家科技型中小企业创新基金项目7项。龙湾农村合作银行被中国银行业协会评为"2010年全国农合机构最佳支持中小企业贡献奖"称号，农行龙湾支行营业中心被中华全国总工会授予

"全国五一巾帼标兵岗"。龙湾区再次获"中国合成革之都"称号。温州市爱好笔业有限公司 董事长张汉平、温州天骄笔业有限责任公司董事长兼总经理韩爱国被中国制笔协会评为中国制笔行业突出贡献企业家，江南控股集团董事长黄作兴获首届"科技新浙商"称号。

以推进城市建设为载体，努力加快城市化进程。全年完成省、市重点工程投资11.19亿元、区重点工程投资19.82亿元。全年完成招投标49项，开工建设12个项目，续建14个项目。核心区"四纵四横"道路网框架基本形成，区图书馆、外国语小学、市民活动中心等公建项目进场施工，温州银行大楼、万康财富广场等金融、商业项目进展顺利，开展固定资产投资百日攻坚战和城市中心区开发建设。开工建设77省道延伸线龙湾段、瓯飞围涂工程起步区（龙湾二期围涂），飞云江三桥龙湾段接线、塘永公路永梅段道路整治等工程加快推进。

以改善人居环境为重点，不断扩大公共服务。"六城联创"全面开展，十大"惠民工程"得到有效落实，启动瑶溪钟秀园等6个区级综合性公园和50个村级小游园建设，沿河、沿路单位"拆违建绿、拆围透绿"活动初见成效，启动4个城中村改造。安置房建设有序推进，棋盘村安置房竣工验收，下湾村东郭一期安置房交付使用。灵昆镇、瑶溪镇通过省级生态镇复评，瑶溪镇朱宅村生态文化公园建成投用。"四大整治"深入开展，一批交通堵点、乱点得到有效整治。调整新增5条公交线路，在灵昆镇成立市区首个乡镇交通管理工作站。温瑞塘河整治通过省"811"考核验收，温州工业园区通过省级开发区环境整治验收。

以抓好民生保障为手段，切实加强社会保障。全面实施国家基本药物制度，共有27.1万人参加新型农村合作医疗，参保率100%，率先在全市实现全覆盖。推进省扶残助残爱心城市（区）创建，建成区康宁残疾人小康·阳光庇护中心。完成第六次全国人口普查，组建流动人口服务管理机构。开展计划生育百日攻坚战，及时扭转人口计生工作被动局面。圆满完成上海世博会安保任务，全部办结省、市交办的重要信访件。龙湾区获省级食品安全示范区称号。

当前，龙湾区经济发展已经步入发展的快车道。龙湾区委、区政府立足于区情特征，着眼未来发展，明确提出了"十二五"经济社会发展的主要目标：全区地区生产总值年均增长10%以上，地方财政收入与国民经济保持同步增长，全社会固定资产投资率每年达到50%以上，城镇居民人均可支配收入和农村居民人均纯收入年均分别增长9%和10%，单位生产总值能耗和主要污染物排放总量继续下降，人口自然增长率控制在8‰以内。

年鉴编纂是服务当代、资治后世的千秋大业，编辑部要把创佳作、出精品作为不懈追求。要大力弘扬优良传统，编纂出反映时代特征、体现龙湾特色的精品年鉴。雄关漫道真如铁，而今迈步从头越。展望前景，任重而道远。我们希望，一切关心《龙湾年鉴》成长的朋友们和我们一道，把《龙湾年鉴（2011）》的发行作为新的起点，继续为龙湾的经济、社会发展而努力，为办成高质量《龙湾年鉴》而共同努力奋斗！

2011年10月

龙湾便览

人口 全区年末户籍总人口：337549人（含温州经济技术开发区）

永中街道	71697	全区总户数　85645户
蒲州街道	21540	男女性别比　107.5：100（女）
海滨街道	29971	城镇人口　63320人
永兴街道	36362	暂住人口　412485人
海城街道	31916	
状元镇	28090	
瑶溪镇	31647	
沙城镇	38021	
天河镇	26760	
灵昆镇	21545	

区域 全区陆域总面积：282.78平方公里，海域总面积：276.10平方公里（含温州经济技术开发区）

永中街道	46.64平方公里	海域总面积　276.10平方公里
蒲州街道	7.09平方公里	林地面积　56.51平方公里
海滨街道	28.38平方公里	岛屿面积　55.05平方公里
永兴街道	31.68平方公里	江河面积　8.37平方公里
海城街道	14.70平方公里	耕地面积　4553公顷
状元镇	14.15平方公里	海岸线长　68.3公里
瑶溪镇	24.48平方公里	
沙城镇	37.43平方公里	全区有5个镇、5个街道办事处、16个居委会、147个村委会、1个渔业大队。
天河镇	23.18平方公里	
灵昆镇	55.05平方公里	

气象（含温州经济技术开发区）

一般气象	年降水量	2435.1毫米
	年平均气温	18.1摄氏度
	年日照时数	1447.9小时
	全年无霜期	315天
	年均相对湿度	71.9%
极端气象记录	历年最高气温	41.7摄氏度（2003年7月15日）
	历年最低气温	零下4.5摄氏度（1967年1月17日）
	历年最小降雨量	1026毫米（1976年）
	历年最大降雨量	2590毫米（1973年）

经济总情

主要指标	全区地区生产总值	233.33亿元
	人均地区生产总值（GDP）	70480元
	第一产业增加值	3.43亿元
	第二产业增加值	159.71亿元
	第三产业增加值	70.19亿元
	全区财政总收入	26.69亿元
	农村居民人均纯收入	15294元
	城镇居民人均可支配收入	27255元
	产值超亿元工业企业	112家
	规模以上企业	830家
	社会消费品零售总额	63.79亿元
主要指标（含温州经济技术开发区）	全区地区生产总值	360.28亿元
	人均地区生产总值（GDP）	107275元
	第一产业增加值	3.43亿元
	第二产业增加值	253.06亿元
	第三产业增加值	103.79亿元
	全区财政总收入	47.33亿元
	农村居民人均纯收入	15294元
	城镇居民人均可支配收入	27255元
	产值超亿元工业企业	200家
	规模以上企业	1084家
	社会消费品零售总额	162.28亿元
民营经济（含温州经济技术开发区）	民营企业产值占工业总产值	97.6%
	民营企业占工业企业总数	96.3%
	私营企业户数	5842户
	个体工商户数	25567户
	个体从业人员	64674人
交通运输（含温州经济技术开发区）	全区公路总里程	288.85公里
	公路客运量 2152.31万人	货运量 63.13万吨
	民航客运吐量 632.68万人次	货邮吞吐量 5.00万吨
	铁路发送旅客 561万人	货物到发 1131万吨
	全区有载客汽车 368辆	
	全区有载货汽车 322辆	
	货运船 5艘	
电信（含温州经济技术开发区）	全区固定电话	148200部
	移动电话	829000部
	国际互联网注册用户	102939户
环境（含温州经济技术开发区）	农村卫生厕所普及率达	96%
	森林覆盖率	18.47%
	环境噪声达标率	34.5%
	全年全区总用电量	42.9亿千瓦时

温州市龙湾区影像图

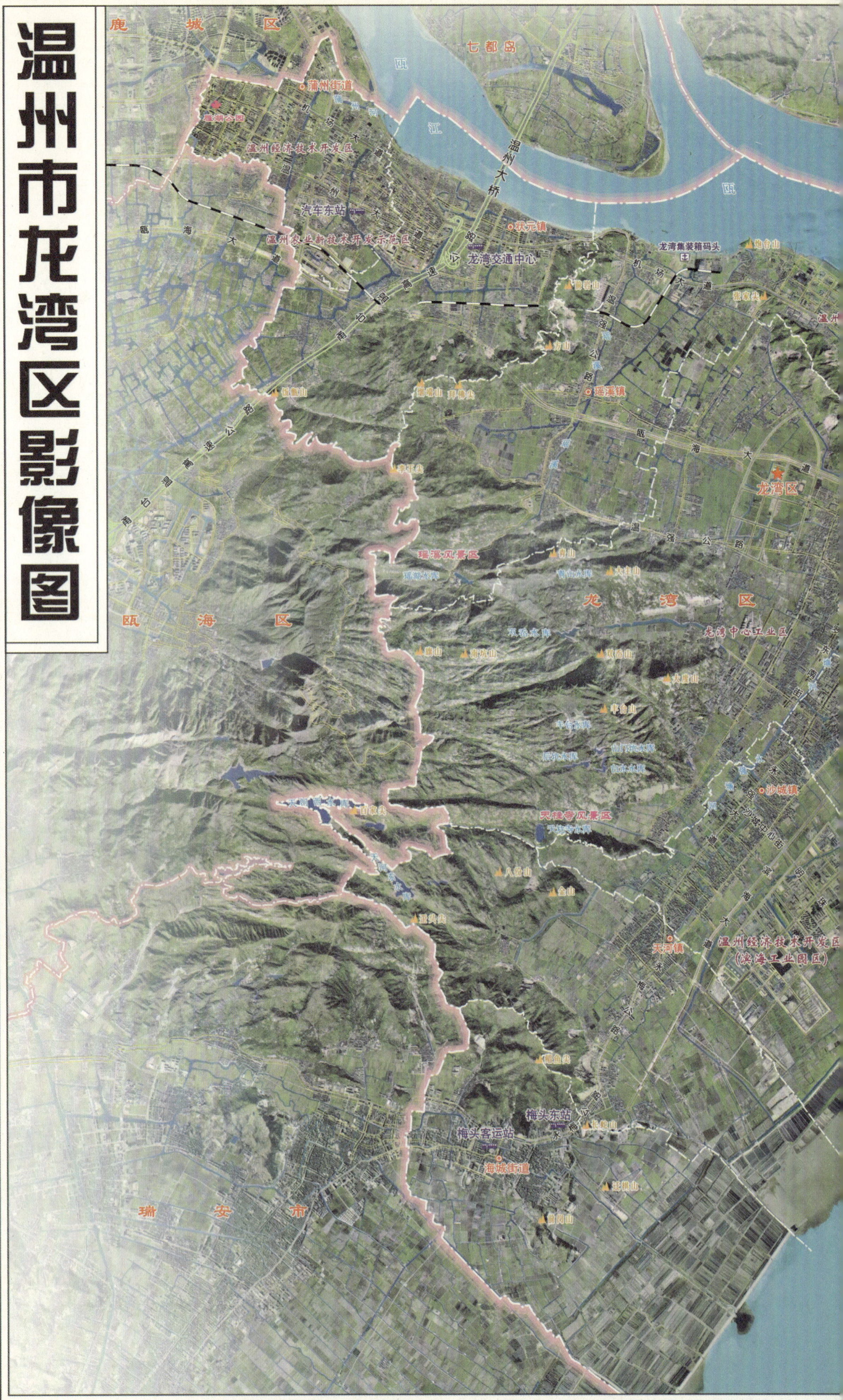

鹿城区
七都岛
瓯江
蒲州街道
温州经济技术开发区
汽车东站
温州大桥
状元镇
龙湾交通中心
龙湾集装箱码头
温州农业新技术开发示范区
瑶溪镇
龙湾区
瑶溪风景区
龙湾区
龙湾中心工业区
瓯海区
沙城镇
天柱寺风景区
天河镇
温州经济技术开发区
（滨海工业园区）
梅头东站
梅头客运站
海城街道
瑞安市

乐清市
北段码头
宏丰码头
灵昆山
灵昆大桥
灵昆岛
灵昆镇
瓯江北口
瓯江南口
灵霓大堤
至洞头
海滨街道
温州永强机场
温州湾
东海
图例
区人民政府驻地
汽车站
铁路
乡（镇）驻地街道办事处
码头
高速公路
山名
飞机场
主要道路
公园
区界
次要道路
风景区
乡（镇）界
一般道路
比例尺 1:85000
0 0.85 1.70 2.55 3.40 4.25KM
温州市勘察测绘研究院
温州市龙湾区史志办
联合编制 2007年12月
审图号：浙S（2008）15号
注：不作划界依据

温州市龙湾区行政区划图

乐　清　市
双昆山
桥
北段码头
灵昆岛
双昆村
周宅村
北段村
九村村
上岩头村
沙塘村
海思村
灵昆镇
王相村
叶先村
瓯江北口
灵霓大堤
至洞头
瓯江南口
小陡村
蓝田
城东村
江一村
北新村
宁村
渔池村
教新村
海滨街道
温州永强机场
五溪村
温州湾
东海
图　例
区人民政府驻地
汽车站
铁路
乡(镇)驻地 街道办事处
码头
高速公路
村名
飞机场
主要道路
山名
区界
次要道路
公园
乡(镇)界
一般道路
比例尺　1:85000
0　0.85　1.70　2.55　3.40　4.25KM
温州市勘察测绘研究院
温州市龙湾区史志办　联合编制　2007年12月
审图号：浙S(2008)15号
注：不作划界依据

编辑说明

一、《龙湾年鉴》是龙湾区委、区人民政府主办的综合性地方年鉴。旨在如实记载龙湾区域自然、政治、经济、文化、社会等方面情况，为各级党政机关、研究机构和社会各界人士及中外投资者了解、研究龙湾，提供比较全面、翔实、系统的信息资料，并为龙湾积累史料。《龙湾年鉴》每年出版一部，由龙湾区史志编纂委员会负责承办。

二、本书以邓小平理论和“三个代表”重要思想为指导，以科学发展观统领社会发展全局，认真学习贯彻党的十七大会议精神，紧扣区委六届六次全会精神和重大部署的贯彻实施，坚持实事求是、客观真实原则，既把握时代发展脉搏，又突出地方特色，立足于着眼当前、服务发展，借鉴前人、谋划未来，全面地记载2010年龙湾区政治、经济、文化、社会等各个领域发生的重大事件，重点反映改革开放、经济发展、社会和谐、精神文明建设等方面出现的新情况、新经验、新成就。

三、本书采用分类编辑法，以卷首、百科、卷尾三个主要部分，类目、分目、条目三个基本层次组成框架结构。除特载、特辑等类目采用综合性文章外，百科类目均用条目体。2011年卷百科类目有特载、特辑、大事纪要、建制沿革、自然地理、机构、中共龙湾区委员会、龙湾区人民代表大会、龙湾区人民政府、政协龙湾区委员会、纪检·监察、民主党派·工商联·人民团体、司法与司法行政、军事、行政管理、农业·水利、工业、经济开发区、个私及民营企业协会·知名企业、商贸服务业、旅游、财政·税务·金融、经济管理与监督、科技、教育、文化、卫生、体育、城建·资源·环境保护、基础设施建设、社会生活、镇·街道。卷首设序、龙湾便览，卷尾设龙湾民间文化活动、龙湾社会异闻、名录、重要文件、附录、索引，其中附录中含有机构简称对照表及各缩略语全称对照表。安排若干专版，刊载龙湾自然生态环境、人文景观、经济社会发展、当年举办的大型活动等照片资料。图、图照、表分别统一排序。图为各类数字指标示意图，图照为照片与行政区划图等。正文中特载的照片不排序。

四、本书卷首中设置了龙湾便览。龙湾便览是对龙湾区2010年自然与社会方面的情况作钩玄提要。本书知名企业为龙湾区2010年功勋企业，在行文中予以升格处理；建筑业由于内容较少，则作降格处理。侨务工作在管理上延伸到港澳事务。出生人口性别比基点为女性100。

五、本书所载内容由龙湾区各有关部门、单位指定专人负责撰写，经供稿单位审核后由《龙湾年鉴》编辑部定稿刊印。全书注重图、表、文并茂，力求体现时代特点，突出地方特色。全书120万字、300余幅图（表）。收录范围以龙湾区行政区划为界，收录时间以2010年1月1日至12月31日为限，其中龙湾区委、区人民代表大会、区人民政府、政协龙湾区委员会会议内容叙述作适当下延。

六、温州经济技术开发区位于龙湾区，隶属温州市管理。《龙湾年鉴·2011》所载内容凡未特别说明的事项或数据，一律不包括温州经济技术开发区，但除卷首龙湾便览、类目建置沿革、自然地理及分目温州经济技术开发区外。由于温州经济技术开发区没有人口管理机构，户籍人口及外来人员归属龙湾区管辖。

七、《龙湾年鉴》所刊的数据，以龙湾区统计局和各有关部门提供的资料为准。由于数据来源统计方法或使用角度不同，不同部门提供的同项数据也尚存不一致，虽经编辑人员反复核实，仍有一些难以统一。如遇同一项目或名称的数字不一致的情况，以统计部门正式公布的数据为准。

八、根据行文实际需要，《龙湾年鉴》对单位名称采用全称和简称并用的办法。一些分目标题过长则采用俗成的简化称谓，全称在条目中予以补述。本书中机构名称使用通用简称，机构全称与简称在附录中予以说明。

九、《龙湾年鉴》的编纂工作在龙湾区委、区人民政府的领导下，在区属各部门和各镇（街道）领导的大力支持下，经各有关单位撰稿人的通力协作，使本书得以顺利出版。借此，深表谢忱！由于任务重、时间紧、人手不足、水平有限，疏漏失误之处在所难免，恳请广大读者批评指正。

《龙湾年鉴》编辑部

2011年10月

2010年5月14日，全国政协副主席罗富和（右二）视察温州文化商品市场。

2010年12月26日，中国侨联主席林军（前中）到龙湾参观由华侨投资兴建的东方明珠城。

2010年9月28日，国家粮食局副局长张桂凤（中）到龙湾参观温州粮食中心市场。

2010年8月15日，中央文明办专职副主任王世明（中）考察温州名品旅游购物中心。

2010年7月18日，浙江省委书记赵洪祝（前左二）视察温州名品旅游购物中心。

2010年6月7日，浙江省委常委、组织部部长蔡奇（左三）到龙湾视察非公党建工作。

2010年6月10日，浙江省委常委、宣传部部长茅临生（右二）考察温州文化商品市场。

2010年7月22日，浙江省副省长陈加元（右四）考察瑶溪镇朱宅村生态文化公园。

2010年11月22日，浙江省副省长、温州市委书记陈德荣（中）到龙湾调研新农村建设工作。

2010年3月4日，浙江省农业厅副厅长朱志泉（右二）到龙湾了解春耕备耕及农业功能区建设情况。

2010年7月12日，浙江省工商联副主席邓国安（前中）到龙湾调研。

2010年8月23日，温州市市长赵一德（左四）到龙湾温州粮食中心市场调研。

2010年2月1日，温州市委副书记朱贤良（中）到龙湾检查安全生产工作。

2010年7月20日，温州市委常委、常务副市长彭佳学（前中）到龙湾督查温瑞塘河综合整治工作。

2010年5月27日，温州市委常委、副市长黄德康（前右一）到龙湾考察粮食功能区与番茄产业基地。

2010年11月4日，温州市委常委、统战部部长陈作荣（前右一）考察龙湾塘河综合整治工程。

2010年5月7日，温州市人大常委会副主任张林（前左二）视察瑶溪镇朱宅村综合整治建设情况。

2010年11月10日，温州市副市长仇杨均（右一）到龙湾调研国家历史文化名城创建工作。

2010年7月19日，温州市副市长陈浩（左二）到龙湾督查安全生产工作。

2011年2月15日，龙湾区委书记陈玲玲（中）到永中街道督查村级组织换届选举工作。

2011年1月27日，龙湾区区长王军（右一）看望慰问困难群众。

2010年5月13日，龙湾区政协主席徐国信（左一）到状元镇督查工作。

2010年12月21日，龙湾区委副书记、区史志编纂委员会主任刘峰（左一）到区人民法院检查指导工作。

2010年8月24日，龙湾区人大常委会党组书记、副主任殷国兴（左一）率区人大视察组专题调研东片防洪一期工程建设。

2010年8月20日，龙湾区委常委、常务副区长、区史志编纂委员会副主任王忠立（左三）检查安全生产工作。

2010年7月22日，龙湾区委常委、组织部部长、区史志编纂委员会副主任阮云富（前中）到温州市第十五中学调研。

2010年6月26日，龙湾区委常委、宣传部部长徐琮琦（中）在2010年龙湾区读书月活动闭幕式上作重要讲话。

2010年6月26日，龙湾区副区长方志方（左一）为龙湾区第六届音乐舞蹈节比赛获奖者颁奖。

2011年1月22～25日，龙湾区第六届人民代表大会第五次会议在龙湾区文化中心举行。

2011年1月22～24日，政协第三届龙湾区委员会第五次会议在龙湾区文化中心举行。

LONGWAN YEARBOOK 2011 龙湾年鉴

要 目

英文要目

目 录

自然地理

机 构

中共龙湾区委员会

龙湾区人民代表大会

龙湾区人民政府

政协龙湾区委员会

纪检·监察

民主党派·工商联·人民团体

司法与司法行政

军　事

行政管理

农业·水利

工　业

经济开发区

个体及民营企业协会·知名企业

商贸服务业

旅　游

财政·税务·金融

经济管理与监督

科　技

教　育

文　化

卫 生

体 育

城建·资源·环境保护

基础设施建设

社会生活

镇·街道

龙湾民间文化活动

龙湾社会异闻

名　录

重要文件

附　录

索　引

英文目录

LONGWAN PEOPLE' S CONGRESS

LONGWAN PEOPLE' S GOVERNMENT

LONGWAN COMMITTEE OF CPPCC

LONGWAN COMMISSION OF DISCIPLINE INSPECTION OF THE CPC(SUPERVIS BUREAU)

DEMOCRATIC PARTIES · INDUSTRY AND COMMERCE ASSOCIATION · MASS OGENIZATIONS

JUDICATURE AND JUDICIAL ADMINISTRATION

MILITARY

ADMINISTRATION

AGRICULTURE · WATER CONSERVANCY

EDUCATION

CULTURE

PUBLIC HEALTH

SPORTS

URBAN CONSTRUCTION · LAND & RESOURCES · ENVIRONMENT PROTECTION

INFRASTRUCTURAL CONSTRUCTION

SOCIAI AFFAIRS

TOWNS AND COMMUNITIES

LONGWAN FOLK CULTURE ACTIVITY

LONGWAN SOCIAL ANECDOTE

CATALOGUE

IMPORTANT DOCUMENTS

APPENDIX

INDEX

特　　载

建设生态文明　加快转型发展
为完成全年和“十一五”目标任务努力工作

——在区委六届八次全体（扩大）会议上的报告（节录）

（2010年8月23日）

龙湾区委书记 王祖焕

这次区委全会的主要任务是：坚持以科学发展观为指导，认真贯彻落实省委十二届七次全会、市委十届九次全会精神，总结上半年工作，部署下半年任务，推动2010年和“十一五”各项目标任务圆满完成。同时，研究部署生态文明建设工作，审议通过《中共龙湾区委关于推进生态文明建设的实施意见》。下面，我代表区委常委会向全会作报告。

一、领会精神、注重结合，全面推进龙湾区生态文明建设

第一，要切实增强推进生态文明建设的紧迫感和责任感。改革开放以来，龙湾区经济社会迅速发展，城乡面貌发生巨大变化，人民生活水平显著提高，同时也付出了很大的资源环境代价。为此，本届党委政府连续四年部署实施环境污染整治大会战并不断予以深化，还相继开展了“一提高五整治”和“四大整治”等专项活动，环境污染和生态破坏的趋势得到控制，城乡生活环境质量趋好，全社会环境意识不断提高。但是，我们也应该看到，龙湾区生态环境形势依然严峻，局部环境污染问题还比较突出，节能减排压力加大，人民群众要求改善生态环境的呼声越来越高，生态建设和环境保护的任务十分繁重。我们必须正确处理好工业发展与生态文明的关系，把推进生态文明建设作为贯彻落实科学发展观、转变经济发展方式、全面改善民生的重点战略任务来抓，在更高的文明形态和发展层次上推动经济社会又好又快发展。

第二，要切实把握推进生态文明建设的目标要求。当前和今后一个时期，龙湾区推进生态文明建设的总体要求是：坚持以科学发展观为指导，全力实施生态环境优先战略，以“八大工程”为抓手，加强环境污染治理和生态资源保护，不断优化生态环境，大力发展生态经济，积极培育生态文化，逐步完善体制机制，加快建设宜商宜居的现代化滨海新城区。“十二五”时期龙湾区生态文明建设的主要目标是：一是生态环境持续改善，宜商宜居水平明显提高。主要污染物排放得到有效控制，污水集中处理率达到95%；城镇和农村生活垃圾无害化处理率分别达到95%和75%；地表水功能区水质达标率达到80%，空气优良率达到90%，人均公共绿地面积达到15平方米，公众对生态环境质量满意率达到85%。二是生态经济稳步发展，产业结构不断优化。服务业增加值占地区生产总值比重达到40%以上，高新技术产业增加值占工业增加值比重达到35%以上，单位地区生产总值水耗降到85立方米/万元，单位地区生产总值综合能耗下降指标顺利完成。三是生态文化全面普及，生态文明理念深入人心。中小学生节能环保宣传教育普及率达到100%，绿色创建活动广泛开展，逐步形成节能环保的生产方式、健康文明的生活模式、爱护生态的社会风尚。四是体制机制日趋完善，制度保障不断强化。全面落实生态环境保护制度，生态文明规划、生态环境补偿机制、市场化配置机制、领导干部考评机制、要素支撑体系不断完善，生态文明建设的制度化、规范化、长效化不断加强。

第三，要切实抓好推进生态文明建设的重点工作。建设生态文明是一项长期而又紧迫的战略任务，既要立足当前，确保蓝田电镀基地企业入园、海城电镀基地完成主体工程建设，确保完成温州工业园区环境整治，确保完成省政府新“811”污染整治任务考核验收，确保完成“十一五”节能减排目标；又要着眼长远，正确把握“十二五”生态文明建设的重点难点，全面组织实施“八大工程”。一是实施“生态文化培育”工程。积极倡导生态理念，加强生态文明宣传教育，不断强化生态道德意识，切实把生态文明渗透到生产生活各个领域。二是实施“产业提升”工程。大力发展低碳经济、循环经济、绿色经济，加快传统产业改造提升，主攻扩展现代服务业，积极发展生态高效农业，培育发展战略性新兴产业，加快形成节约能源资源和保护生态环境的产业结构。三是实施“污染整治”工程。进一步解决合成革、电镀、拉丝、不锈钢拉管、化工等行业性污染和生活性污染、农业面源污染问题，加强重点污染源在线监控体系建设，营造严格的监管执法态势，确保“十二五”期间主要污染物减排指标顺利完成。四是实施“塘河清水”工程。认真落实塘河综合治理规划，全面改善塘河水质，全力恢复塘河自然形态。五是实施“空气清新”工程。加强工业废气和城乡臭源等治理，开展重点区域、重点行业、重点企业废气污染专项整治，着力改善空气质量。六是实施“环境清洁”工程。全力整治城乡环境卫生，提高生活垃圾收集覆盖率和无害化处理率，继续开展清障拆违大行动和村庄整治等活动，使居住环境更加整洁、卫生、有序。七是实施“城区绿化”工程。大力开展植树造林，加快建设点状、片状、带状相结合的城区绿地，大幅度提高全区绿化率和人均公共绿地面积。八是实施“设施保障”工程。加快建设东片污水管网和固废处理厂工程，启动状蒲片、灵昆污水管网和东片污水处理厂二期工程，完善垃圾处理等环保设施。

二、肯定成绩、振奋精神，进一步增强加快发展的信心和决心

第一，经济回升向好势头明显增强。上半年，全区实现地区生产总值99.79亿元，比上年同期增长12.2%；全社会工业总产值274.86亿元，比上年同期增长24.5%；财政总收入13.35亿元，比上年同期增长17%；全社会固定资产投资23.54亿元，比上年同期增长6.5%，其中工业性投资12.26亿元，比上年同期增长40.6%；外贸进出口总额5.99亿美元，比上年同期增长0.7%；全区社会消费品零售总额实现29.76亿元，比上年同期增长22.4%；城镇居民人均可支配收入14127元，比上年同期增长12.5%；农村居民人均纯收入10803元，比上年同期增长7.7%。大部分经济指标已达到或超过国际金融危机前的水平。转型发展稳步推进，沿海产业带开发建设取得新进展。民科基地永兴南园一期市政设施加快建设，一批工业用地挂牌出让，永兴北园一期软基处理工程建设步伐加快，滨海工业园市政工程和6个省、市重点项目建设进展顺利，天城围垦政策处理工作有序推进。传统产业改造提升力度加大，凯喜姆科技集团挂牌成立，技术改造项目累计备案25项，项目总投资3.53亿元。推进内外龙湾人互动发展，吸引在外企业回乡投资达3.3亿元。三产发展力度加大，中心区城市综合体项目、总部商务区前期工作进展顺利，温州名品旅游购物中心开始营业。金融运行态势良好。农业功能区建设加快，特色农业效益明显。

第二，城市建设管理力度持续加大。中心区建设取得新进展，全力开展永中旧城改建等拆征政策处理和重点项目推进攻坚活动，瑶溪南片道路网建设全面启动，上半年完成投资额6亿元。江滨路龙湾段、曹龙大道、塘永公路永梅段整治等一批重点道路建设进度加快。东片污水管网工程完成截污管34.7公里，入户纳管2550户，日均污水处理量达9万多吨。东片防洪一期工程完成投资额4200万元，电网、围垦等重大基础设施项目进展顺利。温瑞塘河、市容环境、违章建筑、交通秩序整治等“四大整治”活动成效显现，城区形象持续改善。旧村改造和村庄整治工作不断推进。生态区建设和环境污染整治工作继续深化，温州工业园区环境整治扎实开展，蓝田电镀基地标准厂房完成建设，海城电镀基地进场施工。合成革固废处置中心二期工程投入试运行，主要污染物减排工作不断加强。

第三，社会事业成效较为明显。十大惠民实事项目和重大民生项目建设扎实推进。科技创新能力不断增强，新增第一批国家科技型中小企业创新基金项目7个，在全市保持领先。高考成绩再创新高，各类等级示范学校（幼儿园）创建力度加大，成立全市首个省特级教师工作站。永昌堡、“汤和庙”等文保单位修复工作扎实推进。深入开展“我与文明同行”系列活动，省级文明城区创建态势良好。深入推进医改工作，区疾控中心、镇（街道）卫生院建设进度加快，手足口病等得到有效防控。人口普查试点工作有序开展，计划生育优生“两免”和优质服务工作走在全市前列。群众性体育活动广泛开展，全民健身体系不断完善。城乡居民社会养老保险工作全面启动，城镇职工、居民医疗保险最高支付限额已调整为平均工资的6倍。瓯海大道龙湾段安置房建设超额完成全年投资计划。防汛抗台应急准备工作扎实进行，防灾避灾能力进一步增强。

第四，社会总体保持稳定和谐。全力做好上海世博会安保工作，上半年实现了“六个坚决杜绝”的工作目标。继续坚持区、镇（街道）两级信访疑难问题包案等制度，一批信访积案得到较好化解和稳控，实现了全国“两会”期间“零进京、零非访”目标。强势打击“两抢一盗”、黄赌毒、涉黑涉恶等违法犯罪行为，扎实推进社会治安乱点排查整治，全力做好校园及周边环境安保工作，刑事发案总数和“两抢”案件发案数分别比上年同期下降7.8%和47%。严格落实安全生产责任制，集中开展安全生产和消防安全专项隐患排查整治活动，各类事故总数比上年同期下降26.8%。综治“网格化管理”试点工作取得阶段性成效，经验在全市推广。“两所一中心”规范化建设不断推进。区流动人口服务管理局正式成立。民间划龙舟活动有序开展。宗教事务管理和反邪教工作不断加强。“法治龙湾”建设深入推进。

第五，党的建设进一步加强。圆满完成第三批学习实践活动，科学发展观更加深入人心。组织开展“阳春倡读”、“盛夏共建”等系列主题活动，学习型党组织和学习型社会创建扎实有效。正确引导社会舆论热点，规范了政府新闻发布工作制度。深入开展作风建设年活动，出台治理慵懒散“六个一律”制度，大力推行“一线工作法”，实施领导干部领衔破难制度，加大效能监察力度，干部作风不断优化。全面开展创先争优活动，推进示范村创建，建立“民情e站”服务平台，基层党组织和党员的服务理念、服务水平进一步提升。贯彻实施选人用人四项监督制度，开展组织工作满意度调查，公开竞争选拔9名镇（街道）党（工）委副书记。启动村级组织换届选举准备工作，全面推行“四议两公开”工作法，开展第二轮后进村集中整治，老年人协会建设进一步规范。面向全国公开招选6名“红色CEO”到非公企业任职。相继开展“学准则、见行动”党员干部廉洁自律自查自纠、从政风险防范集中教育月和领导干部廉洁从政集中教育活动，严肃查处了违法违纪的领导干部。全面开展村级三资清理登记工作。同时，党管武装工作力度加大，基层武装工作进一步规范。加强对人大、政协工作的领导，巩固发展爱国统一战线，老干部、工青妇、人才、外事、侨务、对台、民族、移民、残联等工作也得到新的加强。

三、突出重点、奋力攻坚，扎扎实实推进下半年各项工作

第一，全力推进经济转型发展。经济转型发展是龙湾区经济工作的主线，也是当前和今后一项十分紧迫而重大的战略任务。必须坚持调结构与保增长两手抓、两手硬，更加自觉、更加坚定地在推进经济转型发展上迈出更大步伐。要大力推进沿海产业带建设。把沿海产业带作为龙湾区经济转型发展的大平台和城市拓展的新空间。进一步优化沿海产业带发展规划布局，使产业发展与城市建设、生态保护相统一。加快沿海产业带道路交通、水、电、燃气、排污和防洪排涝等重大基础设施建设，加快推进民科基地永兴南园、永兴北园和滨海工业园的重大项目。大力推进围涂造地，抓紧完成天城围垦政策处理工作，开工建设龙湾二期围垦，加快海滨围垦施工进度，全力拓展发展空间。要大力推进固定资产投资。今天的投入，就是明天的产出、后天的发展。加大投资既是保持近期增长的迫切需要，更是优化发展环境、加快转型发展的必然要求。开展区四套班子领导督查重点工程和工业项目建设活动，突出解决项目融资、手续办理、政策处理等三大难题；力争省市区级42个重点工程取得突破，加快存量工业项目和滨海工业园六大重点工业项目建设，确保全年完成固定资产投资73.83亿元、增长12%的目标。以贯彻落实国务院“新36条”为契机，坚持民资、外资、国资一起上，积极拓展融资渠道，发挥社会和企业投资的主体作用；规范政府融资平台，发挥政府投资的主导作用。强化属地负责，集中解决一批工程政策处理难问题。高度重视并推进村级二三产安置用地开发建设。抓紧做好一批项目论证、报批、催批等前期工作，为明年重点项目建设争取时间、争取主动。同时，要以战略眼光大手笔谋划一批带动性强的大项目，以大投资力促“十二五”期间大发展。要大力推进第三产业发展。把第三产业发展作为龙湾区经济转型发展的主攻方向和突破口。抓紧完成第三产业发展规划修编，制订服务业发展奖励办法。以中心区城市综合体开发建设为契机，完善中心区商业、办公、文化娱乐等功能布局，加快建设塘永公路永梅段商业街，加大瓯海大道等道路沿线第三产业项目的开发力度，大力推进重大专业市场建设的各项工作，加快建设各类现代物流基地，进一步集聚重点区块的人气、商气。继续大力发展金融保险业、房地产业、休闲旅游业、住宿餐饮业等。加快“退二进三”步伐，成熟一批、推进一批。要大力推进传统产业改造提升。把十大传统支柱产业改造提升作为经济转型发展的难点来攻坚。认真落实传统产业转型升级实施方案，改造提升温州工业园区等成型工业基地，加快完善天河民用电器、海城水暖洁具等基地的配套设施，进一步巩固传统产业的支柱地位。建立健全以扶持大企业、引进大项目为核心的产业发展机制，以龙湾区的市百强龙头企业为重点，用3至4年时间着力打造一批行业龙头企业。鼓励企业整合重组，积极引导中小企业走“专精特新优”的发展路子。要大力推进内外龙湾人互动发展。抓紧规划建设总部商务区，加快中心区G地块、原不锈钢市场规划地块和温州工业园区商务地块的控规调整并推出，加快建设总部经济大楼，为在外资金、人才、技术、项目等回归提供平台。制订出台总部商务区招商选资政策措施，建立招商项目库，推出一批好项目、大项目。要大力优服务、拓市场，将服务贯穿于推动经济发展全过程。当前要帮助企业着力解决“融资难、招工难、手续难、劳资纠纷调处难”等生产经营过程中的突出问题。积极协助企业进一步开拓市场，提高龙湾产品的市场竞争力。同时，重视培植后续税源，并进一步规范统计和税收征管工作。要大力推进自主创新步伐。把自主创新作为经济转型发展的根本举措。充分发挥企业的主体作用，积极引导企业加快技术创新、管理创新、制度创新和文化创新，深入实施品牌战略，加大品牌培育力度。充分发挥政府“有形之手”的推动作用，开工建设科技大楼，加快建设技术研究中心、产学研合作基地等科技创新服务平台。加快龙湾食品与制药设备等高新技术特色产业基地建设，并力争在2010年使龙湾区成为国家级火炬计划阀门产业基地。

第二，全力塑造城区形象。加快推进城市化进程，是区域现代化的必由之路。龙湾作为温州新型城市化主战场，要紧紧抓住温州城市东移和沿海产业带、瓯江口新区等开发建设的大好机遇，充分彰显在温州大都市建设的重要地位，以城市化提升工业化、信息化、国际化和市场化水平，加快推动转型发展。要切实加快龙头崛起，继续按照“核心区提档次、旧城片重改造、瑶溪南片建配套”的思路，高度重视中心区建设的速度、质量、功能、品位相统一，加快39个工程项目建设，确保开工一批、竣工一批，确保城市综合体项目土地和A地块高端住宅区土地及时出让，超额完成21.9亿元的年度投资任务。抓紧做好永中旧城改造和瑶溪南片基础设施建设，促使东西两片与中心区融合发展。加快建设中心区的公共服务设施和生活配套设施，推进各区块绿化、美化、亮化工作，逐步完善城市功能。要切实加快重点工程建设，尤其要加快推进飞云江三桥接线龙湾段、江滨路龙湾段和77省道延伸线龙湾段以及曹龙大道等在建的重要道路建设，并开工建设环镇路海滨段、罗东街南段，启动环山公路项目前期，完成通海大道、天柱大道等工程建设前期工作，配合做好沈海高速复线龙湾段前期工作和永强机场飞行区扩建工程，进一步完善内通外联的交通网络。同时，加快各项基础设施和防洪保安网络建设。要切实加强城乡管理，坚持依法管理、创新管理、从严管理，深化“四大整治”活动，进一步巩固整治成效，加大整治力度，提升整治水平。进一步强化部门和镇（街道）的管理职能，健全长效管理机制；积极探索“数字城管”模式，着力打造永中、状元市容管理示范圈。

第三，全力提升民生工作水平。全面改善民生、增强人民群众的幸福感，是一切工作的出发点和落脚点。要切实抓好各项民生重点工作，坚持进度和质量并重，继续推进十大惠民实事项目和重大民生工程建设，开工建设钟秀园。要统筹推进教育、卫生和体育事业发展。坚持优先发展教育，完成区实验中学建设，开工建设区外国语小学，继续提升职业教育和学前教育档次，着力推进教育均衡发展。认真落实医改政策，合理布局医疗卫生网点，加快建设医疗卫生基础设施，配合抓紧做好瑶溪综合性医院建设前期工作。普及群众体育运动，提升竞技体育水平，抓好全民健身苑（点）、省小康体育村建设以及体育俱乐部创强工作，协助推动市奥林匹克体育中心规划建设前期工作。要切实抓好人口和计生工作，把人口和计生工作作为中心工作之一，全面开展计划生育“百日大会战”活动，实施“强基创优”工程，努力突破重点难点，全力扭转被动落后局面。扎实做好第六次全国人口普查工作。要不断提升社会保障水平，确保城乡居民基础养老金发放及时足额到位。进一步提高养老、医疗、失业、工伤、生育保险参保率，完善被征地农民保障和城乡居民最低生活保障等制度，健全社会福利体系。同时，重视移民工作，加快推进残疾人事业发展。要大力推进新农村建设，坚持把提高农民收入水平作为中心任务，落实各类强农惠农补助政策，增强农民创业就业能力，不断壮大村级集体经济。全面实施农业功能区规划，加快优势特色农产品基地建设，做强做优瓜果、蔬菜等特色农业，扶持发展花卉种植等新兴产业。深入实施村庄整治工程，继续抓好东林村、五溪村等旧村改造。扎实推进殡葬改革和“青山白化”治理。要全面加强文化大区建设，以“新龙湾、新文化、新生活”活动为载体，深入开展公民思想道德教育和实践活动，扎实推进“春泥计划”和基层文明创建，进一步提升城乡居民文明程度。加快基层文化阵地建设，不断丰富群众文化生活，深入实施文化产业发展工程，扩大龙湾文化品牌影响力，进一步强化文化引领作用。

第四，全力深化平安创建。和谐稳定的环境是经济社会发展的基础和保障。要以平安创建“两连贯”为目标，以加强社会管理创新为动力，以上海世博会安保工作为重点，全力以赴抓好“平安龙湾”建设。要推进社会管理创新，创新社会管理，是维护社会和谐稳定的源头性、根本性、基础性工作。要将社会管理创新作为解放思想、开拓创新的具体体现，积极研究管理体制机制和办法，着力在综治网格化管理、流动人口管理、老年人协会管理、“四大整治”等工作上进行大胆探索和实践，并建立切实可行的长效管理制度。要着力化解社会矛盾，继续深化“信访积案化解年”活动。深入开展矛盾纠纷大排查大调处，坚持实行区、镇（街道）两级领导信访接待制度、下访约访制度和信访疑难问题包案制度，及时化解信访难题和历史遗留问题。继续做好上海世博会安保工作，强化对重点人、重点事、重点物、重点部位的管控。加强涉企信访工作，强化民间金融活动管理，有效消除潜在不稳定因素。进一步规范信访秩序，坚决依法处置缠访闹访等行为。要加大严打整治力度，组织开展“反盗抢、禁黄毒”系列行动，始终保持对“两抢一盗”、黑恶势力、黄赌毒等违法犯罪活动的高压态势。加强治安乱点整治，切实做好校园安全防范工作。加快视频监控点建设，提高人防、物防、技防水平。加强互联网信息安全管理，密切关注和掌控网络舆情动态。大力推进社区警务、帮教和司法矫正等工作。规范宗教事务管理，进一步加强反邪教工作。要切实抓好安全生产，严格落实责任，强化宣传教育，继续抓好隐患排查和重大安全隐患挂牌整治，坚决防止各类重特大事故的发生。全面开展消防安全整治行动，进一步构筑消防安全“防火墙”。健全安全生产“一中队三大员”工作机制，着力抓好镇（街道）安监中队规范化建设。高度重视公共安全，开展交通安全整治，加强对大型群体性活动的控制和管理，加大食品药品、产品质量、公共卫生和工程建设安全监管力度。切实完善防汛抗台预案，提高防大汛、抗大灾水平。要大力夯实基层基础，深化综治“网格化管理、心连心服务”工作，加强平安和谐服务队建设，完善信息平台系统，确保今年所有镇（街道）和80%的村（居）实现综治网格化达标要求。依托综治网格化管理的基础，探索实践“一网兼容”运作机制，统筹做好网格内的各项工作，实现“定格、定责、定人、定流程”管理。广泛开展“平安村（居、社区、企业）”创建工作，切实提高群众平安建设的知晓率和参与率。扎实推进“法治龙湾”建设，不断提高依法治区水平。同时，深入开展全民国防教育，确保完成年度征兵任务。

第五，全面加强党的建设。切实加强党的建设是提高党的执政能力的基础工程。要抓好学习型党组织创建，把学习型党组织创建作为 思想政治建设的主抓手，发挥区委常委会示范带动作用，积极培育一批学习型党组织创建典型单位（点）。组织开展“金秋互动”、“暖冬共享”系列主题活动，营造勤于学习、善于思考、勇于实践、敢于创新的良好氛围。要深化作风建设年活动，继续加大治理慵懒散力度，提高干部执行力。坚持“一线工作法”和领导干部领衔破解难题、挂钩帮扶重点企业等制度，做到领导在一线指挥、干部在一线工作、问题在一线解决。深化行政审批改革，实现审批环节、审批时限各减少一半的要求。要加强领导班子和干部队伍建设，以打造高效、廉洁、务实、坚强的领导班子为要求，调整配强各级领导班子，使各级领导班子成为推动科学发展的核心。加大干部教育培训力度，改进方式方法，进一步提高教育培训的针对性和实效性。加强和改进对干部的考核评价，落实从严管理干部措施。抓好竞争性选拔领导干部工作，注重在一线培养、考察、提拔干部。认真执行四项监督制度，进一步提升选人用人的透明度、公信度、满意度。把发挥各类人才作用作为人才工作的根本任务，统筹抓好各类人才队伍建设，营造有利于人才培养和引进的良好环境，进一步激发人才创造活力。要强化党的基层组织建设，深入开展“双争一满意”创先争优活动，深化“三级联创”活动，切实增强基层组织的凝聚力和战斗力。深入推进示范村创建，在第三季度完成第二轮后进村整治转化工作，组织开展“清障行动”，扎实做好村级组织换届前的各项工作，确保村级组织换届工作顺利进行。全面完成老年人协会规范化建设。深化“两新”组织党建拓面提质工作，提高“两新”组织党建整体水平。要加强党风廉政建设，严格落实党风廉政建设责任制，认真履行“一岗双责”，进一步构筑“惩防并举、标本兼治”的反腐倡廉体系。认真落实《廉政准则》，深入推进领导干部廉洁从政集中教育活动，在春节前开展党员干部“拒收三礼”活动，引导广大党员干部把好廉政关。深入开展工程建设领域突出问题专项治理和村级违规违纪问题排查活动，加大案件查办力度，提高震慑力。

同时，要认真编制“十二五”规划和各个专项规划。即将到来的“十二五”，是龙湾加快实现转型发展的关键五年，也是加快建设宜商宜居的现代化滨海新城区的重要时期。科学谋划“十二五”，意义十分重大。要坚持规划编制的科学性、民主性、针对性、前瞻性和连续性，高起点、高标准、高水平地描绘好龙湾“十二五”发展蓝图，并以此凝聚人心、鼓舞斗志、引领发展。

四、明确要求、狠抓落实，确保2010年和“十一五”各项目标任务圆满完成

第一，要始终保持奋发有为的精神状态。良好的精神状态是干事创业的重要保证。虽然2010年以来龙湾区经济社会发展取得了较好成绩，但与先进地区相比，龙湾区的发展速度、工作推进力度、干部精神状态仍有一定差距。当前龙湾正处在转型发展、非进即退的重要关口。我们要理性看待所取得的成绩和区域竞争的激烈态势，坚决克服不思进取、安于现状的心态，始终保持奋勇争先、昂扬向上的精神状态；要正确看待经济社会发展过程中遇到的困难和问题，坚决克服悲观失望、消极气馁的心态，始终保持百折不挠、锲而不舍的必胜信念；要清醒看待肩负的艰巨任务和历史使命，坚决克服敷衍塞责、畏难不前的心态，始终保持勇于担当、敢打硬仗的干事激情，真正做到对事业尽心、对工作尽力、对岗位尽责，以良好的精神状态引领全区上下干事创业。

第二，要不断增强转型发展的内在动力。解放思想、改革创新是加快发展的不竭动力。当前龙湾正处在加快转型的“关键期”，必须高举解放思想大旗，以改革创新破解发展难题、增创发展优势。要坚定不移地推进解放思想。坚持把龙湾的发展放在更大的背景中去谋划，跳出龙湾看龙湾，以更宽的视野审视取得的成绩和不足，审视发展优势和潜力，敢于突破思维定势，找准发展定位，完善发展思路，坚定发展信心。要扎扎实实地推进机制创新，机制创新是加快转型发展的关键和核心。要进一步理顺基层条块之间的关系，明确职责、任务、权限，形成责、权、利相一致的管理机制。健全干部奖惩机制，完善体现科学发展观要求的干部实绩考核评价体系，强化考核结果运用，严格落实责任追究，奖勤罚懒、奖优罚劣，切实激发干部工作积极性。要与时俱进地推进工作方法和手段创新，好的思路要有好的制度来保障推进，好的制度要有好的方法和手段来推进落实。要更加注重学习借鉴，加强实践探索，不被条条框框所束缚，不断用新办法、好办法解决发展中碰到的困难和问题，确保工作取得实效。

第三，要切实强化狠抓落实的攻坚态势。年初确定的目标，是我们对组织、对群众的承诺，必须不折不扣地落实好。要咬定目标促落实，按照年度目标任务要求，算好时间账、任务账、差距账，真正将工作责任落实到岗到人到时间节点，一抓到底，抓出成效。要真抓实干促落实，各级干部绝不能满足于会议部署和口头号召上，必须把主要精力放在抓工作的落实和推进上，人往基层走、力往基层使，抓重点、攻难点，脚踏实地把各项工作做好。要严格奖惩促落实，对成绩突出、群众公认的重奖重用，对落实不力、成效不大的及时问责，确保一个声音喊到底、工作责任传到位。要加强保障促落实，各级领导要切实担负起领导推动、督促指导的责任，各镇（街道）、各部门要加强协调配合、形成合力，及时解决重点工作中存在的矛盾和难题。科学组织调度人、财、物向一线倾斜，全力以赴攻坚破难，以重点难点问题的突破带动全局发展。

第四，要全力营造风清气正的创业环境。党员干部特别是领导干部是成就事业的基石，要始终牢记肩上的责任和使命，珍惜干事创业的舞台，在其位谋其政，在其职尽其力，在抓落实中带头冲锋、率先垂范。全力营造“一级干给一级看，一级带着一级干，一级盯住一级办”的工作氛围。要牢固树立“团结出战斗力”的意识，倍加珍惜团结、自觉加强团结、悉心维护团结，进一步形成“干事业一条心、抓工作一盘棋、谋发展一股劲”的良好局面。要时刻警醒自己，从政先修德，做官先做人，律人先律己，自觉抵制歪风邪气，善于从身边发生的案例汲取教训，努力成为“为民、务实、清廉”的表率。

奋力赶超争先　加快转型发展
确保“十二五”开好局起好步

——在区委六届九次全体（扩大）会议上的报告

（2011年1月14日）

龙湾区委书记　陈玲玲

这次区委全会的主要任务是：坚持以科学发展观为指导，认真贯彻落实党的十七大、十七届五中全会精神、中共中央、浙江省经济工作会议精神及省委十二届八次全会、市委十届十次全会精神，回顾总结“十一五”和2010年工作，明确“十二五”和2011年工作总体要求，部署2011年任务，审议通过《中共龙湾区委关于制定龙湾区国民经济和社会发展第十二个五年规划的建议（草案）》，确保“十二五”取得良好开局，以优异成绩迎接中国共产党成立90周年。下面，我代表区委常委会向全会作报告。

一、肯定成绩，进一步坚定加快转型发展的信心和决心

“十一五”时期是龙湾区发展进程中极不平凡的五年，也是积极探索实践转型发展、和谐发展的五年。五年来，面对国内外环境的复杂变化和国际金融危机的严峻挑战，我们坚持以科学发展观为指导，深入贯彻落实中央和省委、市委的重大决策部署，紧紧围绕区第六次党代会和“十一五”规划提出的各项目标任务，深入实施“四大战略”，全面深化“三大会战”，经济建设、政治建设、文化建设、社会建设、生态文明建设和党的建设取得新的进展，科学发展迈出新的步伐。

2010年是“十一五”的最后一年。一年来，区委带领全区上下进一步解放思想、振奋精神、团结奋战、扎实工作，着力调结构促转型快发展、抓统筹惠民生保稳定、建机制强基础优作风，各项工作稳步推进。全年实现地区生产总值233.33亿元，按可比价计算，比上年增长9.0%；财政总收入26.69亿元，比上年增长6.2%，其中地方财政收入11.50亿元，比上年增长6.6%；城镇居民人均可支配收入27255元，比上年增长11.1%；农村居民人均纯收入15294元，比上年增长12.0%。

（一）统揽全局能力不断增强。区委坚持早部署、早推动，年初第一时间对全年各项工作进行动员部署，并梳理出15项重点工作，实行每月一督查一通报，迅速造强工作氛围。针对不同阶段工作推进中存在的突出问题，实施区领导领衔破解重点难点问题制度，定期跟踪督促，限时合力解决。相继开展了中心区开发建设专项活动、固定资产投资百日攻坚、人口计生工作百日大会战等活动，切实强化克难攻坚态势。特别是下半年，围绕市委、市政府一系列新部署、新举措，认真领会、及时响应，在全区组织开展了“学比赶超”活动，强化投资驱动达成共识，并进一步明确固定资产投资、“六城联创”和城乡统筹发展等重点工作的目标任务、具体抓手和责任分工，层层传递责任和压力，广大干部群众干大事创大业的热情得到激发，再创龙湾辉煌的内源动力进一步增强。在各项工作推进落实过程中，区委坚持统揽全局、协调各方，各民主党派、工商联、无党派人士及工青妇等群团组织的作用充分发挥，党管武装和外事、侨务、对台、民族宗教等工作不断加强，有效助推了全区经济社会持续健康平稳发展。

（二）经济结构加快调整。把传统支柱产业改造提升作为加快转型升级的重点，在认真落实传统支柱产业转型升级实施方案的基础上，制订并实施十大传统产业转型升级行动计划，阀门等行业整合重组力度不断加大，科技创新能力进一步增强。把民科基地作为传统产业转型升级和新兴产业培育发展的主平台，加快编制完善各项规划，大力推进市政工程建设和重点项目建设，深入开展招商选资工作，一批大企业大项目成功落户。把扩展第三产业作为经济结构调整的主攻方向，完成第三产业发展规划，积极谋划专业市场群，启动空港物流商贸区、总部商务区、城市综合体等重点区块和温州金属现代物流中心等项目前期工作，开工建设温州五金装饰市场，全区实现第三产业增加值70.19亿元，比上年增长12.1%。把内外龙湾人互动作为发展的重要优势，制订出台《内外龙湾人互动发展实施意见》，内外龙湾人互动发展格局初步形成，在外龙湾人回乡投资创业态势增强，全年吸引在外企业回乡投资达5.93亿元。同时，有序推进农业功能区建设，农业生产保持稳定，特色农产品效益明显。

（三）城市化进程持续加快。坚持以推进城市中心区建设为龙头提升城市品位，加快市民活动中心等项目建设，出让精品居住区A地块等一批土地，成功引进万科、绿城等国内知名的房地产开发企业。坚持以加快基础设施建设为重点完善城市功能，东片污水管网工程基本建成。五年累计完成主干管25.5公里，截污纳管457公里，入户纳管5.8万户；江滨路龙湾段、东片防洪一期、海涂围垦等项目加快建设，路网、电力等配套设施不断完善，全年预计完成省、市重点工程投资额11.19亿元，区级重点工程完成投资额19.82亿元。坚持以加强城市管理为抓手改善城市形象，大力推进体制机

制创新，积极对接市城建体制改革，理顺城市建设管理体制，推进管理重心下移。继续巩固提升“四大整治”成果，进一步形成建管并举的工作态势。同时，积极筹备城乡统筹综合改革试点工作。

（四）环境建设扎实推进。紧紧围绕“六城联创”这一总载体，制订完善“六城联创”活动实施意见、三年系列规划和2011年系列工作计划。启动园林绿化、城中村改造、污染物减排、历史文化保护“四大战役”，迅速在全区上下掀起创建热潮。城市园林绿化步伐加快，瑶溪钟秀园等三大综合性公园和一批村级小游园启动建设，拆违建绿、拆围透绿工作扎实推进。继续深化生态区建设，深入实施生态区建设规划和生态功能区规划，组织开展生态文化培育等“八大工程”，生态文明建设稳步推进。强势推进污染整治和节能减排工作，重点行业、重点区域污染整治和节能减排力度持续加大，全面完成省“811”环境保护新三年行动任务和“十一五”节能减排任务。

（五）和谐建设成效明显。持续加大改善民生的投入力度，十大惠民实事项目基本完成。科技合作成效明显，教育事业加快发展，历史文化研究保护和群众文化活动积极开展，文明城区创建继续深化，医疗体制改革不断推进，社会保险体系覆盖面不断扩大。率先在全市完成区镇两级计生服务站标准化建设。竞技体育成绩突出，社会管理和公共安全进一步加强。认真落实上海世博会各项安保措施，省、市交办的重要信访件全部办结。始终保持严打高压态势，刑事发案量和“两抢一盗”案件总量持续下降。全面排查整治各类安全隐患，各类事故总数同比下降24%左右。综治网格化管理工作深入推进，流动人口服务管理水平进一步提高。

（六）党的建设不断加强。深入学习贯彻党的十七届五中全会精神，“阳春倡读”等系列主题活动扎实开展，学习型党组织和学习型社会创建特色明显。网上舆论热点问题得到及时有效引导。组织开展2次副科级干部竞争性选拔考试，竞争性选拔干部逐步常态化。深入开展创先争优活动，全面推行“四议两公开”工作法，建立完善“民情e站”服务平台，基层党组织和党员服务水平进一步提升。扎实推进示范村创建和后进村整治，进一步规范老年人协会建设，村级三资清理工作基本完成，村级组织换届选举工作稳步开展。进一步抓好非公企业、新社会组织党建工作。开展“招才引智年”活动，人才引进培养激励机制不断完善。完成作风建设年活动各阶段工作，慵懒散问题得到有效治理。深化再造审批流程，政府投资项目审批时限由96天压缩为25天，社会投资基本建设项目审批环节由19个简化成10个。深入推进惩防体系建设，认真落实党风廉政建设责任制，组织开展“学准则、见行动”等廉洁自律系列专项活动，严肃查办领导干部违法违纪案件，起到较好的警示震慑作用。

在肯定成绩的同时，我们也清醒地看到当前龙湾发展仍面临着一些亟待解决的困难和问题，主要表现在：产业“低小散”，转型升级慢；土地、资金等要素制约明显，经济增长内在动力不足；城市化滞后，半城市化问题突出，发展环境还不理想；公共服务体系仍不完善，社会管理难度加大；一些村级党组织软弱涣散，一些干部责任心不强、精神状态不佳、执行力不够，少数领导干部为政不廉，等等。对于这些困难和问题，我们一定要继续高度重视，集中各方智慧和力量，采取更加有力的对策措施，切实加以解决。

二、科学谋划，准确把握“十二五”和2011年工作总体要求

“十二五”时期，是龙湾在新的起点上推进科学发展的重大战略机遇期，也是龙湾转型发展、跨越发展的关键时期。审视发展形势，当今世界正处在大发展大变革大调整的时代，世界经济深度调整，孕育着新一轮的创新和产业转型，但全球经济复苏基础仍不牢固，不稳定和不确定因素还较多。我国工业化、信息化、城镇化、市场化、国际化深入发展，但转型带来的各种问题和矛盾将更加凸显。浙江省将进入人均地区生产总值从7000美元向10000美元跨越的新阶段，温州市新一轮大开发、大建设的热潮正在形成，但可以预见和难以预见的风险还比较多。2011年宏观形势对龙湾区发展有着重大而深刻的影响，总的看机遇和挑战并存，但机遇大于挑战。特别是龙湾区面临着城市东扩、功能重组、空港经济发展等三大历史性机遇，龙湾作为温州大都市核心区和温州城市化主战场的区位优势将更加凸显。同时，龙湾改革开放30多年来奠定了扎实的发展基础，形成了许多独特的比较优势，已具备转型发展、跨越发展的良好条件。我们必须牢固树立强烈的发展意识、责任意识和忧患意识，准确把握形势变化和阶段特征，善于捕捉和利用新机遇，不断增创新优势，再创龙湾发展新辉煌。

龙湾区“十二五”发展的总体要求是：坚持以邓小平理论和“三个代表”重要思想为指导，深入贯彻落实科学发展观，认真贯彻落实省委“两创”总战略和市委重大决策部署，以科学发展为主题，以转型发展为主线，以新型城市化建设为龙头，以改革创新为动力，全面实施“投资驱动、产业转型、都市构建、生态优先、文化引领、民生和谐”六大战略，扎实推进经济转型、社会转型和政府转型，努力把龙湾建设成为生产、生活、生态“三生融合”的现代化滨海新城区，率先全面建成惠及全民的小康社会。龙湾区“十二五”经济社会发展的主要目标是：全区地区生产总值年均增长10%以上，地方财政收入与国民经济保持同步增长，全社会固定资产投资率每年达到50%以上，城镇居民人均可支配收入和农村居民人均纯收入年均分别增长9%和10%，单位生产总值能耗和主要污染物排放总量继续下降，人口自然增长率控制在8‰以内。

根据以上总体要求和主要目标，2011年全区经济社会发展的主要预期目标是：生产总值增长10%以上，地方财政收入与国民经济保持同步增长，全社会固定资产投资率达到50%以上，城镇居民人均可支配收入和农村居民人均纯收入分别增长9%和10%，完成市下达的节能减排任务。

实现上述目标任务，要把握好以下六个原则：

（一）必须坚持投资驱动。投资是即期的增长，也是明天的发展。要牢牢抓住投资这个“牛鼻子”，紧盯实现五年投资超千亿、全社会固定资产投资率超50%的“双超”目标，围绕现代基础设施、现代产业和现代公共服务“三大体系”建设，加大政府性投资力度，强力实施“五类百项千亿”工程，着力打造龙湾城市中心区、民科基地和空港经济区等三大主平台。全面落实国务院新36条，坚持民资外资国资一起上，带动一批民间投资重大项目，并形成梯度开发的良好态势，加快推进龙湾转型发展。

（二）必须坚持城乡统筹。城乡统筹是加快龙湾转型发展和率先实现全面小康社会的必由之路。要紧紧抓住温州作为全国第二轮农村改革试验区的重大契机，创新思路、大胆实践，着力推进城乡统筹综合配套改革，进一步提高城乡一体化水平，促进农民转变成市民、农村转变为社区、传统农业转变为现代农业，更好地融入温州大都市核心区。

（三）必须坚持环境建设。环境建设是发展的“生命线”和“动力源”，引导着发展要素的流向。要牢固树立抓环境就是抓投资、抓发展、抓民生的理念，把环境作为最大的公共品来打造。以营造功能完善的基础设施环境、诚信有序的市场环境、务实高效的政务环境、品质优良的宜居环境、和谐稳定的社会环境为重点，以“六城联创”活动为主抓手，充分发挥政府“有形之手”作用，促进生产、生活、生态“三生相融”。

（四）必须坚持改革创新。改革创新是转型发展的动力源泉。要以“三个有利于”标准为原则，大力弘扬改革创新精神，只要对事业有利、群众受益、有助于龙湾发展的事，就要大胆地试、大胆地闯、大胆地干。要创新发展理念，充分发挥主观能动性，敢于闯前人没有涉足的“盲区”，敢于闯矛盾错综复杂的“雷区”。要充分利用全市深化体制机制改革的有利时机，不断理顺现有体制机制，特别是进一步优化政府投融资体制，整合政府资源，强化资本运作，做大做强国资平台，为转型发展提供有力保障。

（五）必须坚持民生为要。改善民生是党委、政府的重大使命，也是群众所盼。要始终把惠民富民安民作为一切工作的出发点和落脚点，把解决群众的切身利益问题放在首位，把提升群众的幸福水平作为衡量发展的重要标准，从群众最盼的事抓起，从群众最急的事办起，以十大社会民生类工程为重要载体，协调发展社会各项事业，大力提高基本公共服务均等化水平，促进社会公平正义，维护社会和谐稳定，使改革发展成果惠及全区人民。

（六）必须坚持提升执行力。执行力决定党委、政府的行政绩效。新阶段新形势新任务，对广大党员干部的责任心、事业心和执行力提出了重大考验。我们要着重在健全用人机制、协调机制、激励机制、考评机制等方面下工夫，引导广大党员干部尤其是领导干部始终保持激情昂扬、奋发有为的精神状态，更好地适应新阶段新形势新任务的要求，勤于学习、敢于攻坚、善于创造、甘于奉献，在全市争领先、在全省争一流，全力推进各项重点难点工作的落实。

三、明确重点，全面落实2011年经济社会发展各项任务

2011年是“十二五”发展的开局之年，也是中国共产党成立90周年。我们必须着眼长远、立足当前，全力抓好以下六方面的重点工作。

（一）突出投资驱动，坚定不移地提升城市能级。提升城市能级是龙湾主动对接温州构建“1650”大都市发展新格局的必然要求。要充分利用龙湾作为温州大都市核心区和温州城市化主战场的区位优势，拉开城市框架、加速中心区建设、完善城区功能、推进城乡一体化，强化政府投入和项目建设，力促城市能级大提升。要进一步优化城市空间布局。按照“一心集聚、两带拓展、五区联动”的总体格局，科学统筹地编制各项规划，加快拓展发展空间，对接“瓯飞工程”，启动天城围垦吹填工程，加快海滨围垦、龙湾二期围涂工程建设，加速土地出让，加大土地清理和留地开发力度，为高效选资、优质投资提供足够空间保障，为“十二五”新型城市化全面提速解决后顾之忧。要加速中心区建设，按照“完善新区、对接旧城、推进瑶南、拓展瑶北”的思路，确立“大项目引进、大手笔建设、大投入保障”的理念，高起点、高标准谋划中心区建设。精心打造城市综合体、A地块精品楼盘，形成以高端商住业态为主的城市东部新地标。加速推进以大型地下广场和综合主题公园建设为轴心的城市景观绿轴建设，与开放型、花园式的新奥体中心组合映衬，放大中心辐射效应，形成滨江商务区和瓯江口新区接点的“城市客厅”，促进城市建设提速、品位提升。要着力完善城区功能。全面启动并加快建设“双十工程”，加快核心区连接永中旧城部分基础配套和状蒲片、海滨永兴片、南片、灵昆片等面上重大项目开发建设进度，确保龙湾区在全市“互看互学”活动和镇（街道）、工业园区、指挥部在全区“学比赶超”活动中所有承诺项目，于10月底前全部开工、全域推进。抓紧建设江滨路龙湾段、塘永公路永梅段整治等重大交通项目，做好沈海高速龙湾段、77省道延伸线龙湾段等政策处理工作，为打造未来城市东部“半小时环城交通圈”奠定基础。全面推进水、电、燃气、信息、公交站点、防洪保安等基础设施建设，启动城市道路慢行系统，健全城区能源供应和信息通讯网络，着力构建现代化的公共设施体系。通过投资平台搭建和重大项目建设，确保2011年固定资产投资超130亿元、投资率达50%，确保城市综合承载力有效提升，新一轮发展顺利起步。

（二）突出结构调整，坚定不移地推进经济转型升级。经济转型升级是加快龙湾转型发展的关键。要加快优化产业结构。牢固树立“快调快得益”理念，加快构建现代产业体系，及早形成产业集群优势。要主攻扩展第三产业，将现代服务业作为战略性主导产业优先发展。加快空港经济区规划编制，并启动起步区建设，努力把空港经济区打造成为辐射赣东闽北浙中南的空港新城。着力打造现代物流体系，继续促进金融保险、房地产、休闲旅游、文化创意等现代服务业发展。以打造金融集聚区为目标，以省金融创新示范区落户龙湾区为契机，加快农村合作金融机构股份制改造，扩大和深化小额贷款公司，启动村镇银行、农村资金互助组织试点，推进金融创新发展。加快制订“退二进三”实施方案，重点推进状元、蒲州、永中、塘永公路永梅段沿线等条件成熟区域的“退二进三”工作。积极推进工业企业剥离组建生产性服务业企业工作。要整合提升第二产业，加快现有工业园区整合提升和基础设施建设，集中力量打造特色、形成优势、塑造品牌，推动园区发展提速、功能提升、规格提档。深入实施传统支柱产业转型升级行动计划，推进阀门、不锈钢精加工、食药机械等三大支柱产业向现代产业集群转型，改造提升合成革、紧固件、鞋服、铜加工等传统优势产业，强化大项目对产业转型升级的带动作用。加大以“市百龙企业”为重点的大企业、大集团培育力度，鼓励企业整合重组，加快形成一批年产值超10亿元的企业集团。加大中小企业扶持力度，培育一批行业“小巨人”。要稳定优化第一产业，全面实施农业功能区发展规划，推进永兴现代农业科技园等特色基地建设，大力发展都市观光休闲和精品特色农业。要加快形成产业集聚区，全力推进民科基地15个在建重大产业项目建设，加大招商选资力度，加快工业地块出让。加速推进永兴南北园和龙湾滨海工业园市政设施建设，尽快实现“三通一平”。严格按照产业入园导则要求，滚动推出一批土地进行招拍挂，筛选并引进一批重大产业项目，培育发展机械制造、生物医药、新材料、节能环保和新能源等新兴产业。要加快增强发展后劲，加强人才公共服务体系建设，编制“十二五”人才发展规划，启动人才公寓建设前期工作，完善人才政策体系，切实吸引和留住人才。重视强化科技创新，加强与各大专院校的产学研战略合作，通过科技孵化器建设、科技项目对接会、产业技术联盟等形式，促进共性技术攻关和科技成果的转化。引导和鼓励企业大幅增加科技创新投入，不断提升自主创新能力。积极推进内外互动，深入实施在外龙湾人“回归工程”。同时，加大对外贸出口企业的扶持和服务力度，加快建设外贸孵化器，积极对接境内外各类展会，帮助企业拓展国内外市场。

（三）突出城乡统筹，坚定不移地加快城乡一体化进程。城乡统筹发展、推进城乡一体化，是一项长期艰巨的系统工程，突破口是乡镇撤扩并，核心是“三分三改”，切入点是农房改造集聚建设。要坚持规划先行，把新农村建设与城市化建设有机结合起来，加快编制功能区规划、城市片区规划及相关配套规划，明确居住、公共服务等功能区的空间布局。要积极稳妥地推进“三分三改”。认真落实市委、市政府城乡统筹综合配套改革“1+12”文件精神，抓紧制订工作方案和实施办法，并以全面深化其他改革为配套，加快城乡融合发展。要全面启动试点工作。按照“一镇一试点、一镇一规划、一镇一政策、一镇一平台”的要求，扎实开展永中街道城乡统筹综合改革试点工作，各镇（街道）确定一个试点区块，重点推进农房改造集聚建设，并组建新农村建设投资有限公司，解决农房改造融资问题，力求试点早见成效、早出经验。同时，要启动撤镇建街道和撤村改居工作。加快东林村等4个“城中村”改造，启动12个“城中村”改造任务。

（四）突出“六城联创”，坚定不移地改善发展环境。发展环境体现城市的核心竞争力，要强化文化引领。文化是城市凝聚力和创造力的重要源泉。坚持将创建国家历史文化名城活动与文化大区建设相结合，突出抓好永昌堡保护修建、非遗产业化传承、以国安寺等为重点的大罗山历史文化走廊打造等工作，着力提升古堡文化、名人文化、民俗文化等三大品牌。同时，加快建成市民活动中心等一批现代文化设施，加快各镇（街道）文化中心建设，大力举办并引导开展各类群众性文化活动，积极实施文化队伍建设“双百工程”，努力培育一批民营龙头文化企业，推动文化大发展大繁荣。要着力提升园林绿化水平，加快推进六大区级综合性公园和25个村级小游园建设，确保按时竣工验收。重视抓好城市主干道沿线两侧和重点区块的绿化建设，着力塑造城市“东大门”形象。加快推进沿河、沿路企业“两拆两绿”，深入推进植树造林工作，切实提高森林覆盖率。要着力提升生态建设水平，以2011年通过省级环保模范城市验收为目标，继续深入实施“八大工程”，不断优化生态环境。要全力推进节能减排，严格执行节能减排总量控制制度。大力实施一批重点节能减排技术改造项目，启动改造状蒲片污水管网和东片污水处理厂二期工程建设，确保完成年度节能减排任务。要全面深化环境污染整治，强化重点行业、重点区域污染治理，强化环境执法和污染源监管，着力改善区域环境，提升生活品质。要切实加强生态文明宣传教育，全面开展生态文明镇、村建设和系列“创绿”活动，启动“低碳龙湾”建设，大力宣传普及生态文明理念，引导形成绿色低碳文明的社会新风尚。要着力提升城市管理水平，围绕创成省级文明城区目标，树立经营城市理念，建立健全文明创建长效机制，不断提升居民文明素质。深化清扫保洁市场化运作和管理模式，积极开展爱国卫生运动月活动，在每月第2个星期六组织开展“清洁环境卫生义务劳动日”活动，有效改善城区视觉环境。全面推行“数字城管”，推动城管区域由主城向镇（街道）、村（居）末端延伸，城管方式由粗放式管理向精细化管理深度拓展。强化城市综合执法，建立部门协同、公众参与和社会监督机制，形成齐抓共管的“大城管”格局。

（五）突出和谐发展，坚定不移地保障和改善民生。社会和民生事业进步是经济发展的目的和重要动力，要提升公共服务水平。加快教育均衡优质发展，积极办好各类教育，推进教育现代化。深化医疗体制改革，全面推进基本药物零差价补偿制度，切实缓解群众“看病难、看病贵”问题。大力开展“体育强区”创建，广泛开展群众性体育活动。高度重视人口和计生工作，着力解决人口计生工作源头性、基础性、根本性问题。加快发展慈善和老龄事业，积极发展妇女儿童和残疾人事业，努力构建全民社会保障体系。要深化平安创建，平安是发展的前提和保证，是最大的民生。要紧盯“三年夺鼎”目标，继续深化“平安龙湾”和“法治龙湾”建设，以网格化管理服务水平的提升强化社会管理服务，促进社会公平正义。要强化社会矛盾预防化解。加强积案化解工作，确保及时化解到位。继续开展信访工作规范化建设，维护正常信访秩序。继续推行社会稳定风险评估机制，从源头上预防和减少社会矛盾的发生。要强化社会治安综合治理。坚持打防并举，严厉打击各类违法犯罪活动，有效净化投资建设环境。加强校园周边及治安乱点整治，切实保护人民群众生命财产安全。要强化安全生产和公共安全监管，完善安全生产管理体制和责任追究制。进一步落实重大安全事故隐患挂牌整治工作，重点抓好危化品、在建工程、烟花爆竹等重点行业领域安全专项整治。扎实做好防汛防台和防灾救灾工作。

（六）突出部门作为，坚定不移地促进条块联动发展。现代政府是公共服务型政府，政府部门不仅要更好地发挥执法主体和监管者的作用，更要积极主动地承担起建设发展责任主体和服务者的作用。要强化职能转变。运用现代管理方法，加快部门职能转变，使部门职能回归到创造环境、打造平台、维护秩序、提供服务上来。要积极创先争优。以“程序最简、效率最高、服务最优”为要求，以推进部门“十大项目”为载体，深入开展“学比赶超”和创先争优活动，多出具有开创性、示范性意义的举措，推进部门工作大提速、大提质、大提效。强化部门与镇（街道）的协调合作，建立健全督查协调、现场办公、领导点评等机制，进一步形成上下互动、条块联动的良好局面。要推进事权下放，认真落实温州市关于优化政府和民间投资项目审批流程实施办法，抛开畏难情绪和局部利益，取消一切不必要的审批事项，下放一切应下放的权力，切实调动基层、企业和群众的积极性创造性。

四、强化党建，着力提高领导和推动转型发展的能力

要实现2011年各项目标任务，必须进一步加强和改善党的领导，切实提高执行力。我们要适应新形势新任务的要求，以区、镇（街道）领导班子和村级组织换届为契机，坚持以改革创新精神全面推进新形势下党的思想、组织、制度、作风和反腐倡廉建设，不断提高党的建设科学化水平，为龙湾新一轮发展提供坚强的组织保证。

（一）突出抓好理论武装，进一步增强加快发展的思想动力。要继续深入学习贯彻党的十七届五中全会精神，集中开展形势政策宣传教育，扎实开展“讲大局、鼓干劲、守纪律、正作风”主题教育活动，健全中心组理论学习考核制度和党员干部经常受教育机制，加强培训学习，进一步提高党员干部尤其是领导干部调查研究、科学决策的能力，驾驭全局、解决复杂问题的能力，狠抓落实、善作善成的能力。继续深入开展学习型党组织创建活动，着力培育一批学习型党组织创建典型单位（点），发挥先进典型的示范带动作用。

（二）重视发展社会主义民主政治，进一步提高民主执政的工作能力。要切实加强党内民主建设，以党内民主带动人民民主，最大限度地调动一切积极因素。进一步支持区人大、政协依法履行职能，支持各民主党派、工商联和无党派人士参政议政。继续加强工青妇等群团组织建设。进一步做好外事、侨务、对台和民族宗教等工作。认真做好老干部工作和关心下一代工作。坚持党管武装，继续加强国防后备力量建设。

（三）深化干部人事制度改革，进一步锻造推动发展的中坚力量。以区、镇（街道）两级换届为契机，全面优化各级领导班子结构，提升各级班子凝聚力和战斗力。按照“德才兼备、以德为先、智勇双全”的标准选拔使用干部，改进竞争性选拔领导干部的方法途径，以建立科（局）级领导职位空缺预告制度为突破口，大胆探索“实战选将”制度，大力选拔善于破难、敢于攻坚的干部。拓宽干部选任和培养渠道，形成科学合理的年龄梯次和队伍结构。改进工作目标责任考核，强化群众评议和考核结果运用，做到工作考核和干部考核相统一。

（四）强化基层组织建设，进一步夯实保障发展的坚实基础。依法有序地做好村级组织换届选举工作，要加强领导、严格把关、严明纪律、强化监督，营造公开、公正、公平的选举环境，确保按时圆满完成。扎实推进示范村创建和后进村整治，加强老年人协会规范化建设。狠抓“五帮五促”和“四议两公开”工作，提高村级组织运行的规范性和科学性。深化“民情e站”建设，积极拓展民情调处中心、政策咨询中心、便民服务中心等功能。继续加强党员服务中心（站）建设。积极探索“两新”组织党组织作用发挥新途径，提高“两新”组织党建整体水平。完善区党代表任期制和镇党代会常任制，充分发挥党代表作用。

（五）加强反腐倡廉和作风建设，进一步营造风清气正的政治环境。勤政廉政优政是重要的软环境，要制订出台《进一步党风廉政建设责任制五项工作制度》，建立健全科学的责任考核体系，进一步明确考核结果的运用和责任追究。深化村级党风廉政建设“321”工程，逐步实现三资管理规范化，外部监管常态化、管理手段信息化。推进经济鉴证类中介机构改革和清理规范工作，促进各类中介机构规范发展。继续深化作风建设年活动，规范和完善网上行政处罚、审批、征收工作，提高工作透明度。以风险教育、风险查找、风险防控为主要内容，扎实抓好廉政风险预警防控体系建设。要从群众最恨的事查起，从群众最怨的事改起，严厉查处党员干部滥用权力、贪污贿赂、失职渎职等违纪违法案件，认真解决涉及干部廉洁自律的突出问题，及时治理，刹风肃纪。

同志们，“十二五”的序幕已经拉开，开局奠基之年的目标任务已经明确。我们已站在新的起点，肩负新的使命，面临新的考验。让我们更加紧密地团结在以胡锦涛同志为总书记的党中央周围，在省委、市委的坚强领导下，进一步解放思想，奋勇争先，同心同德，扎实工作，为率先全面建成惠及全民的小康社会、谱写龙湾未来美好新篇章而继续努力奋斗！

龙湾区人民代表大会常务委员会工作报告

——在龙湾区第六届人民代表大会第五次会议上的报告

（节录）

（2011年1月24日）

龙湾区人大常委会党组书记、副主任　殷国兴

我受龙湾区人民代表大会常务委员会委托，向大会报告区六届人大四次会议以来的工作和2011年的主要任务，请予审议，并请列席会议的同志提出意见。

2010年的主要工作

2010年是完成“十一五”规划目标任务、谋划“十二五”规划的承启之年。一年来，在中共龙湾区委的领导下，区人大常委会坚持以邓小平理论和“三个代表”重要思想为指导，牢牢把握科学发展主题，紧紧围绕全区工作大局，依法履行各项职能，着力提高监督实效，扎实推进民主法制建设，较好地完成了区六届人大四次会议确定的工作任务，为推进龙湾区改革发展稳定作出积极贡献。

一、围绕促转型惠民生，推动经济社会发展

常委会着眼于科学发展全局，立足于人大工作的职能和特点，积极发挥作用，推动龙湾区经济社会全面发展。

听取和审议了区政府关于2010年1～6月国民经济和社会发展计划执行情况、预算执行情况、上半年政府工作情况和“十二五”规划纲要的报告。充分肯定区政府保增长、促转型、惠民生的各项措施和取得的成效，对下半年的政府工作提出，要在“稳增长、调结构、促转型”上下工夫，在抓统筹、惠民生、促和谐上下工夫，在转作风、提效能、抓落实上下工夫，确保全年目标任务的完成。对“十二五”规划发展基础、发展环境、发展战略、发展目标、发展格局、规划保障等方面进行审议，提出了许多可行性、有效性的建议。

结构调整和转变经济发展方式是解决当前经济运行中突出矛盾和问题的根本出路。常委会十分重视农业、民科基地建设和第三产业发展，视察了永兴农业示范区保护与建设、民科基地开发建设、城市综合体、总部经济园、空港经济区及市场群的规划和建设情况，提出调结构、转方式的主攻方向，从传统产业向特色产业转变，一般制造向高端制造转变，点块分散发展向区域集群发展转变，高耗经济向低碳经济转变，实现科学发展。

保障和改善民生是人大工作的出发点和落脚点。塘永公路永梅段改造、东片防洪、飞云江三桥接线龙湾段工程和龙湾区十大为民办实事项目，事关全区经济社会的发展，事关人民群众的切身利益，常委会组织代表实地视察，听取和审议重点工程专项工作报告，助推重点工程建设进度，促进为民办实事项目落实。抓环境，就是抓发展，抓民生。常委会和镇（街道）人大进行联动监督，组织40名区人大代表视察钟秀园、永胜公园、城市中心区绿地建设。镇（街道）分别组织代表对本区域的绿化工程进行视察，促进绿地、公园建设，加快拆违建绿、拆围透绿进度，营造创建生产、生活、生态“三生融合”家园的氛围，把“六城联创”引向深入。

统筹发展是落实科学发展的重要内容。听取和审议了区政府关于体育工作情况的报告，提出了加大公共财政投入，加强体育设施建设，促进群众体育、学校体育、竞技体育发展的审议意见。

二、围绕建设法治龙湾，推动政府依法行政

常委会把“平安龙湾”、“法治龙湾”建设摆上重要议事日程，弘扬法治精神，维护公平正义，积极构建和谐社会。

开展执法检查，维护法律贯彻实施。有计划、有步骤地开展《中华人民共和国食品安全法》、《中华人民共和国妇女权益保障法》、《浙江省温瑞塘河保护管理条例》贯彻实施情况的执法检查。食品安全涉及千家万户，关系到广大人民群众生命和健康。常委会精心组织、周密部署，深入村（居）、企业、学校进行调查，把工作着力点放在构建食品安全“防火墙”上，提出强化宣传教育，增强法制观念；明确监管职责，加大监管力度；整合监管资源，加强安全检测；完善工作机制，优化食品安全环境等审议意见。在妇女权益保障法的执法检查中，坚持学与查相结合、点与面相结合、条与块相结合，突出保障妇女的政治权益、经济权益、人身权益，特别是预防和制止家庭暴力，在健全工作机构，完善工作机制，开辟投诉、求助通道，提供法律援助、司法救助等方面提出意见。在《浙江省温瑞塘河保护管理条例》的执法检查中，针对温瑞塘河保护宣传不够深入、监管机制不完善、整治效果不够理想等问题，提出加快工程建设进度、理顺塘河管理体制、加强监管和处罚力度、挖掘和打造塘河文化等审议意见，促进温瑞塘河污染整治和沿河景观带建设。

开展行政审判专项工作监督，促进司法公正。听取和审议了区人民法院关于行政审判工作情况的报告，在提高行政审判司法水平、建立与行政机关的良性互动机制、加大宣传力度等方面提出了意见。要求以强化宣传为抓手，提高全社会对行政审判的认知度；以公正司法为重点，充分发挥行政审判的职能

作用；以促进和谐为目标，积极预防和妥善化解行政争议；以创新机制为突破口，着力增强行政审判工作实效。

开展工作评议，促进政府部门依法行政。常委会深入调研区环保局和区安监局工作情况，对部门工作进行评议。对区环保局工作提出了加强宣传教育、强化环保综合监管、加大环境整治力度、加强环保队伍建设等评议意见。对区安监局工作提出了强化安全生产意识、加大安全生产监管力度、增加安全生产硬件设施投入、加强安全生产监管队伍建设等评议意见。

严格按照监督法的规定，对区政府及其部门新制定的规范性文件进行备案审查，2010年共收到区政府报送备案的《龙湾区部门小额工程建设项目管理暂行办法》等27件规范性文件，促进政府依法行政，有效维护了国家法制统一。

三、围绕发挥制度优势，推动基层民主发展

常委会创新工作机制，不断完善人大工作制度，充分发挥人大制度优势，促进基层民主发展。

进一步拓宽人民群众的知情权、参与权和监督权，建立公民列席旁听人代会，人大代表、大学生村干部、执法检查组和视察组成员列席常委会的制度，扩大公民有序政治参与。人大代表参加常委会开展的执法检查、视察和调研活动达260余人次，66名区人大代表、30名大学生村干部列席常委会会议。全面推广海滨街道议政工作经验，永兴、蒲州、海城、永中街道议政会相继成立。对议政会成员提出的159件建议，全部进行了交办，许多实际问题得到解决。实践证明，街道议政会发挥了议政平台、民意渠道和桥梁纽带作用，有利于推进基层民主。先后4次组织市人大龙湾中心组代表，就民科基地建设、旧村改造、重点工程建设等专题进行集中视察和调研。组织市城区3个区的省人大代表到舟山考察海洋经济。重视群众来信来访工作，一年来，受理人民群众来信80件，接待来访110余人（次），做到事事有回音，件件有结果，努力维护人民群众的合法权益。

适时对重大事项作出决定决议，提高决策的科学化、民主化、法制化水平。审查批准2009年地方财政决算，审议形成15件审议意见，交“一府两院”及有关部门单位进行办理。坚持党管干部和人大依法行使人事任免权的有机统一，任免地方国家机关工作人员93人次，其中任命64人，免职29人，接受辞职1人。坚持任前法律考试、任前表态发言和颁发任命书制度，加强任前了解，增强主动性，不断改进人事任免工作，既保证党委意图的顺利实现，又体现常委会组成人员的民主权利，为龙湾科学发展提供组织保证。

常委会高度重视村委会换届选举工作，召集镇人大主席、街道人大工委主任和民政局负责人学习修订后的村民委员会组织法，就村民委员会主任、副主任候选人的条件、选民登记范围、委托他人选举、贿选界定等难点问题进行讨论，总结试点工作经验，分析面上情况，要求在加强宣传、掌握动态、把握难点、工作指导上下工夫，实现“依法选举、民主选举、和谐选举”。

四、围绕办理议案建议，推动热点问题解决

常委会改进议案、建议办理方式，切实提高办理的质量和满意度，促进社会和谐。

区六届人大四次会议主席团确定了加强外来人口管理、整治四小车加强城市管理、加快建设环山公路等3件代表议案由常委会进行审议督办。通过调研、审议、交办、督办、满意度测评，使议案办理工作收到良好效果。关于加强外来人口管理的议案，在本区调查、外地考察的基础上，梳理提炼出“三三制”的审议意见，即“组建三级管理网络”（区流口服务管理局、镇街道服务管理所、村企服务管理站）；“构建三个工作平台”（信息共享平台、服务维权平台、内外互动平台）；“推行三项工作机制”（实行分类管理机制、建立督查考核机制、两级财政保障机制）。“四小车”整治初见成效。环山公路建设项目已启动规划编制工作。

区六届人大四次会议收到代表建议138件，其中重点建议9件。常委会及时进行交办，落实到各相关部门单位办理，要求承办单位做到主要领导亲自负责、责任到人，及时办理答复，提高建议办理的质量和代表对办理结果的满意率。加强代表建议督办工作，紧盯建议办理的重点单位和关键环节，加强沟通联系，及时交换意见，促进建议办理。建议办结后，对不满意件进行再交办，督促办理措施落实到位。为促进《关于加快实施东片防洪二期规划的建议》办理，在海城街道专题组织召开东片防洪二期规划建议办理汇报会，听取承办单位建议办理情况的汇报，并征求代表意见。此前，政府相关部门已经着手开展东片防洪二期规划工程的前期工作，并委托设计单位完成项目建议书的编制及初步设计方案，使这一事关人民群众切身利益的生命线工程得以落实。召开代表建议办理评议会，10个政府相关部门汇报了代表建议办理工作情况，当面听取了领衔代表反馈意见，并对办理工作进行了满意度测评，现场公布测评结果，有效促进了代表建议的办理。

五、围绕增强监督实效，推动履职能力提升

常委会把提高队伍整体素质放在突出位置，围绕进一步增强监督实效，切实加强了自身建设。

进一步增强人大监督实效，完善监督议题确定、组织调研、常委会审议、监督信息公开等工作机制。在监督议题确定环节，广泛征求意见，充分发扬民主，把区委工作的重点、区政府工作的难点和群众关注的热点作为人大监督的重点。在组织调研环节，做到提前了解情况，科学安排调研方案，多形式开展调研，及时整合调研意见，使调研报告更加客观、翔实。在审议环节，改变了过去集中审议、常委会直接通过审议意见的做法，采取分组审议、联组发言、主任会议讨论通过审议意见的形式，建立了“三审”机制，使审议更加充分，审议意见更加切合实际。同时加大了人大监督信息公开力度，在人大网站、人大公报公开的基础上，还在《今日龙湾》报刊上刊登审议文章，使人大监督情况、“一府两院”工作和执法情况置于社会舆论的监督之中。

以学习型机关建设和代表教育培训为重点，不断提高整体素质。坚持每周学习制度，不断加强对宪法和法律、科学发展观理论、人大理论和业务知识的学习，不断提高思想理论水平。重视人大理论研讨工作，鼓励和引导机关干部撰写理论文章，在机关形成勤于学习、善于思考、肯于钻研的良好风气。广泛组织参与温州市第六届人大理论研讨活动，荣获组织奖、二等奖两篇、三等奖一篇。按照系统培训、脱产学习的要求开展代表培训，培训代表50余人次。同时，组织代表旁听法院庭审，代表培训工作不断加强。

全面加强常委会机关建设，增强常委会履职能力。深入开展作风建设年活动，密切与基层人大、人大代表的联系，改进人大工作方式和方法。继续贯彻落实区人大工作会议精神，加强人大队伍建设，选调规范性文件备案审查科和农经科工作人员。坚持向区委汇报人大工作，促进人大监督意见的落实和实际问题的解决。集中精力做好区人大志编纂和出版工作。定期召开镇和街道人大联席会议，取长补短，促进全区人大工作均衡发展。加强同友好人大的联系，组织参加全国十县（区）人大常委会联席会议，互相学习，相得益彰，促进工作。

2011年的主要任务

各位代表，区委六届九次会议审议通过的《关于制定我区“十二五”规划的建议》，明确了未来五年龙湾区奋斗目标和主要任务，强调以科学发展为主题，以转型发展为主线，以新型城市化建设为龙头，以改革创新为动力，全面实施“投资驱动、产业转型、都市构建、生态优先、文化引领、民生和谐”六大战略；扎实推进经济转型、社会转型和政府转型，加快建设“三生融合”的现代化滨海新城区，率先全面建成惠及全民的小康社会。这对人大工作提出了新的更高要求。站在新的历史起点上，我们必须进一步明确人大工作的努力方向和主要任务，全面贯彻区委的决策部署，以饱满的精神状态依法行使好各项职权，把助推龙湾区改革发展稳定各项工作做得更好。

2011年是“十二五”规划实施的开局之年，做好2011年的工作意义重大。区人大常委会工作的总体要求是：全面落实科学发展观，深入贯彻党的十七大、十七届五中全会精神和区委六届九次会议精神，紧紧围绕全区工作中心和“十二五”规划实施，牢牢把握“围绕中心、服务大局、着眼发展、关注民生、加强监督、注重实效”的工作要求，解放思想，开拓创新，务求实效，充分发挥地方国家权力机关作用，全力推进龙湾区科学发展。

一、以增强实效为核心，进一步加强和改进监督工作。继续深入贯彻监督法和省监督条例，坚持抓重点、求实效，促进“一府两院”抓好各项工作落实和法律法规的实施。加大投入是促进经济大发展、民生大改善的保证，也是2011年经济工作的重中之重。要把政府投资工作作为全年监督工作的重点，两级人大联动，形成合力，共同推进。听取计划和预算执行及审计工作报告，助推“十二五”规划开局之年目标任务的完成，为规划顺利实施奠定基础。根据“六城联创”工作部署和“双十工程”安排，加强对产业转型升级、环境污染整治、公园绿地建设、道路网建设、旧村改造、社会治安工作等方面的监督，进一步促进经济发展、社会和谐，维护人民群众的根本利益。加强司法工作监督，促进《关于加强检察机关法律监督工作的决定》的贯彻落实，维护司法公正和社会公平正义。以社会平安稳定为目标，听取审议“五五”普法实施情况和“六五”普法安排情况报告，并作出决议。加强人大信访工作，促进社会和谐稳定。继续做好规范性文件备案审查监督工作，维护法制统一。依法选举、任免国家机关工作人员，加强任后监督，行使好人事任免权。

二、以发挥作用为主线，进一步加强和改进代表工作。要充分调动代表履职积极性和主动性，进一步发挥代表在参与管理地方国家事务中的重要作用。坚持走群众路线，推动代表加强与选区选民的联系，宣传区委的重大决策部署，引导广大人民群众聚精会神搞建设、一心一意谋发展，充分反映基层群众意见，发挥桥梁纽带作用。加强走访代表，关心服务代表，着力拓宽代表知情知政渠道，邀请更多的代表参加常委会视察、调研工作。加大对代表建议的督办力度，组织代表建议办理“回头看”，推动一些难点问题的解决。探索代表学习培训工作，为组织开展新一届人大代表培训做好准备。继续做好龙湾出席省、市人大代表的联络工作，为他们开展代表活动和收集议案、建议素材提供服务，推动省、市对龙湾发展中存在问题的解决。

三、以换届选举为重点，进一步推进民主法制建设。2011年下半年将进行区、镇两级人大代表同步换届选举，这是龙湾区政治生活中的一件大事，对推动政治文明建设和长远发展具有重大意义。要认真贯彻落实好新修改的选举法，开展相关的调研，了解掌握换届选举工作将面临的新情况和新问题，扎实做好宣传发动、选区划分、选民登记、投票选举等工作。要把坚持党的领导、充分发扬民主和严格依法办事有机地结合起来，确保整个换届选举工作依法有序、稳定、健康进行。认真做好人大代表的推荐工作，从源头上把好代表“入口关”，建设一支高素质的代表队伍。加强村级组织换届选举工作的指导，保障选举工作依法有序进行。进一步完善街道议政机制，充分发挥街道议政会作用。

四、以提升能力为目标，进一步加强常委会自身建设。适应龙湾新一轮大建设大发展需要，必须把学习作为指导推动人大工作的首要任务，不断提高常委会组成人员和机关工作人员的能力和水平。常委会机关要各司其职、各尽其能、各负其责，为区人大及其常委会依法行使职权提供更加优质的服务和保障。要准确把握人大工作规律，既严格按照宪法和法律规定的程序运行，又勇于开拓创新。要加强人大工作调研，以提高人大调研质量来提升审议质量。要进一步加强人大工作宣传，促进人大信息公开。加强对镇（街道）人大的工作联系和指导，不断探索联动监督、合力推进的新路子。要积极开展对外交往，促进与兄弟人大的工作交流。

政府工作报告

——在龙湾区第六届人民代表大会第五次会议上的报告

（2011年1月23日）

龙湾区人民政府代区长　王　军

现在，我代表区人民政府向大会作政府工作报告。根据中共龙湾区委《关于制定龙湾区国民经济和社会发展第十二个五年规划的建议》精神，区政府制定了《龙湾区国民经济和社会发展第十二个五年规划纲要（草案）》。请各位代表对报告和纲要（草案）进行审议，并请区政协委员和其他列席人员提出意见。

一、“十一五”发展回顾

“十一五”期间，我们坚持以科学发展观为统领，全面实施产业强区、城建亮区、文化育区、和谐立区“四大战略”，深入开展工业基地建设、城市建设、环境污染整治“三大会战”，克难攻坚、扎实工作，较好地完成了“十一五”规划确定的经济社会发展目标。2010年全区地区生产总值达到233.33亿元，是2005年的1.7倍，年均增长10.4%，人均生产总值突破1万美元；财政总收入26.69亿元，其中地方财政收入11.50亿元，年均分别增长9.5%和10.2%；外贸出口总额11.03亿美元，年均增长17.9%；城镇居民人均可支配收入27255元，农村居民人均纯收入15294元，年均分别增长8.8%和8.9%；单位生产总值能耗五年累计下降20%，化学需氧量、二氧化硫排放量分别削减18%和17.5%。

五年来，我们坚持保稳促调，经济实现平稳健康发展。面对国际金融危机和转型发展的双重压力，采取积极有效措施，化危为机、转危为安，有力促进经济企稳回升。“十一五”期末，三次产业比重调整为1.5：68.4：30.1。工业经济提质增效，累计完成工业性投资137.30亿元，竣工投产工业项目267个。立足打造产业发展大平台，完成民科基地1573.33公顷土地政策处理和360公顷吹填工程，12个基础设施项目开工建设。建成中心工业区和天河、海城工业基地。年产值超亿元企业达到112家，14家企业纳入市“百龙企业”培育计划，大企业大集团培育步伐加快。内外龙湾人互动战略深入实施，引进回归项目96个，投资额超百亿元。成立全市首个外贸孵化（促进）中心，新增省级出口名牌企业5家。引进兰州理工大学温州泵阀工程研究院和浙江大学（龙湾）食品与制药装备技术转移中心，建立1个企业博士后科研工作站，新增高新技术企业45家、国家级研发中心1家，创成全国科技进步先进区、全国科普示范区和省级科技强区。新增中国名牌产品1个、中国驰名商标3枚、“国字号”产业金名片3张，品牌建设取得新成效。第三产业发展壮大，服务业增加值占生产总值比重较“十五”末提高了10.4个百分点。温州文化商品市场、温州名品旅游购物中心、温州粮食市场建成营业，一批精品楼盘、星级酒店相继投用。瑶溪风景名胜区通过国家AAA级景区复评，瑶溪镇创成省级旅游强镇，“农家乐”乡村旅游不断规范提升。成功创建中国金融生态区，2家小额贷款公司挂牌成立。现代物流、邮电通信、保险等服务业发展态势良好。现代农业稳步发展，完成第二次全国农业普查和现代农业功能区规划编制工作。粮食生产保持稳定，特色农业、渔业示范园区建设成效显著。“三位一体”基层农业公共服务体系基本形成，农村土地经营承包权流转、集体林权制度改革扎实推进。新增农民专业合作社117家，农业龙头企业带动效应进一步增强，创成全国首批平安农机示范区和省级农村经营管理样板区。

五年来，我们坚持基础先行，城区承载功能日益增强。累计完成省、市重点工程投资30.4亿元、区级74.8亿元。突出规划引领作用，基本实现镇（街道）和重点片区控规全覆盖。中心区建设全面提速，按照“东联、西扩、南拓”工作思路，规划面积由2.55平方公里扩大到14.58平方公里；核心区“四纵四横”道路网框架基本形成，行政管理中心、文化中心等项目投入使用，文化水街、公检法大楼、市民活动中心、温州银行大楼等一批项目加快推进。区域交通网络逐步健全，77省道瑶永段改建、瓯海大道龙湾段、龙腾南路、南洋大道、灵昆大道接线隧道等工程建成投用，曹龙大道、江滨路龙湾段等工程加快建设。基本建成东片污水管网工程，东片污水处理厂一期工程建成投用。完成蓝田水闸等工程，东片防洪一期、灵昆北段堤塘一期等工程扎实推进。500千伏温东变等一批电力设施建成投用，新增变电容量30万千伏安，完成新农村电气化改造105个村。建成永兴、天城围垦并启动开发，海滨围垦加快建设，城区发展空间不断拓展。

五年来，我们坚持生态优先，人居环境逐步得到改善。大力实施省“811”环境保护行动计划，全面开展环境污染整治。电镀、不锈钢拉管、拉丝、合成革等行业相继通过省市级环境严管区“摘帽”验收，温州工业园区通过省级开发区环境整治验收，圆满完成“十一五”节能减排任务。不锈钢拉管基地、蒲州拉丝基地建成投用，蓝田、海城电镀基地加快建设。深入开展温瑞塘河综合整治，河道清淤、疏浚185

公里，状蒲片黑臭河道治理取得实效。大力加强市容环境整治，建立健全垃圾清运及考评体系，135条主要道路实行市场化清扫保洁，“脏乱差”现象得到改观。扎实开展违法建筑整治，累计拆除违法建筑141.8万平方米。强化交通秩序整治，创成省级平安畅通区。深入开展旧村改造与村庄整治，永中东林、状元周宅等旧村改造项目进度加快，创成82个市级村庄整治合格村、5个全面小康农村新社区。认真实施生态区建设规划，创成省级生态镇2个、市级生态村15个。

五年来，我们坚持民生为本，社会和谐局面更加稳固。累计投入民生事业35.8亿元，占财政总支出的71.9%。每年实施十件惠民实事，一批事关群众切身利益的热点难点问题得到有效解决。全面落实义务教育阶段“两免一补”政策，完成义务教育学校教师绩效工资改革，新增、改造校舍面积30万平方米，在全市首先实现省级教育强镇全覆盖。深化医药卫生体制改革，国家基本药物制度全面实施。成功创建省级社区卫生服务先进区、农村药品“两网一规范”示范区和食品安全示范区，区第一人民医院综合楼、灵昆卫生院建成投用，传染病、职业病防治工作成效明显。永昌堡保护修建工程进展顺利，建成9个镇（街道）综合文化站，“十镇百村种文化”活动取得成效。创成6个省级体育强镇，新建全民健身苑点326个。在全市率先实现计生服务站标准化建设全覆盖，人口自然增长率控制在7‰以内。深化社会保障体制改革，社会养老和医疗保障制度实现全覆盖，被征地农民基本生活保障实现即征即保。区首期经济适用房交付使用，建成安置房77.3万平方米，落实城镇低收入家庭保障性住房82户。建成“星光老年之家”100家。民政、妇女、儿童、慈善、残疾人事业进一步发展，民族、宗教、外事、侨务、对台、双拥、应急、人防、移民、劳动就业、区志编撰等工作取得新成绩。平安龙湾建设成效明显，圆满完成奥运、国庆60周年、世博等重大活动安保任务。综治网格化管理经验在全省推广，社会综治基层基础不断加强。初步建成覆盖全区的视频监控网络，严厉打击“两抢一盗”等各类违法犯罪活动，社会治安状况不断改善。全面完成“五五”普法，社区矫正工作取得成效。安全生产、消防安全、农业“三防”和“十小”整规等工作扎实有效，防灾减灾能力进一步提升。

五年来，我们坚持依法行政，政府自身建设不断加强。自觉接受人大依法监督、政协民主监督、司法监督和社会监督，累计办理区人大代表议案建议775件、政协提案780件。开展企业服务年、“转作风、优环境”等活动，满意单位和满意基层站所（办事窗口）创建取得成效。组织行政许可和非行政许可事项清理工作，完成行政审批“两集中、两到位”改革，实施一网式审批电子监察系统，实行重点项目全程无偿代办服务，镇（街道）便民服务中心规范化建设扎实推进。全面落实政府信息公开，加强行政规范性文件制定管理，规范行政处罚自由裁量权，依法行政工作全面推进。坚持厉行节约，区级机关和全额拨款事业单位公用经费预算连续三年压缩5%。建立行政权力阳光运行机制，全面落实廉政建设责任制，强化行政监察和审计监督，反腐倡廉工作进一步加强。

2010年是“十一五”的收官之年。过去的一年，我们紧紧围绕市委、市政府的决策部署，奋力冲刺“十一五”目标，积极谋划“十二五”思路，各项工作取得了新进展。一年来，着重抓了以下四方面工作：一是着力推进产业转型。民科基地建设全面提速，永兴南园10宗60.2公顷土地完成招拍挂，龙湾滨海工业园6个省、市重点工业项目加快建设。实施传统支柱产业转型升级行动计划，温州工业园区等成型工业基地改造提升力度加大。坚持把发展第三产业作为调结构的主攻方向，开工建设温州五金装饰市场，启动空港经济区、总部经济园、温州金属现代物流中心建设前期工作，中心区A地块精品居住区、城市综合体、金属大厦、建设总部大楼、科技创新大楼等项目完成土地出让，现代物流、房地产等行业快速发展。二是合力攻坚重点工程。全年完成省、市重点工程投资11.19亿元、区重点工程投资19.82亿元。开展了固定资产投资百日攻坚战和城市中心区开发建设、转而未供土地清理、“学比赶超”等系列推进活动，“双十工程”启动建设。开工建设77省道延伸线龙湾段、瓯飞围涂工程起步区（龙湾二期围涂），飞云江三桥龙湾段接线、塘永公路永梅段道路整治等工程加快推进。三是大力改善人居环境。“六城联创”全面开展，瑶溪钟秀园等6个区级综合性公园和50个村级小游园率先启动建设，沿河、沿路单位“拆违建绿、拆围透绿”活动初见成效，4个城中村启动改造。“四大整治”深入开展，温瑞塘河整治通过省“811”考核验收，积极探索违法建筑拆后利用机制，调整新增5条公交线路，一批交通堵点、乱点得到有效整治。四是全力抓好民生保障。全面加强流动人口管理，组建流动人口服务管理机构。第六次全国人口普查工作扎实推进。开展计划生育百日攻坚战，及时扭转人口计生工作被动局面。深入实施城乡居民养老保险制度，城乡居民低保标准进一步提高。全部办结省市交办的重要信访件，社会稳定工作扎实有效。组建全市首支县级综合应急救援大队，镇级消防安全管理工作站实现全覆盖。

各位代表，“十一五”期间的成就来之不易，这是市委、市政府和区委正确领导的结果，也是全区人民共同奋斗的结果。在此，我代表区人民政府，向在各行各业辛勤劳动的全区人民和外来建设者，致以崇高的敬意！向给予政府工作大力支持的人大代表、政协委员、各民主党派、工商联、无党派人士、各人民团体、离退休老同志、驻区部队、武警官兵，向所有关心支持龙湾发展的海内外各界人士，表示衷心的感谢！

在充分肯定成绩的同时，我们也清醒地看到，前进中还面临着不少困难和问题，主要是：固定资产投资相对不足，土地、资金、人才等要素制约明显，发展内在动力不强；产业低小散，第三产业比重偏低，转型升级压力大；城乡一体化进程不快，半城市化问题比较突出，城市功能和品位有待提升；公共服务体系不尽完善，改善民生和维护社会稳定的任务依然艰巨；影响发展的体制机制瓶颈尚未有效突破，政府工作还有一些薄弱环节。对此，我们一定高度重视，重点予以解决。

二、“十二五”发展目标和战略任务

未来五年，是龙湾加快转型、赶超发展的关键时期。审视“十二五”发展形势，国际国内宏观环境将继续发生深刻变化，经济全球化深入发展，科技创新孕育新突破，我国工业化、信息化、城镇化、市场化、国际化深入推进，调整转型成为最重要的阶段性特征。当前，龙湾区面临着城市东扩、功能重组、空港经济崛起三大历史性机遇，龙湾作为温州转型发展和城市化主战场的区位优势更加凸显。我们一定要牢牢把握机遇，积极应对挑战，在新一轮发展中占领制高点、赢得主动权，努力开创龙湾科学发展新局面。

“十二五”时期，全区经济社会发展的指导思想是：以邓小平理论和“三个代表”重要思想为指导，紧扣科学发展主题，以加快转变经济发展方式为主线，以推进新型城市化为龙头，以深化改革开放为动力，着力实施投资驱动、产业转型、都市构建、生态优先、文化引领、民生和谐“六大战略”，全面推进经济转型、社会转型和政府转型，努力把龙湾建设成为生产、生活、生态“三生融合”的现代化滨海新城区，率先全面建成惠及全民的小康社会。

“十二五”时期，龙湾区经济社会发展的主要目标是：全区地区生产总值年均增长10%以上，2015年达到362亿元；地方财政收入与国民经济保持同步增长，突破18亿元；全社会固定资产投资率每年保持在50%以上，累计投资超千亿元；城市化水平明显提高，城市化率达到72%；高新技术产业增加值占规模以上工业增加值比重达到30%，全社会研究与开发投入占生产总值比重达到2%；服务业增加值占生产总值比重达到42%；城镇居民人均可支配收入和农村居民人均纯收入年均分别增长9%、10%以上；节能减排指标全面完成；人口自然增长率控制在8‰以内。

为实现上述奋斗目标，今后五年重点做好以下六方面工作：

（一）突出投资驱动和项目拉动，增创区域发展新优势

把固定资产投资作为龙湾经济社会发展的主引擎，紧抓城市中心区、民科基地、空港经济区三大主平台建设，以大项目带动大投入，以大投入促进大发展。

强化政府主导作用。紧紧抓住大开发、大建设的有利时机，集中财力办大事，充分发挥财政资金“四两拨千斤”作用，以政府投资带动社会投资，形成民资、外资、国资多元化投入机制。积极搭建“五类百项千亿工程”平台，以“双十工程”为重点，加大基础设施、生态环境、民生工程、自主创新、产业升级等方面的投入，促进投资结构朝着产业转型升级、社会环境效益兼顾的方向优化调整。

强化投资项目管理。完善重大项目推进机制，紧紧把握项目前期、实施和监督等关键环节，对重点建设项目实行全过程、规范化管理。建立动态、完备的项目库，争取更多的项目列为省市重点工程。做深做细项目前期工作，务求前期论证、政策处理、项目报批“三到位”。开展项目攻坚，建成项目抓投产，在建项目抓进度，开工项目抓保障，前期项目抓落地，分类推进重点工程建设。进一步规范项目建设招投标、资金拨付和施工管理，努力打造精品工程。

强化资源要素保障。落实国务院“新36条”，鼓励和引导民间资本参与龙湾开发建设，为项目实施提供充足的资金支持。加快国投、公投公司等融资平台建设，积极推广BT、BOT等项目运作模式，加强银项、银企对接，拓展投融资渠道。加快建设用海、用地报批，启动转存量建设用地程序，尽快利用永兴、天城围垦存量用地，形成海滨围垦、瓯飞围涂工程起步区（龙湾二期围涂）增量用地。加强土地节约集约利用，深化转而未供、供而未用土地专项清理，到2015年新增建设用地超4000公顷。

（二）突出结构调整和转型升级，构筑现代产业新体系

坚持以市场需求为导向，充分利用特色产业基础和空间平台资源，变先发优势为先转动力，实现三次产业协调发展。

主攻扩展第三产业。将现代服务业作为结构调整和产业发展的重点，努力把龙湾区建设成为温州服务业集聚发展和提升的先行区。充分利用立体交通网络，对接温州功能区布局，规划建设空港经济区，加快形成航空运输、现代物流、商务休闲、研发创意等服务功能，打造辐射赣东闽北浙中南的空港新城。依托产业优势，主动承接主城区产业转移，从北到南建设五金装饰、金属现代物流中心、阀门机械、水暖洁具等一批大型市场，全力打造辐射浙南闽北的特色专业市场群。依托城市中心区的兴起，建成城市综合体等一批商业精品项目，逐步形成大都市核心商业圈。发挥大罗山生态、人文资源优势，加大瑶溪、天柱景区基础设施建设力度，打造国家AAAA级景区。以省金融创新示范区落户龙湾为契机，优化金融生态环境，大力发展和规范金融业态，努力打造金融集聚区。加快蒲州、状元、永中、海滨等地和塘永公路永梅段、机场大道沿线成熟区块“退二进三”步伐，有效拓展服务业发展空间，着力构筑第三产业发展新格局。

整合提升第二产业。坚持创新引领、产业集聚、布局优化，全力推进产业转型升级。积极培育新材料、新能源和节能环保等战略性新兴产业，使之成为龙湾区经济新增长点和工业升级新动力。实施传统产业转型升级方案，提升制笔、民用电器、水暖洁具等传统特色产业，推进不锈钢、阀门、食药机械三大支柱产业由块状经济向现代产业集群转型。加快行业组织结构调整，引导企业整合重组，积极扶持科技型中小企业快速成长，培育引进一批年产值超10亿元的大企业大集团。瞄准发展定位，全面加快建设，努力将民科基地打造成传统产业升级的主平台、新兴产业培育的主阵地和集约高效绿色的现代化沿海产业新区。做大做强建筑业，成为龙湾区重要的基础产业。深化品牌发展战略，争创中国驰名商标2枚，进一步打响区域品牌。

稳定优化第一产业。实施省级现代农业综合区规划，以

粮食生产功能区、主导产业示范区、特色产业精品园建设为重点，做优做强蔬菜、瓜果、养殖等特色产业，扶持发展花卉、苗木、园艺等新兴产业，加快状元、瑶溪杨梅精品园和永兴农业示范园区等基地建设。强化农业科技、农资供应、信息服务、灾害预警等体系建设，完善以政府为主导的农业公共服务体系。

（三）突出空间拓展和功能完善，力塑现代都市新形象

按照温州大都市主中心的规划定位，合理布局空间，优化基础配套，走新型城市化道路。

着力优化空间格局。按照城乡一体化的要求统筹规划编制，突出规划之间的协调性，实现经济社会发展总体规划、土地利用总体规划、城乡建设规划等多规融合。按照“一心集聚、两带拓展、五区联动”的总体格局，主动融入温州现代化国际性大都市建设，确立中心区城市集聚发展的核心地位；对接温州滨江商务区和瓯江口新区，积极拓展滨江经济带和沿海产业带两条主轴线；根据区域发展定位和资源整合要求，有效推进“沿海产业新区、滨江商务区、南部综合商住区、瓯江口服务区、大罗山生态旅游区”五大特色功能区联动发展，快速拉开城市框架。

实现城市中心崛起。按照“完善新区、对接旧城、拓展瑶南、谋划瑶北”的思路，强化配套功能，突出集聚效应，加速凸显城市中心区的行政办公、金融商务和生活居住等主导功能。加快商贸要素大集聚，建成总部经济园、商务楼宇区、高档商业街区及生态型高端示范社区，全面建成核心区，形成城市中央商务区。加快瑶溪南片市政基础设施建设，重点实施永宁西路、永中西路延伸工程，完成片区道路网建设，加快瓯海大道沿线商业用地开发，形成瑶溪南片大型商住集聚区。进一步完善旧城区配套设施，引导永中西路和永宁西路商业轴向西延伸，整合罗东大街商业资源，形成传统特色商业街区。加快瑶溪北片建设，有序推进城市中心区向海滨、永兴等区域拓展。

完善基础配套设施。实施一批与大都市主中心定位相匹配的基础性工程，进一步增强城市承载能力。建设温州都市快速轨道交通线，在全市率先进入轻轨时代；完成永强机场改扩建工程，为建设国际空港奠定坚实基础；建成甬台温高速复线龙湾段、瓯江南口大桥及接线工程、飞云江三桥龙湾段接线、江滨路龙湾段、77省道延伸线龙湾段、环山东路等外部交通主干道，建成曹龙大道、围垦路、环镇路、罗东南街、天柱大道、通海大道等区内交通主干道，实现城区公共交通全覆盖，打造内通外畅的综合立体“交通网”。建成500千伏温东至南雁线、220千伏龙东变、110千伏海滨变、民科变和起步变，扩容提升现有变电所，改造优化电网线路，为区域发展构筑安全高效的“能源供应网”。加快城区南片和民科基地供水支管建设，建成东片污水处理厂二期工程，加强城市污水管网建设与改造，形成齐备的“市政设施网”。完成东片防洪一期工程，启动建设二期工程，灵昆北段堤塘工程全面竣工，有效提升城区防洪排涝能力，形成较为完善的“城市防洪网”。

（四）突出环境整治和生态建设，促进城区环境新改善

以创建省级文明城区为龙头，深化“六城联创”，推进环境再造，着力培育城市核心竞争力。

提升创建水平。发动全区人民积极参与，把握节点，突破难点，全力打好城中村改造、园林绿化、污染物减排和历史文化街区保护“四大战役”，为温州三年基本实现“六城联创”指标、五年全面创成作出贡献，努力成为全市创建工作的排头兵和示范区。通过创建活动，进一步提升城市品位、文明程度和市民素质，促进“三生融合”，实现发展环境大改善。

深化生态建设。以实施生态文明建设“八大工程”为抓手，深化重点行业和重点区域污染治理，严格环境执法和监管，全面加强环境设施建设，城市污水集中处理率和垃圾无害化处理率均达到95%以上。深入开展清洁空气行动，有效控制城区臭源。加强节能减排工作，积极发展循环经济、绿色经济、低碳经济。深化温瑞塘河综合整治，采取截污纳管、生态修复等综合措施，塑造“水清、岸绿、景美”的塘河新貌。大力开展园林绿化和植树造林活动，大幅增加城区绿量，建成10个区级综合性公园和75个村级小游园，占地面积212公顷，森林覆盖率达35%以上，努力实现“绿满龙湾”的目标。

加强城市管理。理顺城市管理体制，创新城市管理运行机制，推动城市管理“重心下移”。加快“数字城管”建设，提高精细化管理水平。加大市容环境整治力度，完善环卫设施，健全垃圾收集处理体系，有效改变“脏乱差”现象。强化日常巡查，加大违法建筑拆除及后续管理力度，抓好边角地、废弃地规划利用。强化交通秩序整治，完善静态交通设施，加大打卡口力度，整治交通堵点乱点，积极倡导文明出行。

（五）突出改革创新和内外开放，激发统筹发展新活力

坚持开放带动和创新驱动，充分发挥政府“有形之手”的作用，通过体制机制改革破解发展难题。

全面推进综合改革。紧紧抓住温州作为全国新一轮农村改革试验区的机遇，全面推进城乡统筹综合改革。以推进“三分三改”为核心，以农房改造集聚建设为切入点，重点抓好农村集体资产产权、土地承包经营权流转、宅基地有偿置换、建设用地使用权、户籍管理等制度改革，促进政经分开、资地分开、户产分开，促进要素无障碍流动，逐步打破城乡二元结构，使农民转变为市民、农村转变为社区、传统农业转变为现代农业。

全力推进科技创新。按照“政府主导、企业主体、人才主力”的要求，深入开展创新型城区建设，使科技创新成为推动龙湾区转型发展的持续动力。加大科技创新投入，抓好重大科技项目的组织实施。继续推进科技创新平台建设，建成科技创新大楼，启动建设高新技术产业园区。支持企业研发中心和科技孵化器建设，引进更多国内知名大专院校、科

研院所在龙湾设立分支机构，强化关键、共性技术攻关，建立产学研相结合的科技创新体系。建成人才公寓，着力改善人才生活环境和创业政策环境，营造尊重人才、尊重创造的良好社会氛围。

扎实推进内外开放。提升“走出去”发展水平，加强对外贸出口企业的扶持和服务工作，大力开拓非洲、拉美、东盟等新兴市场，积极组团参加各类重大经贸活动，探索网络平台创建工作，推动外向型经济转型提质。加强区域经济合作与交流，加快融入长三角，主动对接海西区。深入实施内外龙湾人互动战略，加快总部经济园开发建设，吸引更多的内外龙湾企业和大型国企、民企在龙湾设立总部，促进资金回流、人才回归、项目回迁。

（六）突出民生改善和社会建设，开创和谐稳定新局面

坚持把公共服务均等化作为民生工作的切入点，持续提升保障和改善民生能力，实现更大范围的普惠共享。

促进社会事业发展。优先发展学前教育，均衡发展基础教育，大力发展职业教育和社区教育，支持规范民办教育，多渠道解决新公民子女就学问题；加快永强中学、永兴第一小学、瑶溪第六小学等一批校网调整项目建设，配合抓好市中职基地建设，在全市率先实现教育现代化。深化医药卫生体制改革，进一步落实国家基本药物制度，迁建区第一人民医院，建成区公共卫生服务中心，配合建设附二医龙湾分院，加快构筑覆盖全区的三级公共卫生服务体系。大力推进文化大区建设，以创建历史文化名城为载体，深挖明代传统文化资源，扎实做好永昌堡抗倭遗址修复、历史文化街区整治、非物质文化遗产保护传承等工程，进一步打响古堡文化、名人文化、民俗文化品牌。积极配合温州新奥体中心建设，加快完善公共体育设施，普及群众体育，提升竞技体育，发展体育产业，创成省级体育强区。深入实施人口计生“强基创优工程”，不断优化人口结构，全面提高人口素质。

加大社会保障力度。优化劳动就业环境，多渠道增加就业岗位，设立青年创业就业服务平台，实现城乡劳动力充分就业。加大廉租住房和拆迁安置房建设力度，构筑城乡住房保障体系。完善城乡居民社会保险和社会救助体系，进一步扩大覆盖面，逐步提高保障水平。全力推进残疾人奔小康工程，启动建设区养老服务中心，实现残疾人、老龄等事业新发展。关心支持妇女、青少年、移民和慈善等事业，认真做好民族、宗教、外事、侨务、对台等工作。

强化平安龙湾建设。继续巩固省级平安区创建成果，创新社会管理模式，努力构筑基层组织建设、基层维稳工作、基层安全生产管理、流动人口服务管理“四位一体”工作机制。建立常态严打、严密防控等工作体系，全面构建社会治安新秩序，有效提升群众安全感。扎实做好信访工作，完善人民调解机制，推进“六五”普法工作。加强应急管理，着力提升应对各类突发公共事件的能力。

三、2011年主要工作

2011年是实施“十二五”规划的开局之年。做好2011年的工作，对于顺利完成“十二五”奋斗目标至关重要。综合分析发展环境和自身条件，建议2011年龙湾区经济和社会发展的主要预期目标为：全区地区生产总值增长10%以上；地方财政收入增长10%以上；全社会固定资产投资增长69%以上，投资率达到52%；社会消费品零售总额增长15%；外贸出口总额增长11%；城镇居民人均可支配收入和农村居民人均纯收入分别增长9%、10%以上。单位生产总值能耗和化学需氧量、氨氮、二氧化硫、氮氧化物排放量完成上级下达的年度削减任务。重点抓好以下九方面工作：

（一）全面实施“双十工程”。十大建设工程和十大民生工程分别完成年度投资额70.6亿元、13.5亿元，带动形成固定资产投资130亿元。完成省市重点工程投资20.5亿元、区级41.1亿元。加快路网建设，5月底前完成塘永公路永梅段道路整治并同步启动立面整治工程，10月底前建成曹龙大道；年内完成江滨路龙湾段地下管线和路基施工，加快飞云江三桥龙湾段接线工程建设，完成围垦路、罗东南街南段、环镇路海滨段拆迁并进场施工，做好环山东路、天柱大道前期工作；抓好永强机场航站区扩建、温州都市快速轨道交通线、甬台温高速公路复线龙湾段、瓯江南口大桥及接线工程、77省道延伸线龙湾段政策处理。加快污水管网建设，6月底前全面完成东片污水管网工程，年内启动状蒲片污水管网改造和东片污水处理厂二期工程建设，新增截污管20公里，纳管到户3000户。加快电网建设，110千伏南洋变、西台变分别于3月和8月底前投运，年内开工建设110千伏海滨变、民科变和起步变。加快防洪网建设，续建东片防洪和灵昆北段堤塘一期工程，推进二期工程前期工作，开展首次全国水利普查。加快信息网建设，促进电信、计算机、有线电视“三网融合”，推进移动TD等基站建设。加大保障力度，组建国投等五大投融资平台，落实项目业主负责、政策处理属地包干等制度，全力破解政策处理、手续办理、项目融资等难题；做好土地报批和土地挖潜，全年供地566.67公顷以上，转而未供清理533.33公顷，积极争取异地占补平衡指标133.33公顷以上；加快村级二、三产留地开发步伐，全年开发建设二产留地23.33公顷、三产留地34.60公顷。

（二）全力攻坚“六城联创”。全面实施“1+6”创建工作方案，打好“四大战役”，深化“四大整治”，创成省级文明城区，有效改善城区环境。扎实推进“绿满龙湾”行动，2月底前启动建设金钟湾等一批区级综合性公园，5月底前建成状元公园和25个村级小游园，6月底前完成瑶溪钟秀园一期、年内完成二期工程，6月底前完成瓯海大道海滨段景观绿化工程，新增绿地30公顷，创成省级森林村庄10个。开展全民绿化大行动，扎实推进公路绿化、铁路绿化、山体绿化等九大绿化造林活动，新增林地133.33公顷。持续推进温瑞塘河整治，完成东片塘河综合整治规划编制，重点实施永强片轮船河等16条河道整治，5月底前完成169家沿河、沿路单位“拆违建绿、拆围透绿”任务，加快建设塘河生态长廊。坚持铁腕治污，巩固合成革、不锈钢拉管等重点行业和温州

工业园区等重点区域污染整治成果，蓝田、海城电镀基地分别于8月和12月底前建成投用，有序推进大气污染防治和节能减排，确保完成年度目标任务。深化市容环境整治，4月份启用“数字城管”，抓好文明街路创建和主要道路市容管理，在每月第2个星期六组织开展“清洁环境卫生义务劳动日”活动，新建续建垃圾中转站6座、公厕10座，城市生活垃圾无害化处理率达到95%以上。按照“科学规划、分类实施、节约集约、有序推进”原则，加快东林村等4个城中村改造，启动12个城中村改造，有效改善城乡居住条件。深入开展大罗山历史文化研究，保护与修建永昌堡抗倭遗址、国安寺塔等一批文保单位，完成历史文化街区详细规划编制，开展寺前街等古街区周边环境整治，加快镇级文化活动中心建设，扎实推进“国家历史文化名城”创建工作。

（三）加速城市中心区建设。大力实施一批基础设施、公建配套、产业项目，力推中心区出形象、呈亮点。全年实施综合性项目28个，其中开工10个、续建10个、建成8个，计划投资67.3亿元。强力推进区间道路建设，全面铺开瑶溪南片道路网工程，贯通永中路旧城段，启动永中旧城一期、建中南街二期道路网前期工作，永中西路、永宁西路延伸工程年内基本完工。着力实施公建配套项目，6月底前开工建设科技创新大楼、建成市民活动中心，8月底前开工建设民防应急指挥中心，年内建成文化水街、公检法大楼和区图书馆（党校、老年大学）主体工程，做好人才公寓建设前期工作；全力抓好温州新奥体中心政策处理，确保年内开工。提升商住集聚功能，建成温州银行大楼、万康财富广场、龙城华府等一批商业金融、房地产项目，推进龙湾农村合作银行大楼、财智东方、D08和A地块精品楼盘等项目。加快亮丽工程建设，优化中心区城市标志系统，美化视觉空间布局，4月底前开工建设F地块大型地下广场和主题公园，5月底前完成绿景廊工程，分步实施核心区亮化工程，为市民构建一个舒适的文化休闲景观平台。

（四）加快沿海产业新区建设。按照“强产业、提功能、优环境”要求，坚持建园与建区相结合，完成永兴垦区城市总体规划修编，合理安排产业集聚区、生产生活配套区。优化产业布局，为不锈钢、阀门、食药机械等传统产业转型升级搭建平台，为培育发展新材料、新能源和节能环保等战略性新兴产业留足空间。全面提速项目建设，紧盯全年工业性投资15亿元的目标，开工10个项目，投产6个项目，推出永兴北园60公顷项目用地。做好永兴北园市政配套设施建设前期工作，3月底前开工建设通海大道，6月底前完成滞洪区生态湿地公园一期工程，年内完成龙湾滨海工业园8条主干道建设，基本形成永兴南园“二纵三横”市政道路框架。加快实施瓯飞围涂起步区促淤工程，完成天城垦区吹填工程和海滨围垦堵口合龙。

（五）大力发展现代服务业。尽快出台服务业发展奖励办法，助推现代服务业新发展。3月底前开工建设城市综合体项目，年内完成地下空间主体工程。大力发展楼宇经济和总部经济，建设总部大楼和金属大厦分别于2月、5月底前进场施工，年内启动原温州不锈钢市场地块建设，做好中心区G地块和原温州工业园区管委会大楼地块开发前期工作。启动建设永中机床市场地块大型购物中心，年内完成温州五金装饰市场土建工程，温州金属现代物流中心项目进入土地招拍挂阶段。将空港经济区作为第三产业发展的重要平台来抓，完成概念性规划和控规编制，10月底前开工建设起步区一期工程。制定“退二进三”实施方案，适时开展试点工作。加大省金融创新示范区创建力度，加快农村合作银行股份制改造步伐，积极稳妥推进天河农村资金互助联合会试点工作，新增2家小额贷款公司，争创1家村镇银行。编制龙湾乡村旅游规划，新增2个市级以上农家乐特色村（点）。大力发展社区服务业，拓展服务业发展领域。

（六）加快制造业转型升级。大力实施传统支柱产业转型升级行动计划，通过政策引导、技术创新、资金扶持、品牌培育等手段，助推优势特色产业做大做强。整合提升温州工业园区、温州农业对外综合开发区，7月底前完成园区产业布局导向规划编制；完善天河、海城等地工业基地配套设施，有效提升基地综合服务能力；加快永兴、海城等地沿海标准厂房建设，打造产业集聚发展新平台。着力培育大企业大集团，深入实施市“百龙企业”培育计划，大力扶持本地中小企业发展。充分利用内外龙湾人互动平台，组建2家外地商会。加大招商选资力度，重点做好与央企等大型企业的对接工作，力争引进5个投资超亿元项目，实际利用外资500万美元，到位内资6.3亿元。加大工业投入，全力抓好工业项目“四率”，确保完成工业性投资40亿元。强化科技创新，争创省级知识产权示范区，新增5家高新技术企业、50个省级以上科技项目，万人专利授权量占有率继续保持全市领先。

（七）扎实推进城乡统筹发展。认真落实市委1号文件精神，科学制订实施方案，建立强有力的组织机构，积极稳妥推进全区城乡统筹综合改革。坚持试点先行，精心组织、全力抓好永中试点工作，为全面推开改革提供借鉴。6月底前完成镇改街道工作，加快村改居步伐。按照“一镇一规划、一镇一政策、一镇一平台、一镇一试点”要求，在试点成功的基础上，启动其他镇（街道）农房改造集聚点建设；组建新农村建设投资有限公司，有效解决农房改造融资问题。加大“三农”投入力度，全面落实强农惠农政策。深入实施“百村整治、十村示范”工程，完成市级整治村15个、连片村庄环境整治镇1个。稳定粮食生产，优化都市精品农业，重点建设永兴蔬菜精品基地二期工程、灵昆瓜果畜牧示范园区、瑶溪杨梅精品园，切实提高农产品自给保障能力。

（八）全面加强社会建设。继续加大教育投入力度，不断推进教育优质均衡发展。创成市现代化学校10所，新建公办幼儿园2所，续建区外国语小学，启动永强中学迁建工程，7月底前建成区实验中学，全面完成校安工程建设，争创省首批教育现代化县（市、区）。进一步优化公共卫生服务体系，年内建成区疾控中心、市120急救中心状元分站和永中、天河卫生院，配合建设附二医龙湾分院，启动海城卫生院等迁扩建工程，完善“20分钟社区卫生服务圈”。认真做好重点传染病防控工作，加大食品药品安全监管和职业病防治力度。广泛开展群众性体育活动，提高竞技体育水平，再创1个省级体育强镇，为创建省级体育强区打下坚实基础。全面实施人口计生“强基创优工程 ”，不断加强村级计生服务员队伍建设，强化社会抚养费征收，加大出生人口性别比治理力度，继续保持“优生两免”服务水平全市领先。

（九）强化民生民安工作。进一步加大民生投入力度，精心实施十件年度惠民实事，着力解决群众最关心、最直接、最现实的利益问题。继续扩大养老保险、医疗保险、住房公积金覆盖面，不断完善城乡社会保障体系。做好“三无”人员、五保户、低保户的社会救助工作。安置房开工建设11万平方米、竣工5.7万平方米、交钥匙598户，落实困难群众住房救助50户，完成农房改造2600户，多渠道解决困难群众的住房问题。整合优化城乡交通资源，调整新增3条公交线路，方便群众出行。建成区残疾人综合服务中心，争创省扶残助残爱心城区，加快发展社会福利、慈善等公益事业。筹建区殡仪服务中心，加大丧事管理和青山白化治理力度。2月底前完成村级组织换届选举工作。加强流动人口服务管理，完善流动人口信息系统。持续推进平安区创建工作，深化综治网格化管理，实现三年夺鼎目标。加强巡防队伍和视频监控系统建设，突出抓好治安乱点整治，刑事发案率下降5%以上。严格落实信访工作制度，积极排查化解社会矛盾纠纷。进一步加强安全生产和消防安全管理，实现安全事故数、死亡人数和直接经济损失“三下降”。依法取缔无证无照经营行为，深化“十小”整规，加强市场价格监测预警，严厉打击制假售劣、哄抬物价等违法行为。健全应急预案，加强实战演练，有效应对突发公共事件。

四、切实加强政府自身建设

全面完成“十二五”各项任务，实现龙湾转型发展、赶超发展，对政府提出了新的更高的要求。我们必须牢固树立科学发展观和正确的政绩观，努力加强政府自身建设，大力提升执行力、创新力和公信力，为龙湾经济社会又好又快发展提供坚强保障。

（一）加快转变政府职能。优化投资项目审批流程和行政审批代办服务，实现政府服务全面提速。创新考核方法，增设投资率、城市化率等考核指标，不断完善目标责任考核体系。对接市区财政体制、城建体制改革，理顺区镇两级财政、工作机制，推动公共资源更多地向公共服务领域倾斜，向基层一线倾斜。实施政府服务外包，通过委托服务、管理承包等市场化手段，鼓励和引导社会组织参与社会管理。

（二）大力提升执行能力。牢固树立“勇于担当、一抓到底” 的责任感，切实增强“等不起、马上办”的紧迫感，为龙湾的发展敢闯敢试、争先创优。不断完善重点工作领导联系制、领衔破解制，积极推行一线工作法、并联工作法、成果倒逼法，条块联动、部门协同，确保各项工作有效落实。深入开展“学比赶超”活动，对承诺的事项务必兑现到位，以实际成效取信于民。严格政务督查，严明政务纪律，严肃行政问责，确保政令畅通。

（三）全面推进依法行政。把依法行政作为政府工作的基本准则，不断提高依法管理经济社会事务和解决矛盾问题的能力。进一步完善行政权力阳光运行机制，确保行政行为透明、规范、高效。自觉接受区人大及其常委会的法律监督和区政协的民主监督，认真做好人大代表建议和政协提案办理工作。进一步健全公众参与、专家论证和政府决策相结合的科学决策机制，切实推进政府决策的科学化、民主化和制度化。

（四）着力加强政风建设。继续开展作风建设年活动，深化慵懒散专项治理，使政府工作人员的思想观念、工作方式、能力水平与新形势新任务的要求相适应。高度重视社情舆情网情，高度关注民生民意民情，畅通人民群众的诉求渠道，确保政府更好地履行职责。严格落实廉政建设各项制度，扎实推进惩治和预防腐败体系建设，努力营造风清气正、干事创业的良好环境。

各位代表，新的发展蓝图已经绘就，新的历史征程已经开启。让我们在中共龙湾区委的坚强领导下，紧紧依靠全区人民，凝心聚力，奋勇争先，共同担负起时代赋予的光荣使命，以更加务实的精神、更加坚定的信心、更加昂扬的锐气，为开创龙湾“十二五”科学发展新局面而努力奋斗！

政协龙湾区委员会常务委员会工作报告

——在政协第三届龙湾区委员会第五次会议上的报告

(2011年1月22日)

龙湾区政协主席　徐国信

各位委员、同志们：

我代表政协第三届温州市龙湾区委员会常务委员会向大会作工作报告，请予审议，并请列席同志提出意见。

一、2010年工作回顾

2010年，是"十一五"规划的收官之年，是龙湾区经济社会继续保持平稳较快发展的一年，也是区政协认真履行职责、奋力推进各项工作落实的重要一年。一年来，区政协常委会在中共龙湾区委的正确领导和区政府的大力支持下，团结带领全区广大政协委员、各民主党派、工商联、人民团体及社会各界人士，高举中国特色社会主义伟大旗帜，以科学发展观为指导，认真贯彻落实省、市政协工作会议精神，牢牢把握团结和民主两大主题，紧紧围绕全区工作大局，充分发挥独特优势，认真履行政治协商、民主监督、参政议政职能，为促进全区经济社会发展作出了积极贡献。

（一）加强学习，深化认识，政协工作取得新拓展

注重学习是人民政协的优良传统。一年来，常委会始终坚持把学习摆在突出位置，把学习作为一种政治责任、工作需要和精神追求，创新学习方式，丰富学习内容，努力提高履职水平。

加强政治理论学习。完善常委会议、主席会议和政协机关学习制度，把统一战线和人民政协的理论列入年度学习计划，根据工作需要确定不同阶段的学习内容和学习重点，通过集中学习和个人自学相结合，在深入阅读分析、交流心得体会中，提高了对新时期党的路线、方针、政策和法律法规的认识与理解。常委会专题学习了胡锦涛总书记在浙江考察时的重要讲话精神和市委"六城联创"有关内容，引导委员充分认识面临的新形势、新任务，切实增强顺应大势、服务大局的政治意识和责任意识。

强化委员培训教育。举办政府工作通报会，区政府主要领导亲自向委员通报区政府重要工作，使广大委员知情明政。举办各类专题培训，先后邀请省社科院和首都医科大学的专家教授，作言谏文化传统与基因科学方面的知识讲座，丰富委员的知识结构和层次。召开民主监督员动员暨培训会议，熟悉监督业务，把握监督重点，有效提高民主监督的质量和实效。召开反映社情民意信息工作座谈会，采取以会代训形式开展信息业务培训，提高了特邀信息员撰写和反映社情民意信息的水平。

拓宽政协业务范畴。认真学习传达省、市政协工作会议精神和省、市《关于加强和完善人民政协政治协商促进科学民主决策的实施意见》等文件，准确把握上级精神，不断健全政治协商工作。拓宽常委会工作领域，区人民法院和区人民检察院首次向常委会通报年中工作情况。加强与其他兄弟县(市、区)政协的交流互动，学习借鉴外地政协工作的好经验、好做法，不断创新政协工作思路。

（二）集思广益，共谋良策，协商议政取得新进展

咨政建言是人民政协的重要工作。一年来，常委会通过各种形式，积极组织参加政协的各民主党派、人民团体和各界人士，紧紧围绕区委、区政府中心工作，建睿智之言，献务实之策。

全会协商建言立论。在年初召开的区政协三届四次全会上，组织委员围绕全区发展目标，进行全面协商议政。会议期间，委员们从提升龙湾产业核心竞争力、谋划发展总部经济、优化区域经济发展环境、切实抓好平安大区建设等方面坦诚建言，区委、区政府领导到会并参与小组讨论，直接听取委员的意见建议，解答委员提出的问题。五位委员就企业外迁、加快产业转型升级、加快民科基地建设、提升群众文化生活等议题作了大会发言，得到党政领导的高度重视和委员们的一致好评。

重点协商突出实效。精心组织区"十二五"规划编制征求意见协商会，就经济社会发展多个领域的相关问题进行协商和交流，提出意见建议，为科学编制龙湾区"十二五"规划建言献策。坚持协商监督与帮助支持并重，常委会先后听取区公安分局、区纪委相关工作情况通报，提出中肯意见和建议，促进各项工作的开展和落实。同时，政协主席、副主席列席区委常委会和区政府常务会议、直接参与重大项目建设和区委重点工作，对龙湾区重大决策和重要问题，提出可行性意见建议，有效实行协商议政。

调研视察辅政献策。组织开展村级老年人协会规范化建设问题调研，及时形成《关于村级老年人协会规范化建设的建议案》，区政府领导还专题向常委会通报建议案落实情况。组织开展内外龙湾人互动发展课题调研，广泛听取外地商会意见，为龙湾区经济转型发展提出许多合理化建议。组织政协委员对龙湾区人口和计划生育工作、排污管网建设维

护、道路交通设施建设、《中华人民共和国残疾人权益保障法》贯彻实施情况和失土农民基本生活保障等一些群众关注、关心的问题开展视察，分别形成了高质量的视察报告，供区委、区政府决策参考。区委、区政府主要领导多次对这些报告作出重要批示，并要求有关部门认真采纳落实。

（三）贴近实际，强化创新，民主监督取得新突破

民主监督是人民政协发挥作用的重要手段。一年来，常委会加大民主监督力度，不断创新民主监督形式，拓展民主监督领域，努力提高民主监督实效。

政协提案推动难题解决。区政协三届四次会议以来，共收到提案167件，经审查立案157件。截至2010年7月底，已全部办理完毕。常委会多次研究提案工作，将督促提案办理作为民主监督部门工作的重要内容，使提案办理与民主监督形成良性互动。提案交办后，不断优化面商沟通，推行“三见面”办案和现场办案；加大跟踪督办力度，实行主席、副主席领衔督办重点提案，对提案办理大户进行视察督办和提案办理工作“回头看”；实行重点提案办理常委会民主评议制度，不断增强提案办理实效。在各承办单位的共同努力下，提案办理质量有了较大提高，一些事关群众切身利益的问题得到妥善解决。

民主监督推动作风改进。创新监督形式，出台统一派驻民主监督员工作方案，对区社保分局进行全程跟踪监督，向区人口和计划生育局、区市政园林局、区文化广电新闻出版局、市交警三大队等4家单位统一选派民主监督员。派驻民主监督员坚持在监督中体现服务，在服务中实施监督，不定期开展明察暗访，及时以适当的途径和方式提出意见建议，督促有关部门转变工作作风，提高服务意识和效率。

社情民意搭建连心桥梁。建立区政协特邀信息员队伍，聘请19位同志担任特邀信息员，拓宽了反映社情民意信息的渠道。制订出台信息工作激励制度，对被录用稿件的作者给予一定的物质奖励和精神奖励，激发委员反映社情民意的积极性和主动性。全年共上报社情民意信息30余篇，其中多篇信息被省、市政协社情民意信息专报录用，不少意见建议引起党政领导的重视，直接推动了相关问题的解决和相关工作的开展。

（四）发挥优势，凝心聚力，促进和谐取得新成效

凝聚人心，服务民生是政协履职的现实要求。一年来，常委会充分发挥政协优势，积极加强团结联谊，努力维护群众利益，在协助党委和政府化解矛盾、凝聚力量方面，做了大量工作。

积极开展团结联谊工作。加强同各民主党派、工商联、无党派人士和各界人士的联系，在调查研究、协商讨论、座谈交流等活动中，认真听取他们的意见和建议，激发他们履职积极性。利用中秋节、春节等传统节日，举办各类联谊活动，加强与社会各界的沟通交流，增强爱国统一战线的向心力和凝聚力。开展委员生日“三送”活动，努力营造政协温馨和谐、温情和睦、温暖和美的大家庭氛围。秉承“以文会友、以艺联谊”的社团宗旨，政协之友社、政协书画院积极开展各类文化艺术交流活动，使之成为政协联系委员及各界人士的桥梁纽带。积极开展对外交流活动，加强与上级政协和兄弟县（市、区）政协的联系，热情接待各地政协考察团，在相互交流中增进友谊。

切实做好服务民生工作。充分发挥政协委员贴近群众的优势，通过座谈走访等形式，把党的政策变为广大群众的共识，把群众所想、群众所急，通过政协这个平台向党政部门反映。积极参与中心工作，认真做好领导联系点和疑难信访案件领导包案工作，帮助指导基层解决一系列实际难题。组织政协委员参与爱心捐款、助学结对等社会公益活动，倡导以实际行动回报社会。如组织委员奔赴文成县上林乡，为山区读书困难的孩子送上助学金和各类所需文具；组织文艺界委员开展送戏进社区活动，为社区居民提供喜闻乐见、贴近生活的节目等等。一些委员自发组织开展公益活动，如邀请专家对当地老人提供健康咨询服务等，较好地发挥了委员的示范带头作用。

努力促进文化传承与发展。深入挖掘龙湾武术渊源和流派，广泛搜集武术在龙湾的各类史料，编印出版《龙湾武术》一书，使龙湾的武术得到一次系统全面的提炼，产生了较好的社会影响。精心组织开展浙江省“兰亭奖”龙湾分赛区书法大赛，进一步激发广大中小学生“热爱书法、学习书法”的热情。联合鹿城、瓯海政协书画院开展三区书画联展，充分展示龙湾区书画艺术，进一步促进文化交流与合作。

（五）固本强基，提高效能，自身建设得到新提高

加强自身建设是人民政协的长期任务。一年来，常委会高度重视政协的自身建设，在发挥委员作用、加强专委会和机关建设、形成履职合力上积极作为。

委员队伍建设切实加强。出台《关于委员履行职责的若干规定（试行）》，着重围绕加强理论学习、参加政协活动、保障委员权利、做好联络服务等方面作出详细规定，进一步推动委员履职制度化、规范化和程序化。建立“委员管理信息平台”，采用信息化手段记录、统计、查询各位委员出席会议、参加活动、提交提案、撰写信息等情况，着力加强委员履职管理。

专委会建设扎实推进。各专委会认真制订工作计划，充分利用各自优势，积极组织委员开展活动，在政协履行职能中较好地发挥了基础性作用。增设委员管理工作委员会和文史编辑办公室，并落实了工作人员，政协机关的机构设置更加健全，工作力量进一步增强。

机关建设不断深化。按照区委的部署和要求，认真开展学习型党组织创建、创先争优和“作风建设年”活动，政协工作质量和服务水平进一步提高。不断完善为政协履行职能服务的各项工作制度，为区政协机关和政协委员履行职能提供可靠支撑和保障，确保机关工作协调统一、规范有序、精干高效地运行。

各位委员、同志们，过去一年，区政协常委会认真履行

职能，圆满完成区政协三届四次会议确定的各项目标任务，取得了较好的成绩。这些成绩的取得是中共龙湾区委正确领导的结果，是区人大、区政府大力支持的结果，是全体政协委员和各民主党派、工商联、人民团体、社会各界人士共同努力的结果。在此，我谨代表区政协常委会，向全体政协委员和政协各参加单位，向所有关心、支持政协工作的领导和各界朋友，表示崇高的敬意和衷心的感谢！

回顾一年来的政协工作实践，我们深刻体会到，推进人民政协事业的发展，必须坚持和完善共产党对政协工作的领导，把政协工作放在全区工作大局中谋划和开展，始终做到同区委、区政府目标上同向，工作上合拍，行动上一致。必须把以人为本贯穿于履行职能的各个方面，始终以人民利益为重，多建顺民意的真言，多献遂民愿的良策，多办得民心的实事，切实做到人民政协为人民。必须牢牢把握民主和团结两大主题，充分发挥人民政协代表性广和包容性强的优势，不断增进共识、凝聚力量，巩固发展和衷共济、共同奋斗的生动局面。必须充分发挥委员的主体作用，用事业凝聚委员，用实践锻炼委员，用机制激励委员，形成心往一处想，力往一处使，共同致力于实现富裕文明和谐新龙湾的宏伟目标。

在总结经验和成绩的同时，我们也清醒地看到，区政协工作还存在一些不足，如政治协商的主动性、前瞻性还不强，民主监督的针对性、实效性还不够，开展委员学习培训特别是委员管理方面还有待提高，专委会的基础作用发挥还不强，委员联络活动小组和界别活动还不平衡等等。所有这些，都需要我们在今后的工作中认真研究，逐步加以改进和解决。真诚希望广大委员和社会各界人士对区政协常委会工作提出意见和建议，帮助我们把工作做得更好。

二、2011年工作任务

2011年，是“十二五”规划的开局之年，也是龙湾加快转型、跨越发展的关键之年。2011年区政协工作的总体要求是：以科学发展观为指导，牢牢把握加快经济社会转型这一主线，突出团结和民主两大主题，积极参与“六城联创”和“学比赶超”活动，扎实有效地履行三大职能，以人为本、发扬民主、团结各界、发挥优势，体现特色，围绕推动科学发展创新政协工作机制，围绕统筹城乡发展增强政协工作活力，围绕构建和谐社会提高政协工作实效，为把龙湾区建设成为生产、生活、生态相融合的现代化滨海新城区作出新的贡献。

（一）更加注重协商议政实效，共谋发展之策

强化政治协商的计划性。要重点围绕如何推动龙湾区“十二五”规划和区委六届九次全会各项目标任务的落实，主动加强与区委、区政府的沟通和衔接，共同研究确定年度协商计划。围绕龙湾区转型发展中的有关综合性、前瞻性问题和党政关注、群众关心的重大事项、热点问题，精选课题，协商议政，力争做到组织周密，安排合理，效果明显，不断增强政治协商的操作性，争取在协商民主工作领域有新突破。

强化政治协商的制度性。坚持把政治协商纳入决策程序，按照“三在前”、“三在先”原则，在区委有关重大决策前，广泛开展协商，使社会各界群众的意愿，进入党政的决策，促进区委、区政府决策的民主化、科学化。不断规范和完善人民政协的政治协商制度，加强对协商计划完成情况的督促和检查，推动群众切身利益等重大问题的解决，努力形成党委重视、政府支持、政协主动的政治协商氛围。

强化政治协商的灵活性。健全全会协商方式，全体会议期间组织委员围绕全区政治、经济、文化、社会生活中的重要问题和人民群众普遍关心的问题，开展全面协商。围绕经济转型升级、维护社会稳定、农村二、三产留地开发等课题，利用常委会、主席会议等形式，开展重点协商。围绕总部经济园和城市综合体工程等项目，广集委员智慧，献言出力，开展专题协商。针对不同层次的内容，探索新的形式，采用大范围协商讨论，小范围协商座谈、内部沟通等灵活多样的方法，使政治协商更加经常有序、更加生动活泼，更加富有成效。

（二）更加注重民主监督成效，助推发展之业

运用派驻监督员推进部门工作。健全和完善统一派驻民主监督员制度，扩大派驻面，有组织、有计划地向行政执法部门和单位派驻民主监督员，在参与和支持中，促进被监督单位的工作。建立特邀监督员工作制度，改变以往特邀监督员由部门临时聘请的现状，改由政协统一选派，并支持保障特邀监督员履行职责。

运用专项民主监督推动重点工程建设。选择围垦造地工程建设、公园绿地工程建设、温瑞塘河整治等重点工作，开展专项民主监督。组织委员以开展视察、明察暗访、座谈交流等多种形式，及时掌握工程动态，帮助寻找解决问题和困难的办法，为加快工程推进速度积极建言献策。不断健全民主监督机制，试行常委会民主评议部门工作。

运用提案助推解决民生问题。积极引导广大政协委员提交有关民生的提案。面向社会公开征集提案线索，完善提案审查程序，严把提案质量关。实行重要提案《摘报》送区委、区政府领导阅批，主席、副主席牵头督办重点提案，对重要提案办理情况进行督查，推进提案建议的落实。继续实行提案办理“回头看”，加大提案成果转化力度，努力通过提案办理解决一批民生问题。

运用政协信息反映社情民意。努力拓宽信息渠道，积极发挥政协信息舆情汇集和社情反映的功能。注重发挥政协委员、民主党派成员反映社情民意的主体作用，及时反映全局性、倾向性、苗头性的情况和问题，提出具有党派性、界别性、咨政性的意见和建议，为党委政府准确把握社会舆情、妥善解决各种矛盾提供信息服务和决策参考。

（三）更加注重调查研究深度，多献发展之言

重点调研着力求精。要充分发挥政协人才荟萃的优势，围绕龙湾区经济社会发展中的重大问题，选择现代物流体系

建设、综治网格化管理作用发挥、人才引进和培养情况、围垦用地情况等课题，在求精求深求实上下工夫，组织委员广泛开展调查研究，为区委、区政府建有用之言，献务实之策，立发展之论。鼓励和支持各民主党派、工商联、无党派和人民团体开展各类调研活动，为党政领导决策提供智力支持。

专题视察着力求广。动员和引导广大委员积极参与视察活动，扩大政协委员参与面。围绕区委、区政府“双十”工程和群众普遍关注的热点、难点问题，选准切入点，组织委员就“城中村”改造、学前教育改革和发展的实施情况，侨台胞状况及侨台资企业状况，专业市场建设、农贸市场建设等内容开展视察活动，集聚委员智慧，多献利民之言，共造发展之势。引导各界别和联络组开展各类视察活动，充分发挥界别特色与优势。

服务基层着力求实。认真做好领导联系点和领导包案工作，帮助基层解决实际问题和群众反映的热点问题。主动承接区委、区政府中心工作，协助抓好有关重点工作的落实。切实发挥桥梁纽带作用，关注群众疾苦，协助区委、区政府做好暖人心、稳人心、得人心工作，从而增加动力、减少阻力、形成合力。

（四）更加注重团结联谊工作，集聚发展之力

高度重视联络联谊工作。健全领导联系常委、常委联系委员制度，建立委员约谈制度，利用各种形式，将全区经济社会发展情况和区委、区政府的重大政策举措及时向广大委员传达。精心组织各界人士中秋联谊会、新春茶话会等传统节日活动，不断增进各界人士的团结联谊。加强同各民主党派、工商联、人民团体和各界人士的联络联系，健全与政协各参加单位的交流沟通机制，进一步扩大团结面，增强包容性，切实维护各党派、各阶层关系的和谐稳固。密切与市政协和各兄弟县（市、区）政协的联系，通过交流，增进友谊，取长补短，互促共进。

着力搭建服务民生平台。探索建立村居（社区）政协委员工作室，广泛听取群众呼声，及时反映群众诉求，力所能及帮助解决一些实际问题。开展领导赴片区调研活动，引导各片区委员为当地镇（街道）建设出点子、提建议。适时开展民意调查，全面深入了解群众最关注的问题，为区委、区政府决策提供民意基础。动员政协委员和社会各界人士参与科教扶贫、扶危济困、送医送药、捐资助学等公益事业，切实为民办实事办好事。

突出特色拓展文史工作。深入挖掘龙湾民俗文化，出版一本反映龙湾民俗文化的书籍。开展送文史资料进村居、进学校活动，普及文史知识，进一步扩大政协文史工作的社会影响力。加强与其他县（市、区）书画院的交流，引导书画院成员多创作、多出精品，不断丰富群众精神文化生活。

（五）更加注重政协自身建设，筑牢发展之基

着力提高委员履职能力。实施委员素质提升工程，邀请专家对委员开展各类培训，组织委员外出学习考察，不断开拓委员视野，提升委员素质，增强委员履职积极性。在全体委员中开展“五个一”活动，即倡导每位委员提一件提案、反映一条社情民意、参加一次调研视察、为民办好一件实事、参加一次公益事业活动，不断强化委员的责任意识、大局意识。完善政协委员履职档案，全面掌握委员履行职责和参政议政活动情况。

全面加强界别建设。着力在重基础、求实效、增合力上下工夫，会同有关部门对区政协委员界别设置工作进行调研，科学合理调整界别设置、委员配备，严格按界别要求物色新一届政协委员，为下一届政协工作打牢基础。认真探索发挥界别作用的方法和途径，准确把握界别的特点和优势，健全界别活动的制度和机制，支持各界别开展各类活动，使不同界别的优势得到充分展示和发挥。

切实加强机关建设。创新常委会工作，努力使常委会工作的内容和形式能够适应新时期、新任务的要求。加强专门委员会建设，充分发挥其在团结联系政协委员和开展经常性活动中的基础作用。开展规范化服务型机关建设，不断推进机关思想、组织、作风建设，不断增强政务性服务能力和统筹协调能力，为人民政协有效履行职能、顺利开展工作提供有力保证。

各位委员、同志们，“十二五”蓝图已经绘就，新的目标任务已经明确，龙湾的发展将站在一个全新的起点。新机遇赋予新使命，新起点期待新作为。让我们在中共龙湾区委的正确领导下，深入贯彻落实科学发展观，立足人民政协工作平台，努力把各方面的智慧凝聚起来，把各方面的力量调动起来，携手同心，开拓奋进，为把龙湾建设成为生产、生活、生态相融合的现代化滨海新城区而努力奋斗！

特　　辑

龙湾区2010年 国民经济和社会发展统计公报

2010年是国际国内宏观环境异常复杂的一年，也是“十一五”的收官之年。一年来，全区人民在区委、区政府的正确领导下，坚持以科学发展观为统领，全面贯彻执行中央和省市一系列重大决策部署，出台“拓市场、保增长”30条意见、经济转型升级“3+X”等一系列扶持政策，全面实施“四大战略”，深入开展“三大会战”，克难攻坚，扎实工作。全区经济回暖好转，产业结构调整取得积极成效，节能减排工作取得新进展，民生状况进一步改善，社会各项事业取得新的进步。

一、综合

2010年，全区国民经济总体保持平稳增长态势。全区（包括温州经济技术开发区）全年实现地区生产总值360.28亿元，按可比价计算，比上年增长9.6%。其中：第一产业增加值3.43亿元，比上年下降2.4%；第二产业增加值253.06亿元，比上年增长9.8%；第三产业增加值103.79亿元，比上年增长9.5%。第一、二、三产业增加值占全区地区生产总值的比重为1.0：70.2：28.8，人均生产总值（按年平均户籍人口计算）为107275元，比上年增长8.5%。

2010年，全区（不包括温州经济技术开发区）实现地区生产总值233.33亿元，按可比价格计算，比上年增长9.0%。

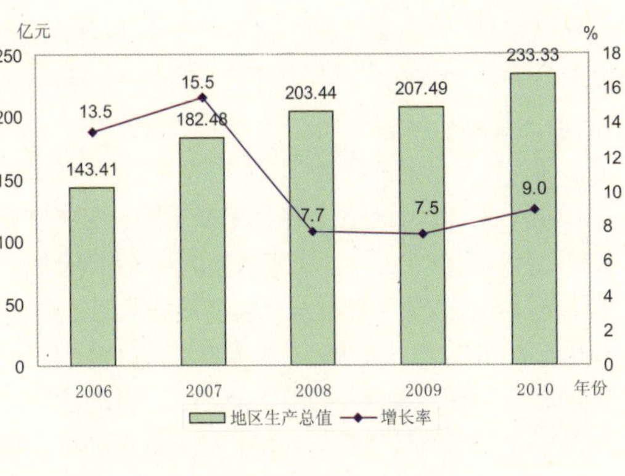

图1：2010年度与前4年龙湾区地区生产总值及增长率对比

其中：第一产业增加值3.43亿元，比上年下降2.4%；第二产业增加值159.71亿元，比上年增长7.9%；第三产业增加值70.19亿元，比上年增长12.1%。第一、二、三产业增加值占全区地区生产总值的比重为1.5：68.4：30.1，人均生产总值（按年平均户籍人口计算）为70480元，比上年增长7.9%。

国民经济和社会发展中存在的主要问题是：固定资产投资相对不足，土地、资金、人才等要素制约明显，发展内在动力不强；产业低小散，第三产业比重偏低，转型升级速度不快；节能减排压力较大，加快转变经济发展方式的任务十分艰巨。

二、农业

全年农林牧渔业总产值5.59亿元，按可比价计算，与上年基本持平。其中：农业产值2.84亿元，比上年下降9.3%；林业产值171万元，比上年下降60.3%；牧业产值1.54亿元，比上年增长5.2%；渔业产值1.17亿元，比上年增长24.6%。农林牧渔服务业产值228万元，比上年下降9.2%。

种植面积与农作物生产同步减少。全年农作物播种面积7766.67公顷，比上年减少286.67公顷，比上年下降3.6%。粮食播种面积2926.67公顷，比上年下降4.1%；蔬菜播种面积3306.67公顷，比上年下降11.9%。全年粮食产量1.72万吨，比上年下降9.8%；蔬菜产量8.07万吨，比上年下降11.9%；水果产量3.27万吨，比上年下降3.8%。

表1：　龙湾区主要农作物生产情况

指标名称	单位	2010年	比上年增长%
粮食播种面积	公顷	2926.67	-4.1
蔬菜播种面积	公顷	3306.67	-11.9
粮食产量	万吨	1.72	-9.8
蔬菜产量	万吨	8.07	-11.9
水果产量	万吨	3.27	-3.8
油料产量	吨	879.00	52.3

畜牧业生产保持稳定增长。全年肉类产量6043吨，比上年增长5.9%，猪肉、牛肉供应分别比上年增长10.3%和121.5%。生猪存栏4.43万头，比上年增长11.3%。

林业生态建设稳步推进。“十一五”期间全区共完成沿海防护林造林866.67公顷，完成生态公益林建设任务933.33公顷，累计建成生态防火林带建设220余公里。五年累计创建

表2： 龙湾区主要畜牧产品情况

指标名称	单位	2010年	比上年增长%
肉类产量	吨	6043	5.9
猪肉产量	吨	5177	10.3
牛肉产量	吨	58	121.5
禽肉产量	吨	801	-18.5
禽蛋产量	吨	4291	49.7
牛奶产量	吨	5212	-26.5
年末生猪存栏	万头	4.43	11.3
年末牛存栏	头	2472	-18.6
年末家禽存栏	万羽	42.37	-6.5

省级绿化示范镇1个，省级绿化示范村5个，市级绿化示范村9个，区级绿化示范村17个。5年累计组织人员53万人次参加义务植树，共植树65万株。

水利设施建设继续加快。至2010年年末，东片防洪一期工程累计完成征地48余公顷，完成金山河、三甲支河、黄石山后河永中1标等8.50公里河道拓宽整治工程。千库保安工程有效推进。天河东水库和天河西水库已完成大坝防渗加固、增设防空隧洞、增设日常观测设施等工作，进入主体工程完工验收阶段；后坑水库除险加固工程已完成防渗心墙、溢洪道混砼板施工，正进行溢洪道挡墙施工；山门坑水库除险加固工程已完成主体工程施工，正进行扫尾工作。小型农田水利基本建设有序展开。全年新建、改建、修建三面光渠道14.14公里，排水暗渠0.64公里，机耕路1.84公里，改造机耕桥4座，涵洞修复1座，机埠12座。

三、工业和建筑业

工业经济实现恢复性增长。全年全区完成全社会工业总产值658.70亿元，比上年增长18.3%。全区规模以上企业847家，实现工业总产值446.77亿元，比上年增长21.9%。其中：轻工业产值99.85亿元，比上年增长23.8%；重工业产值346.92亿元，比上年增长21.3%。规模以上工业企业总产值占全部工业总产值的比重为67.8%。

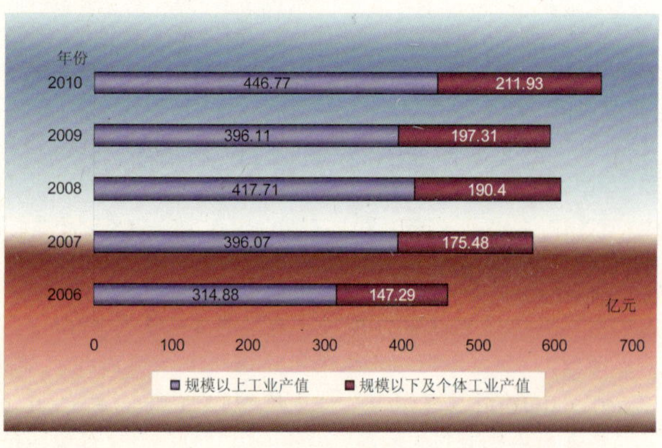

图2：2010年度与前4年龙湾区工业企业产值对比

工业经济向规模化发展。全区拥有工业产值超亿元企业112家，与上年持平。实现工业产值247.54亿元，占规模以上工业总产值比重55.4%。其中产值超3亿元企业15家，超10亿元企业2家。分行业来看，合成革行业实现产值87.05亿元，比上年增长15.7%；不锈钢行业实现产值44.31亿元，比上年增长26.7%；阀门和旋塞制造业实现产值40.67亿元，比上年增长20.0%；化工行业实现产值37.24亿元，比上年增长23.6%，皮鞋制造行业实现产值28.63亿元，比上年增长20.0%。以上五大行业产值合计237.90亿元，占规模以上工业总产值比重为53.2%。

工业经济效益恢复增长。效益考核企业全年实现主营业务收入417.60亿元，比上年增长15.8%；实现利税总额31.23亿元，利润总额17.20亿元，分别比上年增长15.8%和17.6%。反映工业经济效益整体水平的综合指数得分（工业企业7项评价考核指标）为161.68分，比上年提高4.95分。经济效益考核企业中，发生亏损企业18家，亏损企业亏损额1566万元，比上年下降56.7%。

截至2010年年末，全区共拥有中国驰名商标19枚，省著名商标35枚，市知名商标54枚，区名牌商标119枚；省级商标品牌基地5个，市级商标品牌基地1个；中国名牌产品3个，省级名牌产品27个，市级名牌产品40个。

建筑业稳步发展。截至2010年年末，全区拥有建筑业企业56家。其中，房屋建筑工程施工总承包一级资质企业3家，二级6家，三级3家。拥有市政公用工程施工总承包二级资质企业3家，三级资质企业3家。全年建筑业企业实现总产值 45.53亿元，比上年增长18.2%；全年施工面积685万平方米，比上年增长23.0%；竣工房屋面积224万平方米，比上年下降3.3%。

四、固定资产投资和房地产业

2010年，全区完成全社会固定资产投资76.95亿元，比上年增长16.8%。全社会工业性投资27.36亿元，比上年增长5.4%。限额以上投资项目完成投资40.14亿元，比上年增长13.9%。其中：基础设施投资发展较快，全年完成限额以上基础设施投资18.51亿元，比上年增长24.2%。限额以下项目完成投资7.07亿元，比上年下降11.9%。

全区房地产开发完成投资23.20亿元，比上年增长40.7%。施工房屋面积134.97万平方米，比上年下降12.6%；竣工房屋面积18.95万平方米，比上年下降54.9%；商品房销售面积5.53万平方米，比上年下降62.7%；商品房销售额10.24亿元，比上年下降49.1%。

五、国内贸易和对外经济

2010年全区（包括温州经济技术开发区）实现全社会消费品零售总额162.28亿元，比上年增长20%；全年全区（不包括温州经济技术开发区）实现全社会消费品零售总额63.78亿元，比上年增长18.6%。其中：批发零售贸易业59.26亿元，比上年增长17.7%；住宿餐饮业4.52亿元，比上年增长31.1%。

2010年随着工业经济恢复性增长，龙湾区外贸出口持续较快增长，但进口增长乏力。全年全区（包括温州经济技术开发区）实现进出口总额27.45亿美元，比上年增长21.5%。全年全区（不包括温州经济技术开发区）实现进出口总额14.38亿美元，比上年增长16.0%。其中：出口总额11.03亿美元，比上年增长39.9%；进口总额3.35亿美元，比上年下降25.7%。外贸企业出口3.30亿美元，比上年增长79.2%，自营生产企业出口6.21亿美元，比上年增长30.5%，三资企业出口1.51亿美元，比上年增长18.3%。

全年全区（包括温州经济技术开发区）实际利用外资2901万美元，比上年增长30.9%。其中，全区（不包括温州经济技术开发区）实际利用外资323万美元，比上年下降4.7%。

六、交通和旅游业

全年全区公路交通运输业实现总收入6059.50万元，比上年下降18.5%。完成客运量2152.31万人，旅客周转量5.07亿人公里；完成货运量63.13万吨，货运周转量4.63亿吨公里。

全年全区共接待境内外旅游者174.15万人次，比上年增长20.2%。其中：接待国内旅游者173.65万人次，比上年增长20.2%；接待境外入境旅游者4988人次，比上年增长6.2%。全年旅游总收入13.92亿元，比上年增长20.2%。其中：国内旅游收入13.89亿元，比上年增长20.2%；国际旅游外汇收入194.52万美元，比上年增长1.4%。

发展乡村旅游业，力促农家乐休闲旅游由数量效益型向质量效益型转轨。至2010年年底，全区已发展农家乐经营户80余户，其中市级示范村1个、市级示范点6家和三星级经营户11家，其中楠溪堆农家乐被评为温州市十大魅力农家乐之一。

七、财政和金融

全年全区（包括温州经济技术开发区）实现财政总收入47.33亿元，比上年增长10.1%。其中，地方财政收入21.58亿元，比上年增长12.6%。全年全区（不包括温州经济技术开发区）实现财政总收入26.69亿元，比上年增长6.2%。完成地方财政收入11.50亿元，比上年增长6.6%。其中，地方税收收入10.57亿元，比上年增长7.0%；增值税、营业税、企业所得税和个人所得税四大主体税种收入增幅分别为5.1%、2.1%、9.3%和7.1%。地方财政一般预算支出15.03亿元，比上年增长15.1%。其中：一般公共服务支出2.32亿元，比上年增长9.8%；教育支出3.58亿元，比上年下降0.7%；科学技术支出0.25亿元，比上年下降1.6%；文化体育与传媒支出0.13亿元，比上年下降7.5%；社会保障和就业支出0.52亿元，比上年增长26.2%；医疗卫生支出1.34亿元，比上年增长27%；环境保护支出0.68亿元，比上年增长43.7%；农林水事务支出0.76亿元，比上年增长40.5%；城乡社区事务支出2.19亿元，比上年下降6.3%。

2010年年末，全区（包括温州经济技术开发区）金融机构各项存款余额530.45亿元，比上年增长17.9%；各项贷款余额524.46亿元，比上年增长15.7%。2010年年末，全区（不包括温州经济技术开发区）存款余额419.39亿元，比上年增长22.5%。其中，城乡居民储蓄存款余额186.80亿元，比上年增长23.6%。贷款余额413.49亿元，比上年增长15.9%。其中：工业贷款225.96亿元，比上年增长8.6%；商业贷款20.44亿元，比上年增长9.0%；个人消费贷款63.04亿元，比上年增长35.9%。

八、科学技术和教育

全年全区财政科技投入2503万元，占地方财政一般预算支出的1.7%。全年新增国家科技型中小企业创新基金项目7项，新增国家火炬计划4项，新增国家重点新产品3项。2010年，获省级专利示范企业1个，市级专利示范企业4个，市级专利产业化项目2个，市重大发明奖1家，区级专利示范企业10个。2008～2010年连续3年，龙湾区万人占有专利申请数和授权数在全市各县(市、区)中排名首位。2010年，龙湾区专利申请量1718件，比上年增长20.4%。其中，发明专利212项，实用新型811项，外观设计695项。专利授权量1581件，比上年增长52.8%。其中，发明专利51项，实用新型710项，外观设计820项。

2010年年末，全区共有各类在校学生89850人，占总人口26.6%。全年，3～5周岁幼儿入园率达97%，等级幼儿园在园幼儿覆盖率达75.1%。小学招生7522人，在校小学生39397人；小学适龄儿童入学率、在校生巩固率和毕业生升学率均达100%。初中招生4480人，在校初中生13095人；在校生巩固率、初中毕业率分别为99.98%和100%。普通高中招生2584人，在校学生9042人；职高招生1089人，在校生2774人。当年初中毕业生升入高中段各类学校比例达98.09%。

九、文化、卫生和体育

2010年年末，全区有文化站10个，文化馆1个，区级公共图书馆1个，博物馆1个，电影放映单位1个，全年农村数字电影放映2100场次。全年送文艺演出下乡61场，送书下乡3500册。全区有63个项目列入各级非遗保护名录，并有省级传承人7名，市级传承人9名。全区广播综合人口覆盖率100%，电视综合人口覆盖率100%。

2010年年末，全区共有区级医院2家，卫生监督机构1家，疾控机构1家，妇幼保健机构1家，社区卫生服务中心10家，其他公立卫生事业单位3家。拥有编制床位561张；各类在编卫生技术人员437人，其中执业医师167人，执业助理医师47人；平均每万人拥有病床16.79张、医生6.7人。全年门诊150.27万人次（不包括诊所和个体卫生室）。另外还有民营专科医院1家，社区卫生服务站43家，村卫生室202家，个体诊所52家，医务室2家，卫生所1家。2010年，全区共有270931人参加了新型农村合作医疗，参保率为100%，达到全覆盖。2010年，累计免费婚前医学检查总人数4982人次，应检人数5036人，婚检率98.93%。农村自来水普及率为99%，农村卫生厕所普及率为96%。

积极参加省、市、区各级体育竞技比赛，在省第十四届运动会上获得金牌6.29枚、银牌4.5枚、铜牌7枚的成绩。2010年，举办三级社会体育指导员培训班2期，新增社会体育指导员148人，累计906人；社会体育指导员配备率达每万人26.97人。在瑶溪镇设立了国民体质监测点，组织400余名城镇居民参加监测。全年争取省、市体育经费121万元；新建浙江省小康体育村15个，全民健身苑点33个，市全民健身中心1个，篮球场“亮灯工程”8个，室内乒乓球室8个；投资214万元翻修网球中心的5片球场并新建3片风雨球场。

十、城市建设和环境保护

开展固定资产投资百日攻坚战和城市中心区开发建设、转而未供土地清理、“学比赶超”等系列推进活动。开工建设77省道延伸线龙湾段、瓯飞围涂起步区（龙湾二期围涂工程）、飞云江三桥龙湾段接线、塘永公路永梅段道路整治等工程加快推进。曹龙大道、江滨路龙湾段、新区道路网围垦路等有序推进，110千伏南洋变竣工投产。

2010年，新建垃圾中转站6座，公厕10座；主要道路机械化清扫率达到30%。为主要道路配备果壳箱2000个，购置三轮保洁车20辆。共计清理生活垃圾3万余吨、垃圾死角808处。

加快推进蓝田和海城两大电镀基地建设，合成革固废处置中心二期工程投入试运行，企业的精馏残渣得到妥善处置。全面推进燃煤锅炉脱硫改造工作，全区140台4吨以上的燃煤锅炉均已完成脱硫改造。联合有关部门开展“打非”行动，全年共组织“打非”行动30次，打击取缔非法窝点162家次；其中无证照化工原料桶清洗点14家次，无证电镀户73家次，水洗加工场9家次，小造纸3家次，牛皮转鼓3家次等。

十一、人口、人民生活和社会保障

2010年年末，全区总人口337549人，总户数85645户。其中，农业人口274229人，非农人口63320人。男女性别比为107.5∶100（女性为100）。当年死亡1915人。人口出生率为18.67‰，人口死亡率为5.70‰，人口自然增长率为12.97‰。

2010年，全区城镇居民人均可支配收入27255元，比上年增长11.1%；农村居民人均纯收入15294元，比上年增长12.0%。据调查，城镇居民人均生活消费支出17057元，其中食品消费支出5677元；农村居民人均生活消费支出15199元，其中食品消费支出4976元。居民家庭恩格尔系数城镇为33.3%，农村为32.7%。全年城镇居民人均住房总建筑面积50.33平方米；农村居民人均住房面积50.36平方米。

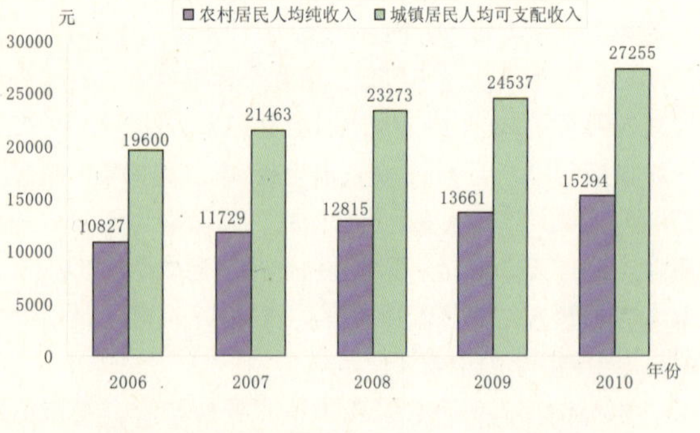

图3：2010年度与前4年龙湾区居民收入对比

2010年年末，全区养老保险参保单位4842家，参保总人数9.69万人。其中，企业基本养老保险参保单位4495家，参保人数9万人。医疗保险参保单位3492家，参保人数12.72万人。其中参加城镇职工基本医疗保险6.44万人；全区城镇居民医疗保险参保人数6.28万人，其中新型农村合作医疗中非农人员参保3.08万人。生育保险参保单位4065家，参保人数5.04万人。工伤保险参保单位4252家，参保总人数13.54万人，基本实现全覆盖。

2010年，全区共有老年福利机构13家，床位3040张，年末在院人数1414人。其中民政登记农村养老服务机构4家，床位1685张，年末在院人数55人；未登记农村养老服务机构9家，床位1355张，年末在院人数1359人。现全区共有低保对象2290户4840人，城镇低保179户302人；农村低保（含农村五保对象）2111户4538人。发放医疗救助款242.25万元，其中门诊救助986人次，救助金额49.14万元，住院救助481人次，救助金额193.11万元。全年共发放临时救济资金76.83万元，救济特困人员368人次。

龙湾区2010年经济运行情况分析

2010年，龙湾区经济延续2009年下半年以来的企稳回升态势，总体运行情况持续向好，但基于各主要经济指标的上年同期数前低后高的影响，全年经济运行高开低走，经济增长质量逐步提升。

一、经济运行基本特点

2010年，龙湾区地区生产总值为233.33亿元，按可比价格计算，比上年增长9.0%，增速比全市平均水平低2.1个百分点。三次产业增加值占地区生产总值比重由上年的1.5∶68.6∶29.9调整为1.5∶68.4∶30.1。

1. 农业经济基本稳定。第一产业实现增加值3.43亿元，比上年下降2.4%。全年农林牧渔业总产值5.59亿元，按可比价计算，约与上年基本持平。其中：农业产值2.84亿元，比上年下降9.3%；林业产值171万元，比上年下降60.3%；牧业产值1.54亿元，比上年增长5.2%；渔业产值1.17亿元，比上年增长24.6%。

农作物生产略有下降。全年农作物播种面积7766.67公顷，比上年下降3.6%。其中：粮食播种面积2926.67公顷，比上年下降4.1%；蔬菜播种面积3306.67公顷，比上年下降11.9%。

林业产值大幅下降。主要原因是2009年龙湾区大规模建设沿海防护林，明显抬高2009年林业产值基数。

禽蛋产量大幅增长，畜牧业生产较好。全年肉类产量6043吨，比上年增长5.9%。其中：猪肉产量比上年增长10.3%；禽肉产量比上年下降18.5%；占肉类比重不到1%的牛肉产量比上年增长121.5%。禽蛋产量比上年增长49.7%，牛奶产量比上年下降26.5%。

渔业生产较快增长。因水产品单价普涨等因素刺激渔民和养殖户的生产积极性，渔业产能止跌回升。全年水产品产量5013吨，比上年增长20.6%。其中：占比重最大的海水养殖产量达3519吨，比上年增长17.2%；海洋捕捞产量1008吨，比上年增长36.2%；淡水养殖产量486吨，比上年增长16.8%。

2．工业经济实现恢复性较快增长。第二产业增加值159.71亿元，比上年增长7.9%。其中，工业增加值152.39亿元，增长8.3%。2010年，龙湾区实现工业总产值658.70亿元，比上年增长18.3%。其中规模以上工业企业数847家，完成工业总产值446.77亿元，比上年增长21.9%。除3月、4月外，其他月份累计增幅均在20%以上。

企业规模不断扩大。全区拥有年产值超2000万元企业486家，比2009年增加73家。累计产值达405.99亿元，比上年同期增长22.6%。年产值超5000万元的工业企业222家，比2009年增加30家；超亿元的企业112家，与2009年持平；超5亿元企业8家，比2009年增加1家；超10亿元企业2家，与2009年持平。

各行业齐头并进。分行业小类看，塑料人造革合成革制造、钢压延加工、阀门和旋塞的制造、化学原料及化学制品制造、皮鞋制造等行业的规模以上工业产值依然排名前五。同比增幅最高的是紧固件弹簧制造（38.8%），其次是常用有色金属压延加工（35.9%）、制笔（28.8%）、钢压延加工（26.7%）、纺织服装制造（25.3%）、金属铸锻加工（24.5%）、化学原料及化学制品制造（23.6%）。

企业产销衔接良好。全年累计完成销售产值425.47亿元，比上年增长21.6%，累计产销率达95.2%，12月是2010年以来的产销衔接最好的月份。

3.第三产业增加值70.19亿元，比上年增长12.1%。贸易业态势良好。一是消费品市场持续兴旺。全年实现全社会消费品零售总额63.78亿元，比上年增长18.6%。其中前9个月持续保持了20%以上的增长速度，总体增幅走势明显高于2009年。汽车消费依然是2010年消费品市场的一大亮点。全年实现汽车零售额29.31亿元，占全社会消费品零售总额的45.9%。二是市场销售呈现繁荣景象。批发零售业实现销售额207.47亿元，比上年增长48.1%；住宿业实现营业额0.38亿元，比上年增长38.1%；餐饮业实现营业额5.95亿元，比上年增长33.9%。三是企业规模不断扩大。限额以上批发业（年销售额2000万元以上）企业84家，比去年增加10家；限额以上零售业（年销售额500万元以上）企业29家，比去年增加4家；限额以上住宿餐饮业（年营业额200万元以上）企业及个体25家，比去年增加19家。年销售总额超亿元的批发零售业企业达42家，销售额134.83亿元，占全区批发零售业企业销售总额的65.0%。

金融运行总体稳健。年末，全区金融机构存款余额419.39亿元，比年初新增76.94亿元，比上年增长22.5%；贷款余额413.49亿元，比年初新增56.77亿元，比上年增长15.9%。

房地产投资高速增长，但商品房屋销售面积降幅持续扩大。按房地产开发项目所在地统计，万康御锦园、南都家园、普门村三产安置房等3个项目的新开工促使房地产投资高速增长，2010年累计完成房地产投资23.20亿元，比上年增长40.7%。施工房屋面积134.97万平方米，比上年下降12.6%；竣工房屋面积18.95万平方米，比上年下降54.9%；房地产新房市场的交易需求持续低迷，全年商品房屋销售面积比上年下降62.7%。

4．全社会用电量累计增速总体较稳，下半年略有减缓。全年全社会累计用电量同比增长9.9%，累计增幅从9月开始（因有序用电计划的实施影响）持续下降。从单月数据看，8月单月全社会用电量消耗最大（3.42亿千瓦时）。

5．全社会固定资产投资增速较快。全年完成全社会固定资产投资76.95亿元，比上年增长16.8%。其中，完成限额以上固定资产投资63.34亿元，比上年增长22.4%。

工业性投资小幅增长。全年工业性投资累计完成27.36亿元，比上年增长5.4%，完成区政府年度计划（35亿元）的78.2%。

基础设施投资快速增长。全年限额以上基础设施投资累计完成18.51亿元，比上年增长24.2%。

6．出口恢复性强劲增长，贸易顺差继续扩大。全年实现进出口总额14.38亿美元，比上年增长16.0%。贸易顺差持续扩大至7.68亿美元。其中，出口11.03亿美元，比上年增长39.9%，累计增幅在三区两市居第三位。进口额3.35亿美元，比上年下降25.7%。

7．财政收入小幅增长。全年完成财政总收入26.69亿元，比上年增长6.2%；比全市平均水平低7.9%，在11个县（市、区）中排名末位。其中，地方财政收入11.50亿元，比上年增长6.6%。地方财政一般预算支出15.03亿元，比上年增长15.1%。其中一般公共服务支出比上年增长9.8%。

8．居民收入稳定增长。城镇居民人均可支配收入27255元，比上年增长11.1%；农民人均纯收入15294元，比上年增长12.0%。

二、需要关注的问题

1．工业经济中多项指标低于全市平均水平。2010年，工业经济中主要指标都有两位数的增长速度，但这是建立在上年底基数增长的基础上形成的回升速度，仍属于恢复性增长性质。全年全社会工业总产值比上年增长18.3%，比全市平均水平低5.7%，三区两市中排名末位。规模以上工业总产值比上年增长21.9%，比全市平均水平低4.6%，三区两市中高于鹿城排名第四。利润总额比上年增长17.6%，比全市平均水平低10.8%，三区两市中高于鹿城和乐清排名第三。

2．第三产业比重偏低。近年，龙湾区第三产业实现较快增长，“十一五”期间第三产业增加值年均增速18.8%，增幅比地区生产总值和第二产业分别高8.4%和11.0%。2010年第三产业比重亦达30.1%，但比全市平均水平低14.3%，比全省平均水平低13.0%，在全市11个县（市、县）中居末位。

3．生产成本的提高不断压缩企业利润空间。2010年温州市工业品出厂价格（PPI）上涨3.74%，作为中间环节的原材料、燃料、动力购进价格上涨8.93%。规模以上工业企业职工平均工资比上年同期提高13.6%。价格的“高进低出”和企业人员工资的较快增长直接提高了企业的生产成本，进一步挤压企业利润空间。

三、2011年经济展望

从国际环境看，2010年，世界经济总体保持着复苏势头。前几个月，受各国扩张性刺激政策影响，世界经济呈现出强劲复苏趋势。但4月底欧债危机发生后，世界经济复苏进入了一个曲折、缓慢过程。2011年，世界经济将延续2010年的缓慢复苏趋势，充满不确定性和不稳定因素。

从国内环境看，2011年中国宏观经济形势仍然复杂。物价上行的压力还比较大，经济发展方式转变还需要下更大的力气，国外经济的不平衡、不衔接、不协调对中国经济还会造成一定影响。中央经济工作会议提出，2011年中国宏观经济政策的基本取向是“积极稳健、审慎灵活”，“稳增长、调结构、防通胀”将是重点，同时货币政策将会有所收紧。

从龙湾区发展现状来看，随着温州大都市区战略深入实施和瓯江口新区的开发建设，龙湾作为温州转型发展和城市化主战场的区位优势更加凸显，经济社会发展面临新的机遇。

但是机遇与挑战并存。譬如2011年银行收紧信贷可能会影响中小企业资金链；在国际油价和资源类产品价格继续上涨的推动下，原材料购进价格还将呈现稳步上涨的态势，企业的生产成本会提高；“招工难和留人难”问题将越来越困扰企业。总之,经济发展任务在新的一年里依然十分艰巨。

龙湾区2010年投资运行分析

2010年，龙湾区积极推进投资工程项目进展，基础设施投资增势明显，房地产投资企稳回升，全社会固定资产投资较上年有较快增长。全年全区累计完成全社会固定资产投资76.95亿元，比上年增长16.8%。其中：限额以上固定资产投资完成63.34万元，比上年增长22.4%；全部工业性投资27.36亿元，比上年增长5.4%。

一、固定资产投资基本情况及特点

1．从全年固定资产投资同比增幅线性图来看，全社会投资累计完成额同比呈波浪形走势。2月达第一个峰值151.4%，9月达第二个峰值47.3%；6月为谷底（3.6%）。

2．工业性投资呈现小幅增长。全年完成工业性投资

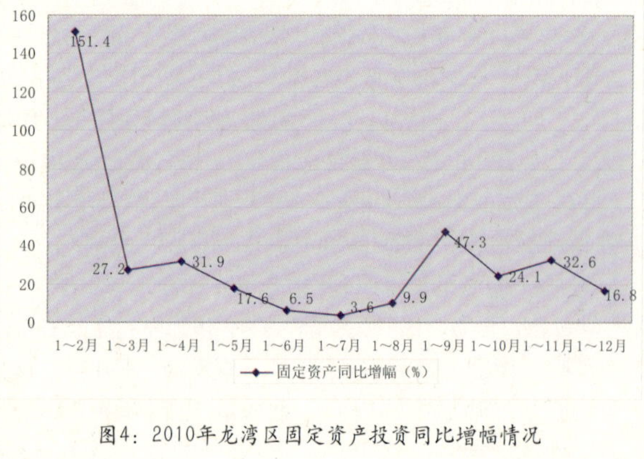

图4：2010年龙湾区固定资产投资同比增幅情况

27.36亿元，比上年增长5.4%，因受年度计划投资17亿元的民科基地年内未能全部启动的直接影响，工业性投资仅完成区政府年度计划（35亿元）的78.2%。其中限额以上工业性投资21.11亿元，比上年增长15.6%；限额以下工业性投资6.25亿元，比上年下降18.9%。分区域来看，民科基地（12.5%）未能完成年度计划，其余13个镇（街道、开发区）均完成年度计划。其中，完成年度计划130.0%以上的有灵昆镇（239.9%）、蒲州街道（154.0%）、温州工业园区（150.3%）、海城街道（134.6%）、状元镇（132.1%）、永中街道（131.7%）等6个镇（街道、开发区）。

3．基础设施投资稳步推进。2010年，永兴北园土地整理一期工程吹填、永兴北园土地整理一期工程软基处理、飞云江三桥龙湾段接线工程、塘永公路永梅段整治工程、灵昆北段标准堤二期等计划投资过亿元的新项目陆续进场施工，给龙湾区基础设施投资的增长提供了保障。全年限额以上基础设施投资累计完成18.51亿元，比上年增长24.2%。其中，水利、环境和公共设施管理业13.60亿元，电力、燃气及水的生产供应业1.98亿元，交通运输、仓储和邮政业2.59亿元。

4．房地产投资企稳回升。2010年房地产投资基本上依靠往年的续建项目。2009～2010年出让的建设用地（如温州市中厦房地产开发有限公司拍中的三郎桥村三产安置留地地块、温州中铁置业有限公司拍中的蒲州街道上庄村三产安置地块等）均未开工， 6、7、8月的房地产投资同比呈现负增长。9月，温州市万康房地产开发有限公司的万康御锦园项目进场施工，房地产投资开始强势反弹。全年完成房地产投资23.20亿元（按项目所在地统计），比上年增长40.7%。

二、主要问题及建议

1．稳步推进全社会固定资产投资进度。2010年，区委、区政府继续推进城市化进程和新农村建设，狠抓基础设施工程，力推重点项目建设，对全社会固定资产投资形成了有力支撑。2011年，应继续推进城市化进程和新农村建设，抓紧基础设施工程，着力推进龙湾城市综合体，加快新建道路工程的开工。如龙湾农合银行大楼、龙湾二期围涂工程、瑶溪钟秀园、机场的飞行区改扩建工程等2011年新开项目及瑶溪南片道路网工程、温州港状元岙港区化工码头工程、瑶溪片的温州市第八中学、各个围垦工程等重点项目的建设。

2．加大房地产开发投资力度。2010年龙湾区房地产投资由于仅有一个新项目开工及多数在报，其他项目都处于项目的后期阶段，投资额普遍不高。2011年，应加快对出让的建设用地施行入场开工。如龙湾城市中心区A－02、A－09、A－16、瑶溪南居住区E－09等地块。同时必须加大房地产开发力度，加快土地出让步伐，提升开发品位，为房地产业健康稳定发展提供良好的环境。

3．工业性投资项目平均规模不大，项目支撑能力不足，需加快大工程大项目的进场施工进度。特别是力推温州民科基地投资项目启动，督促半岛起步区的灵昆标准厂房施工进度，同时对全区工业项目推进工作要落到实处。

龙湾区2010年农业发展形势分析

2010年龙湾区农业经济运行基本稳定。全年全区实现增加值3.43亿元，比上年下降2.4%；实现农林牧渔业总产值5.59亿元，按可比价计算，与上年基本持平。其中：农业产值2.84亿元，比上年减少9.3%；林业产值171万元，比上年减少60.3%；牧业产值为1.54亿元，比上年增长5.2%；渔业产值1.17亿元，比上年增加24.6%。呈现农业持续下降，牧业小幅增长，林业较快下降，渔业较快增长的局面。

一、基本情况

1．农作物生产略有下降。2010年，农业产值2.84亿元，比上年减少9.3%。农作物播种面积有所下降，全年农作物总播种面积7766.67公顷，比上年减少286.67公顷，比上年下降3.6%。粮食播种面积2926.67公顷，比上年减少125公顷；比上年下降4.1%。其中：稻谷播种面积2355公顷，比上年下降5.2%；豆类种植面积190公顷，比上年增长18.8%；番薯种植面积287公顷，比上年下降6.5%。经济作物播种面积4839公顷，比上年增加87公顷；比上年增长1.8%。

2．林业生产大幅下降。2010年，实现林业产值171万元，比上年下降60.3%。造林面积25公顷，零星植树15万株，比上年减少85%。主要原因是2009年全区大规模建设沿海防护林，抬高2009年林业产值基数。

3．畜牧业生产情况良好。2010年，牧业产值1.54亿元，比上年增长5.2%。其中：生猪存栏4.43万头，比上年增长11.3%；出栏5.83万头，比上年增长5.8%。牛存栏2472头，比上年下降18.6%；出栏675头，比上年增长189.7%。羊存栏366头，比上年增长68.6%；出栏278头，比上年增长89.1%。家禽存栏42.37万羽，比上年下降6.5%；出栏60.95万羽，比上年下降9.6%。全年肉类产量6043吨，比上年增长5.9%。其中：猪肉产量5177吨，比上年增长10.3%；占肉类比重不到1%的牛肉产量比上年增长121.5%。

4．渔业生产较快增长。2010年，水产品单价普涨刺激渔民和养殖户的生产积极性，渔民对海水养殖充满信心，渔业产能止跌回升。2010年，渔业产值1.17亿元，比上年增长24.6%。全年水产品产量5013吨，比上年增加927吨，比上年增长20.6%。其中海洋捕捞产量1008吨，比上年增加268吨，比上年增长36.2%。海水养殖产量3519吨，比上年增加517吨；比上年增长17.2%。淡水养殖产量486吨，比上年增加70吨，比上年增长16.8%。

二、存在的问题

1．农业生产成本节节攀升。由于化肥、农药、农用薄膜等原材料价格不断上涨，加上一些销售商乘机加价，使农业生产资料价格上扬，增加农业种植成本。农业生产效益不高，一定程度上影响了农民的生产积极性。

2．农业发展的不稳定因素仍较突出。随着工业化、城市化的发展，农业生产赖以生存发展的土地资源不断减少，农业生产呈现萎缩态势；用地限制和环境保护等因素，畜禽养殖也一定程度上受到制约。农业“靠天吃饭”的特点未能根本改变，规模、效益农业有待继续发展，农业产业化进程有待加快，距现代农业仍有较大距离。

3．渔业生态安全问题依然严峻。一是捕捞强度与渔业资源衰退的矛盾仍然突出。二是海水滩涂养殖业萎缩，由于瓯江口半岛工程、民科基地的开发建设，海水滩涂养殖业的发展空间锐减。三是海洋污染未能有效遏制，海洋资源保护可持续发展面临考验。

三、对策及建议

1．加大扶助，提升实力。继续加强农业基础设施建设，加大规模、效益农业的扶持力度。通过加强培训，科技扶助，以特色、优势农产品生产为重点，增强区域农产品产业竞争力。通过政策引导农业企业和农户积极开展品牌建设，提升产品档次，形成一批规模大、科技含量高、农产品品质优、市场竞争力强的特色农业基地和农业龙头企业。

2．加大对农户种植意向的合理引导，尽可能减少抛荒。

龙湾区2010年工业经济运行分析

2010年，龙湾区积极克服金融危机带来的严重影响，工业经济走出低谷。全年全区工业经济保持恢复性较快增长，实现全社会工业总产值658.70亿元，比上年增长18.3%。其中：规模以上企业847家，工业总产值446.77亿元；比上年增长21.9%。规模以下工业总产值211.93亿元，比上年增长11.4%。

一、工业经济基本态势

1．工业经济前低后高，但增速放缓。分季度看，全年规模以上工业1～4季分别实现工业总产值80.42亿元、105.44亿元、121.41亿元、139.53亿元，呈逐季上升之势。但受2009年基数逐渐回暖的影响，同比增速呈现冲高回落。第1季度、上半年、1～3季、全年，规模以上工业增速分别为17.3%、22.5%、26.2%、21.9%，全年增速在全市“三区二市”中排名第四位，仅好于鹿城区。从产销衔接来看，全年产销率95.2%，比上年提高2.4%，产销结构明显好转。

2．各行业齐头并进。分行业小类看，塑料人造革合成革制造、钢压延加工、阀门和旋塞的制造、化学原料及化学制品制造、皮鞋制造等行业的规模以上工业产值依然排名前五。同比增幅最高的是紧固件弹簧制造（38.8%），其次是常用有色金属压延加工（35.9%）、制笔（28.8%）、钢压延加工（26.7%）、纺织服装制造（25.3%）、金属铸锻加工（24.5%）、化学原料及化学制品制造（23.6%）。

3．重工业增长速度比轻工业慢。按轻重工业来分，轻工业实现产值99.85亿元；重工业实现产值346.92亿元。分别比上年增长23.8%、21.3%。轻工业比重达22.1%，比上年上升0.4%。

4．企业生产规模不断扩大。2010年，主营业务收入超过亿元以上的企业110家，比上年增加16家，是历年增加最多的一年。工业总产值224.87亿元，占全部规模以上工业的55.0%；比上年上升2.2%。大中型企业51家，比上年增加8家；工业总产值141.50亿元。在龙湾区历史上还首次出现一家大型工业企业。

5．企业效益稳步提升。2010年，主营业务收入及利税总额较快增长。规模以上工业累计实现主营业务收入418.05亿元，比上年增长14.9%；实现利税总额38.61亿元，比上年增长30.7%，实现利润总额23.05亿元，比上年增长45.0%。销售利润率创新高，达到9.2%，比上年提高1.1%。在27个行业大类中，全部实现总体赢利和正增长，有9个行业利润超亿元（皮革2.42亿元、化学原料3.70亿元、塑料3.47亿元、黑色金属2.00亿元、有色金属1.01亿元、金属制品1.54亿元、通用设备3.88亿元、专用设备1.11亿元、电力1.25亿元），销售利润率均超过10.0%。

6．规模以上工业能源利用效率不断提高。2010年，规模以上工业增加值增长12.9%，能源消费总量93.58万吨标准煤（等价），比上年增长1.54%；单位工业增加值能耗比上年下降10.1%。万元产值综合能耗0.2095吨标准煤，比上年下降16.7%。全区高耗能行业主要集中在塑料制品业、黑色金属冶炼及压延加工业、通用设备制造业、化学原料及化学制品制造业、纺织业、皮革、毛皮、羽毛(绒)及其制品业、有色金属冶炼及压延加工业等七大行业。2010年，这七大行业工业生产消费能耗共计80.42吨标准煤，占全区规模以上工业能耗的84.1%。七大行业节能12.65万吨标准煤，占全区规模以上工业节能总量的78.4%。

7．科技投入增长较快。2010年，规模以上工业R&D经费内部支出合计3.19亿元，比上年增长28.3%；占主营业务比重0.77%，比上年上升0.1%。研发人员1959人，比上年增长22.7%。

二、工业经济存在的主要问题

1．主要工业经济体增幅较低，拖累全区工业增长。分镇（街道）数据来看，占规模以上工业产值41%以上的龙湾工业主要经济体温州工业园区和永中街道形势不容乐观。2010年，该两单位规模以上工业产值分别增长17.5%、17.7%，但比全区平均增速分别低4.4%、4.2%，严重制约了全区工业经济的进一步发展。

2．产值结构不合理，转型升级缓慢。龙湾工业仍以传统的劳动密集型和粗放型产业为主，高新技术和战略性新兴产业比重偏低。尽管已初步形成一批具有一定市场竞争力的块状经济，但工业企业“低、小、散”问题依然比较突出。2010年，中型企业51家，虽然比上年增加了8家；但比之历史上最多的2008年，仍少7家。

3．要素制约矛盾突出，企业发展空间受限。随着龙湾工业经济的发展，受关键要素制约的矛盾也越来越明显。一是土地制约严重。近年来，龙湾企业扩大再生产缺乏拓展空间，新引进企业无法批到经营用地，工业基地拓展规模受到制约，传统产业因土地制约导致发展缓慢。二是电力供应不足。受永强片供电线路老化影响，现有电力装备难以满足永强片大部分企业的生产生活用电需要。三是人才引进困难。虽然龙湾工业企业对人才工作日益重视，但由于各种原因还是难以留住人才，尤其有一定技术资历的技工和中高端管理人才，显得尤为突出。四是企业用工成本上升过快。

4．经营者素质整体偏低，企业竞争力不强。一是企业自主创新研发能力不强，技术创新力度不足，缺乏核心竞争力。虽然龙湾不少企业的自主创新意识有所提高，研发投入增长较快，但新产品开发经费支出明显偏低。全年新产品开发经费支出2.97亿元，新产品销售收入42.01亿元，占主营业务收入0.7%和10.0%，与其他先进地区相比仍存在较大差距。二是品牌建设意识有待提高。多数企业太过于注重短期效益，而忽视了文化积累和必要的投入，企业的产品及品牌附加值低。2010年，发明专利申请数379件，平均每家企业不到半件，比上年下降14.0%。三是企业经营管理人员整体素质不高。龙湾企业普遍存在管理粗放、法制观念淡薄、经营理念模糊、专业化水平低、劳动合同管理意识薄弱、信息化管理水平低等问题，严重制约了企业进一步做强做大。四是缺乏带动力强的大企业大集团。

5．节能降耗约束性指标仍是悬在企业头上的一把利剑。“十一五”期间全区单位地区生产总值能耗下降20.3%，企业内部节能降耗空间已经很小。但“十一五”期间工业结构调整仍然较慢，能耗水平较高的人造革制造、钢压延加工、化学原料制造仍然是全区工业产值最高的三大行业。“十二五”期间，龙湾仍要在“十一五”基数上下降17.0%，单位地区生产总值能耗平均每年需下降3.7%，节能降耗压力将制约传统产业的发展。

龙湾区2010年农村居民收支情况分析

2010年，龙湾区农村居民人均纯收入15294元，比上年增长12.0%，增幅比上年提高5.4%。人均消费支出15200元，比上年增长43.3%，增幅比上年提高19.0%。

一、收入结构情况

1．工资性收入较快增长。全年人均工资性收入6836元，比上年增长11.6%；增加709元。在当地企业中得到的收入5009元，占工资性收入的73.3%，这是龙湾区农村居民工资性收入的主要来源。工资性收入占总收入的比重与上年基本持平。

2．家庭经营收入比重下降。全年人均家庭经营收入5532元，比上年增长2.6%；增幅比上年提高0.8%，仍未摆脱金融危机后低速增长的态势。纯收入的比重从2009年的39.6%，下降到36.2%。

3．财产性收入继续增长。近几年，财产性收入一直保持较好的增长态势。2010年，财产性收入1964元，比上年增长18.2%，比上年增加302元。其中，利息、股息和红利951元，比上年增加426元。租金收入490元，比上年减少9元。

4．转移性收入是增长亮点。全年转移性收入962元，比上年增加500元。其中养老金、退休金638元，比上年增加386元。社会保障体系覆盖面从城镇扩大到农村，惠及广大的农村居民，农村群众亦享有了养老金。同时，村集体也向村民派发红包、补贴，共享经济发展成果。

二、收入比较情况

1．增长势头不容乐观。从全市分县（市、区）看，龙湾区农民人均纯收入15294元居第1位，比全市平均高3878元。但增速12.0%，比全市平均低0.9%，与瓯海并列末位。从全省各县（市、区）看，龙湾区农民人均纯收入居第7位，较2009年下滑2位。增速在全省前10名中处第8位。追兵越来越近，距标兵愈来愈远的态势在加剧。

表3：　2010年温州市各县（市、区）农民收入情况

地区	2010年	2009年	比上年增长%
鹿城区	13687	12210	12.1
龙湾区	15294	13661	12.0
瓯海区	14265	12732	12.0
瑞安市	12538	11060	13.4
乐清市	13798	12269	12.5
洞头县	8937	7724	15.7
永嘉县	8756	7621	14.9
平阳县	9274	8254	12.4
苍南县	8939	7799	14.6
文成县	6158	5312	15.9
泰顺县	6010	5190	15.8

表4：　2010年浙江省各县（市、区）农民收入前10位

地　区	2010年	2009年	比上年增长%
绍兴县	16685	14682	13.6
萧山区	15987	14390	11.1
鄞州区	15938	13930	14.4
余杭区	15617	13956	11.9
慈溪市	15513	13538	14.6
北仑区	15505	13414	15.6
龙湾区	15294	13661	12.0
镇海区	15130	13463	12.4
义乌市	14775	12899	14.5
江北区	14667	13005	12.8

2．城乡差距有所缩小，农村居民收入差距有所扩大。2010年，龙湾区城乡收入比1.78，比上年缩小0.02倍；差距在全市各县（市、区）中最小。较全市、全省、全国城乡收入比分别低0.61倍、0.62倍、1.45倍。但是农村居民收入差距有所扩大。2010年，龙湾区农村居民基尼系数0.3974，比上年扩大0.0996。20.0%最高收入组农户人均收入35140元，是20.0%最低收入农户的6.94倍，比上年扩大1.75倍。农村居民收入差距在扩大。

三、消费支出

受物价上涨、购车、购房等因素影响，龙湾区农村居民消费支出快速攀升，达15200元，比上年增长43.3%。消费支出有以下特点：

1．食品支出增长较快。全年人均食品支出4976元，较上年增加853元；比上年增长20.7%。在外饮食1304元，比上年增长34.2%。副食（蔬菜、水产品、肉、禽、蛋、奶等）2902元，比上年增长37.1%。食品价格上涨是引起食品支出上升的一大因素。2010年，全市食品价格平均上涨8.2%。

2．生活用房和交通工具购置是拉大消费的主要力量。生活用房2579元，比上年增加1714元。汽车等交通工具购置花费1163元，比上年增加774元。

3．旅游支出快速增长。农村居民收入上升和观念的转变以及旅游价格下降，促使农村居民越来越多地走出家门，去各地旅游。全年人均旅游支出252元，比上年增加120元。

4．其他商品和服务392元，增长45.3%。人均消费首饰34元，比上年增加17元；手表27元，比上年增加21元；化妆品55元，比上年增加12元。另外，宗教用品158元，比上年增加93元。

龙湾区2010年城镇居民收支情况分析

2010年，龙湾区经济持续稳定发展，城乡社会保障水平不断提高，就业再就业等各项政策、工作措施有效落实，城镇居民可支配收入较快增长，生活质量不断提高。

一、城镇居民收入特征

1．城镇居民收入较快增长。2010年，人均可支配收入27255元，比上年增长11.1%，增幅比上年提高5.7%。

2．工资性收入贡献最大。人均工资性收入突破万元，达10693元；比上年增长32.7%，增加2634元，占可支配收入增加额96.9%。工资性收入占可支配收入的比重从上年的32.8%，提高到39.2%。工资性收入已成为拉动居民收入增长的最重要来源。

3．经营性收入止跌回升。人均经营性收入12164元，比上年增长1.8%。经营性收入仍是可支配收入的主要组成部分，占比为44.6%；比重比2009年下降4.1%。

4．财产性收入较快增长。人均财产性收入为2665元，比上年增长16.8%；增加384元，占可支配收入增加额14.1%。房屋出租对财产性收入增长贡献最大。2010年，人均房屋出租收入1358元，比上年增长22.8%；增加252元。

5．转移性收入出现下降。人均转移性收入2459元，较上年减少377元。主要原因是赡养和捐赠收入比2009年下降一半多。

二、支出特点

2010年，龙湾区城镇居民人均总支出26442元，比上年增长12.7%。其中消费性支出17057元，比上年下降2.4%。

1．总支出增长较快。人均总支出比上年增加2979元。主要原因有两点：一是人情、请客送礼等捐赠支出快速上升。平均每户捐赠支出突破万元，达10141元；人均达3000元。人情费用成为广大群众尤其是低收入群众的重大压力。二是购

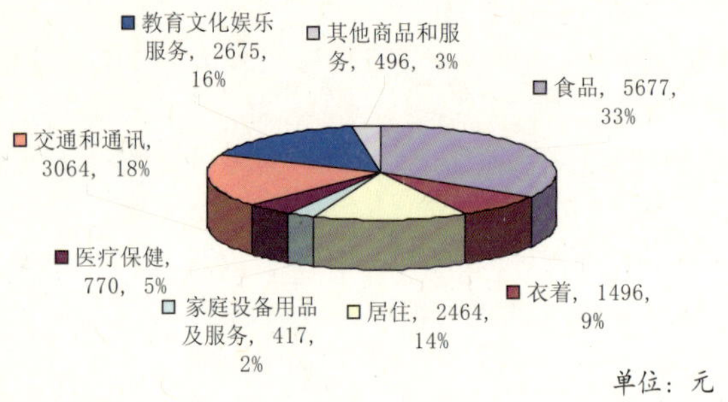

图5：2010年龙湾区城镇居民人均消费性支出结构

房与建房较上年增长近一倍，人均增加2305元。

2．恩格尔系数小幅回升。2010年，温州市消费物价指数（CPI）上涨4.3%。龙湾区城镇居民人均食品支出增长3.2%。同时，消费性支出同比下降。一升一降使恩格尔系数有所升高。

3．居住支出增长迅速。人均居住支出2464元，比上年增长25.0%；增加492元。其中人均装潢支出1321元，增长33.3%，增加330元。住房装潢成为推动居住支出增长的主要力量。

4．交通类支出下降较大。家用汽车购置的单价从2009年的16万元下降到7万元。人均汽车购置支出减少1649元。

5．医疗支出降幅最大。样本户居民住院治疗的减少，医疗保险报销的增加及部分药品价格下降，使医疗支出下降。人均医疗支出713元，比上年减少369元；比上年下降34.1%。其中药品费减少162元，医疗费减少207元。

6．网上购物势头强劲。近几年来，淘宝网等大型电子商务平台发展迅速，影响力渗透到普通家庭。电脑、宽带的普及率进一步提高。2010年，网上购物金额人均135元，较上年增加近百元，增长2.6倍。

龙湾区第六次全国人口普查结果

以2010年11月1日零时为标准时点的第六次全国人口普查结果显示，龙湾区常住人口为74.93万人，同第五次全国人口普查的47.73万人相比，10年共增加27.20万人，增长56.99%，年平均增长率为4.61%。其中，区外流入人口45.85万人，占全区常住人口的61.19%，这表明10年来全区常住人口有较大幅度的增加，造成人口总量大幅增加的主要原因是来龙湾务工、投资创业、经商、区外人口大量迁移流入。

一、家庭规模越来越小

这次人口普查显示，全区常住人口中共有家庭户22.92万户，家庭户人口为61.76万人，平均每个家庭户的人口为2.69人，比2000年第五次全国人口普查的3.60人减少0.91人。家庭户规模逐步缩小，既有生育水平不断下降，单身外来务工人口流入增加的影响，也有年轻人婚后独立居住增多、独居老人增加的因素。

按照性别比例，全区常住人口中，男性人口为40.67万人，占54.27%；女性人口为34.26万人，占45.73%。总人口性别比（以女性为100，男性对女性的比例）由2000年第五次全国人口普查的116.88上升为118.69。

二、受教育程度大幅增加

全区常住人口中，具有大学（指大专以上）文化程度的人口为4.53万人；具有高中（含中专）文化程度的人口为9.55万人；具有初中文化程度的人口为32.26万人；具有小学文化程度的人口为20.33万人（以上各种受教育程度的人包括各类学校的毕业生、肄业生和在校生）。

同2000年第五次全国人口普查相比，每10万人中具有大学文化程度的由1774人上升为6041人；具有高中文化程度的由9942人上升为12744人；具有初中文化程度的由41779人上升为43050人；具有小学文化程度的由34512人下降为27137人。

全区常住人口中，文盲人口（15岁及以上不识字的人）为2.99万人，文盲率为3.99%。

按照年龄来区分，全区常住人口中，0～14岁人口为9.92万人，占13.24%；15～59岁人口为60.45万人，占80.67%；60岁及以上人口为4.56万人，占6.09%，其中65岁及以上人口为2.97万人，占3.96%。同2000年第五次全国人口普查相比，0～14岁人口的比重下降1.68%，15～59岁人口的比重上升2.17%，60岁及以上人口的比重下降0.49%，65岁及以上人口的比重下降0.66%。

大事纪要

1月

1月3日　龙湾区罗峰艺社抚月堂在河泥荡文化公园举行揭牌仪式。抚月堂成为该文化公园内一个新的文化景点和文化活动场所。

1月6日　龙湾区委六届七次全体（扩大）会议召开。会议回顾总结2009年工作，研究部署2010年任务，并对全区干部选拔任用工作和2009年新选拔任用干部进行民主评议。

1月11日　龙湾区"三胞"迎新春联谊会在滨海大酒店温州厅举行。

1月12日　龙湾区文联成立10周年纪念大会在区文化中心举行。台湾著名诗人余光中，著名诗歌评论家、诗人骆寒超，国家一级编剧张思聪等应邀出席大会。

1月18日　温州市委副书记朱贤良、区委书记王祖焕等到普门村慰问困难老人，同时参观普门村星光老年之家。

1月19～21日　龙湾区政协三届四次会议在区文化中心举行。出席会议委员238名，列席161名。会议补选区政协三届委员会常务委员1名，徐国信当选为区政协主席。

1月20日　25位区人大代表约见区政府领导，就群众关注的旧村改造等热点难点问题，进行面对面沟通交流。

1月20～22日　龙湾区六届人大四次会议在区文化中心举行。出席大会代表210名，列席187名。

1月27日　温州市委常委、副市长黄德康率有关部门负责人在区委书记王祖焕陪同下，到龙湾检查农产品质量安全和市场供应情况。

1月27日　"和谐凝聚力量·真情2010"龙湾区青联、青企协年会在温州王朝大酒店举行。王祖焕、郑建忠、胡晓东、胡志升、张光羽、周慧、黄秀清等区四套班子领导及各镇、街道、区直部门、各行业协会代表出席活动，龙湾区全体青联委员、青企协会员270余人参加活动。活动中，举行"和谐凝聚力量·真情2010"慈善捐款活动，募善款41.2万元，并向龙湾区第一新公民学校捐赠30万元。

1月28日　龙湾区博物馆10周年馆庆暨龙湾历史文化名人展落成仪式在区博物馆举行。展览以图、文、物形式，共展出32幅画像、100余幅照片、150件实物。

2月

2月1日　温州市委副书记朱贤良到龙湾检查安全生产工作。

2月1～10日　龙湾区四套班子领导走访慰问老党员、劳动模范、困难群众等。

2月4日　77省道延伸线龙湾至洞头疏港公路海堤试验段工程开工。

2月4～9日　龙湾区开展节前安全生产及春运工作大检查。区委书记王祖焕、区长陈玲玲等率有关部门负责人分赴各地对涉及危险化学品、烟花爆竹、民爆物品和存在事故隐患的生产经营单位，人员密集场所、出租房，道路交通安全和交通运输企业展开拉网式大检查。

2月8日　龙湾区举行行政审批服务工作会议暨"两集中两到位"部门进驻仪式，新进驻区审批窗口的部门包括教育、科技、民宗、计生、体育和旅游等6个。

2月8日　温州市市长赵一德率市委、市人大、市政府、市政协四套班子到温州机场边检站进行春节慰问。

2月10日　灵昆行政中心乔迁至镇中心街区——繁灵街新办公大楼。

2月10日　温州市委常委、常务副市长彭佳学在区委书记王祖焕、区长陈玲玲等领导陪同下，专程到区信访局看望慰问信访干部。

2月11日　龙湾区举行新春团拜会。

2月20日　区委书记王祖焕、区长陈玲玲分别率区四套班子领导先后深入区直各机关单位和10个镇（街道）慰问一线干部职工。

2月21日　龙湾区召开全区经济工作会议暨内外龙湾人互动发展会议。会议回顾总结全区2009年经济工作，分析当前经济发展形势，研究部署2010年经济建设主要任务。会上，通报表彰2009年度功勋企业13家、优秀企业69家、功勋企业家13名、优秀企业家67名和区纳税50强企业。

2月22日　龙湾区召开文化大区建设暨文明城区创建工作会议。

2月23日　温州市科学技术奖励大会在市人民大会堂举行。会上，江南控股集团董事长黄作兴获温州市首届科学技术重大贡献奖。

2月24日　永昌堡建堡450周年纪念活动在永昌堡环海楼前广场举行。永昌堡建于明朝嘉靖三十七年（1558），是浙南民间兴建的一处抗击倭寇的军事设施，堡内面积0.34平方公里，于2001年被列为国家级重点文物保护单位。

2月24日　《龙湾文献丛书》第一辑——明·嘉靖《永嘉县志》、《明代英桥王氏诗录》，在龙湾区举行首发式。

2月25日　永中沧河村与奥玛尔国际商贸有限公司签订合作协议，计划在永强大道原永中机床市场建立大型国际商贸购物广场——奥玛尔国际购物中心。该项目总投资2.5亿元，工期2年。

2月28日　台湾《民众日报》用两个版面专题介绍龙湾区建区以来的经济建设和城市发展等相关情况。这是台湾主流媒体第一次较为全面地宣传报道龙湾区的经济社会发展概况与人文历史风貌。

2月　龙湾区消防大队荣立公安部集体二等功。

3月

3月1日　“龙湾区第六次人口普查网”正式对外开通。网站设立了《公告栏》、《文件通知》、《区情动态》、《乡镇动态》、《经验交流》、《业务解答》等栏目。

3月2日　龙湾区召开党建暨创建学习型党组织工作会议。会议还表彰了2009年党建工作先进单位和个人。

3月4日　浙江省农业厅副厅长朱志泉到龙湾调研春耕备耕工作。

3月4日　共青团龙湾区七届三次全委（扩大）会议召开。大会审议通过《共青团龙湾区七届三次全会关于团区委候补委员的卸职确认案》。

3月5日　龙湾区四套班子领导以及机关部门工作人员200多人，到天河镇金沙河上游参加义务植树劳动。

3月5日　龙湾区党风廉政建设暨作风建设年活动动员会议在区文化中心召开。会上，对开展“转作风、提效能、优环境、促发展”作风建设年活动作了部署，并出台《龙湾区治理慵懒散“六个一律”规定》。

3月5日　龙湾区妇联在越秀学校举办“百年庆典欢乐颂　四自女性风采扬”的庆“三八”激情广场大展演，共14支代表队、近千人参加展演活动。会上，表彰龙湾区“十佳巾帼标兵”10名。

3月5日　温州市人大常委会副主任卓高柱到温州文化商品市场调研。

3月11日　台湾东森电视台摄制组一行到龙湾开展采访摄录活动。

3月16日　温州市市长赵一德到龙湾区调研供销社工作及农资供应服务情况。

3月18日　龙湾区召开区委武装工作会议。

3月18日　龙湾区召开科技奖励大会。会议颁发全区科学技术奖、十佳科技人才突出贡献奖、五佳科技型示范企业等。

3月20日　龙湾区学习型党组织创建暨“阳春倡读”活动在文化用品市场启动。学习型党组织创建活动分“阳春倡读”、“盛夏共建”、“金秋互动”、“暖冬共享”4个主题。

3月22日　在温州市侨办主任会议上，龙湾区的康尔达印刷器材有限公司翁银巧、胡玲玲，滨海大酒店董事长冯定献等3名温籍侨胞被授予温州市荣誉市民称号。

3月24日　以“观油菜花景、尝农家菜品，领海岛风情”为主题的龙湾首届美丽乡村游油菜花节在灵昆镇开幕。

3月26日　由温州市纪委、温州市监察局、温州市广播电视总台联合举办的《行风热线直播温州》栏目走进龙湾。区长陈玲玲率职能部门负责人通过广播直拨热线，现场接听群众投诉。

4月

4月2日　全国政协原副主席、中国工程院院士钱正英任组长的中国工程院“浙江沿海及海岛综合开发战略研究”项目调研组到龙湾民科基地考察。

4月6日　龙湾区召开全区深入学习实践科学发展观活动总结会议。会上，区委书记王祖焕作重要讲话，区长陈玲玲主持会议。全区深入学习实践科学发展观活动自2009年3月启动，分两批开展，到2010年2月底基本结束。全区共有522个单位14767名党员按照“党员干部受教育、科学发展上水平、人民群众得实惠”的总要求，围绕“转作风树形象，保增长抓转型，重民生促和谐”总载体，参加了学习实践活动。群众对第二批学习实践活动满意度达100%，对第三批学习实践活动满意度达99.7%。

4月6日　浙江省特级教师协会龙湾工作站启动仪式暨特级教师学术报告会在龙湾区举行。龙湾工作站是浙江省特级教师协会在省内设立的第六个县区级工作站，也是温州市唯一的特级教师工作站。

4月6日　龙湾区召开全区农村指导员工作总结暨动员大会。

4月8～9日　瑶溪镇、灵昆镇相继召开推行“四议两公开”工作法试点动员大会。“四议两公开”（“4+2”工作法），农村所有村级重大事项都必须在村党组织领导下，按照“四议”、“两公开”的程序决策实施。“四议”：党支部会提议、村“两委”会商议、党员大会审议、村民代表会议或村民会议决议；“两公开”：决议公开、实施结果公开。

4月10日　意大利普拉托省省长率团考察欧盟城市项目——永昌堡。

4月11日　温州市委书记邵占维到龙湾检查塘河整治情况。

4月15日　温州市政协副主席、市总工会主席戴祝水一行到龙湾视察。

4月16日　浙江省接访工作会议在龙湾区瑶溪王朝大酒店召开。浙江省信访局副局长周维亮到会讲话，省联合接待中心成员单位分管领导、各市信访局分管接访工作领导及温州市各县（市、区）信访局局长参加会议。

4月16日　温州大桥各站点正式启动计重收费和不停车收费。

4月17日　温州首架民间赈灾货包机——中货航A300-600货机，满载着帐篷、药品等救灾物资在温州永强机场起航飞往西宁。

4月21日　温州市委副书记朱贤良到龙湾专项督查维护社会稳定重点工作。朱贤良指出，各地各部门要紧紧围绕平安创建“两连贯”目标，围绕“基层基础建设年”要求，全力做好上海世博安保工作，努力创造平安和谐的社会环境。

4月22日　龙湾区总工会召开四届七次全委会和四届四次常委会。会议免去林钢的区总工会主席、常委、委员职务，免去毛尔轩的区总工会副主席、常委、委员职务，会议选举严永明为区总工会主席。

4月23日　上海市金山区区长赵福禧一行8人，在市、区领导陪同下，到温州文化商品市场考察。

4月25日　由中国金融网、中国金融研究院联合中央电视台经济频道共同主办的“2010年中国金融形势分析、预测与展望专家年会暨第六届中国金融（专家）年会”在北京举行。会上，龙湾区获“中国金融生态区”殊荣。

4月25日　在海城街道举行已停办57年的梅头民间庙会文化艺术活动。该活动有1000余人参与，参观群众约10000余人，有参演节目39个。

4月29日　龙湾区民科基地工程建设处总工程师曾国海获省级五一劳动奖章称号，温州市南亚汽车配件有限公司机械制造技术部经理张祖银获温州市“银锤奖”杰出职工称号，龙湾永强供电公司基建科获市级“工人先锋号”称号。

4月29日　龙湾区“五四”运动91周年纪念大会暨内外龙湾人互动发展论坛在区文化中心举行。会议还表彰武春芳等90名第三届“龙湾区百名优秀新龙湾青年”。

4月　龙湾区社会各界人士向玉树灾区捐款捐物。

5月

5月4日　温州民营经济科技产业基地龙湾工程建设处总工曾国海、中天昊宇科技股份公司董事长沈永贤获温州市十大杰出青年称号。

5月5日　温州市第十五中学教师王少莲获全国优质课一等奖。

5月5日　永中街道城北村党委获批，为龙湾区首个街道下辖的二级党委。

5月6日　在温州市慈善总会侨爱分会成立大会上，龙湾区的侨资企业浙江康尔达新材料股份有限公司董事长翁银巧先生捐赠50万元、滨海大酒店董事长冯定献先生捐赠11万元、欧斯达电器实业有限公司副董事长陈大谊先生捐赠3万元。

5月7日　龙湾区纪委出台《龙湾区行政事业单位工作人员利益冲突回避试点工作方案》，并在区公安分局、区经贸（交通）局、区环保局、区安监局、区财政局等5家单位推行回避制度试点工作。

5月10日　温州市60余位地厅级离退休干部在区委书记王祖焕陪同下，视察龙湾区。

5月12日　“向企业学习、为企业服务”主题报告会在区文化中心召开。3位企业界代表和1位区机关干部代表分别作报告。报告会由区纪委书记胡晓东主持。区四套班子领导、全区副科级以上领导干部，涉农涉企科室、基层站所负责人，区党风政风行风监督员近700人参加报告会。

5月12日　龙湾区应急办与各镇（街道）、各有关部门联合举行“防灾减灾日”主题宣传活动。

5月12～15日　第39届全国制药机械暨南京国际制药机械博览会在南京举行。龙湾企业在该次博览会上达成合作意向合同约4500万元。

5月13日　龙湾区在河泥荡公园举行“文明集结号”志愿者行动暨“我与文明同行”主题活动启动仪式。该主题活动持续到2010年9月，将陆续开展“低碳家庭、时尚生活”、“我们的节日——端午节”、关爱空巢老人、关爱新龙湾人等活动。

5月14日　温州市委书记邵占维等一行在区委书记王祖焕陪同下，到龙湾区残疾人托养中心慰问残疾人，并送上慰问品和5万元慰问金。

5月14日　龙湾区召开专题会议，研究部署校园安全保卫和手足口病防控工作。

5月14日　全国政协副主席罗富和，民进中央副主席朱永新，在浙江省政协副主席盛昌黎，温州市委常委、市委统战部部长陈作荣，龙湾区区长陈玲玲的陪同下，到温州文化商品市场视察。

5月16日　第33届开发西部全国人才招聘大会在甘肃兰州举行。龙湾区的五州阀门、生贵阀门、瓯斯达电器、志诚水暖、圣邦机械等5家企业组团赴会，引进急需紧缺人才和中高层次人才。

5月中旬至6月26日　以“读书进步，和谐发展”为主题的2010年龙湾区读书月活动举行。该活动由龙湾区委宣传部、区文广新局、区文明办联合主办，区图书馆承办。活动期间，开展“书香浓情读书大讲坛”、“百位名人谈读书图文展”等八大活动，营造全民读书、终身学习的良好社会氛围。

5月18日　状元镇在廿岙村举行大棚杨梅开摘仪式。状元镇采取杨梅搭配王鱼的方式打响当地杨梅品牌，让游客上山采摘杨梅，下山品尝王鱼粉干，以此打造农家乐品牌。

5月19日　温州市政协副主席、市总工会主席戴祝水到江南阀门集团、青山控股集团调研“劳动关系和谐企业”情况。

5月20日　由龙湾区19家阀门企业整合组建的凯喜姆科技集团股份有限公司正式挂牌成立。

5月21日　温州市综治基层基础“网格化管理”现场会在龙湾召开。来自各县（市、区）的代表们通过参观示范点，听取工作汇报，认真学习龙湾区综治网格化试点工作经验。

5月24日　龙湾区委召开理论学习中心组学习会。会议传达中纪委、中组部贯彻实施四项监督制度进一步提高选人用人公信度视频会议精神，并就《党政领导干部选拔任用工作责任追究办法（试行）》等四项监督制度进行深入研读。

5月27日　温州市委常委、副市长黄德康率队到龙湾实地考察农业生产情况。

5月28日　龙湾区的江南阀门有限公司、浙江天龙集团有限公司、温州鸿升集团有限公司获温州市“活力和谐企业”称号，浙江五洲阀门有限公司、温州市天宇轻工机械有限公司、凯喜姆阀门有限公司、浙江康德莱医疗机械股份有限公司获温州市“活力和谐企业”创建工作先进单位称号。

5月28日　温州市第六次全国人口普查综合试点工作在永中街道镇南村启动。第六次全国人口普查时间为11月1日零时，普查正式入户登记时间为11月1日到10日。

5月28日　温州市城市管理行政执法局龙湾分局、永强供电公司被中华全国总工会授予全国模范职工小家称号。

5月31日　根据温龙机编〔2010〕36号文件，龙湾区温瑞塘河治理工程建设指挥部更名为龙湾区温瑞塘河保护管理委员会。

5月31日　根据温龙机编〔2010〕41

号文件精神，成立龙湾区沿海办。6月17日，龙湾区沿海办正式对外办公。

5月　龙湾区委常委、统战部部长郑建忠被浙江省委组织部选派到西藏工作，任嘉黎地区那曲县委书记。

6月

6月1日　龙湾区举行庆祝“六一”儿童节暨中小学艺术节成果汇报会。

6月3日　公安部督导组到龙湾督导警车和涉案车辆违规问题专项治理。

6月3日　龙湾区综合应急救援大队成立，这是迄今为止温州市首支应急救援大队。该大队依托区消防大队组建。

6月4日　龙湾区召开深入开展以“双争一满意”（争做创业敬业先锋、争创服务管理品牌，让党员和群众满意）为主要内容的创先争优活动动员会议。

6月4日　龙湾区举行“6·5”世界环境日大型广场活动。状元镇龙腾社区被评为省级绿色社区。

6月4日　温州永强机场首条全货机定期航线——温州至深圳往返航班正式开通运营，结束了温州永强机场无全货机的历史。

6月4日　温州市委书记邵占维检查永中街道网格化管理工作。

6月7日　浙江省委常委、组织部部长蔡奇在温州市委书记邵占维、市长赵一德，市委常委、组织部部长王昌荣，龙湾区委书记王祖焕、区长陈玲玲等领导陪同下，到龙湾视察非公党建工作，实地考察华迪钢业集团有限公司。

6月10日　浙江省委常委、宣传部部长茅临生一行，在温州市委常委、宣传部部长曹国旗，龙湾区委书记王祖焕、区长陈玲玲等领导陪同下，考察温州文化商品市场。

6月10日　龙湾区委书记王祖焕在有关部门负责人的陪同下，专程到在建水利工程现场及地质灾害点等检查指导防汛备汛工作。

6月11日　龙湾区启动学习型党组织创建暨深化学习型社会创建“盛夏共建”活动。该次活动以“双百结对、帮学共建”为主题，即确定110个机关事业单位党组织与110个基层党组织，开展以“六个一”为主要内容的帮学共建活动。

6月12日　温州市委副书记朱贤良到龙湾检查划龙舟管理工作。

6月12日　龙湾区四套班子领导深入基层看望慰问党员。

6月13日　全省市级综治办主任会议在龙湾召开。会上，龙湾区介绍了综治网格化管理信息平台建设情况。

6月17日　龙湾区流动人口服务管理局挂牌办公。

6月18日　龙湾区举行“转作风　优环境　从我做起”主题宣讲会。会上，区委书记王祖焕作主题宣讲，要求领导干部增强自律意识，实行自我约束，清正廉洁、勤政为民。

6月22日　温州市“五五”普法检查验收组对龙湾区的“五五”普法工作进行考核验收。

6月23日　龙湾区委出台《龙湾区深入学习贯彻〈干部选拔任用工作四项监督制度，进一步提高选人用人公信度〉的实施意见》。

6月23日　浙江省城区科协工作研究会在温州市龙湾区召开。全省有7个地级市、20个城区、20个镇（街道）科协领导共84人参加会议。

6月23日　温州市委常委、副市长黄德康到龙湾指导检查防汛防灾工作。

6月27日　龙湾区瑶溪镇苏川村榕树被评为“温州十大生态名木”。

6月28日　龙湾区召开庆祝中国共产党成立89周年大会。会上，表彰了永中中学党支部等51个先进基层党组织、李蝉华等98名优秀共产党员和王武等30名优秀党务工作者。

6月29日　温州浅滩二期围涂促淤堤工程开工建设。该工程是温州半岛浅滩围涂工程的重要组成部分，位于温州半岛浅滩南侧，介于温州市灵昆岛浅滩与洞头县的霓屿岛之间，总投资估算4.23亿元，总工期2年。浅滩二期全长9397米，堤顶高程0.20米，堤顶宽4米，促淤堤促淤面积5713.33公顷。

6月　科技部、财政部公布2010年国家第一批科技型中小企业技术创新基金立项项目名单，龙湾区有7家企业入围。共获国家科技型中小企业创新基金545万元，位列全市之首。

7月

7月1日　龙湾区开展“捆绑式”组织工作满意度调查活动。活动从7月1日开始，7月20日结束。这次参加调查的对象有区四套班子领导和温州工业园区领导、各镇（街道）和区属部门工作人员、基层站所负责人、村（居）两委负责人、不是上述人员的区“两代表一委员”，共3700余人。这是龙湾历史上参与人数最多、调查面最广的一次调查。

7月1日　龙湾区举行“为党旗增辉为企业增效”非公企业党建系列活动暨龙湾区第三届职业技能比武大赛总结表彰大会。共662名非公企业党员代表参加会议。

7月1日　龙湾区委组织部举办“一名党员一面旗帜”主题服务日活动，共9家单位50名党员参加服务活动。

7月1日　龙湾区提高低保对象最低生活保障标准，农村低保标准从240元月调整为265元/月，城镇从385元/月调整为440元/月。

7月7日　以服务“宜商宜居”、共建“和谐龙湾”为主题的2010年龙湾区大中学生志愿者暑期社会实践活动出征仪式在区文化活动中心举行。杭州师范大学党委副书记朱军、副区长方志方、赵飞等领导出席，各镇、街道、开发区、直属学校团委书记及来自全省各高校和区内各中学的60余支暑期社会实践队共计700余人参加出征仪式。

7月8日　以“新产业新模式新机会”为主题的“2010民企投融资大会暨浙商500强论坛”在杭州开幕。泰昌集团2009年度以年产值11.4亿元首次跻身浙商全国500强行列，位居383名。

7月8～9日　龙湾区举行区领导专题学习会，传达省委全会精神。

7月9日　全区第二轮后进村集中整治动员部署会议在区行政管理中心大楼4楼多功能厅召开。区委书记王祖焕出席会议并作动员部署讲话，区纪委、区公安分局、海城街道、天河镇等4家单位作表态发言。

7月12日　浙江省工商联副主席邓国安一行到龙湾调研。

7月16日　温州名品旅游购物中心在温州文化商品市场举行开业典礼。温州名品旅游购物中心是由温州市旅游局批准组建的旅游配套项目，设在温州文化商品市场B幢二楼，营业面积8000平方米。该中心以温州“国”字号生产基地划分购物区域，设有皮鞋区、女鞋区、眼镜区、打火机区、剃须刀区、食品土特产区、服装区、工艺礼品区等。

7月18日　浙江省委书记赵洪祝在温州市委书记陈德荣、温州市原书记邵占维、市长赵一德、区委书记王祖焕等市、区领导陪同下，视察温州名品旅游购物中心。

7月18日　浙江省2010年百强企业名单揭晓。龙湾区的青山控股集团以140.9亿元的销售额位居第33位，浙江长江能源发展有限公司、龙湾永强供电公司入选2010浙江省服务业百强企业。

7月19日　浙江省创先争优活动督查组一行在省财政厅副厅长薛小杭带领下，到龙湾检查指导创先争优工作。

7月19日　温州市副市长陈浩到龙湾检查工作。

7月20日　温州市委副书记朱贤良到龙湾下访调研。朱贤良指出，要切实增强责任感和使命感，不断开创信访工作新局面。

7月20日　温州市常务副市长彭佳学带领市相关部门负责人到龙湾区，就温瑞塘河综合整治工作进展情况进行督查。督查组一行先后察看上江河截污纳管工程、石坦河综合整治工程建设情况以及十字河河道现状。

7月20日　永中街道温瑞塘河义务护河队在永中明珠广场举行成立仪式。至此，全区有温瑞塘河义务护河队9支，义务护河人员225名。

7月21日　龙湾区委召开常委扩大会议。会议听取上半年全区党风廉政建设工作情况汇报，分析当前党风廉政建设工作的反腐败工作形势，研究部署下半年党风廉政建设和反腐败工作。

7月22日　浙江省副省长陈加元率省环保厅、水利厅、建设厅等相关部门负责人到龙湾，实地考察朱宅生态文化公园。

7月24日　温州市委书记陈德荣到龙湾调研。陈德荣先后视察了民科基地永兴园区的围垦进展情况和龙湾城市中心区整体建设情况。陈德荣充分肯定龙湾近年所取得的成绩，并强调指出，龙湾当前工作的第一要务是如何“抢抓机遇、加快发展”。

7月26日　龙湾区召开第六次全国人口普查户口整顿工作动员大会暨业务培训会。

7月26～31日　龙湾区工商联组织企业考察团到西藏嘉黎县考察。援助资金50万元。

7月27日　龙湾区召开推行“四议两公开”工作法动员大会，从8月份开始在全区所有建制村推行“四议两公开”工作法。

7月28日　温州市龙湾区警察协会成立，这是全市首个县（区）级警察协会。省警察协会主席牟高望，区公安局局长李伟出席成立大会。会议审议通过《温州市龙湾区警察协会章程》，选举产生温州市龙湾区警察协会第一届理事会，黄挺义当选为主席。

7月28日　温州市面向全国公开招选非公企业党支部书记人选出炉。龙湾区的华迪钢业集团、五洲阀门有限公司、鸿升集团有限公司、康德莱医疗器械有限公司、浙江温兄机械阀业制造有限公司分别与非公企业党组织书记人选签订聘用合同。该次招选通过公开报名、资格审查与初步筛选、面试、双向选择、组织考察等环节。

8月

8月3日　龙湾区举办组织工作开放日活动。区委常委、组织部部长阮云富向应邀参加活动的社会各界人士通报近年来区委组织部工作总体情况。参加活动的人员有镇（街道）党（工）委书记、组织委员、组织员，区属单位“一把手”，各级党代表、人大代表、政协委员代表，村（社区）代表、非公企业代表等120余人。

8月3日　温州市委副书记朱贤良到龙湾督查人口和计划生育工作。

8月3日　温州市委常委、副市长周少政到龙湾调研社会养老服务体系建设工作。

8月4日　龙湾区人民法院因首创人身安全保护裁定成效明显，被全国妇联授予维护妇女儿童权益先进集体。

8月5日　龙湾区委书记王祖焕率区四套班子领导走访慰问高温下坚守岗位的一线工作者，为他们送上党和政府的关怀。

8月5日　龙湾区举行全区领导干部廉洁从政集中教育活动启动仪式。区四套班子领导、各镇（街道）党委（党工委）书记、区属有关部门负责人共130多人参加启动仪式。全体与会人员还到温州市法纪教育基地参观在押人员监舍、观看反腐倡廉教育图片展和电教片《在押人员一日生活》，接受现场警示教育。全区廉洁从政集中教育活动为期一个月，内容包括编发一套情景教育案例，开展一次提醒谈话周活动、开展一次集中警示教育、召开一次专题民主生活会、完善一项政策处理结果公示制度。

8月10日　温州市委常委、组织部部长王昌荣带领市政协工作督查组一行到龙湾，对政协工作进行督查指导。

8月11日　温州市委副书记朱贤良率市直有关部门负责人到龙湾检查指导平安龙湾创建工作。

8月11日　龙湾区科技局被评为2009年度全国县级防震减灾工作先进单位。

8月13日　2010年温州市百强企业授牌仪式在江心屿海景大酒店举行。入围温州市百强企业的龙湾企业有：浙江长江能源发展有限公司、江南控股集团有限公司、龙湾永强供电公司、鸿厦建设有限公司、泰昌集团有限公司、温州人造革有限公司、华迪钢业集团有限公司。

8月14～17日　龙湾区科协、区科技局、区教育局联合举办龙湾区2010年青少年科技夏令营。

8月15日　中央文明办专职副主任王世明一行在市委常委、宣传部部长曹国旗，区长陈玲玲等领导陪同下，考察温州文化商品市场名品旅游购物中心。

8月16日　龙湾区2010年夏季综合型人才招聘会在区人力资源市场一楼举行。招聘会以公益为宗旨，54家参会企业免费进场设摊，总计推出526个岗位，共468名求职人才免费进场择业洽谈。

8月16日　温州市首家道路交通事故人民调解委员会在龙湾交警三大队正式成立。即老百姓帮老百姓处理事故，形成人民调解、行政调解、司法调解“三位一体”的交通事故赔偿调解格局。

8月17日　龙湾区人大常委会召开“一府两院”半年工作报告会。会上，区长陈玲玲、区人民法院院长林跃、区人民检察院检察长陈士民分别汇报“一府两院”上半年工作情况。

8月18日　浙江省工商联副主席李任治一行到龙湾调研非公有制经济人士思想政治工作。

8月18日　龙湾区新闻工作者协会成立并召开一届一次会员大会。

8月18日　龙湾区教育局获2009年度全国教研工作先进单位称号。

8月19日　龙湾区委书记王祖焕率区计生部门和10个镇（街道）党政一把手30余人赴永嘉县学习交流计生工作。

8月21～22日　2010年中国水上运动会龙舟比赛在山东举行。由蒲州街道健康协会选送的温州飞腾龙舟队获龙舟比赛公开组200米直道竞速冠军。

8月23日　龙湾区委六届八次全体（扩大）会议召开。会上，区委书记王祖焕作题为《建设生态文明　加快转型发展　为完成全年和“十一五”目标任务努力工作》的工作报告。会议审议通过《中共龙湾区委关于推进生态文明建设的实施意见》。

8月23日　温州市市长赵一德和市委常委、副市长黄德康率市发改委、财政局、人事局等有关部门负责人到龙湾温州市粮食中心市场和粮食中心储备库调研并检查指导粮食工作。

8月24日　汤和民俗文化节在宁村举行，千人民俗队沿村巡游。

8月26日　龙湾区第六届音乐舞蹈节在龙湾区文化中心举行。该届音乐舞蹈节设音乐、舞蹈创作、表演共6个奖项，分别评出音乐创作奖金奖4个、舞蹈创作奖银奖1个、舞蹈表演奖金奖7个、舞蹈表演奖银奖5个、音乐表演奖金奖5个及音乐表演奖银奖4个。龙湾区音舞节始于2000年，每两年举办一次。

8月29日　“2010中国民营企业500家”结果揭晓，龙湾区的青山控股集团有限公司和华迪钢业集团有限公司入围，分别位居第75名和第370名。

8月30日　龙湾区政府召开六届八次全体（扩大）会议。会上，回顾总结上半年经济社会发展取得的主要成绩，部署下半年经济社会发展的重点工作。

8月　龙湾区社会各界人士向甘肃舟曲灾区捐款捐物。

8月　温州泰昌铁塔制造有限公司承建的“500kV乐清电厂——温东变输电线路钢管塔（1项）钢结构工程”，获“第八届中国建筑钢结构金奖”（国家优质工程）。

9月

9月1日　《温州市温瑞塘河保护管理办法》开始实施。该办法明确规定，温瑞塘河流域骨干河道和重要河道两侧各50米以内的范围为禁养区，禁止新建、扩建各类畜禽养殖场，现有畜禽养殖场应当在2011年年底前关停或者搬迁。

9月1日　龙湾区启动固定资产投资“百日攻坚”活动。该活动从9月初开始，至12月结束。攻坚任务包括58个重点建设项目、98个存量工业项目、9个新增工业项目和44个房地产开发项目，确保实现全年固定资产投资73.83亿元。

9月2日　温州农业对外综合开发区党员服务中心正式启用。该服务中心集“党员温馨家园”、“党组织建设基地”、“教育培训中心”、“企业文化展示平台”、“党员活动阵地”于一体，拥有500多平方米活动场地，包括接待中心、多功能室、党员活动室、职工维权室、谈心室、党工委工作室、图书阅览室、电子信息馆和文体活动室等9个功能厅。

9月2日　农工党龙湾支部召开换届选举会议。金叶道当选农工党新一届支部主委，邢庆武、陈音当选副主委。

9月7日　中国银行业协会主办的全国农村合作金融机构服务三农（农业、农村、农林）和支持中小企业先进评选颁奖典礼在广州举办。龙湾农村合作银行获“2010年全国农合机构最佳支持中小企业贡献奖”称号。

9月7日　龙湾区在滨海大酒店举办2010年国家大院名校科技成果龙湾推介会。受邀参加此次推介会的大院名校有：浙江大学、哈尔滨工业大学、天津大学、合肥工业大学、浙江工业大学、上海理工大学等12家。

9月8日　龙湾区文明办、区民政局向全区市民发出“革除丧葬陋习，树立文明新风”倡议书。

9月10日　全区学习贯彻全教会精神暨2010年教师节庆祝表彰大会召开。区教育局、龙湾中学、温州市第十五中学、永强中学获区政府嘉奖。

9月13日　温州市人大调研组一行到龙湾督查沿海产业带建设。

9月13日　浙江省财政厅副厅长薛小杭等省委督察组成员，视察坦头村和华迪钢业集团党支部的创先争优活动。

9月14日　温州市委副书记朱贤良一行到龙湾，走访调研挂钩联系的“百龙企业”。朱贤良指出，希望龙湾区委、区政府和市直有关部门、广大“百龙企业”，振奋精神，齐心协力，全面组织实施好“百龙企业”培育发展计划，为促进温州工业经济转型发展作出贡献。

9月14～16日　2010年浙江省老年男子健身球操比赛在龙湾举行。来自杭州市、宁波市、绍兴市、金华市、台州市和温州市的9支代表队近120名老年男子运动员参加比赛。

9月15日　龙湾区开展竞争性选拔副科（局）级领导干部工作。该次竞争性选拔共推出职位8个，采取推荐报名和资格审查、笔试、面试、量化考核、组织考察、讨论决定等程序。

9月16日　龙湾区科学技术协会第四次代表大会在温州滨海大酒店滨海厅召开。区四套班子领导及市（区、县）科协、镇（街道）领导等55名嘉宾应邀出席会议，138名正式代表参加会议。选举产生龙湾区科学技术协会第四届领导机构。李寿春当选为主席，范祯桑、陈孝道（兼）、沈爱巧（兼）、王胜耀（兼）、吴鸿炜（兼）、李彩华（兼）、陈锦法（兼）、黄子龙（兼）当选为副主席。

9月16日　龙湾区侨办、侨联召开纪念《中华人民共和国归侨侨眷权益保护法》颁布实施20周年座谈会。

9月19日　龙湾区灵昆第一小学举行金州礼堂落成典礼。龙湾区灵昆第一小学金州礼堂，由金州集团捐赠100万元兴建，是集教学、会议于一体的综合性礼堂。

9月20日　龙湾区召开纪委六届八次全体（扩大）会议。

9月25日　温州市市长赵一德到蒲州督查塘河整治工作。

9月27日　海城街道新办公大楼举行搬迁揭牌仪式。该办公大楼于2008年5月开始动工兴建，占地5403平方米，建筑面积5373平方米，总投资1450余万元。

9月28日　龙湾区第六届人民代表大会常务委员会第二十六次会议通过，决定接受吴庆亮辞去温州市龙湾区第六届人大常委会副主任职务和温州市龙湾区第六届人民代表大会代表职务，并依法罢免吴庆亮的温州市第十一届人民代表大会代表职务。

9月28日　温州粮食中心市场正式开业。国家粮食局副局长张桂凤，省粮食局副局长李立民、温州市市长赵一德等领导出席开业仪式。市场位于龙湾区瑶溪镇，市场项目总投资3.6亿元，占地32.13公顷，建筑面积12万平方米，分为交易、仓储、商务、装卸、加工五大区域，年粮食交易量可达100万吨。

10月

10月8日　蒲州街道汤家桥村被评为第六批浙江省基层科普示范单位。

10月9日　龙湾区“六城联创”动员大会在区文化中心召开。全区将开展以省级文明城区创建为龙头，联动推进国家园林城市、国家森林城市、国家卫生城市、国家环保模范城市和国家历史文化名城等“六城联创”活动。

10月9日　龙湾区启动“平安龙湾——温馨和谐家园”主题宣传活动。该次主题宣传活动将围绕维护社会秩序、保障生产安全、加强法制宣传等方面开展。

10月10日　龙湾区第二家小额贷款公司振华小额贷款股份有限公司正式开业，公司注册资本为2亿元。

10月11日　龙湾区深入开展“重阳节慰问三老”活动。此次活动将对龙湾区新中国成立前入党的老党员、老支前民兵、老交通员等86位老人进行慰问。

10月12日　龙湾区委书记王祖焕在区文化、旅游、规划等部门负责人的陪同下，实地调研了全区部分历史文化遗存情况，并召开专题座谈会。会上，王祖焕指出，要争当全市创建国家历史文化名城排头兵。

10月12日　温州市委常委、公安局局长叶寒冰到龙湾督导命案和“两抢”案件防控工作。

10月12～23日　浙江省第十四届运动会在嘉兴举行。龙湾区共派出101名运动员参加包括田径、篮球、排球、足球、体操、艺术体操、射箭、网球、游泳、跆拳道、拳击在内的11个大项目比赛，并在田径、篮球、排球、足球、体操、艺术体操6个大项中夺得金牌。在该届省运会上，龙湾共获得金牌6.29枚、银牌4.5枚、铜牌7枚，并获得比赛总分211.5分，位列全省各县（市、区）第50名。

10月13日　温州市委宣传部、龙湾区委、区政府在沙城镇五一公园举行温州市·龙湾区2010年社会科学普及周活动暨沙城镇第六届读书文化节开幕式。市委常委、宣传部部长曹国旗，市社科联副主席洪振宁、龙湾区四套班子领导、温州各县（市、区）代表、沙城各界代表近千人出席开幕式。

10月13日　龙湾区以总分97分通过市“放心放射源县”创建工作进行验收。

10月14日　温州市委任命张光羽、黄阳栩为中共温州市龙湾区委常委；免去王爱光、施德扩的中共温州市龙湾区委常委、委员职务。

10月17日　瑶溪王朝大酒店通过国家四星级酒店资质认证并正式挂牌。

10月18日　浙江省“服务企业、服务基层”专项行动服务组到龙湾，召开“双服务”活动情况反馈会。

10月19日　龙湾区平安创建夺牌冲刺誓师大会暨百日治安大巡防开巡仪式举行。

10月20日　瑶溪钟秀园正式开工建设。钟秀园总规划用地面积256667平方米，总建筑面积1340.6平方米，工程总投资估算1.638亿元。景观绿化面积约5.4万平方米，项目内容主要由3条湘景群、果园撷秀景群、桑田农趣景群、瑶溪滨水景观带、基础设施等构成。

10月22日　龙湾区委召开全区领导干部会议，传达学习和贯彻落实中共十七届五中全会精神。

10月22日　龙湾区委任命王忠立为中共温州市龙湾区人民政府党组副书记兼中共温州市龙湾区委政法委员会委员、副书记，黄阳栩为中共温州市龙湾区委统一战线工作部部长，薛克风为中共温州市龙湾区人大常委会党组成员，金旭东为中共浙江温州工业园区企业工作委员会委员、中共温州民营经济科技产业基地（龙湾）开发建设指挥部党组成员；免去黄阳栩的中共温州市龙湾区人民政府党组成员、温州农业新技术开发示范区管理委员会副主任职务，薛克风的中共浙江温州工业园区企业工作委员会委员、中共温州民营经济科技产业基地（龙湾）开发建设指挥部党组成员职务，王爱光的中共温州市龙湾区人民政府党组副书记、中共温州市龙湾区委政法委员会副书记、委员职务，施德扩的中共浙江温州工业园区企业工作委员会书记、委员、中共温州民营经济科技产业基地（龙湾）开发建设指挥部党组成员职务。

10月25日　第25届全国青少年科技创新大赛评选结果揭晓。龙湾区参赛作品获科技创新大赛、科技实践活动类十佳和一等奖1项。其中温州育英学校选送的《加速餐厨垃圾常温发酵 促进生活垃圾低碳处理》获第25届全国青少年科技创新大赛青少年科技实践活动一等奖。

10月25～26日　中央电视台《芝麻

开门》栏目组到龙湾调研，并在龙湾区永昌一小和海滨二小进行现场交流和拍摄。

10月26日　由浙江省副省长、温州市市委书记陈德荣带队的市“互看互学”活动考察团到龙湾，实地查看重点工程、重点项目的最新进展，互看互学，现场点评，对发展区域经济、改善国计民生和生态环境、促进社会和谐等工作进行全面考察。

10月28日　龙湾区举行庆祝新中国人民防空创立60周年国防·民防知识竞赛活动。来自区各镇、街道共10支代表队参加，比赛分为必答题、抢答题、风险题三大类，涉及国防、民防知识和军事、革命史等内容。

10月29日　温州市首家精神智力残疾人阳光庇护中心——龙湾区康宁残疾人小康·阳光庇护中心举行落成典礼。该中心是以劳动年龄段的智力、精神残疾人和其他各类重度残疾人为服务对象的残疾人托养服务机构。中心建筑面积达近895平方米。

10月31日　昆明温州龙湾商会成立大会暨一届一次会员大会在昆明举行。

11月

11月2日　龙湾区第2届“和谐文化乡村行”首演，在沙城镇拉开帷幕。“和谐文化乡村行”将走遍全区全部镇（街道），送去彰显地方特色的“才艺展示”、“文体竞技”、“展板宣传”等。

11月4日　龙湾区召开全区领导干部会议。会议学习传达市委理论中心组读书会暨“互看互学”活动精神，并研究部署贯彻实施意见。

11月5日　龙湾区沿海办根据温龙委办发〔2010〕173号文件精神，正式承接温州空港经济区建设任务。

11月8日　浙江省二轮修志创优工程温州片试点工作经验推广会在龙湾区瑶溪王朝大酒店召开。

11月8日　龙湾区举行庆祝第十一个中国记者节暨新闻外宣工作会议。

11月10日　上海同济大学教授、国家历史文化名城研究中心主任阮仪三在龙湾区行政管理中心大楼4楼多功能厅主讲《中国历史城市遗产的保护与合理利用》。全区各机关部门、各乡镇街道代表250余人参加会议。

11月10日　温州市副市长仇杨均到龙湾调研国家历史文化名城创建工作。现场察看了龙岗山龙岗寺、国安寺塔、张璁祖祠、王瓒家庙及永昌堡等5个文物保护单位及文物点，并召开调研会。

11月11日　龙湾区委书记王祖焕率区国土、规划及10个镇、街道负责人组成的党政代表团一行到瑞安考察旧村改造工作。

11月13日　龙湾总部经济园招商推介会在四川成都举行。会上，区委书记王祖焕强调：内外龙湾人互动发展，掀起龙湾新一轮投资热潮。

11月13日　成都市工商联龙湾商会成立大会在成都锦江宾馆举行。会后，参加成立大会的区党政代表团一行到成都市金牛区考察，双方就各自经济社会发展战略及区域合作进行互动交流。

11月15日　龙湾区出台《龙湾区流动人口居住证制度实施办法》，实现“暂住证”由“居住证”的转变。新办法规定持有居住证的人员可享有就业指导维权、参加社会保险，子女在义务教育阶段就学享受与龙湾区当地户籍居民子女同等待遇，有资格参与各级党代表、人大代表、政协委员和劳动模范的推荐及申请公共租赁房等待遇。

11月16日　《龙湾年鉴（2008）》被中国地方志指导小组办公室评为全国县级地方综合年鉴特等奖（全省仅2家）。

11月16日　温州市非公有制企业“双强争先”互看互学指导组到龙湾区指导检查工作。

11月16日　温州五金装饰市场举行奠基仪式。温州市人大常委会代主任陈笑华、副市长孟建新、市政协副主席郑胜涛、龙湾区委书记王祖焕等领导出席奠基仪式。市场占地13.33公顷，建筑面积达6万平方米，建成将有商铺2000间，整合汇聚五金机电和装饰材料两大行业的产品。

11月17日　龙湾区第六届人民代表大会常务委员会第二十七次会议决定任命伊柏峰为温州市龙湾区人民政府副区长；免去王爱光、黄阳栩的温州市龙湾区人民政府副区长职务。

11月17～19日　龙湾区第20届中小学生田径运动会在龙湾中学举行。

11月19日　省、市人口普查组到天河镇督查人口普查工作。

11月19～23日　中国（温州）第4届农业特色博览会在温州国际会展中心举行。龙湾区15家企业参加博览会。

11月21日　民革龙湾总支党员大会召开。会议增补张雪梅为民革龙湾总支副主委。

11月21～23日　首届温州·龙湾明代文化研讨会在龙湾区举行。来自海内外的60多位明代历史文化研究专家、学者齐聚一堂，就龙湾明代文化，开展广泛学术研究交流，深入挖掘龙湾历史文化内涵，助推龙湾历史文化名城创建。会上，区委书记王祖焕致辞，区长陈玲玲主持。

11月22日　浙江省副省长、温州市委书记陈德荣到龙湾调研新农村建设工作。

11月22日　浙江省人力资源和社会保障厅批准天宇轻工机械有限公司为省级博士后科研工作试点站。这是龙湾区首家博士后科研工作站。

11月23日　龙湾·苍南山海协作签约仪式在苍南县举行，两地就共同实施山海协作工程签署协议。

11月24～27日　龙湾区委、区政府组织开展为期4天的“学比赶超”活动。区四套班子主要领导、区相关部门负责人及部分区人大代表、政协委员共70余人，实地察看了全区各镇（街道）和温州工业园区、温州农业对外综合开发区及工程指挥部的56个建设项目，听取各点一把手对“十二五”发展和下一步具体工作目标的表态、承诺，并组织测评。

11月25日　温州市农办、农指办副主任杨靠山带领瑞安市、平阳县、苍南县、文成县、泰顺县等南片区市下派农村工作联络组组长及农指办负责人到龙湾开展“互看互学互查”活动。

11月29日　沙城图书馆举行建馆20周年庆祝活动。至2010年年末，该馆有各类图书53000册，已形成“一户一证，免费借书”为特色的“读书服务网”。

11月30日　龙湾区召开区委理论学习中心组（扩大）学习会。会上，各区委理论学习中心组成员深入探讨龙湾“十二五”发展的一系列重大问题，进一步理清龙湾区今后发展思路和工作重点。

11月　温州市瓯江口新区作为14个省级产业集聚区之一率先通过浙江省人民政府审批，获准设立温州市瓯江口产业集聚区。规划建设控制范围为茅竹岭及大罗山脚以东的龙湾区和洞头县（不包括鹿西乡），具体包括龙湾的灵昆、永中、永兴、海滨、沙城、天河、海城、瑶溪等镇（街道）的全部或部分地区，洞头的北岙、东屏、元觉、霓屿、大门等乡镇，及温州浅滩围涂等规划围垦区，共13个乡镇及街道。

12月

12月3日　龙湾区政协原主席诸松华被永嘉县人民法院以受贿罪、滥用职权罪判处有期徒刑13年，并处没收个人财产20万元。

12月3日　温州市政协副主席高育厅到龙湾调研温州空港经济区建设筹备情况。

12月6日　温州市司法行政系统“互看互学互评”活动走进龙湾。考察团一行先后视察了状元镇、市交警三大队、瑶溪司法所。

12月7日　温州市首家金属物流中心——温州金属现代物流中心在龙湾瑶溪进行项目启动。该中心集金属材料货物集散、货物仓储、货物展示、加工配送、电子商务、配套服务等六大功能于一体，总投资12亿元，占地33.3公顷，预计2014年上半年竣工。

12月8日　龙湾区召开全区村党组织换届选举动员会议。会议要求各镇、街道党（工）委要精心组织，周密计划，规范操作，积极稳妥地做好村级组织换届工作。

12月8日　机场年旅客吞吐量首次突破500万人次，成为全国营运机场当中年旅客吞吐量超500万人次的唯一一个非国际机场。

12月9日　温瑞塘河环境污染整治通过省“811”考核验收。

12月10日　温州市委任命刘峰为中共温州市龙湾区委委员、常委、副书记；免去徐国信的中共温州市龙湾区委副书记、常委职务。

12月10日　龙湾区召开“两拆两绿”工作推进会。会上，区委书记王祖焕要求，政企携手还龙湾一片绿。

12月13日　浙江省供销社党委书记、理事会主任史济锡一行，到龙湾调研供销社工作。

12月14日　温州工业园区环境整治工作通过市生态办的核查验收。

12月15日　龙湾区获“浙江省金融创新示范区”称号。

12月15日　龙湾区的江南阀门、泰昌集团、夏梦意杰等3家企业获省级“劳动关系和谐企业”称号。

12月16日　龙湾区委原常委、温州民营经济科技产业基地（龙湾）开发建设指挥部原常务副指挥施德扩被苍南县人民法院以受贿罪判处有期徒刑11年，并处没收个人财产20万元。

12月16～26日　由温州市文化广电新闻出版局主办，温州文化商品市场承办的2010第四届中国（温州）奇石博览交易会举行开幕式。

12月17日　龙湾区委书记王祖焕、区长陈玲玲分别带队督查“两拆两绿”及公园绿地建设工作。

12月17日　由国家人力资源和社会保障部、中国地方志指导小组联合举行的第二届全国地方志系统先进表彰大会在北京人民大会堂召开。龙湾区委史志办副主任、《龙湾年鉴》主编陈建敏荣膺全国方志系统先进工作者称号，温州地区仅1人获此殊荣。

12月20日　龙湾区召开城乡统筹综合改革领导小组会议，研究讨论统筹城乡综合改革实施方案，安排落实重点建设项目和近期主要任务。

12月20日　温州市国土资源局龙湾分局状元管理所被人力资源和社会保障部、国土资源部授予“全国国土资源管理系统先进集体”称号，这也是浙江省唯一一个基层国土资源所获此殊荣。

12月22日　龙湾区召开省、市两会建议提案征求意见会。

12月22日　温州市委副书记朱贤良率督查考核组到龙湾开展人口计生工作专项督查和年度考核。

12月24日　龙湾区举行区住房和城乡建设局、区城市管理与行政执法局成立授牌仪式。龙湾区城建管理体制改革进入新阶段。

12月24日　龙湾农村合作银行大楼、龙湾区外国语小学、龙湾区图书馆（含党校及老年大学）和瑶溪南片道路网一期工程共4个项目在龙湾城市中心区同时开工。该四大重点工程项目总用地面积36.93公顷，总投资11亿元。

12月24日　77省道延伸线龙湾至洞头疏港公路工程举行开工仪式。陈德荣、赵一德、李良福、朱贤良、彭佳学、陈笑华、陈浩、朱贵远等省、市领导出席仪式。该工程总投资42个亿元，主线起于龙湾上岙，经灵昆大桥、灵霓海堤、霓屿岛、状元岙岛，终于状元岙深水港，主线长约36.7公里。同步建设一条洞头连接线，起点位于主线深门山北侧，跨洞头海峡，终点与洞头新城二期规划道路相接，长约3.7公里。项目主线和连接线分别按照四车道一级公路和两车道二级公路标准建设，设计时速均为80公里。

12月24日　温州瑶溪国际赛车场启用仪式在龙湾区行政管理中心举行。温州瑶溪国际赛车场（英文简称WZIC）是由温州民间资本投资建造的一条专业赛车场，是温州地区唯一一条专业的赛车场，位于瓯海大道瑶溪下口附近，建成于2010年11月，总面积约2.33公顷。赛道为复合型组合赛道，其中短道拉力赛道长度约为1.3公里（内外道距离相加），可组合区域面积约为11000平方米。赛场可承接短道拉力赛、卡丁车赛、漂移赛等专业汽车赛事。

12月26日　中国侨联主席林军一行到龙湾视察，先后参观由华侨投资兴建的东方明珠城和滨海大酒店。

12月27日　龙湾区被授予“中国合成革之都”称号。这是龙湾区自2002年、2005年以来第三次持有该国字号“金名片”。

12月30日　温州机场集团有限公司挂牌成立。

12月31日　龙湾天乐民工子弟学校成立文韬助学基金。该基金向该校20名贫困学生每人颁发500元助学金。

2010年12月31日～2011年1月2日　全国汽车超级短道拉力挑战赛温州龙湾站在温州瑶溪国际赛车场举行。该次比赛由中国汽车运动联合会、龙湾区人民政府和温州市体育局主办，龙湾区体育局、上海力盛汽车文化传播有限公司和温州瑶溪国际赛车场有限公司承办。该次比赛分为单一品牌杯、队赛杯和联谊杯3种比赛形式。比赛在双车道、立体交叉、环形封闭的赛道内进行汽车比赛，采取双人对抗。

12月　撤销温州市瓯江口开发建设总指挥部，组建温州市瓯江口新区开发建设管理委员会，作为市政府派出机构，负责瓯江口灵霓半岛一体化开发建设管理的具体工作。

12月　龙湾区工商联民生扶助基金2010年度外来员工子女教育“孺子牛奖”、“雏鹰奖”评选结果揭晓。10名优秀教师和教育工作者获“孺子牛奖”，共资助奖金30000元；80名品学兼优外来员工子女学生荣获“雏鹰奖”，共资助奖学金64000元。

12月　龙湾区史志编纂委员会承编的《龙湾年鉴（2010）》由方志出版社出版发行。主编陈建敏。全书设38个类目348个分目、1334个条目、图91幅、表164张，120万字。该书全面记载了2009年龙湾区在政治、经济、文化、社会等各个领域发生的重大事件。

2010年　龙湾区有基层党委9个、党总支16个、党支部756个、党员16633名。其中：建制村有党总支3个、党支部158个、农村党员9092名，非公有制经济单位有党委2个、党支部258个、联合党支部21个、企业党员2567名。

2010年　龙湾区受理群众信访总量1152件（人次），比上年增长27.8%。其中：受理群众来信264件，比上年增长46.7%（联名信16件，同比下降33.3%）；受理群众来访232批、888人次，比上年分别增长34.1%、23.2%（集体访74批、758人次，分别增长85%、65.8%）。

2010年　龙湾区审计机关共完成审计项目28个，查出违规金额2023万元，查出管理不规范金额15724万元。经审计处理上缴财政1068万元，核减工程造价847万元，提出审计建议86条，移送纪检监察机关3件。

2010年　龙湾区养老保险参保单位4842家，参保总人数9.69万人。医疗保险参保单位3492家，参保人数12.72万人。生育保险参保单位4065家，参保人数5.04万人。工伤保险参保单位4252家，参保总人数13.54万人，基本实现全覆盖。

2010年　龙湾区专利申请量1718件，比上年增长20.4%。其中发明专利212 项，实用新型811项，外观设计 695项。专利授权量1581件，比上年增长52.8%；其中发明专利 51项，实用新型710项，外观设计820 项。

2010年　龙湾区共接待境内外旅游者173.98万人次，比上年增长20.2%。其中接待国内旅游者173.65万人次，比上年增长20.2%；接待境外入境旅游者4988人次，比上年增长6.2%。全年旅游总收入13.92亿元，比上年增长20.2%。

2010年　龙湾区年末存款余额419.39亿元，比上年增长22.5%。其中：城乡居民储蓄存款余额186.80亿元，比上年增长23.6%。贷款余额413.49亿元，比上年增长15.9%。其中：工业贷款225.96亿元，比上年增长8.6%；商业贷款20.44亿元，比上年增长9.0%；个人消费贷款63.04亿元，比上年增长35.9%。

2010年　龙湾区实现地区生产总值233.33亿元，比上年增长9.0%；实现工业总产值658.70亿元，比上年增长18.3%；实现第三产业增加值70.19亿元，比上年增长12.1%。财政总收入26.69亿元，比上年增长6.2%。全社会固定资产投资76.95亿元，比上年增长16.8%。全社会消费品零售总额63.79亿元，比上年增长18.6%。外贸出口总额14.38亿美元，比上年增长16.0%。城镇居民人均可支配收入27255元，比上年增长11.1%；农民人均纯收入15294元，比上年增长12.0%。

建制沿革

建　制

【概况】 龙湾区属温州市的三大城区之一。

1984年12月27日，为适应对外开放的需要，经浙江省人民政府核准，析温州市郊区的状元镇、龙湾乡和瓯海县永中镇的黄石、黄山二村，始建龙湾区。

龙湾区位于瓯江入海口南岸，地理位置在北纬27°54′～28°01′、东经120°42′～120°51′。东南连瓯海县，西接鹿城区，北濒瓯江，与乐清市、永嘉县隔江相望。区域陆地面积为61.43平方公里。区政府驻地状元镇。1984年年末，全区常住人口为75482人。

2001年8月21日，经国务院批准，温州市区行政区划调整。析瓯海区的永中、天河、沙城、灵昆四镇和瑞安市塘下镇的上涂、西一、中星、东门、棣头、石坦、屿门、邱宅、东溪、东城10个村，即瑞安市塘下镇梅头办事处辖地归属龙湾区。同时，析龙湾区蒲州镇的蒲州、上蒲州2村归属鹿城区。区划调整后的龙湾区，位于北纬27°48′～28°01′、东经120°43′～120°55′。区域陆地面积为282.78平方公里。区政府驻地由状元镇迁至永中镇。2002年2月4日，经省政府批准，撤销永中、龙水镇建制，划出原龙水镇朱宅村，组建永中、海滨、永兴3个街道办事处；撤销蒲州镇、区直属海城办事处，分别组建蒲州、海城2个街道办事处；撤销龙湾镇、瑶溪镇，并入原龙水镇朱宅村，组建新的瑶溪镇。区内区划调整后，龙湾区辖永中、蒲州、海滨、永兴、海城5个街道办事处和状元、瑶溪、沙城、天河、灵昆5个镇。2010年年末，全区常住人口为337549人。

历史沿革

【夏至三国时期】 龙湾区所在地夏、商、周三代为瓯（沤、欧）地。春秋战国属越地。秦属闽中郡。

西汉系东瓯国。西汉惠帝三年（前192）封越王后裔驺摇为东海王，建都东瓯，故世称东瓯王。汉武帝建元三年（前138）闽越王发兵攻东瓯，东瓯举国二次内徙，迁至江淮的庐江郡（今安徽省西南部地区），地遂虚。昭帝时以东瓯古都为回浦县东瓯乡。东汉章帝章和元年（87），改回浦为章安。顺帝永和三年（138）以章安县东瓯乡为永宁县，隶会稽郡。

三国（吴）会稽王孙亮，于太平二年（257），分会稽郡东郡，置临海郡，永宁县也属之。

【东晋至南北朝时期】 东晋明帝太宁元年（323），析临海郡南部地永宁、安固、松阳、横阳四县，置永嘉郡，属扬州，以永宁县城为郡治，同时于瓯江南岸建筑郡城（今鹿城）。郡名“永嘉”始此。此为温州置郡级地方政权之始。南朝（宋、齐、梁、陈）仍为永宁县和永嘉郡治。

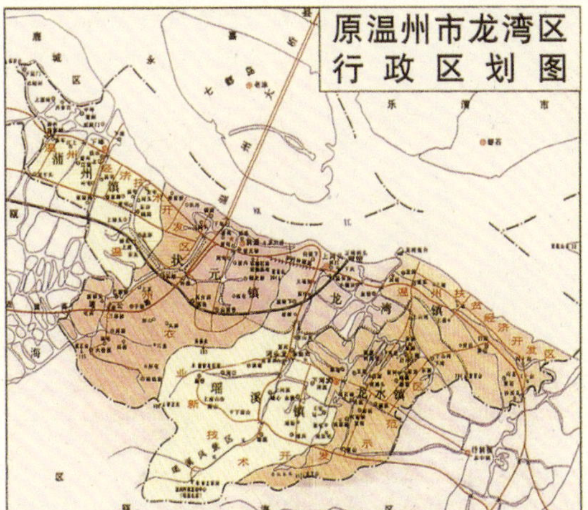

图6：1984年12月27日，龙湾区建区时的行政区划图

图7：2007年12月绘制的龙湾区行政区划图

【隋唐至五代时期】 隋文帝开皇九年（589）废永嘉郡和临海郡，置处州，寻改括州；并改永宁县为永嘉县，隶属括州。县名“永嘉”始此。炀帝大业三年（607）改州为郡，恢复永嘉郡，仍属扬州。

唐高祖武德五年（622），以永嘉县地置东嘉州，析辖永宁、安固、黄阳、乐成4县，属东嘉州，隶括州总管府。武德七年（624），改永宁县为永嘉县，乐成县入永嘉县，属东嘉州，隶括州总督府。太宗贞观元年（627），废东嘉州入括州，撤横阳、永宁二县，以永嘉县属括州，隶江南道越州都督府。唐高宗上元二年（675），析括州之永嘉、安固二县置温州（因其地“虽隆冬恒燠”故名），并以永嘉为州治。州名“温州”始此。武后载初元年（689）析永嘉县地，复置建乐成县，永嘉辖境从此确定。玄宗天宝元年（742）又改温州为永嘉郡；肃宗乾元元年（758）复为温州，先后隶浙江东、西道。唐末，温州先后为朱褒兄弟交替割据达22年之久，至哀帝天祐四年（907）三月，钱镠命子元瓘率兵讨伐，四月攻占温州后为吴越王地，设温州制置使，今域属之。

五代后晋天福四年（939），升温州为静海军节度州，今域属之。

【宋至元明清时期】 宋太宗太平兴国三年（978），吴越王钱俶纳土降宋，温州节度州降为温州军事州，属两浙路，今域属之。徽宗政和七年（1117）升温州军事州为应道军节度州。高宗建炎三年（1129）温州节度州又降为军事州，属两浙东路。咸淳元年（1265），以度宗潜邸升温州为瑞安府，今域皆以永嘉县属之。

景炎元年（1276），改瑞安府为温州路，属浙东道宣慰司，先隶江淮行省，后隶江浙行省，今域以永嘉县属之。

明洪武元年（1368），温州路改为温州府，属浙江行省；洪武十五年（1382）改属浙江布政使司；永乐间，司下设道，温州府属温处道，今域皆以永嘉县属之。

清世祖顺治三年（1646）春，清军入浙，七月下温州。入清版图，沿明制，今域仍以永嘉县属之。

【民国时期】 民国元年（1912），废府、州、厅制，实行省、道、县三级地方政制，今域属浙江省瓯海道永嘉县，道尹公署驻永嘉县域。民国16年（1927）废道制，实行省县两级制。民国21年（1932），在省县之间建立行政督察区制，今域属浙江省第十行政督察区，督察专员办事处驻永嘉县城；9月又改温州为第四特区。民国22年（1933）4月，温州为第三特区；8月又改称为浙江省永嘉行政督察区。民国23年（1934），又改称为浙江省第八行政督察区。至民国37年（1948）温州改为浙江省第五行政督察区。今域皆以永嘉县属之。1949年5月7日温州解放；8月26日成立浙江省人民政府第五区专员公署，并将永嘉城区及城郊、永强、梧田、三溪、藤桥、西岸第7个区划出，设立温州市，隶属浙江省人民政府，今域属之。

【中华人民共和国成立时期】 1949年11月6日改第五区专员公署为温州区专员公署，旋又改称温州专员公署。1950年5月，温州市永强、梧田、三溪、藤桥4区划归永嘉县。1954年7月1日，温州市人民政府改称为温州人民委员会。1958年7月，温州市改属温州专区管辖。同年8月，永强、梧田、三溪、藤桥四区划归温州市管辖。永嘉县政府驻地由九山移驻上塘镇。1967年3月成立温州地区军事管制委员会。1968年12月分别成立温州地区革命委员会和温州市革命委员会。1978年9月，温州地区革命委员会改为温州地区行政公署。1980年4月，恢复温州市为省直辖市，同时将市区设为东城、南城、西城3个县级区。1981年9月22日，温州地区和温州市合并，成立温州市人民政府，实行市管县体制。同年12月12日设立瓯海县，市郊区的永强片区划归瓯海县管辖。1984年4月2日，析市郊区的状元镇、龙湾乡和瓯海县永中镇的黄石、黄山2村，置龙湾区上报浙江省人民政府。同年12月27日，浙江省人民政府批准设立龙湾区。2001年8月21日，经国务院批准，温州市区行政区划进行调整，瓯海区所辖的永强片区（永中、天河、沙城、灵昆四镇）、瑞安市所辖的梅头办事处划归龙湾区管辖；龙湾区蒲州镇的上蒲州和蒲州两村划归鹿城区管辖。

表5： 清及清以前隶属沿革

朝代		年号	公元纪年	隶属沿革	说明
汉	西汉	昭帝始元二年	前85	会稽郡回浦县	据《温州市志》
	东汉	章帝章和元年	87	会稽郡章安县	据《温州市志》
		顺帝永和三年	138	扬州会稽郡永宁县	《后汉书》：永和三年以章安置东瓯乡为永宁县《宋书·州郡志》：永宁令，汉顺帝永建四年，分章安东瓯乡立，或云顺帝永和三年立
		献帝兴平间	194～195	永宁县	《宋志》及《赤城志》：兴平中孙策析章安、永宁县松阳，始平
三国	吴	会稽王太平二年	257	扬州临海郡永宁县	《三国志》：太平二年以会稽东部为临海郡
晋	西晋	武帝太康元年	280	扬州临海郡永宁县	《晋书·地理志》：临海郡统县八，章安、临海、始平、永宁、宁海、松阳、安固、横阳
	东晋	明帝太宁元年	323	扬州永嘉郡永宁县	《晋书·地理志》：分临海立永嘉郡，统永宁、安固、松阳、横阳四县
		孝武帝宁康二年	374	扬州永嘉郡永宁县	《晋书·地理志》：孝武宁康二年，又分永嘉郡之永宁县置乐成县

续表

朝代		年号	公元纪年	隶属沿革	说明
南朝	宋	孝武帝孝建元年	454	东扬州永嘉郡永宁县	《宋书·孝武帝纪》：孝建元年六月癸未，分扬州立东扬州
		孝武帝大明三年	459	扬州永嘉郡永宁县	《宋书·孝武帝纪》：二月乙卯，以扬州所统六郡为王畿，以东扬州为扬州
		大明八年	464	东扬州永嘉郡永宁县	《宋书·前废帝纪》：十二月壬辰，以王畿诸郡为扬州，以扬州为东扬州
		前废帝景和元年	465	扬州永嘉郡永宁县	《宋书·前废帝纪》：秋八月庚辰，罢东扬州，并扬州
		顺帝昇明三年	479	扬州永嘉郡永宁县	扬州领永嘉等八郡
	梁	武帝普通五年	524	东扬州永嘉郡永宁县	《梁书·武帝纪》：三月甲戌，分扬州、江州置东扬州
		敬帝太平元年	556	缙州永嘉郡永宁县	《梁书·敬帝纪》：三月丙子，罢东扬州
	陈	文帝天嘉三年	562	东扬州永嘉郡永宁县	《陈书·文帝（世祖）纪》：天嘉三年，以会稽、东阳、临海、永嘉、新安、新宁、晋安、建安八郡置东扬州
隋		文帝开皇九年	589	吴州总管府 处州永嘉县	《隋书·地理志》：平陈郡废，废临海、永嘉二郡为县改永宁县为永嘉县，撤安固、横阳、乐成三县入永嘉县。改东扬州为吴州，置总管府，隶扬州大总管府置处州
		开皇十二年	592	吴州总管府括州永嘉县	《隋书·地理志》：开皇九年置处州，十二年改曰括州
		炀帝大业三年	607	扬州永嘉郡永嘉县	《通考》：罢州置郡《隋志》：永嘉郡统县四，括苍、永嘉、松阳、临海
唐		高祖武德四年	621	括州总管府括州永嘉县	《旧唐书·地理志》：武德四年，平李子通，置括州，置总管府，管松、嘉、台三州
		武德五年	622	括州总管府东嘉州永宁县	以永嘉县置东嘉州，并析置永宁、安固、乐成、横阳四县
		武德七年	624	括州都督府东嘉州永嘉县	《旧唐书·地理志》：武德七年，改总管府为都督府。改永宁县为永嘉县，乐成县并入永嘉县
		太宗贞观元年	627	江南道越州都督府括州永嘉县	《旧唐书·地理志》：贞观元年，废东嘉州，撤横阳、永宁二县以永嘉县属括州
		高宗上元二年	675	江南道温州永嘉县	《旧唐书·地理志》：上元二年，分括州之永嘉、安固二县置温州
		玄宗开元二十一年	733	江南东道温州永嘉县	《温州历史年表》：温州属江南东道采访史
		玄宗天宝元年	742	江南东道永嘉郡永嘉县	《旧唐书·地理志》：天宝元年，（温州）改为永嘉郡
		肃宗乾元元年	758	浙江东道温州永嘉县	《旧唐书·地理志》：乾元元年，（永嘉郡）复为温州
五代十国	吴越	梁太祖开平元年	907	两浙路温州永嘉县	《旧五代史·梁书三·太祖本纪第三》：两浙节度使钱晋封吴越王
		后晋高祖天福四年	939	两浙路温州静海军节度永嘉县	《旧五代史·晋书四·高祖纪》：五月辛亥，置静海军于温州
宋	北宋	太宗太平兴国三年	978	两浙路温州军事州永嘉县	《宋史·地理志》：瑞安府，本温州，永嘉郡，太平兴国三年，降为军事州
		徽宗政和七年	1117	两浙路应道军节度永嘉县	《宋史·地理志》：政和七年，升应道军节度
	南宋	高宗建炎三年	1129	两浙东路温州永嘉县	《宋史·地理志》：建炎三年罢（应道军）军额
		度宗咸淳元年	1265	两浙东路瑞安府永嘉县	《宋史·地理志》：咸淳元年，以度宗潜邸，升府
元		世祖至元十三年	1276	江淮行省浙东道温州路永嘉县（二十一年改为江浙行省）	《元史·地理志》：至元十三年，置温州路领县二：永嘉、乐清；州二：瑞安州、平阳州
明		太祖洪武初	1368	浙江行省温州府永嘉县	《明史·地理志五》：洪武初，为府。领县五。西北距布政司八百九十里
		洪武十五年	1382	浙江布政使司温州府永嘉县	据《温州市志》
		成祖永乐间	1403～1424	浙江布政使司温处道温州府永嘉县	据《温州市志》
		世宗嘉靖十年	1531	浙江布政使司温州府永嘉县	据《温州市志》
清		世祖顺治三年	1646	浙江布政使司分巡温处道永嘉县	据《温州市志》
		顺治十二年	1655	浙江省温州府永嘉县	《清史稿·地理志十二》。浙江，清初为浙江省，置巡抚；福建置总督，驻福州，兼辖浙江乾隆元年，复置浙江总督。三年，改闽浙总督。自是为定制
		宣统三年	1911	浙江军政府温州分府永嘉县	《中国历史大事编年》：清廷在浙江统治被推翻，成立浙江军政府，温州、嘉兴、湖州、绍兴、金华等八府先后建立军政分府

表6：民国时期隶属沿革

公元纪年	隶属沿革	说 明
民国3年（1914）	浙江省瓯海道永嘉县	1912年“中华民国”成立，废府、州、厅制，3年（1914）省下设道
民国12年（1923）	浙江省瓯海道永嘉县	12年（1923）永嘉县下分设17个自治区，设永强自治区、膺符自治区
民国16年（1927）	浙江省永嘉县	16年（1927）废道制，实行省县两级制
民国20年（1931）	浙江省永嘉县	20年（1931）永嘉县下划分10个区，永强区属第二区，膺符区属第三区
民国21年（1932）	浙江省第十县政督察区永嘉县	21年（1932）省县间设行政督察区。同年9月第十县政督察区改第四特区；次年（1933）4月又改第三特区，8月第三特区改永嘉行政督察区；23年（1934）3月25日又改永嘉行政督察区为第八行政督察区；27年（1938），改膺符区为梧田区；37年（1948）4月，又改第八行政督察区为第五行政督察区
民国38年（1949年9月30日止）	浙江省第五专区温州市	1949年5月7日温州解放；8月26日，成立浙江省人民政府第五区专员公署，并将永嘉城区和永强、梧田等7区析出，置省辖温州市

表7：中华人民共和国成立时期隶属沿革

时间	隶属沿革	说 明
1949年10月	浙江省温州专区温州市	1949年11月6日浙江省政府决定将第五区专员公署改为温州区专员公署，旋又改称温州专员公署
1950年5月	浙江省永嘉县	1950年5月20日浙江省政府决定，将永强、梧田等4个区重新划归永嘉县管辖
1958年8月	浙江省温州专区温州市	1958年8月永强、梧田等4个区划归温州市管辖。10月永强、梧田区公所改为永强、梧田人民公社。
1961年10月	浙江省温州专区温州市	公社体制下放，永强区、梧田区恢复区公所建置
1965年12月	浙江省温州专区温州市	1965年12月温州地委批准撤销梧田区公所，隶属梧田区的状元公社划归温州市人委郊区办事处管辖
1981年9月	浙江省温州市	地、市合并，实行市管县体制
1981年12月	浙江省温州市瓯海县	1981年12月12日国务院批准建立瓯海县，永强区、梧田区划归瓯海县管辖，1992年3月属瓯海区管辖
1982年4月	浙江省温州市	1982年4月1日永强区龙湾公社、梧田区状元镇划归温州市近郊区管辖
1984年11月	浙江省温州市	1984年11月29日国务院批准建立龙湾区。温州市近郊区的状元镇、龙湾乡及瓯海县永中镇之黄石、黄山两村划归龙湾区管辖
2001年8月	浙江省温州市	2001年8月21日国务院批准市区行政区划调整。瓯海区的永强片区、瑞安市梅头办事处划归龙湾，上蒲州、蒲州两村划归鹿城
2002年2月	浙江省温州市	浙江省人民政府，浙政函〔2002〕15号批复，同意将龙湾区原9个建制镇调整为5个镇和5个街道

自然地理

地理环境

【位置　交通】　龙湾地处瓯江入海口南岸，东濒东海，原与洞头县隔海相望，现通过灵霓大堤与洞头县相连；南接瑞安市；西靠瓯海、鹿城二区；北临瓯江，与乐清市、永嘉县隔江相望。龙湾区是温州市区的东大门，机场大道、温州大道、瓯海大道横穿全区，将龙湾区中心与温州市中心紧密联系起来。龙湾区又是浙南闽北的海陆空立体交通枢纽：区内有温州永强机场、温州港万吨级码头、金温铁路货运终点站等，甬台温高速公路和规划中的沿海高速公路纵贯其中。龙湾区的灵昆岛扼居瓯江之入海口，地处温州市区、乐清市和洞头县三地交界的江海之中，交通位置十分重要，是温州半岛工程的重要组成部分。

【人口　行政区划】　龙湾区是温州市三大城区之一，1984年设区。经2001年8月行政区划调整、扩大后，至2010年年底区域陆地面积282.78平方公里，户籍

表8：　2010年龙湾区行政区划一览

名称	驻地	土地面积（平方公里）	村民委员会（个）	居民委员会（个）	行政村、居民区名称
永中街道	永强大道4318号	46.64	34	6	普门、沧河、镇南、镇北、寺西、上京、棋盘、桥北、石浦、郑宅、刘宅、度山、前街、殿前、城南、新城、城北、衙前、朱垟、丰台、坦头、孙垟、双岙、新莒、王宅、青山、东林、双何、横泱、新联、联谊、上湾、下湾、龙华、街南、街北、罗东、永上、永昌、罗东居委会
蒲州街道	蒲州街道蒲江北路67号	7.09	6	1	下埠、上江、上庄、屿田、江前、汤家桥、蒲江社区
海滨街道	海滨街道沙村路29号	28.38	13	1	沙中、蟠钟、沙南、建新、渔池、沙北、教新、北新、城东、宁村、江一、蓝田、小陡、海滨居委会
永兴街道	永兴街道纪兴路1号	31.68	14	1	乐二、沙园、南桥北、萼芳、榕树下、祠南、乐一、永乐、永民、大塘、小塘、下兴、五溪、水潭、永兴居委会
海城街道	海城街道镇前街2号	14.70	10		上涂、东溪、埭头、屿门、石坦、邱宅、东门、中星、西一、东成
状元镇	状元镇龙飞东路78号	14.15	10	3	状元桥、横街、石坦、西台、山西岙、甘岙、御史桥、三郎桥、大岙溪、响动岩、龙腾、龙泽、状元居委会
瑶溪镇	瑶溪镇河头龙西路2号	24.48	19	1	苏川、泱底、河口、皇岙、南山、雄心、永胜、瑶溪、璋川、环一、河滨、朱宅、白楼下、底岭下、金岙、龙湾、龙东、黄山、黄石、龙瑶居委会
沙城镇	永强大道2968号	37.43	15	1	七四、七三、永福、八甲、七五、大郎桥、七二、烟台、七一、永寿、永恩、沧宁、永埠、庄桥、顺江、沙城居委会
天河镇	天河镇环镇路2号	23.18	17	1	天津、新川、庄泉、二甲、司南、金益、中和、新河、高轩、郑岙、蒲门、西前、筑成、建丰、天凤、三星、泰河、天河居委会
灵昆镇	灵昆镇灵南路	55.05	9	1	海思、双昆、上岩头、沙塘、王相、叶先、周宅、北段、九村、灵昆居委会
全区合计		282.78	147	16	

人口337549人。龙湾区辖永中、蒲州、海滨、永兴、海城5个街道和状元、瑶溪、沙城、天河、灵昆5个镇。其中，永中、海滨、永兴、沙城、天河、海城6个镇（街道）都位于永强大道沿线。全区有16个居委会、147个村委会、1个渔业大队。区人民政府驻永中街道，紧靠温州永强机场，距温州市中心18公里，距省会杭州390公里。

【地形 地貌】 龙湾区的东部地形是地势低平、河网密布的滨海平原，西部是以岩体裸露为特征的大罗山，大罗山以西为温瑞平原。

①滨海平原：西起大罗山，东到海岸，北靠瓯江，南至瑞安市的莘塍平原，面积约有150平方公里。平原南北长，东西窄，永强塘河于平原西部纵贯南北。平原地区气候宜人、物产富饶，有“鱼米之乡”的美誉。

②大罗山：大罗山位于温州市区东南，东近东海，北达瓯江口，南连瑞安市，西接瓯海区，山体面积114平方公里。大罗山，因其峰峦状似罗伞，又形如大箩，故名大罗山。大罗山顶海拔704米，位于龙湾、瓯海交界。大罗山岩石结构大多为花岗岩，山体由于风化、侵蚀作用，岩体大多裸露，山势婉约柔和。大罗山历史文化积淀深厚、山水风光隽秀。山中有仙岩、茶山、瑶溪和天柱寺四大景区，其中瑶溪和天柱寺景区在龙湾区境内。

③河流水系：龙湾区河流纵横交错，河网密布。全区有主要河道267条，总长度为416公里，总面积为837万平方米。其中属温瑞塘河水系（蒲州、状元、海城）有42条河道，总长度为69公里，面积为173万平方米；永强塘河（永中、瑶溪、永兴、海滨、沙城、天河）有225条河道，长度为347公里，面积为664万平方米。轮船河、上横河、中横河、瑶溪河等为主要河流（道）。

④海涂：从卫星云图分析，瓯江以南、飞云江以北沿海岸共有涂滩资源面积19600公顷，龙湾占有三分之二以上，约13800公顷，可围垦造地滩涂资源达10953.33公顷。这些海涂将是龙湾经济发展非常可贵的后备土地资源，已围垦约3480公顷，其中灵昆766.67公顷、丁山606.67公顷、永兴826.67公顷、天城626.67公顷、海城606.67公顷。

⑤岛屿：灵昆岛，位于瓯江入海口，岛西有双昆、单昆、劈牌三座小山形似中流砥柱，小山东面成为缓冲地带，瓯江与海潮的泥沙淤淀逐成冲积平原。传说曾称淋干岛。岛上地势低平，海拔在2.6～3.5米之间。地表物质组成为黏土、粉质黏土夹粉土或粉沙薄层。灵昆岛东与洞头百岛遥遥对视，南与温州工业园区和海滨街道隔江相望，北与乐清市七里港区一衣带水。全岛总面积为55.05平方公里，其中陆地总面积25平方公里、滩涂面积30.05平方公里。有耕地面积833.33公顷，可利用滩涂面积3800公顷，东部的灵昆浅滩向东倾斜延伸到洞头海域，其面积因泥沙淤积而逐年扩大，土地后备资源相当丰富。全岛一片青翠，一年四季，花果不断，鱼鲜不绝，自然环境优美，田园风光独有，确是旅游度假的胜地。

北策岛，旧称北插山，北面与洞头半屏岛相望，南面与南策岛、东策岛相邻，地理位置为北纬27°46′27″，东经121°07′55″。北策岛（0.74平方公里）与东侧虎洞岛（0.18平方公里，别名月土尔山）相连，通称“北策山”。两岛之间有一摊坝，大潮时坝身被淹没，平潮时，坝身凸显，为两岛互通之要道。整个北策岛面积约0.92平方公里，最高处海拔158.2米，因处福州与上海航道干线，又称“北策门航道”。1963年，由海军在山上建造“北策岛灯桩”，1983年3月，移交温州航标处管理。北策岛为区境永兴街道水潭村王氏先祖祖遗山地。该村渔民世世代代在北策山捕鱼、种山……近年，由于渔业萎缩，渔民纷纷投身商海大潮，在岛上养羊、张网作业的，仅王茂文等人。为进一步开发北策山资源，2003年、2008年，龙湾区人民政府和区农林水利局先后拨款，修建了新码头、架设电柱，为北策山的开发，奠定的基础。

气象特征

【一般气候特点】 龙湾区地处欧亚大陆东南沿海的浙江省南部，属中亚热带海洋季风气候区。影响当地区气候的主要因素包括较强的太阳辐射、海洋水体的调节，加上冬季冷空气因西北群山阻挡而减轻侵袭强度，夏季暖湿气流活动因地形抬升而多云雨，形成龙湾气候温暖、雨量充沛、光照丰富、四季分明的气候特点。四季中，夏季较长，冬季稍短，春秋均匀。夏季从5月下旬开始，到9月下旬或10月上旬结束，长达4个半月，占全年日数1/3以上。冬季始于12月上旬，止于3月上、中旬，约2.5～3个月。春秋各长80天左右。根据最近30年记录，年平均气温18.0℃，1月份最冷月平均气温8℃，7月份最热月平均气温28℃。极端最高气温41.7℃，出现在2003年7月15日；极端最低气温-4.5℃，出现在1967年1月17日。春季日平均气温稳定，通过10℃的平均回暖初日在3月18日，平均终日在12月2日。自10月开始，平均气温在15～19℃之间，到12月23日才开始进入冬季，比杭州推迟1个月，龙湾风和日暖的春秋佳季比杭州延长了40～50天。平均无霜期280天，平均初霜日在12月5日，平均终霜日在2月22日。平均雪期1个月，平均初雪日在1月18日，平均终雪日在2月24日，降雪日平均每年4天，最多的年份达14天，个别年份没有降雪现象。年平均降水量1746毫米，年际间差异特别显著，1973年最多达到2590毫米；1976年最少只有1026毫米。全年降水量分布不均匀，8月份最多，平均降水量为270毫米，冬季12月至2月降水量仅占全年全部降水量的10%左右。年平均雨日175天。春夏之交（5、6月）进入梅雨期，出现阴雨天多、气温高、雨势强、湿度大的梅雨天气，正常年份为期约1个月，雨量400毫米～600毫米，约占全年雨量的1/3；夏秋季节（8～10月）的台风期，降雨十分集中，多暴雨，水位猛涨。滨海平原因地势低平、海潮顶托、不合理占用河道等原因很容易出现洪涝灾害。

年均日照时数1793小时，其中以8月日照时间最多，月平均日照234小时；5月最少，月平均日照时数为114小时。年平均蒸发量为1310毫米。年平均相对湿度为82%。主要灾害性天气有暴雨、干旱、台风、洪涝、雷电和大风等。

【2010年主要气候特点】 2010年，龙湾区的气候特点是平均气温略偏高，降水量偏多，日照时数偏少。冬季（年初）温暖潮湿，春季偏冷多阴雨；夏季平均气温低，梅雨典型，秋季偏东气流活跃并出现较强冷空气影响；2010年初冬过程性寒冷天气导致出现近年罕见大雪。1～2月没有出现太低的极端气温，但1月后期到2月前期多阴雨天气，蔬菜病害增加。3月份出现强冷空气，茶叶受损严重。4月份出现倒春寒，一些秧田烂秧；长时间的低温阴雨使油菜、小麦等作物出现一定的渍害、滞长，果树授粉受阻。4月下旬到5月上旬，天气转为以多云为主，气温回升，农作物的长势得到一定的恢复。5月中旬到下旬初，出现连续阴雨，枇杷等果类破裂多、落果严重，春粮成熟慢、穗部发芽多。5月下旬气温回升，日照增加，有利于杨梅的膨大和成熟以及蔬菜等农作物的恢复生长。6月中旬，进入梅雨，降水日数多，雨量大，杨梅、枇杷等落果、烂果严重，早稻花、穗停止发育或退化较多，枝梗细小，严重影响产量。7月上旬出现连续高温晴热，早稻受到一定的高温逼熟；中旬的阵雨和晴朗天气有利于早稻的黄熟；下旬多强降水，严重影响早稻收晒。8月份降水缺乏，且分配不均，柑橘膨大受到一定影响；期间多晴少雨，气温较高，有利于双季晚稻尽快达到足蘖；8月份的少雨晴热天气促使了一些蔬菜虫害的发生，但也抑制了一些病害的出现。9月份虽多热带气旋影响，但无正面袭击，有利于农业生产的正常进行。9月份的冷空气没有使气温过低，对双季晚稻抽穗影响不大。10月份气温偏低，双季晚稻成熟虽推迟。11月份上半月以多云天气为主，有利于晚播单季晚稻的收晒和连作晚稻的在田继续成熟。12月份出现近年罕见大雪，对农业、交通造成较为严重的影响。总体而言，2010年的气象条件对于各方面的影响属于正常年景。

【基本气象要素】 2010年，龙湾区的年平均气温基本上是略偏高。龙湾稳定通过10℃初日为4月16日，较历年平均值偏迟27天，稳定通过10℃的终日为12月14日，较历年平均值偏迟8天；稳定通过22℃终日在9月28日，与历年平均值持平；稳定通过20℃的终日为10月25日，较历年平均值偏迟12天。龙湾2009年冬季的终霜日是2010年3月11日，较历年平均值偏迟2天；2010冬季的初霜日是12月8日，较历年平均值偏早14天。全区的降水量均较历年平均值偏多，降水的时间分配大致为前多后少。是年，多阶段性寒冷天气造成了多次冻害，且由于上半年连续多个月份气温偏低，许多作物生长期推迟，产量下降；上半年的多阴雨天气，严重影响多种作物结实、结果率，同时造成局部涝害和局部塌方；日照偏少不利于光合作用，从而影响产量和品质。下半年阴雨天气的减少和关键时期日照时数的增加，有利于农作物的生长和产量形成。全年无台风正面影响，有利于各行业室外作业的正常进行，减少损失。

【气温】 2010年，龙湾区的年平均气温较历年平均值偏高，全年的平均气温在地域分布上呈沿海平原向东部岛屿、西部山区两侧递减的趋势。从月季变化上看，最低月平均气温出现在1月份，之后缓慢稳定升高，4月份到5月份升高速度明显加快，5月份到6月份升高速度放缓，6月到7月又快速上升，8月达到最高，之后稳定下降，直至12月。从各月的距平看，4、5、6、10、11这5个月份偏低，在近年来属罕见。

【降水】 2010年，龙湾区的降水量2435.1毫米，较历年同期平均值偏多，偏多幅度为2～5成。从月际变化看，1月份到5月份逐月增加，在5月份达到顶峰，之后逐月呈波动式减少，在11月份达到最小。全年中只有8、10、11这3个月份降水量偏少，其他月份均偏多。

【日照】 2010年，龙湾区的日照时数1447.9小时，较历年同期平均值偏少。日照时数在地域上的分布大致呈由东向西减少的趋势。月季变化上看，全年中基本上只有3、8、12三个月偏多，其他月份基本偏少，6月份之前逐月日照时数变化不是很大，7月、8月快速增加，9月、10月较快减少，11月、12月又均有所增加。

【低温连阴雨】 2010年1月下旬到2月上半月，全区出现连阴雨天气。从1月18日开始到2月17日，期间仅在1月26日、1月30日、2月8日、2月10日、2月13日没有降水，其他日期均有降水，并有3日的日降水量都在30毫米左右，过程总降水量为182.5毫米，同期有16天为无日照天气。连阴雨天气使龙湾区蔬菜大棚内湿度过高，灰霉病、晚疫病等发生率增加；同时，由于缺乏光照，营养物质合成减少，落花落果增多。长时间的连阴雨天气使一些室外工地施工受到影响，多雨也造成了局部地质灾害的发生。从3月30日开始，出现阴雨天气，一直到4月15日，除个别地方4月5日无降水外，均是降水天气，在16、17日降水中断后，在18～23日再次出现连续降水天气。据统计，从4月1日到4月23日的降水量为214.2毫米，为1983年以来同期最大降水量。在连续阴雨的同时，长时期维持较低气温。在4月1～23日，平均气温为14.2℃，是1997年以来的同期最低平均气温。期间有2～3次连续3天无日照过程。期间的低温、多阴雨、多大雾、少日照天气造成早稻烂秧较多，蔬菜病害增多，同时也对交通造成了不便。5月13～23日，出现连续阴雨天气。在该期间内仅局部地方有1天无雨，基本上连续11日内均是雨日。期间多强降水天气，龙湾出现日降水量40毫米以上的达4日。在降水强度强的同时，日照缺乏，前期基本上为连续无日照天气，后期有少量日照。由于连续阴雨，降水多、日照少，枇杷等一些果类吸水过多，表皮破裂，影响产量和品质；春粮作物成熟慢，穗部发芽多，引起减产。强降水也造成局部农田受淹，造成损失。10月上旬后期到中旬前期，受高空槽、低层弱切变线影响，出现连续阴雨天气。该期间内，降水强度不大，日降水量基本上是小到中雨级别，但降水日数多，日照时数少。如10月8～15日，8天中仅3天有日照，且总的日照时数仅有8.3小时。这次连阴雨过程正值山区较晚成熟单季稻收割期，对单季稻的正常收晒造成影响。连续阴雨不利于农活的开展，不利于单季稻收割后小麦的播种。过程结束转晴后，前期的降水使土壤湿度增加，有利于小麦的播种出苗。在11月的中旬后期和下旬初期，出现连续阴雨天气。从15～23日中仅20日一天无雨，出现了8天阴雨天气，虽然降水量不大，只有15.8毫米，但无日照天气有4天，还有3天只有1小时左右。该段时间内的降水弥补了前期连晴天气造成的土壤含水量缺乏，改善了土壤湿度，有利于小麦、油菜等的播种出苗。但是，多阴雨天气，日照时间少，对双季晚稻的晾晒产生了不利影响。

【倒春寒】 2010年4月2～4日，低温过程由于影响范围较小，并且阴雨持续时间还不长，“倒春寒”出现区域基本很少种植双季早稻，总体上影响不大。4月14～16日，全区出现明显降温降水过程，连续3天日平均气温低于11℃，在气温上达到“倒春寒”标准。虽然在日照条件上没有达到“倒春寒”指标，但由于前期阴雨持续时间长，作物长势差，该次过程仍然造成了一些秧田出现烂秧以及其他一些作物的冷害。由于长时间的低温阴雨天气，一些油菜、小麦等作物出现一定的渍害和滞长。多雨、低温、多雾、寡日照使该时期内开花坐果的果树等作物合成营养物缺乏，扬花授粉受阻，降低了座果率，高湿的天气使番茄的灰霉病增加。

【冷空气】 2010年1月10～12日，受冷空气影响，龙湾区的日平均气温两日过程降幅为4.7℃。1月13～14日，受地面冷高压控制，天气晴冷，尤其是早晨气温较低，出现该月的最低气温。各地日平均气温大多在13日达到最低。该次过程中气温不是特别低，且在中旬后期气温快速回升，各地管理措施到位，防御及时，故基本上未对农作物造成明显影响。过程中，在大罗山有3天左右夜间、早晨出现冰冻天气，对一些路段的交通造成影响。受冷空气补充影响，3月6日开始较剧烈的降温。在此后的连续4天中，一直维持较低气温。在9日夜里由于冷空气补充及夜间辐射降温，10日早晨出现低温天气。10日的最低气温在沿海接近0℃，其他地方一般都在0℃以下。10日白天气温回升，11日早晨，又出现低温，11日白天、12日气温快速回升。这次低温过程的出现给春茶生产造成重大损失。此外，蔬菜等农作物也出现了局部冻害。9月22日下午，受秋季第一次较强冷空气影响。在冷空气影响开始时，冷暖空气交汇，出现强对流雷暴天气、短时强降水，22日17时始，1小时内降水量达到25.1毫米。由于冷空气影响，出现剧烈降温，日平均气温在22日到23日24小时内下降了5.8～6.5℃。由于后期的冷空气补充，26～30日出现连续4天无日照天气。该次冷空气过程虽然下降剧烈，但是最低气温较高，同时沿海平原的日平均气温只有连续两天在22℃以下（20℃以上），所以未对双季晚稻的抽穗扬花及其他农业生产造成较大的不利影响。9月下旬后期由于冷空气补充，出现连续阴雨，对少量较早成熟的单季晚稻的收晒造成了影响。对于双季晚稻来说，抽穗基本完成，同时气温也不是特别低，影响不大。受北方冷空气影响，从12月14日下午开始气温持续下降，15日上午，大罗山局部出现降雪；15日傍晚，全区范围出现降雪；16日上午，降雪停止。过程降雪量达到大雪，局部暴雪，部分道路结冰严重。过程日平均降温幅度12～13℃，达到寒潮标准。此次过程各地均有积雪。受冷空气和降雪的影响，龙湾区出现较大程度的灾害。农业灾害形成主要是积雪造成大棚、畜舍等设施被压塌，损失严重；其次是设施损坏后造成冻害；设施完好，防御积极的冻害不严重。这次过程对交通影响较大，温州永强机场因降雪造成了自机场建成以来最大面积的航班取消。受较强冷空气影响，12月24日，开始明显降温，并伴随出现雨或雨夹雪或雪，大罗山局部地区产生积雪。由于上次寒潮天气对一些树木已经产生了一定的冻害和冰雪压损，在这次过程的积雪与局部大风作用下使一些山区树木增加了受损程度。

【台风】 2010年台汛期，对龙湾区有影响的台风有3个，但影响程度轻。是年第6号热带风暴“南川”和第8号热带风暴“狮子山”先后在南海和台湾附近海面生成，生成后相互影响，并先后在福建南部沿海地区登陆。受“南川”和“狮子山”环流影响，8月30日20时到9月2日20时，龙湾区出现大到暴雨局部大暴雨；沿海海面出现了7～9级大风；过程平均面雨量为68.7毫米。此次过程由于台风强度弱、影响范围小，未出现因暴雨及大风引发的灾害。第10号热带风暴“莫兰蒂”10日3时30分在福建石狮登陆，并于19时进入浙江省丽水境内。受“莫兰蒂”影响，9月9日20时到11日20时，龙湾区出现大雨，局部暴雨；沿海海面出现了7～9级大风；过程平均面雨

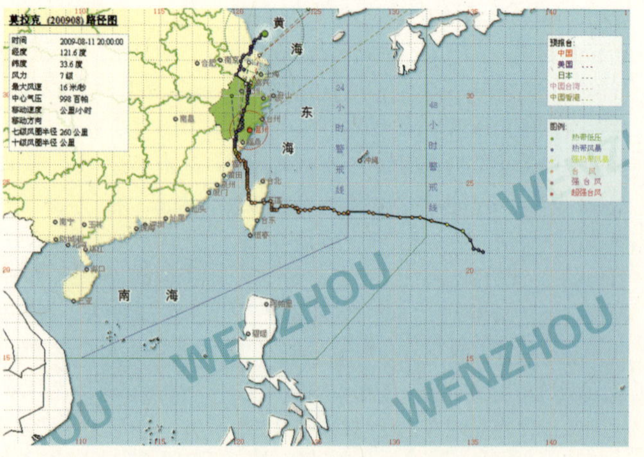

图8：第8号台风“莫拉克”路径变化情况

量为39.8毫米。此次过程由于台风影响范围小，降水和风力影响时间短，未出现因暴雨及大风引发的灾害。9月中旬，受“凡亚比”外围环流影响，龙湾区出现了中到大雨，局部暴雨；沿海海面和内陆平原地区分别出现了8～10级和6～8级的大风。

【梅雨】 2010年6月14日，全区进入梅雨期，27日白天梅雨降水基本结束，28日出现晴热天气，30日出现高温天气。7月5日后全区各地又出现长达10天左右的连续阴雨天气，7月17日出梅。2010年梅雨为典型梅雨，从14日到27日，连续阴雨14天，在此期间出现多天的连续无日照天气，期间总日照时数均不足5小时。是年梅雨期降水量与历年同期降水量相比属于偏多年份。由于5月份降水量达到超历史记录，所以加上梅雨期间的集中降水后，发生多起滑坡、塌方等地质灾害。由于长时间连续阴雨，该期间内的日照时数为历史同期最少。正处于成熟期的杨梅因缺少日照，果实表面长期被水覆盖，烂果，落果量大，使杨梅品质、产量收益均严重下降。瓜果类蔬菜由于长期的阴雨高湿、少日照，落花落果增多；白粉病、霜霉病、较腐病等明显增多；黄瓜、黄叶菜死株率较高。

【东风波】 2010年7月下旬到8月中旬，受东风系统影响，龙湾区出现了明显降水，并造成一定的灾情。7月24～26日受海上东风系统影响，出现暴雨，局部大暴雨，降水主要集中在沿海。沿海几个镇（街道）平均面雨量为157.9毫米，经济损失严重，没有造成人员死亡。8月18日夜里到19日，受海上东风影响出现暴雨，短时强降水明显，造成城镇出现短时内涝。暴雨造成了局部堤防、护岸、水闸等损坏。这次过程对农作物的影响以对早稻的影响最大。由于早稻正处成熟期，强降水天气一方面影响了正常收晒，另一方面使许多谷粒脱落或发芽，造成减产。

【高温】 出现高温天气的2010年7月份总体上属于较少见年份。7月份龙湾月极端最高气温达到38.8℃，略高于上年同期的38.7℃，38℃以上的高温日数有2天。7月份的高温天气使早稻出现一定的高温逼熟现象。8月份多高温天气，8月上旬前期和中旬前期均出现了连续高温天气。8月份极端高温为38.5℃，是有记录以来的8月份最高值。由于8月份持续的高温晴热，室外工地开工时间减少，工人工作环境条件差，影响工作效率。持续的高温晴热天气，使蔬菜的斜纹夜蛾、烟粉虱等虫害增多，但同时也抑制了病害的发生，如白粉病、霜霉病等本来较易发的病害均没有出现。较高的气温有利于双季晚稻的分蘖、生长，较快地达到了足蘖。少雨高温使柑橘等正处于膨大期的水果，因缺乏水分，膨大受到一定的影响。

【强对流】 2010年5月18日下午，西南气流强盛，大气不稳定度高，出现强对流天气，龙湾区沿海出现8～10级大风；部分地区遭受冰雹袭击，冰雹颗粒直径2～3厘米，对一些大棚设施及棚内蔬菜造成了较为严重的损失。由于前期气温高，11月9日夜里到11月10日凌晨，冷空气南下时，在南支槽与冷空气共同作用下，龙湾许多地方出现雷暴、狂风、暴雨强对流天气。由于狂风、暴雨的影响，未收割的一些晚稻倒伏，对产量、品质产生一定影响，大风也使一些树枝折断。

【气候与双季早稻】 2010年，正值早稻播种期间，冷空气影响频繁，气温变化大，加上秧苗前期又受“倒春寒”天气影响，烂秧现象较严重。5月份后期至6月份，平均气温均偏低明显，生育期推迟长。6月下旬前期、中期抽穗期间龙湾区仍持续阴雨，对扬花授粉影响较大。收割期间受东风波降水影响，出现穗上发芽现象，影响产量。早稻穗小，成穗率低，结实率低，千粒重减小。据温州市气象观测站资料统计，是年，双季早稻生育期内总积温为2658.7度·日，比历年同期平均值偏少84.1度·日，较上年偏少214.9度·日；总降水量为1359.4毫米，较历年同期平均值偏多570.4毫米，较上年偏多839.5毫米；日照时数为441.7小时，较历年同期平均值偏少141.6小时，较上年偏少198.9小时。是年，双季早稻生长期间气象条件较差，春播期间多冷空气影响，气温多变化，且变化幅度较大，过程性降水天气也较多。早稻播种后，出现烂种，出苗后又遇“倒春寒”，烂秧较多，秧苗发育慢，移栽期推迟。分蘖后一直到孕穗、抽穗，气温低、多降水，生育期明显推后。穗期降水影响扬花，收割期多强降水，正常收割受阻，谷粒发芽多，产量降低。早稻生长期间虽然无台风等重大灾害性天气发生，但温、光、水配置条件差，严重影响早稻产量，属偏差年景。今年双季早稻始播较早，一些农户在3月中旬就开始播种；播种后气温较高，日平均气温维持在11℃以上；且日照较多，出苗情况较好。3月末期后，天气多阴雨，播种条件差。在3月30日到4月15日出现了连续阴雨天气，种子出苗后严重缺乏光照，苗素质差。在4月14日到4月16日，连续3天日平均气温均低于11℃，其中14日、15日只有7.5℃、7.8℃。这种倒春寒天气导致烂秧现象严重。4月份上、中、下三旬气温均明显偏低于历年同期平均值，秧苗生长缓慢，生育期推迟，秧苗素质弱。由于秧苗生育期推迟，在5月上旬中期才普遍移栽。移栽期间多降水，但降水多为夜间和午后发生，总体上有利于移栽开展及移栽后的返青。5月13日，气温急剧下降，之后连续3天维持较低气温、大到暴雨的天气，不利分蘖。直到5月16日后，气温才回升到20℃以上，但仍然持续阴雨，气温偏低，导致有效分蘖少。从移栽后一直到6月份，早稻推迟生育期达一周多。6月中旬，才开始进入普遍孕穗期。6月上旬后期、中旬，早稻陆续进入孕穗期。在此期间，为连续阴雨天气，气温明显偏低，日照严重缺乏。6月上、中、下三旬平均气温分别偏低1.8℃、0.3℃、1.3℃；日照时数分别偏少3.2小时、17.8小时、30.6小时，使颖花发育不良，不利于后期产量形成。6月下旬后期，早稻开始抽穗扬花，抽穗初期仍受连阴雨影响，扬花授粉受阻，影响结实率。抽穗中、后期，天气以多云为主，有利于扬花授粉，对前期产生一定的弥补作用。7月上旬到7月中旬前期为灌浆期，期间多晴少雨，气温较高，日照时数接近常年略偏少，灌浆较为正常。7月下旬后期开始收割，此时遇到东风波影响。7月24～26日，普降大到暴雨，局部大暴雨，降水集中，雨强大，田间积水多，严重影响早稻收割的正常进行。由于收割推迟，暴雨冲击，部分早稻出现倒伏，谷粒脱落，倒伏加上连续的多雨高湿，穗上谷粒发芽较多，严重影响产量。

【气候与晚稻】 2010年，晚稻生产期间的气象条件，龙湾区总体上为偏好年景，中、晚稻单产接近上年高值。从播种到成熟收晒，没有明显的台风灾害影响，光照、降水配置较好。但是，全生育期中多段时期气温偏低，积温不足，成熟期推迟。据温州市气象观测站资料统计，是年，晚稻全生育期总积温为3187.4度·日，较上年偏少50.0度·日，较历年平均值偏多69.8度·日。各旬平均气温在7月中旬、7月下旬、9月下旬、10月上旬、10月下旬均偏低，其中10月下旬偏低达1.5℃，其他旬均偏高。全生育期总日照时数为754.6小时，较去年偏多117.8小时，较历年平均值偏多0.2小时。全生育期的降水量为818.1毫米，较上年偏多125.9毫米，较历年平均值偏多89.4毫米，2010年的连续3天≤23℃初日出现在9月23日，23℃稳定通过终日为9月22日；20℃稳定通过终日为10月22日，偏迟约一周。是年连作晚稻大多于6月底7月初播种，单季晚稻大部分较连作晚稻早一个月左右播种，但播种时间跨度大，各地各户差异大，早、晚差异达2个多月。大罗山单季稻在5月上旬、中旬播的较多，平原地区单季稻在6月中旬前期播的较多。5月上旬前期天气以多云为主，后期为过程性降水，气温偏高，日照偏多，适宜播种出苗。5月中旬到下旬初，出现连续阴雨天气，影响了播种的顺利进行。5月下旬中后期到6月上旬为多晴少雨天气，播种条件较好，出苗正常，苗素质较好。6月中旬后期到6月下旬前期龙湾出现连续阴雨天气，日照不足，秧苗素质变差。6月下旬后期到7月初，天气转晴，促进了单季晚稻秧苗的生长；也为连作晚稻的播种提供较好的天气条件。7月上旬后期雨水较多，但强降水较少，连作晚稻秧苗出苗正常，生长较好。6月上旬、中旬是大罗山单季稻移栽较多的时期，期间没有大风天气影响，天气以晴为主，移栽较为正常，基本上未出现30℃以上的气温、返青正常。但气温低，生长慢。6月份各旬平均气温均偏低较大，所以生长缓慢，分蘖期明显推迟。7月中、下旬气温较低，但日照充足，分蘖总体上较为正常，有效蘖数较多。连作晚稻，由于早稻收割的推迟，移栽期推迟了一个星期左右；秧龄超龄严重，普遍在8月上旬移栽。移栽后天气多晴，气温偏高，生长较快，分蘖情况较好。单季稻在8月上旬到8月下旬拔节、孕穗。其间没有明显灾害性天气出现，天气多晴少雨，单季晚稻拔节、孕穗条件较好，使稻穗的穗粒数较多，颖壳较大，为产量形成打下较好基础。连作晚稻在8月底拔节，9月中旬中期开始孕穗。9月上旬、中旬气温偏高明显，降水以过程性为主，日照偏多，连作晚稻生长较好，孕穗的温、光配置条件适宜。单季稻的抽穗扬花期主要在8月中旬到9月上旬。其间降水较为集中，基本上没有连续长时间的阴雨天气出现，单季稻的抽穗扬花正常。连作晚稻在9月下旬后期到10月上旬前期抽穗扬花，9月下旬雨水较少，天气温暖，日照虽偏少但满足扬花条件，10月上旬基本上为多云到晴天气，更有利于扬花授粉的完成。单季稻的灌浆在9月份和10月初，9月初上旬、中旬气温偏高明显，雨水较多，但以过程性为主，所以日照时数也偏多较大，有利于碳水化合物的制造和转移。9月下旬气温略偏低，灌浆速度较上年明显偏慢。通过在田时间的延长，弥补了积温，最终单季稻灌浆成熟较好，取得较好单产水平。单季稻的收晒大多在10月份和11月上旬，其间多晴少雨，日照条件好，保证了单季稻的顺利收晒入库。连作晚稻在10月份到11月份中旬前期灌浆，其间虽然多晴朗天气，多日照，但总体气温偏低，灌浆速度慢，成熟收割期进一步推迟。是年连作晚稻普遍在11月中旬末到下旬收割，天气总体上雨水较少，收晒入库工作基本顺利。是年晚稻生长期间，无明显台风影响，但连阴雨天气、偏低气温给晚稻造成了影响，晚稻生育期推迟明显，通过在田时间的延长得以弥补。全生育期的天气气候条件属中等偏好。

【气候与蔬菜】 2009年冬季，多阴雨天气，虽然没有强烈的低温冻害，但是长时间阴雨，缺乏光照，使蔬菜生长受到抑制，落花落果增加，病害增加，对产量和品质都产生不利影响。2010年3月初春，继续连阴雨天气，土壤湿度高，日照缺乏，瓜果类蔬菜瓜果量减少，一些蔬菜根系呼吸不畅，生长受阻。由于同期气温较低，病虫害发展也受到抑制，发展程度较轻。在3月上旬末，受冷空气扩散和夜间辐射作用，全区出现低温冻害天气，局部蔬菜发生了较明显的冻害。3月中旬、下旬天气转好，以多云到晴天气为主，日照增多，气温回升，降水减少，蔬菜生长得到一定恢复。4月初的“倒春寒”，由于时间短，影响不明显，但后续的4月上半月出现连续阴雨天气，低温、弱光、高湿导致蔬菜落花、落果增多，并明显滞长，长期的高湿条件，促使灰霉病等蔬菜病害发生。4月下旬，气温回升，有利于蔬菜生长的恢复。5月上旬，继续多云为主的天气，有利于降低前期多雨造成的过高土壤含水量。5月中旬中期到下旬中期，各地出现连阴雨，且降水强度较强，不仅土壤湿度过高，日照缺乏不利于蔬菜的生长，局部的菜地表土也受到冲洗，造成损失。5月18日下午，多地遭受冰雹袭击，对冰雹区域的蔬菜和大棚设施造成损害。5月下旬中期到6月上旬，雨水减少，多晴朗天气，总体上蔬菜生长快，但霜霉病、白粉病等病害发生也相应增加。6月后半月及7月上旬后期，出现典型梅雨，雨水过多，土壤、空气湿度过高，日照严重不足，落花、落果多，黄瓜、黄叶菜死株率较高，白粉病、霜霉病、软腐病等明显增多。7月上旬前期、8月中旬及下旬的前期和中期，天气连晴，多高温天气，蔬菜上斜纹液蛾、烟粉虱等虫害明显增加，但病害发生受到抑制。9月份多热带气旋影响，但影响程度都不大，没有对蔬菜生产造成损失。10月份、11月份多晴少雨，气温接近历年同期平均值，总体上有利于蔬菜生产。12月份中旬中期，受强冷空气影响，出现降雪、冰冻天气，大棚内的蔬菜受冻，损失严重。从全年来看，上半年多阴雨天气，总体上蔬菜生产天气条件较差；下半年无台风灾害明显影响，有积雪、冻害造成损失，但总体上蔬菜生产条件较好，全年的影响属中等偏差。

【气候与渔业】 2010年，未遭受台风正面影响，对渔业养殖、捕捞没有明显的灾害性天气，总体上属于偏好年景。上半年天气多降水，稻田、池塘蓄水充足，有利于养殖生产的正常进行。但是多雨、气温低，养殖品发育速度较慢。5月份多降水，6月份梅雨典型，局部地方出现洪涝但总体上由于暴雨日数不很多，养殖上基本没有出现明显的损失。7月下旬中期，东风系统引起多地大暴雨，产生一些局部洪涝，造成一些养殖水体内的养殖品逃逸。由于上半年降水天气多，淡水入海量大，沿海海水盐度低，改变了海水养殖环境，对海水养殖产生一定的不利影响。9～10月多台风外围影响，对全区的养殖基本没有造成损失。11月、12月份光照充足，养殖水体内藻类光合作用正常，有利于改善水体中养殖品的氧气环境条件。12月份的强冷空气过程带来的大雪、冰冻持续时间较短，影响不大。

【气候与林业】 2010年，气候条件对林业生产、森林培育属偏好年景。全年多雨无干旱，无台风等灾害性天气，植树造林、森林防火气象条件好。2010年上半年的春季多阴雨天气，土壤湿度较高，植树造林过程中苗木移栽后成活率高，补种率低，达到省定标准。9月、10月份雨水充沛，局部地方的补种成活率也较高。全年没有台风正面影响，暴雨日数少，塌方、林木折断等情况较少发生，12月的罕见冰雪过程使少数杨梅等经济林木发生枝条被折断的情况，造成一定损失。但总体来讲，过程持续时间不长，影响不是很大。上半年的多阴雨天气极大地抑制了森林火灾的发生，在清明节前后的易发时段也仅发生少量的几起森林火灾。进入秋季后阴雨天气较上半年明显减少，但较常年仍然偏多。11月、12月，是主要的森林火灾发生时段，但发生次数较往年明显偏少。

【气候与交通】 2010年，气候条件对交通影响总体上属偏好年景，上半年多阴雨天气，对出行产生一些不便，但暴雨日数短，道路损毁不多，有利于保持道路通畅。夏秋季无台风正面影响，外围影响基本没有对道路造成损坏，12月份的冰雪对交通产生较大影响，但影响时间较短，道路设施除局部性塌方外，基本未受损坏。12月份的冰冻、积雪过程使高速全部封道，温州永场机场航班大面积取消。2010年的大雾日数相对于上年有较多的增加，雾对交通的影响较上年有所加重。上半年雨水多，但破坏性较小，夏秋无台风正面袭击，雨日较少，有利于交通的通畅，初冬寒潮冰雪影响大，但时间短，所以全年来看，气候条件对交通较为有利。

物候特点

【概况】 物候是生物的周期性现象（植物的发芽、开花、结果，候鸟的迁徙，某些动物的冬眠等）与季节气候的关系。过去人们借以物候现象进行农事活动，如梨始花就作为早稻播种时节的标志；朴树始花，即可进行早稻浸种催芽；柑橘开花就进行大田插秧；海桐盛花，种麻时间到了等等。利用物候还可以预测一些害虫活动，并对养蜂、林业、医学、运输业也有一定的参考价值。但是它也受纬度、海拔、地形等地理因素的影响，所以在物候的观察、应用上，也就有很大的局限性。

【龙湾主要农时】 4月下旬，割油菜子，早稻插秧。5月上旬，早稻插秧后期，中旬，甘薯作垄压藤。5月下旬至6月上旬，早稻分蘖盛期。5月底至6月中旬，二季茶采收。6月中旬，早稻扬花。7月上旬至中旬，早稻开始收割、荸荠下种。7月中旬，收获席草。7月底至8月下旬，种植黄豆、菱角上市。8月上旬至下旬，晚稻分蘖盛期、薯块膨大。8月底至9月初，种白菜。9月上旬至下旬，甘薯始收。9月上旬至10月上旬，收芋艿。10月上旬，播种冬菜，中下旬播种油菜，菱角盛收。10月上旬至11月下旬，摘蜜柑。10月下旬至11月下旬，晚稻收割。11月初至12月，种冬麦。11月中旬至12月底，种大麦。

表9： 龙湾区物候历（公历）

物候季	月份	物候现象	平均日期（日/月）	最早日期（日/月）	最晚日期（日/月）	多年变幅（天）	主要农事	物候季	月份	物候现象	平均日期（日/月）	最早日期（日/月）	最晚日期（日/月）	多年变幅（天）	主要农事
初春	2月	桧柏发芽	17/2	9/2	26/2	17		初春	3月	玉兰盛花	2/3	21/2	11/3	18	
		侧柏盛花	24/2	10/2	5/3	17				白蚁出飞	4/3	17/2	20/3	31	
		山桃始花	25/2	10/2	11/3	29				樱桃始花	4/3	18/2	15/3	25	
		终霜	25/2	19/2	3/3	11				枫杨发芽	5/3	28/2	13/3	18	
		垂柳发芽	28/2	14/2	14/3	28				雷电始动	5/3	14/2	29/3	43	
	3月	梅盛花	1/3	20/2	9/3	26	平整秧田			粉蝶始见	13/3	1/3	25/3	25	

续表：

物候季	月份	物候现象	平均日期(日/月)	最早日期(日/月)	最晚日期(日/月)	多年变幅(天)	主要农事
初春	3月	水蜜桃始花	14/3	5/3	23/3	18	
		垂柳始花	15/3	3/3	27/3	24	
仲春	4月	樟叶落	7/3	11/3	1/4	21	早稻浸种催芽
		朴树始花	21/3	18/3	25/3	7	
		梨始花	25/3	21/3	29/3	8	早稻播种
		榆发芽	25/3	11/3	10/4	30	
		碧桃始花	27/3	14/3	1/4	18	
		法国梧桐展叶	3/4	27/3	10/4	14	
		荠菜始花	4/4	30/3	8/4	9	
		枫杨始花	8/4	1/4	15/4	14	
		蛙始鸣	12/4	6/4	23/4	17	
		紫燕始见	13/4	5/4	20/4	15	油菜终花
季春	4月	樟叶盛	16/4	1/4	1/5	30	冬小麦扬花
		柳絮飞	16/4	4/4	28/4	24	
		鸢尾始花	19/4	12/4	26/4	14	
		蔷薇盛花	20/4	17/4	22/4	5	
		梧桐放叶	21/4	16/4	26/4	10	
		荷叶生	24/4	17/4	4/5	17	
	5月	柑橘盛花	26/4	22/4	30/4	8	
		海桐盛花	27/4	18/4	7/5	19	
		黄檀发芽	2/5	22/4	12/5	20	早稻插秧
		苦楝始花	2/5	25/4	12/5	17	播种黄麻割油
		石榴始花	4/5	27/4	10/5	13	菜籽
		枇杷果黄	9/5	1/5	18/5	17	
		苦楝花残	10/5	7/5	13/5	6	
		黄瓜上市	10/5	1/5	19/5	18	
		百合始花	11/5	2/5	20/5	18	
		夹竹桃始花	19/5	11/5	26/5	15	早稻插秧后期
		杏实熟	20/5	17/5	22/5	5	甘薯作垄压藤
		大山朴盛花	24/5	16/5	1/6	10	
		山桃果熟	31/5	23/5	8/6	15	
初夏	6月	女贞始花	7/6	29/5	15/6	17	
		紫李实熟	7/6	5/6	11/6	8	
		杨梅成熟	8/6	30/5	17/6	18	早稻分蘖盛期
		玉瓯始花	8/6	1/6	14/6	13	二季茶采收
		蜀葵花到顶	15/6	10/6	19/6	9	
仲夏	6月	蝉初鸣	17/6	10/6	23/6	13	
		梧桐始花	20/6	15/6	25/6	10	早稻扬花
		黄檀始花	25/6	17/6	2/7	15	
		梧桐盛花	16/6	23/6	28/6	5	
	7月	葡萄成熟	6/7	1/7	12/7	12	早稻开始收割

物候季	月份	物候现象	平均日期(日/月)	最早日期(日/月)	最晚日期(日/月)	多年变幅(天)	主要农事
仲夏	7月	甜瓜成熟	12/7	7/7	15/7	8	荸荠下种
		莲始花	20/7	29/6	5/8	36	收获席草
		茭白拔节	22/7	15/7	29/7	14	
	8月	紫薇始花	11/8	28/7	28/8	28	种植黄豆 菱角上市
		枫杨落果	15/8	8/8	21/8	13	
		梧桐实熟	18/8	8/8	21/8	13	晚稻分蘖盛期
		鸡冠出顶	18/8	5/8	1/9	25	薯块膨大
		木槿始花	20/8	2/8	1/9	35	
季夏	9月	木槿盛花	7/9	24/8	1/9	7	种白菜
		鸣蝉绝响	15/9	5/9	24/9	19	甘薯始收
		木芙蓉始花	30/9	20/9	10/10	20	收芋艿
初秋	10月	丹桂始花	7/10	4/10	9/10	5	播种冬菜
		黄檀叶落	7/10	2/10	12/10	10	
		榔榆始花	9/10	3/10	14/10	11	
		黄檀实熟	15/10	10/10	20/10	10	播种冬菜
		橘实黄	17/10	10/10	23/10	13	菱角盛收
		燕南飞	17/10	14/10	20/10	6	
		梧桐叶落	30/10	6/10	23/11	48	摘蜜柑
仲秋	11月	菊始花	4/11	22/10	17/11	26	
		水杉叶全变色	5/11	11/10	1/12	50	
			8/11	24/10	22/11	29	晚稻收割
			18/11	1/11	4/12	32	
			19/11	2/11	1/12	22	种冬麦
季秋	12月		7/12	30/11	14/12	14	种大麦
			7/12	7/11	2/1	16	
冬季	12月		9/12	6/12	12/12	6	
			12/12	4/12	20/12	16	
			12/12	28/11	24/12	27	
			15/12	6/12	22/12	17	
			18/12	9/12	26/12	17	
			20/12	13/12	26/12	13	
	1月		1/12	24/12	12/1	19	
			2/1	9/12	26/1	48	
			7/1	29/12	16/1	18	
			9/1	18/12	30/1	43	
			10/1	2/1	17/1	15	
			13/1	2/1	25/2	24	
	2月		14/2	4/2	24/2	20	
			20/1	10/2	1/3	20	

机　　构

区级机构

【中共龙湾区委员会】

书　记　王祖焕（~2010-12）
　　　　陈玲玲（女，2010-12~）
副书记　陈玲玲（女，~2010-12）
　　　　徐国信（~2010-12）
　　　　刘　峰（2010-12~）
常　委　王爱光（~2010-08）
　　　　施德扩（~2010-08）
　　　　李　伟
　　　　王忠立
　　　　张光羽（2010-10~）
　　　　黄阳栩（2010-10~）
　　　　阮云富
　　　　郑建忠
　　　　胡晓东
　　　　郑照明
　　　　徐琮琦

【中共龙湾区纪律检查委员会】

书　记　胡晓东
副书记　郭建超
　　　　孙景绍
常　委　李　胜
　　　　郑玲莲（女）
　　　　陈文汉
　　　　陈　健
纪检监察室主任　李　胜
信访室主任　郑玲莲（女）
案件审理室主任　陈文汉
办公室主任　陈　健
执法监察室主任　于承春
党风宣教室主任　季昌岳
区效能监察投诉中心主任　张霞鸿（女，2010-11~）

【中共龙湾区委工作部门、直属单位及负责人】

龙湾区委办公室（农办、保密局、档案局、区委政策研究室）

主　任　贾黎春
副主任兼农办主任　林新林
副主任（兼）　许　峰
副主任　郑祥迪
副主任　叶铭克
室务会议成员、保密局局长，档案局局长（2010-11~机构升格）
　　　　沈旭东
室务会议成员、区委政策研究室主任　夏哲宇
农办副主任　林光辉（~2010-07）
区委督查室主任、室务会议成员　邵建乐

龙湾区委组织部

部　长　阮云富
常务副部长　潘文汉
副部长（兼）　陈德宽（~2010-03）
副部长　王进才
副部长（兼）　张崇林
副部长（兼）　孙士岳
副部长（兼）　张华燕（女）
部务会议成员　张　盈（~2010-11）
　　　　李美广

龙湾区社工委

书　记　孙士岳（2010-11~）
副书记　孙士岳（~2010-11）
　　　　李美广

龙湾区委老干部局

局　长　张华燕（女）
副局长　修晨静（女，~2010-03）
　　　　戴普芳（~2010-03）

龙湾区关工委办公室

主　任　王来雨（女）

龙湾区史志办

主任（兼） 王进才
副主任 陈建敏

龙湾区委党校（根据温龙委办〔2009〕11号文件，2009年5月确定区委党校职能配置、内设机构和人员编制）

校 长 阮云富（2010-07～）

龙湾区干部教育培训中心

主 任 张 盈（～2010-11）

龙湾区委宣传部

部 长 徐琮琦
常务副部长 张延文
副部长 柯斌祥
叶晓琴（女）
林 华（2010-11～）

龙湾区文明办

主 任 叶晓琴（女）
副主任 陈精益
高乐耕（2010-11～）

龙湾区新闻中心

主 任 柯斌祥
副主任 黄新宇（～2010-11）
王东海（～2010-03）
诸海灵（2010-11～）

龙湾区委统战部（台办）

部 长 郑建忠（～2010-07）
黄阳栩（2010-10～）
常务副部长 项岳年
副部长（兼） 项云霞（女）
副部长、台办主任 王建勤
副部长 陈立荣
副部长（兼） 陶彩霞（女）
台办副主任 张凌华（女）

龙湾区委政法委员会

书 记 徐国信（～2010-12）
刘 峰（2010-12～）
副书记（兼） 王爱光（～2010-10）
王忠立（2010-10～）
胡志升
李 伟
常务副书记 郑光泽
副书记 朱钱合
包双二
委 员 林 跃
陈士民
夏朝峰
包双一
王海霞（女）
潘忠玉（对口支援，副科长级2010-04～）
政治处主任、纪工委书记（兼） 王海霞（女）

龙湾区社会治安综合治理委员会办公室

主 任 包双二

龙湾区委维稳办

主 任 朱钱合
副主任 王进光

龙湾区直机关党工委

书 记 张崇林
副书记 高 峰
副书记、纪工委书记 王少珍（女）
委 员 叶晓琴（女）
林新林

龙湾区委、区政府信访局（2008年3月单独设置，列党委序列，机构级别与党委工作机构的级别相同）

局长、党组书记 许 峰
副局长、党组副书记 叶赛晓
党组成员、纪检组组长 方宏辉
副局长、党组成员 杨银萍（女，2010-08～）
副局长 杨银萍（女，～2010-11）
党组成员 周东朝（2010-04～）

【龙湾区人民代表大会常务委员会】

主 任（兼） 王祖焕
副主任、党组书记 殷国兴
副主任、党组副书记 胡志升（2010-01～）
副主任、党组成员 蒋炳发
副主任 章方松
副主任、党组成员 陈文斌
吴庆亮（～2010-08）
党组成员 薛克风（2010-10～）
林宗武
委 员 林宗武
朱为民
郑国富
吴临安

委 员 董纯心
张福康

【龙湾区人大工作机构及负责人】

办公室

主 任 林宗武

副主任 应增荣（～2010-04）
朱德利

法制工作委员会

主 任 朱为民

副主任 苏鹭平

副主任（兼） 林丹艳（女，2010-10～）

财政经济工作委员会

主 任 郑国富

副主任 廖海容（女）

教科文卫民侨工作委员会

主 任 吴临安

副主任 高冬环（女）

城乡建设与环境保护工作委员会

主 任 董纯心

副主任 张加福

代表工作委员会

主 任 张福康

副主任 包谊新

【龙湾区人民政府】

区长、党组书记 陈玲玲（女）

常务副区长、党组副书记 王爱光（～2010-10）

常务副区长、党组副书记 王忠立（2010-10～）

副区长、党组成员 王忠立

副区长、党组成员 张光羽

副区长 卢剑平（女）

副区长、党组成员 方志方
黄阳栩（～2010-10）
伊柏峰（2010-11～）

副区长 周 慧

副区长、党组成员 赵 飞（挂职）

党组成员 刘敏波

党组成员 李道钮
潘小林

【龙湾区人民法院】

院长、党组书记 林 跃

副院长、党组成员 徐顺省（～2010-03）

党组副书记 陈 武（正科长级，2010-07～）

副院长 陈 武

副院长、党组成员 周 辉

副院长 张 敏（2010-07～）

党组成员 张 敏

党组成员、纪检组组长 梅兰弟（～2010-03）

纪检组组长 黄跃锋（2010-07～）

党组成员 黄跃锋

党组成员、政治处主任 张苗中

永强法庭庭长、审判委员会委员 黄跃锋（～2010-07）

党组成员、专职审判委员会委员 王美蓉（女，2010-07～）

专职审判委员会委员 涂丽丽（女，副科长级2010-07～）

党组成员 朱黎明

【龙湾区人民检察院】

检察长、党组书记 陈士民

副检察长、党组副书记 曾国勇

副检察长、党组成员 项振升

副检察长、党组成员 周晓峰（女）

党组成员、纪检组组长、检察委员会委员 胡加明

党组成员、政治处主任 林一鸣

反渎职侵权局局长、检察委员会委员 张苗立

反贪污贿赂局局长、检察委员会委员 王星火

检察委员会专职委员 潘海滨（女，副科长级2010-07～）

【龙湾区人民政府工作部门、直属单位及负责人】

龙湾区公安分局

局长、党委书记 李 伟

政委、党委副书记 黄挺义

副局长、党委副书记 陈国安

副局长、党委委员 杨乃亢（～2010-08）
陈碎丰
邱亚中（2010-08～）

副政委、党委委员 赖立位

党委委员、纪委书记 朱卫国

副局长、党委委员 叶 辉

党委委员、政治处主任 吴锡和

党委委员 马剑敬
黄晓慧（女）
陈建武（2010-08～）

经侦大队大队长（副科长级） 王献雷

治安大队大队长（副科长级） 徐黎华

特巡警大队大队长（确定为副局级） 黄光中

警务督察大队大队长（副科长级）兼纪委书记 马克林

法制大队政治教导员（副科长级） 谢星龙
办公室主任（副科长级） 戚永蓬（2010–12～）
指挥中心政治教导员（副科长级） 金邦考（2010–12～）
刑侦大队政治教导员（副科长级） 严崇铭（2010–12～）
禁毒大队大队长（副科长级） 郑晓如（2010–12～）
特巡警大队政治教导员（副科长级） 麻福生（2010–12～）
网警大队大队长（副科长级） 胡建忠（2010–12～）
法制大队大队长（副科长级） 金佩良（2010–12～）
经济技术开发区派出所政治教导员（副科长级）
张晓林（2010–12～）
状元派出所政治教导员（副科长级） 王仁锵（2010–12～）
瑶溪派出所政治教导员（副科长级） 陈益洲（2010–12～）

龙湾区政府办公室（民防办、法制办、应急办）

主任、党组书记 李道钮
副主任 赵春斋
副主任、党组成员兼区法制办主任 孙方忠
副主任、党组成员兼区民防办主任 林宝夏
副主任、党组成员 范长安
王永明（～2010–04）
陈思崇
吴天峰（2010–04～）
区府办副主任（兼） 项华琛
周德旺（2010–03～）
党组成员，区应急办主任 项华琛
党组成员、纪检组组长 朱德旭（2010–11～）
区人民政府督察室主任、区府办党组成员 蔡文年
区金融办主任、区府办党组成员 张韩杰
区民防办副主任 潘敦雄

龙湾区行政审批管理办公室

主 任 范长安
副主任 赵钦升
王甫爱（2010–12～）

龙湾区房改办

主任（兼） 李道钮
常务副主任（确定为副科级） 黄荣森

龙湾区政府驻上海工作联络处

主 任 陈洪平（女）

龙湾区政府驻杭州联络处

主 任 季绍有

龙湾区政府驻北京联络处

主 任 杨银萍（女，～2010–08）

龙湾区发展和改革局

局 长、党组书记 潘小林（～2010–03）
林崇国（2010–03～）
副局长、党组副书记 王身康（2010–03～）
李修懂
副局长、党组成员 郑 靖（女）
徐建平
姜祥林
党组成员、纪检组组长 黄新宇（2010–11～）
副局长、党组成员 陈志楠
张 建

龙湾区重点工程管理办公室

主任（兼） 潘小林（～2010–03）
林崇国（2010–03～）

龙湾区第三产业发展办公室

主 任 李修懂
副主任 张 建

龙湾区沿海产业带建设协调委员会办公室（根据温龙机编〔2010〕41号文件设立）

主 任 王身康（2010–03～）
副主任 陈丕侠（2010–03～）

龙湾区经济贸易局（交通局）

局长、党委书记 吴向兵
副局长、党委副书记（兼） 瞿长凯（～2010–03）
副局长、党委委员 李寿春（～2010–04）
陈品富
王胜耀
夏崇镐
副局长 姜法宏
党委委员、纪委书记 周可友
党委委员 谢恩赐

龙湾区协作办

主 任 陈品富

龙湾区交通工程建设指挥部（根据温龙机编〔2010〕56号文件设置机构）

指 挥 姜法宏（2010–11～）
副指挥 刘加章（2010–11～）

龙湾区公路管理段（公路路政管理大队）

段长（大队长） 谢恩赐

龙湾区教育局
局长、党委书记　陈建淼
副局长、党委委员　王学朝
　吴鸿炜
　朱爱莲（女）
副局长　朱学林
党委委员、纪委书记　徐志毅
党委委员　柯晓平
　黄紫微（女，2010-04～）

龙湾区政府教育督导室
主任（兼）　方志方
副主任（兼）　陈建淼
副主任　朱学林
副主任（兼）　柯晓平（2010-12～）
副主任　王　颖（2010-12～）

龙湾中学
校　长　柯晓平

龙湾区科技局
局长、党组书记　朱进国
副局长、党组成员　陈孝道
　张　祥
党组成员、纪检组组长　王绍国

龙湾区民宗局
局长、党组书记　陶彩霞（女）
副局长、党组成员　卢金华
副局长　杨国平
党组成员　周清泉（2010-04～）

龙湾区监察局
局　长　郭建超
副局长（兼）　李　胜
副局长　陈　健（2010-12～）

龙湾区民政局
局长、党组书记　张岳礼
副局长、党组成员　苏本云
　张明春
　池秀媚（女，～2010-11）
　潘　虎（2010-11～）
党组成员、纪检组组长　邹剑慧（～2010-11）
　王勤锷（2010-11～）

龙湾区老龄委办
主　任　曹　立

龙湾区司法局
局长、党组书记　包双一
副局长、党组副书记　朱志清（～2010-04）
副局长、党组成员　丁宗河（～2010-03）
　林立新（2010-03～）
　毛尔轩（2010-03～）
党组成员、纪检组组长　梅显春（～2010-11）
　林　强（2010-11～）
党组成员　林元洪

龙湾区财政局
局长、党组书记　张良飞
副局长、党组副书记　陈光伟
副局长、党组成员　王晓春（2010-12～）
副局长　方　微（女，2010-12～）
党组成员、纪检组组长　林碧清（女）
党组成员　王晓春
总会计师　王晓春（～2010-12）

龙湾区人事劳动局
局长、党组书记　金　林
副局长、党组成员　马克朋
　朱明锡
党组成员、纪检组组长　陈　立
党组成员　林文辉

龙湾区建设局
局长、党委书记　林崇国(～2010-03)
　陈和斌（2010-03～）
副局长、党委委员　潘乐仲
副局长、党委委员（兼）　陈和斌(～2010-03)
副局长、党委委员　王爵清
党委委员、纪委书记　杨旭霞（女）
总工程师、党委委员　宋培鸽
党委委员　倪士章（2010-04～）

龙湾区城市化建设办公室
主　任　陈和斌（～2010-03）
　倪士章（2010-04～）
副主任　朱景所
　倪庆芳（2010-12～）

龙湾区公用事业工程建设指挥部（根据区编办温龙机编〔2010〕2号批复，该指挥部为归口区建设局管理的事业单位）

指　挥　潘乐仲
副指挥　项　晓（女，2010-05～）
　　　　黄克文（2010-05～）

龙湾区农林局

局长、党组书记　周德新
副局长、党组成员　陈少华
　　　　黄新民
副局长　沈爱巧
　　　　章新华
党组成员、纪检组组长　余武忠

龙湾区畜牧兽医局

局长（兼）　黄新民

龙湾区水利局

局长、党组书记　胡学崇
党组副书记　朱进龙
副局长　朱进龙（～2010-12）
副局长、党组成员　金龙山
党组成员、纪检组组长　刘　臻
党组成员、总工程师　吴一禾

龙湾区防汛防旱指挥部办公室

主　任（兼）　程云唐

龙湾区城市东片防洪工程建设指挥部（根据温龙机编〔2010〕57号文件设置机构）

指　挥　朱进龙（2010-12～）
副指挥　王益元（2010-11～）

龙湾区海洋与渔业局

局长、党组书记　黄建芳
副局长、党组成员　丁乐燕（女）
　　　　杨洪法
　　　　王国建
党组成员、纪检组组长　周兆弟

龙湾区文化广电新闻出版局

局长、党组书记　叶自力
副局长、党组副书记　郭瑞乐（～2010-11）
副局长、党组成员　赵晓燕（女，～2010-03）
　　　　蒋永昌
　　　　陈　佐（2010-11～）
党组成员、纪检组组长　蔡小芳（女）

龙湾区卫生局

局长、党委书记　陈方波
副局长、党委委员　闾　鸣
副局长　王英姿（女）
党委委员、纪委书记　冯　丹（女）
党委委员　陈　军

龙湾区人口和计划生育局

局长、党组书记　李　谊
副局长、党组副书记　何品豪
副局长、党组成员　郑晓燕（女）
　　　　姜　翰
党组成员、纪检组组长　王仁光

龙湾区审计局

局长、党组书记　潘源源
副局长、党组成员　章崇巧
　　　　范定绍
党组成员、纪检组组长　张爱武（～2010-03）
　　　　修晨静（女，2010-03～）
党组成员、总审计师　袁建军

龙湾区统计局

局长、党组书记　林　坪（女）
副局长、党组成员　王学选
　　　　叶雯文（女）
总统计师　张秀珠（女）

龙湾区环保局

局长、党组书记　潘旭宏
副局长、党组副书记　陈光辉
副局长、党组成员　叶　汶
　　　　王挺洪
党组成员、纪检组组长　董　峰

龙湾区侨务办公室

主　任　项岳年
副主任　姚海云（女）

龙湾区安全生产监督管理局

局长、党组书记　黄剑峰
副局长、党组副书记　赵中南
副局长、党组成员　项炳勋
　　　　夏朝峰（2010-11～）
党组成员、纪检组组长　张雪梅（女）

龙湾区体育局

局长、党组书记　　沈永国
副局长、党组成员　　朱智猛
党组成员、纪检组组长　　周小珍（女）
党组成员　　张维增

龙湾区风景旅游管理局

局长、党组书记　　王　敏
副局长、党组成员　　鞠金贵
党组成员、纪检组组长　　沈　跃

龙湾区外经贸局

局长、党组书记　　陶祝波
副局长、党组成员　　高　强
　　王仁勇
党组成员、纪检组组长　　陈晓亮
党组成员　　庄海斌（～2010–11）

龙湾区供销合作社联合社

主任、党组书记　　瞿长凯
副主任、党组成员　　张恩东
　　姜青青（女）
党组成员、纪检组组长　　王晓明
党组成员　　林正坤

龙湾区市政园林管理局

局长、党组书记　　孔令敏（～2010–11）
副局长、党组副书记　　张志福
副局长、党组成员　　程海彬
党组成员、纪检组组长　　何亮明

龙湾区移民办

主任、党组书记　　周德望（～2010–03）
　　应增荣（2010–04～）
副主任、党组成员　　张明晓
　　林立新（～2010–03）
　　戴普芳（2010–03～2010–07）
　　邹剑慧（2010–11～）
党组成员、纪检组组长　　姚海平

龙湾区区级机关事务管理局

局长、党组书记　　赵春斋
副局长、党组成员　　陈纪兴
　　陈强炜
党组成员、纪检组组长　　林炳平
党组成员　　程晓榕（女，2010–04～）

龙湾区流动人口服务管理局（根据温龙机编〔2010〕43号文件设置机构）

局长、党组书记　　周德望（2010–03～）

龙湾城市中心区开发建设指挥部

指挥（兼）　　王爱光（～2010–10）
指挥（兼）　　王忠立（2010–10～）
党组书记　　潘小林
常务副指挥　　王身康（～2010–03）
　　潘小林（2010–03～）
副指挥、党组副书记　　李显淼（2010–03～）
副指挥、党组成员　　张崇海（～2010–04）
　　胡中海
　　王良洪
　　张崇强
副指挥（兼）　　黄顺杰
　　陈良友
　　戴建华
　　叶庆权
　　陈林彬
党组成员、纪检组组长　　李显国（～2010–03）
　　王良波（2010–10～）
党组成员、总工程师　　郑　菲（女）

龙湾区海涂围垦工程建设指挥部

指挥（兼）　　黄阳栩（～2010–10）
常务副指挥、党组书记　　娄文贵（～2010–04）
　　朱志清（2010–04～）
党组副书记、纪检组组长　　陈发林
副指挥、党组成员　　张维洪
　　叶洪森（～2010–10）
　　陈云云（女，～2010–01）
　　梅显春（2010–11～）
副指挥（兼）　　胡学崇
　　黄建芳

龙湾区海涂围垦二期工程建设指挥部（温龙机编〔2010〕1号文件，于2010年1月同意设置区海涂围垦二期工程建设指挥部）

指　挥　　赵万磊（2010–01～）
常务副指挥　　廖银霜（2009–12～）
副指挥　　陈云云（女，2010–01～）
副指挥（兼）　　陈卫辉（2010–01～）

龙湾区温瑞塘河治理工程建设指挥部

常务副指挥、党组书记　　应增荣（～2010–04）
副指挥、党组成员　　张崇海（主持工作，2010–04～）
　　李胜春

副指挥、党组成员　　陈向爱
党组成员、纪检组组长　王振玉
党组成员、总工程师　　潘国武

龙湾区标准厂房建设指挥部

指　挥、党组书记　　姜祥林
副指挥、党组成员　　林　强（～2010-11）
　　　　　　　　　　管小鹏
　　　　　　　　　　王　斌（2010-11～）
党组成员、纪检组组长　周光峰

温州工业园区管委会

党组书记（兼）　　王祖焕
主　任、党组副书记（兼）　　陈玲玲（女）
副主任（兼）　　黄阳栩（～2010-11）
副主任、党组成员　　吴南友
　　　　　　　　　　赵万磊
　　　　　　　　　　薛克风（～2010-10）
　　　　　　　　　　金旭东（2010-10～）
企业党工委书记　　施德扩（～2010-10）
企业党工委副书记　　吴南友
企业党工委委员　　薛克风（～2010-10）
　　　　　　　　　　金旭东（2010-10～）

办公室

主任、企业党工委委员　　潘建华
副主任、企业党工委委员　　邹建强
企业党工委委员、办公室纪检组组长
　　　　　　　　　　黄爱勇（2010-04～）
副主任　　王勤锷（～2010-12）
　　　　　　　　　　曹宗襄（女，2010-12～）

发展总公司（经济发展局）

总经理（局长）、企业党工委委员　　王云师
副总经理（副局长）　　冯宪芙
　　　　　　　　　　王小湖
　　　　　　　　　　潘建潮
　　　　　　　　　　李　强（挂职，2010-08～）
副总经理（副局长）（兼）　　陈林彬

国土规划环保建设局

局长、企业党工委委员　　朱国平（～2010-03）
　　　　　　　　　　高皓达（2010-04～）
副局长　　高皓达（～2010-04）
　　　　　　　　　　李向帆
　　　　　　　　　　陈丕侠（～2010-03）
副局长（兼）　　张亦松
　　　　　　　　　　林月信
　　　　　　　　　　林崇国（～2010-03）
　　　　　　　　　　王云师
副局长（兼）　　陈和斌（2010-03～）
　　　　　　　　　　陈婵娟（女，～2010-07）
总工程师　　曾国海

财政局

局长　　张良飞

政策法规处

处　长　　吴振弟
副处长　　王永元
副处长（兼）　　王旭辉
　　　　　　　　　　章魁洪
　　　　　　　　　　王小云（女）
　　　　　　　　　　范朝阳
　　　　　　　　　　上官光架
　　　　　　　　　　林为界（2010-11～）

温州民营经济科技产业基地（龙湾）开发建设指挥部

党组书记　　王祖焕
指挥、党组副书记　　陈玲玲（女）
常务副指挥、党组成员　　施德扩（～2010-10）
副指挥、党组成员　　吴南友
　　　　　　　　　　赵万磊
　　　　　　　　　　薛克风（～2010-10）
　　　　　　　　　　金旭东（2010-10～）
副指挥（兼）　　王爱光（～2010-10）
　　　　　　　　　　王忠立
　　　　　　　　　　黄阳栩（～2010-10）
　　　　　　　　　　张光羽
办公室主任　　潘建华
办公室副主任　　邹建强
　　　　　　　　　　王勤锷（～2010-11）
　　　　　　　　　　曹宗襄（女，2010-11～）
党组成员、纪检组组长　　黄爱勇（2010-04～）
经济发展处处长　　王云师
经济发展处副处长　　潘建潮
　　　　　　　　　　王小湖
　　　　　　　　　　冯宪芙
　　　　　　　　　　李　强（挂职1年，2010-08～）
　　　　　　　　　　史勇全（挂职3个月，2010-10～）
经济发展处副处长（兼）　　陈林彬
工程建设处处长　　朱国平（～2010-03）
　　　　　　　　　　高皓达（2010-05～）
工程建设处副处长　　高皓达（～2010-05）
　　　　　　　　　　李向帆
　　　　　　　　　　陈丕侠（～2010-03）
工程建设处副处长（兼）　　张亦松
　　　　　　　　　　林月信
　　　　　　　　　　林崇国（～2010-03）

工程建设处副处长（兼）　陈婵娟（女，～2010-07）
　　　　　　　　　　　陈和斌（2010-03～）
工程建设处总工程师　曾国海
政策法规处处长　吴振弟
政策法规处副处长（兼）　王旭辉
　　　　　　　　　　　叶建迅
　　　　　　　　　　　章魁洪
　　　　　　　　　　　王小云（女）
　　　　　　　　　　　范朝阳
　　　　　　　　　　　上官光架
政策法规处副处长　王永元
　　　　　　　　　林为界（2010-12～）

温州农业对外综合开发区管委会（根据温龙机编〔2009〕69号文件，自2009年10月29日起“温州农业新技术开发示范区”更名为“温州农业对外综合开发区”。）

主　任　陈玲玲（女）
副主任（兼）　黄阳栩（～2010-10）
　　　　　　张光羽
办公室主任、企业党工委书记　董朝贤
办公室副主任、企业党工委委员　陈根生
国土规划局局长（兼）　董朝贤
国土规划局副局长　曹雄伟
国土规划局副局长（兼）　张亦松
　　　　　　　　　　　林崇国（～2010-03）
　　　　　　　　　　　林月信
　　　　　　　　　　　陈和斌（2010-03～）
发展总公司（经济发展局）总经理（局长）　董朝贤
发展总公司（经济发展局）副总经理（副局长）、企业党工委委员　刘锦浦
发展总公司（经济发展局）副总经理（副局长）（兼）　林舜平

龙湾区中心工业区建设指挥部

指　挥　叶庆权
副指挥　黄建斌

永昌堡保护修建管委会

主任（兼）　方志方
副主任、党组书记　潘可旺
副主任、党组成员　张　和
　　　　　　　　　李显国（2010-03～）
党组成员、纪检组组长　邹耀莲（女）

永强供电公司

总经理、党委书记　王建华
党委副书记　陈显丰
　　　　　　郑长青
副总经理　张旭东
　　　　　王德金
　　　　　方劲松

【政协龙湾区委员会】

主席、党组书记　诸松华（～2010-01）
　　　　　　　　徐国信（2010-01～）
副主席、党组副书记　黄秀清
副主席、党组成员　林春霞（女）
　　　　　　　　　胡郑梅（女）
　　　　　　　　　陈　栋
副主席（兼）　陈　敏
　　　　　　　周筱云（女）
秘书长、党组成员　林兆申
委　员　周兆明
　　　　陈友喜
　　　　潘淑贞（女）
　　　　陈李洁

【区政协工作机构及负责人】

办公室

副主任　朱国平（～2010-03）
副主任　孔德亮

提案委员会

主　任　周兆明

经济建设委员会

主　任　陈李洁

科教文卫体委员会

主　任　潘淑贞（女）
副主任　陈德明

港澳台侨委员会

主　任　林　钢（2010-3～）
副主任　娄向阳（女）

社会与法制委员会

主　任　陈友喜

委员工作委员会

主　任　朱国平（2010-03～）

【人民团体·社团组织】

龙湾区总工会

主席、党组书记　林　钢（~2010-03）
　　严永明（2010-03~）
副主席、党组成员，女职工委主任　潘玉萍（女）
副主席、党组成员　毛尔轩（~2010-03）

共青团龙湾区委员会

书记、党组书记，区青联主席　林丹艳（女）
副书记、党组成员，区青联副主席　孔繁义

龙湾区妇女联合会

主席、党组书记　王莲莲（女）
副主席、党组成员　丁玉燕（女）
副主席　张玲燕(对口支援，女，2010-04~）

龙湾区残疾人联合会

主席团主席（兼）　卢剑平（女）
主席团副主席（兼）　余光良
　　张良银
　　孙方忠
执行理事会理事长、党组书记　余光良
执行理事会副理事长、党组成员　王芝树

龙湾区归国华侨联合会

主　席　陈立荣
副主席　李国胜
　　陈奎洪
　　叶晓宾（女）
　　王香梅（女）
　　戴显俊

龙湾区科学技术协会

主席、党组书记　严永明（~2010-03）
　　李寿春（2010-04~）
副主席、党组成员　范祯桑
党组成员　陈春妹（女）

龙湾区文学艺术界联合会

主　席　曹凌云
副主席（兼）　赵晓燕（女，~2010-03）
副主席（兼）　陈　佐

龙湾区计划生育协会

会长　方志方
常务副会长　李　谊
专职副会长　郑晓燕（女）
副会长　孙士岳
　　柯斌祥

【民主党派·工商联·无党派人士】

中国国民党革命委员会温州市龙湾区总支委员会

主　委　王晓东
副主委　胡经云
　　项有年
　　江绍选
　　张雪梅（2010-11~）

中国民主同盟温州市龙湾区总支委员会

主　委　周筱云（女）
副主委　朱学林
　　郑银凤（女）

中国民主建国会温州市龙湾区总支委员会

主　委　柯尔克（~2010-12）
　　张积敏（2010-12~）
副主委　李上辉
　　叶　峰（~2010-12）
　　朱邦丰（2010-12~）

中国民主促进会温州市龙湾区支部委员会

主　委　陈　敏
副主委　王崇焕
　　郑秀东
　　曹丹艳（女）
　　钟杭玲（女）

中国农工民主党温州市龙湾区支部委员会

主　委　金叶道
副主委　邢庆武
　　陈　音（2010-09~）

中国致公党温州市龙湾区支部委员会

主　委　吴永龙（~2010-06）
　　高明章（2010-06~）
副主委　高明章（~2010-06）
　　黄根云（2010-06~）
　　朱晓芬（2010-06~）

九三学社温州市龙湾区支社

主　委　陈继远
副主委　王智英（女）

龙湾区工商业联合会（总商会）

党组书记　项云霞（女）
会长　孙福荣
副会长　朱晓芬（女）

龙湾无党派人士联谊会

会　长　章方松
副会长　王英姿（女）
　　　　俞金柱
　　　　邵和畴
　　　　沈永贤
　　　　姜　伟

【军事机构】

龙湾区人民武装部

部　长　郑照明
政　委　王　勇
副部长　谢时平
政工科长　吴长理
后勤科长　张崇亮

龙湾区消防大队

教导员　许声维
大队长　傅晓波
副教导员　王　成
副大队长　陈圣焕

【金融系统及垂直管理单位】

温州市国家税务局龙湾税务分局

局　长　金国珍
副局长　倪云飞
　　　　李文俊
　　　　张　毅

温州市地方税务局龙湾税务分局

局　长　潘向捷
副局长　沈　节
　　　　倪晓敏
　　　　钱晓兵
纪检组长　寿仲卿

温州市工商行政管理局龙湾分局

局长、党委书记　陈汉杰
副局长、党委副书记、纪委书记　蔡志明（~2010-07）
　　　　黄光辉（2010-07~）
副局长、党委委员　郑文伟
　　　　童凌志
　　　　凌晓东

温州市规划局龙湾分局

局　长　郑　凯
副局长　陈良友
　　　　林玉宝
机关支部书记、工会副主席　王建平

温州市国土资源局龙湾分局

局　长　程建春
副局长　黄顺杰
　　　　孙　民

温州市房产管理局龙湾分局

局　长　林月信（~2010-04）
　　　　戴建华（2010-04~）
副局长　马晓波
　　　　戴建华（~2010-04）

温州电力局龙湾供电分局

局　长　李　健
副书记、工会主席　杨敬中
副局长　胡晓钢
　　　　王　瑜
局长助理　刘春强

温州市质量技术监督局龙湾分局

局长、党组书记　林姜歆
副局长、党组成员　徐　宇（2010-04~）

温州市劳动和社会保障局龙湾社保分局

局长、党组书记　王进良
副局长、党组成员　杨向荣

温州市食品药品监督管理局龙湾分局

局长、党组书记　王星云
副局长、党组成员　章方森

温州市公安局交警支队三大队

大队长　徐长林
教导员　吴双泉

温州市住房公积金管理中心龙湾管理部

主　任　洪文泳
副主任　唐金平

龙湾电信分局

局　长　　周元福

副局长　　朱宝进

　　　　　李　双

　　　　　姜祥浦

中国移动龙湾分公司

总经理　　王　浩

副总经理　黄晨鹏

中国联通龙湾分公司

总经理　　陶竹友

副总经理　卢震宇

　　　　　严　伟

温州市邮政局龙湾区局

局　长　　李　武

副局长　　叶仲伟（～2010-03）

　　　　　庄晓新

　　　　　金文斌（2010-03～）

中国农业银行龙湾支行

行　长　　潘国银

副行长　　王晓勇（～2010-03）

　　　　　林慧文（2010-03～）

中国建设银行龙湾支行

行　长　　金江桂

副行长　　胡璧倩（女，2010-02～）

　　　　　刘万来

　　　　　徐才文（2010-02～）

中国工商银行龙湾支行

行　长　　丁文东（2010-06～）

副行长　　丁文东（主持工作，～2010-06）

　　　　　黄朝辉

　　　　　滕张弛（～2010-10）

　　　　　叶笃林（2010-09～）

中国银行龙湾支行

行　长　　包邦和

副行长　　项小青（女）

　　　　　夏建锋（2010-04～）

交通银行龙湾支行

行　长　　吕淑平

副行长　　金凌云

中信银行龙湾支行

行　长　　王东来

副行长　　张贵林

浦东发展银行龙湾支行

行　长　　童国林

副行长　　林　俞

　　　　　项克峰

广东发展银行龙湾支行

行　长　　陈小锋

副行长　　何琪琪

　　　　　林冬育

深圳发展银行龙湾支行

行　长　　周峰荣

行长助理　罗旭升

　　　　　徐海忠

招商银行龙湾支行

行　长　　初　春

副行长　　王小敏

　　　　　张　晓

民生银行龙湾支行

行　长　　陈振宇

兴业银行龙湾支行

行　长　　朱　毅

浙商银行龙湾支行

行　长　　李　超

副行长　　陈　辉

温州银行股份有限公司龙湾支行

行　长　　叶伟斌

副行长　　林　勇

　　　　　吴小灵

　　　　　周元辉

龙湾农村合作银行

董事长　　刘少云

行　长　　吴加居

监事长　　蒋加平

副行长　　胡荣安

　　　　　黄文海

中国人民财产保险股份有限公司龙湾支公司

经　理　　叶美友
副经理　　陈　铭
　　　　　程　慧

中国人寿保险股份有限公司龙湾支公司

经　理　　刘英涛

镇、街道机构

【永中街道】

党工委书记　　孔繁新
党工委副书记　叶庆权
　　　　　　　潘可旺（兼）
　　　　　　　陈久肖
　　　　　　　黄建斌（2010-07～）
纪工委书记　　李蝉华（女）
党工委委员　　李蝉华（女）
　　　　　　　李显淼
　　　　　　　黄建斌（～2010-07）
　　　　　　　张安畴
　　　　　　　陈建武
　　　　　　　王小坚
　　　　　　　林安盛
　　　　　　　王建华（2010-10～）
　　　　　　　陈建勇（2010-10～）
人大工委主任　　王会飞
人大工委副主任　项玉燕（女）
　　　　　　　　张爱钗（女，兼）
办事处主任　　　叶庆权
办事处副主任　　李显淼
　　　　　　　　黄建斌（～2010-07）
　　　　　　　　沈永强
　　　　　　　　王建华
　　　　　　　　陈建勇
　　　　　　　　曹丹艳（女）
　　　　　　　　张爱武（2010-04～）
　　　　　　　　张　文（2010-11～）

【蒲州街道】

党工委书记　　王炳隆
党工委副书记　林舜平
　　　　　　　朱伟英（女）
　　　　　　　戴普芳（2010-07～）
纪工委书记　　黄永新
党工委委员　　黄永新
　　　　　　　郑云和（～2010-10）
　　　　　　　陈少萍（女，～2010-07）
　　　　　　　王向阳
　　　　　　　姜宝银
　　　　　　　李新木
　　　　　　　林光新（2010-10～）
　　　　　　　王靖海（2010-10～）
人大工委主任　　张少清
人大工委副主任　卓淑智（女）
办事处主任　　　林舜平
办事处副主任　　郑云和（～2010-10）
　　　　　　　　陈少萍（女，～2010-07）
　　　　　　　　林光新
　　　　　　　　王靖海
　　　　　　　　王绍斌
　　　　　　　　王　洲（2010-10～）

【海滨街道】

党工委书记　　王旭辉
党工委副书记　范朝阳
　　　　　　　章　文
　　　　　　　吴进军（2010-07～）
纪工委书记　　项显宇
党工委委员　　林微微（女）
　　　　　　　程庆进（～2010-10）
　　　　　　　朱学东
　　　　　　　麻福生（～2010-11）
　　　　　　　周旭晨
　　　　　　　项显宇
　　　　　　　姚黎群（女，2010-10～）
　　　　　　　章　贤（2010-11～）
人大工委主任　　项振康
人大工委副主任　张崇姆
办事处主任　　　范朝阳
办事处副主任　　林微微（女）
　　　　　　　　程庆进（～2010-10）
　　　　　　　　徐国荣
　　　　　　　　吴进军（～2010-07）
　　　　　　　　曾松国
　　　　　　　　叶晓东（女）
　　　　　　　　朱学东（2010-10～）

【永兴街道】

党工委书记　　章魁洪
党工委副书记　上官光架
　　　　　　　王永林
　　　　　　　朱微明（2010-07～）
纪工委书记　　周　龙

党工委委员　朱微明（～2010–07）
王显峰
王浩清
叶方华
周　龙
吴　琬（2010–10～）
廖乾庆（2010–11～）
人大工委主任　孙永友
人大工委副主任　李淑华（女）
办事处主任　上官光架
办事处副主任　朱微明（～2010–07）
王显峰
郭洪聪（～2010–10）
吴　琬
方　华（女）
潘建勇（2010–10～）
陆振山（2010–11～）

【海城街道】

党工委书记　郑　华（～2010–11）
孔令敏（2010–11～）
党工委副书记　潘国华
缪克鸠
李莲莲（2010–07～）
纪工委书记　杨淑琼（女）
党工委委员　杨淑琼（女）
叶剑荣
孙文元
季克泽
潘丽荣
林日海（2010–11～）
人大工委主任　曹利民
人大工委副主任　刘万清
办事处主任　潘国华
办事处副主任　叶剑荣
季克泽
朱邦丰
李成迪
徐胜慧（2010–05～）

【状元镇】

党委书记　余安江
党委副书记　朱大志
陈　佳
林建兴（2010–07～）
纪委书记　余贤林
党委委员　余贤林
项东军（～2010–10）
张婵娟（女）
朱进华
王汉钦
夏彩和（女）
人大主席　项光平
人大副主席　杨大汉
镇　长　朱大志
副镇长　朱进华
潘瑞国（～2010–10）
黄明高
张婵娟（女）
林建兴（～2010–07）
张国栋（2010–10～）
项东军（2010–10～）

【瑶溪镇】

党委书记　南君晓
党委副书记　陈林彬
娄长崇
陈婵娟（女，2010–07～）
纪委书记　庄海滨（2010–11～）
林　华（～2010–11）
党委委员　林　华（～2010–11）
徐启聚
陈婵娟（女，～2010–07）
张崇微（女）
章　炜
林树群（2010–10～）
庄海滨（2010–11～）
人大主席　郭瑞乐（2010–11～）
倪士章（～2010–11）
人大副主席　陈光宇
镇　长　陈林彬
副镇长　徐启聚
陈婵娟（女，～2010–07）
张国栋（～2010–10）
许绍尧
邱朝瀚
潘瑞国（2010–10～）
王　颖（2010–10～）

【沙城镇】

党委书记　梅银松
党委副书记　王小云（女）
黄光丰
林光辉（2010–07～）

纪委书记　陈宗杰
党委委员　陈宗杰
　　　　　李昌鹤
　　　　　刘君可
　　　　　陈　佐（~2010-11）
　　　　　邵建寨
　　　　　张海涛（2010-10~）
人大主席　黄国荣
人大副主席　程庆进（2010-10~）
　　　　　张小英（女，~2010-10）
镇　长　王小云（女）
副镇长　李昌鹤
　　　　　刘君可
　　　　　董宇驰
　　　　　陈　诚
　　　　　章志芬

【天河镇】

党委书记　韩包斌
党委副书记　张纯道
　　　　　项东华
　　　　　倪瑞瑾（女，2010-07~）
纪委书记　林爱春（女）
党委委员　倪瑞瑾（女，~2010-07）
　　　　　刘　健
　　　　　郑晓如
　　　　　吴寒秋
　　　　　林爱春（女）
　　　　　邵建国
党委委员　汪　宇（2010-10~）
人大主席　郑笃兴
人大副主席　朱德彪
镇　长　张纯道
副镇长　郑晓如
　　　　　汪　宇
　　　　　李启光
　　　　　倪瑞瑾（女，~2010-07）
　　　　　周坚强
　　　　　郭洪聪（2010-10~）

【灵昆镇】

党委书记　郑小强
党委副书记　韩包强
　　　　　姜祥凯
纪委书记　张爱淑（女）
党委委员　张爱淑（女）
　　　　　黄祥崇
　　　　　娄晓杰
　　　　　柏秋良
　　　　　倪瑞瑜（2010-10~）
　　　　　王余余（2010-10~）
人大主席　余新庭
人大副主席　陈　彪
镇　长　韩包强
副镇长　黄祥崇
　　　　　倪瑞瑜
　　　　　李莲莲（女，~2010-07）
　　　　　周国伟

LONGWAN YEARBOOK 2011 龙湾年鉴

中共龙湾区委员会

综 述

2010年，中共龙湾区委员会（简称龙湾区委）坚持以科学发展观为指导，带领全区上下进一步解放思想、振奋精神、团结奋战、扎实工作，着力调结构促转型快发展、抓统筹惠民生保稳定、建机制、强基础、优作风，稳步推进各项工作。

经济结构加快调整。把传统支柱产业的改造提升作为加快转型升级的重点，阀门等行业整合重组力度不断加大，科技创新能力进一步增强。加快编制完善各项规划，推进市政工程建设和重点项目建设。开展招商引资工作，一批大企业、大项目成功落户。启动空港物流商贸区、总部商务区、城市综合体等重点区块和温州金属现代物流中心等项目前期工作，开工建设温州五金装饰市场，全区实现第三产业增加值70.19亿元，比上年增长12.1%。制订出台《内外龙湾人互动发展实施意见》，全年吸引在外企业回乡投资5.93亿元。农业生产保持稳定，特色农产品效益明显。

城市化进程持续加快。出让精品居住区A地块等一批土地，引进万科、绿城等国内知名的房地产开发企业。东片污水管网工程基本建成，5年累计完成主干管25.5公里，截污纳管457公里，入户纳管5.8万户。江滨路龙湾段、东片防洪一期、海涂围垦等项目加快建设，路网、电力等配套设施不断完善，全年预计完成省、市重点工程投资额11.19亿元，区级重点工程完成投资额19.82亿元。继续巩固提升“四大整治”成果，进一步形成建管并举的工作态势。同时，筹备城乡统筹综合改革试点工作。

环境建设扎实推进。制订完善“六城联创”活动实施意见、三年系列规划和2011年系列工作计划，启动园林绿化、城中村改造、污染物减排、历史文化保护“四大战役”。瑶溪钟秀园等三大综合性公园和一批村级小游园启动建设，拆违建绿、拆围透绿工作扎实推进。深入实施生态区建设规划和生态功能区规划，组织开展生态文化培育等“八大工程”。重点行业、重点区域污染整治和节能减排力度持续加大，完成省“811”环境保护新三年行动任务和“十一五”节能减排任务。

和谐建设成效明显。十大惠民实事项目基本完成，科技合作成效明显，教育事业加快发展，竞技体育成绩突出，群众文化活动积极开展，文明城区创建继续深化，医疗体制改革不断推进，社会保险体系覆盖面不断扩大，率先在全市完成区镇两级计生服务站标准化建设。社会管理和公共安全进一步加强，落实上海世博会各项安保措施。省、市交办的重要信访件全部办结，刑事发案量和“两抢一盗”案件总量持续下降。全面排查整治各类安全隐患，各类事故总量同比下降24%左右。综治网格化管理工作深入推进，流动人口服务管理水平进一步提高。

党的建设不断加强。“阳春倡读”等系列主题活动扎实开展，学习型党组织和学习型社会创建特色明显。组织开展2次副科级干部竞争性选拔考试，竞争性选拔干部逐步常态化。深入开展创先争优活动，全面推行“四议两公开”工作法，建立完善“民情e站”服务平台，基层党组织和党员服务水平进一步提升。扎实推进示范村创建和后进村整治，进一步规范老年人协会建设，村级三资清理工作基本完成，村级组织换届选举工作稳步开展。抓好非公企业、新社会组织党建工作，人才引进培养激励机制不断完善。完成作风建设年活动各阶段工作，慵懒散问题得到有效治理。深化审批流程再造，政府投资项目审批时限由96天压缩为25天，社会投资基本建设项目审批环节由19个简化成10个。深入推进惩防体系建设，落实党风廉政建设责任制。

区委重要会议

【区委六届七次全体（扩大）会议】 区委六届七次全体（扩大）会议于2010年1月6日召开。会议贯彻落实党的十七大、十七届四中全会和中共中央、浙江省经济工作会议及省委、市委全会精神，回顾总结2009年工作，研究部署2010年任务。区委书记王祖焕代表区委常委会作题为《坚持科学发展 加快转型升级 全面推进宜商宜居的现代化滨海新城区建设》的工作报告。会议审议通过《中共龙湾区委员会关于加强和改进新形势下党的建设的实施意见》。会议扩大到科（局）级干部、市派农村工作联络组组长和部分区党代表参加，共200余人。

【龙湾区经济工作暨内外龙湾人互动发展会议】 龙湾区经济工作暨内外龙湾人互动发展会议于2010年2月21日召开。会议全面贯彻落实中共中央、浙江省经济工作会议及区委六届七次全会、区六

图9：2月21日，龙湾区经济工作暨内外龙湾人互动发展会议上表彰先进。（区史志办供稿）

届人大四次会议精神，回顾总结2009年全区工作，部署2010年工作任务。

【龙湾区平安建设暨政法工作会议】 龙湾区平安建设暨政法工作会议于2010年2月22日召开。会议认真贯彻党的十七大、十七届四中全会和全国、省、市政法工作会议精神，回顾总结2009年全区“平安龙湾”建设和政法综治工作，研究部署2010年工作任务。会上，对全区平安建设和政法工作中涌现出的先进集体和个人进行表彰，并与相关单位签订责任书。

【龙湾文化大区建设暨文明城区创建工作会议】 龙湾文化大区建设暨文明城区创建工作会议于2010年2月23日召开。会议回顾总结近年来文化大区建设和文明城区创建工作，争取2010年龙湾区成功创建省级文明城区。会上，表彰首届龙湾区道德模范和2009年度文化大区建设和精神文明创建工作先进集体、先进个人；签订文明城区创建工作目标责任书，印发《龙湾区2010年文化大区建设重点工作》、《关于争创省级文明城区的实施意见（征求意见稿）》。

【龙湾区党建暨创建学习型党组织工作会议】 龙湾区党建暨创建学习型党组织工作会议于2010年2月23日召开。会议认真贯彻落实党中央和省、市关于加强新时期党的建设的一系列重要精神，回顾总结2009年全区党建工作，研究部署2010年主要任务。

【龙湾区基层基础建设年活动推进会】 龙湾区基层基础建设年活动推进会于2010年3月8日召开。会议认真学习贯彻省、市委有关会议精神，在全区部署做好“基层基础建设年”活动、上海世博会安保工作、社会治安重点地区排查整治等重点工作，进一步深化“平安龙湾”建设。

【龙湾区科学技术奖励会议】 龙湾区科学技术奖励会议于2010年3月18日召开。会议深入贯彻落实全国科技奖励大会和全省科技工作会议及全市科技奖励大会精神，总结回顾2009年科技创新工作，研究判断当前科技发展形势，部署2010年科技工作各项任务。会上，表彰了在科技进步活动中作出突出贡献的先进单位和先进个人。

【龙湾区深入学习实践科学发展观活动总结大会】 龙湾区深入学习实践科学发展观活动总结大会于2010年4月6日召开。会议学习贯彻中共中央和省、市委深入学习实践科学发展观活动总结会议精神，全面总结龙湾区开展深入学习实践科学发展观活动的基本情况和成功经验，推动科学发展观在龙湾的贯彻落实，巩固和扩大学习实践活动的成果，进一步推动龙湾科学发展、和谐发展。会上，区教育局、沙城镇、浙江天龙集团和坦头村分别作了交流发言，瑶溪镇等11个单位作了书面交流。

【龙湾区人口和计划生育工作会议】 龙湾区人口和计划生育工作会议于2010年4月23日召开。会议回顾总结2009年工作，分析当前龙湾区人口与计划生育的形势，对2010年的工作作全面具体的部署，并与有关单位、镇（街道）签订责任书。会上，还表彰了一批先进集体和先进个人。

【龙湾区作风建设年活动转段会议】 龙湾区作风建设年活动转段会议于2010年4月26日召开。会议回顾总结龙湾区“作风建设年”活动第一阶段工作开展情况，研究部署第二阶段的主要任务，进一步明确要求，把握重点，落实措施，更加扎实地推进“作风建设年”活动。

【龙湾区学习贯彻《廉政准则》宣讲大会】 龙湾区学习贯彻《廉政准则》宣讲大会于2010年6月9日召开。会议深入学习贯彻《中国共产党党员领导干部廉洁从政若干准则》，全区副科级以上干部和站所负责人参加会议，会议要求全区党员干部对照《廉政准则》“八个方面52个不准”内容及党员干部违纪违法的案件，进行“学准则、见行动”专项自查自纠。

【区委六届八次全体（扩大）会议】 区委六届八次全体（扩大）会议于2010年8月23日召开。会议贯彻落实省委十二届七次全会、市委十届九次全会精神，总结上半年工作，部署下半年任务。区委书记王祖焕代表区委常委会作题为《建设生态文明 加快转型发展为全年和“十一五”目标任务努力工作》的工作报告。会议审议通过《中共龙湾区委员会关于推进生态文明建设的实施意见》。会议扩大到科（局）级干部、市派农村工作联络组组长和部分区党代表参加，共210人。

【龙湾区学习贯彻全教会精神暨2010年教师节庆祝表彰大会】 龙湾区学习贯彻全教会精神暨2010年教师节庆祝表彰大会于2010年9月10日召开。会议学习贯彻全国教育工作会议精神，庆祝国家第二十六个教师节。会上，表彰了教育工作先进个人和先进集体，其中区政府对区教育局、龙湾中学、温州市第十五中学、永强中学进行嘉奖。

【龙湾区“六城联创”动员大会】 龙湾区“六城联创”动员大会于2010年10

图10：10月9日，龙湾区召开"六城联创"动员大会 。（区文明办供稿）

月9日召开。会议贯彻落实温州市"六城联创"活动动员大会精神，对全区"六城联创"活动作出具体部署。会上，区各分管领导和永中街道、状元镇分别作表态发言。区政府分别与各镇（街道）签订"六城联创"责任书。区四套班子领导，区属各单位负责人，各镇党委（街道党工委）书记、镇长（主任）、分管党群副书记、负责宣传工作的委员、分管城建、社会事务、林业的副镇长（副主任）、文明办主任，各村（社区）负责人和其他代表，及区"六城联创"活动相关职能部门中层以上干部近千人参加动员大会。

【区委理论学习中心组学习会暨"学比赶超"活动现场会】 区委理论学习中心组学习会暨"学比赶超"活动现场会于2010年11月24～30日举行。组织区、镇（街道）、有关部门领导和部分党代表、人大代表、政协委员及新闻媒体到各镇（街道）、温州工业园区（民科基地开发建设指挥部）、温州农业对外综合开发区、区城市中心区建设指挥部、区永昌堡保护修建管委会及其他工程建设指挥部，实地察看重点项目推进情况，并于11月29日召开汇报会。与会人员对参加测评单位提出的"十大项目"、工作思路举措、工作态度等方面进行测评。11月29～30日召开区委理论学习中心组学习会，深入探讨龙湾"十二五"发展问题，进一步理清发展思路和工作重点。中心组成员根据区委、区政府2011年重点调研课题要求，结合分管工作，交流2011年工作打算，并对区委、区政府"十二五"发展思路提出意见和建议。

政策研究

【课题调研】 2010年度，龙湾区委政策研究室围绕区委中心工作，全年牵头组织完成20个事关龙湾经济社会发展的战略性课题，为领导科学决策、民主决策提供依据。牵头完成区委办3个软课题的调研，并做好成果撰写和申报工作。牵头组织完成全区50个优秀调研成果选编，出版《优秀调研成果选编》一书。利用《龙湾政研》平台，先后刊发24期领导和部门70余篇调研文章，形成12期决策参考信息报送区委、区政府领导，为领导决策提供优质的信息服务。

【区委政策性文件起草】 2010年度，龙湾区委政策研究室先后完成加强党的建设、生态文明建设、发展总部经济、内外人互动发展、"十二五"规划纲要建议、城乡统筹"1+11"政策等区委重大政策意见的起草工作。协同区发改局起草、制订和完善"十二五"规划纲要，协同有关部门制订第三产业发展、科技创新、传统产业提升等一系列政策及配套政策，为全区经济、社会发展提供纲领性指导文件。指导协助有关部门废止和完善一批政策性文件，进一步完善推动科学发展体制机制。

组织工作

【概况】 2010年，龙湾区有基层党委9个、党总支16个、党支部756个、党员16633名。其中：建制村有党总支3个、党支部158个、农村党员9092名，非公有制经济单位有党委2个、党支部258个、联合党支部21个、企业党员2567名。全区建有党员服务中心12个、党员服务站（点）157个。

表10：2010年龙湾区党员基本情况

项目	数量(人)
党员总数	16633
预备党员	733
女性党员	4471
少数民族党员	24
党员年龄结构	
35岁及以下	6201
36～45岁	3665
46～54岁	2665
55～59岁	1092
60岁及以上	3010

【学习实践科学发展观活动】 龙湾区委围绕"转作风树形象，保增长抓转型，重民生促和谐"这个实践总载体，完成第二、三批学习实践活动各项目标任务。学习实践活动从2009年3月开始至2010年2月结束，历时1年。参与活动的党组织有522个，党员14767名。在满意度测评中，群众对第二批学习实践科学发展观活动满意度达100%，对第三批学习实践科学发展观活动满意度达99.7%。

【创先争优活动】 2010年，龙湾区委围绕创建服务型基层党组织这一重点，实施"服务理念深化行动、服务能力提升行动、服务网络拓展行动、服务机制创新行动、服务品牌创建行动、服务业绩评议行动”等六大服务行动。建立区委常委和区委创先争优活动领导小组联系点制度，实施示范点分类分批培育计划，形成一批党建示范群、示范片。全面推行党员承诺制，实行“诺前有指导、诺中有公示、诺后有评议”的党员承诺制。结合“网格化管理、心连心服务”活动，实行“片组片格+党小组”服务模式。完善“民情e站”建设，采取电子化处理、信息化交流、一站式服务的工作模式，实现村情民意全掌控、矛盾问题快化解、服务评价大提升。该做法得到省委常委、组织部部长蔡奇充分肯定。开展“双强争先”活动，创新非公企业党员人才培养方式，全面助推企业转型升级。加大宣传力度，在龙湾党建网开设《创先争优》活动专栏，营造浓厚的创先争优活动氛围。全年共发送《龙湾组工快讯》45期，编发简报26期、优秀农村党组织书记专刊3期。

【农村基层组织建设】 2010年，龙湾区委组织部认真落实区委“1+15”文件精神，全面推进农村基层组织建设。做好村级组织换届选举前的各项工作，开展村级组织满意度调查，全面掌握群众对全区147个建制村党组织班子、村委会班子和285位村主要干部、651位村其他干部的评价情况。完成状元镇6个村党组织的换届试点。至12月底，全区村党组织换届基本完成。在全区全面推行“四议两公开”工作法，规范村级事务民主决策。全区已有142项村级重大事项通过“四议两公开”后顺利执行。实施示范村创建计划，建立区领导、区属部门和强企结对联系示范村制度，开展分类指导和分片创建，有效培育20个整体水平较好、发展特色鲜明的示范村。在总结上年15个后进村成功整治转化的基础上，重新梳理出15个后进村进行整改。采取以镇（街道）为责任主体，区级领导联村、机关部门帮村、重点企业助村、经济强村扶村的“五位一体”模式，按照“一村一策、一事一说明”要求，推进后进村整治工作。

【“两新”组织党建】 2010年，龙湾区委组织部拓展党组织覆盖面，实现非公企业党建“三个延伸”。推进区域化党建示范点建设，深化“活力和谐企业”建设，天龙集团、鸿升集团、江南阀门集团3家企业获市级“活力和谐企业”称号。开展第三届龙湾区“活力和谐企业”评选，评出区级“活力和谐企业”5家，创建先进单位10家。开展向全国招选“红色CEO”活动，5家企业签约5名党组织书记人选。深入开展“为党旗增辉、为企业增效”非公党建系列活动，在2家企业试行党委“公推直选”，产生党委领导班子。全年新建新社会组织党组织7个。在新社会组织中开展“百会结百村”活动，推进新社会党组织与结对村共建。

图11：6月27日，龙湾区竞争性选拔领导干部面试现场。（区委组织部供稿）

【党管人才工作】 2010年，龙湾区委制订出台《龙湾区“十二五”人才发展规划》，实施以“企业创平台、行业建平台、政府造平台”为载体，健全人才引进培养激励机制。开展“招才引智年”活动，全年全区引进中高级专业技术人员560余人，招聘大专以上学历学生345人。支持鼓励企业加大科技投入，天宇轻工机械有限公司成立龙湾区首个博士后科研工作站。建立部机关干部联系“两类”人才制度，组织“两类”人才17人，参加体检、到内蒙古疗养等活动。开展大规模企业经营管理人才和专业技术人才培训，组织企业职工技能提升培训和职工技能大赛，开展农业专业大户等农村实用人才培训和“村村都有好青年”人才评比培养活动，累计培训2000余人。

【干部人事制度改革】 2010年，龙湾区委组织部完善建立激励约束机制，构建推动干部队伍干事创业制度体系。建立拟提任领导干部重大事项报告制度，在确定提任副科长级、正科长级领导干部考察对象时，同步要求考察对象申报12项重大事项，着力预防干部“带病上岗”和“带病提拔”。推行干部考核反向测评办法，突出对干部存在缺点的考察。探索实施领导班子和领导干部年度考核量化评价体系，实行年度考核、重点工作考核和日常考核相结合，采取立体化分级评议、公开化知情考核、实效化排名反馈等“三化”考评，并对年度考核结果，按照量化考核分值进行纵向（班子成员内部之间）和横向（不同镇（街道）班子之间和同一职务领导干部之间）的排名比较。年终考核结束时，每个科级领导干部都拿到数字化成绩单。推进竞争性选拔领导干部，逐步让竞争性选拔走向常态化。全年开展竞争性选拔领导干部考试2次，分别推出9个镇（街道）党（工）委副书记岗位和8个副科（局）级领导干部职位。注重选拔年轻干部，副科（局）级领导干部竞争性选拔中有3个镇（街道）党政副职职位专门面向全区各单位“80后”中层干部。

【干部监督】 2010年，龙湾区委出台贯彻落实干部选拔任用工作四项监督制度20条意见。做到以制度管人，按制度用人，着力提高选人用人公信度。实行新提任领导干部胜任度评估制度，在新提任领导干部任职6个月左右和任职满一年后各进行一次胜任度评估，跟踪评价任后表现，让干部既有压力又有动力。建立健全科级领导干部离任监督交接制度和镇（街道）党委书记向区委全会述职报告制度，在单位主要领导实行离任监督交接制度基础上，出台实施副职领导干部离任监督交接制度，采取“集中培训、集中会审、分散交接”的“两集中、一分散”方式，对领导干部进行离任监督交接。实行镇党委（街道党工委）书记向区委全委会述职报告制度，10个镇党委（街道党工委）书记在全委会上接受全体成员民主评议。率先实施镇（街道）一般干部集中异地交流制度，以警示性为主旨，在10个镇（街道）交流中层及一般干部32名。

【干部教育培训】 2010年，龙湾区委组织部坚持干部任职资格考试制度，实行干部教育培训学分制管理，突出以专题研究、短期培训、小班教学为主设置班次和学制，建立“产学研”一体化培训模式。全年举办主体班次2期，培训101人次；举办政法、农业、产业升级等专题班次13期，培训923人次。注重延伸培训平台，把主体班次延伸到省内外知名高校，在中国人民大学举办50人参加的科级领导干部公共管理进修班。鼓励干部参加学历教育、学位教育自学提升，32名干部参加学历培训，12名干部取得新学历。

【农村党员干部远程教育】 2010年，龙湾区委组织部拓展远程教育功能，组织开展“提升远教学用水平、助推经济转型升级”主题系列活动，利用ECP技术现场直播村级组织换届选举大会，切实发挥了平台作用。加快远程教育本土课件的开发制作，《农民专业合作社富民之路》获温州市第五届优秀党员电教片三等奖，《文蛤养殖技术》入选中组部电教资源库。

【农村指导员工作】 2010年，龙湾区委组织部选派第六批36名农村指导员入驻35个建制村，其中区派农村指导员18名，实现20个示范村和15个后进村全覆盖。发挥农村指导员作用，帮助化解农村重点难点问题，全年共争取到建设项目40个，落实各类帮扶资金665.98万元，为民办实事108件。

【大学生村官聘用】 2010年，龙湾区完成第4批大学生村官招聘工作，累计已有在岗大学生村官105名。发挥大学生村官作用，加大大学生村官自主创业政策扶持力度，逐步建立大学生村官在基层融得进、干得好、流得动机制。全区已有31名大学生村官带着相关项目申请资金扶持，共为10人发放创业补助资金27万元。引导大学生村官参与村级组织建设，有10名优秀大学生村官进入了村两委班子。落实大学生村官相关优惠政策，有50人考录到公务员、事业单位，占大学生村官招聘总数的32%。

【阳光组工建设】 2010年，龙湾区委组织部推进阳光组工建设，建立更加公开民主、开放透明的组织工作体系，打破封闭、消除神秘，让组织工作在阳光下运行。建立新闻发言人制度，定期通报组织工作重大事项和信息。建立干部信息化管理平台，成立覆盖全区各个层面的特邀信息员队伍，扩大组织工作宣传面。开展部领导与全区副科级以上领导干部谈话谈心活动，倾听干部呼声和意见建议。开展全区组织工作满意度和区属部门、镇（街道）工作满意度调查，全区83个单位3225人参加了调查。举办组织工作开放日活动，邀请部分“两代表一委员”和群众，走进组织部深入了解组织工作。部领导分2组带队到10个镇（街道）召开组织工作恳谈会，征求到党员群众意见建议51条。在10个镇（街道）巡回开展组织工作图片展，发放《走进组织部》画册、《龙湾党建风采》和办事指南等资料6000份，树立组织部门开放、透明的良好形象。

宣传工作

【理论宣传普及】 2010年，龙湾区委宣传部为促进中国特色社会主义理论大众化，在理论知识宣传普及方面做了大量的工作。以党的十七大、十七届四中、五中全会精神和省、市、区委的重大决策部署为主题，在广大干部群众中组织开展多种形式的学习宣传活动。举办专题讲座、知识竞赛和理论征文等活动，使党的政策理论知识深入人心。围绕“转作风、提效能、优环境、促发展”作风建设年活动和“互看互学”、“学比赶超”等活动，在全区党员干部中组织开展解放思想大讨论活动。与市社科联、沙城镇三级联办温州市·龙湾区2010年社会科学普及周活动暨沙城镇第六届读书文化节开幕式，该次社科周活动包括文艺演出、各类社科知识咨询、书画展览等18项活动内容。

【理论学习教育】 2010年，龙湾区委专门出台《区委常委会创建学习型领导班子的实施意见》，制订《2010年区委理论学习中心组学习计划》，区委领导带头示范参与学习型党组织创建活动。组织干部群众深入学习党的十七届五中全会、中共中央和省、市委重要会议精神、《领导干部选拔任用工作四项监督制度》、《中国共产党党员领导干部廉洁从政若干准则》。邀请专家、领导为区委理论中心组授课，其中滨海论坛邀请中国国际金融有限公司投资银行部执行总经理赵民、省金融办地方金融处处

图12：6月9日，龙湾区委理论中心组举行学习会。 （区史志办供稿）

长潘广恩作固定资产投资和金融投资方面的专题辅导，邀请省发改委副主任刘亭、浙江大学教授史晋川作区域经济发展、“十二五”规划编制等方面的专题辅导。全年区委理论学习中心组共组织集中学习17次，14.5天时间。

【学习型党组织创建】 2010年，龙湾区委出台《关于深入开展学习型党组织创建活动的实施意见》和《龙湾区2010年学习型党组织创建暨深化学习型社会创建计划》，以“一带五建”为总载体，以“五强五重”为主抓手，组织开展“春夏秋冬”四季主题系列活动，在各级领导班子和五大类型学习型党组织中扎实开展创建活动。组织开展“阳春倡读”主题系列活动，举办“我爱读书、我心飞扬”百米画卷现场创作、新书市展览、“春天的书声——中华经典诗文诵读”等一系列活动。组织开展“盛夏共建”主题系列活动，110家区机关事业单位与110家农村（社区、企业）结对并签订协议，区机关、事业单位共下派指导联络员253人次，为基层党组织争取资金450万元，开展帮学共建活动500余次，赠送书籍1万余册，给基层党组织上党课100余场次，为基层单位解决实际问题100余个。组织开展“金秋互动”主题系列活动，举办“我为党旗增光辉”——党支部书记上党课比赛活动，及各类征文活动、知识竞赛、演讲比赛和宣讲活动。组织开展“暖冬共享”主题系列活动，开展龙湾区“十佳学习型党组织”、“十佳学习型党务工作者”、“十佳学习之星”评选。在各个系列主题活动中，全区干部群众掀起学习型党组织创建热潮，营造了浓厚的学习氛围。

【区委中心工作宣传报道】 2010年，龙湾区委宣传部围绕全区深入实施“四大战略”、建设学习型党组织、开展“六城联创”、平安龙湾创建等多项重大主题，开展全方位、多角度的宣传报道，及时反映龙湾区建设宜商宜居滨海新城区的新措施、新成就。做好区“两会”、重大节庆日、纪念日及各类主题的社会宣传，营造浓厚的社会宣传氛围。

【对外宣传】 2010年，龙湾区委宣传部围绕重点项目、重点活动和重点工作，组织深度主题报道，扩大龙湾对外影响力。全年在中央、省、市各类新闻媒体刊播（发）龙湾新闻2240余篇。其中《军民共建“开心农场”走出网络》新闻，在中央电视台新闻频道《法治在线》栏目播出，实现区新闻中心自成立以来在中央电视台播出新闻零的突破。加强对有关部门制作外宣品的指导帮助，制作《锦绣龙湾》DVD光盘、《印象龙湾》画册等外宣品。通过与《欧联时报》、香港《文汇报》等境外媒体合作，宣传报道龙湾；通过与龙湾区驻各地商会合作，在其会刊上展示龙湾风采、塑造龙湾形象。

【舆论热点引导】 2010年，龙湾区委宣传部加强舆情监管和研判工作，做好舆论热点引导和媒体应对工作。上海世博会期间，专门制订工作方案，安排专人值班，及时做好负面舆情的研判处置，最大限度地消除负面影响。加强对违规网站和博客的管理，及时删除有害信息。有效应对“龙湾某机关单位擅自出游事件”、“人事局招录事件”、“蹂躏门事件”、“温州工业园区污染事件”等突发事件，维护了社会稳定。

【新闻发言人制度建设】 2010年，龙湾区委宣传部组织起草《关于建立新闻发言人制度的通知》、《龙湾区突发公共事件新闻发布应急预案》、《突发公共事件新闻报道应急处置实施细则》等文件，构建快速反应机制。组织全区10个镇（街道）和20余个区直部门的新闻发言人赴上海复旦大学培训，学习新闻发布的理念与技巧、网络舆情检测与应对、危机事件处理等方面知识。举行新闻发言人模拟演练，提高全区新闻发言人的实战能力。

【群众性文化活动】 2010年，龙湾区委宣传部坚持“办文化”、“种文化”和“送文化”相结合，丰富群众性文化活动。举办“春日暖阳”青少年演出活动、“春潮墨韵”春联下乡活动、“送剪纸·美家园”剪纸现场表演、温州龙湾·杭州富阳书法联展、龙湾区第六届音乐舞蹈节、区第二届“和谐文化乡村行”、汤和民俗文化节、孔子祭拜大典、“古堡情韵”文艺演出活动。开展龙湾“十大民俗”评选、纪念第五个世界文化遗产日等活动，设立龙湾历史文化名人展览馆。举办龙湾区文联成立10周年纪念系列活动，邀请台湾诗人余光中作《灵感从何而来——艺术经验的转化》专题讲座。开展“十镇百村种文化”活动，永中街道普门村、伊利康生物技术公司被评为温州市文化建设示范点，状元镇、天河镇天凤村获得市“种文化”活动先进单位，区委宣传部被评为市“种文化”先进组织单位。全年文艺下乡演出60场。

【调研和信息工作】 2010年年初，龙湾区委宣传部确定16个调研课题，由宣传文化系统领导牵头有针对性地开展专题调研活动。其中省委宣传部指导的调研课题《关于新生代农民工思想状况的调查与思考》作为《社会舆情专报》报中宣部、省委、省政府领导参阅，《龙湾区文化事业和文化产业发展的对策研究》作为2011年的重点调研课题为区委、区政府制订2011年工作思路提供决策参考。加大工作信息和舆情信息的报送力度，多篇工作信息被《浙江宣传》、《温州宣传》录用刊登，多条舆情信息被中宣部、省委宣传部、市委办采用。舆情信息质量在全省宣传系统名列前茅，在全市宣传系统名列第一，工作信息质量获第三名。区委宣传部被浙江省委宣传部评为全省舆情信息工作先进单位。

【首届明代文化研讨会】 2010年11月21～24日，由温州市委宣传部和龙湾区委、区政府联合举办，龙湾区委宣传部承办的首届温州·龙湾明代文化研讨会在龙湾举行。研讨会一共分为开幕式、参观考察、分组研讨和闭幕式4个部分，商传、毛佩琦、方志远、张立文等海内外专家学者共60位参加研讨活动。大会

图13：11月21日，首届温州·龙湾明代文化研讨会在龙湾举行。

（区委宣传部供稿）

收到学术论文80余篇，活动得到与会专家和社会各界的一致好评。

【宣传队伍建设】　2010年，龙湾区委宣传部高度重视宣传文化队伍建设。健全宣传系统机构，相继成立龙湾区新闻工作者协会、龙湾区社会科学界联合会、龙湾区互联网宣传管理办公室。开展中层干部竞聘上岗活动，20名干部竞争8个中层岗位。组织宣传文化系统干部参加理论骨干、新闻发言人、文化经营管理培训。

统战工作

【概况】　2010年，龙湾区委统战部以"聚人心、助发展、促和谐"为主题，继续深化统一战线"助推、关爱、创优"三大行动，突出统一战线"思想、能力、组织"三项建设，进一步推进龙湾统一战线工作的全面开展。出台《关于基层统战组织规范化建设工作方案》，推进基层统战组织规范化建设。完成致公党、农工党、民建和九三学社等4个民主党派组织换届选举工作。

【党外人士参政议政】　2010年，龙湾区委统战部建立健全区民主党派、无党派联系区重点工作制度，开展区政府18个部门特约人员聘任，确定聘任特约人员53人。支持各民主党派、无党派人士开展各种形式的参政议政，在区"两会"期间，各民主党派、无党派各界代表和委员共提交议案提案90余件，得到区委、区政府的高度重视。支持和组织民主党派、无党派围绕全区重点热点工作开展11个课题的社会调查活动。加强《党派建言》刊物建设，全年共出刊10期，其中4期得到区委主要领导批示。

【统一战线关爱民生工程】　2010年，龙湾区委统战部认真落实浙江省委统战部"少数民族低收入群众增收帮扶计划"，做好苍南县桥墩镇下垟、四亩两个少数民族村结对帮扶工作。发动统战成员参与西部贫困山区建设，为贵州省毕节试验区捐款20万元。组织工商联企业家为西藏嘉黎县援助50万元。开展困难统战对象扶贫慰问工作，发放慰问资金10余万元。做好城市少数民族的管理服务，完成3名少数民族考生民族成分的认定。

【宗教界管理】　2010年，龙湾区委统战部以促进稳定和谐为前提，提高民族宗教工作水平。落实宗教场所管理制度，加强对宗教场所的财务、教职人员、宗教活动等日常管理。坚决制止宗教场所自行拆建、扩建现象，严肃查处乱建、滥建行为。推进"和谐寺观教堂"创建，15所参与试点的寺院达标。以世博安保和重大敏感期稳控为重点，做好宗教领域维稳工作。

机关党建工作

【区直机关组织建设】　2010年，龙湾区直属机关工作委员会（简称龙湾区直机关党工委）加强机关党组织领导班子建设，严把机关党组织领导班子人选推荐、审批关，规范党支部换届选举工作，在区文广新局党支部进行公推直选书记、委员试点工作。全年按期换届15个党支部、调整3个党支部书记、新组建1个党支部。开展党务干部培训，举办2010年区直机关党总（支）部组织委员培训班，共66名组织委员参加培训。开展学习型党组织创建，在全体机关党员中开设"微型党课"教育。做好2009年度"星级党支部"的申报评定和机关党建目标管理的考核，开展机关党建理论研究工作。指导机关党建片区活动，促进机关党组织之间的横向交流和相互学习。建立健全党内激励和关怀机制，坚持在重大节日走访慰问老党员和部分生活困难党员。加强党员的发展、教育、管理和监督，严格落实"推优制、公示制、回避制、预审制、票决制、预警制和责任追究制"等制度，切实抓好党员入口关、教育关、考察关、审批关、管理关和出口关等"六关"建设。组织24名入党积极分子参加市直机关工委的培训班，并通过区委组织部考试；派员到北京商会对8位入党积极分子进行考察。开展"两优一先"评选，在所辖57家党支部（党总支）和8家部门机关党支部评选出2009年度先进基层党组织11家、优秀共产党员18名和优秀党务工作者8名。

【区直机关创先争优活动】　2010年，龙湾区直机关党工委以争做"廉洁高效先锋"为目标，开展星级党支部创建、文明机关创建、基层党组织服务品牌创建、学习型党组织创建等创建行动。力争到2012年，区直机关事业单位中创建15个基层党建工作示范点，学习型党组织创建率100%；学习型党组织达标率80%以上，学习型党员达标率80%以上。

【区直机关学习型党组织创建】　2010年，龙湾区直机关党工委按照区委《关于深入开展学习型党组织创建活动的实施意见》要求，在区直机关开展学习型党组织创建。成立区直机关创建学习型党组织工作领导小组，制订工作实施方案和2010年工作计划。联合举办读书月活动主题报告会。组织开展学习型党组织"双百结对、帮学共建"活动，100家区直机关事业单位与农村、企业、社区结对开展赠送书籍，指导建立学习制度、设立图书室等共建学习型党组织活动。开展读书漂流活动，培育两个学习型党组织创建典型单位。开展2009年度学习型党支部、学习型机关创建先进单位的评选，评出学习型机关6家，学习型党支部4个。

【机关党建片区活动】 2010年，龙湾区直机关党工委按照《龙湾区机关党建工作片区制度》，调整了片区单位划分和联系领导、联络员。第一工作片区响应“阳春倡读”为主题的学习型党组织创建活动，开展读书会活动；第二片区召开学习型党组织创建工作交流会，并组织参观天河水利防汛工程；第三片区开展支部工作经验交流会等。为纪念中国共产党成立89周年，组织机关党建第三、第五片区支部书记和委员共36人奔赴乐清中雁荡山开展“军事日”活动。通过片区活动，促进了党支部工作的互动交流。

【区直机关反腐倡廉建设】 2010年，龙湾区直机关党工委加大党风廉政宣传教育力度。在机关党建网等网络平台，开设《廉政教育》栏目，开展“读书思廉”、“电教说廉”、“短信警廉”、“电子宣廉”为主题的廉政文化和作风教育。节假日，给机关中层干部发送廉政警言警句，发送廉政短信3批次，共计1000余人。深入学习贯彻《中国共产党党员领导干部廉洁从政若干准则》，在机关党员干部中开展“学准则、见行动”专项活动。配合区纪委查处机关党员干部违纪案件，共处理党员违纪案3件，处理违纪党员5人。

【区直机关作风建设主题征文活动】 2010年，龙湾区直机关党工委组织开展“转变作风、从心开始”主题大讨论。与区作风办联合开展“转作风、提效能、优环境、促发展”主题征文活动，共征集作品45篇，评出15篇作品并进行表彰。通过主题活动，机关党员队伍作风建设得到全面推进。

【区直机关群团工作】 2010年，龙湾区直机关党工委加强对群团工作领导，充分发挥群团组织作用。与区体育局联合举办龙湾区“盛捷杯”乒乓球友谊赛；与区文广新局联合举办机关卡拉OK大奖赛；与区妇联、区文广新局联合组建机关女子舞蹈队，参加纪念“三八”国际劳动妇女节比赛活动；与区科协联合举办迎“三八”女性日常礼仪知识讲座。“九九”重阳节期间，组织区直机关离退休干部职工参加全区老年人大会，还赠送适合老年人的家用电器。

区委办公室工作

【区委办办文办会工作】 2010年，龙湾区委办公室（简称龙湾区委办）严格按照发文目的和领导要求，做好所有文稿的审核把关，确保自产文件规范标准、送审文稿基本合乎领导意图，确保所经手文稿不出问题，保证行文的严肃性。起草文件管理的“四不发文，五个自行发文”规定，有效遏制文件总量攀升势头。收文按紧急程度和密级实行分类管理，做到不拖、不误，力求快速、准确、高效。会议服务流程进一步规范，坚持会前周密准备，会中周到服务，会后及时总结，确保各类会议有条不紊完成。做好区委全会、区委书记办公会、区委常委会议、区委专题会议等秘书服务工作，规范会议议题征集、方案拟订审批、议题安排协调、会议记录等。全年共组织起草区委和区委办文件230余件，总量较上年下降8%。

【区委办督查工作】 2010年年初，龙湾区委办围绕区委六届七次全会精神和区政府工作目标，分解工作任务，制订《2010年区委、区政府重要工作责任制》，落实责任人和责任单位，并在《今日龙湾》上进行公示，接受监督。实行重点工作月报制，确定工业项目、重点工程项目等15项工作，作为重点工作月报内容进行督查。在此期间，42家未达标的单位作出书面说明，4家单位主要负责人在大会上作检查。创新实行镇（街道）党政主要领导及部分单位主要领导工作周报制。从8月开始，每周汇总75位各单位主要领导的工作情况。抓各类专项督查，先后对后进村整治情况、老年人规范化建设、永中街道新城村废旧不锈钢市场建设、滨海工业园推进工作、生态区推进工作、综治网格化工作、安监人员到位情况、四议两公开、人口普查、固定资产投资百日攻坚、两拆两绿等重点工作进行督查，有效推动了工作进度。

【区委办信息工作】 2010年，龙湾区委办围绕热点、难点问题，积极报送苗头性、倾向性、预测性信息和带有全局性的综合信息，为领导决策提供信息服务。全年上报省委办、市委办信息648条，被录用390余条次，列全市11个县（市、区）报送信息录用排名第1名。编发《龙湾信息》214期，其中《龙湾信息·专报》（包括互联网信息）160期、《龙湾信息·普刊》44期、《龙湾信息·急情专报》10期，共350条信息（约175000字），信息量比上年同期增长1倍以上。

【机要密码工作】 2010年，龙湾区委办坚持机要工作“严、勤、细”标准，严把电报“译、传、办”三关，确保电报办理“保密、快速、准确”。对紧急重要电报办理和重要的领导批示件，按照特事特办原则，严格遵守办报程序，推行接收报告制和科长办理负责制。做好值班工作，在各类紧急突发事件处置过程中，相关人员坚守岗位，恪尽职守，确保密码通信安全畅通。全年没有错送、漏送和压误电报事件发生。

【法治工作】 2010年，龙湾区委办以争创省级法治先进区为目标，全面强化各层级责任，下发《2010年建设“法治龙湾”工作要点》和《各镇（街道）法治建设目标责任考核细则的通知》，明确法治建设工作目标和责任。全年编发《建设“法治龙湾”工作简报》8期；向市委法治办报送信息14条，被采用5条；向省委法治办报送信息2条，被采用1条。

【保密工作】 2010年，龙湾区保密局认真做好《中华人民共和国保密法》宣传与教育。发放《保密法规选编》等保密知识读本7000余册，开展保密知识竞赛，增强全区各级干部的保密法制意识，建立健全《涉密计算机和非涉密计算机保密管理制度》。完成对区委办、区府办的保密检查，并对全区部分单位的涉密计算机进行重点抽查，确保全区涉密文件及涉密计算机安全。全年全区无失密、泄密事故发生。

信访工作

【概况】 2010年，龙湾区信访局受理群众信访总量1152件（人次），比上年增长27.8%。其中：受理群众来信264件，比去年增长46.7%（联名信16件，同比下降33.3%）；受理群众来访232批、888人次，比上年分别增长34.1%、23.2%（集体访74批、758人次，分别增长85%、65.8%）。群众到市上访152批、685人次，比上年分别增长8.6%、2.2%。其中集体访14批、413人次，比上年分别下降30.0%、8.8%。到省上访19批、54人次；去京上访4批、4人次。

【信访积案化解年活动】 2010年，龙湾区继续深化信访积案化解年活动，出台《关于深入开展“信访积案化解年”活动的实施意见》。对省、市联席会议交办的各5件重要信访件和从基层排查梳理出的27件区领导包案及31件镇（部门）领导包案，进行集中发文交办，落实包案领导和具体责任单位、责任人。区信访联席会议多次召开专题会议，听取各级信访积案化解情况和联席会议的工作汇报，包案领导亲自参与案件协调督查。全年省、市交办的重要信访件全部办结，区、镇两级挂牌的58件信访积案，化解35件。

【区党政领导信访接待日制度】 2010年，龙湾区信访局继续坚持区党政领导“信访接待日”制度。全年参加信访接待日的区党政领导共12批20人次，接待群众106批523人次。同时，推进领导干部下访约访，各镇（街道）、区属有关部门至少查摆2～3个复杂疑难信访问题，由单位主要负责人亲自安排下访约访，做到矛盾不上交、信访不上行。

【网上信访】 2010年，龙湾区信访局完善群众“网上信访”平台，确定专人在网上接收、转发和交办，实行归口管理，事权单位直接在网上将处理结果答复信访人。全年办理网上信访件205件（其中上级转送23件、本级登记受理182件），已全部答复。

【信访工作规范化建设】 2010年，龙湾区信访局继续实行信访信息“一周一研判、一月一汇总、一季一分析”制度。做到每周同维稳办互通信息，每月汇总可能越级上访的信访问题向市局汇报，每季度向区委常委会报告近期信访工作分析。规范信访事项办理流程，每一件信访件都由“经办人员—科室负责人—分管领导—局领导”层层把关，凡办理不符合要求的一律退回事权单位重办，确保办理质量。实现信访办理网络信息化，将2010年全部信访件录入全国信访网络。抽查回访信访结果，对有具体处理意见且有待落实的信访件进行回访，以利于信访问题“三级终结”。

【信访处置机制建设】 2010年，龙湾区信访局完善信访工作机制，提高信访处置能力。出台《关于进一步完善信访工作长效机制的意见》，实行“常规排查，一月一报；预警排查，随查随报；应急排查，即查即报；专项排查，专查专报。多次集中开展全区性的重点信访问题大排查，共查找出复杂疑难信访突出问题41件。建立三级预警机制，根据信访事项化解的难易程度、可能造成的后果和影响社会稳定程度，进行ABC三级分类，实行三级预警动态管理。

【信访网络建设】 2010年，龙湾区信访局设立信访积案专项资金，用于帮扶救助诉求无政策依据但生活确有困难的信访户。建立健全“横向到边、纵向到底”的信访工作网络，在全区147个行政村（居）成立村级信访工作领导小组，配齐配强信访工作人员，并纳入“综治网格化”信息平台统一管理。全年完成10个镇（街道）和23个村（居、社区）基层“五个一”试点工作。

老干部工作

【老干部政治待遇】 2010年，龙湾区委老干部局加强对离退休老干部的思想政治工作，全年召开老干部工作例会4次，离退休党支部书记学习会4次。组织老干部学习党的十七届五中全会等会议精神，召开区政府工作情况老干部通报会、全区教育工作老干部通报会、全区组织工作老干部通报会。组织老干部参观考察天河卫生院工程建设工地、东片防洪一期工程（天河段）和天河民用电器基地，开展老干部工作政策业务知识竞赛。11月20日，邀请市委老干部局局

表11： 2010年度与前4年龙湾区信访工作情况数据对比

时间	来信	联名信		到区来访		到区集体访		到市越级访		到市集体访		到省越级访		去京越级访	
		件次	人次	批次	人次	批次	人次	批次	人次	批次	人次	批次	人次	批次	人次
2006年	224	26	3214	126	883	34	702	174	970	30	614	1	5	8	18
2007年	161	23	1433	123	463	35	274	79	334	13	230	2	2	5	12
2008年	276	51	8754	405	1030	64	487	105	501	23	356	9	16	3	10
2009年	180	24	2874	173	721	40	457	140	670	20	453	14	31	2	2
2010年	264	16	1447	232	888	74	758	152	685	14	413	19	54	4	4

长、组织部副部长沈伟为龙湾区老干部作《关于进一步加强新形势下离退休干部工作的意见》辅导。

【老干部生活待遇】　2010年，龙湾区委老干部局为全区离退休干部发放爱心服务联系卡，并作出热情服务、政策答疑、排忧解难、电话畅通、工作满意五项承诺。为龙湾区13位解放战争时期参加工作的离休干部无固定收入配偶办理医药费统筹。探索利用社区资源服务离休干部管理工作，为全区老干部免费安装“一键通”服务电话。做到重大节日必访、家庭困难必访、生病住院必访，为老干部送去节日问候和组织关怀。组织老干部参加健康体检，开展离休干部健康疗养。10月，组织全区副县级以上退休干部赴云南参观疗养。组织老干部参加市戏曲比赛、门球比赛，丰富老干部业余生活。

【离退休党支部建设】　2010年，龙湾区委老干部局在离退休党支部中开展“创先争优”活动，开展以“支部班子好、党员队伍好、组织设置好、活动开展好、群众反映好”为主要内容的创建“五好支部”活动及以“学习活动好、教育后代好、发挥作用好”为主要内容的争做“三好老干部”活动。永中街道离退休党支部、沙城镇离退休党支部获市“五好离退休党支部”称号，老干部朱文松、金可煜获市“三好离退休干部”称号。

【老干部信息工作】　2010年，龙湾区委老干部局认真办好《龙湾老干部工作简报》，及时反映老干部工作动态。全年编辑出刊《龙湾老干部工作简报》11期，其中多条信息被《浙江老干部工作》、《温州老干部工作》、《龙湾信息》等采用，获得2010年全市老干部信息工作先进集体称号。《关于建立龙湾区生活困难离休干部帮扶机制问题研究》调研课题，被评为市老干部系统优秀调研文章。

图14：12月6日，区委书记王祖焕、区委组织部部长阮云富到史志办指导工作。（区史志办供稿）

史志工作

【概况】　2010年，龙湾区史志办以地方史志征编和史志宣传教育为重点，以“资政育人”为根本任务，充分发挥史志部门的职能作用，较好地完成各项工作任务。增设党史科，制定史志办“十二五”期间十大项目。完成政协提案《关于鼓励和支持办好我区谱牒研究基地的提案》答复。开展2010年“慈善一日捐”、向甘肃舟曲灾区“送温暖、献爱心”捐款等活动。12月6日，区委书记王祖焕、区委组织部部长阮云富到史志办指导史志工作。

【浙江省二轮修志创优工程温州片试点工作经验推广会在龙湾召开】　2010年11月8～9日，浙江省二轮修志创优工程温州片试点工作经验推广会在龙湾瑶溪王朝大酒店召开。会议由温州市志办主办、龙湾区委史志办承办。省志办副主任陈野、温州市府办副秘书长赵典霖、区委副书记徐国信及温州市各县（市、区）地方志办公室主任、主编参加会议。龙湾区委副书记徐国信亲临会场并致辞。龙湾区史志办作为温州市唯一的全省二轮修志创优单位，作典型发言。

图15：11月8日，浙江省二轮修志创优工程温州片试点工作经验推广会龙湾会场。（区史志办供稿）

【《龙湾年鉴（2008）》获全国特等奖】　2010年11月15日，《龙湾年鉴》被中国地方志指导小组办公室评为全国地方志系统第二届年鉴县区级地方综合年鉴特等奖（全省仅2家）。《龙湾年鉴》由方志出版社出版，主编陈建敏，全书122万字，图（表）430幅。

【1人获全国先进工作者荣誉】　2010年12月16～18日，全国地方志系统表彰先进会议在北京人民大会堂召开。会上，龙湾区史志办主编、副主任陈建敏被中国地方志指导小组办公室评为全国方志系统先进工作者。

【区委常委会专题研究史志工作】　2010年12月16日，龙湾区委常委会召开。会议学习传达了全国、全省党史工作会议精神，听取史志办关于区史志工作情况的汇报。会议研究了史志办提出的几个问题：一是区委常委会要定期研究史志工作。二是同意区史志办列入党建工作领导小组成员单位。三是由区委办、区府办负责通知区史志办人员参加全区性会议及重大工作事项。四是区史志办增加科室和人员编制问题由区编办研究落实。五是在厉行节约的基础上，区财政局要切实保障区史志办工作所需经费。

【《龙湾区志》编纂】 2010年，《龙湾区志》进入攻坚阶段，《龙湾区志》编辑部对于一些比较敏感的志稿内容（如政治卷、人物传、人物简介、人物名录），基本上都先在《龙湾史志》季刊上刊登，听取社会各阶层意见、建议，成熟后再入编《龙湾区志》志稿。至2010年12月底，《龙湾区志》已完成总纂稿64卷、320万字。力争2011年年初完成志书初稿，交由区委、区政府组织区内外领导、专家初审。

【《龙湾年鉴（2010）》编纂】 2010年，龙湾区史志办对《龙湾年鉴（2010）》框架结架进行较大的调整和创新，使框架结架编排更加科学、合理。《龙湾年鉴（2010）》内容涉及镇（街道）、区属单位、各行业协会、市属部门等170个单位。12月，《龙湾年鉴（2010）》由方志出版社出版，主编陈建敏，全书设38个类目、348个分目、1334个条目、280幅图表，119.70万字。该书全面记载了2009年龙湾区在政治、经济、文化、社会等各个领域发生的重大事件。

【《龙湾史志》期刊编纂】 2010年，龙湾区史志办以龙湾区创建国家历史文化名城为契机，进一步挖掘龙湾地域历史文化，做好《龙湾史志》季刊编辑。通过调整栏目设置，进一步开发地方史志资源，达到资政育人之目的。全年《龙湾史志》期刊每季出版一期，每期1000册、约10万字。已出版的《龙湾史志》期刊，深受省、市党史与地方志部门领导与同行、史志爱好者的好评。

【《中共龙湾区组织史资料（第五卷）》编纂】 2010年，龙湾区史志办认真做好《中共龙湾区组织史资料（第五卷）》编纂工作，对征集资料进行严格审核、仔细编辑，征编工作稳步推进。至12月，完成《中共龙湾区组织史资料（第五卷）》中150个单位初稿。

【《龙湾区2010年大事纪要》编纂】 2010年，龙湾区史志办按照大事纪要的征编要求，落实专人，密切关注区情动态，与镇（街道）、区属有关单位保持密切配合，坚持做到每天搜集整理资料，每月形成送审稿，征求有关领导和部门意见，并在《今日龙湾》报和《龙湾史志》期刊上选登。12月底，已完成《龙湾区2010年大事纪要》初稿1.6万字。

【专业（街道）志指导】 2010年，龙湾区史志办认真指导各镇(街道)、各单位编纂专业志、镇（街道）志。至12月底，《龙湾区人大志》、《龙湾区永中街道志》已经出版发行；《龙湾区农业志》已定稿。

【区历史学会工作指导】 2010年，龙湾区史志办认真引导区历史学会挖掘、研究龙湾乡土文化。学会全年出版《龙湾史谭》期刊2期；在永中坦头设立村志编纂室，编纂《坦头记》；在沙城庄桥建立村史展览室；在海城街道成立“海城分会”；在状元镇成立“区历史学会状元研究会”，并出版《状元发现》；召开陈宜中座谈会。7月，学会申报的《谱牒收藏及姓氏文化研究》课题，被列为区科技局重点软课题。

【国家历史文化名城创建活动】 2010年，龙湾区史志办积极参与龙湾区创建国家历史文化名城工作。承担大罗山龙湾区域名人文化的挖掘与研究，参与王瓒书院纪念馆建设、天河谱牒收藏馆建设、沙城温州孔庙纪念馆建设、宁村“汤和信俗展览馆”建设、白水公园与姜家坦文化会所建设，努力打造“三大文化品牌”。召开历史文化名城创建专题会议，研究承办或参与的项目，并做好项目分工，责任落实到人。

【史志工作交流】 2010年，龙湾区史志办运用走出去、请进来方式，加强史志工作交流。3月9日，陈建敏赴杭州参加浙江省年鉴工作交流会，作题为《编鉴在于用鉴》发言。全年多人先后参加《浙江方志》创刊25周年座谈会、全省二轮修志试点县（市、区）年度工作座谈会、浙江省二轮修志创优工程业务研讨会。接待衢州市地方志办、海盐县史志办、瓯海区地方志办、鄞州区委党史办公室、东阳市史志办、慈溪市地方志办、义乌市党史研究室、武义县地方志办等单位50余人，开展业务交流活动。

精神文明建设工作

【公民思想道德建设】 2010年，龙湾区精神文明建设委员会办公室（简称龙湾区文明办）围绕城市公共文明指数测评要求，以社会主义核心价值体系为基准，以“四德教育”为主要内容，以“做一个有道德的人”为主要载体，深

图16：9月21日，龙湾区纪念第八个全国“公民道德宣传日”暨“共度中秋佳节 共建和谐家园”广场文艺演出举行。（项绍雄/摄）

入开展丰富多彩、形式多样的主题宣教和实践活动。组织开展了第八个“公民道德宣传日”，“礼让文化与公民道德”主题征文，“迎世博、迎亚运、讲文明、树新风”，“文明健康、低碳生活”等系列活动。为配合省级文明城区创建，开展“我与文明同行”主题活动。4～9月期间，每个月安排一个主题活动。在河泥荡文化公园举行“文明集结号”志愿者行动暨“我与文明同行”主题活动启动仪式。联合市交警三大队举办以“改变习惯、珍爱生命”为主题的“交通文明大篷车”活动，联合区工商分局举办“八八”诚信日宣教活动，承办“企业的繁荣与道德教育”龙湾报告会和“温州市第二届道德模范基层巡讲”龙湾报告会，扎实推进公民思想道德建设。

图17：11月2日，龙湾区和谐文化乡村行举行出征仪式。（区文明办供稿）

【未成年人思想道德建设】 2010年，龙湾区文明办深入实施“春泥计划”，拓展“春泥计划”覆盖面，扩大到43个实施村。联合区教育局在海滨街道蓝田村举办龙湾区实施“春泥计划”村校结对活动启动仪式，聘请所在学区的教师或有一技之长的热心人士担任“兼职辅导员”，使“春泥计划”工作真正有人抓、有人管、有人做。加强未成年人健康成长社会文化环境净化和优化工作，联合有关部门开展“校园周边环境整治”、“黑网吧专项治理”等专项行动，督查落实好未成年人思想道德建设“十件实事”，切实为未成年人健康成长做好事、办实事。发挥志愿者、关工委“五老”人员作用，开展巡查活动和新闻媒体监督，加强和改进龙湾区未成年人思想道德建设。

【“六城联创”活动】 2010年10月9日，龙湾区六城联创动员大会召开，近千人参加动员大会。成立“六城联创”活动领导小组，制订《关于深入开展“六城联创”活动的实施意见》、《关于成立“六城联创”活动领导小组等机构的通知》。区委主要领导亲率有关部门深入基层开展历史文化名城、园林绿化等工作调研。区“六城联创”活动领导小组办公室每半个月召开一次主任会议，通过察看现场、汇报会等形式对创建工作进行督促，解决落实了一些具体问题。

【省级文明城区创建】 2010年，龙湾区委、区政府把创建省级文明城区任务，作为全区2010年的中心工作来抓。先后召开文化大区暨文明城区创建工作会议，“四大整治”推进会，创建活动专项指导组会议，区文明委全会暨区创建文明城市领导小组成员会议，对省级文明城区创建工作进行全面的动员和部署。通过“公共文明提升行动”、“城区环境提升行动”、“测评指标提升行动”、“基层文明提升行动”和“创建特色培育行动”，进一步夯实文明城区创建基础。

【城区环境整治】 2010年，龙湾区文明办督促落实2009年市容环境整治项目进度和工程质量，组织做好工程扫尾、验收和决算。确定永中街道双岙村，海城街道石坦村、屿门村、东城村，瑶溪镇河滨村，灵昆镇王相村等公园建设和状元镇龙腾社区整治为2010年市容环境整治项目。开展永昌路和31条文明街路整治，做好77省道白楼下段、海滨街道福海路、永兴街道纪兴路、海滨宁村道路、沙城镇龙珠路整治，每月进行量化考核并及时公布结果。加强对全区135条道路的保洁力度及背街小巷、“城中村”和“城郊结合部”卫生保洁的监管考核力度。做好“96150”交办单的督促和落实，全年完成80余件交办单。

【群众性精神文明创建】 2010年，龙湾区文明办在10个镇（街道）开展区第二届和谐文化乡村（社区）行活动。通过“才艺展示”、“文体竞技”、“展板宣传”等形式，宣传和展示“六城联创”、文明城区创建、学习型党组织创建等内容，活动历时1个月，累计参与群众2万人。指导永中街道罗东锦苑社区创建成为市级学习型党组织创建示范点，深化“周末文明创建日”、“双百结对、共建文明”活动。做好天河镇省级文明镇、沙城镇市级文明镇加星（二星级晋三星级）、灵昆镇市一星级文明镇、蒲州街道市级文明街道、灵昆镇沙塘村市级文明村等创建指导工作。指导区供电分局等4家省级文明单位创建和区财政局11家省级文明单位复评。组织第十四批区级文明单位、第六批区级文明村和第四批区级文明服务示范点的申报创建。

龙湾区人民代表大会

综　述

2010年，龙湾区人大及其常委会全面推广街道议政工作经验，拓宽人民群众的知情权、参与权和监督权。建立公民列席旁听人代会；人大代表、大学生村干部、执法检查组和视察组成员列席常委会制度。全年人大代表参加常委会开展的执法检查、视察和调研活动260余人次，66名区人大代表、30名大学生村干部列席常委会会议。依法任免地方国家机关工作人员93人次，其中任命64人，免职29人，接受辞职1人，罢免1人。

图18：1月20～22日，龙湾区第六届人民代表大会举行第四次会议。　（区史志办供稿）

区人民代表大会及其常务委员会会议

【区第六届人民代表大会第四次会议】　区第六届人民代表大会第四次会议于2010年1月20～22日在龙湾区文化中心举行，出席代表210名，列席187名。大会分别举行3次全体会议、3次主席团会议、1次计划与财政预算审查委员会会议。会议听取和审查、批准区长陈玲玲关于龙湾区人民政府工作报告。会议听取和审查区发展和改革局局长潘小林关于龙湾区2009年国民经济和社会发展计划执行情况与2010年国民经济和社会发展计划草案的报告、区财政局局长张良飞关于龙湾区2009年财政预算执行情况及2010年财政预算草案的报告，批准龙湾区2009年国民经济和社会发展计划执行情况的报告及2010年国民经济和社会发展计划、龙湾区2009年财政预算执行情况的报告和2010年财政预算。会议听取和审查区人大常委会副主任殷国兴关于龙湾区人大常委会工作报告、区人民法院院长林跃关于龙湾区人民法院工作报告、区人民检察院检察长陈士民关于龙湾区人民检察院工作报告。会议收到代表10人以上联名提出的议案13件，其中行政管理方面的1件，经济发展方面的5件，交通方面的2件，城市管理方面的1件，水利方面的2件，劳动就业方面的1件，流动人口管理方面的1件。收到代表提出的建议、批评和意见120件。

【区第六届人民代表大会第五次会议】　区第六届人民代表大会第五次会议于2011年1月22～25日在龙湾区文化中心举行，出席代表203名，列席199名。大会分别举行4次全体会议、5次主席团会议、1次计划与财政预算审查委员会会议。会议听取和审查、批准代区长王军关于龙湾区人民政府工作报告。会议审查、批准龙湾区国民经济和社会发展第十二个五年规划纲要、关于龙湾区2010年国民经济和社会发展计划执行情况与2011年国民经济和社会发展计划草案的报告、关于龙湾区2010年财政预算执行情况及2011年财政预算草案的报告。会议听取和审查区人大常委会副主任殷国兴关于龙湾区人大常委会工作报告、区人民法院院长林跃关于龙湾区人民法院工作报告、区人民检察院检察长陈士民关于龙湾区人民检察院工作报告。会议补选陈玲玲为龙湾区第六届人大常务委员会主任，补选薛克风为龙湾区第六届人大常务委员会副主任；补选王军为龙湾区人民政府区长。会议收到代表10人以上联名提出的议案10件，其中司法类1件，水利类2件，财政经济类5件，城建环保类2件，教科文卫民侨类1件，其他1件。收到代表提出的建议、批评和意见96件。

【区第六届人大常委会第二十二次会议】 区第六届人大常委会第二十二次会议于2010年2月11日在区行政管理中心大楼10楼1号会议室举行。会议听取温州市人民检察院反渎职侵权局关于区六届人民代表大会代表诸松华涉嫌滥用职权罪和受贿罪的案件介绍。经审议，会议表决作出许可对区第六届人民代表大会代表诸松华采取强制措施的决定。

【区第六届人大常委会第二十三次会议】 区第六届人大常委会第二十三次会议于2010年3月31日在区行政管理中心大楼3楼人大常委会会议室举行。会议听取副区长黄阳栩关于永兴农业示范园区保护与建设情况的报告和区人大常委会财经工委主任郑国富关于永兴农业示范园区保护与建设调查情况的汇报；听取副区长方志方关于体育工作情况的报告和区人大常委会教科文卫民侨工委主任吴临安关于体育工作调查情况的汇报；听取区人大常委会法工委副主任苏鹭平关于加强外来流动人口管理议案调查情况的汇报；听取区人大常委会财经工委主任郑国富关于加快建设环山公路议案调查情况的汇报；听取区人大常委会城建与环保工委主任董纯心关于整治“四小车”，加强城市管理议案调查情况的汇报。会议审议上述报告，要求区人大常委会有关工委按照监督法的要求和常委会议事规则规定，及时整理各位组成人员及列席人员对相关报告提出的审议意见，提请主任会议讨论通过，交有关单位研究处理。会议通过有关人事任免。决定任命林崇国为龙湾区发展和改革局局长，任命陈和斌为龙湾区建设局局长，免去潘小林的龙湾区发展和改革局局长职务，免去林崇国的龙湾区建设局局长职务；任命丁加新为龙湾区人民法院审判监督庭副庭长，免去徐顺省的龙湾区人民法院副院长、审判委员会委员职务，免去潘小平的龙湾区人民法院民事审判第二庭庭长职务，免去张立尧的龙湾区人民法院审判员职务，免去涂中伟、项昭然的龙湾区人民法院人民陪审员职务；任命季长伟为龙湾区人民检察院检察员。

【区第六届人大常委会第二十四次会议】 区第六届人大常委会第二十四次会议于2010年5月26日在区行政管理中心大楼3楼人大常委会会议室举行。会议听取区人民法院院长林跃关于行政审判工作情况的报告和区人大常委会法工委主任朱为民关于区人民法院行政审判工作的调查报告；听取副区长周慧关于龙湾区第三产业发展情况的报告和区人大常委会财经工委主任郑国富关于龙湾区第三产业发展情况的视察报告；听取李国胜、张福龙、仇杨坪3位市人大代表的述职报告。会议认真审议上述报告，要求常委会有关工委按照监督法的要求和常委会议事规则规定，及时整理各位常委会组成人员及列席人员对相关报告提出的审议意见，提请主任会议讨论通过，交有关单位研究处理。会议通过有关人事任免。免去应增荣的龙湾区人大常委会办公室副主任职务；任命孙晓瑜、王建英、杨剑光为龙湾区人大常委会海滨街道工作委员会委员，免去项显宇、陈跃、王美芬的龙湾区人大常委会海滨街道工作委员会委员职务；免去潘小平的龙湾区人民法院审判委员会委员职务，任命王军启、罗剑英、袁明福、陈锋、王魁胜、陈继秀、夏立品、方东望、黄小叶、项秉进、黄林锋、高明士、苏彩远、洪叶、张小英、朱建勇、朱明锡、孙俊巧、章妙妙、林密、张玲燕、姜蓉曼、徐芳、孙枢、林莉、邵建和、张彩媚、张惠俏为龙湾区人民法院人民陪审员；免去张夜尽的龙湾区人民检察院检察员职务。

【区第六届人大常委会第二十五次会议】 区第六届人大常委会第二十五次会议于2010年7月27日在区行政管理中心大楼3楼人大常委会会议室举行。会议听取常务副区长王爱光关于加强外来流动人口管理议案与整治“四小车”，加强城市管理议案处理情况的报告；听取副区长张光羽关于加快建设环山公路议案处理情况的报告；听取区人大常委会法工委主任朱为民关于加强外来流动人口管理议案审议意见的调查报告；听取区人大常委会城建与环保工委主任董纯心关于整治“四小车”，加强城市管理议案审议意见的调查报告；听取区人大常委会财经工委主任郑国富关于加快建设环山公路议案审议意见的调查报告。会议认真审议上述报告，并对区政府落实3个议案审议意见情况进行满意度测评。加强外来流动人口管理议案研究处理情况，获满意18票、基本满意6票、不满意0票；整治“四小车”加强城市管理议案研究处理情况，获满意票16票、基本满意4票、不满意3票、弃权1票；加快建设环山公路议案研究处理情况，获满意19票、基本满意5票、不满意0票。会议听取和审议区财政局局长张良飞、区审计局局长潘源源受区政府委托分别所作的关于龙湾区2009年度地方财政决算的报告、龙湾区2009年度区级财政预算执行及其他财政收支情况的审计工作报告，听取区人大常委会财经工委主任郑国富关于龙湾区2009年度区级财政决算的审查报告。经审议，会议表决通过关于批准龙湾区2009年度地方财政决算的决议。会议听取和审议区发改局局长林崇国、区财政局局长张良飞受区政府委托分别所作的关于2010年上半年国民经济和社会发展计划及财政预算执行情况的报告、关于2010年上半年财政预算执行情况的报告。会议听取和审议区环保局局长潘旭宏关于环保局工作情况的报告和区人大常委会环保工委主任董纯心关于区环保局工作情况的调查报告。会议对环保局工作情况进行满意度测评，满意20票、基本满意4票、不满意0票。会议听取和审议区政府办公室主任李道钮关于区六届人大四次会议代表建议办理情况的报告。会议表决通过有关人事任免。任命王长耀、朱少眉为龙湾区人大常委会蒲州街道工作委员会委员，免去石崇侠、李领华的龙湾区人大常委会蒲州街道工作委员会委员职务；任命张敏为龙湾区人民法院副院长，免去黄跃锋的龙湾区人民法院审判委员会委员、永强人民法庭庭长职务；免去周春联的龙湾区人民检察院检察员职务。

【区第六届人大常委会第二十六次会议】 区第六届人大常委会第二十六次会议于2010年9月28日在区行政管理中心大楼3楼人大常委会会议室举行。会议听取副区长王忠立关于贯彻实施《中华人民共和国妇女权益保障法》情况的报告和区人大常委会法工委主任朱为民关于《中华人民共和国妇女权益保障法》执法检查情况的报告；听取民科基地副指挥吴南友关于温州民营经济科技产业基地（龙湾）开发建设情况的报告和区人大常委会财经工委主任郑国富关于温州民营经济科技产业基地（龙湾）开发建设情况的调查报告；听取副区长王忠立关于重点工程建设情况的报告和区人大常委会城建与环保工委主任董纯心关于重点工程建设情况的调查报告。会议认真审议上述报告，要求常委会有关工委按照监督法的要求和常委会议事规则规定，及时整理各位组成人员及列席人员对相关报告提出的审议意见，提请主任会议讨论通过，交有关单位研究处理。会议听取区人大常委会副主任殷国兴代为宣读吴庆亮要求辞去区六届人大常委会副主任职务和区六届人大代表职务的报告，通报温纪〔2010〕39号《关于罢免吴庆亮温州市第十一届人大代表职务的通知》文件要求和温州市人大常委会有关意见。会议对常委会主任会议提出的《关于提请罢免吴庆亮温州市第十一届人民代表大会代表职务的议案》和吴庆亮辞职请求进行审议和表决。会议决定，依法罢免吴庆亮的温州市第十一届人民代表大会代表职务；接受吴庆亮辞去龙湾区第六届人大常委会副主任职务的请求；接受吴庆亮辞去龙湾区第六届人民代表大会代表职务的请求。

【区第六届人大常委会第二十七次会议】 区第六届人大常委会第二十七次会议于2010年11月17日在区行政管理中心大楼3楼人大常委会会议室举行。会议听取副区长张光羽关于贯彻实施《中华人民共和国食品安全法》情况的报告和区人大常委会教科文卫民侨工委主任吴临安关于检查《中华人民共和国食品安全法》实施情况的报告；听取常务副区长王忠立关于贯彻实施《浙江省温瑞塘河保护管理条例》情况的报告和区人大常委会城建与环保工委主任董纯心关于检查《浙江省温瑞塘河保护管理条例》实施情况的报告。会议认真审议上述报告，要求常委会有关工委按照监督法的要求和常委会议事规则规定，及时整理各位组成人员及列席人员对相关报告提出的审议意见，提请主任会议讨论通过，交有关单位研究处理。会议听取和审议区安监局局长黄剑锋关于安监局工作情况的报告和区人大常委会财经工委主任郑国富关于区安监局工作情况的调查报告。会议对安监局工作情况进行了满意度测评，满意22票、基本满意1票、不满意0票。会议审议并表决通过关于调整区六届人大常委会代表资格审查委员会组成人员的议案。会议表决通过有关人事任免议案。决定任命伊柏峰为龙湾区人民政府副区长，免去王爱光、黄阳栩的龙湾区人民政府副区长职务；任命林丹艳为龙湾区人大常委会法制工作委员会副主任，任命林晓微为龙湾区人大常委会城乡建设与环境保护工作委员会委员；任命方晗为龙湾区人民检察院副检察长、检察委员会委员；任命方宏斌为龙湾区人民法院刑事审判庭庭长，任命李以后为龙湾区人民法院民事审判第一庭庭长，任命徐品烈为龙湾区人民法院民事审判第二庭庭长，任命程建为温州市龙湾区人民法院审判监督庭庭长，任命周建华为龙湾区人民法院执行一庭庭长，任命孟东为龙湾区人民法院永强人民法庭副庭长，任命夏晓明为龙湾区人民法院民事审判第二庭副庭长，任命徐洁人为龙湾区人民法院审判监督庭副庭长，任命余星、黄晓艳为龙湾区人民法院刑事审判庭副庭长，任命丁虹、金丛、陈庆云为龙湾区人民法院民事审判第一庭副庭长，任命陈衍、苏志光、涂圣杰、潘若愚、郑国友为龙湾区人民法院审判员，免去王美蓉的龙湾区人民法院刑事审判庭庭长职务，免去方宏斌的龙湾区人民法院审判监督庭庭长职务，免去潘小静的龙湾区人民法院民事审判第一庭副庭长职务，免去徐品烈的龙湾区人民法院立案庭副庭长职务，免去程建、周建华的龙湾区人民法院刑事审判庭副庭长职务，免去孟东的龙湾区人民法院行政审判庭副庭长职务，免去夏晓明的龙湾区人民法院审判监督庭副庭长职务，免去徐洁人的龙湾区人民法院民事审判第二庭副庭长职务，免去潘伦的龙湾区人民法院执行一庭副庭长、审判员职务。

【区第六届人大常委会第二十八次会议】 区第六届人大常委会第二十八次会议于2010年12月30日在区行政管理中心大楼3楼人大常委会会议室举行。会议听取和审议区发改局局长林崇国受区政府委托所作的关于龙湾区"十一五"规划纲要实施和"十二五"规划纲要编制情况的报告。听取和审议通过区人大常委会工作报告，并审议通过区六届人大五次会议有关事项。会议审议通过关于表彰2010年度全区人大工作各项先进的决定。会议表决通过有关人事任免议案。决定任命叶挺、张作旺、张晓慧、夏理淼为龙湾区人民检察院检察员，免去金永嘉的龙湾区人民检察院检察员职务；表决作出许可对区第六届人民代表大会代表纪孟光、范锦涛采取强制措施的决定。

人大监督工作

【法制监督】 2010年，龙湾区人大常委会开展法院行政审判工作监督，组织全区人大代表旁听区人民法院行政诉讼案件的公开庭审，听取区人民法院行政审判工作情况介绍；针对区人民法院行政审判案件发回重审和改判率较高等问题，提出审议意见。开展妇女权益保障法执法检查，提出完善维权机制、提高妇女素质等建议意见，以切实维护妇女的合法权益。开展"五五"普法验收，到海城街道、天河镇、区民政局、团区委等单位进行走访、检查，重点检查组织领导和机构建设情况，检查领导干部、公务员、青少年、企业经营管理人员、流动人口、村民等六类重点普法对象学法用法情况，进一步推动龙湾区法制宣传教育工作。按照规范性文件的备案审查规定，对区政府上报的27件规范性文件进行备案审查。

【财经监督】 2010年，龙湾区人大常委会做好2009年财政预算执行及2010年财政预算草案的初审工作。在区人民代表大会或人大常委会召开前，通过召集财经工委委员展开专题调查，共同研究讨论政府提交的财政预算（草案）报告或财政支出分配与使用的合理（合规）性与可行性，在广泛征求人大代表意见的基础上，就2009年财政预算执行及2010年财政预算安排等形成审议调查报告。对龙湾区2009年度财政决算和“同级审”情况进行初步审查，多次到区财政局、审计局调研沟通，出具审查报告和审议意见。对永兴农业示范园等园区的建设和保护情况进行了视察。针对永兴农业示范园区存在的基础设施建设步伐缓慢、农业产业化水平低等问题，提出进一步加大财政支农投入力度，为园区发展明确导向的建议。针对龙湾区第三产业发展，规划滞后、规模偏小、合力缺乏、人才制约等问题，提出视察意见。针对2010年民科基地建设过程中存在的建设资金难筹措、建设进度缓慢等问题，建议区政府要充分发挥民科基地建设领导小组的协调作用，切实加快基础设施建设步伐。

【城建环保监督】 2010年，龙湾区人大常委会对区环保局工作进行评议，有效地帮助区环保局梳理工作思路，改进服务态度。对《浙江省温瑞塘河保护管理条例》贯彻落实情况开展执法检查，向区政府提出加快编制塘河整治与保护规划、着力解决影响塘河污染因素、注重管理长效机制建设的建议意见。开展对区重点工程建设情况的视察，先后视察东片防洪工程一期、龙湾围垦（天城围垦、海滨围垦、龙湾二期围垦）、飞云江三桥接线龙湾段工程、塘永公路永梅段改建工程等6个工程，并就全区的重点工程建设情况召开座谈会，听取相关单位汇报，建议区政府要统筹协调、形成工作合力，确保重点工程建设的顺利完成。

图19：11月25日，区人大代表视察重点工程建设工地。（区人大办公室供稿）

【教科文卫民侨监督】 2010年，龙湾区人大常委会围绕群众关心的热点、难点问题，开展监督。开展对体育工作的视察，听取和审议区政府关于全区体育工作情况报告，提出进一步落实各级政府依法兴体、加大体育经费投入、加快公共体育设施建设、抓好体育队伍培养等审议意见。区政府就审议意见，召开专门的体育工作会议进行部署。体育工作首次被列入全区年度工作目标责任制，为实现全区体育事业的新发展提供有力的政策保障。开展《中华人民共和国食品安全法》实施情况检查，提出要加强食品检验检测、改善优化食品安全环境、建立食品安全社会监督体系等审议意见。开展对侨务、对台工作情况调研，并就基层侨联建设、因病致贫的侨属（台属）待遇、侨属（台属）捐赠钱物的使用收藏、《台湾同胞投资保护法》执法力度等问题，在全市人大工作交流会上向市人大领导作汇报，建议督促市政府推动有关问题的解决。配合参加省、市人大常委会在龙湾开展的医药卫生体制改革、职业教育、人口与计划生育、民族宗教、文化产业情况的调研和相关法律法规的执法检查。

人大代表工作

【代表活动】 2010年，龙湾区人大常委会实行区人大常委会组成人员联系代表制度。在常委会审议相关议题时，邀请代表列席并注重听取意见。组织代表开展视察调研活动20余次。组织代表参加对“一府两院”的监督，全年组织20余名代表列席旁听区人民法院开庭审理案件。开展代表走访选民活动和代表向选民述职活动，要求区人大代表深入选区，广泛听取选民意见，了解群众关心的热点、难点问题，为人代会收集建议议案，做好调查摸底工作。组织市人大代表向区人大常委会述职，接受选举单位监督。组织省人大温州中心组第二小组代表赴舟山开展海洋经济视察调研。全年组织市人大龙湾中心组代表参加视察或意见征求会、座谈会、评议会等活动10余次。组织代表培训，提高代表履职能力，分别在洞头、文成举办两期培训班，培训100余人次。加强联系、推进镇（街道）人大工作，全年共指导各镇、街道召开主席团、人大工委会议和代表活动30次，指导召开镇人代会6次。

【议案调研】 2010年，龙湾区人大常委会就王炳隆等代表提出的《关于加强外来流动人口管理的议案》，开展调研活动。走访区公安分局、人口和计划生育局等部门，分别召开镇、街道综治办和区相关行业协会负责人座谈会，还专程到台州市黄岩区和嘉兴市秀洲区进行考察。提出要按照“公平对待、合理引导、完善管理、搞好服务”原则，加快建立属地化管理、市民化服务、信息化支撑、法制化保障的服务管理体系，并形成审议意见交由区政府办理。7月27日，对该议案办理的满意度进行表决，以18票满意、6票基本满意获得通过。对永中和状元代表团提出的《整治“四小车”加强城市管理议案》开展调研，建议区政府从认识、机制、整治和塑造氛围等方面着手，切实加强城市管理工作。

【代表议案建议办理】 2010年，龙湾区人大常委会从群众利益出发，依法做好代表议案的审议和建议的交办督办。坚持每个代表团“提精提准1～2件议案”原则，汇集代表团议案13件。将4件代表议案合并为3件列入区人大常委会审议议程，其余9件转为重点建议，交由区政府副区长分别牵头办理。召开建议集中交办会，将138件建议落实到各单位办理。各承办单位落实专人梳理议案、建议，许多单位的一把手亲自出面进行沟通，研究办理措施。对有些承办单位反映较难办理而代表难以理解的议案建议，也尽量组织人员赴现场调研并加以协调。全部议案、建议在规定时间内办理完毕。

常委会日常工作

【街道议政会】 2010年，龙湾区人大常委会全面推广海滨街道议政工作经验，永兴、蒲州、海城、永中街道议政会相继成立。对议政会成员提出的159件建议，全部进行交办，许多实际问题已得到解决。

【人大信访工作】 2010年，龙湾区人大常委会重视群众来信来访工作。全年受理人民群众来信80件，接待来访110余人（次），做到事事有回音，件件有结果。

【人大监督机制建设】 2010年，龙湾区人大常委会进一步增强人大监督实效，完善监督议题确定、组织调研、常委会审议、监督信息公开等工作机制。在监督议题确定环节，广泛征求意见，把区委工作的重点、政府工作的难点和群众关注的热点作为人大监督的重点。在组织调研环节，做到提前了解情况，科学安排调研方案，多形式开展调研，及时整合调研意见，使调研报告更加客观、翔实。在审议环节，改变过去集中审议、常委会直接通过审议意见的做法，采取分组审议、联组发言、主任会议讨论通过审议意见的形式，建立“三审”机制。同时加大人大监督信息公开力度，在人大网站、人大公报、《今日龙湾》报刊上刊登审议情况，使人大监督情况、“一府两院”工作和执法情况置于社会舆论的监督之中。

【人大机关建设】 2010年，龙湾区人大常委会开展学习型机关建设，重视人大理论研讨工作，鼓励和引导机关干部撰写理论文章，在机关形成勤于学习、善于思考、肯于钻研的良好风气。组织参与温州市第六届人大理论研讨活动，获组织奖，论文二等奖两篇、三等奖一篇。做好区人大志编纂和出版，加强同友好县（市、区）人大的联系，组织参加全国十县（区)人大常委会联席会议。

图20：10月19日，区人大常委会开展对区安监局的评议工作。

（区人大办公室供稿）

龙湾区人民政府

综　述

2010年，龙湾区人民政府坚持以科学发展观为指导，团结带领全区广大干部群众，开拓进取、克难攻坚、扎实工作，使全区经济社会继续保持平稳发展态势。

经济平稳较快增长。一是经济运行态势良好。全年实现地区生产总值233.33亿元，按可比价计算，比上年增长9.0%；全社会工业总产值658.70亿元，比上年增长18.3%；财政总收入26.69亿元，比上年增长6.2%，其中地方财政收入11.50亿元，比上年增长6.6%；外贸进出口总额14.38亿美元，比上年增长16.0%；社会消费品零售总额实现63.78亿元，比上年增长18.6%。二是传统产业加快转型。永兴南园和滨海工业园市政工程建设加快，永兴南园9宗地块完成招拍挂，6个省、市重点工业项目加快建设。编制传统支柱行业转型升级行动计划，成功组建阀门科技集团。加大科技创新力度，科技创新大楼完成地块出让，新获国家科技型中小企业创新基金项目7项，全年认定高新技术企业13家、省级研发中心3家。出台内外龙湾人互动发展若干政策，筛选出一批重大产业对接项目，签约4个，合同投资额35.72亿元。至12月底，全区实现工业性投资27.36亿元，比上年增长5.4%。100个项目取得实质性进展，其中开工7个、竣工44个、投产49个。海城、天河等工业基地基本建成，温州工业园区整合提升有序推进。特色精品农业、休闲观光农业加快发展。三是现代服务业发展提速。开工建设温州五金装饰市场，推进空港经济区、总部经济园、温州金属现代物流中心建设前期工作，建设总部大楼、中心区A地块精品居住区等商业房地产项目完成土地出让，现代物流、房地产开发等行业快速发展。

表12：　2010年龙湾区国民经济和社会发展主要目标完成情况

指标名称	单　位	2010年计划数	2010年完成数	同比增长
一、生产总值	亿元	227	233.33	9.0%
二、全社会工业总产值	亿元	629.02	658.70	18.3%
三、财政总收入	亿元	26.64	26.69	6.2%
其中：地方财政收入	亿元	11.44	11.50	6.6%
四、全社会固定资产投资	亿元	73.83	76.95	16.8%
五、社会消费品零售总额	亿元	61.17	63.78	18.6%
六、外贸出口总额	亿美元	8.78	11.03	39.9%
七、城镇居民人均可支配收入	元	26009	27255	11.1%
八、农民人均纯收入	元	14690	15294	12.0%
九、人口自然增长率		<7‰	<12.97‰	
十、城镇登记失业率		<4%	<2%	
十一、单位地区生产总值（GDP）能耗		下降4.6%	下降3.8%	
十二、二氧化硫（SO_2）排放总量		下降2%	下降2.6%	
十三、化学需氧量（COD）		下降1.5%	下降5.3%	

城市建设步伐加快。一是积极扩大有效投资。全年实现固定资产投资76.95亿元，比上年增长16.8%。同时，抓紧启动“双十工程”建设，为2011年固定资产投资做好准备。二是着力完善基础配套。完成土地利用规划布局方案和5个片区控制性详规编制。完成省、市重点工程投资11.19亿元，区级重点工程完成投资19.82亿元。77省道延伸线龙湾段开工建设，塘永公路永梅段道路整治、飞云江三桥龙湾段接线、江滨路龙湾段、曹龙大道、围垦路等道路工程加快建设。东片防洪一期工程扎实推进，灵昆堤塘北段和沿海防护林工程建成投用，基层防汛体系进一步健全。东片污水管网工程基本建成，全年新增截污管108公里，纳管到户1.2万户。基本建成110千伏南洋变、西台变，完成新农村电气化改造村50个。三是全力加速中心崛起。完成招投标49项，成功出让7宗地块，开工建设项目12个，续建项目14个。龙祥路北段、核心区E地块区间道路等工程竣工，瑶溪南片道路网一期工程开工建设。文化水街2、3区主体结顶，公检法大楼、实验中学等公建项目建设扎实推进，区外国语小学、图书馆（党校、老年大学）、市民活动中心等项目开工建设。中心区D08住宅小区、温州银行大楼、万康财富广场、龙城华府等一批商居项目加快建设。安置房建设有序推

进，棋盘村安置房竣工验收，下湾村东郭一期安置房交付使用。

人居环境得到改善。一是深入开展“四大战役”。启动4个“城中村”改造，永中东林村旧村改建进度加快，完成17个省级待整治村、18个市级待整治村和1个全面小康农村新社区建设任务。启动建设瑶溪钟秀园等6个综合性公园和50个村级小游园，落地绿化地块168公顷，完成绿化造林40.40公顷。温州工业园区通过省级开发区环境整治验收，蓝田电镀基地确定招租、入园方案，海城电镀基地加快建设，合成革固废处置中心二期工程投入运行。全力打好节能减排攻坚战，做好节能降耗企业有序用电工作。140台4吨以上燃煤锅炉完成脱硫改造，实现“十一五”节能减排工作目标。开展国家历史文化名城创建，成功举办永昌堡建堡450周年纪念和首届温州·龙湾明代文化研讨会，永昌堡修复工作扎实推进，历史文化街区和非物质文化遗产保护开发力度加大。二是不断深化“四大整治”。全年疏浚河道72万立方米，完成上庄屿田河生态修复工程，启动建设石坦河整治二期工程，塘河整治顺利通过省“811”考核验收。新建成3座垃圾中转站、11座生态公厕，31条文明街路整治有序推进，拆除违法建筑50万平方米。新开调整公交线路5条，新增停车泊位1200个，在灵昆镇成立市区首个乡镇交通管理工作站。三是持续推进生态建设。灵昆、瑶溪通过省级生态镇复评，瑶溪朱宅村生态文化公园建成投用，沙城庄桥等10个村生态文明建设试点工作顺利开展，生态区建设步伐加快。

社会事业不断发展。一是认真办好惠民实事。一批事关民众切身利益的现实问题得到有效解决，为民办实事长效机制进一步健全。二是协调发展社会事业。始终把教育摆在优先发展地位，全年教育投入占到财政支出的40%。完成义务教育学校教师绩效工资改革，全面落实义务教育阶段“两免一补”政策。全区新建校舍面积4万平方米，现代化学校创建工作扎实开展。全面实施国家基本药物制度，共有27.10万人参加新型农村合作医疗保险，参保率100%。区疾控中心和永中、天河卫生院等工程进展顺利，重点传染病防控、食品安全监管和职业病防治等工作有效开展。创成1个省体育强镇，群众性体育活动蓬勃开展。计划生育优质服务进一步深化，在全市率先基本实现计生服务站标准化建设全覆盖。三是全面加强社会保障。全面推进城乡居民社会养老保险，实现被征地农民基本生活保障即征即保，工伤保险基本达到全覆盖，医疗、生育保险超额完成年度任务。瓯海大道、中心区、永昌堡等工程拆迁安置房建设加快推进。启动60岁以上老年人基础养老金发放工作，建成区康宁残疾人小康·阳光庇护中心。

平安建设持续加强。深化“信访积案化解年”活动，实现全国“两会”等重大社会敏感期间“零进京、零入沪、零非访”工作目标。成立区流动人口服务管理局，外来人口服务与管理工作得到加强。开展安全生产隐患大排查，推进66家隐患单位挂牌整治，实现各类安全事故数、死亡人数（受伤人数）和直接经济损失明显下降。组建全市首支县级综合应急救援大队，实现镇级消防安全管理工作站全覆盖。推进应急管理体系建设，组建区直属应急救援队伍19支，建成避灾场所49处，区避灾工程电子示意图作为典型示范经验在全省推广。强化食品药品质量安全监管，创成省级食品安全示范区。

区政府常务会议

【区政府第十三次常务会议】 区政府第十三次常务会议于2010年3月18日在区行政管理中心大楼17楼区政府常务会议室召开。区长陈玲玲主持会议，副区长王爱光、王忠立、卢剑平、方志方、黄阳栩、张光羽、周慧，区政府党组成员、区府办主任李道钮，区政府党组成员、龙湾城市中心区开发建设指挥部党组书记潘小林参加会议。会议讨论研究并原则通过《温州工业园区环境整治2010实施计划》、《关于增强科技自主创新能力促进创新型城区建设的若干规定》、《关于内外龙湾人互动发展的意见》、《区委、区政府2010年重要工作责任制》、《2010年龙湾区重点工作月报》、《龙湾区人民政府政务督查工作规则》。会议讨论研究人口与计划生育有关政策。会议原则同意《龙湾区村（居）计划生育工作黄牌警告制度》、《龙湾区社会抚养费征收使用补充规定》、《龙湾区村（居）计划生育服务员管理办法》和“龙湾区农村计生家庭社会养老保险政策”。区人大常委会副主任胡志升、区政协副主席陈栋、区人民武装部政委王勇应邀出席会议。孙方忠、林宝夏、陈思崇、项华琛、邵建乐、蔡文年、张韩杰、李修懂、夏崇镐、陈品富、朱进国、郭建超、张良飞、林崇国、胡学崇、李谊、林坪、张秀珠、潘旭宏、王云师、陈贵、陈林彬等列席会议。副区长赵飞因公缺席。

【区政府第十四次常务会议】 区政府第十四次常务会议于2010年5月27日在区行政管理中心大楼17楼区政府常务会议室召开。区长陈玲玲主持会议，副区长王爱光、王忠立、卢剑平、方志方、张光羽、周慧、赵飞，区政府党组成员、区府办主任李道钮，区政府党组成员、龙湾城市中心区开发建设指挥部党组书记潘小林参加会议。会议讨论研究并原则通过《龙湾区地质灾害防治规划》、《龙湾城市中心区人民防空规划》、《龙湾区农村环境保护（环境整治）规划》、《关于构建行政权力阳光运行机制的实施意见》、《龙湾区部门小额工程建设项目管理暂行办法》、《关于进一步加强殡葬管理工作的意见》。会议研究通过扶残助残爱心城区创建有关事宜。区人大常委会副主任章方松、区政协副主席陈栋、区人民武装部政委王勇应邀出席会议。林新林、孙方忠、林宝夏、张韩杰、林崇国、郭建超、张岳礼、张良飞、陈和斌、沈爱巧、胡学崇、潘旭宏、陈纪兴、郑凯、孙民等列席会议。副区长黄阳栩因公缺席。

【区政府第十五次常务会议】 区政府第十五次常务会议于2010年6月13日在

区行政管理中心大楼17楼区政府常务会议室召开。区长陈玲玲主持会议，副区长王爱光、王忠立、卢剑平、方志方、黄阳栩、张光羽、周慧、赵飞，区政府党组成员、区府办主任李道钮，区政府党组成员、区城市中心区开发建设指挥部常务副指挥潘小林参加会议。会议讨论研究龙湾区土地利用总体规划修编工作，原则通过《龙湾区土地利用总体规划》，要求区国土部门根据会议意见修改完善后，提交区委常委会讨论研究。会议讨论研究《天成围垦政策处理实施细则》，原则通过该《实施细则》，要求民科基地龙湾指挥部会同区政府法制办等有关单位对文本作修改完善后，提交区委常委会讨论研究。会议讨论研究《龙湾区蓝田电镀基地入园方案》和《龙湾区蓝田电镀基地招租方案》，原则通过两个方案。会议明确，电镀基地租金标准确定为一、二楼单元租金8元/（月·平方米），三、四楼单元租金7元/（月·平方米）。区人大常委会副主任陈文斌、区政协副主席胡郑梅、民科基地（龙湾）开发建设指挥部副指挥吴南友应邀出席会议。孙方忠、范长安、林宝夏、蔡文年、林崇国、汪德雄、郭建超、张良飞、周德新、王国建、潘源源、潘旭宏、王身康、吴振弟、李向帆、廖银霜、姜祥林、林强、郑凯、程建春、孙民、王小云、张纯道等列席会议。

【区政府第十六次常务会议】 区政府第十六次常务会议于2010年8月31日在区行政管理中心大楼17楼区政府常务会议室召开。区长陈玲玲主持会议，副区长王忠立、卢剑平、方志方、张光羽、周慧、赵飞，区政府党组成员、区府办主任李道钮参加会议。会议讨论研究并原则通过《龙湾区关于进一步加快学前教育改革与发展的实施意见》。会议同意对区教育局通报嘉奖一次，并参照文明机关创建奖励标准，给予区教育局机关干部职工每人一个月基本工资额度的奖励。同时，分别奖励龙湾中学、温州市第十五中学、永强中学20万元、10万元、10万元。以上奖励资金从教育基金中列支。会议讨论研究审计有关工作。会议讨论研究《龙湾区第一人民医院出入通道工程建设方案》，原则同意采用第二方案，即在医院东北首盲河中填埋矿渣建设医院紧急专用通道，两旁预埋直径为2米的通水管道，上建绿化带美化环境。会议要求工程概算按照实际财务发生数，区财政给予补助50%的工程建设费用。会议讨论研究并原则通过《龙湾区传统支柱行业转型升级行动计划（2010～2015年）》。会议听取龙湾区国民经济和社会发展"十二五"规划编制工作汇报。区人大常委会副主任陈文斌、区政协副主席胡郑梅、区人民武装部政委王勇应邀出席会议。范长安、陈思崇、项华琛、蔡文年、张韩杰、林崇国、吴向兵、陈建森、朱进国、郭建超、张良飞、金林、金龙山、陈方波、潘源源、张崇海、郑凯、林姜歆、叶庆权等列席会议。副区长王爱光、黄阳栩因公缺席。

【区政府第十七次常务会议】 区政府第十七次常务会议于2010年10月20日在区行政管理中心大楼17楼区政府常务会议室召开。区长陈玲玲主持会议，副区长王忠立、方志方、张光羽、周慧、赵飞，区政府党组成员、区府办主任李道钮，区政府党组成员、区城市中心区开发建设指挥部常务副指挥潘小林参加会议。会议讨论研究并原则通过《龙湾总部经济园招商引资暂行规定》、《关于加快总部经济园开发建设的若干意见（试行）》、《龙湾区小额工程项目建设运作流程规定》、《龙湾区工程建设项目违规行为责任追究细则》、《龙湾区企业信用信息管理办法》。会议听取区发改局关于区"十二五"重点项目和2011年启动项目安排有关情况汇报。区人大常委会副主任陈文斌、区政协副主席陈栋应邀出席会议。林宝夏、蔡文年、张韩杰、林崇国、陈志楠、李修懂、吴向兵、陈品富、郭建超、张良飞、陈和斌、章崇巧、高皓达、金国珍、潘向捷、陈汉杰、郑凯、程建春、马晓波等列席会议。副区长王爱光、卢剑平、黄阳栩因公缺席。

【区政府第十八次常务会议】 区政府第十八次常务会议于2010年11月23日在区行政管理中心大楼17楼区政府常务会议室召开。区长陈玲玲主持会议，副区长王忠立、张光羽、卢剑平、方志方、伊柏峰、周慧、赵飞，区政府党组成员、区府办主任李道钮，区政府党组成员、区城市中心区开发建设指挥部常务副指挥潘小林参加会议。会议讨论研究温州金属大厦项目。会议明确，对于城市中心区D04地块土地评估价和政府优惠价之间6000万元的差额问题，通过企业上缴税收财政分成提前奖励的方式予以解决；该项目土地中标者需与区人民政府签订项目管理协议。会议要求，在土地招拍挂摘牌之前，竞投者和其股东单位必须完成2010年2700万元的税收指标。会议讨论研究并原则通过《龙湾区国民经济和社会发展第十二个五年规划纲要》，要求区发改局根据会议意见修改完善后，提交区委常委会讨论研究。会议讨论研究区规范性文件清理工作，要求区法制办进一步梳理后，报区政府发文公布实施。区人大常委会副主任蒋炳发、区政协副主席林春霞、区人民武装部政委王勇应邀出席会议。孙方忠、范长安、林宝夏、陈思崇、项华琛、蔡文年、张韩杰、林崇国、徐建平、陈志楠、李修懂、汪德雄、王胜耀、陈建森、戴静、郭建超、张良飞、金林、陈和斌、周德新、胡学崇、叶自力、陈方波、潘旭宏、潘国武、潘乐仲、金国珍、潘向捷、陈汉杰、郑凯、程建春等列席会议。

【区政府第十九次常务会议】 区政府第十九次常务会议于2010年12月16日在区行政管理中心大楼17楼区政府常务会议室召开。区长陈玲玲主持会议，副区长王忠立、张光羽、卢剑平、方志方、伊柏峰、周慧、赵飞，区政府党组成员、区府办主任李道钮，区政府党组成员、区城市中心区开发建设指挥部常务副指挥潘小林参加会议。会议讨论研究并原则通过《2010年度功勋企业、优秀企业、功勋企业家、优秀企业家和纳税50强评选办法》、《龙湾区节能降耗财政专项资金管理办法》、《龙湾区区长质量奖评审管理办法》、《龙湾区森林城市创建绿化造林项目资金管理办法（试行）》、《区政府工作报告（讨论稿）》。会议讨论研究空港经济区规划委托设计有关事宜，原则同意将该项目的概念性规划和控制性详规直接委托中国城市规划设计研究院进行设计。区人大常委会副主任陈文斌、区政协副主席陈栋应邀出席会议。范长安、吴天峰、项华琛、蔡文年、林崇国、李修懂、汪德雄、吴向兵、夏崇镐、王学朝、朱进国、郭建超 、张良飞、陈和斌、周德新、潘源源、张秀珠、潘旭宏、王仁勇、王身康、金国珍、潘向捷、林姜歆等列席会议。

区长办公会议

【第一次区长办公会议】　第一次区长办公会议于2010年1月5日在区行政管理中心大楼11楼1号会议室召开。区长陈玲玲主持会议，副区长王爱光、王忠立、卢剑平、方志方、黄阳栩、张光羽、周慧、赵飞，区府办主任李道钮参加会议。会议讨论研究永中街道东林村旧村改建政策处理费包干使用问题，原则同意对东林村旧村改建补偿安置实施细则之外的政策处理等费用实施包干。会议讨论研究瑶溪南片道路网等安居工程配套设施建设问题。会议明确，瑶溪南片道路网工程建设要本着通盘考虑，梯度推进的原则组织实施，工程所需资金先从区城市中心区建设平衡资金中列支，按进度予以拨付。孙方忠、范长安、林宝夏、陈思崇、吴天峰、项华琛、蔡文年、潘小林、汪德雄、张良飞、陈和斌、张崇海、潘乐仲、胡晓钢、叶庆权、陈林彬等列席会议。

【第二次区长办公会议】　第二次区长办公会议于2010年1月22日在区行政管理中心大楼11楼1号会议室召开。区长陈玲玲主持会议，副区长王爱光、王忠立、卢剑平、方志方、黄阳栩、张光羽、周慧，区府办主任李道钮参加会议。会议讨论研究华商小额贷款股份有限公司增资扩股及设立龙湾区第二家小额贷款公司有关事宜。原则同意华商小额贷款股份有限公司增资扩股和组建龙湾第二家小额贷款公司方案。会议讨论研究并原则通过《龙湾区关于进一步规范机关公务员津贴补贴实施方案》，方案于2010年1月1日开始实施，离退休人员、军转干部津补贴实施时间参照市政府相关规定。会议讨论研究温州工业园区整合提升方案及H04、K05地块招拍挂有关事宜，原则通过该提升方案和地块招拍挂指导价建议。明确H04地块（净地）指导价为937.5万元/公顷（62.5万元/亩），K05地块指导价为555万元/公顷（37万元/亩）。会议讨论研究完善龙湾城市中心区D08地块规划条件有关事宜。孙方忠、林宝夏、王永明、陈思崇、项华琛、孙士岳、赖立位、潘小林、张韩杰、李寿春、郭建超、张良飞、金林、潘源源、陶祝波、潘建华、朱国平、童凌志、郑凯、程建春等列席会议。副区长赵飞因公缺席。

【第三次区长办公会议】　第三次区长办公会议于2010年2月2日在区行政管理中心大楼11楼1号会议室召开。区长陈玲玲主持会议，副区长王爱光、方志方、黄阳栩、周慧、赵飞，区府办主任李道钮参加会议。会议讨论研究全区经济工作暨内外龙湾人互动发展大会有关事宜，原则通过各先进表彰事项。会议讨论研究龙湾二期围涂工程建设有关事宜。孙方忠、范长安、林宝夏、王永明、陈思崇、吴天峰、项华琛、蔡文年、潘小林、吴向兵、郭建超、张良飞、王爵清、吴一禾、黄建芳、廖银霜、程建春等列席会议。副区长王忠立、卢剑平、张光羽因公缺席。

【第四次区长办公会议】　第四次区长办公会议于2010年3月8日在区行政管理中心大楼11楼1号会议室召开。区长陈玲玲主持会议，副区长王忠立、卢剑平、方志方、黄阳栩、张光羽、周慧、赵飞，区府办主任李道钮参加会议。会议讨论研究并原则通过2009年度区人大代表建议、政协提案办理工作先进单位和先进个人名单。会议讨论研究区科技奖励大会有关表彰奖励事宜。孙方忠、范长安、林宝夏、陈思崇、吴天峰、蔡文年、张韩杰、张福康、周兆明、吴向兵、朱进国、张良飞、林坪等列席会议。副区长王爱光因公缺席。

【第五次区长办公会议】　第五次区长办公会议于2010年3月22日在区行政管理中心大楼11楼1号会议室召开。区长陈玲玲主持会议，副区长王爱光、王忠立、卢剑平、方志方、黄阳栩、张光羽，周慧、赵飞，区府办主任李道钮参加会议。会议讨论研究社保基金垫付的机关事业单位退休人员三项补贴发放途径变更问题。会议明确，从2010年4月起，机关事业单位退休人员地方岗位补贴、调整规范工作人员生活补贴和分享目标考核奖不再由社保基金垫付，此前已经垫付的资金由区财政逐年充实到社保基金。在事业单位绩效工资制度出台前，三项补贴资金按各单位原渠道落实，鉴于事业单位绩效工资制度改革正在进行，过渡期间，暂由区财政垫付。孙方忠、林宝夏、陈思崇、吴天峰、项华琛、蔡文年、张韩杰、张良飞、马克朋、王进良等列席会议。

【第六次区长办公会议】　第六次区长办公会议于2010年5月4日在区行政管理中心大楼11楼1号会议室召开。区长陈玲玲主持会议，副区长王爱光、王忠立、方志方、黄阳栩、张光羽、周慧、赵飞，区府办主任李道钮参加会议。会议讨论研究温州市农产品物流中心建设有关事宜。孙方忠、范长安、林宝夏、陈思崇、项华琛、吴天峰、蔡文年、林崇国、陈志楠、章新华、郑凯、程建春、范朝阳、程庆进等列席会议。副区长卢剑平因公缺席。

【第七次区长办公会议】　第七次区长办公会议于2010年5月24日在区行政管理中心大楼11楼1号会议室召开。区长陈玲玲主持会议，副区长王爱光、王忠立、卢剑平、方志方、张光羽、周慧，区府办主任李道钮参加会议。会议讨论研究人口普查与户口整顿工作。孙方忠、陈思崇、吴天峰、项华琛、张韩杰、张良飞、林坪、叶雯文、李谊、杨乃亢等列席会议。副区长黄阳栩、赵飞因公缺席。

【第八次区长办公会议】 第八次区长办公会议于2010年6月24日在区行政管理中心大楼11楼1号会议室召开。区长陈玲玲主持会议，副区长王爱光、王忠立、方志方、黄阳栩、张光羽、周慧、赵飞，区府办主任李道钮参加会议。会议讨论研究并原则通过《龙湾区海洋开发实施规划（2009～2020年）》。会议讨论研究并原则通过《龙湾区现代农业功能区规划》、《龙湾区城乡环境卫生考核办法》、《龙湾区2010年度鼓励开放型经济发展若干扶持措施》。会议听取龙湾工商分局有关工作情况汇报，原则同意区工商部门关于对张婷婷等三人非法出借资金案按《无照经营查处取缔办法》相关规定进行处理的意见。林新林、叶晓琴、孙方忠、陈思崇、吴天峰、蔡文年、林崇国、夏崇镐、周德新、陈少华、胡学崇、黄建芳、陈秋萍、潘旭宏、王敏、陶祝波、孔令敏、朱志清、高皓达、陈汉杰、郑凯、黄顺杰等列席会议。

【第九次区长办公会议】 第九次区长办公会议于2010年6月28日在区行政管理中心大楼11楼1号会议室召开。区长陈玲玲主持会议，副区长王爱光、王忠立、方志方、黄阳栩、张光羽、周慧、赵飞，区府办主任李道钮参加会议。会议讨论研究组建龙湾区振华小额贷款股份有限公司相关事宜，原则同意《龙湾区振华小额贷款股份有限公司（筹）组建申报方案》。会议要求区金融办对该方案作进一步修改完善后，按照法定程序，抓紧上报审批。会议讨论研究东片污水管网建设相关问题。孙方忠、范长安、林宝夏、陈思崇、吴天峰、项华琛、蔡文年、张韩杰、王献雷、林崇国、张良飞、张崇海、潘国武、陈汉杰等列席了会议。副区长卢剑平因公缺席。

【第十次区长办公会议】 第十次区长办公会议于2010年8月16日在区行政管理中心大楼11楼1号会议室召开。区长陈玲玲主持会议，副区长王爱光、王忠立、卢剑平、张光羽、周慧、赵飞，区府办主任李道钮参加会议。会议讨论研究并原则通过《龙湾区村级公益事业建设一事一议财政奖补实施办法（暂行）》。会议讨论研究并原则同意《温州市龙湾区2010年节能降耗预警调控方案》、《温州市龙湾区2010年污染减排应急预案》。林新林、林崇国、吴向兵、张良飞、沈爱巧、林坪、张秀珠、王建敏、潘旭宏、李健、王建华等列席会议。副区长方志方、黄阳栩因公缺席。

【第十一次区长办公会议】 第十一次区长办公会议于2010年9月15日在区行政管理中心大楼11楼1号会议室召开。区长陈玲玲主持会议，副区长王忠立、卢剑平、方志方、张光羽、赵飞，区府办主任李道钮参加会议。会议讨论研究并原则通过《龙湾区土地利用总体规划（2006～2020年）》、《龙湾区关于全面推进基层农业公共服务体系建设的实施意见》、《关于进一步加强安全生产工作的实施意见》。会议讨论研究有关人事问题。会议同意：依据《中华人民共和国公务员法》和《行政机关公务员处分条例》有关规定，对因犯滥用职权罪和受贿罪的区公安分局民警张骥予以行政开除处分；依据《浙江省人口与计划生育条例》有关规定，对违法生育第二胎的区第一人民医院职工张爱玉予以处理。范长安、林宝夏、陈思崇、吴天峰、蔡文年、张韩杰、郑祥迪、潘文汉、朱卫国、郭建超、张良飞、金林、周德新、朱进龙、丁乐燕、冯丹、黄剑峰、孙民、林姜歆、周国伟等列席会议。副区长王爱光、黄阳栩、周慧因公缺席。

【第十二次区长办公会议】 第十二次区长办公会议于2010年11月15日在区行政管理中心大楼11楼1号会议室召开。区长陈玲玲主持会议，副区长王忠立、张光羽、卢剑平、伊柏峰、周慧、赵飞，区府办主任李道钮参加会议。会议讨论研究龙湾中心区中心绿轴地下室设计招投标方案及今冬明春拟出让地块事宜，原则同意城市中心区D09地块列入今冬明春土地出让计划。会议讨论研究公园绿地建设工作。会议要求区财政预拨2500万元用于区级综合型公园启动工作，同时预拨每个镇（街道）60万元用于村级小游园启动工作；村级小游园建设补助标准按区补60%、镇（街道）补40%进行，具体以审定的造价为准。会议讨论研究年内需报征土地项目有关事宜。会议讨论研究并原则通过《龙湾区关于流动人口居住证申领工作的暂行规定》。孙方忠、范长安、林宝夏、陈思崇、吴天峰、蔡文年、林崇国、郭建超、张良飞、潘源源、张志福、程海彬、周德望、高皓达、潘小林、叶辉、郑凯、程建春、范朝阳、朱大志、王小云等列席会议。副区长方志方因公缺席。

【第十三次区长办公会议】 第十三次区长办公会议于2010年12月6日在区行政管理中心大楼11楼1号会议室召开。区长陈玲玲主持会议，副区长王忠立、张光羽、卢剑平、方志方、伊柏峰、周慧、赵飞，民科基地（龙湾）开发建设指挥部副指挥吴南友，区府办主任李道钮参加会议。会议讨论研究设立龙湾区第三家小额贷款公司及开展农村资金互助联合会试点工作的有关事宜。会议原则同意浙江恒庆置业有限公司作为主发起人参与组建龙湾华侨小额贷款股份有限公司。会议讨论研究龙湾区城乡一体化试点镇（街道）工作有关事宜，原则同意将永中街道列为市级城乡一体化试点街道。孙方忠、范长安、林宝夏、陈思崇、吴天峰、蔡文年、张韩杰、朱德旭、郑祥迪、赖立位、苏本云、张良飞、陈汉杰等列席会议。

【第十四次区长办公会议】 第十四次区长办公会议于2010年12月22日在区行政管理中心大楼11楼1号会议室召开。区长陈玲玲主持会议，副区长王忠立、张光羽、卢剑平、方志方、周慧、赵飞，区府办主任李道钮参加会议。会议讨论研究设立龙湾区第四家小额贷款公司有关事宜，原则同意浙江格林兰印染有限公司作为主发起人参与组建龙湾信裕小额贷款股份有限公司。会议讨论研究并原则通过《龙湾区优化政府投资基本建设项目审批流程实施暂行办法》、《龙湾区优化社会投资基本建设项目审批流程实施暂行办法》、《龙湾区2010年国民经济和社会发展计划执行情况及2011年国民经济和社会发展计划草案的报告》、《龙湾区2010年财政预算执行情况和2011年财政预算草案的报告》。会议讨论研究2011年十大民生工程。会议讨论研究土地整理中心有关事宜，明确新成立的区土地整理中心确定为区政府办公室下属全额拨款事业单位，并委托区国土资源分局管理。孙方忠、范长安、林宝夏、陈思崇、吴天峰、项华琛、蔡文年、张韩杰、朱德旭、林崇国、李修懂、吴向兵、陈建森、朱进国、郭建超、张良飞、金林、陈和斌、陈少华、胡学崇、陈方波、张秀珠、潘旭宏、沈永国、陶祝波、张志福、陈凌云、王身康、李显淼、张崇海、朱进龙、郑文伟、陈良友、程建春、胡光德等列席会议。副区长伊柏峰因公缺席。

为民办实事项目

【社会保障类】 2010年，龙湾区全面启动城乡居民社会养老保险工作，确保年满60周岁且符合享受条件的城乡居民基础养老金发放到位。全年年满60周岁基础养老金发放33628人，共计2548.43万元。4月1日起，医疗保险最高支付限额调整为平均工资的6倍；医疗保险费用的报销比例调整到60%。

【住房保障类】 2010年，龙湾区扩大廉租住房保障范围，新增廉租住房保障对象8户，廉租补贴发放63180元。加快拆迁安置房建设进度，全年实现安置房新开工13.18万平方米，竣工6.54万平方米；已认购395户、交钥匙480户。

【留地开发类】 2010年，龙湾区加快村级二三产返回用地开发建设进度，壮大村级集体经济，有效盘活土地存量资源。全区已开发二产98.08公顷，三产20.78公顷；进入开发二产36.36公顷，三产57.63公顷；已进入前期审批二产42.90公顷，三产50.61公顷。

【社会事务类】 2010年，龙湾区深入实施新农村新校园工程，5所农村薄弱学校改造已完成并通过验收，2所市一级社区学校和2所市合格社区学校通过评估验收。1个服务中心和5个服务站已完成创建并通过验收；农村合作医疗筹资标准为220元，报销比例提高了5.1个百分点；完成农民健康体检103551人，体检率38.2%。实施全民健身工程，15个省级小康体育村、4个省级村体育俱乐部和8个市级村体育俱乐部已创建完毕；22个市级健身苑点、10个区级健身苑点、2个灯光篮球场、8个篮球场“亮灯工程”已全面完工。启动建设区残疾人服务中心，区政府研究决定待区人民检察院新办公楼竣工投用后，将原办公场所调剂给残联作为综合服务大楼。

【公共安全类】 2010年，龙湾区推进视频监控系统建设。全区新增200个视频监控点作为校园视频监控系统，已全部安装完毕。

【生态环保类】 2010年，龙湾区加快环保设施建设。灵昆上岩头村污水工程已开工，周宅村处于招投标阶段；确定状元镇响动岩——甘岙村太阳能路灯进入政府采购程序；瑶溪镇朱宅村、沙城镇庄桥村生态文化公园环保设施已完成安装，食品机械工业园区生态文化公园环保设施进入政府采购程序。基本完成东片排污管网工程建设。完成截污管95公里，检查井5158座，沉井7座；入户纳管12060户；驳坎5052米，道路修复39408平方米，绿化12632平方米。

【交通秩序类】 2010年，龙湾区努力缓解停车难、行车难问题，停车泊位施划1200个。完善公交规划布局，整合公共交通资源，健全城区公交体系。完成新增公交线路3条、调整2条，完成市级公路安全隐患点整治4处（钢质护栏3公里）。完成农村公路港湾式停靠站建设12个，完成客运车辆更新55辆共计投入1580万元。

【新农村建设类】 2010年，龙湾区完成市级整治合格村22个，已整治村生活污水治理4个，市级“全面小康农村新社区”1个，连片村庄整治1个。推进新农村电气化改造，完成线路改造15个村、表计改造19个村。完成创建星光老年之家32家；43个农村社区服务中心开工建设，其中37个已建成。

【市政建设类】 2010年，龙湾区开展龙飞路西段、耐宝路、永中路等九条道路景观整治。主车道重新铺装、疏通雨水管道的前期立项工作已启动。开展瓯海大道重要地段沿线环境整治，治理沿线两侧“脏、乱、差”现象。新建及提升改造垃圾中转站已全部完成；11座公厕已完工，4座进场施工；清理垃圾死角808处，清运垃圾16611吨。

【水利工程类】 2010年，龙湾区继续实施“万里清水河道建设计划”。全年完成河道治理36.22公里，清淤60余万立方米。

建议提案办理

【概况】 2010年，龙湾区政府及承办单位办理区人大代表建议件138件、区政协委员提案157件。代表委员所提的问题已经解决或基本解决的“A”类66件，占总数的22.4%；正在解决或已纳入规划逐步解决的“B”类187件，占总数的63.4%；暂时不能解决或权限不在区里，需要向代表说明情况的“C、D”类42件，占总件数的14.2%。

【建议提案办理程序】 2010年3月19日，龙湾区政府会同区人大、区政协召开全区建议提案交办会议。要求各承办单位采取切实有效措施，提高办理工作质量。交办会后，区府办专门编制建议提案承办表，确保每件建议提案有人抓、有人管。在建议提案办理过程中，承办单位一把手直接参与办理，对办理工作作出具体安排。

【建议提案办理督查】 2010年，龙湾区政府坚持把建议提案办理工作与作风建设年活动相结合，下发《政务督查通知书》、《督查通报》和不定期电话督办等方式，加大督促力度，使办理工作紧张有序推进。区经贸（交通）局、区水利局、区三产办、市交警三大队等单位在完成阶段性承办工作后，邀请代表委员召开面商会，加强沟通交流，提升建议提案办理实效。

区长专线

【概况】 2010年，龙湾区政府共受理群众反映问题1085件，其中：龙湾区长专线服务中心受理758件，市长热线交办327件。根据受理问题的实际情况和类别，区长热线及时将反映问题进行交办和督办。其中：督办280件，占受理总数的25%；交办720件，占受理总数的66%；即时答复咨询、建议类来电85件，占受理总数的8%。

经济体制改革

【城乡统筹综合改革】 2010年，龙湾区发展与改革局积极参与城乡统筹改革，开展对有关镇、街道产业结构、人口集聚、教育卫生、农村事业等现状的调研。研究"三分三改"、农房集聚改造和城乡统筹综合改革部分政策文件制订，对永中农房集聚改造试点开展论证和调研，为下一步工作的开展打好基础。

【政策性农村住房保险】 2010年，龙湾区进一步细化各有关单位的政策性农村住房保险职责分工，承保理赔业务网络延伸到全区147个行政村，承保手续办理速度加快。全年全区收取政策性农村住房保费109万元，参保率100%，在全市率先实现全覆盖。

【医疗体制改革】 2010年，龙湾区发展与改革局全面参与龙湾区医药卫生体制改革实施意见及相关配套文件的制订和意见征求工作，出台龙湾区深化医疗卫生体制改革实施意见。公办社区卫生服务中心和实行人财物一体化管理的社区卫生服务站全部配备使用基本药物，并实行零差率销售。门诊人均费用同期减少23.07%，住院次均费用同比下降9.70%。新型农村合作医疗参保率100%。

行政审批管理

【概况】 2010年，龙湾区行政审批管理办公室（审批中心）（简称龙湾区审管办）受理审批事项63197件，办结63082件；部分镇（街道）便民服务中心受理2925件，办结2735件。受理的审批事项中，有即办件29179件，占收件总数的46.2%；承诺件32481件、联办件256件、上报件407件、补办件883件，提前办结的有32702件，提前办结率为96.1%。组织联合踏勘37次，对149个申请立项项目进行踏勘和调查；组织联合会审54次，对134个项目进行会审。收到"一事一评"民意征询表14879张，其中反映好和较好的有14858张，群众满意率99.9%。

【审批职能整合】 2010年，龙湾区审批职能归并改革任务完成，建立健全规范高效的行政审批运行机制。1月，举行行政审批部门进驻仪式，全区37家部门职能全部得到整合，审批科与业务骨干按规定成建制进驻审批中心；通过"撤一建一、并一建一"方式，全区职能科室从118个减到37个。各部门明确审批科长、审批员、核准员及事项的办件类型和办件流程，并明确由一个领导分管，一个科室审批，建立了批管分离体制。由于场地限制，分设公安、人事、农林3家分中心，部门办事大厅（窗口）有5家纳入审管办监管。

【审批流程优化】 2010年，龙湾区审管办组织力量对全区涉及流程再造的单位37家、481项审批事项进行审查。通过合并审批环节、提前介入、取消与限制部分前置、推行联合审批、创新审批方式等，龙湾区政府投资项目审批环节由29个简化为17个，审批时间由原来的96个工作日压缩至27个工作日；社会投资项目审批环节由19个简化为10个，审批时间由原来的96个工作日压缩至26个工作日，审批环节与时间均优于市本级。进审批中心办理的事项法定平均时限21.04个工作日，实际平均承诺时限9.79个工作日，实际平均办理时间只有3.29个工作日，比承诺时限提速66.3%。

【建设项目审批无偿代办】 2010年，龙湾区审管办根据区委"推行投资项目审批代办制，在区行政审批中心设立代办机构"的要求，全面开展行政审批无偿代办服务。从全区重点工程、民生工程项目中筛选出代办项目，从有关单位及下派的农村工作指导员中抽调首批代办员，提供行政审批无偿代办服务。全年为民科基地9个项目提供全程无偿跟踪代办服务。

【镇（街道）便民服务中心建设】 2010年，龙湾区审管办抓好镇（街道）便民服务中心规范化提升，推进行政审批服务工作网络建设。做好灵昆镇等相关镇（街道）便民服务中心指导工作，将永中街道便民服务中心作为清理规范服务事项试点单位，梳理审批事项，压缩办理时限。组织镇（街道）便民服务中心窗口负责人赴永嘉县乌牛镇、枫林镇便民服务中心参观学习，提高镇（街道）便民服务中心的工作水平。联合区作风办对便民服务中心运行情况进行督查，要求便民服务中心及时纠正走形式、走过场、摆花架子的现象。

【省级示范行政审批服务中心创建】 2010年，龙湾区审管办深入创建省级示范行政审批服务中心活动。成立创建领导小组，形成中心领导亲自抓，区行政审批管理办公室各科室和区行政审批服务中心各窗口共同抓的工作机制。通过组织领导、政务公开、事项办理、大厅和窗口建设等项目创建，进一步提高中心的服务态度、服务质量、内部管理。开展群众满意办事窗口（办事大厅）和先进个人的评议，促进窗口（办事大厅）办事效率和服务质量的进一步提高。

【审批中心党建工作】 2010年，龙湾区审管办组织党员干部走访慰问村民，了解结对村审批项目办理流程中遇到的问题和困难，并给予相应的指导和帮助。各窗口以设立共产党员先锋岗为契机，主动出台便民利民措施，破解审批难。民政窗口将无婚姻证明等审批事项由承诺件转为即办件；工商窗口实行首席代表等级制；公安窗口提出“出入有境、服务无境”理念；住建窗口发挥党员先锋岗与妇女半边天作用；审管办党支部组织人员与发改局一起设立现场咨询服务活动。

国内经济合作

【国内招商引资】 2010年2月21日，龙湾区召开全区经济工作会议暨内外龙湾人互动发展会议，把选商引资工作列入区委、区政府重要工作内容，全区14个责任部门每月通报、季度汇报招商工作。全年实际到位内资5.93亿元，完成市下达年度任务5.19亿元的114.2%；新引进的16个项目总投资12.12亿元；引进亿元以上项目5个，完成市下达计划的100%。

【山海协作工程】 2010年1月，苍南县一行五人到龙湾区开展山海协作互访活动。11月23日，区长陈玲玲、组织部部长阮云富、副区长周慧率区委办、区府办、区委组织部、区农办、区协作办等相关部门赴苍南专题召开龙湾·苍南山海协作工程暨对口帮扶签约捐助大会。两地就共同实施山海协作工程、建立全面结对协作伙伴关系签署协议。双方还签订山海协作工程合作项目2个，龙湾区为苍南县捐助山海协作资金、挂钩帮扶资金72万元。至11月，两地累计达成山海协作项目26个，投资总额52亿余元。

【总部经济园建设】 2010年，龙湾区委、区政府决定推出龙湾中心区G地块、原不锈钢市场地块、原温州工业园区管委会地块用于总部经济园区建设。6月初，龙湾区人民政府经济技术协作办公室（简称龙湾区协作办）会同区经贸局、工商联等单位组成联合考察组，先后对宁波、黄岩、温岭、鹿城、瓯海等地的总部经济园区进行考察学习，借鉴外地的成功经验，结合龙湾区实际，提出龙湾区开发和建设总部经济园的实施方案。区委、区政府专门成立区商务开发工作领导小组，制定入园门槛和工作流程、开发建设、纳税标准、楼宇产权等招商引资政策。11月，分别在昆明、成都、上海、北京四地举行总部经济园推介会。

【区域经济合作】 2010年年初，龙湾区协作办按照“优势互补、互惠互利、联合开发、共同繁荣”的原则，与对口地区开展经济技术合作，较好地完成各项任务。4月，副区长张光羽率领龙湾区政府代表团一行30人赴“双对口”地区（重庆涪陵）开展考察，与涪陵区党政领导交流工作，达成广泛共识。全年共接待四川省南部县和重庆涪陵区江东办事处党政代表团共3批次50余人。组团参加哈洽会、贵阳——温州推介会等各种经贸活动。

图21：11月23日，龙湾·苍南山海协作工程暨对口帮扶签约捐助大会召开。（区协作办供稿）

【在外龙湾人工作】 2010年，龙湾区委、区政府出台《关于内外龙湾人互动发展实施意见》，专门成立内外龙湾人互动发展领导小组，下设对外联络办公室（设在区协作办），为在外龙湾人回乡创业投资提供政策咨询和帮扶联络服务。区协作办开展考察调研，随同区政协赴北京、武汉、上海等地开展内外龙湾人互动发展战略专题调研活动。北京、成都等四地成功筹备建立异地龙湾商会。加强内外龙湾人联谊工作，举行在外龙湾籍会长、副会长200余人新春酒会；11月13日，在成都市召开龙湾籍会长大会，区四套班子领导参加，介绍龙湾近期招商项目，鼓励他们回乡投资。做好在外龙湾籍会长回乡参政议政工作。

区政府办公室工作

【区府办办文办会工作】 2010年，龙湾区人民政府办公室（简称龙湾区府办）严格按照《国家行政机关公文处理办法》和省市有关规定，进一步规范公文办理程序和公文交换环节，提高公文办理效率。全年共收存国家、省、市、部门文件1900余件，制发各类文件800余件。做好区政府全体成员会议、区政府常务会议、区长办公会议、区政府专题会议等各类会议的会务工作计400余场次。每个会议从会议筹划到会议通知、材料准备、会场布置、记录、纪要整理，办公室人员均由始至终做好各个环节的工作。全年起草《政府工作报告》、区政府全体成员会议讲话、互看互学现场会及区领导参加各类会议讲话稿100余篇。

【政务信息】 2010年，龙湾区府办共向省政府办公厅、市政府办公室编报《上报信息》358期，编发普刊《政务信息》20期，领导参阅8期。其中：省政府办公厅采用21篇，省领导批示2条，省专报2期；市政府办公室采用110篇，市领导批示3条，市专报21期。专报信息有所突破，全年共有21期专报被市府办采用，2篇专报被省府办采用。其中“合成革行业污染整治”一文上报国办。“龙湾区多项举措推进高技能人才培养、龙湾区构筑科技公共服务平台打造浙江省科技强区的做法与成效”获浙江省副省长金德水专题批示。

【政府信息化建设】 2010年，龙湾区府办成功改版温州龙湾门户网站，网站功能逐渐完善，运行逐步稳定，全年共发布相关动态信息1346条。做好协同办公系统的日常管理维护，全年新增、修改OA用户332个。协助办公室综合科完成区政府办公室综合材料库管理建设，扩展和延伸办公系统功能。加大资源整合，利用电子政务网络平台和中心机房等现用资源，把一些分散在外面的小网站尽量迁到本地服务器上来。全年开通裸光纤3条，将沿海办、流动人口办公室、围垦二期、人武部、永中综治办连入电子政务网，并完成状元镇的网络接入；完成政法委网格化设备的托管并为接入该系统的村（居）开通VPDN服务；为科技局、民政局、妇联、移民办、区纪委、检察院网上申诉系统开通虚拟主机和二级域服务。

【政务督查】 2010年，龙湾区府办切实转变督查方式，使政务督查工作进一步走向规范化、制度化、程序化的轨道。全年共办理市政府领导批示件、督查通知书、政务交办通知书等27件，编发《督查专报》59期。做好全区信息公开工作，全年全区69个责任单位通过区政府信息公开网站发布政府信息5000余条。对群众反映强烈的违法建筑、社会治安、市政建设等热点、焦点问题，实行重点督办，办结率97%。

【应急管理】 2010年，龙湾区府办推进应急基础建设，强化应急预案体系建设，指导基层应急管理。强化应急物资资金保障，应急物资储备体系初步形成，应急保障能力进一步提高。加快应急基础设施建设，救灾工作能力进一步提高。开展安全生产隐患大排查大整治，加大领导包案件的调处化解和稳控力度，积极开展“信访积案化解年”活动，全年全区无重大上访滋事事件发生。加强应急队伍建设，全区有区直属应急救援队伍19支600余人。

【外事工作】 2010年，龙湾区府办认真做好区领导出访的服务工作。根据年初制订的出访计划，合理安排区领导出访，进一步拓展龙湾区“走出去”渠道。做好外宾的接待，全年共接待外宾3批次10人。

【区府办自身建设】 2010年，龙湾区府办班子坚持定期开展理论学习，开设“学习讲坛”，开展城市建设、环保生态、勤政廉政及办公室业务工作等方面的学习培训。坚持民主集中制，按照“集体领导、民主集中、个别酝酿、会议决定”的原则，健全领导班子议事规则，完善议事程序。开展“破难攻坚”活动，领办的八个难题已全部办结。开展“转变作风、从心开始”主题讨论活动，进一步增强全办人员的作风意识和廉政意识。制定《2010年区府办公室党风廉政建设和反腐败工作的组织领导和责任分工的通知》，深入开展反腐倡廉宣传教育，组织党员干部观看《反腐倡廉掠影》、《跌入泥潭的环保官》等反腐倡廉电教片，进一步增强党员干部的廉洁自律意识和法制观念，筑牢拒腐防变的思想道德防线。

法制建设

【概况】 2010年，龙湾区人民政府法制办公室（简称龙湾区法制办）审核区政府常务会议纪要5件、通告7件。在移民上访、旧村改造、行政合同订立等方面，为区政府提出解决方案的法律依据39次，为各部门单位提供法律支持54次。

【法制政府建设】 2010年，龙湾区政府结合《龙湾区法治政府建设工作要点》，制定《年度镇（街道）、区政府工作部门依法行政工作考核内容和评分细则》，明确推进依法行政工作的主要任务和目标，并将每项重点任务详细分解到相关责任部门。建立健全领导干部和行政机关工作人员学法制度，通过举办培训班、法制讲座及组织镇(街道)、区属部门负责人旁听行政诉讼案件庭审等活动，全年全区共有130余名行政执法人员参加统一组织的行政执法业务培训，100余名镇(街道)执法人员参加专业法律知识培训。根据浙江省政府召开“全省推进公民权益依法保障行动计划”电视电话会议精神，召开区推进公民权益依法保障行动计划会议，制定《公民权益依法保障行动计划2010年度实施计划》，组织指导全区开展好公民权益依法保障行动。年末，龙湾区法制办牵头组织对各镇（街道）、全区各行政执法部门的依法行政工作进行考核。

【行政执法监督】 2010年，龙湾区法制办加大行政执法监督力度，规范行政执法行为。依法清理、确认并向社会公告行政执法主体，加强行政执法人员的教育和培训，杜绝不具备执法资格的单位和个人从事行政执法工作。推行行政执法责任制，规范执法程序，完善行政执法评议考核制度、案卷评查制度，落实执法过错责任追究制度。11月，邀请律师和行政执法骨干组成10人考评组，开展全区案卷集中评查，评出优秀卷案5个。召开深化行政处罚自由裁量权工作座谈会，落实重大行政处罚案件备案审查制度。全年全区共办理行政处罚案件3770件，办结3055件，对其中105件重大行政处罚案件进行备案抽查。

【行政复议应诉】 2010年，龙湾区行政复议机关共收到行政复议申请25起。其中不予受理5起，受理20起；已审结18起，正在审理2起。18起已审结行政复议案件中，维持12起、经协调后撤回6起，且均在法定时限内办结。全年涉及区政府的行政诉讼案件6起，3起胜诉，3起正在审理中。在办理行政复议应诉案件过程中，将调解、和解贯穿于立案、审理、决定等办案全过程，力争及时有效地化解行政争议，实现案结事了，争取社会效果和法律效果的统一。

【行政权力阳光行动】 2010年5月30日，龙湾区政府出台《关于构建行政权力阳光运行机制的实施意见》，推动行政权力网上公开，率全市之先构建行政权力阳光运行机制。至11月30日，14个执法任务较重的区属单位均在规定时间内完成“行政权力业务系统”安装试运行，其中区安监局、路政大队于12月1日开始上网办案，《龙湾阳光政务大厅》板块已在龙湾政务网上运行。

【规范性文件备案审查】 2010年，龙湾区法制办严格按《龙湾区行政规范性文件制定管理办法》，制订完善符合法律、法规和适应龙湾区经济社会发展的规范性文件。8月至11月，开展规范性文件清理工作。对全区160件行政规范性文件进行清理，保留107件、修改12件、废止17件、失效24件。

机关事务管理

【公共机构节能】 2010年，龙湾区区级机关事务管理局成立公共机构节能管理科。深化节能专项教育，建立节能工作联络员制度，形成节能管理队伍200余人。全年实现人均用电量、人均用水量等五大指标达到省定标准，公共机构节能工作走在全市前列。

【国有资产管理】 2010年，龙湾区区级机关事务管理局实施区行政管理中心和区文化中心的基建维修工程，开展区行政管理中心地面的沉降监测和维修。解决了区流动人口事务管理局、区城市管理与行政执法局、沿海办和城市综合体办公室等单位的办公用房问题。加强办公用房产权产籍管理，全区有10处办公用房纳入管理范围，初步建立起公共房产政府所有、部门单位使用、机关事务管理局统一管理、国资局监督的公共房产管理体制。

【区府大院安全监管】 2010年，龙湾区区级机关事务管理局严格落实区行政管理中心出入管理制度。全年共登记出入人员39800人次，有效劝导信访人员5700余人，妥善处理群众上访27次（30人以上）。加强办公秩序管理，实行24小时不间断定时定点定人巡逻，开展车辆停放整治，规范车辆行驶、停放。加强技防管理，升级通讯设备、红外线系统和地下室车辆自动门禁系统，落实消防监控设备维护保养工作。加强安保人员管理，建立安全应急处置机动队，不定期开展安全防范应急预案演练，强化保安业务能力训练。全年继续实现零火灾、零盗窃、零事故。

【公务接待】 2010年，龙湾区区级机关事务管理局共接待宾客318批次7356人次，接待费用比上年下降5%。坚持个性化、细节化和人文化特色，膳食安排突出海鲜特色，宣传龙湾旅游资源。制作了以龙湾旅游景区为背景的接待手册和席位卡。

【会务工作】 2010年，龙湾区区级机关事务管理局继续推行会议全程跟踪制度，制定会议服务方案，每月的满意度测评都能达95%以上。全年区行政管理中心接待会议4403场次，其中：100人以上大型会议194场，与会人员101585人次；区文化中心接待会议60场次，与会人员40200人次。

【机关食堂管理】 2010年，龙湾区区级机关事务管理局继续实行食堂自行采购和承包加工相结合模式，严把菜品配送、严盯烹饪加工、严查食品卫生和严抓服务质量。坚持每月测评制度，充分发挥食堂监督小组的作用，及时掌握机关干部职工需求。实行菜肴品种更新和轮动相结合，实现每周50种、每日15种菜肴供应。全年区机关食堂用餐人数244846人次，平均每天用餐人数962人次，满意度测评95%。

【公务车辆管理】 2010年，龙湾区区级机关事务管理局贯彻落实省、市、区关于公务车辆管理的若干规定。落实公务车辆调查、核实和登记建档，规范车辆更新和购置的审批程序。全年出车8090次，领导考察、现场办公用车与保障485次，行程64.1万公里。

【文印收发】 2010年，龙湾区区级机关事务管理局全力做好全区大型会议、重要活动和区各部门单位文件印刷。全年印刷文件115.15万份，制作证件11852件。

侨务与港澳工作

【概况】 2010年，龙湾区有华侨华人、港澳同胞3500余人，分布在33个国家和地区。归侨侨眷、港澳同胞及眷属4300余人，出国留学人员132名，已学成回国人员35名。全区现有40余家侨资企业。

【侨企服务】 2010年，龙湾区认真贯彻省、市侨办《关于开展侨资企业转型升级调研的通知》精神，进一步深化为侨资企业服务工作。3月至5月，龙湾区人民政府侨务办公室（简称龙湾区侨办）开展侨资侨属企业调研，通过填写《龙湾区侨资企业发展状况及转型升级情况调查问卷》、设置政企联络员等形式，分片分批次走访、调研40余家侨资侨属企业，梳理出制约和影响侨资企业发展的两大主要问题即厂房用地紧张和人力资源短缺，并形成调研课题《龙湾区侨资企业发展状况简谈》。做好海外华侨回归回乡投资工作，实现内外龙湾人互动战略。

【侨务宣传】 2010年，龙湾区侨办以纪念《中华人民共和国归侨侨眷权益保

图22：9月16日，龙湾区召开侨法颁布20周年座谈会。

（区委统战部供稿）

护法》颁布20周年为契机，开展“知侨护侨促和谐，爱侨利侨促发展”主题宣传活动。举办“侨法进社区”培训学习会，召开纪念《中华人民共和国归侨侨眷权益保护法》20周年座谈会，举办涉侨业务与法律法规培训活动和侨务法规宣传现场咨询活动。编印《龙湾侨务》宣传册，分发给全区归侨侨眷、港澳同胞及参加“两会”的代表委员，让法律知识走进千家万户，形成依法护侨的良好氛围。

【侨务信访】 2010年，龙湾区侨办共接待办理侨眷、侨胞来访40人次、来信2件。办理11份华侨子女（其中高考对象4名、中考对象7名）在国内升学加分证明，出具4名海外华裔学龄儿童回国接受义务教育的身份证明和1名政审证明。

涉台事务

【台商服务】 2010年，龙湾区人民政府台湾事务办公室（简称龙湾区台办）按照“以经济促政治的方针”，结合省政府《关于推进台资企业加快转型升级的意见》，制订《推动龙湾区台资企业转型升级发展实施方案》。全年协助处理台资企业各类问题纠纷10余起，举办一期台资企业职业道德教育培训。

【台胞台属服务】 2010年，龙湾区台办先后接待来访台胞、台属230余人次，寄发贺信、贺卡300余张。处理各类来信来访15起，帮助台属及定居台胞解决各类纠纷3起。关心定居龙湾区的台湾籍同胞，为7人每人每月发放补助金300元。引导台胞台属参政议政，区“两会”期间，台胞、台属共向大会提交提案议案6件，办理答复转办的涉台提案议案2件。

【入岛宣传】 2010年2月28日，台湾《民众日报》用两个版面专题介绍龙湾区建区以来的经济建设和城市发展情况，这是龙湾区第一次在台湾主流媒体较为全面地宣传报道当地经济社会发展概况及人文历史风貌。3月11日，台湾东森电视台摄制组一行到龙湾区开展采访摄录活动。

【对台交流】 2010年，龙湾区台办以亲情、乡情、人情为纽带，邀请并做好回乡探亲访友、投资考察台胞台商的接待工作。与区文联共同邀请台湾著名诗人余光中到龙湾参加区文联成立10周年庆典和文学讲座；邀请台湾“中华亚细亚艺文协会”理事长王德亮到龙湾区举办两岸“虎年百虎展”画展；接待台北市温州同乡会副理事长、台湾正大纤维工业股份有限公司总经理、“世界温州人微笑联盟”会长何纪豪到龙湾区考察唇腭裂儿童的相关情况。由区委常委、副区长王忠立，区委常委、组织部部长阮云富，区委常委、宣传部部长徐琮琦，区人大常委会副主任陈文斌等领导为正副团长的经贸、文化、新农村建设等3个团组共33人次分别于5月、9月、10月间赴台考察交流活动。完善领导干部赴台预审制度，建立交流联络台账和相应的资料库，切实做好赴台人员行前教育等措施，使各项赴台交流事务不断规范化。按上级台办的要求，调查龙湾区担保协会违规赴台情况。

驻外办事处

【驻上海工作联络处】 2010年，龙湾区政府驻上海工作联络处配合龙湾的招商引资引智战略，多次组织在沪企业家回乡投资。撰写《创建智慧产业是龙湾实现产业转型升级的最佳途径》，为龙湾的总部经济建设献智献策。利用上海国际化大都市的平台，收集信息，做好上海信息的编制，每月为区四套班子领导和龙湾在沪企业发送二期《上海信息简报》。开辟上海10家特色三甲医院作为龙湾人看病就医的绿色通道，为家乡的父老乡亲到上海看病就医解决后顾之忧。紧密联系上海有关部门积极参加各种活动，平均每年举办或参加各种活动30余次、参加上海政府和上级驻沪机构会议10余次、走访龙湾驻沪企业50余家、每年接待龙湾各级领导、上海有关部门领导及海内外人士300人次以上。

【驻杭州联络处】 2010年，龙湾区政府驻杭州联络处围绕龙湾工作重点，杭州工作亮点，收集报送有参考价值的信息。全年向区委、区政府报送《杭州每日财经咨询》28期312条，《杭办信息》33期462条。做好与杭州市范围内的经济贸易、文化交流、政府间的公共关系、重点工程推进等牵线搭桥服务。与区工商联共同组织龙湾知名企业家、上海商会等龙湾行业领军人物到杭州考察、交流、培训。积极同省级相关部门协商沟通，将龙湾二期围垦及瑶溪钟秀园项目列入省重点项目。全年驻杭州联络处提供大小服务230余批、1000余人次。

政协龙湾区委员会

综　述

2010年，政协龙湾区委员会在龙湾区委的正确领导和区政府的大力支持下，团结带领全区广大政协委员、各民主党派、工商联、人民团体及社会各界人士，高举中国特色社会主义伟大旗帜，以科学发展观为指导，认真贯彻落实省、市政协工作会议精神，牢牢把握团结和民主两大主题，紧紧围绕全区工作重点，认真履行政治协商、民主监督、参政议政职能，为促进全区经济社会发展作出了积极贡献。全年共召开常委会议6次，主席会议7次，组织调研视察20余次，形成调研视察报告7篇，收到委员提案167件，审查立案157件，全部按时办结，办复率100%。

区政协会议及常委会会议

【政协第三届龙湾区委员会第四次会议】　政协第三届龙湾区委员会第四次会议于2010年1月19～21日举行，238名区政协委员、161名列席人员出席会议，21名旁听公民应邀列席会议。会议听取并审议政协第三届龙湾区委员会常务委员会工作报告和提案工作情况的报告，审议通过政协第三届龙湾区委员会第四次会议提案审查报告。会议选举徐国信为区政协主席，增补陈李洁为区政协常委，表彰龙湾区第三届优秀政协委员、2009年度优秀提案和提案积极分子。会议同意徐国信代表政协第三届龙湾区委员会作的常务委员会工作报告和陈栋代表政协第三届龙湾区委员会作的提案工作情况的报告。会议期间，与会人员列席区人大六届四次会议，听取并讨论区长陈玲玲作的政府工作报告及会议的其他报告。委员们围绕龙湾区经济社会发展和2010年的政府工作，积极议政建言、献计献策，提出许多富有建设性的意见和建议。大会收到提案159 件，经审查立案152 件，占总数的95.6%。

图23：1月19～21日，政协第三届龙湾区委员会举行第四次会议。

（区史志办供稿）

【政协第三届龙湾区委员会第五次会议】　政协第三届龙湾区委员会第五次会议于2011年1月22～24日举行，240名区政协委员、179名列席人员出席会议，21名旁听公民应邀列席会议。会议听取并审议政协第三届龙湾区委员会常务委员会工作报告和提案工作情况的报告。会议表彰《龙湾区城乡居民社会养老保险实施建议》等10件优秀提案和王魁胜等12名提案先进个人。会议期间，与会人员列席区人大六届五次会议，听取并讨论王军作的政府工作报告及会议的其他报告。并就龙湾区经济社会发展和2011年的政府工作，积极议政建言、献计献策，提出许多富有建设性的意见和建议。大会收到提案建议208件，经审查立案186件，占总数的89.4%。

【区政协三届十六次常委会】　区政协三届十六次常委会于2010年1月18日在区行政管理中心3楼区政协常委会会议室举行。区政协副主席黄秀清主持会议，37位常务委员出席会议，区委组织部部长阮云富、区委统战部部长郑建忠及非常委的专委会负责人列席会议。会议通过有关人事变动事宜，决定增补徐国信为区政协委员。区委组织部部长阮云富宣读区委关于任命徐国信为区政协党组书记职务的决定。会议建议徐国信为区政协主席候选人、陈李洁为区政协常委候选人。会议审议通过区政协三届四次会议日程、议程调整方案。会议对选举办法（草案）进行认真审议，建议提交区政协全委会通过。

【区政协三届十七次常委会】　区政协三届十七次常委会于2010年1月21日在区行政管理中心3楼区政协常委会会议室举行。区政协副主席黄秀清主持会议，37位常务委员出席会议，非常委的专委会负责人列席会议。会议听取各讨论组讨论情况的汇报。审议通过区政协主席候选人、常务委员候选人名单。审议通过监票人名单，提出总监票人、副总监票人建议名单。审议通过区政协三届四次会议提案审查报告和会议决议（草案）。

【区政协三届十八次常委会】 区政协三届十八次常委会于2010年4月13日在区行政管理中心3楼区政协常委会会议室举行。区政协主席徐国信主持会议，32位常务委员出席会议，非常委的专委会负责人列席会议。会议学习传达《中共温州市委关于认真贯彻〈中共浙江省委关于加强和完善人民政治协商促进科学民主决策的意见〉的实施意见》（温委发〔2010〕3号）。通报区政协2010年主要工作安排和2010年重点提案情况，听取并审议区政协2010年民主监督方案和统一派驻民主监督员工作方案。会议还就有关人事任免事项进行研究，决定增补林钢、朱国平为政协第三届温州市龙湾区委员会委员，决定林钢任政协龙湾区委员会港澳台侨委主任、朱国平任政协龙湾区委员会委员工作委员会主任，并免去朱国平政协龙湾区委员会办公室副主任职务。

【区政协三届十九次常委会】 区政协三届十九次常委会于2010年7月6日在区行政管理中心3楼区政协常委会会议室举行。区政协主席徐国信主持会议，34位常务委员出席会议，区府办、区法院、区检察院、区公安分局、区发改局、区三产办、区科技局、区民政局、区人事劳动局、区农林局、区文广新局、民科基地（龙湾）建设指挥部办公室、区城市中心区开发建设指挥部等13家单位主要负责人参加会议，区政协老领导、不是常委的专委会负责人、区各民主党派、工商联负责人、重点提案领衔人列席会议。会议听取区人民法院院长林跃作的区人民法院工作情况通报和区人民检察院检察长陈士民作的区人民检察院工作情况通报。听取区府办关于全区提案办理工作情况的汇报和区公安分局、区发改局、区三产办、区科技局、区民政局、区人事劳动局、区农林局、区文化局、民科基地（龙湾）建设指挥部办公室、区城市中心区开发建设指挥部等10家单位关于重点提案办理情况的汇报，并对10家承办单位重点提案办理情况进行民主测评。会议听取并审议《关于村级老人协会规范化管理工作的调研报告》，通报区政协2010年上半年工作开展情况和下半年工作思路。

【区政协三届二十次常委会】 区政协三届二十次常委会于2010年10月25日在区行政管理中心3楼区政协常委会会议室举行。区政协主席徐国信主持会议，34位常务委员出席会议，区公安分局局长李伟、区城市中心区开发建设指挥部常务副指挥潘小林及非常委的专委会负责人列席会议。会议听取区公安分局局长李伟作的关于全区社会治安情况的通报和区城市中心区开发建设指挥部常务副指挥潘小林作的关于中心区开发建设情况的通报，听取并审议经济建设委员会陈李洁作的《关于推进内外龙湾人互动发展的调查与思考》，会议原则通过此报告。会议还学习了中共中央政治局常委、全国政协主席贾庆林在浙江考察时的重要讲话精神和市委、区委“六城联创”活动等内容。

【区政协三届二十一次常委会】 区政协三届二十一次常委会于2010年12月28日在瑶溪王朝大酒店王朝厅举行。区政协主席徐国信主持会议，35位常务委员出席会议，区政协老领导、各联络组召集人、各民主监督小组组长、各镇（街道）分管政协工作副书记及不是常委的各专委会负责人列席会议。会议听取副区长赵飞关于村级老年人协会规范化建设的提案落实情况的通报和区纪委书记胡晓东关于全区反腐倡廉工作情况的通报。会议听取区政协各民主监督小组工作开展情况的汇报，并对各民主监督小组取得的成绩予以肯定。会议审议通过关于召开区政协三届五次会议的决定、政协三届五次会议日程（草案）、议程（草案）、常委会工作报告、提案工作报告。审议通过区政协三届五次会议秘书长、副秘书长名单，会议各次大会执行主席和主持人名单。会议决定由区政协主席徐国信代表常委会作常委会工作报告，由副主席陈栋代表常委会作提案工作情况的报告。

政协日常工作

【专题协商】 2010年，龙湾区政协针对龙湾区的第三产业发展、环境污染等问题重点开展专题协商议政。组织召开区“十二五”规划编制征求意见协商会，就经济社会发展多个领域的相关问题进行协商和交流，为科学编制龙湾区“十二五”规划建言献策。坚持协商监督与帮助支持并重，常委会先后听取区纪委、区法院、区检察院、区公安分局等相关部门的工作情况通报，提出中肯意见和建议，促进各项工作开展和落实。政协主席、副主席列席区委常委会和区政府常务会议、参与重大项目建设和区委重点工作，对龙湾区重大决策和重要问题，提出可行性意见建议，有效实行协商议政。

【调研视察】 2010年，龙湾区政协通过各种形式，组织参加政协的各民主党派、人民团体和各界人士，围绕区委、区政府中心工作，建睿智之言，献务实之策。组织开展村级老年人协会规范化建设问题调研，形成《关于村级老年人协会规范化建设的建议案》，区政府领导就此专题向常委会通报建议案落实情况。组织开展区内外龙湾人互动发展课题调研，广泛听取外地商会意见，为龙湾区经济转型发展提出许多合理化建议。针对龙湾区人口和计划生育工作、排污管网建设维护、道路交通设施建设、《中华人民共和国残疾人权益保障法》贯彻实施情况和失土农民基本生活保障等一些群众关注、关心的问题，组织委员进行视察，分别形成高质量的视察报告，供区委、区政府决策参考。区委、区政府主要领导多次对考察报告作出重要批示，督促有关部门研究采纳。

【民主监督】 2010年，龙湾区政协加大民主监督力度，创新民主监督形式，拓展民主监督领域，努力提高民主监督的实效。出台统一派驻民主监督员工作

图24：2月4日，区政协委员到状元镇检查安全生产工作。（区委组织部供稿）

方案，对龙湾社保分局进行全程跟踪监督，向区人口和计划生育局、区市政园林局、区文广新局、市交警三大队等4家单位统一选派民主监督员。召开民主监督员动员暨培训会议，熟悉监督业务，有效提高民主监督的质量和实效。派驻民主监督员不定期开展明察暗访，及时以适当的途径和方式提出意见建议，督促有关部门转变工作作风，提高服务意识和效率，得到被监督单位的好评。

【提案工作】 区政协三届四次会议以来，龙湾区政协共收到提案167件，经审查立案157件，截至2010年7月底，全部办理完毕。政协常委会多次研究提案工作，将督促提案办理作为民主监督部门工作的重要内容，使提案办理与民主监督形成良性互动。提案交办后，不断优化面商沟通，推行“三见面”办案和现场办案；加大跟踪督办力度，实行主席、副主席领衔督办重点提案，对提案办理大户进行视察督办和提案办理工作“回头看”；实行重点提案办理常委会民主评议制度，不断增强提案办理实效。在各承办单位的共同努力下，提案办理质量有了较大提高，一些事关群众切身利益的问题得到妥善解决。

【文史工作】 2010年，龙湾区政协深入挖掘龙湾武术渊源和流派，广泛搜集武术在龙湾的各类史料，编印出版《龙湾武术》一书，使龙湾的武术得到一次系统全面的提炼。组织开展浙江省“兰亭奖”龙湾分赛区书法大赛，激发中小学生“热爱书法、学习书法”的热情。联合鹿城、瓯海政协书画院开展三区书画联展，促进民间文化交流与合作。

【社情民意中间站建设】 2010年，龙湾区政协建立区政协特邀信息员队伍，聘请19人担任特邀信息员，拓宽反映社情民意信息的渠道。制订出台信息工作激励制度，对被录用稿件的作者给予一定的物质奖励和精神奖励。召开反映社情民意信息工作座谈会，提高特邀信息员撰写和反映社情民意信息的水平。全年共上报社情民意信息30余篇，其中多篇信息被省、市政协社情民意信息专报录用，不少意见建议引起当地党政领导的重视。

【政协联谊工作】 2010年，龙湾区政协加强同各民主党派、工商联、无党派人士和各界人士的联系，在调查研究、协商讨论、座谈交流等活动中，认真听取他们的意见和建议，激发他们的履职积极性。利用中秋节、春节等传统节日，举办各类联谊活动，加强与社会各界的沟通交流，增强爱国统一战线的向心力和凝聚力。秉承“以文会友、以艺联谊”的社团宗旨，政协之友社、政协书画院积极开展各类文化艺术交流活动，使之成为政协联系委员及各界人士的桥梁纽带。开展对外交流，加强与上级政协和其他县（市、区）政协的联系，热情接待各地政协考察团，在相互交流中增进友谊。

【政协服务社会】 2010年，龙湾政协积极参与党政中心工作，认真做好领导联系点和疑难信访案件领导包案工作，帮助指导基层解决一系列实际难题。组织政协委员参与爱心捐款、助学结对等社会公益活动，倡导以实际行动回报社会。组织委员奔赴文成县上林乡，为山区上学有困难的孩子送上助学金和学习用品。组织文艺界委员开展送戏进社区活动，为社区居民提供精神食粮。一些委员还自发组织开展公益活动，如邀请专家对当地老人提供健康咨询服务等，较好地发挥委员的带头示范作用。

【政协委员履职监督】 2010年，龙湾区政协出台《关于委员履行职责的若干规定（试行）》（温龙政协办〔2010〕15号），着重围绕加强理论学习、参加政协活动、保障委员权利、做好联络服务等方面作出详细规定，进一步推动委员履职制度化、规范化和程序化。建立“委员管理信息平台”，采用信息化手段记录、统计、查询各位委员出席会议、参加活动、提交提案、撰写信息等情况，着力加强委员履职管理。举办政府工作通报会，区政府主要领导亲自向委员通报区政府重要工作；举办各类专题培训，先后邀请省社科院和首都医科大学的专家教授，作言谏文化传统与基因科学方面的知识讲座，丰富委员的知识结构。

纪检·监察

综　述

2010年，龙湾区反腐倡廉工作在区委、区政府和市纪委的正确领导下，按照“遵循三个原则，实施四项工程，抓好五大重点”总体要求和部署，全面履行纪检监察职能，较好地完成各项任务。开展“转作风、提效能、优环境、促发展”作风建设年活动，出台《龙湾区治理慵懒散“六个一律”规定》，慵懒散问题得到有效治理，服务水平得到提高。完成村级三资清理工作，试行村级重大事项“4+2工作法”，启动村级违纪违规问题大排查活动。深入推进惩防体系建设，落实党风廉政建设责任制，组织开展“学准则、见行动”等廉洁自律系列专项活动，严肃查办领导干部违法违纪案件，起到较好的警示震慑作用。

重要会议与活动

【区纪委六届七次全体（扩大）会议】 区纪委六届七次全体（扩大）会议于2010年3月5日在区行政中心大楼四楼多功能厅召开，区委常委、区纪委书记胡晓东代表区纪委常委会作工作报告。会议回顾总结2009年龙湾区党风廉政建设和反腐败工作，部署2010年的工作任务。会议提出今后几年龙湾区纪检监察工作要突出抓好的“五大重点”。

【区纪委六届八次全体（扩大）会议】 区纪委六届八次全体（扩大）会议于9月20日在区行政中心大楼四楼多功能厅召开，区委常委、区纪委书记胡晓东代表区纪委常委会作工作报告。会议总结2010年以来的工作，部署下阶段重点工作任务。

【龙湾区党风廉政建设暨作风建设年活动动员会议】 龙湾区党风廉政建设暨作风建设年活动动员会议于3月5日在区文化中心召开。会上，区委常委、纪委书记胡晓东宣读区委、区政府《关于开展“转作风、提效能、优环境、促发展”作风建设年活动的实施意见》和《龙湾区治理慵懒散“六个一律”规定》，对作风建设年活动提出工作目标、工作措施、方法步骤和纪律要求。蒲州街道、区城市中心区建设指挥部、龙湾规划分局、区经贸（交通）局分别作表态发言。会议还对到会人员情况作了通报。区四套班子领导、区人武部部长、区法院院长、区检察院检察长出席会议，全区副科以上领导干部，各镇（街道）、区属单位及相关科室（队、所）负责人、区党风政风行风监督员参加会议。

【作风建设年主题活动】 2010年3月至12月，龙湾区开展“转作风、提效能、优环境、促发展”作风建设年活动。活动分动员部署和学习讨论、集中解难和全面推进、组织评议和总结提高三个阶段。在区级层面，举行“转作风、优环境、从我做起”主题宣讲会，召开“向企业学习、为企业服务”主题报告会，举办“转变作风、从心开始”主题讨论会，参加的领导干部有1400余人。在镇（街道）、部门层面，召开“对待组织忠心、对待工作用心、对待群众热心”主题讨论会128场，参加党员干部2900余人。出台《龙湾区治理慵懒散“六个一律”规定》，加大查处力度并做到查处范围由工作纪律向驻村工作、审批效率拓展，对象由一般干部向科局级领导干部延伸。全年共开展明察暗访和专项督查活动12次，通报批评单位16家（次），查处党员干部47人（次），涉及科级干部9人（次）。其中通报批评40

图25：3月5日，龙湾区召开党风廉政建设暨作风建设年活动动员大会。　（区史志办供稿）

人（次），效能告诫5人（次），辞退1人，诫勉教育1人（次），4家单位负责人在区级会议上作公开检讨。推进行政审批“两集中、两到位”工作，进驻区审批中心单位22家，设分中心2家，部门自设办事大厅（窗口）7家。围绕“两个过半”（审批环节、时限缩减过半）目标，对全区37个职能部门的481项审批事项进行审批流程优化再造。全面启动行政审批全程无偿代办服务，筛选16项区重点工程、民生工程项目，由9名代办员提供无偿代办服务。行政处罚网上运行试点工作取得成功。推行领导干部领衔破难制度，18位区级党政班子领导领衔包案负责全区经济、社会、民生和党建等方面的难题33个。开展部门单位“走进矛盾，合力化解”活动，集中攻坚58个“办事难、推进难”问题，已解决了20个。启动办理村（居）、行业协会（商会）和有关企业反映的30个难题为重点的基层服务月活动。启动中层干部企业体验周活动，18名中层干部与23个在批在建工业项目进行结对体验和服务活动。

党风廉政建设

【农村基层党风廉政建设】 2010年，龙湾区村级清产核资工作有序推进，全区147个行政村有103个村建立村级资金、资产、资源和村级合同管理台账，并通过初步验收。103个村共清理资金4.5亿元、资产13.8亿元、资源（集体土地）4866.67公顷，核销资产3027万元、核增资产3235万元、核增资源74.67公顷，规范村级经济合同1611件，并每年为村级集体增加收入231万元。首次开展村账镇（代理）中心工作考核评选，加强村账镇（街道）代理工作。探索建立村务监督联席会议制度，试行村级重大事项“4+2工作法”，强化对非党村干部特别是村委会主任的监督。继续开展农村基层党风廉政示范点创建，4家单位被命名为浙江省廉政文化“六进”示范点称号。启动村级违纪违规问题大排查活动。

【领导干部廉洁自律教育】 2010年，龙湾区纪委（监察局）举办全区学习贯彻《中国共产党党员领导干部廉洁从政若干准则》宣讲大会，组织2000余名党员干部参加《中国共产党党员领导干部廉洁从政若干准则》知识网上统一测试。牵头梳理18个典型案例并配以剖析点评和法条链接；编辑《情景案例教育读本》，向全区党员干部发放了2000余本。发放《从政提醒——党员干部不能做的150件事》及读书助廉企业篇、家庭篇、干部篇7000余份。开展集中警示教育活动，组织全区四套领导班子、镇（街道）党委（党工委）班子成员、区属有关部门负责人、重点岗位中层以上干部共700余人分批到市法纪教育基地接受警示教育。开展全覆盖的提醒谈话周活动，利用一周时间，从区级领导开始分级逐人对全区股级以上党员干部进行提醒谈话，参与人数2130人（次）。督促12家案发单位召开反腐倡廉专题民主生活会，进行深刻反思和整改提高。

【领导干部廉洁自律监督】 2010年，龙湾区纪委（监察局）开展党员干部“学准则、见行动”专项自查自纠活动。3400余名干部进行自查自纠，27名党员干部主动上缴三礼，合计金额12.8万元。对4名科级干部发放了信访监督提醒通知书。开展从政风险集中排查防范工作，全区68个单位共查找出岗位风险点498项，制定防范措施541条。出台《龙湾区行政事业单位工作人员利益冲突回避试点工作方案》，在5家单位进行试点。深化“五治七律”活动，对2名酒驾人员、1起党员参与赌博案件依纪进行处理。认真执行《党政领导干部选拔任用工作责任追究办法（试行）》有关规定，对2007年以来受党政纪处分的9名科级领导干部进行回访教育。规范党政纪处分执行到位程序，建立执行党纪政纪处分工作联席例会制度、党政纪处分执行到位抄告函制和限时办理制。

【执纪办案】 2010年，龙湾区纪委（监察局）按照市纪委的统一部署，在全区纪检监察系统深入开展“听民生、解难题、促和谐”活动，受理各类投诉件111件，对其中30件实行全系统干部包案办理。出台《龙湾区纪检监察组织办理实名举报暂行办法》，对实名信访件进行优先受理、优先调查、优先解决反馈，已办结8件。全年全区共受理信访举报318件，立案54件，涉及科级干部6人，移送司法机关10人。重点查处8起工程建设领域的案件和7起村干部违纪案件。

【纠风治乱】 2010年，龙湾区纪委（监察局）组织实施“执纪助企”二号行动，建立发展软环境恳谈平台，开展涉企行业协会专项检查，对24家涉及违规收费的协会予以纠正。开展治理商业贿赂专项活动，共查获商业贿赂案件34件，涉案金额30余万元。开展春季开学收费检查，对2名违规教师予以通报批评并取消当年评先资格。查处2起违规外出活动，并对相关人员依纪进行处理。开展农民减负专项检查，查处涉农负担案件4起，清退涉案金额21.72万元。开展工程建设领域突出问题专项治理，共排查2008年以来批准供地项目264个，纠正违规建设问题2起，发放限期整改建议书8份。制订出台《龙湾区部门小额工程建设项目管理暂行办法》，5个部门的20个工程按照规定进行招标，招标金额560余万元，节约资金84万元。开展“小金库”自查自纠“回头看”工作，对2家单位存在的问题进行纠正。牵头组织《行风热线》直播温州栏目《走进龙湾》活动，共办结投诉件7件。

【纪检监察干部队伍制度建设】 2010年，龙湾区纪委常委会建立和实行务虚会，重大工作项目领衔攻坚，重大事项票决等制度。区纪委（监察局）机关完善集中学习、谈心谈话、上挂下派等制度，出台干部“三奖三惩”、个人有关事项报告等制度。开展镇纪委规范化建设试点工作，实行基层纪检组织工作季报制，出台基层纪检组织绩效考核制；启动纪检监察系统干部3年一轮训计划，全年轮训干部28人（次）。

民主党派·工商联·人民团体

综　述

2010年，龙湾区各民主党派、工商联、无党派人士联谊会围绕中共龙湾区委、区人民政府中心工作，认真履行参政议政、民主监督职能，注重发挥自身优势，认真搞好调查研究，为中共龙湾区委、区人民政府及有关部门决策当好参谋。深入调查研究，撰写议案、提案，反映社情民意，为推动建设“三生融合”的滨海新城区积极建言献策。“两会”期间，各民主党派、工商联、人民团体、无党派各界代表和委员共提交议案提案近百件。各民主党派、工商联、人民团体根据自身特点，发挥自身优势，开展结对扶持、扶贫助学、维权帮扶等社会服务活动。完成致公党、农工党、民建和九三学社等4个民主党派组织的换届选举工作。2010年，区妇联获省市巾帼建功先进集体；区工商联获全省工商联系统先进集体。

表13：2010年龙湾区民主党派成员一览

名称	成员（人）
民革龙湾总支	28
民盟龙湾总支	49
民建龙湾总支	40
民进龙湾支部	27
农工党龙湾支部	18
致公党龙湾支部	20
九三学社龙湾支社	22
区无党派人士联谊会	58
总　计	262

中国国民党革命委员会温州市龙湾区总支委员会

【民革参政议政】　2010年，中国国民党革命委员会温州市龙湾区总支委员会（简称民革龙湾总支）党员参与政治协商，出席中共龙湾区委、区人大、区政府、区政协召开的各种座谈会、情况通报会、重点工程视察等20余次。做好“两会”前的视察调研，在市“两会”上，市人大代表领衔提交议案、建议10件；市政协委员提交提案、建议7件；在区“两会”上，9名区政协委员提交提案、建议18件。《加强技能人才队伍建设，提升企业综合竞争能力》，在龙湾政协报刊上发表。

【民革调研工作】　2010年，民革龙湾总支重视调研工作，多次召开课题调研组会议。10月，召开民革龙湾总支调研课题研讨会，听取2010年调研任务完成情况，落实2011年度各支部上交调研课题的计划。全年完成调研课题5个，在加强流动人口计生管理、保护消费者权益、文化大区建设、加强技能人才队伍建设等方面，提供重要参考依据，为龙湾社会经济发展献计献策。

【民革服务社会】　2010年，民革龙湾总支开展各类回报社会活动，全年民革党员和党员企业各类捐资285.3万元。参与统战部组织赴苍南慰问结对活动，送上慰问金8000元；胡经云及其企业威尔鹰集团给结对的苍南县中墩乡下昔村慰问金2万元，向慈善机构捐款、贫困生助学、白血病救助42.5万元；王明华及其企业向慈善机构捐款捐物80余万元；王云弟及学校向贫困生助学、慈善机构捐款160余万元。

【民革党员大会】　2010年11月21日，民革龙湾总支党员大会召开。会议讨论总支2010年工作和2011年思路，增补张雪梅为民革龙湾总支副主委。

【民革联谊活动】　2010年3月，民革龙湾总支召开参政议政暨新春联谊会，增强民革党员活力。组织全体民革党员赴桐庐学习考察；联合区台办赴台资企业泰庆皮革有限公司进行调研，并对台资企业泰庆皮革有限公司的员工进行职业道德培训；接待金华市黄埔军校同学会校友到龙湾考察取经。12月15日，胡经云参加由温州市委统战部组织的黄埔军校同学亲属联谊会成员赴台湾交流学习。

中国民主同盟温州市龙湾区总支委员会

【民盟参政议政】　2010年，中国民主同盟温州市龙湾区总支委员会（简称民盟龙湾总支）围绕中共龙湾区委、区人民政府中心工作，密切关注龙湾社会民生热点问题，积极参政议政，主动建言献策。民盟龙湾总支及广大盟员代表、委员履行参政党职责，在区“两会”期间，共提交10件议案提案及建议。区政协三届四次会议上，民盟龙湾总支《关于改善龙湾区基层群众文化生活状况的建议》，被列为重点提案；区六届人大四次会议上，林晓微代表的《关于整治“四小车”，加强城市管理的议案》，被评为优秀议案。

【民盟调研工作】 2010年，民盟龙湾总支主动承担龙湾区委统战部的社会调研任务，如期完成《统筹优质教育资源，打造均衡教育强区》调研课题。盟员陈金杰的调研文章《莫让学校食堂成为财务管理的盲区》，被省政协和民盟省委内刊信息录用。李江都执笔的民盟龙湾总支调研文章《龙湾民盟组织发展趋势的分析和思考》，在民盟省委调研研讨会上交流。

【民盟组织建设】 2010年，民盟龙湾总支加强自身建设，定期组织民盟盟员学习多党合作的政治理论知识，推荐盟员参加上级组织的各类学习培训，提高自身理论水平和参政意识。12月，组织全体盟员赴江西婺源考察。全年新发展盟员2人。

【民盟荣誉榜】 2010年度，民盟西区支部被民盟温州市委会评为先进支部。陈金杰被民盟省委评为先进盟员；朱学林、张霞鸿、李江都获民盟温州市委盟务工作先进个人称号；郑银凤被评为2009～2010年家庭事业兼顾型先进个人。

中国民主建国会温州市龙湾区总支委员会

【民建参政议政】 2010年，中国民主建国会温州市龙湾区总支委员会（简称民建龙湾总支）围绕中共龙湾区委、区人民政府中心工作，做好“两会”前调研。民建龙湾总支向市十一届人大六次会议提交议案1份；向区政协三届五次会议提交提案和建议15件。其中韩必强委员的《加大农村社会养老保障，不断推进老龄事业健康发展》、《优化交通建设，提提升城市发展》、《建设人才公寓，吸引各类人才到龙湾落户》提案作为大会发言材料发表。

【民建服务社会】 2010年，民建龙湾总支积极开展各项公益事业活动。在帮扶贫困学生入学、重大疾病救助、特困家庭救助等公益事业上，民建党员所属企业积极开展扶贫结对、捐款捐物。全年各种慈善捐款100余万元，

【民建自身建设】 2010年12月，民建龙湾总支召开换届大会。民建龙湾支部升格为民建龙湾总支，大会选举产生新一届总支领导班子，浙江省青山特钢有限公司董事长张积敏当选为总支委员会主委。总支班子以“团结民主、求真务实、开拓创新、廉洁自律”目标，进一步加强民建党员的向心力和凝聚力，提升整体领导能力。

中国民主促进会温州市龙湾区支部委员会

【民进参政议政】 2010年，中国民主促进会温州市龙湾区支部委员会（简称民进龙湾支部），围绕人民群众关注的热点、难点问题，深入调查研究，努力撰写出高质量的议案提案。团体提案《加快温州民营经济科技产业基地建设步伐，打造宜商宜居新龙湾》和钟杭玲的提案《龙湾区城乡居民社会养老保险的实施建议》，被评为2010年度优秀提案；曹丹艳、王成福被评为2010年度提案先进个人。

【民进社情民意工作】 2010年，民进龙湾支部有市政协社情民意特邀信息员1名，区政协社情民意特邀信息员2名，全年上报社情民意8条。“建立常态化的安保体系，以应对突发的校园暴力”、“完善绩效工资，深化教育改革”2条信息被市政协选用，精选上报省政协；信息“建立教师私车公用报销制度刻不容缓”，被市政协文教委采用。

【民进服务社会】 2010年，民进龙湾支部把服务社会作为履行职能的重要工作。继续密切与龙水第一小学的结对，联合区政协开展“以书为介、携手发展”民进杯读书暨政协文化进校园活动。郑秀东参加民进温州市委结对村——文成县富岙乡石竹寮少数民族村结对帮扶工作，捐资10万元，用于修建饮水工程。

【民进自身建设】 2010年，民进龙湾支部坚持每两个月一次集中学习和每月一次自学制度。选派民进会员参加首期浙江籍海外华侨华人代表人士国情研修班、2010年民进省委骨干会员培训班、民进浙江省委会2010年通讯员培训班、新会员培训班学习。组织民进会员出访台湾，重点考察教育和婚庆行业。开通龙湾民进网站，宣传与贯彻中国共产党的路线、方针与政策。王成福撰写的《浅谈政协的言谏文化》，获省政协统战理论征文三等奖。全年新发展民进会员2人，截至12月，有会员23人。

中国农工民主党温州市龙湾区支部委员会

【农工党参政议政】 2010年，中国农工民主党温州市龙湾区支部委员会（简称农工党龙湾支部）认真履行参政党职能，建睿智之言，献务实之策。在区“两会”上，4名农工党政协委员就文化建设、农业问题、环境保护、医疗保障方面，提出《关于公交车龙湾状元地段改线的建议方案》和《关于要求增加民主党派人士在政协委员中的名额建议》等6件提案。参与温州市委统战部组织的《温州产业经济用工荒问题的调研与思考》课题调研。

【农工党支部换届工作】 2010年9月2日，农工党龙湾支部召开农工党龙湾支部换届选举会议。会议听取并审议金叶道代表农工党支部第一届委员会所作的工作报告，选举产生农工党龙湾支部第二届委员会。金叶道当选农工党新一届支部主委，邢庆武、陈音当选副主委，余海敏、姜国桢当选委员。

【农工党服务社会】 2010年，农工党龙湾支部发挥自身优势，积极开展社会服务。组织一批专家赴洞头义诊，为当地村民送医送药、免费健康体检和健康咨询。在全国助残日之际，开展“助残疾、手足情”爱心活动，为3名骨残患者免费进行矫形手术救治。同时，为市儿童福利院免费手术6例，为市社会福利院

建立爱心病房。

【农工党荣誉榜】 2010年，农工党龙湾支部被农工党省委授予2007～2009年社会服务工作先进基层组织称号，金叶道被授予2007～2009年社会服务工作先进个人称号。农工党龙湾支部获温州市“农工党建党80周年演讲比赛先进组织”称号。陈音获温州市农工党建党80周年演讲比赛二等奖、温州优秀普通话测试员；金叶道获温州市“我心目中的好医生”提名奖；余海敏获2010年度龙湾区重点工程建设先进个人称号。

中国致公党温州市龙湾区支部委员会

【致公党参政议政】 2010年，中国致公党温州市龙湾区支部委员会（简称致公党龙湾支部）在区政协会议上，提交6个提案。集体提案《关于推进龙湾中心区新型城市化建设的几点建议》，被评为龙湾区政协年度优秀提案。在龙湾区委统战部党派调研活动中，撰写《龙湾物流产业发展的调查和研究》；在温州市委统战部“诤友建言”调研活动中，撰写《后危机时代温州中小企业发展困境及对策研究》。由致公党龙湾支部党员共同参与的致公党市委会课题《关于温州农村城市化的调研报告》，获温州市委统战部“诤友建言”调研活动二等奖。调研课题《培养中华民族优秀传统价值观，促进侨务资源可持续利用》和《关于浙江省农村城市化的调研报告》分别被致公党省委会采用，并转为2011年浙江省政协大会发言材料和致公党省委会集体提案。林炳岳撰写的《清理冒牌温州发廊，捍卫我市文明形象》社情民意，得到市长赵一德批示；另两条社情民意被致公党省委会采用。

【致公党服务社会】 2010年，致公党龙湾支部组织致公党党员参与形式多样的服务社会活动。高明章、张尧响应区统战系统“重视民生，共建和谐”号召，继续结对2名龙湾贫困学生。孙进清主动联系广西桂林平乐县教育局，结对20名品学兼优贫困中小学生，每年资助2万元；高明章赴文成畲族村慰问捐款1万元；吴永龙义卖两件书画作品价值7000元，所得全部捐给慈善机构。致公党龙湾支部向青田县烧伤少年高龙鑫捐助善款1万元，联合龙湾区政协书画院到区消防大队开展“文化进警营”为主题的社会服务活动。

【致公党组织建设】 2010年，致公党龙湾支部深入开展学习“树立和践行社会主义核心价值体系”系列教育活动。尝试致公党支部会议在支部党员所属企业轮流召开，推荐1名致公党党员参加致公党省委会信息工作培训班。6月25日，致公党龙湾支部完成新一届支委会换届选举。高明章当选主委，朱晓芬、黄根云当选副主委。8月22日，组织全体致公党党员赴桂林、南宁等地考察学习。全年新发展致公党党员2名。

【致公党荣誉榜】 2010年，致公党龙湾支部获致公党温州市委市级先进支部称号。高明章获致公党温州市委“践行核心价值体系”征文比赛二等奖；林晓燕获致公党温州市委党务工作先进个人；林炳岳获致公党浙江省委基层工作先进个人。

九三学社温州市龙湾区支社

【九三学社参政议政】 2010年，九三学社温州市龙湾区支社（简称九三学社龙湾支社）在区政协三届四次会议上，作题为《加快提案成果转化，不断提高提案办理成效》大会发言。提交《不断完善和提高龙湾区新型农村合作医疗水平》、《将均衡教育落到实处，办人民满意教育》、《将农民工纳入政府的服务对象》、《坚持不懈地抓好温瑞塘河综合整治工作》、《充分发挥科技引领作用 加快产业转型升级步伐》等10篇大会发言材料和《尽快建立污染物总量减排长效机制》等12件提案。“大力发展龙湾现代化专业市场”提案，被列为2010年区政协十大重点提案。“加大污染减排力度，打造生态和谐新龙湾”提案，获优秀提案奖；陈继远被评为优秀政协委员。

【九三学社信息工作】 2010年，九三学社龙湾支社认真做好信息工作，积极反映社情民意。全年向上级有关单位提交信息24篇。其中被九三学社中央采用2篇，九三学社省委采用17篇，省政协采用1篇，市政协采用9篇。

龙湾区无党派人士联谊会

【无党派人士参政议政】 2010年，龙湾区无党派人士联谊会认真履行参政议政职能，深入开展社会调研，积极建言献策。组织联谊会会员参加龙湾区委统战部的课题调研，完成调研课题《龙湾区食品安全卫生的调查》。在区“两会”期间，共提交提案12个。

【无党派人士服务社会】 2010年，龙湾区无党派人士联谊会发挥自身优势，服务基层，回报社会。12月，向全体理事发出“爱心捐赠、阳光陪伴”活动倡议书，联合区残联成功举办为残疾人做一天“义工”、扶贫捐资、陪伴游玩活动，12人与来自各区各镇、街道11名残疾人结对，共同参观市博物馆、科技馆、市图书馆、歌剧院等，并捐资资助残疾人。

【无党派人士自身建设】 2010年，龙湾区无党派人士联谊会加强政治理论学习，进一步提高会员思想认识。开展建立学习型组织建设读书倡议活动，打造学习型社团组织。全年召开2次会长办公会议。12月17日，召开学习中共十七届五中全会精神会暨读书交流会。

龙湾区工商业联合会

【概况】 2010年，龙湾区工商业联合会（简称龙湾区工商联）有会员2279余人，已成立海城、瑶溪、蒲州、永兴、海滨、状元、永中、天河、沙城、灵昆10个基层商会，食品、物流2个行业商会和上海、北京两个异地分会。设立区工商联教育培训中心，为正股级事业单位。是年，区工商联获2009年度全省工商联系统先进集体、2010年度全省工商联系统宣传工作优秀单位称号。

【工商联参政议政】 2010年，龙湾区工商联引导工商联界人大代表、政协委员积极履行“两会”参政议政职能。在区“两会”上，工商联界政协委员提交提案22件，其中张国林牵头撰写的《关于加强科技进步促进工业经济发展的提案》被列为重点提案。将内外龙湾人互动发展确定为年度重点课题，与区政协、区委政研室、经贸局、协作办等单位联合，分赴北京、武汉、上海、广州、丽水等地在外商会及龙湾籍企业进行实地调研考察，完成《关于推进内外龙湾人互动发展的调查与思考》课题，并被区委、区政府列为重点课题。

【工商联服务地方经济】 2010年，龙湾区工商联主动参与中共龙湾区委、区人民政府“内外龙湾人互动”等工作，组织召开区工商联“内外龙湾人互动”专题座谈会，就总部经济工作和建设总商会大厦项目展开讨论。联合区经贸局、协作办等单位走访考察宁波、台州、瓯海等地，向区政府提交《关于筹建龙湾区总商会大厦的请示》，得到区委、区政府认可。

【工商联服务企业】 2010年，龙湾区工商联为帮助企业缓解融资难，加强与驻龙湾银行的协调。与建行龙湾支行签订合作协议，做好中小企业的融资服务；邀请韩亚银行上海分行负责人到龙湾考察。组织会员到杭州培训考察，邀请浙江大学教授作“企业法律风险与防范”专题讲座，并参观考察阿里巴巴集团和娃哈哈集团。组织工商联食品行业企业考察团赴台参观考察，加强两地经贸交流。启动非公经济人士综合评价工作，做好市级优秀建设者的评选推荐。联合区委组织部等单位开展第三届“活力和谐企业”评选表彰工作。

【工商联光彩事业】 2010年，龙湾区工商联继续发挥区光彩事业促进会和工商联民生扶助基金平台作用，开展第三届“外来员工高考子女助学活动”和“孺子牛奖”、“雏鹰奖”评选活动。截至12月，共资助52名外来员工子女就读大学，资助金额23.8万元；评选出30名“孺子牛奖”优秀教师和240名“雏鹰奖”优秀民工子女学生，支出奖学金额28.2万元。探索光彩事业新途径，组织工商联企业家到西藏嘉黎县开展扶贫考察，援助50万元；发动企业家为贵州省毕节试验区捐款5万元。

图26：4月27日，龙湾区工商联召开“内外龙湾人互动”专题座谈会。　　（区工商联供稿）

【工商联基层组织建设】 2010年，龙湾区工商联与区民政部门衔接基层商会民政登记工作，解决基层商会长期以来不具法人地位的局面，全区8个基层商会完成登记手续。健全秘书长会议制度，规定秘书长例会半年召开1次。推动基层商会规范化建设，成立1个异地商会党支部、2个基层商会党支部。

龙湾区总工会

【“劳动关系和谐企业”创建】 2010年，龙湾区总工会开展“劳动关系和谐企业”创建，共有487家企业申报创建工作。评选15家龙湾区首届“劳动关系和谐企业”，成为首个开展“劳动关系和谐企业”评比活动的县（市、区）级工会组织。推荐12家企业参加市级“劳动关系和谐企业”评比，江南阀门有限公司等9家企业获市级“劳动关系和谐企业”称号。其中江南阀门、青山控股、泰昌集团3家企业被市里推荐至省级评选。召开两次劳动关系三方协调机制工作例会，推进三方机制在全区各镇、街道的全面实施。联合区人事劳动局、企业家协会对全区企业开展工资发放专项监督检查，督促企业履行工资发放义务，参与全区非法用工联合检查大行动。开展“平安和谐企业”创建宣传，现场分发资料300余份。

【工会服务劳模行动】 2010年，龙湾区总工会联合区新闻中心对一线劳模黄大成、省五一劳动奖章获得者曾国海先进事迹进行专题报道。推荐评选省五一劳动奖章、市工人先锋号、市“银锤奖”杰出职工等各类先进。投入资金6万元，发放退休劳模津贴和医疗门诊补助。组织140名省、市、区三级劳模进行免费体检，并为劳模建立健康档案。

【企业民主管理条例宣传】 2010年，龙湾区总工会对全区上档次、上规模企业进行分类，整理出14项可操作、规范化的厂务公开项目，指导企业进行统一台账管理，推行厂务公开民主管理工作。泰昌公司实行“一审二议三公开”

民主管理形式，在全市尚属首例，这一管理形式进一步完善后，将在全区企业加以推广。加快推行职代会制度，全区有29家企业建立职代会制度。开展《浙江省企业民主管理条例》宣传，通过报刊、墙报、横幅、网络、媒体、讲座等载体，开展学习宣传该条例活动。活动中，悬挂宣传横幅200条，印发该条例手册5000份。海城街道工委举办知识竞赛；永中街道总工会举办学习该条例培训班，100余家企业工会干部参加培训。

【职工维权】 2010年，龙湾区总工会加强维权网络建设，健全维权保障机制。加强维权帮扶中心的硬件和软件建设，投入资金8万余元，配置电子屏幕、电脑网络、办公室用品，聘任2名工作人员。制订《龙湾区总工会职工维权帮扶中心临时性救助实施办法》，在瑶溪、蒲州、永中等3个镇（街道）挂牌成立镇（街道）职工帮扶维权工作站（点）。全年接待职工来访来电130余人次，调解劳资纠纷100余起，结案率达95%。开展法律维权宣传，举办“红五月”大型广场咨询宣传活动，邀请律师为职工答疑，分发各类宣传资料1000余份、吸引100余名职工参加现场知识问答。

【工会帮扶工程】 2010年，龙湾区总工会开展困难职工慰问活动，发挥工会帮扶困难职工职能。对全区的197户困难职工实行动态管理，建立困难职工电子档案。走访慰问困难职工和困难劳模，发放慰问金、慰问品21万元。借正得利人造革有限公司举办“年夜饭”活动和康尔达企业组织员工过端午节的机会，向职工送礼品和粽子等3500份。组织开展农民工返乡购票服务，投入资金2.7万元，为186位农民工提供免费返乡火车票与飞机票。联合温州市龙铸钢铁阀门有限公司开展“龙铸钢铁阀门”金秋助学活动，资助22名困难职工家庭子女助学金7.8万元。

【工会文体活动】 2010年，龙湾区工会系统为丰富职工业余生活，开展采取形式多样、内容丰富的职工文体活动。区总工会女职委举办庆“三八”女职工趣味运动会，全区22支女职工代表队326名选手参加8字跳绳等五个项目角逐；选派一支舞蹈表演队参加市总工会举办的庆“五一”职工排舞比赛。各级工会工委通过举办各类活动，展示职工健康向上的精神风貌和时代风采。灵昆镇工会工委举办“庆元宵”猜灯谜活动、理论辩论赛和职工护绿养绿活动；永中街道总工会举办庆“五一”歌颂劳动、迎“五四”唱响青春大型文艺表演；建设系统举办“奥马杯”趣味运动会，有30余家企业组成的8支队伍共180余名职工选手参加比赛。

图27：11月12日，“奥马杯”龙湾建设局系统职工趣味运动会举行。（区总工会供稿）

【工会干部培训】 2010年，龙湾区总工会强化干部教育培训工作，努力提高工会干部的整体素质。5月，举办财务、经审、厂务公开培训班，各级工会干部60余人参加；推荐屿田村等4名新上任的工会干部参加全省经济强村工作研讨班培训；状元镇工会工委组织企事业工会干部30余人，在省总工会干校举办新时期基层工会工作培训班；11月，举办全区基层企业工会干部培训，200余人参加了培训。

【学习型工会创建】 2010年，龙湾区总工会围绕创建“学习型、创新型和服务型”工会，开展创建“职工书屋”和“电子书屋”活动。全区有3000余名职工参加区里组织的读书活动，创建2家市级书屋和30家职工“电子书屋”。其中温州人造革有限公司和华迪钢业集团有限公司获温州市“职工书屋”称号。

【基层工会组织建设】 2010年4月22日，龙湾区总工会召开四届七次全委会和四届四次常委会，会议免去林钢的区总工会主席、常委、委员职务，免去毛尔轩的区总工会副主席、常委、委员职务。选举产生严永明为区总工会主席。瑶溪镇、状元镇总工会相继成立，完成龙湾区三年规划的第一年任务。组建行业工会3家，新增会员15586人。加强企业工会主席直选工作，推进基层工会民主建设。全年，18家企业工会主席实行直选产生。完成市总工会三级联创先进5家，合格职工之家100家任务。组织7家企业参加市“百家基层工会组织规范化建设”活动评选。

共青团龙湾区委员会

【概况】 截至2010年年底，龙湾区共有14～35周岁青年111070人，其中14～28周岁青年67077人，团员33788人，团青比例30.4%。7～14周岁少年儿童37490人，其中少先队员34118人。2010年，全区新发展团员1485人，申请入党的团员223人，入党团员102人。全区共有基层团组织942个，其中基层团委42个、团工委9个、团总支12个、团支部879个，专职团干部17名。

【青少年励志成才行动】 2010年，共青团龙湾区委员会（简称团区委）加强青少年思想教育，引领青少年永远跟党走。开展纪念五四运动91周年、“争当‘四好少年’”等主题教育活动；举办第二期中学生业余党校培训班；深化学习型团组织创建，以青年讲堂、青年论坛、互动沙龙为载体，引领青年成长成才。规范7家未成年人校外活动阵地，永昌堡、赵尔春烈士英模馆通过“第二届市青少年教育基地”复评，区文博馆被评为“第二届市青少年教育基地”。

【青年创业行动】 2010年，团区委通过搭建培训、实践、项目服务、资金扶持、示范宣传等五大平台，构建青年就业创业服务体系。开展“订单式”青年农民工技能培训368人，农村青年劳动力培训587人。举办区首届大学生创业培训班、SYB创业青年培训班，203名创业青年参加培训。以授牌方式，建立青年就业创业见习基地34个，提供见习岗位721个，92人上岗见习。举办第三届“创业龙湾·创新青年”创业创新项目竞赛，对27个获奖项目给予11.7万元的资金扶持。成立青年创业导师团，22位导师与21位创业青年成功结对。实施青年创业小额贷款项目，全年贷款73笔，68名（户）农村青年获得2773万元创业贷款。举办内外龙湾人互动发展论坛，联合温州电视台《网赢商机》栏目，推出《创业达人·精英有约》特别栏目，为龙湾青年创业发展营造良好氛围。

【青年文化行动】 2010年，团区委开展以“青春、创新、发展”为主题的第七届青年文化节，内容包括青年嘉年华游园，2010年度“灵昆绿色生态体验园”夏令营暨青联委员、青企协会员亲子夏令营活动，“改善塘河环境·促进人文和谐”保护母亲河知识竞赛，环保低碳征文比赛等活动。开展以“汇聚花季梦想、挥洒青春智慧”为主题的中学生社团文化节，内容包括中学生星级社团评选，“活力基层”团建项目（中学组）竞赛，“手拉手·迎六创”中学生社团社会实践月活动，“菁菁校园谁主风云”中学生主持人大赛，中学生社团发展论坛。组织青联委员、青企协会员赴瓯海、龙游、长三角开展经贸考察，与上海温州青联、香港温州同乡会青年委员会，开展联谊交流，促进青年文化的内外互动。

【青少年平安行动】 2010年，团区委围绕“平安龙湾”建设，加强消防安全、法律、禁毒宣传等平安志愿者队伍建设。开展“参与志愿服务，共建和谐龙湾”志愿服务月、防灾减灾宣传、法制宣传等主题活动，初步形成一批品牌活动项目。成立龙湾区平安志愿服务总队，深化“手拉手”少年儿童平安行动。通过开展“平安自护共成长”主题队会、安全自护类红领巾小社团建设、发放平安宣传光盘等教育活动，帮助少年儿童提高安全自护能力。完成第四批区级优秀“青少年维权岗”创建单位考核评选，创成优秀“青少年维权岗”15家。

【青年志愿者行动】 2010年，团区委继续完善青年志愿者注册登记，建立龙湾区志愿者派遣网站。成功派遣志愿者开展扶贫助弱、关爱老人等志愿服务活动和主题宣传活动，实现志愿服务需求对接。成立“六城联创”志愿服务总队，举办“文明集结号”志愿者行动暨“我与文明同行”大型广场主题活动，周末文明创建走进社区活动，“六城联创、志愿先行”出征仪式活动，全方位参与区委、区政府中心工作。

图28：4月29日，龙湾区召开“五四”运动91周年纪念大会。（团区委供稿）

【青少年关爱行动】 2010年，团区委开展“牵手希望·共圆梦想”青年文明号爱心结对活动。举办“和谐凝聚力量·真情2010”龙湾区各界青年迎新春慈善晚宴，捐款41.2万元用于区第一所新公民学校建设和关爱低收入家庭青少年补助资金。结对帮扶70名低收入家庭青少年，共计发放助学款6万元。各基层团组织联动开展帮扶，资金累计21.6万元，帮扶对象239人。参与抗旱救灾、抗震救灾捐款活动，累计捐款23.7万元。组织开展共青团与人大代表、政协委员“面对面”沟通活动，努力将事关青少年利益的问题通过人大、政协会议上升为政府和社会意志，共同维护青少年合法权益。

【基层团组织建设】 2010年，团区委与各基层团组织签订目标责任状，推进基层团组织工作创新。永中、蒲州、状元、天河等4个镇（街道）完成团委班子的调整和团委副书记、委员的增配。抓好“两新”组织团建，建立百团联系百企制度；开展“非公企业团组织示范点”、“优秀非公企业团干部”评选。全年新建非公企业团组织118家，新建新社会组织团组织7家，进一步扩大“两新”组织的团组织覆盖面。开展第二届“活力基层”团建创新项目竞赛，13个项目参加决赛。下发《2010年龙湾区共青团工作量化考核指标》，完善共青团考核内容。做好“推优入党”工作，出台《龙湾区共青团组织“推优入党”工作实施细则》，全年申请入党团员223人，经团组织推荐后入党102人。举办2010年基层团干部培训班、“全国共青团基本信息统计系统”工作培训班，使团员青年、团干部在培训中受启迪和教育。

【共青团创先争优活动】 2010年，团区委以“五创五争”为主载体，启动深入开展以“双争一满意”为主要内容的创先争优活动。出台《关于在全区基层团组织和广大团员中开展创先争优活动的实施意见》，创建五四红旗团组织，争当优秀共青团员。团区委机关党支部与灵昆镇顺发服饰开展“双百结对、帮学共建”活动，到创先争优联系点灵昆镇北段村调研指导。以纪念中国共产党建党89周年、中华人民共和国建国61周年为契机，开展“爱党、爱国、爱家乡”主题教育活动，引导青少年树立正确的理想信念。启动“村村都有好青年”人才发展计划，全区评选出149名“好青年”，并制作典型宣传片，在温州电视台社区新闻播出。开展第三届“龙湾区百名优秀新龙湾青年”评选活动，90名优秀新龙湾青年获服务之星、技术之星、敬业之星、创业之星、岗位能手等称号。

图29：7月7日，龙湾区大中学生志愿者举行暑期社会实践活动出征仪式。 （团区委供稿）

【团区委全委会】 2010年3月4日，共青团龙湾区七届三次全委（扩大）会议召开。第七届团区委委员、候补委员，区第七次团代会代表，各镇(街道)、区属有关单位、区直学校团组织书记、副书记，各中学团委书记、小学大队辅导员，2009年度共青团工作各类获奖团组织负责人等共180余人参加会议。团区委书记林丹艳代表团区委常委会作题为《活跃基层、项目牵动、统筹推进，引领全区青年在宜商宜居的现代化滨海新城区建设征程中建功立业》的工作报告。大会审议通过《共青团龙湾区七届三次全会关于团区委候补委员的卸职确认案》。

【大中学生暑期社会实践活动】 2010年7月7日，龙湾区大中学生志愿者暑期社会实践活动出征仪式，在区文化中心举行。全省各高校和区内各中学的60余支暑期社会实践队、共计700余人，参加出征仪式。出征仪式后，杭师大钱江学院实践队、温州大学音乐学院实践队，举办了一场服务“宜商宜居、和谐龙湾”的大型文艺汇演。该次大中学生暑期实践活动针对大中专学生组织科学发展观实践服务团、文化宣传服务团、“春泥计划”服务团等7个方面的重点服务团队，针对中学生组织“精彩的世博”宣传服务、“和谐的家园”志愿服务等四个方面的重点服务团队，下设44支小队，奔赴农村、社区、企业、机关开展各类实践活动。

【少先队工作】 2010年3月19日，区少工委二届二次全委会暨区少先队工作学会年会在沙城第一小学召开。团区委副书记、区少工委主任孔繁义作题为《学贺信、争“四好”、创品牌、夯基础，全面推动全区少先队工作科学发展》的工作报告。会议通报2009年度区少先队优秀论文、优秀少先队员、优秀少先队辅导员、优秀少先队志愿辅导员和雏鹰红旗大队获奖名单并举行表彰仪式。8月6日，由团区委、区教育局、区少工委联合举办的区第七期少先队辅导员培训班在龙湾区行政管理中心开班，来自全区各中小学、外来民工子弟学校的大、中队辅导员共90余人参加培训。10月19日，龙湾区纪念建队61周年大会在龙湾区第二小学举行，各镇（街道）团（工）委书记、区少工委委员、中小学校校长、大队辅导员、大队长、新入队少先队员和《龙湾少年报》小记者代表等200余人参加纪念大会。创办《龙湾少年报》，受到广大青少年的欢迎。

龙湾区妇女联合会

【概况】 截至2010年年底，全区共有女性161212人，14周岁以下儿童54063人，女性党员4471名。有镇、街道妇联组织10个，机关单位妇委会23个，村（居）妇代会组织159个，专兼职妇联干部17名。全区有省、市、区“双学双比”生产示范基地12个，各行各业创建“巾帼文明示范岗”92个。其中国家级示范岗2个、省级示范岗10个、市级示范岗14个。有区级文明家庭30835户，家长学校（家教指导中心）53所。其中市级以上示范家长学校（家教指导服务中心）19所，区级示范家长学校33所。是年，龙湾区妇女联合会（简称龙湾区妇联）获省廉政文化进家庭示范点、省文明家庭创建活动先进组织、省巾帼建功先进集体、省妇联系统信访工作先进集体等称号。

【双合格家庭创建】 2010年，龙湾区妇联充分利用区内家庭教育讲师团资源和外聘专家，开展“与孩子共成长”春秋两季家庭教育巡回报告会。全年共举行报告会24场，有5000余名家长听取讲座。创新龙湾区家长学校办学模式，在龙湾区第一新公民学校成立区首家“新龙湾人”家长学校。开展全区优秀家庭教育案例评选，共收到案例24篇，评出一、二、三等奖共15篇。

【巾帼文明岗创建】 2010年，龙湾区妇联扩大创建面，进一步打造巾帼文明岗创建品牌，巾帼文明岗争创活动由服务业、窗口行业向其他领域延伸。全年推荐省级巾帼文明岗2个，市级巾帼文明岗5个。开展区巾帼文明岗申报活动，对各级争创单位开展明察暗访，对检查情况进行书面反馈。

【女性素质工程】 2010年，龙湾区妇联深入实施“农村女劳动力素质培训工程”。利用妇女学校、农函大、专业培训点、“月讲坛”等培训阵地，开展形式多样的培训工作。举办瓜果种植、病虫害防治等农业实用技术培训；开展以车包、电器装搭、计算机等培训；开展养生美容、声乐舞蹈、健康知识等方面的培训；从而切实提高女性综合素质，进一步推动龙湾区妇女人力资源的开发和利用。

【妇女儿童权益保障】 2010年，龙湾区妇联发挥妇联三级信访网络、人民陪审员、巾帼维权咨询团、法律援助中心及“12338”维权热线等作用，为妇女提供法律咨询、心理疏导、纠纷调解服务。全年共接待来访来信来电108件，结案率97%。区人大常委会组织开展龙湾区贯彻实施《中华人民共和国妇女权益保障法》执法检查。加强与各职能部门的协调，推动全面关注关怀妇女儿童权益保障工作。开展《中华人民共和国妇女权益保障法》、《中华人民共和国婚姻法》等维权知识培训。举办“庆百年妇运贺甲子妇联、送知识下乡促家庭平安”，“拒绝家暴、建设平安、共促和谐”，“关爱女孩”及“依法参与禁毒构建和谐社会”等系列主题宣传教育活动。通过现场法律咨询、图片展、知识竞答、投递宣传资料、法院“公众开放日”等活动形式，提高妇女依法维权意识和能力。

【妇联百年庆典】 2010年3月5日，龙湾区妇联在越秀学校举办“百年庆典欢乐颂 四自女性风采扬”的庆“三八”激情广场大展演。来自全区机关、基层的各界妇女组成的舞龙灯队、腰鼓队、排舞队、警花演练队、民乐时装队等14支代表队近千人参加广场大展演。活动中，分别评选出最佳民俗奖、最佳表演奖、最佳创意奖、最具活力奖等各类奖项。表彰了区级“十佳巾帼标兵”、区妇女工作先进集体、“十佳”村（居）妇代会、“十佳”妇联干部。

图30：3月5日，龙湾区妇联在越秀学校举办庆“三八”激情广场大展演。（区妇联供稿）

【妇联帮扶工程】 2010年，龙湾区妇联把服务弱势妇女儿童群体放在工作的重要位置。开展“寒冬送温暖”活动，对退离职村级妇女干部与特困家庭、单亲家庭进行走访慰问。开展“情牵春蕾、爱在六一”爱心助学活动，在原有5家结对单位的基础上，牵线4家省、市级巾帼文明示范岗单位参与结对。开展“访贫访苦勤思廉”活动，“廉内助”爱心团代表走访慰问特困家庭。全年共走访慰问456名（户），支出慰问金28.85万元。深化“岗村联动共建新农村”活动，通过“送信息、送技术、送法律、送资金、送医疗”活动，实现城乡妇女在资源信息上的共享。实施小额贷款项目，引导和扶持有一定发展基础的14名农村妇女自主创业，累计小额贷款总额324万元。

【龙湾妇联网开通】 2010年4月28日，龙湾妇联网开通（http://www.lwfl.org/）。该网站集资讯、服务、宣传、办公等功能于一体，由《走进妇联》、《动态信息》、《主体活动》、《维权驿站》、《关爱儿童》、《巾帼风采》、《文件资料》、《时尚女性》等八大版块及20余个特色栏目组成，内容基本涵盖了妇女儿童工作的各个方面。

【基层妇女组织建设】 2010年，龙湾区妇联全面推进妇女之家建设，不断完善组织网络。全区165个村、居、社区的“妇女之家”全部挂牌建立，实现全覆盖。以村级组织换届为契机，联合区委组织部、区民政局下发《关于在2011年全区村级组织换届中进一步推进妇女进村“两委”工作的实施意见》，推进女性进村“两委”、妇女委员专职专选。确保村委会班子中至少有一名女性成员、妇女村民代表应占村民代表会议组成人员的三分之一以上，进一步激发女性参政议政的积极性。

龙湾区归国华侨联合会

【区委研究侨联工作】 2010年8月，龙湾区委专题学习讨论温州市委《关于进一步加强和改进新时期侨联工作的意见》，听取龙湾区归国华侨联合会（简称龙湾区侨联）关于加强和改进新时期侨联工作的意见，决定在全开展“四个一”活动，进一步推进新时期侨联工作。组织一次学习，号召各镇(街道)、全区各侨联组织班子成员、侨联干部对市委文件进行学习传达；出台一个文件，区委出台《关于加强和改进新时期侨联工作的意见》；推出一个载体，即开展“党建带侨建”工作，区委出台《关于开展“党建设带侨建”工作的意见》；开展一次侨联工作专题调研。

【侨界慈善捐赠】 2010年4月22日，全德华人社团联合会荣誉主席、温州滨海大酒店董事长冯定献率员工举行“情系玉树，大爱无疆”温州滨海大酒店募捐仪式，为玉树地震赈灾共募捐11万余

表14：2010年龙湾籍华侨华人分布状况

国家（地区）	人数	国家（地区）	人数
日本	10	保加利亚	3
新加坡	344	乌克兰	5
印度	1	南斯拉夫	5
伊拉克	3	俄罗斯	7
柬埔寨	2	希腊	3
法国	565	奥地利	6
西班牙	346	捷克	2
荷兰	271	匈牙利	18
意大利	713	美国	678
芬兰	17	加拿大	60
德国	47	巴西	35
英国	36	阿根廷	4
罗马尼亚	24	澳大利亚	29
比利时	40	新西兰	9
葡萄牙	39	南非	1
斯洛伐克	4		

注：亚洲359人，欧洲2142人，美洲773人，大洋洲38人，非洲1人

表15：2010年龙湾出国留学人员分布状况

国家（地区）	人数	国家（地区）	人数
美国	38	法　国	5
新加坡	8	意大利	3
日本	6	俄罗斯	1
英国	26	澳大利亚	16
德国	6	新西兰	9
西班牙	1	加拿大	13

元。5月6日，温州市慈善总会侨爱分会成立大会上，龙湾区侨资企业浙江康尔达新材料股份有限公司董事长翁银巧捐赠50万元、滨海大酒店董事长冯定献捐赠11万元、欧斯达电器实业有限公司副董事长陈大谊捐赠3万元。7月，龙湾区侨资企业巨龙房地产开发有限公司、温州华普电气有限公司、欧斯达电器实业有限公司、泰昌铁塔制造有限公司等响应中央统战部号召，为贵州省毕节实验区建设筹募帮扶资金5万元。开展侨界帮扶活动服务新农村建设，全年捐款捐物130余万元。

【3人获温州荣誉市民】 2010年3月22日，在温州市侨办主任会议上，龙湾区的康尔达印刷器材有限公司翁银巧、胡玲玲，滨海大酒店董事长冯定献等3名温籍侨胞被授予温州市荣誉市民称号。

【侨界参政议政】 2010年，龙湾区侨联组织带领区侨界部分政协委员于“两会”前召开侨界人大代表、政协委员座谈会，就龙湾区交通管理工作，开展调研。走访温州市交警支队三大队，为侨界人大代表、政协委员们提案议案掌握第一手资料，切实为侨界政协委员、人大代表参政议政、建言献策创造条件，提供服务。

【海外联谊】 2010年，龙湾区侨联发挥人民团体优势，加强与海外华侨华人的联系。举办龙湾区“三胞”新春联谊会、中秋联谊酒会。借温州市侨联成立50周年庆典活动之际，邀请海外优秀学子，畅叙乡情乡谊，进一步凝聚归侨侨眷及海外侨胞的智慧和力量。做好海外华侨回乡投资工作，实现内外龙湾人互动战略。全年共接待海外侨胞116人次，来访社团8个。在传统节日向海外17个国家和地区的146个华人社团、知名华侨、留学生寄送新春贺卡100余份。

司法与司法行政

综 述

2010年，龙湾区政法系统切实抓好社会矛盾化解、社会管理创新、公正廉洁执法三项重点工作，突出上海世博安保和校园安保，加强平安龙湾创建，为加快龙湾区转型发展创造了和谐稳定的社会环境和公正高效的法治环境。全区政法系统始终保持严打高压态势，刑事发案量和“两抢一盗”案件总量持续下降。全面排查整治各类安全隐患，各类事故总数比上年下降24%左右。基本实现综治网格化管理全覆盖，社会管理水平进一步提高。推出政法系统十件惠民法律实事工程，组织开展“三官（法官、警官、检察官）下基层”活动，进一步密切政法队伍与基层、与当地群众的联系。是年，龙湾区通过市“五五”普法验收；区人民法院获全国维护妇女儿童权益先进集体；区人民检察院获2010年度全国检察系统宣传先进单位；市公安局交警支队三大队获全省集中清理执行积案活动先进单位。

社会治安综合治理

【社会矛盾化解】 2010年，龙湾区委政法委突出预防调处重点，深入推进社会矛盾化解。坚持维稳信息研判分析联席会议，对可能影响社会稳定的3项重点工程进行风险评估，防止在决策、审批等前端环节因工作不当产生社会矛盾。开展“信访积案化解年”活动，社会矛盾化解率明显上升。全部办结省、市交办的重要信访件，区、镇两级挂牌的58件信访件，已化解35件，完成省、市联席办下达的任务。各镇（街道）、各部门牢牢掌控安保工作主动权，有效形成“书记带头、区镇联动、部门参与、齐抓共管”的信访维稳联动处置格局。对重点特殊群体，坚持思想教育与解决问题相结合，确保不发生重点对象赴省入沪进京上访。

【社会治安严打整治】 2010年，龙湾区委政法委坚持以政法职能部门为主，镇（街道）相互配合的工作思路，狠抓治安乱点整治，有效改善社会治安状况。坚持打击和防范并举，严厉打击“两抢一盗”、涉黑涉恶、黄赌毒等违法犯罪活动，切实保护人民群众生命财产安全。全年全区共发生各类刑事案件8520起，比上年下降12.0%。其中“两抢”案件发996起，比上年下降35.4%；入室盗窃案件发2448起，比上年下降16.8%。命案发22起，破21起，命案发案数低于前3年平均水平；受理行政治安案件10697起，查结3097起；打击处理1813人，缉捕逃犯652名。推进乱点整治，严格落实社会治安重点地区挂牌整治制度。对市、区两级共11个社会治安重点地区（复杂地段），逐个确定整治责任单位、责任领导和责任民警。乱点区域刑事发案率明显下降，治安秩序持续好转。加强对个人极端暴力犯罪案件的苗头和隐患排查，对全区精神病人、无业失业人员、刑释解救等人员，采取教育措施，严格落实专人管控。全年全区共开通视频监控系统170个点，配置保安204名，发放器械335套，启动增设7个警务室（治安岗亭），校园周边安全秩序明显改善。

【综治网格化管理】 2010年，龙湾区委政法委突出网格化管理重点，创新社会管理模式。全区共划分片组网格1050个，组建平安和谐服务队270支，服务队成员4070人，创建示范点20个，基本实现综治网格化管理全覆盖。完善综治网格化信息管理系统，提升综治网格化管理服务水平。全年收录信息2240条，办结2235条，办结率99.8%。其中涉及矛盾纠纷1126条、治安隐患260条。设计开发社会服务联动工作应急平台和“民情e站”功能，与区公安分局、区委组织部等部门实现系统资源的对接共享。整合区、镇（街道）流动人口综合服务管理局、管理所和公安、计生、劳动等部门职能，有效加强流动人口的服务管理，逐步完善“一网兼容”工作机制。

【平安创建】 2010年，龙湾区委政法委突出平安创建重点，深入推进平安创建工作。贯彻落实温州市委《关于进一步加强政法干部队伍建设的若干意见》，在全区9个镇（街道）增配1名专职政法工作副书记，并按实有人口比例配备综治办专职人员57人，确保综治工作在基层有人抓、有人管。推进综治工作平台规范化建设，全区147个村居、5个社区居委会全部建立综治工作室，并创建了20个“星级示范基层综治工作室”。深化基层行业创安活动，区教育局在全区各校开展校园反邪“春蕾计划”活动；区建设局组织开工安全条件审查和办理施工意外人身伤害保险，责任书签订率和意外险投保率均达100%。

加强安全隐患排查整治，开展“安全生产年”、“重剑行动”、人员密集场所整治等专项活动，突出危化品生产和储藏等重点环节，切实消除安全隐患。全年全区共发生各类事故154起，比上年下降13.0%。深化平安主题宣传，制订下发《平安龙湾——温馨和谐的家园系列宣传活动实施方案》。加强人口聚居点、行业密集区、商业繁华地段等重点场所的宣传阵地建设。在交通要道设置12块大型公益广告牌，在银行、办事大厅等行业密集区的显要位置设立120余个电子屏幕，营造平安创建的浓厚氛围。

【世博安保】 2010年，龙湾区委政法委推进世博安保工程，实现世博安保“六个坚决杜绝”目标。成立上海世博会安保工作领导小组，制订《龙湾区上海世博会安保工作总体方案》，多次召开专题会议部署工作。实行“维稳信息日报送”制度和“领导带班、专人值班”备勤制度，强化信息源头搜集，切实掌握涉及社会稳定的动态信息。对可能发生的重大不稳定因素预测预警，及时报送信息，防止漏报、瞒报现象发生。每周至少开展一次针对外来人员集中居住地的全面大清查，确保重点场所安全和单位内部安全。世博会期间，成功管控重点人员60人，管控涉高危物品单位260家、托运寄递单位218家、重点部位119处。

审　判

【概况】 2010年，龙湾区人民法院把握“为大局服务、为人民司法”的工作主题，坚持“从严治院、公信立院、科技强院”工作方针，履行宪法和法律赋予的职责。全年共受理各类案件5205件，办结5045件，比上年分别上升6.4%和5.1%，解决争议标的额7.38亿余元。

【刑事审判】 2010年，龙湾区人民法院共审结刑事案件1092件，判处罪犯1551人。依法严厉打击扰乱社会治安、侵害群众利益等刑事犯罪活动，共审结此类案件524件，判处罪犯759人。其中被判处五年以上有期徒刑91人，重刑率12.0%。审结严重破坏社会主义市场经济秩序犯罪案件25件，判处罪犯26人。加大对职务犯罪的惩治力度，审结贪污、贿赂案件9件，判处罪犯9人。坚持惩罚与教育相结合原则，对217名罪行较轻的被告人依法判处缓刑、管制和单处附加刑。为81名符合法律援助条件的被告人指定辩护人。对未成年被告人，坚持寓教于审、惩教结合原则，做好教育、感化和挽救工作。注重刑事附带民事调解工作，全年受理该类案件58件，调解47件，调解率81%；为被害人挽回经济损失108万余元。

【民商事审判】 2010年，龙湾区人民法院共审结各类民商事案件2103件，涉诉标的金额6.52亿余元。妥善审理婚姻家庭、劳动争议、损害赔偿等民事案件710件。重视建设工程、承揽、买卖、金融借款等合同纠纷案件的审理，共审结该类案件1102件，涉诉标的额5.59亿余元。发挥消费法庭作用，做好消费纠纷指导调解，维护消费者合法权益。在龙湾区交警三大队成立交通巡回法庭，帮助当事人解决保险理赔的不便。

【妇女合法权益司法保护】 2010年，龙湾区人民法院加大对妇女合法权益的司法保护力度，探索完善运用人身安全保护裁定制止家庭暴力的具体方法。截至12月，共发出“人身安全保护裁定”7份。区人民法院被全国妇联、全国维护妇女儿童权益暨平安家庭创建协调组授予全国维护妇女儿童权益先进集体称号。

【“诉调对接”机制】 2010年，龙湾区人民法院会同区司法局制订《关于进一步加强民事诉讼与人民调解衔接工作实施办法（试行）》，设立龙湾区民商事纠纷人民调解委员会驻法院机关和永强法庭两个调解工作室。5月，成立“诉调对接室”。全年共成功调解民商事案件47件，涉案标的额160.9万元。定期召开联席会议，研究解决诉调衔接工作中碰到的困难。通过选派优秀法官评阅调解文书、答复相关咨询、邀请旁听庭审、剖析典型案例等形式，对人民调解工作给予具体指导。

【行政审判工作】 2010年，龙湾区人民法院共审结行政案件78件，比上年增加73.3%。推行“诉前沟通、诉中协

表16：　2010年度与前4年龙湾区人民法院刑事案件对比

年份	刑事收案（件/人）	刑事结案（件/人）
2006	819/1319	821/1316
2007	1094/1826	1091/1819
2008	1204/1902	1204/1905
2009	1068/1727	1065/1720
2010	1116/1779	1092/1551

表17：　2010年度与前4年龙湾区人民法院民事案件对比　单位：件

年份	民事收案			民事结案		
	婚姻家庭、继承纠纷	合同纠纷	权属、侵权纠纷	婚姻家庭、继承纠纷	合同纠纷	权属、侵权纠纷
2006	272	924	355	271	929	358
2007	262	987	322	263	970	338
2008	323	1351	416	309	1230	378
2009	312	1277	531	322	1261	499
2010	349	1308	508	327	1299	477

调、诉外疏导”的诉讼模式，运用协调和解方式化解行政争议。对群体性案件，加强释法说理，审结的案件中经协调当事人撤诉的案件共30件，占总数39.0%。加强与行政机关的联系沟通，通过参加行政执法联席会议、发出司法建议等方式促进行政机关执法水平的提高。做好行政非诉执行案件的合法性审查，全年共审查行政非诉执行案件694件。其中，裁定准予强制执行594件，占85.6%。在行政非诉执行案件中引入听证制度，以保障行政相对人的合法权益。

【行政审判白皮书制订】 2010年，龙湾区人民法院为进一步加强司法与行政良性互动，化解行政争议，对2005年至2009年全区行政诉讼司法审查情况进行梳理分析，并以“行政审判白皮书”的形式向区委作专题报告。该份报告详细通报2005年至2009年龙湾区行政诉讼的总体情况及案件特点，分析行政机关败诉案件数量比例、类型分布、败诉原因及反映出来的问题，并就规范执法行为、提高执法水平、健全监督制约机制、与人民法院良性互动等提出建议。

【法院执行工作】 2010年，龙湾区人民法院共执结执行案件1772件，执行标的额8397.1万元。梳理出112件重点案件，保证重点案件基本执结。成立执行指挥中心，及时处理执行线索和处置突发事件，提高执行工作的快速反应能力。实行执行案件信息输入银行征信系统，将满3个月不履行法律义务的被执行人信息输入人民银行征信系统，阻止其贷款融资，加大执行威慑力。设立执行曝光台，将恶意欠款、逃避法律义务者个人信息在宾馆、酒店等人口流动量较大的公共场所予以曝光。坚持柔性执法，特别是对涉及企业发展、民生利益和社会稳定的案件，讲究执行方式方法，既依法维护申请执行人的合法权益，又妥善处理好被执行人的实际困难。

【便民诉讼】 2010年，龙湾区人民法院推行口头起诉立案、远程立案、预约上门立案、非工作时间立案服务，为文化水平低、身处异地、行动不便的当事人提供立案便利。推广午间法庭、夜间法庭、双休日法庭和节假日法庭，方便上班族参与庭审。建设法院门户网站，强化案件查询功能，方便当事人随时查看案件有关信息。开展司法救助，扩大诉讼费减缓免力度，简化审批手续。共对175件案件减缓免诉讼费24.9万元，发放司法救助款26.5万元，并对所有劳动争议案件一律免收诉讼费。

【法院信访工作】 2010年，龙湾区人民法院以中央政法委集中清理涉法涉诉信访积案活动为契机，完善“党委领导、法院理诉、政府解难、多元化解”的涉诉信访工作机制，综合运用各方力量妥善化解纠纷。全年共化解涉诉信访案件11件，其中6件属交办的重点案件。

【阳光司法】 2010年，龙湾区人民法院深入推进司法公开工作。举办公众开放日，邀请群众走进法院，旁听庭审；开展法律咨询，设立咨询宣传台，发放宣传资料，回答群众法律难题；走访人大代表，汇报法院工作，征询其对法院工作的意见和建议。深入企业调研，详细征询企业在合同交易、劳资纠纷等方面的法律需求，为企业的发展“问诊把脉”，提高司法公信力。

图31：4月22日，龙湾区人民法院邀请部分区人大代表和市民旁听庭审。（区人民法院供稿）

【重大案件社会效果评估】 2010年，龙湾区人民法院深入推进社会矛盾化解、社会管理创新、公正廉洁执法三项重点工作，出台《重大案件处理社会效果评估制度》。该制度规定案件承办部门发现案件不予立案及审判、执行易引发不稳定因素的，应认真全面掌握、深入分析案情，广泛征求意见，制订风险评估方案。根据案件的可控性、严重程度和影响范围，实行案件风险低、中、高三级登记管理。承办部门认真落实评估方案，做好说理疏导工作，并将案件风险向党委、政府及有关单位报告、通报，协同有关部门共同做好裁判及判后期间排查、稳控、化解工作。

【法院文化建设】 2010年，龙湾区人民法院树立“法院发展、文化先行”理念，全面提高干警素质。加强职业道德建设，培育干警良好的司法作风和法官行为。健全谈话诫勉制度，切实增强干警对组织的认同感与归属感。建设文化长廊，有效提升法院文化的影响力。

【法院廉政建设】 2010年，龙湾区人民法院严格贯彻落实最高人民法院关于“五个严禁”规定，保持队伍零违纪记录。通过组织干警观看警示教育片、开展大讨论等方式进行廉政教育。开展廉政宣传进单位、廉政教育进岗位、廉政短信进手机的“廉政三进”活动，严防人情案、关系案、金钱案发生。加强对重点岗位、重点环节的监督，增强法官修身奉法意识。重视党风廉政建设责任制的落实，层层签订党风廉政责任书。发挥廉政监督员作用，拓宽内外监督渠道，确保司法廉洁。

【新审判大楼主体工程】 2010年12月14日，龙湾区人民法院新审判大楼主体工程结顶。新大楼竣工后，将集现代化、智能化、人性化于一体，实行审判大楼与办公大楼隔离，启用门禁管理系统，设立法官、刑事被告人、残疾人和其他诉讼参与人、旁听群众专用通道。设置安检系统，审判法庭装备录像录音系统，实现庭审实时监控和录像。

检 察

【概况】 2010年，龙湾区人民检察院坚持“强基础、提素质、带队伍、促发展、创一流”的工作思路，认真履行法律监督职责，切实维护社会公平正义。各项检察工作取得新成效，在全省基层检察院分类考评中，龙湾区人民检察院综合排名位列全省B类院第4名。参加考核的17项工作中，有9项名列全省第一，2项名列全省第二，并再次获全省先进基层检察院称号。

【刑事犯罪案件查办】 2010年，龙湾区人民检察院履行审查批捕、审查起诉等法定职责，严厉打击严重刑事犯罪，着力推进平安龙湾建设。全年共依法批准逮捕各类刑事犯罪嫌疑人1246人，依法提起公诉1746人。其中批捕杀人、强奸、绑架等严重暴力犯罪嫌疑人30人，提起公诉33人；批捕抢劫、抢夺和盗窃等多发性侵财犯罪嫌疑人483人，提起公诉619人；批捕涉黄赌毒犯罪嫌疑人253人，提起公诉331人。坚决打击破坏经济秩序和损害群众利益的经济犯罪，共批捕此类犯罪嫌疑人25人，提起公诉40人，较好地维护社会和谐稳定。落实宽严相济刑事政策，对于轻微刑事案件，矛盾已化解的，依法从宽处理。全年共对105名轻微刑事犯罪嫌疑人作出不捕决定，相对不起诉8人，最大限度地减少社会对立面，增加社会和谐因素。

【职务犯罪查办】 2010年，龙湾区人民检察院重点查办损害人民群众切身利益、危害严重、影响恶劣的案件。全年共立案侦查贪污贿赂犯罪案件10件10人，其中贪污贿赂5万元以上大案9件，现职科级干部4人。从广大群众关注的省重点工程瓯海大道建设过程中的征地拆迁补偿问题入手，注重案件深挖、以案带案，依法查办瓯海大道工程建设中5人涉嫌职务犯罪案件。加强内外协调配合，认真查办渎职侵权犯罪案件。全年共立案侦查渎职侵权犯罪案件2件2人，其中涉及正科级领导干部重特大案件1件1人。在查办渎职侵权犯罪工作中，注重发挥在遏制重大安全生产事故方面的职能作用，依法介入安全生产事故调查7起，监督立案查处重大责任事故并建议移送追究刑事责任4人。

【职务犯罪预防】 2010年，龙湾区人民检察院加强对重大资金使用、重点项目建设和重点行业领域的职务犯罪预防。全年共开展预防调查7次、警示教育10次，提出预防建议33件，向社会提供行贿犯罪档案查询642次。其中对区交通系统发出的检察建议被评为全省检察机关第三次预防职务犯罪“十佳检察建议”，并被省人民检察院推荐到最高人民检察院参加“全国优秀检察建议”联评。协同区监察局对温瑞塘河龙湾段治理工程开展专项预防工作的做法，在全省检察机关“三个千亿”工程建设专项预防工作会议上交流推广。

【侦查监督】 2010年，龙湾区人民检察院依法监督纠正有案不立、有罪不究、以罚代刑、违法办案、侵犯人权等问题。对应当立案而不立案的，监督侦查机关立案4件5人；对不应当立案而立案的，监督侦查机关撤案2件4人；对应当逮捕而未提请逮捕的追捕4人，应当起诉而未移送起诉的追诉26人；对侦查活动中的违法行为发出纠正违法通知书或检察建议12份。同时，深入开展涉企案件专项侦查监督，着力维护企业的正常生产经营秩序。

【审判监督】 2010年，龙湾区人民检察院在刑事审判监督中，对认为确有错误的刑事判决提出抗诉4件，法院均已审理改判。在民事审判和行政诉讼监督中，对认为确有错误的民事、行政判决向市检察院提请抗诉21件，建议再审3件，法院已改判3件。坚持息诉与抗诉并重，对16件裁判适当或基本适当的案件，做好对当事人的释法说理、息诉罢访工作，以维护法院的审判权威。突出民生重点，加大对环境污染等损害社会公共利益问题的法律监督，督促环保部门追征被拖欠排污费60余万元。

【监所检察监督】 2010年，龙湾区人民检察院协助市人民检察院做好对市看守所监管活动的监督，保障在押人员合法权益。加大对违法减刑、假释、保外就医、侵犯被监管人合法权益等问题的监督力度，对刑罚执行和监管活动中各类违法违规情况提出书面纠正意见48件次。加强对监外执行和社区矫正活动监

表18： 2010年与2009年主要检察业务数据对比 单位：件

主要检察业务	2010年	2009年	同比情况
审查批捕案件	838	973	下降13.9%
提起公诉案件	1017	1052	下降3.3%
立案查办贪污贿赂犯罪案件	10	11	下降9.1%
立案查办渎职侵权犯罪案件	2	1	上升100%
立案监督案件	6	9	下降33.3%
提起民事行政抗诉案件	21	37	下降76.2%

表19： 2010年度与前4年龙湾区人民检察院审查批捕、起诉案件对比

年份	批捕	起诉
2006	823件1423人	751件1380人
2007	955件1653人	1094件1823人
2008	944件1513人	1147件1818人
2009	973件1565人	1052件1712人
2010	838件1246人	1017件1746人

督，依法纠正未及时纳入社区矫正15人，对在考验期间有严重违法行为的4名监外执行对象，建议监管部门收监执行。

【检察院内外监督】 2010年，龙湾区人民检察院完善接受人大监督、政协民主监督和社会监督的工作机制。主动向人大及其常委会报告工作，严格贯彻落实审议意见，及时办理人大交办的案件和事项。落实人民监督员制度，对2件拟作撤案、不起诉决定的职务犯罪案件提请人民监督员监督评议。强化内部监督，落实党风廉政建设责任制，完善检务督察制度和执法档案建设，确保检察人员零违法零违纪。

【涉检信访】 2010年，龙湾区人民检察院把化解矛盾贯穿于执法办案的全过程，妥善处理涉检信访案件，及时解决群众合理诉求。全年共受理来信来访111件，其中来信49件，来访62件72人。涉检信访实现零进京零赴杭。

【检察队伍建设】 2010年，龙湾区人民检察院推进检察队伍业务素质建设。组织开展公诉人论辩赛、侦监办案能手比赛、法律文书评比等活动。选派干警参加上级院组织的各类岗位技能竞赛，2个集体、5名个人获市级以上荣誉称号。实施高层次人才引进工作，通过公务员录用，全院现有全日制法律硕士研究生14人，占干警总数的21.2%。重视检察理论调研和检察宣传工作，在国家级刊物上发表论文56篇，参加国家级学术研讨会7人次，参加省级学术研讨会8人次。是年，区人民检察院被最高人民检察院评为2010年度全国检察宣传先进单位。

公 安

【概况】 2010年，龙湾区公安分局以“虎啸”系列行动为总载体，全面开展各项公安工作。完成上海世博会、广州亚运会等安保任务，有力维护了全区政治大局稳定和社会治安秩序平稳。全年共发各类刑事案件8520起，比上年下降12.0%。查结行政案件3097起，打击处理1813人，缉捕逃犯652名；查获涉毒案件722起，摧毁贩毒团伙13个，缴获各类毒品2486克。7个派出所完成硬件改造任务。

【世博安保工作】 2010年，龙湾区公安分局把世博安保作为全年核心工作来抓。按照安保工作“大事不出、小事也不出”的总体要求和“六个坚决防止”目标，加大对重点人、重点物、重点部位、重点事的管控。成立世博安保工作领导小组，制订世博安保工作实施方案。3月，开始进行全面深入排查，共有效管控一、二、三级重点人员60人，未发生越级上访或赴沪闹事现象。对全区范围内涉重点物单位开展全面深入排查。对排查出的260家涉高危物品单位、172个货物托运点、32家快递行业、14家邮递点，逐一签订安全管理责任书，督促落实安全管理责任。全面加强反恐工作，重点搜集涉及“藏独”、“疆独”分裂分子、境内外恐怖组织和人员等预警性、内幕性情报，严防恐怖事件发生。开展对全区反恐重点保卫目标、106个内保单位定期开展安全检查，督促落实安保措施。世博会期间，全区社会政治稳定，治安秩序平稳。

【命案侦破】 2010年，龙湾区公安分局采取“严打促防、挤压促防、救治促防、倒查促防”等有效措施，积极预防命案发生。全年命案共发22起，破21起，命案发案数低于前3年平均水平（22.3起）。

【社会安全防控】 2010年，龙湾区公安分局借力“综治网格化”管理模式，组织开展群防群治。常年安排特巡警、便衣大队、机关民警、派出所警力开展巡逻设卡工作。巡控工作，严格执行“五个一律”措施和警车亮灯工程，沿途广播宣传打击措施和防范常识，营造严打整治氛围。加强旅馆、出租房和流动人口管理，提高旅馆登记“四实”率和流动人口登记率，有效减少高危人员在龙湾落脚的数量。每月组织开展一次“栅栏行动”，集中警力对高危人员可能落脚的地区实施封闭式大围剿。

【打黑除恶】 2010年，龙湾区公安分局加大打黑除恶力度。摧毁永中街道棋盘村三产安置房工地工程霸陈晓春团伙，移诉4人；摧毁东方明珠城工地材料霸张永清团伙，移诉4人；摧毁永中街道江锦家园搬运“霸王”周赛勇团伙，移诉3人。摧毁1个在永中万康小区内实施“霸王搬运”的团伙；抓获2名在永中东方明珠城小区实施“霸王搬运”的恶势力团伙成员，并对其他3名团伙成员予以刑拘上网追逃。全年共打掉恶势力团伙21个，打击处理136人，破获案件156起。

【“平安10”挤压4号统一行动】 2010年8月19日至9月20日，龙湾区公安分局开展“平安10”挤压4号统一行动，严厉打击命案、“五类”案件等重大恶性案件和“两抢一盗”犯罪。行动期间，出动警力2047人，开展“栅栏行动”29处，设置卡点45处，盘查嫌疑人874人次，设置治安岗亭47处，清查治安乱点43处，检查娱乐场所76家，检查旅馆284家，清查出租房2409家；破获刑事案件34起，刑拘22人，行政拘留28人。

【治安乱点整治】 2010年，龙湾区公安分局开展社会治安突出问题排查和整治，确定市、区两级共11个乱点整治区域，集中优势警力开展整治。做好整治

表20: 2010年度与前4年龙湾区刑事、治安案件对比 单位：件

案件类型/年份	2006	2007	2008	2009	2010
刑事案件发案	9801	9702	9381	8885	8520
刑事案件破案	2824	3177	3213	3323	3345
治安案件立案	6591	10254	11653	13492	10334
治安案件查结	2840	3226	2802	4597	2741

图32：10月19日，龙湾区举行百日治安大巡防开巡仪式。

（区公安分局供稿）

责任落实，明确各派出所“一把手”为整治工作第一责任人。实行机关与重点派出所联系帮扶制度，将全部机关警力分三组联系3个市级乱点派出所，实施捆绑考核。通过整治，乱点治安秩序持续好转。3个市级治安乱点辖区刑事案件、“两抢”案件、入室盗窃案件控案指标降幅均达到考核要求。开发区所辖区刑事案件发1592起，比上年下降21.8%；“两抢”案件发162起，比上年降33.9%；入室盗窃案件发473起，比上年降28.0%。状元所辖区刑事案件发1051起，比上年下降25.6%；“两抢”案件发77起，比上年降52.8%；入室盗窃案件发344起，比上年降35.7%。永中所辖区刑事案件发1963起，比上年下降18.8%；“两抢”案件发181起，比上年降50.4%；入室盗窃案件发442起，比上年降23.5%。

【公安部督导组到龙湾督导】 2010年6月3日，公安部督导组到龙湾督导警车和涉案车辆违规问题专项治理。督导组一行听取了区公安分局警车和涉案车辆违规问题专项治理工作情况汇报，查阅专项治理工作相关台账，对该局专项治理工作取得的阶段性成效表示充分肯定。

【公安行政管理】 2010年，龙湾区公安分局推进行政审批制度改革，在分局大院附属楼统一设置行政审批窗口，集中审批各类行政申请事项。禁毒大队易制毒化学品审批工作统一在网上进行，申请人足不出户就可办理相关申请事项。在二代证换发工作中，对全区因残疾、年迈等原因导致的行动不便人员和参加高考、中考的高三、初三学生实行二代证上门换发。11月8～14日，开展上门办证便民服务周活动，共投入警力80余人次，为群众上门办证100余份，上门送证120份，接受群众户口咨询60余人次。

【便衣行动大队举行挂牌仪式】 2010年1月25日，龙湾区便衣行动大队举行挂牌仪式。该大队共有便衣队员50名，其中民警10人。自2009年8月便衣行动大队组建以来，共抓获各类犯罪嫌疑人65名，摧毁两抢团伙3个、盗窃团伙4个，缴获各类刀具20把。

【专业化接处警试点】 2010年7月1日，龙湾区公安分局举行专业化接处警试点启动仪式。该支由特巡警、开发区派出所警务人员组成的专业接处警队伍，配备全套警用器械，按照“有警接警、无警巡逻”的运行机制，实施网格化巡逻、专业化处警、扁平化指挥、精细化管理、一体化运作。

【接处警可视化】 2010年，龙湾区公安分局创新推出可视化指挥调度系统，实现“接处警可视化”。通过实施动态化布警、可视化指挥、规范化处警、联动化服务，有效提升综合防控效能。该方法得到上级公安机关肯定，并在公安部PGIS平台推广示范建设工作部署会上进行演示和介绍。

【流动治安岗亭设置】 2010年，龙湾区公安分局针对全区基础防范设施相对落后的实际，创新工作思路，在全市率先全面推广使用流动岗亭。全区共设立流动岗亭26个，有效强化街面和重点部位的治安防控。6月7日，全市流动岗亭建设现场会在龙湾召开，会议肯定龙湾做法并决定向全市推广。

【互联网信息研判平台】 2010年，龙湾区公安分局自主研发互联网情报信息研判平台，成功应用于3G时代互联网管理和打击犯罪。全国共有118个部门试用该平台。全年利用该平台抓获各类逃犯110人，协破命案5起。该平台获评全市网警技战法评比一等奖、全省公安网警创新成果三等奖、省公安厅“聚宝盆”项目评比一等奖。

【法制大队民警驻所制】 2010年，龙湾区公安分局推出法制大队民警驻所制。将法制大队民警分组派驻至各派出所，实现侦审无缝衔接，突出执法审核监督工作的时效性。全年共刑拘1654名，提请逮捕1250名，批捕率94.0%；移诉1773名，起诉率为99.3%，移诉准确率99.9%；退查率0.2%。共收到执法监督文书51份，比上年下降60.8%。

【警察协会成立大会】 2010年 7月28日，龙湾区警察协会成立大会在区文化中心召开，111名会员参加会议。省公安厅原副厅长、省警察协会主席牟高望代表省警察协会到会致辞；省警察协会副主席兼秘书长顾凤高，区委常委、公安局局长李伟，市警察协会副主席李鹤松出席成立大会并作重要讲话。大会通过《温州市龙湾区警察协会章程》，选举

图33：7月28日，龙湾区警察协会成立大会召开。（区公安分局供稿）

产生龙湾区警察协会第一届理事会、常务理事会和主席、副主席、秘书长。会议推举区委副书记、区政协主席、区委政法委书记徐国信和区委常委、公安局局长李伟为龙湾区警察协会名誉主席；分局党委副书记、政委黄挺义当选为主席；分局副政委赖立位，分局党委委员、纪委书记朱卫国，分局党委委员、政治处主任吴锡和当选为副主席；叶锋当选为秘书长。

【爱警工程】 2010年，龙湾区公安分局继续实施爱警工程，不断努力将警营打造成凝心聚力的和谐警察家园。开办第二届“民警子女暑期素质训练营”，为民警子女在暑期提供一个理想的学习、生活环境，消除民警子女暑期无人照顾的后顾之忧。组织百名功模民警疗养，让民警身心得到放松调节。依托警察协会定期开展活动，定期组织开展公安理论研讨。在文体部中组建登山、自行车、摄影等11个俱乐部，定期开展活动，丰富警营文化生活、促进和谐警营建设。

司法行政

【法制宣传教育】 2010年，龙湾区司法局以“五五”普法检查验收为契机，全面开展各类专项法制宣传教育。召开全区“法律六进”工作经验交流会，促进“法律六进”活动深入开展。组织全区公务员进行《法治浙江与和谐社会建设》等法律知识考试，开展“共建文明家园、欢度新春佳节”暨离温返乡农民工专项法制宣传活动。利用“12·4”全国法制宣传日，组织开展“围垦杯”法律知识竞赛、全区领导干部和公务员法律知识考试、广场法制宣传咨询等八项活动。通过市“五五”普法检查验收，被列为省“五五”普法检查重点迎检单位。区司法局、区普法办分别被推荐为2006～2010年全省法制宣传教育先进单位、先进普法办。

【民主法治村创建】 2010年，龙湾区司法局加大“民主法治村”创建指导力度。全年全区有9个村被命名为市级“民主法治村”。截至12月，全区已有“民主法治村（社区）”省级4个、市级30个、区级85个。

【司法所规范化建设】 2010年，龙湾区司法局切实落实司法所规范化建设。在完成司法所“定编立户”的基础上，实行司法助理员由区司法局统一派遣、统一工资、统一管理，理顺直属司法所管理体制。实现每个直属司法所都有司法助理员，重点司法所则达2～4名目标。根据省司法厅要求，对申报“省级规范化司法所”的建筑外观和标志进行统一规范。瑶溪、永中、沙城3个司法所被命名为省级规范化司法所，瑶溪所被省司法厅推荐申报“全国模范司法所”。

【帮教安置】 2010年，龙湾区司法局加强安置帮教工作，建立重点归正人员月报制度。针对涉沪及有重新犯罪倾向的归正人员进行重点排查，并做到“定人包案”。开展服刑在教人员基本信息核查工作，当年刑满释放人员202名，期满解教人员15人，重新犯罪2名，重新违法犯罪率控制在省标准3%以内。

【社区矫正工作】 2010年，龙湾区司法局以世博安保为核心，进一步规范社区矫正监管。召开全区社区矫正“护城河”工程动员会，与各镇（街道）签订责任书，将世博安保工作落到实处。组织开展排查核对和上门走访，实现世博期间全区社区矫正对象无脱管、漏管和重新违法犯罪目标。加强社区矫正对象日常监管，与区财政局联合出台《龙湾区社区矫正经费管理使用办法》，确保基层社区矫正工作的正常开展。制订《社区矫正工作突发事件应急处置预案》，并在状元镇组织应急预案演练。联合公、检、法等成员单位在各镇（街道）巡回组织社区矫正对象集中学习教育。依托市社区矫正信息管理平台，落实社区矫正对象日常监管和电子档案管理。全年全区接收社区矫正对象140名，期满解除矫正90名，无矫正对象再犯新罪，无脱管漏管现象。

【基层调解工作】 2010年，龙湾区司法局以《中华人民共和国人民调解法》颁布实施为契机，加大调解工作宣传力度。在龙湾法治网开设《人民调解法》学习专栏，为全区专职调解员和基层调解员征订《人民调解员实用工作手册》，组织基层司法助理员和村（居）调解干部参加业务培训。推进专业调委会建设，成立温州市首家道路交通事故调解委员会。全年该调委会受理纠纷198件，成功调处116件，涉及金额356.39万元。加强与区人民法院的协作配合，

表21：　2010年度与前4年龙湾区民间纠纷调解组织及实绩对比

年份	调解委员会（个）	调解员（人）	调解件数（成功/未成功）（件）	调解成功避免非正常死亡人数（人）
2006	339	1213	1435/17	7
2007	381	1290	1005/8	3
2008	260	1168	1133/6	0
2009	261	1173	1018/7	1
2010	296	1118	1263/136	10

注：未含开发区

表22：　2010年各镇（街道）民间纠纷调解概况

	调委会数	调解人员	调解纠纷（件）										调解成功率（%）	调解成功避免非正常死亡人数
			婚姻家庭纠纷	邻里纠纷	房屋宅基纠纷	合同纠纷	生产经营纠纷	损害赔偿纠纷	劳动争议纠纷	交通事故纠纷	其他纠纷	总数		
永中街道	45	207	24	78	78	0	0	102	23	4	27	336	100	0
蒲州街道	18	55	4	5	16	1	0	0	73	2	1	102	100	0
海滨街道	33	122	3	1	2	1	0	26	1	1	15	50	98.0	0
永兴街道	70	225	5	1	49	1	0	19	0	0	7	82	100	0
海城街道	20	62	13	12	3	2	0	13	2	3	9	57	100	0
状元镇	30	105	0	0	18	0	0	16	23	2	2	61	98.4	0
瑶溪镇	30	207	3	6	0	20	2	64	0	6	19	120	100	10
沙城镇	16	53	4	8	45	0	0	15	0	0	0	72	100	0
天河镇	22	35	2	8	2	4	0	22	12	0	5	55	87.3	0
灵昆镇	10	40	2	4	3	0	0	4	0	0	23	36	100	0
诉调	1	4	0	3	4	24	0	11	4	38	10	94	52.1	0
交调	1	3	0	0	0	0	0	0	0	198	0	198	58.6	0
合计	296	1118	60	126	220	53	2	292	138	254	118	1263	89.2	10

成立区民商事纠纷调解委员会，并先后在区法院立案大厅、永强法庭设立调解室。调解室受理纠纷94件，成功调处49件，涉及金额108.10万元。开展人民调解矛盾纠纷专项攻坚活动，抓好春节、“两会”和上海世博会等重大活动期间的矛盾纠纷集中排查调处。通过落实人民调解计件奖励机制，全年共审核兑现人民调解计件奖励补助53060元。全年全区镇、村两级调解组织共受理调处纠纷971件，调处成功962件，成功率99.0%。其中调处非正常死亡案件74件，协议赔偿金额1609.03万元；调处轻伤害案件22件，协议赔偿金额136.41万元。

【法律援助】　2010年，龙湾区司法局加强与组织部门协作，开展电视远程教育“法律援助进农家”活动。开展法律援助工作调研，组织撰写调研文章3篇。调研文章全部入选《浙江省法律援助优秀调研文章集》，并分获市法律援助调研成果一、二、三等奖。全年区“148”法律援助中心共接待来电来访477人次，比上年增长31%。办理援助案件140件，其中刑事援助案件111件，民事援助案件29件。

【法律服务行业管理】　2010年，龙湾区司法局落实“一村一法律顾问”制度。与各律师所、基层法律服务所签订工作责任书，明确村居法律顾问的责任和义务。全年全区有146个村（居）聘请法律顾问，覆盖面达91.3%。结合律师队伍警示教育和“诚信服务先锋”活动，制订律师和律师事务所执业监督检查工作计划。全年全区3家律师所律师，先后担任法律顾问116家，代理诉讼案件187件；4家基层法律服务所人员担任法律顾问131家，代理诉讼案件483件。

高速公路交警

【概况】　2010年，浙江省公安厅高速公路交通警察总队温州支队（简称温州高速公路交警支队）全面加强“平安畅通高速”服务。全年辖区共发生各类交通事故2500起，死亡36人、受伤39人，直接经济损失2400余万元。

【高速交警上海世博会安保】　2010年上海世博会期间，温州高速公路交警支队深化“平安畅通高速”建设。做好高速公路交通管理，确保全市高速公路安全平稳、道路畅通。依托分水关省际卡点等重要出入口做好途经温州高速公路入沪各类车辆的安全检查。参加“护城”系列集中统一行动，强化与相关警种和有关职能部门的协作；做好通行证申领督促工作；组织开展事故积案排查和信访案件排查。上海世博会期间，未发生重大治安案件和交通事故，未发生危害世博会稳定的重大事件，人员、车辆非正常入沪“零”发案。

【高速公路综合整治】　2010年，温州高速公路交警支队在温州高速公路范围内先后开展“迎世博、创文明、保平安”，“涉牌涉证专项整治行动”，“夏季攻坚”秩序整治行动，“货车靠右”年底冲刺系列整治行动。全年现场查处各类违法案件34710起，其中超速行驶9555起、客车超员1142起、低速行驶643起、违法停车5403起。深化防疲劳服务长效管理，累计查处疲劳驾驶2499起。由疲劳驾驶引发的事故和事故死亡人数分别比上年下降7.6%和36.4%。强化科技支撑，依托辖区8处主线卡口系统布控打现。

【营运客车管理】　2010年，温州高速公路交警支队深化营运客车常态管理。以强化客车源头管理为重点，严厉打击客运车辆违法行为，全面推进营运客车安全管理。全年共组织开展统一行动126次，现场查获违法客车2462起，启动现场吊销程序25起，开出满分学习通知书

101份。累计处理浙江省客运车辆违法行为19104起，处理率99.2%，记分率99.6%；外省籍客运车辆违法行为15305起，处理率96.9%。

【货车占道查处】 2010年，温州高速公路交警支队以打击“货车占道”为切入点，规范和完善禁令标志设置。依法加大对货车不按规定车道行驶、违法变更车道等违法行为管控力度，在全路网倡导货车靠右行驶，维护路面行车良好秩序。9月1日起，率先在沈海高速温瑞段实施“货车禁行快车道”交管措施，采取非现场抓拍和现场执法相结合方式，对货车违反禁令标志、驶入快车道的违法行为进行查处。温瑞段的货车占道率由40%下降至10%，整体行车秩序得到有效改善。

【S10温州绕城北线开通】 2010年2月13日12时，S10温州绕城高速公路北线正式通车。该路段主线全长26.6公里，双向6车道，设计时速100公里/小时。东起甬台温高速公路北白象枢纽，经永嘉县瓯北镇接诸永高速公路，跨楠溪江后西至金丽温高速公路仰义枢纽，沿线经过温州市鹿城区、永嘉县和乐清市。温州绕城高速公路北线的建成，意味着温州都市区高速环线已经形成，在温州高速公路史上具有划时代的意义。

【S26诸永高速公路温州段通车】 2010年7月22日0时，S26诸永高速公路全线通车。诸永高速温州段北起括苍山隧道北洞口，南至与温州绕城连接的永嘉互通，总里程近70公里，双向4车道，设计时速80公里/小时。全线大多地处山岭重丘区，道路线型异常复杂，隧道多、桥梁多、弯道多、坡道多、临水临崖高落差多，其中温州辖区括苍山隧道全长7929米，号称“华东第一隧道”。年内实现交通事故“零死亡”。

【高速公路交警查处违法案件】 2010年8月至2011年1月，温州高速公路交警支队联合治安、路政等职能部门，开展打击偷逃高速公路车辆通行费和盗窃设施专项活动。年内，共查获涉及“偷盗”案件车辆6辆，换卡车辆123辆次，违规绿色通道车辆6464辆次，治安拘留5人，挽回经济损失157万元。全年查获被盗抢汽车4辆；抓获犯罪嫌疑人5名；协助烟草部门查获运输假烟5起，查缴假烟1200条，案值50万元；查获冰毒1公斤；解救被劫持人员1名。

图34：1月29日，温州高速公路交警支队推出“91高速小精灵”栏目。

（温州高速公路交警支队供稿）

【高速交警队伍建设】 2010年，温州高速公路交警支队开展争创“无违法违纪和无安全责任事故”大队等系列专项活动，为实现“平安畅通高速”，提供思想保障。温州高速公路交警支队获2010年度温州市精神文明建设先进集体，下属直属大队被省公安厅授予“省级示范高速交警大队”。全年4人立个人三等功，31人次获嘉奖、先进个人。

【高速公路交通安全宣传】 2010年，温州高速公路交警支队以实施温州市文明交通行动计划（2010～2012年）为契机，加强高速公路交通安全宣传。与市委宣传部、市文明办、市教育局、交通局、旅游局、团市委等部门建立横向工作联系机制，与温州各级电视台建立游走字幕发布机制，与电信部门建立短信发布机制，与温州网合作开通温州高速交警互联网门户网站。全年在各类媒体发稿4258篇，开展专题宣传活动45场次，“五进”宣传走访单位89家，上交通安全课62节。

温州市公安局交警支队三大队

【概况】 2010年，温州市公安局交警支队三大队（简称温州市交警三大队）围绕降事故、保安全、保畅通这个中心，强化道路交通安全管控，严厉查处各类交通违法行为。全年辖区交通事故82起，死亡49人，受伤55人，经济损失79620元；与上年相比分别下降24.1%、7.6%、49.5%、13.9%；连续3年实现“控大零增长”目标。是年，温州市交

表23： 2010年度与前4年龙湾区道路交通事故情况对比

年份	上报交通事故（件）	死亡（人）	受伤（人）
2006	462	64	499
2007	213	62	214
2008	168	64	164
2009	121	57	124
2010	82	49	55

警三大队被浙江省委政法委、省高级人民法院评为全省集中清理执行积案活动先进单位。

【平安畅通区创建】 2010年，温州市交警三大队以上海世博会安保为契机，扎实推进平安畅通建设。针对不同时期、不同路段存在的不同违法行为规律和特点，科学调整管理方向，强力打击酒后驾驶、违法超速、逆向行驶、随意变道、不戴安全头盔等重点违法行为。采取集中教育和全面治理相结合方式，加大校园周边秩序整治，打造良好的校园周边道路交通环境。加强对客运车辆、危化品运输车辆的管理和检查，及时消除事故隐患。开展“纠陋习、整秩序”专项整治，纠正不文明交通陋习。严查酒驾交通违法，保持严管高压态势，并连续15周名列全省排行榜前十。8月18日，浙江省道路交通安全工作领导小组对辖区2009年度省级平安畅通县（市、区）进行系统评价，肯定了创建工作。

【“三小车”管理】 2010年，温州市交警三大队加大对“三小车”管理力度。坚持日常管理与集中整治相结合，白天管理与晚上打击相结合，交警管理和部门联动相结合，对非法上路的“三小车”进行连番打击与治理，极大地净化辖区道路交通环境。截至11月23日，共查处各类交通违法行为386602起（其中，无证驾驶707起、饮酒驾车2793起、醉酒驾车315起、超速行驶91140起、客车超员84起），查处起数比上年上升168.9%，暂扣驾驶证2680本，暂扣车辆6856辆，行政拘留542人。

【执法规范化建设】 2010年，温州市交警三大队被列入执法规范化建设试点单位行列。大队高度重视，强化硬件和软件建设，修订完善规章制度和业务规范。11月11日，通过省公安厅交管局、市公安局交警支队考核验收。

【交通管理创新】 2010年，温州市交警三大队出台多项交管服务措施，取得显著成效。8月17日，联合龙湾区司法局共同建立全市首个道路交通事故人民调解委员会，成功开辟交通事故便民调解新途径。6月9日，在灵昆设立市区首个派驻交警常驻乡镇的交管工作站。为加强瓯海大道的巡逻管控，联合市政部门打造全省首支交通安全联合巡逻组。携手海城街道及相关职能部门联合开展“三轮卡”专项整治行动。

图35：6月13日，温州市交警三大队参加全区安全生产月活动。 （区安监局供稿）

【交通安全宣传】 2010年7月29日，由浙江省文明办、省厅交管局、浙江广电集团联合主办，FM93交通之声、市区文明办、交警支队共同承办的“改变习惯、珍爱生命”2010庆世博文明出行全省巡回宣传大型公益活动在辖区上演并获成功。温州市交警三大队针对“肌肉男酒驾连撞13车”事件，加大禁酒宣传力度。多形式推进“文明交通行动计划”，印制“文明交通行动计划”宣传活动材料近万份。在龙湾交通中心、文化商品市场设置主题为“文明交通从我做起”的9平方米大型户外交通宣传牌，倡导六大文明交通行为。在《温州晚报》、交通广播电台等媒体开设专栏，及时发布市区东片交通信息。

军　　事

综　述

2010年，龙湾区的军事工作紧紧围绕军事斗争准备这个中心，重点抓好民兵训练、兵员征集、国防教育和民兵参建活动，人武工作保持较好的发展势头。完成区中心区块民防控制性详细规划编制工作，推进防空防灾一体化建设，组建全市首支县级综合应急救援大队。镇级消防安全管理工作站实现全覆盖，完成消防安全“四个能力”建设并通过验收。深化边防爱民固边战略，推进辖区维稳工作。机场边检严格落实正规化管理，旅客满意度达100%，非常满意达90%，没有发生任何投诉事件。武警加强军事训练，积极参与龙湾区经济建设，维护龙湾区的社会稳定。2010年，区消防大会荣立公安部集体二等功，区边防大队灵昆所支部被浙江省公安边防总队评为先进党支部。

国防后备力量建设

【征兵工作】 2010年，龙湾区委、区政府高度重视征兵工作，积极抓好征兵宣传教育，营造良好社会氛围。制定出台《龙湾区征兵工作奖惩规定》，召开全区征兵形势分析会、征兵工作部署会，4次召开征兵领导小组会议协调解决问题，顺利完成年度男女兵征集任务，新兵总体质量较好。

【民兵整组】 2010年，龙湾区人武部围绕“战时应战、急时应急、平时服务”目标，对全区基干民兵进行重新编组。完成应急力量现地点验、现地明确任务、现地展开训练任务。沙城、天河联合举行民兵预备役部队整组。5月8日，浙江省军区副司令员王海涛抽查状元镇重要目标警戒分队“三个现地”点验，到点率100%。组织应急民兵分队参加了洞头先锋女子民兵连建连50周年阅兵式。

图36：4月1日，龙湾区配属海军应急连“三个现地”点验大会召开。　（区人武部供稿）

【民兵参与地方建设】 2010年，龙湾区人武部组织民兵预备役人员参加“世博安保”、“六城联创”和“三个文明”建设，完成山林灭火、卫生整治和维护治安等工作，全年共出动民兵预备役人员1500余人次。

【国防教育】 2010年，龙湾区人武部把深化全民国防教育作为武装工作的重要形式和内容，以纪念《中华人民共和国国防教育法》颁布9周年、第10个全民国防教育日等活动为契机，扎实开展国防教育，成效明显。组织区四套班子成员33人到宁波象山过军事日活动，组织区青年联合会、状元镇等单位共300余人开展国防教育和体验军营生活，组织龙湾区第九期中青班49名学员进行为期一周的军事训练。组织民兵预备役人员参加纪晓飞先进事迹报告会和践行当代革命军人核心价值观新闻人物评选投票活动，开展第二届“优秀退伍军人”评选，联合区民防办组织“国防·民防”知识竞赛。全年在军内外报纸、杂志、网络刊出用稿用图总计119条（其中中央级5条、军区级47条、省级16条、市县级51条）。

【后备力量规范化建设】 2010年，龙湾区人武部根据温州市后备力量基层规范化和战备规范化建设现场会精神，开展两个规范化建设。按照“先行试点、带动全面、整体提高”的思路抓好后备力量基层规范化建设，投

图37：6月20日，龙湾区人武部组织队伍参加洞头女子民兵连建连50周年阅兵。（区人武部供稿）

入近20万元对各镇（街道）的硬件进行分类建设，软件进行统一标准，瑶溪镇先行试点，其他单位按标准同步展开，取得明显成效。机关战备规范化建设按照“保留先进的、改进落后的、补齐必备的、建好实用的”思路，对机关战备训练的“四室两库一中心”进行重新规划和设置，对战备作业箱等各类物质器材进行归类整理和补充完善，对作战图表、各类标签等有关数据进行精确统计和规范填写，基本达到省军区和军分区要求。

【文明军营创建】　2010年，龙湾区人武部以营区综合整治为切入点，结合地方政府文明卫生城市创建，开展文明卫生军营创建活动。聘请地方园林技术人员进行指导，与天都物业公司签订卫生保洁合同，与龙湾区保安公司签订合同，落实门卫、保安，创造安全环境。11月，通过省军区文明卫生军营检查组考评。

【人武部自身建设】　2010年，龙湾区人武部注重机关自身的规范化建设。结合作风纪律整顿，抓好条令学习、军容风纪整顿和队列训练。深入开展“五项治理”和“暑期百日安全竞赛”活动，确保人武系统安全稳定。推进学习型党组织创建，坚持每月两天的党委中心组理论学习、每天结合早交班落实“一起学习”、每周落实一个晚上由3个科室轮流组织学习制度。开展创先争优活动，组织干部职工学习何祥美、纪晓飞、李晓珏等人先进事迹，以创先争优的成效促进各项工作推进。联系人武部实际，制订做好“一诺三评”的实施方案计划。

民防工程

【民防工程规划编制】　2010年，龙湾区完成区中心区块（覆盖区行政中心区、瑶溪南片居住区、永中旧城等地，面积约12.03平方公里）民防控制性详细规划编制，并已报省、市办备案。

【民防工程建设】　2010年，龙湾区民防应急指挥中心方案开始设计，区城市中心区中心绿轴地下空间开发兼顾民防工程启动前期工作。加强民防工程质量监督检查，开展3次民防行政执法。全年民防许可审批共89项（民防工程许可14项、易地建设审批75项），收取民防工程易地建设费300余万元，发放民防工程使用证2个。

【民防教育基地挂牌】　2010年5月12日，民防教育基地挂牌仪式在龙湾中学举行。该基地的挂牌成立，不仅为党政机关、学校、社区、企事业单位提供一个开展公共安全教育培训的平台，也为完善民防教育体系、提高学生国防观念、民防意识和应急救援能力打下基础。

【民防宣传教育】　2010年，龙湾区民防办做好民防宣传教育五进工作。在龙湾中学举行建立龙湾区民防教育基地暨授牌仪式，与区教育局联合举办民防在我心手抄报评比活动，在龙湾新闻网站流动播放《防空防灾知识动画片》。结合“5·12”防灾减灾日、新中国人防创立60周年纪念日等重大节日，开展系列宣传活动。通过上街搭建展台，悬挂宣传横幅标语，设立展板，发放宣传资料，咨询服务，出动宣传车，举办知识竞赛等方式，开展宣传教育。共悬挂宣传标语50余幅、展板50余块，发放各类防灾减灾宣传资料5000余份、环保宣传袋2000个。举办民防应急救援技能培训，增强应急救援队伍的实战能力。

【防空防灾一体化建设】　2010年，龙湾人民防空办公室（简称龙湾区民防办）主动融入防空防灾一体化建设。成立区民防应急救援大队，下设3个中队，共有30名队员。新增龙湾中学作为疏散避灾点，制订人员疏散方案，可安置疏散人员8000人。5月12日，在龙湾中学开展千名师生应急疏散演练，提高应对和处置突发事件能力。做好防空警报建设，新增警报5台。参加全市“5·12”统一试鸣活动，及时发放防空、防灾警报信号，参试率、完好率和鸣响率均达100%。

边　防

【概况】　2010年，龙湾区公安边防大队以“世博安保”工作为主线，以爱民固边战略为平台，扎实推进辖区维稳工作。灵昆所支部被浙江省公安边防总队评为先进党支部和四星级党支部，1人被

图38：10月28日，龙湾区民防办举办“国防·民防”知识竞赛。（区民防办供稿）

浙江省公安边防总队评为优秀党员，1人被浙江省公安边防总队评为优秀党务工作者。

【边防世博安保】 2010年，龙湾区公安边防大队以世博安保工作为中心，坚决打好安保攻坚战。全面开展基础工作排查，对重点人员、重点部位每周检查一次、走访一次、回访一次。稳妥做好可能上访人员的稳控工作，实现世博安保期间“无人员上访、无群体性事件、无重大安全事故发生、无重大刑事案件发生”的工作目标。

【辖区维稳工作】 2010年，龙湾区公安边防大队把辖区维稳工作作为首要政治任务，严厉打击各类影响边防辖区和海上稳定的违法行为。3月17日，在灵昆岛附近海域查获一起涉嫌非法运输成品油案，查获柴油64.2吨，抓获涉案人员2名，案值30余万元。开展户口整顿专项行动，打防控一体化效果明显。全年辖区发刑事案件44起，破19起，破案率43%；查处治安案件41起，查结率97.5%；办理边防行政案件149起。年内反两抢控案保持零发案，列全局第一，基础工作季度考核列全局第二，执法质量考评列全局第三。

【爱民固边战略】 2010年，在创建爱民固边模范村工作中，边防灵昆所在互联网上建立“灵昆所QQ警务室”，全力打造“虚拟警务室”，定期在“虚拟警务室”通报辖区发案规律特点和新型犯罪手段，提出防范建议，并鼓励和发动群众共同参加治安防范工作。促成辖区九村与瑞安场桥陈岙村结为跨区域友好村居，促成温州大学瓯江学院、九村与灵昆所支部的三方结对，让大学生参与爱民固边模范村创建活动。牵头成立灵昆九村蔬菜基地，先后为200余户村民解决转产转业问题。边防灵昆所还对蔬菜大棚实行“划区、分组、编号”的网格化管理，给每个蔬菜大棚制作“户籍牌”，在基地各主要路段设置治安流动岗亭，组织民警深入田间地头开展巡逻，有效遏制各类案件的发生。该做法被地方各大主流媒体报道，并在中央电视台法制在线栏目播出。浙江省副省长、温州市委书记陈德荣，温州市副市长黄德康、周少政，先后视察爱民固边模范村九村，并对该所创建工作给予高度评价。

【校园安全指导】 2010年，龙湾区公安边防大队始终把校园内部安全防范，作为创建“平安校园”的一项重要内容来抓。从源头上堵塞各种安全漏洞，切实增强安全防范能力。边防灵昆所帮助辖区各学校建立健全《安全保卫制度》、《门卫管理制度》、《护校队工作制度》等，指导13所学校和幼儿园完善内部规章制度，使学校安全保卫工作有法可依、有章可循。

【边防班子建设】 2010年，龙湾区公安边防大队始终把加强党委自身建设摆在首要位置。以班子自身素质、作风建设、部队管理、民主集中、典型培树等五个方面为重点，全面加强班子建设。严格党委议事规则，坚持民主集中制，对人事任免、评优评先、入党升学、大项经费开支等敏感事项，严格按规定进行公告公示，自觉接受官兵监督。严格落实“攻难点、创亮点”工作机制和季度汇报机制，帮助基层解决困难、理清思路、提高工作效率。

消 防

【概况】 2010年，龙湾区消防大队切实筑牢社会消防安全“防火墙”，深化消防安全责任制落实，为打造“平安龙湾”提供可靠的消防安全保障。全年消防部队接警出动566次，出动警力8159人次，出动各种消防车辆1160辆次，抢救疏散被困人员85人。全年全区发生火灾事故45起（立案调查数据），死亡0人，直接经济损失305.21万元，较2009年同期相比，火灾起数下降6.25%，事故死亡人数下降100%，财产损失下降27.26%，全区火灾各项指标实现“三个零增长”。2月，区消防大队荣立公安部集体二等功；6月，区消防大队被区委、区政府授予“龙湾消防卫士”称号。

【消防安全责任制】 2010年，龙湾区委、区政府积极督促各相关单位履行消防工作职责，与10个镇（街道）、2个工业园区、18个区属部门签订消防安全工作目标责任书。强化各企业、场所内部消防安全管理，落实单位主要负责人或消防安全管理人会议制度、逐级落实消防工作责任制和岗位防火责任制，建立“安全自查、隐患自除、责任自负”的

表24： 2010年度与前4年龙湾区立案的火灾起数及损失对比

年份	起数	负伤人数	死亡人数	经济损失(万元)
2006	33	轻伤4人	死12人（其中10人是放火案件）	67.70
2007	21	轻伤2人	死2人	58.22
2008	49	轻伤1人	死7人	168.46
2009	48	0	2	239.83
2010	45	0	0	305.21

表25： 2010年度与前4年龙湾区立案的火灾原因分析对比 单位：起

年份	火灾起数	火灾原因（起）									
		放火	电器设备	违反安全制度	设备不良	用火不慎	玩火	自燃	其他	不明	静电
2006	33	1	18	3	4	6	1				
2007	21	1	9	3	5	1			2		
2008	49		19			3			18	1	
2009	48	0	17	5	0	1	1	0	22	0	2
2010	45		17		3	4			19	2	

单位消防安全管理机制。鼓励群众举报火灾隐患和消防违法行为，引导消防志愿者参与消防工作，形成一个“层层都有责，人人都负责，事事都问责”的责任机制。

【火灾隐患排查】 2010年，全区各镇（街道）与各有关部门牢固树立火灾隐患“零容忍”理念，严厉打击消防安全违法行为。全年全区共排查出“三合一”场所259家、出租房21540户、违章简易棚12.6万平方米，整改和拆除率分别达100%、95.6%、99.9%；2家市、区级挂牌重大隐患单位在国庆节前全部完成整改。开展“重剑系列行动”8次，出动16505人，检查35148家场所，发现隐患41546处；当场改正26932处，搬离单位或人员迁移334处，有效净化了全区消防安全环境。

【消防依法行政】 2010年，龙湾区消防大队严格执行“严厉打击消防违法违规行为十条硬措施”。全年依法检查534家单位，处罚221起案件，罚款194.79万元，责令“三停”35家。对状元交通中心加油站吸烟的石某处以5天拘留，为全省首例，有效震慑了各类消防违法违规行为。

【综合应急救援队伍成立】 2010年6月3日，龙湾区综合应急救援大队成立，这是温州市首支应急救援大队。该大队依托区消防大队组建，在保持原有应急管理工作体制不变的前提下，将安全生产、消防安全、防汛抗旱、公共卫生、地质灾害等专业应急救援队伍纳入综合应急救援大队的调度、作战、训练体系，并将应急物资储备单位纳入应急救援体系，将应急志愿者队伍纳入应急社会动员体系。

【消防安全工作站建设】 2010年，龙湾区消防工作会议上，区政府与10个镇（街道）进行消防安全管理工作站授牌仪式，消防安全在基层“抓不好、管不了”的现象有望得到改善。10个镇（街道）工作站，共征召工作人员29名。8月中旬，区消防大队组织各工作站人员开展消防业务监督岗前培训，29人均考核通过获得上岗证。

【消防安全“四个能力”建设】 2010年，龙湾区委、区政府出台《构筑社会消防安全“防火墙”工程实施方案》，专门召开“防火墙”工程推进会，把构筑“防火墙”工程作为一项“平安工程”和“民生工程”来抓，切实提高社会单位检查消除火灾隐患能力、扑救初级火灾能力、组织疏散逃生能力、消防宣传教育能力等消防安全“四个能力”建设水平。将社会单位分为商场、宾馆（饭店）、学校、医院等七大类标准化管理建设，对政府、部门、公安、社会单位四个层面的消防安全责任人进行培训。截至12月，全区47家属于人员密集场所的重点单位，已完成“四个能力”建设并通过验收。

【消防知识宣传】 2010年，龙湾区消防大队以《中华人民共和国消防法》与《浙江省消防条例》颁布实施为契机，全面开展“大宣传、大排查、大整治”行动。在辖区主干道电线杆上安装12个系列220块消防宣传展牌，将118块消防公益广告牌和消防漫画墙绘“亮相”于高速公路路口、旅游景区、辖区主要干道上，普及消防安全知识。全年组织各类消防培训125次，受教育人4.5万人，发放消防宣传单11万份，宣传读本4万份，宣传海报5万余张。

图39：6月3日，龙湾区综合应急救援大队成立。　（区安监局供稿）

机场边检站

【概况】 2010年，温州机场边防检查站共检查出入境航班643架次。检查出入境旅客61009人次，比上年增长24.4%；检查机组员工5858人次。查获在控人员3起3人次，查获在逃人员4起4人次。旅客满意度达100%，非常满意达90%，没有发生任何投诉事件。10月12日，温州机场边检站法律援助工作站正式挂牌成立。12月，斯路路被省边防总队评为十佳边检服务明星。

【边检站服务理念建设】 2010年，温州机场边防检查站以北京提高边检服务水平座谈会和成都经验交流会精神为指导，进一步巩固执勤人员的服务理念。落实执勤人员业务培训和学习计划，每月一训一考制度，共组织培训10次20课时，进行5次考核。开展边检“大回访”，提高边检站服务水平。

【边检站军人核心价值观建设】 2010年，温州机场边防检查站开展“大力弘扬海地维和精神，培育当代革命军人核心价值观”主题教育活动，为部队建设提供强有力的思想保障。制定边检站基层文化建设三年规划，自筹15万元作为基层文化建设专项经费。加强对基层党支部的指导与帮扶，坚持每周一训每月一考制度，组织开展“四查”、机关作风纪律教育整顿和反腐倡廉集中警示教育等专题活动。年内共组织廉政学习28课时，任前任期廉政谈话5次31人次，组织重点岗位、重点人员谈话35人次，组织开展读书评书会3次，撰写廉政文章、小小说共13篇。9月9日，龙湾区图书馆在温州机场边防检查站设立图书流通站。

图40：1月28日，温州市副市长陈宏峰到机场边检站慰问。

（温州机场边检站供稿）

【边检站正规化建设】 2010年，温州机场边防检查站狠抓制度建设，严格落实正规化管理。重新修改、完善《正规化管理加扣分实施细则》、《车辆安全行驶奖惩规定》等7项制度规定，切实做到用制度管人、管事。狠抓部队精细化、常态化、日常化管理，落实每周办公秩序、营区营貌检查制度，在网站设立正规化建设亮相台，确保正规化管理得到严格落实。严格落实安全工作分析会、官兵思想分析和谈心谈话制度。组织开展车辆管理使用专项治理、“条令学习月”和暑期“百日安全”等活动，解决安全工作方面存在的隐患。

【边检站基础设施建设】 2010年，机场联检单位完成（包括海关、国检）搬迁征地3.33公顷。边检站新营房作为温州永强机场二期的配套工程，正在建设之中，预计工程3年内完工。

【边检站班子建设】 2010年，温州机场边防检查站党委注重理论学习，共组织集中学习13次，召开党委专题学习会9次，站党委成员撰写调研文章5篇。始终坚持贯彻民主集中制原则，认真落实班子议事规则，对干部提拔任用、晋职晋衔、重大事项、大项经费开支等均坚持一起议、一起定。工作中以部队的发展为出发点，以官兵的满意为标准，党委班子领导经常到联系点调查研究，掌握基层实情，听取官兵意见，征求合理化建议。日常生活中处处关心官兵，营造温馨和谐的警营氛围。

武警

【武警政治工作】 2010年，武警龙湾区中队依据《武警部队经常性思想工作实施细则》，加强经常性基础性政治工作，做到统一组织备课、统一组织授课，杜绝教育内容形式化、简单化。坚持落实每月一课制度，重点开展好形势任务、理想信念、战斗精神、荣辱观等方面的教育，全年开展形势任务教育15次。探索“问题牵引、寻根探源、启发诱导、对话交流、课堂提问”的教育路子，促进官兵思想纯洁，部队风气纯正。搞好驻地警民关系，与学校、社区、社会团体等10余家单位建立共建关系。

【武警军事训练】 2010年，武警龙湾区中队注重抓好处突、反恐、专勤专训课目训练，突出三人应急小组力量建设，狠抓发现、判断、制服3个环节的能力训练。针对部队进入世博安保勤务等级和钓鱼岛事件一级战备的特殊时期，着重加强紧急出动、处置突发事件、防冲击、防脱逃等内容的摸索和训练，有效提高执勤人员突发情况处置能力。

【武警勤务工作】 2010年，武警龙湾区中队坚持每季度定期分析执勤形势，做到重大勤务集中议，临时勤务及时议。完善勤务预案，规范勤务秩序，每月开展一次队所联合执勤隐患排查活动，确立“共管、共建、共保安全”长效机制，有效促进执勤制度落实。全年，出动兵力400人次完成温州市重点宗教场所、世博会开园开幕、划龙舟等安全保卫任务。

行政管理

综　述

2010年，龙湾区行政管理职能部门以科学发展观为统领，深化实施人才强区战略，促进人才工作为经济和社会事业发展服务。启动村务公开上网试点，加强农村社区建设，全区已建村级农村社区服务中心37个。制订出台村级组织换届选举试点工作实施意见，开展村级组织换届试点，完成社区换届工作。进一步规范地名工作，为群众提供全方位的地名导向服务。推进数字城管建设，着力打造永中、状元市容管理示范圈，城区市容环境明显好转。组建龙湾区城市管理与行政执法局。5月28日，龙湾区城市管理与行政执法局获全国模范职工小家称号。

人事工作

【人才招聘】　2010年，龙湾区先后举办春、夏、秋季公益人才现场招聘会，参会企业211家，推出岗位6176个，参会求职者约3200人，达成意向761人。举办3场高校毕业生招聘会，220余家企业参会，推出岗位4224个，现场达成意向630余人。加大外出招聘人才工作力度，全年组织9次大型外出招聘活动，有100余家企业参加，推出岗位2371个，共有2882名各类人才到龙湾企业摊位洽谈登记。10月，在杭州国际人才交流大会成功洽谈8个合作项目，为龙湾区产业提供人才智力支持。完成2010年度4个国外专家智力项目的申报。组织《2010年龙湾区人才需求目录》的征编。

【博士后工作站落户龙湾】　2010年，龙湾区筹备博士后科研工作站创建工作，共组织温州市天宇轻工机械有限公司等3家拥有省级科研中心的企业申报省级博士后科研工作站，温州市天宇轻工机械有限公司成为首个工作站。开展“专家龙湾行”活动，先后邀请4名知名高校的博士后专家对龙湾企业提出的科技难题开展攻关，提出了切实可行的解决方案。

【新世纪人才工程】　2010年，龙湾区推荐10人申报市“新世纪551人才工程”培养人选和省“新世纪151人才工程”培养人选；推荐1人申报国务院特殊津贴、1家企业申报省级技术创新团队；推荐2人申报浙江省海外高层次人才遴选工作、2人申报国家级“千人计划”；3名外籍专家申报市级“雁荡友谊奖”，1名外籍专家申报省级“西湖友谊奖”，获奖并受表彰。同时，配合做好551人才健康休养、进修深造、体检、“扶工扶农”活动等服务工作。

【高校毕业生就业指导】　2010年，龙湾区人事劳动局接受高校毕业生报到556人，办理就业协议书鉴证738份。组织87名大学生进入10家实习基地，完成3家企业对接实施高校毕业生预就业工作，帮助7名大学生申领财政补助。开展大学生创业指导培训，举办龙湾区大学生创业培训班，免费为82名大学生提供创业理论、实践操作等方面的指导。

【大学生村官选聘】　2010年，龙湾区人事劳动局做好大学生村官选聘工作，对2009年新增村官实行聘用合同制管理。全年共选聘6名大学生村官到村（社区）工作。

【公务员考录】　2010年上半年，龙湾区人事劳动局本着“公开、公平、公正”原则，配合温州市人事劳动局完成2010年提前批次公务员面试点工作。共招录65名公务员充实到公安司法队伍。

【事业单位招聘（选调）】　2010年，龙湾区人事劳动局联合区教育局、卫生局开展公开招聘工作，其中教育系统录聘97人，卫生系统录聘101人。加强对13个部门日常选调人员工作的指导监督，完成全区事业单位工作人员的公开招聘工作，共涉及20个单位44个岗位。

【公务员培训】　2010年，龙湾区人事劳动局继续抓好公务员更新知识培训。组织全区各镇（街道）及各部门公务员，实施以《公共危机应急管理》和《法治浙江与和谐社会建设》两门课程为主要内容的公务员轮训，每期培训2

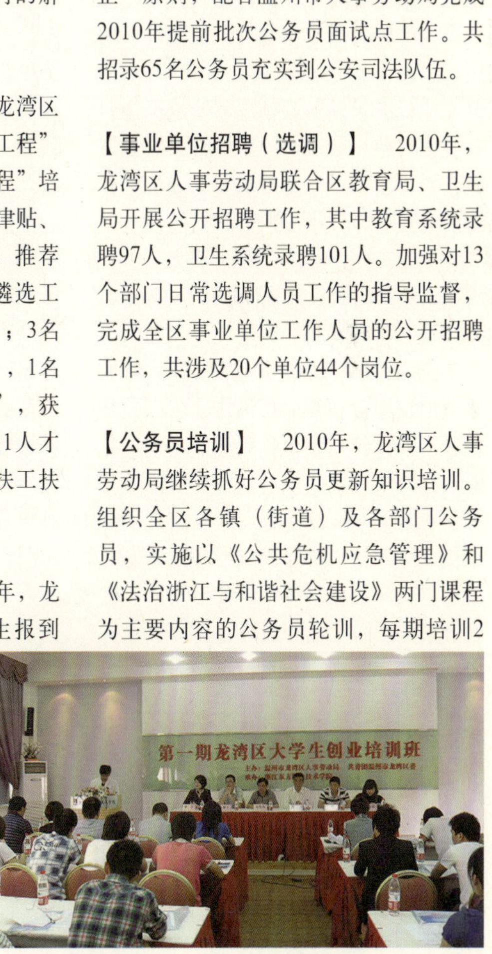

图41：6月5日，龙湾区举办大学生创业培训班。

（区人事局供稿）

天，切实提升公务员队伍的整体素质。

【机关事业单位人员考核】 2010年，龙湾区人事劳动局调整充实全区目标管理考核内容，促使目标管理考核规范化、科学化。全年考核公务员702人、事业单位工作人员1251人。

【工资福利审核】 2010年，龙湾区人事劳动局审核完成全区2383名事业人员的正常晋升薪级工作，全区227名公务员的“滚动升级”和1355人的正常晋档工作，人均月增资分别为23元、15元、38元。审批机关事业单位到龄退休人员52名；审批一次性抚恤金、丧葬费和遗属困难补助费22件，审批困难补助调标96人，更改认定工龄114人。完成各事业单位聘用专业技术人员276人。

【公务员津补贴规范】 2010年，龙湾区人事劳动局出台《龙湾区机关进一步规范公务员津贴补贴实施办法》，于4月完成公务员津贴补贴规范发放工作。会同区财政、卫生部门制订有关实施方案，做好公共卫生和基层医疗卫生事业单位实施绩效工资的准备工作。

【事业单位岗位设置管理】 2010年，龙湾区人事劳动局贯彻落实《龙湾区事业单位岗位设置管理实施意见》，开展事业单位岗位设置管理工作。组织召开全区事业单位岗位设置管理工作会议，对各镇（街道）、区直属事业单位等70家单位近140人进行培训指导。各事业单位成立岗位设置管理领导小组，制订事业单位岗位设置方案。截至12月，全区各事业单位已上报事业单位岗位设置方案。

【机构编制管理】 2010年，龙湾区人事劳动局做好全区2009年度机构编制统计工作，为各机关事业单位招录、进人、调人等提供依据。依法对全区311家事业单位职能进行重新梳理，理顺事业单位的工作职能，增强事业单位的社会公共服务特性。全年全区事业单位共办理新设登记3家、变更手续20家；全区应参加年检单位125家，年检通过单位123家。

【专业技术人员管理】 2010年，龙湾区人事劳动局加强对专业技术人员的管理。共评审初定专业技术人员459人，审核受理专业技术资格评审申请567人，评审通过463人，通过率81.6%。同时，结合龙湾区特色产业，开展建筑工程、自然科学、合成革、不锈钢等领域专业技术人员的继续教育培训，共培训567人。

劳动保障

【概况】 2010年，龙湾区实现新增城镇就业岗位8689人，下岗失业人员实现再就业1218人（其中困难人员实现就业317人）。失业保险净增参保5202人，核发失业保险待遇189万元（含医疗补助金），城镇登记失业率控制在2%以内。全年共组织各类培训班87期，培训人员10296人。其中：农村劳动力素质培训495人，外来务工人员技能提升培训6471人，非高危行业生产经营单位负责人培训787人，管理人员培训2243人。

【基层劳动保障平台建设】 2010年，龙湾区人事劳动局完善基层劳动保障平台建设，为147个村级平台配齐电脑等硬件设备。完善“软件”管理，指导完成村级协管员合同签订工作，全年组织社区专管员、村级协管员等集中开展5次业务学习培训。

【人力资源市场管理】 2010年，龙湾区人事劳动局强化职业中介机构内部管理。完善内部诚信星级评价机制，完成29家职业中介机构许可证年审工作。联络湖北、山西、江西等地劳动力市场和高等院校，深入调研设立派驻办事处工作，为今后将实现跨省劳动力供需信息互动。实行求职登记、职业指导、职业介绍、培训申请、鉴定申报、档案管理的“一站化”服务，完善市场内媒介平台、交通、消防安全等配套设施。全年人力资源市场共发布招聘岗位信息14万个，求职信息超过4万人次，实现市场就业人数1.2万人。

【再就业资金管理】 2010年，龙湾区人事劳动局加大促进就业和培训资金筹措力度，为各类职业培训、高校毕业生就业培训和创业培训提供经费支持。做好失业困难人员的解困补助和慰问工作，对全区227名失业困难人员审核发放年终生活补助金。做好就业援助对象的公益性岗位、社保费等补贴申请发放工作，全年共核发有关再就业资金补贴70余万元，较好地发挥再就业资金的效益。

【职业技能培训】 2010年，龙湾区人事劳动局创新培训方式，整合培训资源。组织专家针对特定工种编写专业教材，充实培训内容。深入企业现场直接开展培训，帮助企业稳定职工队伍。整合各类培训资源，联合各部门开展中式烹饪师、能源管理人员、高级维修电工、焊工等一系列培训。创新考核方式，新增现场生产能力考核、工作成果业绩评定等考核方式，开发具有龙湾产业特色的职业工种鉴定。做好高技能人才（技师）职业资格直接认定和机关事业单位工人技师考评，完善健全激励机制。举办囊括区内9个特色职业工种的第三届职业技能比武大赛。

【劳动执法监察】 2010年，龙湾区人事劳动局先后开展“春雷行动”、“春苗行动”等专项执法检查活动。共检查用人单位1587家，办理行政处罚案件17起，涉及劳动者88471人，有力地保障了劳动者的合法权益。根据《龙湾区劳动保障监察网格化管理实施方案》，建立劳动监察网格化管理“一网一档，一户一卡”制度，已完成对全区4492家企业的年度书面审查，比上年增长70%。全年受理投诉举报案件1583起，结案1691件，结案率98%。涉及农民工4064人，帮助农民工追回拖欠工资824.9万元。

【劳动仲裁】 2010年，龙湾区人事劳动局严格执行劳动争议办案程序，开展劳动争议案件的申诉接待，审查立案，调解仲裁工作。坚持“快受理、快立案、快审理、快结案”的“四快”方针，全面落实公开开庭审理制度，健全完善基层调解组织建设，及时把争议隐患消灭在萌芽状态。全年受理劳动争议仲裁案件453件，比上年增长27.6%，涉及金额2032万元；受理工伤认定申请2122起，比上年增长21.91%。

【人事劳动行政审批】 2010年，龙湾区人事劳动局为进一步深化行政审批制度改革，提高行政服务效率和质量，采取“撤一建一”的办法成立行政审批科，并于8月正式进驻行政审批分中心办公。截至11月，中心窗口共接待咨询来访2000余人次，办结审批项目3694件，审批过程中无一例出现差错。

基层民主政治建设

【村务公开和民主管理】 2010年，龙湾区民政局在利用村务公开栏、明白纸、告村民书、广播等公开形式的基础上，启动村务公开上网试点工作。深入贯彻落实中纪委、中组部、民政部等12部委下发的《关于开展村务公开和民主管理“难点村”治理工作的若干意见》，开展村务公开和民主管理“难点村”整治。全区3个“难点村”已有2个村基本实现转化，1个村整治工作效果明显。

【农村社区建设】 2010年，龙湾区政府对农村社区建设建立奖励考核机制，把农村社区建设纳入2010年区委、区政府十大惠民实事项目之一和工作目标考核。对农村社区考核达标的村，区财政以奖代补补助资金3万元。区有关职能部门在政策、资金、技术上支持农村社区建设，各镇（街道）财政也相应配套落实扶持资金，用于农村社区建设活动场所和文化娱乐设施等服务设施建设。截至12月，全区已建成村级农村社区服务中心37个。

【行政村换届选举试点】 2010年，龙湾区民政局深入全区10个镇（街道）进行调查，全面掌握村级组织建设现状、村干部和党员群众选前思想动态、换届面临的问题和影响换届的不稳定因素等情况。建立全区147个村的村情档案，形成147个村的村情调研报告，制订出台全区村级组织换届选举试点工作实施意见，开展村级组织换届试点。确定状元镇御史桥村、山西岙村、千岙村、大岙溪村、响动岩村、石坦村为村级组织换届试点单位。12月下旬，全面启动全区换届选举工作。

【社区换届】 2010年7月至9月，龙湾区开展罗东锦苑社区、蒲江社区、龙腾社区、龙跃社区的居委会换届选举工作。该次换届选举历时两个月，采用先党组织后居委会的方式。共有16500名选民参选，16320名选民直接参加选举，委托投票75人，参选率98.9%。产生主任4名，其中党员4名，连任3人，兼任社区支部书记2人；大专1人、高中2人、初中1人；平均年龄54岁。

地名管理

【地名命名】 2010年，龙湾民政局对龙湾中心工业区5条道路及南洋大道安置房等多处地块进行命名和地名标志设置。全年共命名道路25条，建筑物名称4处。整理、更新地名数据库，保持数据库内容准确性，现存地名数据库资料2584条。

【平安边界建设】 2010年，龙湾区继续深化平安边界建设工作。完成“龙湾乐清线”第二轮界线联合检查；举办地名界线管理培训班，加大《行政区域界线管理条例》和有关政策法规的宣传力度，引导干部群众参与平安边界建设，维护边界地区稳定。

行政执法

【概况】 2010年，龙湾区城市管理与行政执法局出动人员27339人次，车辆7646车次；查办案件3892件。其中一般程序案件843件，简易程序案件3049件，行政处罚正确率100%；罚款金额为1222745元。处理投诉举报250件，全部办结。5月28日，获全国模范职工小家称号。

【市容环境综合治理】 2010年，龙湾区城市管理与行政执法局以打造“蒲州——状元——瑶溪——海滨——永中”市容管理精品示范带，巩固提升永中、状元市容精品商圈，着力改善全区市容环境为市容管理目标，全面开展各项市容管理工作。永中市容精品商圈的“五化管理”成效突出，得到市、区两级主要领导批示认可。开展市区市容示范路创建工作，严查瓯海大道、机场路、罗东街、龙腾南路等4条创建道路市容违章，均于年底通过考核验收。全年共取缔摊贩2736个，协助设置摊贩疏导点2个，摊贩临时规范区10处；清洗小广告59131 平方米，翻新粉刷62条道路外墙91350平方米，查处乱张贴涂写行为123个，协助取缔小广告游医窝点6个；清理横幅6024条，拆除户外广告设施1165个计19835平方米；查处占道经营93起，占道堆放111起；查处车辆滴撒

表26： 2010年龙湾区城市管理与行政执法局投诉案件统计 单位：件

投诉来源	分类									办理情况	
	市容环卫	城市绿化	市政公用	环境保护	工商行政	河道管理	城乡规划	其他	合计	办理数	办结数
市长热线				2	1				3	3	3
区长热线					4			1	5	5	5
区效能投诉	2			2					4	4	4
市局交办	58	2	51	54	32	2			199	199	199
群众直接投诉	60	3	25	26	9	1	2	3	127	127	127
合计	120	5	76	84	46	3	2	4	338	338	338

图42：12月24日，龙湾区城市管理与行政执法局正式成立。（朱永春/摄）

漏运输265起；查处建筑垃圾处置类案件58起；查处餐饮排污类案件46起；配合拆违面积60037平方米。

【小广告治理】 2010年，龙湾区城市管理与行政执法局扩大小广告保洁道路范围，小广告保洁道路有108条，比上年新增24条，继续保持保洁道路逐年递增态势。采取组织专业保洁人员日产日清、定期翻新粉刷的保洁措施，“一刮、二铲、三粉刷”的操作程序，抓现行、端窝点、上报停机、立案处罚的管理方式，发动公众力量参与治癖。全年清洗小广告59131平方米，主要道路小广告清除率95%以上。

【机构改革】 2010年4月2日，根据浙江省公务员局《关于同意温州市城市管理行政执法局机动大队等17家单位参照公务员法管理的批复》（浙公局函〔2010〕2号）文件精神，温州市城市管理行政执法局龙湾分局参照公务员法管理。12月24日，温州市城市管理行政执法局龙湾分局与龙湾区市政园林管理局合并组建龙湾区城市管理与行政执法局，并正式挂牌。

【燃气安全监管】 2010年，龙湾区城市管理与行政执法局作为燃气经营和使用监管单位之一，坚持管理与服务并重。做好燃气安全生产，帮助指导多家燃气经营点、储备站及公建燃气使用单位落实整改措施，消除经营及使用中存在的安全隐患。全年开展12次无证燃气经营点整治，对全区180家无燃气经营点进行严管，立案查处无证燃气经营点59家，已停止经营42家，尚隐蔽经营17家。纳入独立瓶库建设24家，取得燃气经营许可证10家。对公建燃气使用用户进行安全大检查，检查190家，整改134家。

【运输管理巡查】 2010年，龙湾区城市管理与行政执法局坚持每周至少2次夜间巡间，对辖区各建筑工地、散装货物源头、主要运输路线等进行全面监控，整治不文明施工及“滴撒漏”运输行为。全年立案查处一般程序案件230件，其中滴撒漏案件166起，废土类案件53起，市政类案件7起，其他类案件3起；罚款额450935万元，占分局总罚款额的40%。

【餐饮排污管理】 2010年，龙湾区城市管理与行政执法局采取多项措施，引导规范餐饮排污行为。各辖区中队严格执行每月例行检查制度，对各餐饮店排污设施安装及运行情况进行检查登记，督促各餐饮单位做好“截污纳管”工作。组织辖区各餐饮店经营者，参与龙湾区小餐饮行业整治，开展餐饮油烟污水排放知识培训，提高文明经营意识。全年全区调查登记的餐饮店有232家，其中有排污许可证的29家，已安装油烟污水处理设施的90家。

【委托执法试点】 2010年，龙湾区城市管理与行政执法局推进委托执法试点，确定永中街道坦头村为委托执法试点村，落实了4名受委托执法人员。

【数字城管建设】 2010年，龙湾区城市管理与行政执法局正式启动“门前三包”信息管理系统。对永中商业圈中的6条主要道路1800余户沿街店户“门前”市容环境进行精细化管理，实现了数字城管建设。系统于2009年12月底试运行以来，共发送执法温馨提示178次，当事人自行整改126起，立案查处52起。

农业·水利

综　述

2010年，龙湾区的三农工作以农业增效、农民增收为目标，按照稳粮保供给、增收惠民生、改革促统筹、强基增后劲的基本思路，加快农业产业转型提升步伐，推动现代农业发展，启动农村改造集聚建设。有序推进农业功能区建设，农业生产保持稳定，特色农产品效益明显。深入开展土地流转、林权改革，启动村经济合作社社长选举同步纳入村干部换届选举试点。水利工作坚持科学规划，科学治水，一批重点工程相继完工并发挥作用，水安全保障能力不断提升。推进渔业基础和装备设施建设，优化产业结构布局，建设特色渔业精品园。全年全区实现农林牧渔业总产值5.59亿元（按可比价计算），与上年基本持平；农民人均纯收入15294元，比上年增长12.0%。是年，瑶溪镇苏川村的榕树获温州十大生态名木称号。

种植业

【粮食生产】 2010年，龙湾区农林局积极落实粮食生产扶持政策，加大扶农惠农及先进农技推广力度。通过基础设施建设、新技术推广及粮油示范创建等方式，有效改善生产条件、提高产量水平。全年粮食播种面积4.39万亩，粮食总产量1.72万吨，其中早稻平均亩产362公斤，比上年亩减53公斤；晚稻平均亩产355公斤，亩减100公斤。水稻总产比上年减少4583吨；杂粮产量4172吨，总量比上年略增。冬种粮油意向面积1.2万亩，播种80%，基本完成全年粮食生产目标任务。调运油菜种子1.3吨、马铃薯种子72吨，落实大麦种子8.5吨、绿肥种子9吨。建设粮食生产功能区1万亩，其中2010年建设0.8万亩，含永兴、海城两个粮食主产镇（街道），涉及农户400余户。

【蔬菜基地建设】 2010年，龙湾区农林局推进永兴蔬菜示范基地和灵昆蔬菜示范基地工程建设，加强天河、三周、永中等蔬菜示范园区基础设施配套建设，优化产销方式，推进城郊型蔬菜产业建设。完成2010年中央财政立项蔬菜产业提升项目和市级蔬菜基地（副食品基地）建设项目的申报工作。启动灵昆镇周宅村和永兴街道五溪村等两个核心区450亩及天河三星、泰河等辐射区5000亩蔬菜产业提升项目建设。其中灵昆周宅村及永兴五溪村基地（一期）工程建成，永兴五溪村基地二期建设进入土地平整、沟渠开挖阶段，天河三星、泰河等蔬菜辐射区主要以穴盘育苗和新品种、新技术推广为主。天河泰河（移民）村蔬菜基地规模100亩的新建项目计划，进入沟渠设计、土地整理和资金筹措阶段。

【农业功能区规划】 2010年，龙湾区农林局编制完成《龙湾区现代农业功能区规划》，并完成农业综合示范园区规划编制。同时，启动粮食功能区规划、灵昆岛现代农业园区建设规划编制。

【植物疫情防控】 2010年，龙湾区农林局抓好柑橘黄龙病、加拿大一枝黄花、稻水象甲、红火蚁、三草斑潜蝇、松材线虫病及其他种植业病虫害等动态监测、预报防治、病株挖除和流通监管。设立监测点五个，加强检疫性害虫的监测。开展春季松材线虫病普查工作，普查中发现非松材线虫引起的枯死松树137株，并全部进行清理，挂设“天牛杀虫灯”43盏，部署开展“绿盾护林2010”松木及其制品检疫执法专项行动。全年加拿大一枝黄花发生总面积为151.23亩，防除率达100%。

【水果提升项目】 2010年，龙湾区农林局完成省水果提升项目投资计划332.6

表27：　2010年度与前4年龙湾区果园种植面积和总产量对比

名称 年份	杨梅		柑橘		葡萄	
	种植面积（亩）	总产量（吨）	种植面积（亩）	总产量（吨）	种植面积（亩）	总产量（吨）
2006	20900	3855	4420	4230	90	80
2007	20900	8694	5341	5420	190	170
2008	20330	5357	5421	8149	100	95
2009	20415	11250	5475	7812	120	99
2010	20415	9050	5250	7880	105	80

万元，建成面积100亩休闲观光园一处。全年全区特产水果生产面积25730亩，总产值13964万元。

农业服务业

【概况】 2010年，龙湾区农林局实施“科技兴农”战略，组织申报市级农业丰收奖项目2个、省市农业标准化项目3个（其中省级1个、市级2个）、2010年省级农业产业化项目5个，组织省级生态高效示范园区建设绩效考核工作。

【农业科技推广】 2010年，龙湾区农林局积极推广良种良法。推广早杂威优402、晚稻甬优9号、甬优12号等水稻良种，浙油50、浙油18等“双低”油菜新品种，东农303、中薯3号等马铃薯新品种，浙啤33、花30等大麦新品种，蔬菜主推一批适应龙湾区气候、土壤等栽培条件并具有抗病抗虫特性、品质优良的新品种。落实早稻集体育秧面积661.4亩，直播稻1000亩，稻鸭共育500亩。推广使用水稻专用肥面积4000亩，商品有机肥1000亩；推广反季节栽培面积5500亩，蔬果新品种栽培面积1500余亩。推广应用测土配方施肥技术，平均亩节成本40元，3年累计推广面积12万亩、新增经济效益480万元。

【农业信息化建设】 2010年，龙湾区农林局全面实施农民信箱工程，加快农业信息化工作进度。全年完成农民信箱管理培训1000余人次，发布公共信息62条，发布买卖信息263条，发布每日一助服务信息80条。组织80家农民专业合作社和农业龙头企业参加网上农博会。建成“农民信箱万村联网工程”村级网站152个，其中信息24条以上的网站有72个，建立“农村信息服务示范点”13个。

【农技下乡服务】 2010年，龙湾区农林局举办4次科技下乡活动，累计发放资料5000余份，发放优良种子800余包。加强病虫害预测预报，召开植保会议12次，编发病虫情报13期、农情简报7期，

图43：7月23日，龙湾区农林局开展“红七月、服务月”科技下乡暨阳光投诉活动。

（区农林局供稿）

引进新型测报灯2座，与市农业局植保站联合举办电视病虫害的预测预报。实施病虫统防统治17258亩，其中早稻7890亩、晚稻9368亩。组织开展大规模的农田统一灭鼠行动2次，灭鼠面积约12万亩次，使田间鼠密度由灭鼠前的最高6.13%下降到防治指标以下，防效达93.1%。成立春耕和“双夏”生产综合服务队，开展生产服务工作，组织下乡解决问题30个，咨询430人次。

【农业技术培训】 2010年，龙湾区农林局与区职业学校合作，完成果树生产技术专业招生40名，财会专业招生23名。投入资金建立广播教学体系，更新教学设备。利用农闲开展各类农业技术培训，全区组织农林业专业骨干培训班8期，培训学员2580人次；举办专业农民绿色证书培训3期，培训学员200人次；举办专业农民技术培训班1期，培训学员58人次。

农村经济管理

【农村三资清产核资】 2010年，龙湾区农林局全面铺开三资清产核资工作，实行进展情况半月通报制。截至10月31日，应开展清理的147个村，完成清理138个村。先后召开村民动员大会126次、村两委会议224次、村民代表会议118次，镇、村两级参与清理的人数有1356人。完成清理资金总量56989万元、资产总量233943万元（其中固定资产92804万元、在建工程30093万元、长期投资11164万元）。核销固定资产7161万元，增加固定资产16488万元，处理资产挂账7428万元，在建工程结转5542万元。完成清理资源总量125922亩，通过清理核实资源25872亩，整理村级经济合同份数1566份、涉及金额6644.37万元。

【农村经济合作社管理】 截至2010年12月，龙湾区应颁发村经济合作社证明书146个，已颁发146个，完成率100%。龙湾区农林局经过前期调研，起草《龙湾区村经济合作社换届选举办法》、《关于做好村经济合作社换届选举指导意见》等文件，将村经济合作社社长选举同步纳入村干部换届选举。11月，选取状元镇的6个村作为村经济合作社换届选举试点。

【农民减负监管】 2010年2月，龙湾区通过省级农民负担综合治理县验收。4月，龙湾区农林局联合相关部门开展农民负担检查，查出涉农案件4起，清退涉案金额21.72万元。8月，组织代理会计对向村级组织收费专项清理整顿活动进行交叉检查。龙湾区向省级争取一事一议项目资金175万元，区财政配套385万元。

【农村土地承包仲裁】 2010年，龙湾区农林局共收到土地承包纠纷仲裁申请书31起，群众来访来电反映土地承包纠纷问题43人次。其中立案28起，开庭26起，结案25起，调解1起。

【农业行政执法】 2010年，龙湾区农林局集中组织开展“绿剑1号”、“绿剑护农”、“绿剑护梅”、“绿剑2号”等执法行动，共出动执法人员220人次，检查单位49个次。与区公安分局禁毒大队联合开展禁种铲毒执法行动，严厉打击各类涉林违法行为。全年检查采矿场7家次，检查农家乐12家次，查处违法行为4起，立案查处1起，共出动林业执法人员157人次。

【农业市场监管】 2010年，龙湾区农林局出台《龙湾区农资质量安全监管长效机制》，组织开展“回头看”工作。通过整规，全区31家小农资店已完成整规任务，并通过省、市验收。开展一系列专项执法行动，共出动执法人员316人次，检查单位117个次、农家乐229家次。抽样检查中，抽样产品98批次。其中农产品74批次，农业投入品24批次。查处违法行为10起，立案6起，查处6起。抽检农产品样品368个，合格356个，平均合格率96.74%。对农资市场实施有效监管，全区的小农资整规数达85%以上，完成小农资示范店建设工作。

农业机械

【农机具推广】 2010年，龙湾区农林局制订和落实各项鼓励政策，推动农机化发展。全年推广农机具275台（套），其中插秧机6台，太阳能杀虫灯165台，大型拖拉机及配套设备3台，小型拖拉机及配套设备11台，烘干机9台，水产养殖机械58台，植保机械12台，其他机器11台。补贴资金总计125万元，其中中央补贴资金88万元，省级补贴资金15万元，区级补贴资金22万元。

【平安农机复评】 2010年，龙湾区农林局对已建平安农机示范单位查漏补缺，巩固创建成果。复评验收4个区级“平安农机”示范村，2个市级“平安农机”示范村。

【农机安全生产】 2010年，龙湾区农林局落实农机安全生产责任制度，层层签订责任书，责任书签订率达100%。开展“春运农机安全管理活动”、“绿盾1号”拖拉机道路交通安全专项整治行动、农机行业安全生产隐患排查治理行动、农机行业“安全生产年”和“安全生产月”活动等专项治理工作。共排查单位（机手）194家，发现隐患19起，强制报废已达报废年限拖拉机5台，拖拉机脱检4起，其他违规行为10起。建立农机重特大事故应急处理预案，加大农机安全生产宣传教育力度。全年发放安全宣传资料1000余份，发送安全提示短信400余条，开展农机安全教育培训2次、安全片组学习活动2次，举办农机安全大型咨询活动1次、有奖竞答活动1次。

【农机年检】 2010年，龙湾区农林局认真办结农机证照审批件，做好拖拉机年检工作。全年有各式拖拉机503辆参加了年检，年检率90%。

林 业

【绿化造林】 2010年，龙湾区农林局加快绿化造林步伐。全区共完成绿化造林面积1228.8亩，其中中央重点沿海防护林工程完成463.3亩（含红树林95亩）；生物防火林带16.72公里，面积284.9亩；其他造林面积480.6亩。组织实施完成国家重点沿海防护林工程、生物防火林带网络建设工程及区里下达的一般造林建设任务。组织形式多样的义务植树活动，开展“千校万人——共栽千万棵树”、以“绿化家园”为主题的义务植树活动，全区参加义务植树1.2万人次，义务植树15万株。

【绿化示范村创建】 2010年，龙湾区农林局抓好绿化示范村创建，发动各镇、村开展绿化、美化家园行动。全年创建省绿化示范村2个，市绿化示范村1个，区级绿化示范村5个。

表28：2010年度与前4年全区林木育苗造林及四旁绿化面积对比

年份 \ 名称	林木育苗造林面积（亩）	四旁绿化（万株）
2006	3795	14.5
2007	2505	15.5
2008	1815	15.0
2009	12390	15.0
2010	1228.8	15.0

【杨梅产业】 2010年，龙湾区杨梅种植面积2.03万亩，结果2万亩，总产值9955万元，产量9050吨。推广杨梅矮化面积800亩，无公害生产面积达1.5万亩，杨梅大棚栽培面积562.5亩。落实瑶溪现代农业产业示范区为省级园区。

【林业行政审批】 2010年，龙湾区农林局加强林业审批工作，切实保护森林资源。全年共办理林业审批件8个，收缴规费12.6万元。

【森林资源保护】 2010年，龙湾区农林局开展森林有害生物防治检疫、森林资源动态监测、花卉苗木产地检疫等工作。抓好名木古树保护和管理，全区现有挂牌名木古树165株，瑶溪镇苏川村的榕树获温州十大生态名木称号。

【森防消防】 2010年，龙湾区农林局本着“以人为本、预防在先、积极扑救、有效消灾”的方针，重点抓好森林消防责任制等“八个到位”工作。全年投入23万余元购置森林消防器材，新建防火岗哨2座，新开割草带119公里。全年仅发生森林火警1起。

【森林城市创建】 2010年，龙湾区推进森林城市创建工作。落实全区冬、春绿化造林面积3624.8亩，统一采购苗木32300株交付各单位造林。截至12月26日，全区已完成绿化造林面积606.98亩，占工程总建设任务的16.7%。

表29：龙湾区古树名木

镇（街道）	编号	中文	别名	拉丁名	树龄（年）	树高（米）	胸(地)围（厘米）	平均冠幅(米)	生长环境	地址
永中街道	0303300029	黄葛树	榕树	Ficus virens Ait	100	6	210	10	路旁	王宅村
	0303300030	笔管榕	榕树	Ficus wightiana cauct.non wall	100	7	245	15	路旁	王宅村
	0303300031	黄葛树	榕树	Ficus virens Ait	100	7.5	235	20	水旁	王宅村
	0303300032	笔管榕	榕树	Ficus wightiana cauct.non wall	100	5.5	126	10	水旁	王宅村
	0303300033	笔管榕	榕树	Ficus wightiana cauct.non wall	100	6.5	227	15	路旁	下湾村
	0303300034	笔管榕	榕树	Ficus wightiana cauct.non wall	140	8.5	248	20	路旁	下湾村
	0303300036	小叶榕	榕树	Ficus concinna Miq.var.Subsessilis Corner	100	8.5	225	30	路旁	联谊村
	0303300037	黄葛树	榕树	Ficus virens Ait	140	7	350	25	水旁	双何村
	0303300038	无柄小叶榕	榕树	Ficus concinna Miq.var.Subsessilis Corner	100	9	220	20	水旁	青山村
	0303300080	黄葛树	榕树	Ficus virens Ait	100	8	200	10	水旁	普门村
	0303300081	笔管榕	榕树	Ficus wightiana cauct.non wall	100	8	160	5	水旁	普门村
	0303300082	女贞	冬青	Ligustrum Lucidum L.	100	7	170	8	水旁	普门村
	0303300083	无柄小叶榕	榕树	Ficus concinna Miq.var.Subsessilis Corner	100	8	210	15	路旁	沧河村
	0303300084	黄葛树	榕树	Ficus virens Ait	100	7	270	12	路旁	沧河村
	0303300085	黄葛树	榕树	Ficus virens Ait	100	10	280	18	路旁	沧河村
	0303300086	笔管榕	榕树	Ficus wightiana cauct.non wall	100	8	300	15	水旁	沧河村
	0303300087	黄葛树	榕树	Ficus virens Ait	100	9	200	20	路旁	石浦村
	0303300089	笔管榕	榕树	Ficus wightiana cauct.non wall	100	15	460	8	路旁	桥北村
	0303300090	笔管榕	榕树	Ficus wightiana cauct.non wall	100	12	280	10	水旁	桥北村
	0303300091	黄葛树	榕树	Ficus virens Ait	110	7	260	10	水旁	桥北村
	0303300092	黄葛树	榕树	Ficus virens Ait	100	7	265	10	路旁	上京村
	0303300093	黄葛树	榕树	Ficus virens Ait	100	7	260	10	路旁	上京村
	0303300094	黄葛树	榕树	Ficus virens Ait	100	13	330	20	水旁	棋盘
	0303300085	无柄小叶榕	榕树	Ficus concinna Miq.var.Subsessilis Corner	100	10	280	13	水旁	寺西村
	0303300106	无柄小叶榕	榕树	Ficus concinna Miq.var.Subsessilis Corner	100	6	310	8	路旁	城北村
	0303300107	无柄小叶榕	榕树	Ficus concinna Miq.var.Subsessilis Corner	100	8	225	8	路旁	城北村
	0303300109	无柄小叶榕	榕树	Ficus concinna Miq.var.Subsessilis Corner	100	8	260	7	水旁	度山村
	0303300110	无柄小叶榕	榕树	Ficus concinna Miq.var.Subsessilis Corner	100	9	265	9	水旁	度山村
	0303300111	笔管榕	榕树	Ficus wightiana cauct.non wall	100	13	280	9	水旁	度山村
	0303300112	无柄小叶榕	榕树	Ficus concinna Miq.var.Subsessilis Corner	100	11	310	10	路旁	刘宅
	0303300113	无柄小叶榕	榕树	Ficus concinna Miq.var.Subsessilis Corner	200	16	350	15	路旁	刘宅
	0303300114	无柄小叶榕	榕树	Ficus concinna Miq.var.Subsessilis Corner	200	12	360	18	路旁	刘宅
	0303300143	无柄小叶榕	榕树	Ficus concinna Miq.var.Subsessilis Corner	100	15	290	20	水旁	孙垟村A
	0303300144	无柄小叶榕	榕树	Ficus concinna Miq.var.Subsessilis Corner	100	15	234	18	水旁	孙垟村B
	0303300146	无柄小叶榕	榕树	Ficus concinna Miq.var.Subsessilis Corner	100	15	230	20	路旁	双岙村
	0303300147	无柄小叶榕	榕树	Ficus concinna Miq.var.Subsessilis Corner	100	20	390	25	宅边	双岙村

续表1：

镇（街道）	编号	中文	别名	拉丁名	树龄（年）	树高（米）	胸(地)围（厘米）	平均冠幅(米)	生长环境	地址
永中街道	0303300148	无柄小叶榕	榕树	Ficus concinna Miq.var.Subsessilis Corner	100	25	290	20	宅边	双忝村
	0303300145	马尾松	荣树	Pinus massoniana.L.	100	20	150	10	山脚	双忝村
	0303300156	无柄小叶榕	榕树	Ficus concinna Miq.var.Subsessilis Corner	120	9	160	10	水旁	坦头村
	0303300039	无柄小叶榕	榕树	Ficus concinna Miq.var.Subsessilis Corner	120	15	250	30	水旁	孙垟村
	0303300040	笔管榕	榕树	Ficus wightiana cauct.non wall	100	16	210	15	宅旁	下陆宅
	0303300041	香樟	樟树	Cinnamonum cmpkora L	100	15	230	12	宅旁	郑宅村
	0303300042	无柄小叶榕	榕树	Ficus concinna Miq.var.Subsessilis Corner	200	6	330	10	宅旁	郑宅村
	0303300149	小叶榕	榕树	Ficus concinna Miq.	150	10	340	15	宅旁	郑宅村
	0303300150	小叶榕	榕树	Ficus concinna Miq.	100	7	190	20	宗祠边	下湾村
	0303300151	黄葛树	榕树	Ficus virens Ait	100	10	240	20	桥边	上湾村
	0303300152	小叶榕	榕树	Ficus concinna Miq.	100	10	190	20	桥边	上湾村
	0303300153	笔管榕	榕树	Ficus wightiana cauct.non wall	150	12	180	18	水旁	新联村东樟屯
	03033000154	小叶榕	榕树	Ficus concinna Miq.	100	8	240	22	水旁	新联村西头角
	03033000155	黄葛树	榕树	Ficus virens Ait	100	8	180	15	水旁	下湾村
蒲州街道	0303300043	无柄小叶榕	榕树	Ficus concinna Miq.var.Subsessilis Corner	140	6	180	25	上庄老人亭公园	上庄村
	0303300044	无柄小叶榕	榕树	Ficus concinna Miq.var.Subsessilis Corner	100	6.5	250	15	河边	屿田村
	0303300045	朴树		Celtis sinensis P.	120	7.5	200	18	寺院	屿田村
	0303300046	无柄小叶榕	榕树	Ficus concinna Miq.var.Subsessilis Corner	250	14.5	720	30	河边	屿田村
	0303300047	无柄小叶榕	榕树	Ficus concinna Miq.var.Subsessilis Corner	250	20	630	45	寺院	下埠村
	0303300048	无柄小叶榕	榕树	Ficus concinna Miq.var.Subsessilis Corner	250	18	580	40	寺院	下埠村
	0303300049	无柄小叶榕	榕树	Ficus concinna Miq.var.Subsessilis Corner	200	13.5	390	30	路旁	下埠村
	0303300050	无柄小叶榕	榕树	Ficus concinna Miq.var.Subsessilis Corner	200	7	300	25	水旁	上庄农贸市场
	0303300051	无柄小叶榕	榕树	Ficus concinna Miq.var.Subsessilis Corner	100	11	310	310	水旁	上江村
	0303300058	无柄小叶榕	榕树	Ficus concinna Miq.var.Subsessilis Corner	180	9.5	350	25	水旁	汤家桥村
	0303300059	无柄小叶榕	榕树	Ficus concinna Miq.var.Subsessilis Corner	270	9	430	25	水旁	汤家桥村
	0303300060	无柄小叶榕	榕树	Ficus concinna Miq.var.Subsessilis Corner	110	9	300	25	宅院	上江村
	0303300061	无柄小叶榕	榕树	Ficus concinna Miq.var.Subsessilis Corner	100	8	310	20	宅院	上江村
海滨街道	0303300096	黄葛树	榕树	Ficus virens Ait	100	12	220	10	村旁	新建村
	0303300097	黄葛树	榕树	Ficus virens Ait	100	9	250	11	村旁	新建村
	0303300098	小叶榕	榕树	Ficus concinna Miq.	100	20	280	13	路旁	沙南村
	0303300099	小叶榕	榕树	Ficus concinna Miq.	290	9	365	12	村旁	沙南村
	0303300100	黄葛树	榕树	Ficus virens Ait	205	9	320	10	村旁	蟾钟村
	03033000101	黄葛树	榕树	Ficus virens Ait	100	10	310	12	水旁	蓝田村

续表2:

镇（街道）	编号	中文	别名	拉丁名	树龄（年）	树高（米）	胸(地)围（厘米）	平均冠幅(米)	生长环境	地址
永兴街道	0303300102	黄葛树	榕树	Ficus virens Ait	200	13	460	13.5	路旁	南桥北村
	0303300103	黄葛树	榕树	Ficus virens Ait	150	14	520	12.5	路旁	康三村
	0303300104	小叶榕	榕树	Ficus concinna Miq.	150	15	460	13	路旁	沙园村
	0303300105	黄葛树	榕树	Ficus virens Ait	150	13.5	480	12	路旁	永民村
	0303300139	黄葛树	榕树	Ficus virens Ait	100	10	220	13.5	水旁	水潭村
	0303300140	黄葛树	榕树	Ficus virens Ait	220	9.5	230	11	水旁	水潭村
	0303300141	黄葛树	榕树	Ficus virens Ait	130	12	235	12	水旁	水潭村
	0303300161	黄葛树	榕树	Ficus virens Ait	100	15	270	20	康乐亭边	榕树下村
	0303300162	黄葛树	榕树	Ficus virens Ait	500	15	240	21	纪兴门边	乐二村
	0303300163	小叶榕	榕树	Ficus concinna Miq.	100	13	240	20	路旁	小塘村
	0303300164	笔管榕	榕树	Ficus wightiana cauct.non wall	120	15	270	15	观内	乐一村
海城街道	0303300068	小叶榕	榕树	Ficus concinna Miq.	100	10	350	9	村旁	上涂村
	0303300069	无柄小叶榕	榕树	Ficus concinna Miq.var.Subsessilis Corner	100	8	300	8	村旁	屿门村
	0303300070	无柄小叶榕	榕树	Ficus concinna Miq.var.Subsessilis Corner	100	9	250	10	村旁	石坦村
	0303300073	无柄小叶榕	榕树	Ficus concinna Miq.var.Subsessilis Corner	100	10	250	11.5	村旁	邱宅村
	030330004	无柄小叶榕	榕树	Ficus concinna Miq.var.Subsessilis Corner	100	8	250	8	村旁	邱宅村
	0303300075	无柄小叶榕	榕树	Ficus concinna Miq.var.Subsessilis Corner	100	10.5	320	9	路旁	邱宅村
	0303300077	无柄小叶榕	榕树	Ficus concinna Miq.var.Subsessilis Corner	100	10	200	10	村旁	东溪村
	0303300078	无柄小叶榕	榕树	Ficus concinna Miq.var.Subsessilis Corner	100	10	300	12	村旁	东溪村
	0303300079	无柄小叶榕	榕树	Ficus concinna Miq.var.Subsessilis Corner	100	10	270	10	水旁	埭头村
	0303300142-1	小叶榕	榕树	Ficus concinna Miq.	130	8	250	7	生态园内	东溪村
	0303300142-2	小叶榕	榕树	Ficus concinna Miq.	130	8	250	7	生态园内	东溪村
	0303300142-3	小叶榕	榕树	Ficus concinna Miq.	150	9	220	9	生态园内	东溪村
	0303300142-4	小叶榕	榕树	Ficus concinna Miq.	100	10	250	7	生态园内	东溪村
	0303300142-5	小叶榕	榕树	Ficus concinna Miq.	100	10	280	7	生态园内	东溪村
	0303300142-6	小叶榕	榕树	Ficus concinna Miq.	100	10	25	9	生态园内	东溪村
	0303300142-7	小叶榕	榕树	Ficus concinna Miq.	100	8	230	7	生态园内	东溪村
	0303300076	黄葛树	榕树	Ficus virens Ait	150	8	180	7	坟边	东溪村
	0303300001	无柄小叶榕	榕树	Ficus concinna Miq.var.Subsessilis Corner	150	9.5	350	12	河路旁	御史桥村

续表3:

镇（街道）	编号	中文	别名	拉丁名	树龄(年)	树高(米)	胸(地)围(厘米)	平均冠幅(米)	生长环境	地址
海城街道	0303300002	无柄小叶榕	榕树	Ficus concinna Miq.var.Subsessilis Corner	100	10.5	480	25	河路旁	山西岙村上车头
	0303300003	无柄小叶榕	榕树	Ficus concinna Miq.var.Subsessilis Corner	100	8.5	550	28	水旁	山西岙村菜场边
状元镇	0303300004	无柄小叶榕	榕树	Ficus concinna Miq.var.Subsessilis Corner	100	9	520	22	水旁	西台村
	0303300005	无柄小叶榕	榕树	Ficus concinna Miq.var.Subsessilis Corner	100	85	460	20	水旁	西台村
	0303300006	无柄小叶榕	榕树	Ficus concinna Miq.var.Subsessilis Corner	100	6	300	22	水旁	石坦村太阴宫前
	0303300007	无柄小叶榕	榕树	Ficus concinna Miq.var.Subsessilis Corner	100	10	400	15	路旁	石坦村西岩角
	0303300008	无柄小叶榕	榕树	Ficus concinna Miq.var.Subsessilis Corner	100	9	300	22	水旁	石坦村坦上
	0303300009	无柄小叶榕	榕树	Ficus concinna Miq.var.Subsessilis Corner	100	8	300	20	村旁	三郎桥村上京
	0303300010	无柄小叶榕	榕树	Ficus concinna Miq.var.Subsessilis Corner	100	7.5	350	15	水旁	干岙村
	0303300011	无柄小叶榕	榕树	Ficus concinna Miq.var.Subsessilis Corner	130	20	650	32.5	寺院内	三郎村庄济庙内
	0303300012	无柄小叶榕	榕树	Ficus concinna Miq.var.Subsessilis Corner	100	7	250	19	路旁	大岙溪村田岙
	0303300013	无柄小叶榕	榕树	Ficus concinna Miq.var.Subsessilis Corner	100	8	260	19	路旁	大岙溪村广济禅寺前
	0303300014	无柄小叶榕	榕树	Ficus concinna Miq.var.Subsessilis Corner	120	11	500	34	路旁	状元桥村六龙桥北
	0303300015	无柄小叶榕	榕树	Ficus concinna Miq.var.Subsessilis Corner	100	7	250	12.5	水旁（三株）	状元桥村黄宅南
	03033000157	无柄小叶榕	榕树	Ficus concinna Miq.var.Subsessilis Corner	300	7	120	13.0	水旁	三郎桥宫
	03033000159	无柄小叶榕	榕树	Ficus concinna Miq.var.Subsessilis Corner	100	8	240	20	路旁	横街村东洋
	03033000159	无柄小叶榕	榕树	Ficus concinna Miq.var.Subsessilis Corner	100	8	230	20	路旁	横街村东路（新）
	03033000160	朴树	朴树	Celtis sinensis pers	100	6	120	9	路旁	状元新村黄宅北
瑶溪镇	0303300016	黄葛树	榕树	Ficus virens Ait	200	12	440	20	水旁	苏川村（河头龙）
	0303300017	无柄小叶榕	榕树	Ficus concinna Miq.var.Subsessilis Corner	100	8	550	13	水旁	苏川村（方山头）
	0303300018	无柄小叶榕	榕树	Ficus concinna Miq.var.Subsessilis Corner	100	8	330	12	水旁	苏川村（方山头）
	0303300019	黄葛树	榕树	Ficus virens Ait	100	8	200	6.5	寺院	河口村
	0303300020	黄葛树	榕树	Ficus virens Ait	100	15	400	30	水旁	皇岙村
	0303300021	无柄小叶榕	榕树	Ficus concinna Miq.var.Subsessilis Corner	100	6	340	13	水旁	南山村

续表4：

镇（街道）	编号	中文	别名	拉丁名	树龄(年)	树高(米)	胸(地)围(厘米)	平均冠幅(米)	生长环境	地址
瑶溪镇	0303300022	无柄小叶榕	榕树	Ficus concinna Miq.var.Subsessilis Corner	100	15	550	22	村旁	瑶溪村
	0303300023	无柄小叶榕	榕树	Ficus concinna Miq.var.Subsessilis Corner	100	13	320	17.5	村旁	瑶溪村
	0303300024	无柄小叶榕	榕树	Ficus concinna Miq.var.Subsessilis Corner	220	12	790	30	村旁	永胜村
	0303300025	黄葛树	榕树	Ficus virens Ait	130	10	300	23	村旁	雄心村
	0303300026	黄葛树	榕树	Ficus virens Ait	130	9.5	450	16	村旁	雄心村
	0303300027	香樟	樟树	Cinnamonum cmphora L	100	10	170	13	村旁	瑶街村(瑶街殿)
	0303300028	黄葛树	榕树	Ficus virens Ait	150	13	950	40	村旁	朱宅村
	0303300062	黄葛树	榕树	Ficus virens Ait	100	8	250	15	水旁	龙湾村
	0303300063	黄葛树	榕树	Ficus virens Ait	100	8.5	338	20	水旁	龙东村
	0303300064	黄葛树	榕树	Ficus virens Ait	100	8	230	11	水旁	黄石村
	0303300065	黄葛树	榕树	Ficus virens Ait	100	10	240	25	水旁	黄山村
	0303300066	黄葛树	榕树	Ficus virens Ait	100	9	225	20	水旁	金岙村
	0303300067	黄葛树	榕树	Ficus virens Ait	100	8	330	10	水旁	金岙村
	0303300052	黄葛树	榕树	Ficus virens Ait	100	13	290	15	水旁	黄石村(黄山宫)
	0303300053	黄葛树	榕树	Ficus virens Ait	100	10	270	10	水旁	黄石村(黄山宫)
	0303300054	黄葛树	榕树	Ficus virens Ait	100	8	240	15	水旁	金岙村
	0303300055	黄葛树	榕树	Ficus virens Ait	100	13	180	10	路旁	黄山村
	0303300056	苦槠	苦栗	Castanopsis Sclerophylla Scb	120	17	240	15	山上海拔91m	皇岙村(山上)
沙城镇	0303300115	小叶榕	榕树	Ficus concinna Miq.	200	11	440	30	路旁	庄桥村
	0303300116	小叶榕	榕树	Ficus concinna Miq.	150	13	370	29	水旁	庄桥村
	0303300117	朴树		Celtis sinensis P.	130	12	285	14	路旁	水埠村
	0303300118	小叶榕	榕树	Ficus concinna Miq.	100	10	275	15	路旁	沧宁村
	0303300119	小叶榕	榕树	Ficus concinna Miq.	100	9	310	14	路旁	沧宁村
	0303300120	无柄小叶榕	榕树	Ficus concinna Miq.var.Subsessilis Corner	100	12	455	21	路旁	沧宁村
	0303300121	黄葛树	榕树	Ficus virens Ait	100	10	410	19	路旁	七五村
	0303300122	黄葛树	榕树	Ficus virens Ait	100	12	375	18	路旁	七五村
	0303300123	黄葛树	榕树	Ficus virens Ait	105	13	450	20	路旁	七五村
天河镇	0303300124	小叶榕	榕树	Ficus concinna Miq.	205	9	340	11	水旁	天津村
	0303300125	无柄小叶榕	榕树	Ficus concinna Miq.var.Subsessilis Corner	100	10	380	12	路旁	天凤村
	0303300126-1	小叶榕	榕树	Ficus concinna Miq.	100	8	150	9	水旁	西前村
	0303300126-2	小叶榕	榕树	Ficus concinna Miq.	100	8	160	9	水旁	西前村
	0303300126-3	小叶榕	榕树	Ficus concinna Miq.	100	8	150	9	水旁	西前村
	0303300127	小叶榕	榕树	Ficus concinna Miq.	100	8	280	9	寺院	西前村

续表5：

镇（街道）	编号	中文	别名	拉丁名	树龄（年）	树高（米）	胸(地)围（厘米）	平均冠幅(米)	生长环境	地址
天河镇	0303300128	小叶榕	榕树	Ficus concinna Miq.	300	10	430	13	村旁	郑岙村
	0303300129	无柄小叶榕	榕树	Ficus concinna Miq.var.Subsessilis Corner	200	7	320	9	水旁	郑岙村
	0303300130	小叶榕	榕树	Ficus concinna Miq.	200	9	340	11	路旁	司南村
	0303300131	小叶榕	榕树	Ficus concinna Miq.	150	9	330	12	路旁	司南村
	0303300132	小叶榕	榕树	Ficus concinna Miq.	100	10	320	10	路旁	司南村
	0303300133	细叶榕	榕树	Ficus microcarpa L.	100	12	210	6	路中	庄泉村
	0303300134	小叶榕	榕树	Ficus concinna Miq.	100	10	360	12	庙旁	庄泉村
	0303300135	小叶榕	榕树	Ficus concinna Miq.	200	10	350	10	路旁	金益村
灵昆镇	0303300136	笔管榕	榕树	Ficus wightiana cauct.non wall	100	7	320	9.5	路旁	海思村
	0303300137	黄连木	苦树	Pistacia chinensis Bu.	100	9	120	7.5	水旁	北段村
	0303300138	笔管榕	榕树	Ficus wightiana cauct.non wall	100	8	260	8.5	庙西	双昆村

畜牧业

【概况】 2010年，龙湾区畜牧工作坚持“健康养殖，生态牧业”原则，全面落实和执行各项动物防疫措施，推进畜牧业安全生产。年末，生猪存栏4.43万头，其中母猪存栏0.24万头；奶牛存栏0.19万头；家禽存栏42.37万羽，年累计出栏60.95万羽。肉类总产量6043吨，禽蛋产量4291吨，牛奶产量5212吨。加快畜牧养殖规划工作进度，完成温瑞塘河范围禁养区的规模场前期摸底调查工作。

【动物疫病防控】 2010年，龙湾区农林局完善各项防控预案，加强动物防疫条件审核和人员培训，狠抓春秋两季动物防疫和奶牛“两病”检测，严防甲型H1N1流感疫情。牲畜口蹄疫、高致病性禽流感、猪瘟、高致病性蓝耳病等重大动物疫病，免疫率均达100%。严防牲畜口蹄疫疫情，加大A型和O型口蹄疫防控工作，出动300余人次，对全区200余户牲畜养殖场进行全面检查，并定期或不定期进行巡查，实行严格的零报告制度。开展“免疫周”专项行动、消毒灭源专项行动、流通监管专项行动、宣传培训专项行动等“四大”专项行动。开展奶牛“两病”的检测，全面净化奶牛养殖环境。加强病死动物监管，开展专项检查行动。与各畜禽养殖场（户）签订《龙湾区维护动物卫生及动物产品安全承诺书》，共计签订400余份，形成全防全控局面。

图44：1月28日，温州市委常委、副市长黄德康到龙湾检查节前农产品质量安全工作。（区农林局供稿）

【动物检疫】 2010年，龙湾区农林局实行动物检疫规范化、制度化，建立健全产地检疫和屠宰检疫工作责任制，严把检疫关。规范动物检疫证明使用管理，全面规范申报点检疫工作，重新制订与完善各项工作职责和制度。加强畜禽产地检疫，对进入市菜篮子集团进行屠宰的生猪统一进行检疫。加强禽类及其产品的检疫，防止病死畜禽流入市场。

【畜产品安全监管】 2010年，龙湾区农林局组织开展兽药等农业投入品、生鲜乳质量安全的专项检查，严厉打击违法生产、销售、使用畜牧投入品和假冒伪劣兽药、饲料及添加剂的行为。严厉打击非法经营畜禽及其产品的活动，防止未经检疫畜禽及其产品流入市场，确保上市畜产品质量安全。专门召开全区畜牧干部学习会议，学习《中华人民共和国食品安全法》、《兽药经营质量管理规范》等法律法规及条例，以提高畜牧干部的业务水平。

渔 业

【概况】 2010年，龙湾区渔业产值1.17亿元，比上年增长24.6%。全年水产品产量5013吨，比上年增加927吨。其中：海洋捕捞产量1008吨，比上年增加268吨；海水养殖产量3519吨，比上年增加517吨；淡水养殖产量486吨，比上年增加70吨。

【渔业品牌建设】 2010年，温州市灵顺水产有限公司、浙江省永兴水产种业有限公司等2家企业被列入省级渔业精品园创建点，温州市繁灵生态水产养殖有限公司等3家企业正在申报省级渔业精品园创建点。龙湾区已形成以温州市灵顺水产有限公司为龙头的一批虾类设施化养殖基地，以温州市繁灵生态水产养殖有限公司为龙头的都市休闲渔业基地，以温州市金岙水产养殖有限公司为龙头的一批中华鳖生态高效渔业基地。

【初级水产品质量管理】 2010年，龙湾区海洋与渔业局加强初级水产品质量安全监控，确保全区水产品质量安全。加大对无公害水产品养殖产地、规模化水产养殖基地、重点水产品生产企业的水产品质量监管力度，着重对“三项纪录”、规章制度制订及饲料、药物等渔需物的管理情况进行不定期抽查。全年共抽检水产品186个，主要检测项目为甲基汞、无机砷、铅、镉、土霉素、己烯雌酚等项目。

【水产品标准化建设】 2010年，龙湾区海洋与渔业局加快推进全区水产品标准化生产进程，开展省级无公害水产品养殖产地认定、农业部无公害水产品认证申报工作。全年共组织申报浙江省无公害水产品养殖产地3个、农业部无公害水产品13个；组织申报1家无公害水产品养殖产地单位进行复查换证工作。

【渔业基础设施建设】 2010年，龙湾区海洋与渔业局完成蓝田标准渔港改造提升工程，启动灵昆标准渔港新建前期准备工作。渔政海监码头进入招投标阶段，计划2011年下半年竣工投入使用。对主机动率44千瓦以上的渔船安装卫星定位监控和自动识别避碰（AIS），对300多艘小型渔船安装卫星定位通话系统与渔港视频监视系统，实施实时监控，全面夯实服务渔业的安全基础。

【海洋与渔业行政执法】 2010年，龙湾区海洋与渔业局严厉打击海洋与渔业违法行为，维护海洋与渔业正常程序。配合省海洋与渔业执法总队开展“海盾2010”和“碧海2010”专项执法行动，重点查处违法围填海域和非法倾废案件。针对海域倾废现象，专门组织人力蹲点布控取证。查获2起非法倾废案件，现场制止1起，处罚1起。做好海洋渔业船舶证书的换发证，严格渔业船舶检验、许可制度，切实保证渔业生产规范有序。全年共组织巡查137次，海上巡查63航次，出勤579人次，查处案件14起（海监4起、渔政10起），计罚款80.25万元。

水　利

【防汛工作】 2010年，龙湾区水利局制订部门、基层防汛机构职责和工作人员岗位职责，明确监测预警、人员转移、避灾安置管理、抢险救灾等防汛应急队伍的任务分工。将水库、山塘、水闸、堤塘责任人名单在龙湾水利网站上公布，与各镇（街道）、有关部门签订防汛工作责任书，把任务分解落实到人。开展防汛大检查，举办2次集中防汛知识更新培训。提升防汛防台预警预报技术，完成水文遥测错误数据信息自动甄别的程序编制和无线广播语音预储和群呼功能的开发，制定不同的预警信息发布标准。帮助永强水电站、龙湾粮油公司、青山特钢集团公司、温州市第二十五中学等单位完善防汛机构和预案。开展灵昆镇水利工程应急修复、海滨街道危险区域人员避险转移、瑶溪镇紧急动员等实战演练，以增强群众的自救互救能力。加强防汛物资储备，常年储备麻袋（编织袋）2.95万条、土工膜1250平方米、救生衣350条、铁锹300把、钢镐100个和其他一批抢险救生物资设备。

【东片防洪一期工程】 2010年，东片防洪一期工程建设稳步推进。完成金山河、三甲支河、黄石山后河永中1标等8.5公里河道拓宽整治工程。沙河拓宽整治完成70%的工程量，开工建设桥梁9座，建成桥梁1座。完成第三批次15.8公顷土地的报批手续和第四批次15公顷新征土地的资料上报工作。完成堤塘河沿岸农保地调整和三甲河迪丰至新河段规划调整工作。全年完成投资1.08亿元，完成区政府8000万元年度投资计划的135%。

【水库加固工程】 2010年，龙湾区水利局投资总额854.5万元，抓好山门坑、后坑、天河东、天河西等四座水库除险加固工程。天河东水库和天河西水库完成大坝防渗加固，增设防空隧洞，增设日常观测设施，进入主体工程完工验收阶段。后坑水库除险加固工程，完成防渗心墙、溢洪道混砼板施工，正进行溢洪道挡墙施工。山门坑水库除险加固工程，完成主体工程施工。

【农田水利工程】 2010年，龙湾区小型农田水利基本建设有序展开。全年新建、改建、修建三面光渠道14.14公里，排水暗渠0.64公里，机耕路1.84公里，改造机耕桥4座，涵洞修复1座，机埠12座。

【防汛应急工程】 2010年，龙湾区防汛应急工程共7个项目，总投资208万元。其中瑶溪村防洪堤浪墙加高工程、老鼠山浦卡口疏浚工程、永中河道应急开挖及疏浚工程、七甲出海浦沥疏浚工程已完成；堤塘河及支河水葫芦清理工程完成80%以上；河滨村长潭河、后前河疏浚、苏川山下防洪渠工程进入招投

图45：9月13日，东片防洪一期工程永中段拆迁动员大会召开。

（区水利局供稿）

图46：6月10日，龙湾区委书记王祖焕调研水利工作。
（区水利局供稿）

标工作。水毁工程共6个项目。其中大坑井水库迎水坡块石冲损、双岙水库防洪堤溢洪道口位置冲损、双岙水库导流墙加高和基础护坡加固、瑶溪镇瑶泷水库溢洪道冲损、瑶溪镇龙岗寺水库大坝裂缝、天柱寺岙底河岸驳坎、道路修复工程均已完成，到位补助资金47万元。投资588万元的灵昆米筛段海塘抛石保滩工程完工。

【河道清淤工程】 2010年，龙湾区计划河道疏浚项目32条，河道长度45.7公里，清淤方量71.7万立方米，概算投资3102.9万元。截至12月，完成疏浚河道12条，剩余河道已完成招投标工作，近期进场施工。

【河道清障拆违】 2010年，龙湾区水利局加大河道违章整治力度。全年组织专项执法活动30次，清除违章建筑物、构筑物共计12560平方米。

【水资源管理】 2010年，龙湾区水利局开展地表水取水的规范化管理和地下水井封堵后的后续巩固工作。完善地表水取水的核实登记，加大地下水非法开采查处力度，足额收取水资源规费。全年共收取水资源费40.1万元。加强水土流失治理，全年治理水土流失面积3.82平方公里。

【水行政审批】 2010年，龙湾区水利局按照“两集中、两到位”要求，成立水政与行政审批科。全年完成43个项目联合踏勘、参加了98个项目联审。办结审批件187件，驳回5件；收取水土保持补偿费247.7万元，占用水源、水域补偿费73.55万元。

【堤塘和水闸管理】 2010年，龙湾区水利局共投入专项资金90万元，完成东片标准堤（黄山黄石段）渗漏维修、永强堤塘河水葫芦打捞、东片堤塘绿化工程及永强、丁山、东片堤塘常年管理保洁等工作。修复里程桩122个，新建路墩17个。同时，新建海塘墙体标语20条，宣传警示牌15个，并在3处堤塘交叉口设置监控系统。全年共巡查100余次，查处违法行为10余起，有效打击了违法行为，确保海塘安全运行。

【水利安全生产】 2010年，龙湾区水利局调整安全生产委员会，出台《2010年龙湾区水利安全生产工作要点》。开展“安全生产年”、“安全生产月”排查隐患治理活动，“百日督查专项行动”，“百日攻坚行动”和水利安全生产“三项行动”。开展安全知识竞赛、安全咨询、图片展览，发放宣传资料1500份。全年共组织安全执法检查50次，全年没有发生重大安全事故。

【水法规宣传】 2010年，龙湾区水利局结合“世界水日”和“中国水周”，以“清洁用水、健康世界”和“严格水资源管理、保障可持续发展”为宣传主题，通过水法宣传进学校、进社区和现场咨询等形式多样的活动，宣传水法律法规。开展“周末文明创建活动”、“12·4”全国普法日活动，全年发放宣传资料1500余份，悬挂和张贴宣传标语和宣传画150余幅（张），接受群众咨询1000余人次。

工 业

综 述

2010年是“十一五”的最后一年，龙湾区认真开展“学比赶超”活动，着力调结构促转型快发展，工业经济走出低谷，全区工业经济保持恢复性较快增长。全年全区完成工业总产值658.70亿元，比上年增长18.3%。全区规模以上企业847家，实现工业总产值446.77亿元，比上年增长21.9%。其中轻工业产值99.85亿元，比上年增长23.8%；重工业产值346.92亿元，比上年增长21.3%。规模以上工业企业总产值占全部工业总产值的比重为67.8%。全区拥有工业产值超亿元企业112家，与上年持平；实现工业产值247.54亿元，占规模以上工业总产值比重55.4%。其中产值超3亿元企业15家，超10亿元企业2家。列入效益考核企业，全年实现主营业务收入417.60亿元，比上年增长15.8%；实现利税总额31.23亿元，利润总额17.20亿元，分别比上年增长15.8%和17.6%。发生亏损企业18家，亏损企业亏损额1566万元，比上年下降56.7%。全社会工业性投资27.36亿元，比上年增长5.4%。截至2010年年末，全区共拥有中国驰名商标19枚，省著名商标35枚，市知名商标54枚，区名牌商标119枚；省级商标品牌基地5个，市级商标品牌基地1个；中国名牌产品3个，省级名牌产品27个，市级名牌产品40个。龙湾区获浙江省不锈钢专业商标品牌基地称号。

工业管理

【工业区建设】 2010年，龙湾区有大小工业区近18个，总面积约24平方公里。含温州工业园区、温州农业对外综合开发区等两个省级综合性工业园区和区中心工业区、滨海园区龙湾工业基地、蓝田标准厂房、海城水暖洁具生产基地、沙城食品机械生产基地、天河民用电器生产基地等六大特色工业基地，工业总产值约占全区工业总产值的75%。同时，尚在建设中的民营科技产业基地将成为龙湾沿海产业带的重要组成部分和今后工业发展的重点园区。

【节能减排工作】 2010年，龙湾区

表30：　2010年度与前4年龙湾区工业经济增长情况对比

年份	全社会工业总产值（亿元）	比上年增长（%）
2006	444.27	13.3
2007	571.55	23.7
2008	608.11	6.4
2009	593.42	−2.4
2010	658.70	18.3

表31：　2010年度与前4年龙湾区技改项目数据对比

年份	立项数（项）	实际完成	
		投资额（亿元）	增长率
2006	65	1.68	21.7
2007	48	1.10	−34.0
2008	16	1.61	45.6
2009	45	0.62	−61.4
2010	46	1.13	−29.5

表32：　2010年龙湾区主要工业园区（基地）基本情况

序号	单位名称	总规划面积（平方公里）	已开发面积（平方公里）	入园企业（家）	就业人数（万人）	规模企业总数（家）	现有主要产业
1	温州工业园区	4.96	3.00	147	1.80	117	合成革、不锈钢、化工、服装、眼镜、印染等
2	温州农业对外综合开发区	13.50	2.00	88	1.50	30	制笔、皮鞋、制革、眼镜等
3	沙城食品机械生产基地	0.32	0.25	50	0.20	10	食品机械、阀门、电器、人造革等
4	区中心工业区	2.30	0.53	102	3.00	30	人造革、阀门、机电产品
5	海城水暖洁具生产基地	0.97	0.40	24	1.30	24	水暖洁具
6	天河民用电器生产基地	1.00	0.68	70	0.70	15	民用电器

委、区政府认真贯彻国家宏观调控政策与措施，把节能减排、循环经济工作作为促进发展的重要举措，高耗能工业能耗明显放缓。召开节能降耗工作会议，与125家重点用能企业现场签订节能目标责任书，每年未能完成既定节能目标的企业，将被取消年终功勋企业和优秀企业评先资格。2010年，万元地区生产总值综合能耗1084.50公斤标煤，节能率下降4.05%。

【7家企业入选2010年温州市百强企业】 2010年8月13日，2010年温州市百强企业授牌仪式暨2009年"新特医药杯"论文大奖赛表彰大会在江心海景大酒店举行。会上，浙江长江能源发展有限公司、江南控股集团有限公司、龙湾永强供电公司、鸿厦建设有限公司、泰昌集团有限公司、温州人造革有限公司、华迪钢业集团有限公司被授予2010年温州市百强企业称号。

【7家企业获国家科技型中小企业创新基金】 2010年，科技部、财政部公布2010年国家第一批科技型中小企业技术创新基金立项项目名单，龙湾区7家企业入围，位列全市之首。获国家科技型中小企业创新基金545万元，加上省、市科技部门的配套经费，7个项目共争取上级科技经费750万元，相当于2010年全区财政科技投入总额的1/3。

【5家企业向全国公开招选"红色CEO"】 2010年6月，温州市开展面向全国公开招选非公企业党组织书记。通过报名、筛选面试、专家面试、双向选择、组织考察、企业录用等环节，根据面试成绩，每个职位原则按照5：1的比例从高分到低分确定入围人员，与需求企业进行双向选择。龙湾区的华迪钢业集团、五洲阀门有限公司、康德莱医疗器械有限公司、鸿升集团、浙江温兄机械阀业有限公司等5家非公企业负责人和6位来自全国各地的"红色 CEO"人选签订正式劳动合同。

【泰昌铁塔获中国建筑钢结构金奖】 2010年，由温州泰昌铁塔制造有限公司承建的"500kV乐清电厂——温东变输电线路钢管塔（1项）钢结构工程"获"第八届中国建筑钢结构金奖"（国家优质工程）。该奖项是中国建筑钢结构行业工程质量的最高荣誉奖，每年仅评选一次。

合成革工业

【概况】 2010年，龙湾区合成革行业实现产值87.05亿元，比上年增长15.7%，占全区规模以上工业企业总产值的19.5%。是年，全区有合成革企业82家，占全市80%。其中产销均超亿元企业43家，比上年增长13.15%。温州人造革有限公司工业产值超7亿元。两家合成革企业被评为2010年度龙湾区功勋企业，15家企业被评为2010年度龙湾区优秀企业，13家企业被评为2010年度龙湾区纳税大户，3家企业被评为2010年度龙湾区外贸出口增幅十强企业。

【2010年中国国际合成革展会】 2010年8月27～29日，温州市合成革商会联合中国塑协合成革专委会、德纳展览有限公司在温州国际会展中心举办2010年中国国际合成革展会。商会组织庞大展团参展，展位近200个。展会还汇聚200余家来自浙江、福建、广东、江苏等地的合成革企业及产业链上的知名企业。展位数400余个，成为全国规模最大的合成革专业展会。展会期间，组织来自德国、荷兰、巴西、日本、斯里兰卡、泰国、埃及、越南等国家40余位外商到温州合成革企业参观考察。该届展会共有1万余人次客商参观，其中外商2881人次。签订合同287份，其中外商签订合同88份，金额达2亿多元。达成意向协议332份，其中外商意向协议100余份。

【合成革业参与国家标准制订】 2010年8月，中国塑协标准化委员会和人造革合成革专委会在温州召开国家行业标准制订会议，全国各地22家（其中温州8家）合成革企业专业技术人员参加会议。温州人造革有限公司起草制订抗菌革行业标准通过专家审查，上报国家相关部门审批，取得业内话语权。9月，温州市合成革商会组织企业技术人员讨论"鞋面用PU革标准"，经专家组审查后由各企业报辖区质监局备案。

【"中国合成革之都"通过复评】 2010年11月14日，中国塑协专家组到温州复评考核，考察华康合成革有限公司等2家企业。12月8日，中国塑协发文，认为温州合成革产业规模、产量、装备、品牌和技术仍在全国占绝对优势，决定继续授予温州为"中国合成革之都"称号。

【合成革行业环保工作】 2010年，温州市合成革商会重视行业环保工作。自查自纠宣传队坚持巡查不放松，分三组不定期对企业进行环保工作检查。坚持"告知单"和"反馈单"制度，促进企业加强环保工作的管理和环保设施的完善。龙湾区合成革企业在区环保局指导下，各企业继续巩固和提高环境治理成果。全行业全面开展后环评工作，截至2010年年底，已有48家企业后环评报告书通过专家组评审。根据专家组意见，各编制单位对后环评报告书进行修改，各企业对"三废"治理设施进行整改。

【合成革业职称评审】 2010年，温州市合成革商会开展第四次合成革专业技术职称评审工作，全行业有110名技术人员报名。经过初审、培训、考试、答辩等环节，通过量化评价、行业专家评审并报市人事局审核，确定56位技术人员（其中龙湾区47名）具有合成革专业中、初级技术职称的任职资格。

【合成革业名师名家评选】 2010年上半年，温州市合成革商会组织合成革行业参加工业行业第二轮名师名家评选活动。经过企业自荐和组织推荐，通过行业初评、专家联评和媒体公示等严格程序，浙江金大利皮革有限公司董事长王盟、温州新兄弟人造革有限公司技术副经理杨志乐、温州市强利人造革有限公司技术负责人刘隆沐等3人获温州市合成革行业首批名师名家称号，并受到温州市委、市政府的通报表彰。

【合成革行业交流】 2010年8月，温州市合成革商会召开产业链友好商（协）会座谈会，邀请广东、香港、河北等地友好商（协）会领导及部分企业负责人进行座谈，共商团结合作、互补共赢、全面发展大计。牵头举办浙闽地区合成革商会企业家联谊会，温州、丽水、临海、宁德四地的合成革商会会长和50多名企业家参会，会上，中国塑协理事长廖正品到会讲话。

【合成革商会成立10周年庆典】 2010年12月27日，温州市合成革商会成立10周年暨四届二次会员大会在王朝大酒店召开，来自全市合成革行业的300余人及相关领导、友好商会代表、商业顾问单位代表出席庆典活动。会上听取并审议通过会长王永康作的《风云10年创优势，奋争前行铸辉煌》工作报告，听取并审议常务副会长姜方强所作的《2010年财务收支情况报告》，中国塑协副秘书长冯庶君宣读中国塑协《关于继续授予温州市为“中国合成革之都”荣誉称号的决定》和《关于授予郑笃权同志“中国温州合成革行业卓越贡献奖”的决定》。中国塑协理事长廖正品，温州市副市长徐育斐，龙湾区委常委、副区长张光羽等领导先后在会上发表讲话。

【合成革商会自身建设】 2010年，温州市合成革商会修改完善理事会议制度和会长办公会议制度，全年召开理事会议3次、会长办公会议四次、会员大会3次，研究、通报工作和布置行业的重要工作。调整充实人力资源和维权、节能减排和安全、品牌建设和质量、对外联络和宣传、行业发展和财经5个工作委员会人员。发挥桥梁纽带作用，主动向政府反映企业的困难和要求。组织各类业务培训，受训员工1000余人次。办好《温州合成革报》、中国合成革之都网站。是年，温州市合成革商会获AAAAA级社会组织、温州市工商领域行业协（商）会先进工作单位等称号。

不锈钢工业

【概况】 2010年，龙湾区不锈钢行业实现总产值130亿元，比上年增长18%。不锈钢炼钢总产量66万吨，比上年增长17%；不锈钢钢管41万吨，比上年增长28%；不锈钢钢带22.5万吨、不锈钢钢丝4771吨；不锈钢各种产品出口1.44亿美元。华迪钢业集团有限公司、江南控股集团有限公司获温州市百强企业称号。

【不锈钢总部基地建设】 2010年上半年，温州市不锈钢行业协会就原不锈钢市场功能转化为不锈钢总部基地开展前期工作。已完成规划调整，平面设计，上报审批。协会根据区委、区政府要求，与市规划局有关职能部门进行对接，召开两次规划评审会，方案从原来的总建筑面积4.5万平方米提高到7.15万平方米。

【2家企业入选中国民营企业500强】 2010年8月29日，“2010中国民营企业500家”结果揭晓，龙湾区的青山控股集团有限公司和华迪钢业集团有限公司入选，分别位居第75名和第370名。

【不锈钢行业对外贸易预警示范点建立】 2010年5月，为应对国际贸易壁垒，温州市不锈钢行业协会成立对外贸易预警示范点。12月，浙江省公平贸易局对外贸易预警示范点进行验收。在此期间，与温州博锐数码科技有限公司合作，建设温州不锈钢行业对外贸易预警服务点信息平台，开展预警联络员业务培训，确定11家自营出口企业为服务点联系单位。全年共出预警信息6期。

【不锈钢行业应对国际反倾销调查】 2010年1月，印度对中国无缝管发起反倾销调查，涉案金额5.06亿美元，涉及温州企业8家，涉案金额约7000万美元。7家企业对印度反倾销案进行委托应诉，龙湾区的华迪钢业集团有限公司、江南控股集团有限公司积极应诉，做出无损害抗辩，在经过10个多月的调查后，最后该案作出无损害裁决。9月30日，欧盟对中国不锈钢无缝管发起反倾销调查，涉案企业9家。国内不锈钢无缝管出口企业主要在温州，温州市不锈钢协会组织民营企业积极应诉，及时与北京锦天城律师事务所进行洽谈，统一打包应对，保质保量按时递交调查报告，赢得了应诉权。10月29日，欧盟抽样报告确定江南控股集团有限公司、江苏华新丽华、上海金昌为涉案调查单位。2011年1月17日，欧盟派出3名代表，对江南钢管企业进行市场经济地位调查核实，初步认定江南钢管为市场经济地位。

【不锈钢行业区域品牌建设】 2010年，浙江省工商行政管理局授予龙湾区省级不锈钢专业商标品牌基地称号。不锈钢行业新增市名牌产品1个。截至2010年年底，获中国驰名商标1枚，省级著名商标4枚，市级著名商标8枚，区级知名商标8枚。

【不锈钢行业拓展市场】 2010年，温州市不锈钢行业协会组织6家企业赴德国参展，13家企业赴越南参展，助推企业扩大销售渠道。全年不锈钢无缝管产品的出口总额占省级同类产品总额的35%，占全行业总产值比重10%。青山控股集团有限公司被评为全市外贸进出口先进单位。

【不锈钢行业职称评审】 2010年，温州市不锈钢行业协会加强专业技术培训，不断提高队伍素质。经市人民政府、市人事局确认中级专业技术职称人员1018名。

五金洁具工业

【概况】 2010年，龙湾区五金洁具制造企业有586家，配套辅助制造企业278家，比上年减少49家，从业人员比上年减少2213人。全年五金洁具行业实现总产值56.12亿元，比上年增加8.83亿元。工业性投资2.69亿元，比上年增加0.58亿元。

【五金洁具园区建设】　2010年，龙湾区占地面积为100公顷的五金洁具制造园区基地已全部竣工，31家洁具制造厂家入驻并已投入生产。投资1亿元，完成14.33公顷标准厂房建设。投资2亿元，建设占地7公顷的配套工程设施——电镀中心。同时，建立海城电镀中心服务有限公司，服务于五金洁具业，做到集中电镀、生产、加工等环保型一条龙生产服务模式。

【五金洁具市场建设】　2010年，海城街道屿门村温州水暖市场一期已投入使用，二期工程已启动。为满足国内外客商需求，规划五金洁具园区内建设一座占地26.67公顷的专业水暖展示厅，内设商品交易区、物流配送区、商务配置区、综合管理中心，力争打造成国内最大规模、现代化的专业水暖市场。

制笔工业

【概况】　2010年，龙湾区制笔企业有130余家，从业人员3万余人。主要产品有各类水彩笔、活动铅笔、圆珠笔、自来水笔、水性笔、中性笔、记号笔、白板笔、荧光笔、蜡笔、木杆铅笔、毛笔等12大类200余个品种。与制笔业相关的橡皮擦、三角板、直尺、圆规等配套文具及镍白铜、不锈钢笔头、纤维笔头、铅芯等笔类零部件产业，得到全面发展。全年全区制笔行业实现总产值20余亿元，占温州制笔行业70%以上。

【2人评为国家制笔行业突出贡献企业家】　2010年，温州市爱好笔业有限公司 董事长张汉平、温州天骄笔业有限责任公司董事长兼总经理韩爱国被中国制笔协会评为制笔行业突出贡献企业家。

【制笔行业品牌建设】　2010年，温州市爱好笔业有限公司获温州优秀企业、浙江省出口名牌、浙江省专利示范企业称号；温州市天骄笔业有限责任公司获浙江省著名商标称号。

【制笔业电子营销平台建设】　2010年，温州市制笔协会加大中国笔都网推广力度，网站逐渐发展为中国制笔行业最具有影响力的电子商务平台。该网站有注册会员5万多人，网络采购商2万多人，日访问量约6万人次，用户覆盖全球80余个国家，业务涵盖笔及制笔的原料、配件、机械设备、包装印刷等产业。中国笔都网被评为2010年度温州十大电子商务行业网站。

【制笔业组团参展】　2010年，温州市制笔行业积极参加各类展会，构筑四通八达的市场营销网络。在广州中国商品交易会、中国文化用品交易会、上海国际文具博览会及美国、巴西、日本等国家和中国香港地区的国际性展会中，与国内外客商签订了长期的产销合同。全年有30余家企业获自营进出口权，全行业有60%以上产品出口。

【制笔业协会换届大会】　2010年1月11日，温州市制笔协会召开五届一次会员大会，有会员企业187家参会，会议选举产生了新一届理事会，其中会长1名，副会长12名。史信光当选为会长。

阀门工业

【概况】　2010年，龙湾区阀门行业实现总产值110亿元，占全区工业总产值的16.7%；占全国阀门制造业工业总产值的10%。江南阀门有限公司获区优秀企业称号；精工阀门有限公司获区劳动保障诚信示范企业称号；浙江温兄阀业有限公司获浙江省和谐关系引领示范企业称号。凯喜姆阀门有限公司、江南阀门有限公司获实施共同跨越六大行动先进集体称号。五洲阀门有限公司、浙江温兄机械阀业有限公司率先面向全国公开招选非公企业党组织书记。

【凯喜姆科技集团股份有限公司成立】　2010年5月20日，以凯喜姆阀门有限公司为龙头，吸纳龙湾区华海密封件有限公司等18家阀门企业整合重组而成的凯喜姆科技集团有限公司正式挂牌成立。公司注册资金5168万元，其旗下子公司19家，有5家企业入股。这19家企业均属成长型企业，产品、技术各具特色和优势，全部通过ISO 9000认证。其中10家企业已获国家TS特种设备制造许可证。同时，挂牌成立凯喜姆核能阀门技术研究院。

【6人评为阀门行业名师名家】　2010年12月，温州市人民政府授予浙江石化阀门有限公司总工程师李保升、浙江华夏阀门有限公司总工程师徐长祥、中国·精工阀门有限公司董事长杨连成、凯喜姆集团总经理章成选、温州金鑫生化阀门有限公司董事长涂志金等6名科技人员为温州市第二轮名师名家称号。

【阀门行业品牌建设】　2010年，五洲阀门有限公司获浙江省知名商号称号；生贵阀门有限公司获“浙江省著名商标”称号；浙江威腾阀门有限公司获浙江省名牌产品称号；浙江维都利阀门制造有限公司获“温州市名牌产品”称号；精工阀门有限公司、华东阀门有限公司、浙江远安流体设备有限公司获第十三届温州市知名商标称号。8月，浙江石化阀门有限公司被列入浙江省科技创新试点企业。11月，龙湾区获中国机械工业科学技术三等奖一项。申报“国家火炬计划龙湾阀门特色产业基地”、“温州市阀门专业商标品牌基地”工作进入实质性操作阶段。

【上级领导考察阀门工作】　2010年5月21日，中国通用机械协会阀门分会秘书长宋银立一行到龙湾调研阀门行业。8月10日，副区长张光羽到凯喜姆阀门有限公司、浙江埃尼斯阀门有限公司、华海密封件有限公司等单位调研并召开座谈会，就行业转型升级、做大做强龙湾阀门制造业及节能降耗工作做重要指示。8月19日，温州市出入境检验检疫局副局长陶伟到龙湾阀门行业就出口企业检验工作做调研。9月27日，副区长赵飞调研阀门行业，就阀门行业科技创新等工作做部署。

【阀门行业协会建设】　2010年，龙湾区阀门行业协会组织开展职业技术、技能培训及工程专业技术人员职称评定工作，共有51名工程技术人员分别晋升为工程师、助理工程师、技术员职称。组织上报技改、新产品开发项目37项，其中凯喜姆科技集团《年产9000台石化用临氢阀门项目》被列为省发改委重点建设项目。建立会员企业档案364个。12月13日，召开龙湾阀门行业二届理事会第二次会员大会。协会被区委、区府评为2010年度行业协会（商会）工作先进单位。

鞋业工业

【概况】 2010年，龙湾区有制鞋及配套生产企业400余家，从业人数8万余人。龙湾90%以上制鞋企业专业生产各款时尚女鞋，在全国拥有庞大的销售网络，同时以自营出口、外贸公司代理和边贸等方式远销欧洲、美国、日本、韩国、中东、俄罗斯和非洲等40余个国家或地区。全年鞋业实现总产值70余亿元，比上年增长10%以上，其中规模以上制鞋企业工业总产值28.63亿元，比上年增长20%。鞋业产业总产值继续稳居各行业第5位不变。举办龙湾区鞋业行业协会5周年庆典。

【鞋业品牌建设】 2010年，龙湾区鞋业企业品牌经营意识不断增强，不少企业在稳定提高产品档次质量的基础上，不惜重金聘请著名影视明星担任女鞋品牌代言人。积极申报各级名牌产品、著名商标等称号。在国内的龙湾鞋类品牌专卖店、直营店（柜）逐年增多。其中，大自然鞋业的卓诗尼品牌专卖店、泰来富利康鞋业的富利康品牌专卖店、剑派鞋业的驰邦品牌专卖店均已超过千家或接近千家。特斯亚、富利康、驰邦、卓诗尼、缝叶鸟等品牌专卖店组成中国鞋都女鞋基地（龙湾）名品销售示范区入驻温州名品旅游购物中心。截至12月，全区鞋业已拥有驰名商标（司法认定）8枚，浙江名牌产品企业5家，浙江省著名商标企业5家，温州名牌产品企业6家，温州知名商标企业9家，温州十大领先女鞋品牌企业3家，温州十大女鞋品牌企业5家，中国鞋都领先女鞋品牌企业8家，温州鞋业金牌供应商1家。协会还评选出中国鞋都女鞋基地优秀企业16家。

【区领导调研鞋业】 2010年3月17日，龙湾区区长陈玲玲、副区长张光羽率民科指挥部经发局、区经贸局、发改局、国税、地税、社保、劳动人事等职能部门的负责人深入制鞋企业视察调研，了解鞋业发展情况，听取对强化政府服务的建议要求。陈玲玲在当天的鞋业重点企业座谈会上表态，区人民政府及有关部门会认真查找制约鞋业发展的土地瓶颈问题，帮助中国鞋都女鞋基地的骨干企业做大做强。

【鞋业转型升级规划】 2010年，龙湾区鞋业行业协会为促进鞋业在现有基础上实现新一轮大发展，认真制订《温州市龙湾区鞋业产业转型升级实施方案》，确定“十二五”期间全区鞋业发展的方向与目标、转型升级的战略措施和具体途径，并对政府的有关保障措施提出建议意见，经区政府常务会议讨论，已原则通过。同时，确定浙江大自然鞋业、浙江剑派鞋业、浙江三雄麒鞋业和温州海滨秀龙鞋材有限公司4家重点骨干企业为鞋业转型升级计划实施的示范企业，并分别制订企业《“十二五”转型升级行动计划》。

【鞋企新厂建设】 2010年5月29日，中国·普正控股有限公司（原浙江特斯亚鞋业）在龙湾滨海工业园新厂房举行入园仪式，中国轻工业联合会、中国皮革协会及市、区政府等领导出席并讲话。厂房占地约4公顷，总投资1亿多元，成为龙湾区鞋业在龙湾滨海工业园投资规模最大的一家企业。截至12月，有6家龙湾鞋厂陆续到龙湾滨海工业园投资发展，分别是康泰鞋服在滨海投资的劲运鞋业、亿都鞋业在滨海投资的泰来富利康鞋业、爱麟斯鞋业在滨海投资的衫亚轻工鞋业、红尔康鞋业在滨海投资的兰妮尔鞋服、金豹鞋业在滨海投资的金豹鞋业分厂、贵莲鞋业在滨海投资的贵莲分厂。这批鞋企留在龙湾的老厂多数仍在生产，在龙湾滨海工业园投资办新厂，解决他们扩大产能、提升品牌经营所遇到的土地瓶颈。

食品制药机械工业

【概况】 2010年，龙湾区有食品制药机械工业生产厂家482家，从业人员3万余人；各类产品1500余种，产品规格2000余种。全年食品制药机械行业实现总产值61.3亿元。累计有国家高新技术企业15家，国家压力容器许可证企业8家，国家知识产权280余项。

【首家博士后科研工作站】 2010年11月22日，浙江省人力资源和社会保障厅批准温州市天宇轻工机械有限公司为省级博士后科研工作试点站。这是龙湾区首家博士后科研工作站。

【食品制药机械行业科技创新】 2010年，龙湾区食品制药机械行业加大科技经费投入，多数企业以5%资金投入新产品研究开发项目。其中金榜企业“全自动真空带式干燥”产品，在成都国际制药机械博览会上一次拿下2000余万元订单，天富“新型高效真空均质乳化机”产品占全国份额60%，康而达“创新型淀粉洗涤系统立式旋流器”产品占全国70%。天联“畜禽骨头深加工（骨素）生产设备”、天宇“杀菌、浓缩、提取设备”、龙强“乳品设备”、希伯伦“过程控制阀系统集成芯片”等22项科技创新项目，共获国家奖励基金2000余万元。

【食品制药机械行业自律工作】 2010年，龙湾区食品制药机械行业以诚信文化建设为基础，建立行业诚信制度和内部诚信管理档案。通过人才公约调解委员会协调，在协会人才工作站上，签订人才公约合同52家，人才数据库人数达人才人数的68%，有效控制了人才无序流动。同时，通过三方（企业、工会、员工）和双方（协会方代表、职工方代表）协商，签订工资集体合同。普工工资增加20%，技工、高工工资增加30%。建立了和谐稳定的劳动关系，确保行业稳定、健康、快速、有序发展。

【食品制药机械协会建设】　2010年，温州市食品制药机械行业协会开通“13957708721”手机短信资讯服务平台，通过手机平台及时把最新资讯传递到会员。与“慧聪食品工业网”进行对接，实现协会与全国性行业网站媒体资源共享。

民用电器工业

【概况】　2010年，龙湾区民用电器生产企业有328家，其中会员单位150家，从业人员近4万人。全年民用电器行业实现总产值38亿元，比上年增长10%。龙头企业呈现出强劲的发展势头，产值超亿元企业1家，超5000万元企业3家。温州飞雕电器有限公司、浙江王邦电器有限公司、浙江金本电气有限公司、温州市天河塑胶电器厂等7家企业被推荐为温州市百家、千星成长型中小企业。

【民用电器行业实施联盟标准】　2010年，龙湾区电器协会组织全区实施“电器行业联盟标准”的各民用电器生产企业签订承诺书，各企业按联盟标准的要求组织实施。龙湾质监分局负责对标准的实施进行监督，行业协会制订《合格供应商评价管理办法》，建立实施联盟标准的长效工作机制，保证和提高开关插座产品的整体质量。

【民用电器行业品牌建设】　2010年，为进一步推进民用电器产业结构调整，加快发展方式转变，龙湾区电器协会制订《龙湾区民用电器产业转型升级实施方案》，指导企业加强品牌建设。截至12月，全行业有中国驰名商标1枚，浙江省著名商标1枚，浙江省知名商号2家。3月，协会向龙湾区质量技术监督检验所申请块状产业标准化重点项目，已通过立项并获得省财政专项资金10万元。

【奥司朗设立“利浦尔LED产品设计与制造班”】　2010年5月5日，浙江奥司朗照明电器有限公司与温州科技职业学院联合主办的“利浦尔LED产品设计与制造班”举行签约仪式。这是公司为大举进军LED产业而下的“人才订单”。“利浦尔LED产品设计与制造班”的招生对象为该院电子信息工程技术、电气自动化专业第五学期的学生，首批班级培养时间暂定为一个学期，师资团队在双方的工程师团队中选拔，联合组成“LED班”教学团队。毕业之后，公司必须将班级人数的一半招收就业，基本工资要比普通员工上浮20%。为了激励学生学以致用，公司特意设立万元奖学金表彰优秀学生。

铜加工业

【概况】　2010年，温州市区铜加工行业生产产量70多万吨，销售额及加工费超100多亿元，产量产值提高20%以上。汇丰铜业有限公司销售额超10亿元，温州市金云铜材有限公司销售额突破5亿元。

【铜业企业慈善事业】　2010年，温州市宏源铜业有限公司、温州市金云铜材有限公司响应温州市工商联党工委组织的爱心助学活动，与文成县双桂乡的7名小学生结对助学。温州市宏源铜业有限公司为云南抗旱救灾捐资2万元。1月28日，龙湾区3家铜业企业负责人在市工商联领导带领下，前往瑞安湖岭芳庄乡慰问老党员，送去慰问金近万元。

【铜业商会活动】　2010年，温州市铜业商会为解决企业发展的土地瓶颈问题及进一步促进铜加工行业的转型升级，不定期走访调研会员企业，了解企业在生产经营、劳动用工等方面遇到的困难和问题，并向有关部门报送《关于要求入驻民科基地的报告》、《关于要求进入龙湾区总部经济园建设的报告》。加大与区政府有关部门沟通，协调解决历史遗留的“涉税”案问题。落实“节能减排”任务，协助政府抓好行业管理。组织10余家企业参加2010年（第五届）中国铜加工行业发展论坛。全年新增会员4家。

【铜业企业荣誉榜】　2010年，温州市金云铜材有限公司获温州市优秀企业、龙湾区功勋企业称号，被龙湾区政府授予“做大做强、勇攀高峰”称号，并奖励20万元。温州市东方铜带厂、温州市宏源铜业有限公司、温州市金富铜业有限公司被龙湾区政府评为优秀企业。温州市东城铜带厂、温州市金云铜材有限公司、温州市五星铜材有限公司、温州市宏源铜业有限公司、温州市金富铜材有限公司、温州市昌源铜业有限公司等被评为2010年温州市千星企业。

紧固件工业

【概况】　温州市紧固件产业坚持以推进“集群+龙头”的发展战略，已形成一个具有2100多家巨大产业集群，形成全国最大紧固件集群的产业。企业主要分布在龙湾、瓯海、鹿城、瑞安、乐清等地，龙湾以非标异型为主的一个典型产业群。非标异型紧固件占国内市场70%，温州市紧固件行业已被温州市政府和龙湾区政府列入十大产业之一。是全国最大的生产非标异型件基地。2010年，全市紧固件行业实现产值128亿元。

【紧固件行业品牌建设】　2010年，龙湾的浙江明泰标准件有限公司入选温州市百龙企业，12家企业申报2010年温州名牌产品。温州天开五金包装有限公司、温州亿力机械发展有限公司、瑞标集团有限公司入围浙江省紧固件行业十大品牌企业。

【紧固件协会建设】　2010年9月7日，温州市紧固件行业协会组织举办外贸企业网络员培训班，邀请温州市外经贸局专家主讲，共30余人参加了培训。同时，办好《温州紧固件》简报、温州市紧固件网。组织有条件的会员企业参加温州市千家“数字企业”和“育林计划”活动，提升中小企业的信息化建设水平。

经济开发区

综　述

龙湾区域内有国家级的温州经济技术开发区，省级的温州工业园区、温州农业对外综合开发区，市级的温州民营经济科技产业基地等经济开发区。2010年，域区的各经济开发区坚定不移地保增长、促转型，深入开展以“双争一满意”为主要内容的创先争优活动和“六城联创”活动，全力建设生产生活生态“三生”相融的现代化滨海新城区。各开发区改善投资发展环境，加大引资力度，促进园区经济可持续发展。温州经济技术开发区实现工业总产值416.70亿元，温州工业园区实现工业总产值108.2亿元，温州农业对外综合开发区实现工业总产值32.58亿元。

温州经济技术开发区

【概况】　2010年，温州经济技术开发区以招商选资为主线，以转型升级为抓手，以民科基地推进为载体，以重大项目和基础设施建设为突破，扎实推进经济社会转型。全年实现地区生产总值150亿元，比上年增长10.9%。工业总产值416.70亿元，比上年增长29.0%；工业增加值103.82亿元，比上年增长15.1%；财政收入20.60亿元，比上年增长15.7%；全社会固定资产投资44.02亿元，比上年增长22.2%，其中工业性投资31.73亿元，比上年增长47.4%。全区共有工业企业650家。其中：规模（500万元）以上企业254家，产值超亿元企业88家，产值超5亿元企业10家，产值超10亿元企业4家，产值超20亿元企业1家。

【经济技术开发区科技创新】　2010年，温州经济技术开发区深化科技创新政策，引导企业增强科技创新能力。全区区级以上高新技术企业98家，新列入国家创新基金项目6项、国家重点新产品项目3项，市高技术产业化项目6项、市科技计划项目10项、市科技重大项目3项，创历史新高。7月3日，与哈尔滨工业大学签订3年科技全面合作协议。

【经济技术开发区招商引资】　2010年，温州经济技术开发区推进大项目招商和产业招商，招商引资工作取得新成果。全年进出口总额13.06亿美元，比上年增长28.1%；实际利用外资0.25亿美元，比上年增长30.2%。全年共引进项目58个，包括中光科技、环科电子、格鲁斯特生物制药、康华疫苗等一批大项目。正泰太阳能等8家企业集体进场，中光科技等6家企业集体投产，总用地面积79.73公顷，总投资达91亿元。全年共推出266.13公顷工业用地挂牌，183.33公顷工业用地成功摘牌，挂牌量和摘牌量位列全市前茅。推进“五个一批”项目建设，27个在建工业项目加快推进，38家应投产项目顺利投产。蓝江软件园顺利开园，亿兆小额贷款公司揭牌营业。

【经济技术开发区基础设施建设】　2010年，温州经济技术开发区加大固定资产投入，基础设施建设取得新突破。编制完成高新园区总体规划、滨海园区控规规划、民科基地中心区城市设计规划。全年工程建设投入19.80亿元，加快推进桥梁、道路、文体设施、污水处理等17项重点工程建设。民科基地丁山片累计造地469公顷，丁山“三纵五横”施工便道顺利进场，启动天成垦区的政策处理。完成明珠路等重点示范道路的改造提升，启动12个小游园、金海湖公园一期、滨海大道两侧绿化工程建设。完成上江河综合整治、汤家桥河清淤、滨海10公里河道护岸、状蒲园区管网普查；完成滨海大道二期交通设施改造，雁荡西路人行道、高新园区、括苍西路交通改造，新增状蒲园区停车泊位180余个。推进第三污水处理厂、污泥发电、中水回用等工程前期工作，完工一批商务办公楼、科技城研发总部和科技创新大楼项目。启动上江村、汤家桥村旧村改造工作。

【经济技术开发区社会事务】　2010年，温州经济技术开发区扎实推进社会事业建设，民生和谐取得新成效。开发区第一幼儿园9月开学，滨海学校秋季扩招，建成开发区行政服务中心。平安创建以满分通过省平安综治考核组验收，组建综治协会。21家企业通过安全生产示范企业创建验收，安全生产三项指标保持零增长。健全维权机制，受理工伤认定申请736件，受理劳动争议案件180件。全区净增各类保险参保人员3500余人。创新推行计生利益导向机制，完成第六次人口普查。全区40家企业与贫困乡结对帮扶，落实帮扶资金122.5万元。引进各类人才2028人，其中50多名人才入选市人才库，2人入选省“151”人才工程，1人入选国家“千人计划 ”。

表33：温州经济技术开发区星级企业

星级	企业名称
五星级企业（12家）	人本集团有限公司
	庄吉集团有限公司
	金帝集团有限公司
	正泰集团成套设备制造有限公司
	汇润机电有限公司
	法派集团有限公司
	福达合金材料股份有限公司
	立可达包装有限公司
	浙江人本超市有限公司
	大自然钢业集团有限公司
	乔顿集团有限公司
	浙江俊尔新材料有限公司
四星级企业（15家）	温州长江汽车电子有限公司
	温州华科工业发展有限公司
	浙江天晶新能源科技有限公司
	浙江新亚电子科技有限公司
	晨泰集团有限公司
	特福隆集团有限公司
	浙江圣邦科技有限公司
	浙江石化阀门有限公司
	温州欧龙电气有限公司
	硕颖数码科技（中国）有限公司
	温州丰迪接插件有限公司
	温州市好达机电有限公司
	温州华能汽车集团有限公司
	温州瓯通汽车有限公司
	温州顺衡速运有限公司
三星级企业（27家）	温州日胜鞋材有限公司
	温州闽锋合成革有限公司
	煌盛集团有限公司
	温州德源电气有限公司
	温州固耐化机制造有限公司
	浙江富得宝家具有限公司
	浙江康泉电器有限公司
	温州强盛石化机械有限公司
	浙江正康实业有限公司
	温州电力建设有限公司
	展宇建设有限公司
	温州宇田树脂有限公司
	温州海螺集团有限公司
	温州燃机发电有限公司
	温州太古可口可乐饮料有限公司
	路易诗兰集团有限公司
	温州汉森鞋业有限公司
	浙江和丰鞋业有限公司
	浙江莱丽斯鞋业有限公司
	温州永达利合成革有限公司
	浙江精基机电有限公司
	浙江伊利康生物技术有限公司
	浙江正泰汽车零部件有限公司
	浙江蓝峰机器有限公司
	温州市创力电子有限公司
	温州瑞气空分设备有限公司
	温州凌通雷克萨斯汽车销售服务有限公司
二星级企业（22家）	温州浙东水泥制品有限公司
	红蜻蜓集团温州鞋业有限公司
	浙江云中马染织实业有限公司
	温州宏泰合成革有限公司
	温州亚展人造革有限公司
	温州天骄笔业有限责任公司
	温州捷利达鞋业有限公司
	温州市蓝道工业发展有限公司
	温州市五龙合成革有限公司
	温州奥昌合成革有限公司
	温州迪安鞋业有限公司
	浙江华安安全设备有限公司
	温州瑞普皮革有限公司
	浙江泰来富利康鞋业有限公司
	温州诚远制革有限公司
	温州天衣钢塑机械厂
	温州市新丰装饰材料有限公司
	浙江小伦制药机械有限公司
	温州和合拉链有限公司
	浙江洁矾实业有限公司
	浙江昌泰电力电缆有限公司
	金光纸业（浙江）有限公司
一星级企业（10家）	温州巨丰皮业有限公司
	温州市恒东皮业有限公司
	温州明晋实业发展有限公司
	大田飞梭花边有限公司
	浙江金海贵金属有限公司
	温州市文泰笔业有限公司
	温州亿力机械发展有限公司
	威尔鹰集团有限公司
	浙江德尼尔森鞋业有限公司
	温州经济技术开发区新世纪石油有限公司

温州工业园区

【概况】 2010年，温州工业园区实现工业总产值108.2亿元，比上年增长17.5%。其中规模以上企业实现工业总产值93.2亿元，比上年增长17.5%。实现第三产业产值9.9亿元，引进当家人物流等第三产业项目，启动总部经济园建设。外贸出口2.1亿美元，比上年增长5.2%；创工商税收4.2亿元，比上年增长13.5%。实际到位外资1200万美元，实际到位内资6825万元。加快培育大企业、大集团步伐，年产值超亿元企业37家，超5亿元企业4家，另有2家企业正在筹备上市。高新技术产业产值占工业总产值比重的33.4%。拥有5枚中国驰名商标，1个中国名牌产品和2个国家免检产品。完成工业性投资4.8亿元。编制完成温州工业园区整合提升方案。一帆精细化工等5个项目投产，1个项目开工建设，推出2个工业地块招拍挂，项目竣工率、投产率均达100%。

【园区环境综合治理】 2010年，温州工业园区实施省"811"环境保护行动计划，全面开展工业园区环境污染整治。全面改造垃圾中转站，启动并完成园区一期企业截污纳管和废水收集系统改造工程、企业雨污分流改造工程和一、二期排水整治工程。30家重点耗能企业、耗水企业通过清洁生产审核，7家企业通过ISO 14000认证，27家重点企业4吨以上锅炉安装脱硫装置。合成革、机械制造产业"三废"治理成效明显，大气环境质量达到国家标准，单位地区生产总值排污量明显下降。园区内小广告和流动摊点得到全面治理，垃圾日产日清，道路全天候24小时保洁。成立温州工业园区环保所，园区企业环评和"三同时"执行率实现达标。启动"三园联创"和"拆违建绿、拆围透绿"活动。

【园区社会事务】 2010年，温州工业园区全面启动"厂务公开"活动，"五五"普法通过区级检查验收，"慈善一日捐"活动有效开展，共募得善款73万元。狠抓消防与安全生产，全年园区无重大安全事故发生。开展综治"网格化管理、心连心服务"活动，人防、物防、技防能力进一步加强。15家企业开展住房公积金扩面工作，3家企业被评为市级"劳动关系和谐企业"。

【园区基层党建】 2010年，温州工业园区新增非公企业党组织3家，泰昌集团有限公司成立龙湾区首家非公企业党委，并率先通过公推直选产生党委班子。启动园区党员服务中心建设，重点企业建立党员活动阵地，江南阀门有限公司有效实施"党管人才"战略。推进活力和谐企业建设，2家企业被评为市级"活力和谐企业"。深化公开承诺制和"一站式"服务机制，提高企业的服务质量。

表34：温州工业园区2010年规模以上企业

序号	企业名称	负责人	主要产品	员工数量（人）	全区排名
1	江南阀门有限公司	黄作兴	阀门	500	3
2	温州人造革有限公司	孙福荣	合成革	850	5
3	泰庆皮革有限公司	杨　正	皮革	750	6
4	温州市金云铜材有限公司	项炳云	铜材	30	8
5	温州泰昌铁塔制造有限公司	张鹏飞	铁塔、水泥制品、电力设备	780	9
6	浙江江南皮革有限公司	黄　鹤	人造革	102	18
7	温州合力革业有限公司	张琼武	人造革	358	20
8	温州元发树脂有限公司	王建义	聚氨酯树脂	50	25
9	夏梦.意杰服饰有限公司	陈孝祥	服装加工、贸易	890	31
10	温州正纳利聚氨酯有限公司	姜方淼	聚氨酯	40	40
11	温州隆兴皮革有限公司	张树仁	合成革	320	42
12	温州强丰合成革有限公司	姜方强	人造革、合成革	230	45
13	浙江金大利皮革有限公司	王　盟	合成革	250	47
14	华东不锈钢集团有限公司	孙雪梅	钢管	100	48
15	温州华都皮革有限公司	王会弟	生产皮革	450	51
16	温州力邦制革有限公司	林培强	合成革	380	65
17	温州市华峰人造皮有限公司	姜化千	人造革	258	66
18	温州市裕达合成革有限公司	张良才	合成革	180	67
19	温州银宏合成革有限公司	范茂银	合成革	278	71
20	温州市新祥合成革有限公司	陈振南	PU革	210	72
21	温州市中天皮革制造有限公司	胡建荣	人造革	200	75

续表1：

序号	企业名称	负责人	主要产品	员工数量（人）	全区排名
22	温州惠友金属制品有限公司	全振乾	钢锭	78	77
23	温州市友利合成革有限公司	朱瑞标	合成革	198	84
24	温州市宏利制革有限公司	方岩弟	人造革	200	89
25	温州市华康合成革有限公司	王坚繁	合成革	300	90
26	温州正裕发合成革有限公司	姜芳文	合成革	220	94
27	温州协欣制革有限公司	王　璞	PU合成革	205	95
28	温州友邦合成革有限公司	姜芳文	合成革	205	99
29	温州金潮人造革有限公司	苏　森	PU、PVC树脂	146	101
30	温州市新宝业人造革有限公司	王宝银	制造皮革	210	103
31	温州正大利合成革有限公司	郑国春	合成革	300	106
32	温州新瑞泰树脂有限公司	王林聪	树脂	66	120
33	温州康特合成革有限公司	姜杨敏	PU革	170	129
34	温州市新大力革业有限公司	陈建荣	合成革	153	137
35	温州东泰树脂有限责任公司	林慧英	PU树脂	55	139
36	温州市华夏人造革有限公司	张　锋	人造革、化工原料	136	154
37	温州市贝普科技有限公司	张洪杰	医疗器械	110	163
38	浙江百先得服饰有限公司	叶剑平	西服、休闲服	700	173
39	浙江恒丰拉链有限公司	陈建设	拉链	350	195
40	温州网牌电线电缆有限公司	程靓娅	电线、电缆	74	205
41	温州正俊利皮革有限公司	张　国	皮革	138	208
42	温州市永盛电子技术有限公司	黄乃才	线路板	45	226
43	温州市和丰革基布有限公司	胡寿锋	革基布	165	231
44	纪梵喜服饰有限公司	潘寿华	服装	450	238
45	温州市阿尔法涂布有限公司	张维光	服装、箱包	70	242
46	浙江东部琦人服饰有限公司	潘松媚	服装	750	243
47	温州市弘合布业有限公司	姜　杰	布业	35	248
48	温州清明化工有限公司	高孝廉	化工原料	101	249
49	温州泰昌水泥制品有限公司	张鹏飞	水泥电杆	45	250
50	浙江卡奈利服饰有限公司	蔡　晖	服装	430	259
51	温州精德实业有限公司	叶少武	钢材	110	273
52	温州市圣德隆服饰有限公司	王克宇	服装	500	287
53	温州市克达化工有限公司	张作权	化工产品	20	296
54	温州华夏合成纤维有限公司	孙作士	无纺布	49	302
55	温州温莎光学国际有限公司	郭进玲	镜片	234	311
56	温州市龙胜化工有限公司	余建胜	染料中间体	70	329
57	温州市永成标准件有限公司	邵志尧	标准件	30	342
58	温州市创业机械有限公司	张朝飞	机械阀门	45	357
59	浙江龙湾化工有限公司	张学郎	农药	108	360
60	温州市正丰布业有限公司	吴学毅	轻纺	45	369
61	温州富翔光学有限公司	陈正旗	镜片	350	382
62	温州市大菱机械制造有限公司	陈洪寿	鞋机	70	403
63	温州宇丰化纤机械有限公司	潘益中	化纤机械	35	423
64	温州康尔达印刷器材有限公司	胡玲玲	制版印刷	220	425

续表2:

序号	企业名称	负责人	主要产品	员工数量（人）	全区排名
65	浙江佰有紧固件有限公司	潘国新	紧固件	62	433
66	浙江海顺电工有限公司	陈小兰	剃须刀配件	200	444
67	温州索尔特铸业有限公司	王建清	熔膜精密铸造	50	446
68	温州市邦尼彩印有限公司	陈晓雷	包装印刷	40	449
69	温州华尔达印刷器材有限公司	胡玲玲	印刷器材	150	

温州农业对外综合开发区

【概况】 2010年，温州农业对外综合开发区实现工业总产值32.58亿元，其中规模以上企业30家，超亿元企业8家。第三产业实现销售额5.62亿元，实现出口交货值4.65亿元，完成工业性投资1.20亿元。截至12月，温州农业对外综合开发区共引进项目101家，已建投产78家。累计获中国驰名商标企业1家，中国名牌产品企业1家，省著名商标企业3家、市知名商标企业2家，省名牌产品企业3家、市知牌产品企业2家。

【笔都工业项目建设】 2010年，温州农业对外综合开发区加快推进笔都工业基地的8个建设项目。对项目任务进行分解，落实具体责任科室、责任人，对项目进展情况进行全程跟踪监督和服务，项目推进成效明显。截至12月，已竣工项目4个，开工项目1个。协助企业办理注册地迁移工作，全年新列入规模以上企业3家，办理工商税务登记地迁入园区的区外企业有5家。加快中国笔都控规内上庄村、黄屿村等地块的征用，完成石坦村三产安置留地征收。6月22日，联合蒲州街道办事处等职能部门，对文昌路A07-3地块和温州文化商品市场工地违章棚屋进行强制性拆除，拆除违章建筑面积3050平方米。

【农业开发区基础设施建设】 2010年，温州农业对外综合开发区投入资金1230万元，加快开发区道路、桥梁、管道等基础设施建设。加快石坦桥及垃圾中转站工程建设进度，启动道路绿化照明工程、笔都基地上庄河景观工程、石坦河河岸绿化工程、文昌路片区污水管网整治工程。温州文化商品市场三期工程结顶装饰并开始招商。

【农业开发区安全生产】 2010年，温州农业对外综合开发区健全与完善安全生产主体责任制，与企业签订安全生产责任书61份。建立机关干部职工联系企业安全生产制度，组织人员每月对辖区企业开展一次地毯式安全生产大排查。全年排查生产经营单位26家，出动检查人员1121人次，送达整改指令书276份，督促责任整改成效276份；查出各类事故隐患526条，已整改504条，整改率95.8%。开展“安全生产隐患排查治理年”活动，抓好安全生产岗位培训，进一步落实企业资格和持证上岗制。在“安全生产月”活动期间，开展安全生产知识咨询活动1次，设置固定安全生产公益广告4个，悬挂宣传条幅16条，举办安全生产知识竞猜活动1次，刊出专题宣传栏2期，培训员工760人，发放宣传资料1300多份；对辖区生产经营单位进行消防安全生产大排查1次，发放整改通知书49份，查出各类事故隐患90条。

【农业开发区环境综合整治】 2010年，温州农业对外综合开发区加强企业污染整治，对温州宏得利合成革有限公司及温州宏得利树脂有限公司等企业的污染整治进行全天候监管，联合区环保局合作对企业进行技术指导，督促企业按要求开展废气、废水、固体废弃物处理。开展“六城联创”活动，加强辖区内道路卫生保洁、垃圾死角“脏、乱、差”整治、流动摊点管理，开发区整体环境得到提升。

【农业开发区职工维权工作】 2010年，温州农业对外综合开发区健全劳动争议调解制度，督促企业健全规范用工制度，维护企业职工合法权益，促进企业用工规范化。全年共调解劳动纠纷35起、涉及金额48000元，完成劳动合同书面审查表45份，劳动合同备案登记5515份。

【农业开发区党建工作】 2010年，温州农业对外综合开发区开展学习型党组织创建活动。成立创建学习型党组织活动领导小组，制订创建活动实施方案，加强党风廉政建设宣传教育，开展为企业办实事办好事活动。抓好开发区党员服务中心建设，于9月建成并投入使用。成立温州金马文具有限公司和温州东达印刷厂两个企业非公企业党组织。截至12月，温州农业对外综合开发区共有企业党组织17个。

表35: 温州农业对外综合开发区2010年规模以上企业

序号	企业名称	法人代表	主要产品	员工数量（人）	全区排名
1	温州市爱好笔业有限公司	张汉平	制笔	4125	7
2	温州市宏得利树脂有限公司	张晓隆	树脂	132	21
3	温州奥古斯都鞋业有限公司	李上辉	皮鞋	1085	26
4	温州市宏得利合成革有限公司	张敏海	合成革	470	37

续表：

序号	企业名称	法人代表	主要产品	员工数量（人）	全区排名
5	温州三杉光学有限公司	吕　隼	眼镜	1123	55
6	温州瓯斯达电器实业有限公司	陈大为	电器	480	61
7	温州市雷诺鞋业有限公司	郑　杰	皮鞋	732	136
8	温州市名威实业有限公司	朱长松	服装	181	204
9	温州金马文具用品制造有限公司	杨春林	制笔	320	209
10	温州浦发鞋业有限公司	袁瑞林	皮鞋		210
11	温州市金盛紧固件有限公司	李绍峰	五金	197	213
12	温州蓉升达光学有限公司	陈福新	眼镜	471	230
13	温州仲美有机玻璃有限公司	贾根芬	有机玻璃	127	232
14	温州市文正笔业有限公司	周孟林	制笔	550	258
15	温州星宇文体用品制造有限公司	陈晓东	文具		277
16	温州市博大文具有限公司	叶智勇	绘图仪器制造	132	279
17	温州市长泰汽配制造有限公司	郑元彩	汽配	200	289
18	温州巨龙光学有限公司	董赣明	眼镜	138	322
19	温州市卡普芙服饰有限公司	徐仁猛	服装	180	366
20	温州市博源服饰有限公司	李春晖	服饰	92	378
21	温州溢兜制衣有限公司	赵建新	服装	232	482
22	温州市荣德气阀有限公司	郭忠强	气阀	21	493
23	温州市正好印务有限公司	张建敏	印刷	15	495
24	温州市好日子文具有限公司	叶前程	文具	123	557
25	温州市以勒笔业有限公司	郑爱锡	制笔	100	591
26	温州市东达印刷厂	伍俊士	印刷	74	740
27	温州市繁丰文具有限公司	蔡建武	制笔	134	749
28	温州泰利眼镜有限公司	张光荣	眼镜	200	785
29	温州市长华笔业有限公司	陈俊杰	制笔	205	808

民科基地

【概况】 2010年，《温州市东片防洪规划》和龙湾近岸海域环境功能调整获省有关单位批准后，永兴北园纳入温州城市总体规划并通过市政府常务会议审核。龙湾滨海工业园控制性详细规划编制，完成并上报审批。

【民科基地开发建设】 2010年，永兴南园纬向建成四浦河等2条河道工程，加快推进经五路等3条主干道路工程建设。永兴北园153.33公顷软基处理工程全面完工。龙湾滨海工业园滨海二路一期、滨海四道工程完工。86.67公顷生态湿地公园和标准厂房工程完成前期工作并启动建设。天城围垦完成政策处理并启动开发建设，新增开发建设面积3平方公里。完成56.53公顷土地报征、19.20公顷河道报征，做好天城垦区4个建设用海项目的前期工作。民科基地永兴垦区首批10个工业项目60.20公顷工业用地完成招拍挂，加快建设龙湾滨海工业园等6个省市重点项目，中科新能源等3个项目竣工。

个体及民营企业协会·知名企业

综　述

2010年，龙湾区有个体工商户25567户，从业人员64674人，注册资金10.78亿元。有私营企业5842家，投资者14334人，雇工84403人，注册资本151.27亿元。全区拥有年产值超2000万元企业486家，比2009年增加73家，累计产值405.99亿元，比上年增长22.6%。年产值超5000万元工业企业222家，比2009年增加30家；年产值超亿元企业112家，与2009年持平；年产值超5亿元企业8家，比2009年增加1家；年产值超10亿元企业2家，与2009年持平。是年，温州市爱好笔业有限公司被评为中国轻工制笔行业十强企业，中国制笔协会授予张汉平中国制笔行业突出贡献企业家。

个体及民营企业协会

【概况】　2010年，龙湾区个体劳动者协会与龙湾区民营企业协会（简称龙湾区个民协）拥有个体会员24817户，民营企业会员5291家，分别占全区个体工商户和民营企业总数的98%和92%。龙湾区个民协下设6个分会，有7个行业专业委员会（含制笔、不锈钢、阀门、铸造、铜业、洁具、鞋业）和2个自律委员会。在长沙市、南昌市和武汉市建有驻当地联络站。

【个民协搭建引才平台】　2010年，龙湾区个民协为切实解决民营企业用工难问题，结合龙湾区行业特点及温州市第八次“就业再就业服务周”活动要求，深入会员企业调查相关企业的用工现状和用工缺口。利用自身资源优势，组织12家企业参加人才招聘会，共提供岗位213个，参加应聘172人，达成就业意向或签订劳动合同42人。搭建协校企三方合作平台，为大学生提供就业见习基地35个，见习岗位120个。

【个民协培训工程】　2010年，龙湾区个民协推进“民营企业国际竞争力千人培训工程”和民企人文教育素质提升“1+3培训工程”。组织民营企业参加温州民营经济走势高峰论坛、“迪士尼商机·温州投资”论坛、市民协首期人文教育培训等活动。自主开展企业商标知识培训、“宏观经济形势与发展趋势”财富快车知识讲座、“现代人心理压力与调节方法”健康知识讲座及“融资强企促转型”主题论坛活动。通过多元化的培训教育，开拓民企视野，提升企业竞争力。举办温州市首期创业培训班，来自全区150余名失业人员和大学生参加了培训。

【民企读书活动】　2010年，龙湾区个民协响应省、市个民协号召，出台《2010年龙湾民企读书活动方案》，在民营企业中开展“书香民企、人文温商”读书活动。组织人员走访泰昌集团、伊利康研究所和青山控股集团，了解辖区企业的文化底蕴、学习氛围、企业文化及今后的企业文化建设打算。7月29日，龙湾民企读书活动在浙江伊利康生物技术有限公司正式启动，同时表彰了12家区级“民企读书活动”示范单位。

【个民协诚信活动】　2010年，龙湾区个民协开展“诚信民营企业”、“诚信个体工商户”评选，评出2009年度龙湾区“诚信民营企业”30家，“诚信个体工商户”20名。参与工商部门组织的各项信用评定和荣誉评选活动，如“食品安全星级示范店”、“食品批发行业信用单位”、“龙湾区名牌商标”及“消费者信得过单位”等评选。在“八八诚信日”之际，会同区委宣传部、工商分局等单位，共同在永中街道举办以“更诚信的温州更美好的明天”为主题的信用教育活动。

【个民协维权工作】　2010年，龙湾区个民协发挥协会维权办事处职能，完善维权制度。借助龙湾工商分局等职能部门，加大服务力度，帮助、指导会员维权。开展普法宣传，提高会员自我维权意识。在维权月活动中，共发送宣传短信11000条，在辖区各主要街道悬挂宣传横幅25条，发放有关法律、法规资料7000份，接受咨询服务3000人次，受理侵权事件5件，妥善处理5件。

【个民协创新服务方式】　2010年7月，龙湾区个民协开通协会专用短信服务平台，通过发送有关企业发展的政策信息，使会员能够及时了解个体民营经济的发展动向。协会根据会员企业诚信守法和日常监管信息，向工商部门推荐20家会员企业参与企业年检申报备案，为企业年检提供便利。状元分会联合状元工商所为电镀基地会员提供上门验照服务；永中分会成立创建零无照商圈宣传队，向永中商业繁华区域发放《创建零无照商圈温馨提示》；永兴分会协助工商所制作《关于印刷企业规范生产经营行为的行政指导意见书》；沙城分会推出向“两老”党员问学活动新机制。

【个民协回报社会】 2010年，龙湾区个民协重视对广大会员参与社会建设，做好服务社会的引导工作。玉树地震后，协会各分会共向灾区捐款累计14.03万元。永中分会举办爱心捐赈活动，为西南旱灾区募集抗旱救灾善款2.2万元。海城分会组织会员到敬老院，义务为老人服务。

【个民协自身建设】 2010年，龙湾区个民协拓宽服务领域，建立温州市个民协系统首家会员服务中心。实行会长、理事坐班制。制定《龙湾区个、民协会会费收缴管理规定》和《龙湾区个、民协会会费使用管理规定》，明确规定会费的9项主要用途，提高会费收支透明度。

知名企业

【华迪钢业集团有限公司】 华迪钢业集团有限公司创办于1992年，是一家集冶炼、轧钢、穿孔、冷拔冷轧、检测、国际国内贸易为一体的不锈钢无缝管生产专业企业。公司有钢管、炼钢、轧钢、皮革等6个子公司，占地126800平方米，职工总数2000余人，资产8亿元。公司主导产品不锈钢无缝管材、棒材，年产量分别为25000吨、30000吨。其中不锈钢无缝管有30余个型号、400余个品种。2010年，公司实现不锈钢管产量26500余吨，销售收入近8亿元。2010年，华迪钢业集团有限公司坚持狠抓产品质量，加强对各类人员的技术培训，从严管理，严格考核，努力打造一流产品。加强技术改造，推广和应用新技术、新设备，高附加值产品的生产及销售占总量中的比重不断提升，接近30%左右。近两年更新改造的冷轧/冷拔机组生产线全部达标投产。2010年，华迪钢业集团有限公司加强科技队伍建设，为企业的发展储备人才。截至12月，公司先后有60余人晋级专业技术职称，其中中级以上职称20余人。

【泰庆皮革有限公司】 泰庆皮革有限公司创办于1994年，是台湾泰庆集团在温州投资创办的大型制革企业。公司厂房占地155300平方米，建筑面积83533平方米，具有全套皮革检测实验室，并通过SATRA国际认证。员工800人，其中高中级技术人员37人、研发人员47人。近年来，泰庆皮革有限公司引进全球顶级制革设备200余台（套），已建成一条具有世界先进水平的皮革生产线。从意大利、德国、美国、土耳其、泰国等国家和中国台湾地区的名牌专业厂家选购的浸水浸灰鼓、鞣制鼓、染色鼓、削肉机、挤水机、削匀机、片皮机、真空干燥机、夹皮机、打软机、喷涂机、磨皮机、压花机、滚涂机等专业机器设备，辅助电子化自动控制系统，其结构、性能均与世界先进制革技术同步。

【温州市爱好笔业有限公司】 温州市爱好笔业有限公司创办于1995年，是中国制笔之都的龙头企业。2010年，公司实现工业总产值62522万元，销售额57518万元。其中出口外销40823万元，比上年增长41.2%。人均总产值15.30万元，人均创利税1.76万元，综合经济实力位居温州制笔行业之首。是年，温州市爱好笔业有限公司获中国轻工制笔行业十强企业、浙江省专利示范企业、2010年度温州市优秀企业、2010年度龙湾区功勋企业、龙湾区慈善捐赠贡献奖等称号，张汉平被中国制笔协会授予中国制笔行业突出贡献企业家。2010年，温州市爱好笔业有限公司坚持走“科技兴业”之路，持续科技与技术改造投入，开发新产品，提高产品档次。公司累计拥有自主知识产权的有效专利255件。2010年，公司新产品销售额1.58亿元，占销售总额的27.5%。2010年，温州市爱好笔业有限公司以质量与诚信为本，不断完善社会责任体系，特别是出口产品的第三方验厂，基本上做到一次性通过验收。积极参与社慈善事业，向龙湾慈善总会慈善捐款10万元，给公司外来员工子女高考助学发放助学金5.8万元。采取工业扶贫方法，在扶贫点设立“产品外协加工点”，帮助贫困山区解决人员就业问题，增加当地农民经济收入。

【温州合力革业有限公司】 温州合力革业有限公司创办于2002年，拥有台湾先进的PU革生产线6条，年生产能力2000万米。2010年，公司实现工业产值2.75亿元。是年，公司获龙湾区功勋企业称号，被温州合成革商会授予市十强企业。2010年，温州合力革业有限公司着力加强销售部力量，大力开拓国内外贸业务，营销网络遍布国内市场与欧洲、非洲、南美、北美和中东等地。2010年，公司出口交货值1.26亿元，比上年增长151%。2010年，温州合力革业有限公司成立成本管理领导小组，制订《成本管理目标》，把成本管理目标分解到生产一线每位员工，实行成本目标奖惩制度。开展“我为企业节约5元钱”活动，全年公司易耗品节约2万元，产品单位能耗年下降率达5%以上，全年实现利润比上年增长36.9%。

【温州市宏得利树脂有限公司】 温州市宏得利树脂有限公司创办于2001年，公司占地9711平方米，建筑面积4061平方米，员工90人，包括多名外籍专家、博士、研究生等高级人才。2010年，公司产品销售量2.36万吨，销售额2.24亿元。2010年，温州市宏得利树脂有限公司坚持技术创新，不断开发新产品，本体合成无溶剂环保的聚氨酯弹性体获国家发明专利。与美国陶氏公司签约合作，积极研发环保型树脂。2010年，温州市宏得利树脂有限公司重视产品质量，进一步提高质量管理水平。全年公司产品一次检验合格率始终保持在98%以上，顾客满意度达92%。2010年，温州市宏得利树脂有限公司加大环保投入，努力构建环保绿色企业。投入60万元重建废水处理池，投入13万元重新改造锅炉排气设备；定期委托相关部门对公司车间空气情况进行检测；多次组织员工进行环保知识培训，增强员工的节能降耗和环保意识。

【浙江明泰标准件有限公司】 浙江明泰标准件有限公司创办于1997年，以专业生产“明泰”牌紧固件而享誉国内外市场。公司注册资金2220万元，总资产14675万元，占地32000平方米，建筑面积19000平方米，职工450人，其中管理技术人员120人。设有七大科室和一个计量测试中心，拥有年产14000吨紧固件的流水线设备，关键工序采用全电脑控制，各项经济指标名列同行业前茅。被评为中国标准件、紧固件十大质量品牌，2008年12月，通过ISO 14001（环境）、OHSAS 18001（职业健康）管理体系认证。

【鸿厦建设有限公司】 鸿厦建设有限公司是一家集工业与民用建筑、建筑装饰、设备安装、市政建设工程、地基与基础、钢结构、古建筑园林绿化、房地产开发、机械及周转设备租赁等为一体国家施工总承包一级企业。公司注册资本10580万元，职工5950人。有各类专业技术人员341人，其中高级职称22人、中级以下职称319人。2010年，公司共签订施工合同45份，合同总造价14.8亿元，完成施工产值10.8亿元，完成利税收入5000余万元。参加投标项目196项，中标14项，总价8.8亿元，占全年工程承接任务比例60%。是年，获龙湾区功勋企业、浙江省建筑业诚信企业称号。2010年，鸿厦建设有限公司在安全生产工作中全面按照JGJ 59-99安全检查标准。公司与各部门、项目部管理人员签订安全生产目标责任书，形成安全生产工作齐抓共管局面。全年公司安全处、质监处共发出182份安全质量整改通知书，13份停工整改通知书。全年无重大工程质量事故，竣工工程一次性合格率100%。是年，公司承建的龙城·华府工程、广汇景园商住楼工程获浙江省文明标准化工地；九山村三产商住楼工程被评为温州市“瓯江杯”优工程。

【青山控股集团有限公司】 青山控股集团有限公司是一家专业从事不锈钢及相关产品生产和销售的全国无区域企业。该企业起步于20世纪80年代，发展壮大于90年代。下辖浙江青山钢铁有限公司、清远市青山不锈钢有限公司、河南青山金汇不锈钢产业有限公司、河南青浦合金材料有限公司、松阳青山不锈钢有限公司、福建鼎信实业有限公司、广东广青金属科技有限公司、印度尼西亚苏拉威西镍业有限公司和浙江青山运输有限公司等十余家企业。生产基地分布在浙江、福建、广东、河南等省及印尼等国家，已经形成从不锈钢上游原材料、海运物流、镍合金冶炼、不锈钢冶炼，到下游的棒线板材加工及国际贸易等完整的不锈钢生产供应链。集团公司注册资本6亿元，总资产75亿元，员工6000余人。2010年，公司年产不锈钢109万吨、总产值达210亿元。集团公司在国内外建有完善的营销网络，在温州、上海、无锡、佛山设有直属销售公司，销售渠道遍布全国并跻身东南亚、欧美等国际市场。主要产品有不锈钢连铸、棒线材、板带钢、型钢、镍铁等，产品广泛应用于石油、化工、机械、电力、汽车、造船、航空航天、食品、制药和装潢等领域。拥有当前国际、国内领先水平的炼钢、连铸、连轧、穿孔等设备，并建有技术先进的研发中心和设施完善的产品测试中心，在2008年获得中国合格评定国家认可委员会（CNAS）实验室认可证书。还拥有国外进口的大吨位冶炼设施、全自动冶炼控制系统、装备先进的大方圆坯连铸机及国内同行领先的特钢棒线材连轧生产线，并成功建设投产镍铁冶炼、不锈钢熔炼、连铸坯、热轧一条龙生产线，具有国际领先水平。集团公司连续数年荣膺中国民营企业500强、中国制造业500强、中国黑色冶金及压延加工业500强；评选为2008年中国民营科技企业500强。

商贸服务业

综　述

2010年，全区实现全社会消费品零售总额63.78亿元，比上年增长18.6%。其中批发零售贸易业59.26亿元，住宿和餐饮业4.52亿元，第三产业比重达30.1%，流通业在国民经济和社会发展中的地位和作用日益显现。全区已建成“放心店”176家，其中校园“放心店”10家，连锁超市、便利店71家，新增商业面积3700余平方米。完成《龙湾区第三产业发展规划》修编，温州文化商品市场三期、温州名品旅游购物中心、温州粮食市场建成营业，温州五金装饰市场开工建设，塘永公路永梅段沿线商业街改建工程启动，海城人民路、天河永丰路、沙城中心街、海滨富海路等商业示范街建设初具规模。家电下乡和家电以旧换新工作有序开展。转变外贸发展方式，加快实施“走出去”战略，在全市率先开展境外产品展示（营销）平台建设，创立外贸孵化器（区外贸促进中心）。全年实现进出口总额14.38亿美元，比上年增长16.0%。温州文化商品市场获“浙江省文化产业示范基地”称号。

商贸行业

【生猪屠宰】　2010年，龙湾区经贸（交通）局坚持日常监管，每天组织20余人对全区所有的农贸市场及屠宰点进行不间断巡查，及时了解生猪屠宰动态。4月至5月，结合《温州都市报》开展的《餐桌扫黑》活动，开展打击生猪私屠滥宰和病死、病害猪肉非法交易专项整治。下半年，结合《浙江省实施〈生猪屠宰管理条例〉办法》，开展宣传月与专项整治行动。全年共出动执法人员3155人次，出动车辆420车次，查处私宰点16个，查扣私宰肉13209公斤，查处违法当事人184人，罚没款34219元。

【送家电下乡活动】　2010年，龙湾区经贸（交通）局根据国家、省、市关于家电下乡的总体部署，开展送家电下乡工作和家电以旧换新工作。年初，区经贸（交通）局、区财政局联合给各销售网点下发通知，组织销售网点负责人与电脑操作员进行集中培训，帮助销售网点解决实际问题。全年全区重新申报备案家电下乡销售网点28个，共销售冰箱1262台、彩电1302台、洗衣机542台、手机1部、计算机464台、空调2194台、热水器179台、微波炉40台、电磁炉4台，销售金额15042361元。家电以旧换新销售网点6个，销售各种电器216台，销售金额921538.76元。

【村（居）便利店建设】　2010年，龙湾区经贸（交通）局加强与温州十足、温州之上、温州当家人、温州乐邻等四家便利店有限公司的协调联系，鼓励龙头企业向村（居）延伸创办连锁便利店，提高产品配送率。全年全区新建便利店26家，其中17家为新建村（居）便利店，超额完成省、市任务指标。

【煤炭管理】　2010年，龙湾区经贸（交通）局做好煤炭经营管理工作。借市煤炭商会到龙湾调研之际，深入煤炭企业了解情况，为企业排忧解难。配合节能降耗工作，对32家煤炭企业开展为期一个月的煤炭经营秩序专项整治。作好三年一次的煤炭经营资格证年审指导，帮助煤炭企业一次性完成初审工作。

【美容美发行业整治】　2010年是龙湾区美容美发行业整治工作3年的验收之年。龙湾区经贸（交通）局在创建示范点、示范街基础上，巩固与扩大示范街，进一步开展创建示范镇、示范村活动。该局深入各美容美发店检查引导，帮助各门店建立健全进货台账，向每个门店分发制作好的标准规范、卫生管理制度等镜框。会同有关部门组织业务知识培训和标准制度的宣传，多次开展联合整治，解决无证经营和消毒设施不到位问题。通过一年整治，美容美发工作得到省、市有关部门的肯定。截至12月31日，全区美容美发店510家，其中A类505家，B类2家，C类3家，整体规范率为99%。

供销行业

【省、市领导调研供销工作】　2010年3月16日，温州市市长赵一德、副市长黄德康到龙湾现场调研供销社工作。12月13日，浙江省供销社党委书记、理事会主任、兴合集团公司董事长史济锡一行，到龙湾调研指导供销社工作，并与区领导做工作交流。

【农资和日用品经营】　2010年，龙湾区供销合作社联合社（简称龙湾区供销社）加强农资和农村日用消费品经营服务。贯彻落实区委、区政府春耕备耕部署，参与发布春耕服务信息，组织化肥、农药、农膜等农资调运和储备，配合相关部门严厉打击假冒伪劣、坑农害农的违法行为，保护农民合法权益。全年销售化肥1858吨，销售农药等其他农资商品394万元，销售食品、被服等日用消费品2485.6万元。

【新型农村合作经济组织建设】 2010年，龙湾区供销社重视“新网工程”，推进农村现代经营服务体系建设。海滨社在永乐村创办1家生产资料经营部，指导农果蔬等3家农民专业合作社产业化经营和示范化建设。筹建农村（社区）综合服务社、资产经营公司、供销经贸公司、农信担保公司和农产品销售机构。做好推广中国供销合作社标志工作，在龙湾供销社河头龙生产资料经营部和水心日用消费品超市，推广使用中国合作社标志。累计已在基层网点推广使用25个，在农民专业合作社推广使用4个。

【再生资源市场监管】 2010年，龙湾区供销社加强再生资源经营监管，开展再生资源市场整治。加强对宏阳公司的指导、管理和扶持，扩大该公司经营业务范围，协助公司将总部迁至状元镇，在永嘉县瓯北镇设立经营分部。联合永中街道办事处开展再生资源市场整治试点。全年全区再生资源市场实现销售额约4亿元，上缴税收6500余万元，为全区相关利废企业落实优惠资金480万元。

【供销社自身建设】 2010年，龙湾区供销社努力维护基层社的合法权益，加强基层社自身建设。健全半年度工作会议和工作推进机制，推出系统内业务审批、备案制度，加强社有资产和财务监管。要求基层社参与农民专业合作社、综合服务社建设和经纪人培训工作。针对天河社七甲经营部3次被当地村民用污泥石块堵住门口无法营业的情况，联合有关部门协调沟通，问题得到初步解决，维护了社有资产的合法权益。

龙湾粮油公司

【粮食收购】 2010年，龙湾粮油公司坚持服务“三农”，做好粮食的订单收购工作。针对粮食播种面积减少、粮源不足的问题，组织人员深入农户、深入田头，为种粮大户开展“送政策、送订单、送定金、送信息、送服务”优质服务活动。加大收粮设施设备的投入，完善粮食收购“一条龙”机械入库作业，切实减轻粮农劳动强度，方便农民售粮。全年共签订订单合同30份，落实订单粮食1825吨，比上年增加62.3%。

【科学保粮】 2010年，龙湾粮油公司围绕“推行规范管理，提升仓储水平”这一主线，深入开展星级粮库创建和仓储规范化建设年活动，努力实现“六个化”目标。修正和完善《仓储业务十大工作流程》和仓储管理制度共42项，探索科学储粮新方法，推广科学保粮、绿色储粮，基本形成以机械通风为主导、密闭储藏为依托、其他储粮方式为补充的科学保粮格局。河头龙粮库被评定为省二星级示范粮库。

【放心粮油进社区工程】 2010年，龙湾粮油公司开展放心粮油进社区工程。放心粮油销售连锁网点在全区范围内铺开，保证辖区群众能够吃上放心的粮油食品。全年共新建放心粮油店和粮食应急供应点各2家。同时，加大对放心粮油店的监管力度，确保粮油食品的供应安全。

【温州粮食中心市场开业】 2010年9月28日，温州粮食中心市场正式开业。国家粮食局副局长张桂凤、省粮食局副局长李立民、温州市市长赵一德等领导出席开业仪式。市场位于龙湾区瑶溪镇，市场项目总投资3.6亿元，占地32.13公顷，建筑面积12万平方米，分为交易、仓储、商务、装卸、加工五大区域，年粮食交易量可达100万吨。

图47：9月28日，温州粮食中心市场正式开业。（温州粮食中心市场供稿）

永强粮食收储公司

【粮食订单业务】 2010年，永强粮食收储公司开展为农户“送订单、送定金、送服务”的三送工作，在各粮站配置除杂机、输送机等设备，实行粮食“过磅、去杂、进仓”一条龙入库作业。全年早、晚稻二季共签订订单合同102份，为12户农户发放预购定金37万元，全年累计收购订单粮食3280吨。

【粮食仓储管理】 2010年，永强粮食收储公司多次组织仓储人员学习粮食政策法规，严格执行《粮油储藏技术规范》和《国家粮油仓储管理办法》，按照“以防为主、综合防治”的保粮方针，实行规范管理。同时，对入库新粮全面实行防虫磷拌和，用硅藻土替代防虫磷制作防虫线，采用多种防治方法达到全年熏蒸一次有效措施，为开展绿色储粮创造条件。

【粮食市场】 2010年，永强粮食收储公司加大永强粮食批发市场的扶持和培育，使市场不断扩大。全区有市级放心粮油店2家，粮食应急供应点3家，全年粮油交易量达45080吨。

宾（旅）馆、餐饮、娱乐行业

【概况】 2010年，龙湾区饭店餐饮行业有餐饮店1132家（含学校食堂），其中大、中型餐饮店108家。宾（旅）馆188家，娱乐场所15家，电子游戏室13家。全年住宿餐饮业总收入4.52亿元，上缴国家税收2499万元，比上年增长5.97%；文化娱乐业上缴税收479.21万元，比上年增长45.72%。10月17日，瑶溪王朝大酒店荣膺国家四星级酒店并正式挂牌，成为龙湾区首家获得国家四星以上级别的旅游饭店。

【住宿餐饮行业专业技术培训】 2010年，龙湾区饭店餐饮行业协会针对企业员工培训、师资力量不足的具体情况，与区人事劳动局就业培训中心合作，聘请专业老师，编制专业教材，对9家酒店308名餐厅服务员开展5天的理论知识培训。并开设仪容仪表操作技能培训班，230名培训人员经考核取得职业资格证书。9月16日，与区公安分局合作对272名宾（旅）馆负责人及前台服务员进行前台登记系统操作流程、信息互动交流平台工作流程、境外人员临时住宿登记管理等方面培训。通过培训，提高了员工业务水平。

【住宿餐饮行业回报社会活动】 2010年，龙湾区饭店餐饮协会引导会员企业开展拥军活动，增强企业家回报社会的责任感。7月20日，组织会员单位永强美乐大酒店、东方大酒店、阿六大酒店、亿都大酒店、顺风楼酒家、海城皇冠大酒店、海城金满楼大酒店、海城状元楼大酒店、海城商务宾馆、华德利娱乐会所等10家单位负责人慰问龙湾消防大队、龙湾武警大队官兵捐资10余万元。7月25日，组织理事单位顺发酒店、顺风酒楼、海鲜楼、天河博士酒楼负责人到永中消防中队进行慰问。

表36: 2010年度与前4年龙湾区利用外资情况对比 单位：万美元

年 份	新批项目(个)	总投资	注册资金	合同外资	实际外资
2006	37	29938.2	18876.5	9011	5100
2007	20	34653.0	16438.3	11222	5918
2008	14	20474.0	10260.0	8810	593
2009	1	20.8	14.7	113	339
2010	2	140.0	115.0	-4047	323

表37: 2010年龙湾区机电及高新产品出口情况 单位：万美元

年 份	机电产品出口额	占出口比重（%）	高新产品 出口额	占出口比重（%）
2006	20860	33.6	1865	3.0
2007	27535	35.3	3312	4.2
2008	35036	38.6	5072	5.6
2009	37384	45.4	3513	4.3
2010	44796	40.6	3428	3.1

表38: 2010年与2009年龙湾区向主要贸易伙伴出口情况对比 单位：万美元

2009年	国别	欧盟	印度	美国	东盟	俄罗斯	西班牙	阿联酋	意大利	德国	荷兰
	出口额	19243	8430	8086	4667	4723	2814	3362	3127	3008	2813
2010年	国别	欧盟	美国	印度	俄罗斯	德国	东盟	阿联酋	西班牙	伊朗	荷兰
	出口额	25571	10734	10495	9717	5918	5723	3575	3560	3116	3031

对外贸易

【概况】 2010年，龙湾区对外贸易经济合作局（简称龙湾区外经贸局）努力转变外贸发展方式，加快实施“走出去”战略，提高外资利用率。全年进出口总额14.38亿美元，比上年增长16.0%。其中出口总额11.03亿美元，比上年增长39.9%；进口总额3.35亿美元，比上年下降25.7%。新批外资企业2家，减资项目7个，增资项目4个。全年全区实际利用外资322.5万美元，比上年下降4.7%，完成温州市经贸局下达实际利用外资任务的19%。截至2010年年底，与龙湾区开展贸易的国家和地区达140余个。其中，欧盟、美国、印度、俄罗斯是龙湾区的前四大出口伙伴，东盟、美国、印度、日本、韩国分别是前五大进口伙伴。青山控股集团有限公司、泰庆皮革有限公司获“2010年度温州市外贸企业进口10强单位”称号，浙江永农化工有限公司获“2010年度温州市高新技术出口10强单位”称号。

【境外投资】 2010年，龙湾区在全市率先开展境外产品展示（营销）平台建设，新设了俄罗斯和喀麦隆两个境外产品展示平台。全年共审批境外投资企业4家，投资总额2418万美元，完成温州市经贸局下达全年任务数的172.7%。

【外贸服务】 2010年，龙湾区在全市率先创立外贸孵化器（区外贸促进中心），解决一批中小企业在外贸出口中遇到的问题。全年外贸孵化器共签订外贸服务协议37份，协议企业外贸出口比上年增长15%。为45家外向型企业提供各类外贸服务460多次，涉及外贸金额950万美元；帮助区内11家企业获得自营进出口权，12家无业绩企业实现外贸出口从零到有的突破，实现总出口293万美元。在全市率先开展涉外人才基地建设，与温州大学城市学院开展的人才合作进入实施阶段。开展涉外政策业务培训，举办培训会3次，600余家次企业参加培训，送发资料600余份。

【龙湾商务网开通】 2010年，龙湾商务网（http://fec.lwwzzj.cn/）开通。该网站提供政策咨询、产品宣传、合作对接、资源共享、境外展会、电子商务等服务一体化，系以商业信息为主，附以政策信息和互动功能的对外电子商务平台。

第三产业发展工作

【概况】 2010年，龙湾区实施主攻扩展第三产业战略，将现代服务业作为结构调整和产业发展的重点，努力把全区建设成为温州服务业集聚发展和提升的先行区。先后制定《龙湾区2010年度第三产业发展目标考核办法》、《2010年龙湾区重点工作月报》、《龙湾区2010年度服务业重点行业发展工作及分工》，完成《龙湾区第三产业发展规划》的修编。全年实现第三产业增加值70.19亿元，约占龙湾区地区生产总值比重的30.1%，全社会消费品零售总额63.79亿元，比上年增长18.6%。

【第三产业重大项目建设】 2010年，龙湾区第三产业各重点项目稳步推进。中心区城市综合体项目开发建设进入工程建设审批阶段；温州五金装饰市场正式启动建设，龙湾农产品物流中心、温州金属现代物流中心等重点专业市场建设项目稳步推进，科技大厦、建设大厦和金属大厦等项目完成招拍挂工作，中心区G地块、原不锈钢市场地块和原温州工业园区管委会办公楼地块总用地面积的20公顷的总部基地建设有序推进，招商引资工作同步开展。

【奥玛尔国际购物中心落户龙湾】 2010年2月25日，永中街道沧河村与奥玛尔国际商贸有限公司签订合作协议，计划在永强大道原永中机床市场建立国际商贸购物广场——奥玛尔国际购物中心。该项目总投资2.5亿元，工期2年，总规划建筑面积5万平方米，计划建设的“奥玛尔国际购物中心”综合性大型购物中心和休闲娱乐中心。

温州文化商品市场

【概况】 2010年，温州文化商品市场实现交易额突破6亿元，比上年增长12%，税收达5000余万元，比上年增长15%。年内，温州文化商品市场获“浙江省文化产业示范基地”称号，董事长陈金强被市委宣传部推荐为文化宣传系统“四个一批”人才。

【市场工程建设】 2010年，温州文化商品市场有限公司完成市场A幢4000平方米的外部地面铺设工程，A幢内部的设备预定、管网施工、顶棚施工等工程顺利推进，A幢的内部装修于12月启动。“文化大厦”的层高由16层调整为27层项目报有关部门立项，有关手续、图纸设计、施工方案调整正在进行，预计2011年年初将开工建设。

【温州名品旅游购物中心开业】 2010年7月16日，温州名品旅游购物中心在温州文化商品市场举行开业典礼。温州名品旅游购物中心是由温州市旅游局批准组建的旅游配套项目，中心设在温州文化商品市场B幢二楼，营业面积8000平方米。有58家获得温州名牌产品称号的企业入驻，产品花色品种达8000余个。该中心以温州“国”字号生产基地划分购物区域，设有皮鞋区、女鞋区、眼镜区、打火机区、剃须刀区、食品土特产区、服装区、工艺礼品区等。名购中心在开业后5个半月时间里，共接待旅游团685个，接待旅客19153人，全国各地考察团28个，接待人员1500余人，销售额500余万元。

【各类展销活动】 2010年，温州文化商品市场有限公司积极推进各类宣传活动，全年组织各类展览、展销、促销活动20余场次，促进了市场的繁荣与发展。举办2010年元旦年货展销会、农历三月“阳春畅读”活动、“五一”商品促销活动、八月中秋月饼展销、农历九月“万人进名购，天天有折扣”促销活动、2010第四届中国奇石（温州）博览交易会等各类展览、展销、促销活动，使市场交易额大幅度攀升。

【市场宣传工作】 2010年，温州文化商品市场有限公司继续加强市场宣传力度，投入300余万元，在火车站、出租车、电视、广播、网络、报纸等平面媒体与流动媒体上作宣传广告，编好每月一期的《市场报》，及时将市场的动态反映给有关部门、行业协会和社会团体。做好省内外考察团到市场考察参观旅游购物的接待工作，全年来访3万余人次。

图48：7月16日，温州名品旅游购物中心举行开业典礼。

（金佩珍/摄）

旅　游

综　述

2010年，龙湾区的旅游业坚持“大旅游、大产业、大发展”的方针，把旅游业作为扩内需、保增长、促转型、惠民生的产业来培育，优化发展环境，打造旅游精品，促进旅游业又好又快发展。全年共接待境内外旅游者174.15万人次，比上年增长20.2%。其中：接待国内旅游者173.65万人次，比上年增长20.2%；接待境外入境旅游者4988人次，比上年增长6.2%。全年实现旅游总收入13.92亿元，比上年增长20.2%。其中：国内旅游收入13.89亿元，比上年增长20.2%；国际旅游外汇收入194.52万美元，比上年增长1.4%。

旅游管理

【旅游设施建设】 2010年，龙湾区风景旅游管理局（简称龙湾区旅游局）加大对景区的投入和旅游基础设施建设力度。10月20日，总规划用地面积25.67公顷，工程总投资16380万元的钟秀园工程开工建设。瑶溪风景名胜区完成瑶湖至乌奇峰游步道、望湖亭（暂定）及周边绿化建设项目选址勘察工作，瑶湖滨水景观工程政策处理工作与开工前各项准备工作进展顺利。各景区内的标牌、标志和景点指示牌向高档次的精品型更新基本完成。

【景区创建】 2010年，瑶溪风景名胜区成功通过国家AAA级景区复评，天柱风景区成功创建市级文明景区。

【景区保护】 2010年，龙湾区旅游局严格按照《风景名胜区条例》“科学规划、统一管理、严格保护、永续利用”的十六字方针，有效保护和合理利用风景名胜资源，加强对景区的保护管理。严格执行《瑶溪风景名胜区总体规划》和《天柱风景名胜区总体规划》，建立健全风景名胜资源保护的各项管理制度，制定相应的风景名胜资源保护措施，多次联合规划、国土资源、民政、民宗、农林、水利、公安、安监、质监、电力等职能部门和永中街道、瑶溪镇对多处“违法建设”、“青山白化”、“非法开山取石”、“盗伐树木”等破坏景区行为进行全面打击整治。

【旅游行业管理】 2010年，龙湾区旅游局以“温州市旅游服务提升年”活动为契机，整顿和规范旅游市场秩序，加强对星级宾馆、旅行社及农家乐的管理。完成瑶溪王朝大酒店四星级饭店创建和滨海大酒店五星级申报工作。贯彻落实国务院《旅行社条例》，对旅行社经营管理和服务质量的督促指导，开展整治“零负团费”、旅行社分支机构备案等工作，提高旅行社的经营水平和服务质量。与各景区及景区经营单位、旅游企业签订《旅游行业安全生产目标责任书》。在节假日期间，组织人员深化安全生产大检查及专项整治检查。强化景区森林防火、防汛、治安管理和旅行社、导游员、旅游饭店和旅游车辆的管理，严厉打击“黑车”、“黑导”。开展管理人员岗位培训，提高管理人员的综合素质。

旅游市场开发

【乡村旅游】 2010年，龙湾区旅游局认真落实《龙湾区区级农家乐特色村认定办法》、《龙湾区区级农家乐示范点认定办法》及《龙湾区农家乐奖励办法》，规范农家乐管理，提升农家乐的经营服务水平。全区已发展农家乐经营户90余户，其中市级农家乐特色村1个，市级示范点5家，星级农家乐经营户15家。全年共接待农家乐游客69.53万人次，营业收入约4300万元。楠溪堆农家乐被评为温州市十大魅力农家乐之一。

【龙湾首届美丽乡村游——油菜花节】 2010年3月24日上午，以“观油菜花景、

图49：3月24日，灵昆镇举行美丽乡村游——油菜花节启动仪式。

（区农林局供稿）

尝农家菜品，领海岛风情”为主题的龙湾首届美丽乡村游油菜花节在灵昆镇开幕。灵昆镇有油菜花种植面积466.67余公顷，该次油菜花节持续时间为一个月。活动期间，除推出亲子游、学生踏青游活动外，还举办民俗文化展、锦绣田园风光摄影展、特色农渔产品展，开展垂钓表演，草莓采摘等主题活动。

【状元杨梅节】 2010年5月18日，状元镇在廿岙村举行大棚杨梅开摘仪式，拉开状元杨梅节帷幕。6月22日，状元镇第三届杨梅节开幕式举行。为有别于其他地方的杨梅节，状元镇采取“杨梅搭配王鱼”的方式打响当地杨梅品牌，让游客上山采摘杨梅，下山品尝王鱼粉干，以此打造农家乐品牌。状元镇时有杨梅种植面积533.33公顷，分布在状元镇9个行政村，2003年获“中国杨梅之乡”称号，出产的“大岙溪”和“龙森”牌杨梅曾多次在省、市乃至全国杨梅精品评比活动中获奖。

【旅游宣传促销】 2010年4月10日，龙湾区旅游局开展旅游宣传进社区促销活动。组织了区内各景区、旅行社、星级宾馆多家单位，在河泥荡文化公园举办“文明旅游、理性消费”宣传活动。现场开展旅游宣传、现场咨询交流、依法维权等各项活动，落实“惠民旅游，便民旅游”工作。更新制作《龙湾旅游指南》、《龙湾农家乐指南》和《龙湾旅游手册》、《锦绣龙湾DVD》等旅游宣传促销资料，在电视台、报刊、网络等媒体上开辟专栏，开通龙湾旅游网站。组织有关单位和部门参加国内、省内系列旅游交易会，并在福建厦门、福州旅游客源地开展旅游推介活动。协助有关单位举办龙湾首届美丽乡村游油菜花节、永昌堡建堡450周年、状元杨梅节等一系列节庆活动，进一步宣传龙湾，扩大龙湾旅游知名度。

图50：6月22日，状元镇举行 第三届杨梅节开幕式。（江国荣/摄）

名胜古迹

【永昌堡】 永昌堡坐落在龙湾区永中街道境内，已有450年历史，是座名人辈出、文化底蕴深厚的古城堡，是浙江省仅存的一座民建古城堡。永昌堡是市爱国主义教育基地、省国防教育基地、“省东海文化明珠”。2001年6月被国务院列入全国重点文物保护单位，是温州市十大旅游景点之一。永昌城堡雄伟壮观，南北长778米，东西长445米，城高8米，周长2866米。城北内的文化教育公园里九峰峥嵘、华阳古洞、古堡炮台、吉祥金鱼等景点，与公园北首的仿古式藏书楼，堡内11座形态各异的明代石拱桥及上下二河十浃相辉映，构成一幅江南水乡图。周边的状元府、都堂第、王绍志故居等18幢明清年代古民居更流溢出城堡古色古香的气息。

【龙湾炮台山】 龙湾炮台山，属大罗山分支余脉，位于瓯江口南岸。面积7000平方米，距市区12公里。东北面突兀于滔滔江面，与乐清磐石山的“镇瓯炮台”隔江相望相距约1公里；南面山麓有陡门，与龙湾村落毗邻；西面为江湾。因山中存有清光绪年间建造的抗倭炮台遗址，而称炮台山。炮台山扼守着东瓯大门，是温州历史上兵家必争之地，也是浙南人民抗击外来侵略的要隘。

【张璁文化遗址】 张璁文化遗址是明代首辅张璁在瑶溪一带留下的治学活动文化遗址，主要有罗峰书院、贞义书院、万竹亭等。原有大批园林，主要分布在钟秀园内，历经沧桑，遗存不多；部分诗碑、刻字及石桥仍存。其中“兄弟岩诗碑”和“观荷亭记碑文”存在瑶溪张氏宗祠内。

【玄真观】 玄真观原为“李主事祠”，为砖瓦土木结构。面积为1300平方米，共两进，旁边有朵房，前进上书“玄真观”3个隶书字，后进为玄真观主祠，上面悬挂 “佛师帝主”大匾，里面有木雕佛像。观前有两对从李阶墓前移来的石马、石羊。石兽精雕细琢，神态自然，栩栩如生。玄真观掩映于茂林处，背依青山，面临瑶湖，环境清幽宜人。建于明正德年间（1506～1521），由于年代久远，于1939年重建时，改为玄真观。1990年再次重建。相传张璁少年时曾在瑶溪李阶门下就读，李阶是明朝正德六年（1511）登进士第，升为员外郎，后又归隐。

【龙岗山新石器文化遗址】 龙岗山新石器文化遗址，位于龙岗山坪。是距今约四五千年的新石器时期文化遗址，面积约1500平方米，遗物丰富。有石器和陶器两类，石器有柳叶形石炭，穿孔石矛，通“精磨”，印纹硬陶器形有釜、瓿、壶、罐、齿轮等。柏印纹饰有篮纹，直条纹，编织纹，方雷纹及刻画的曲线纹。龙岗山新石器文化遗址，经考古专家的科学考证，证实为距今四五千年的新石器文化遗址，印证早在原始社会的新石器时代与奴隶社会的前期，就有人类在瑶溪一带居住活动，根据出土器物特征，上限在新石器时代晚期，下限至战国年间。

【石胜观】 石胜观是一座具有悠久历史的道教场所，兴建于唐代，占地面积1360余平方米。民国10年（1921），在大殿后修建三间斗姥阁，颇具规模。誉称浙东第一支笔的王梅庵题山门匾额“石胜道观”四个大字。殿阔楹高，雄伟庄严，加以溪水潺潺，松涛阵阵，成为双岙风景区的中心。

【王氏家庙】　王氏家庙又称王瓒家庙，建于明嘉靖初年。家庙三进五开间，正厅通面宽11.5米，进深12.85米。屋前有较为精致的石牌坊，主体建筑现存两进院落，正屋和两侧的走廊，另两侧各有稍间和厢房交相似，院落铺地完整，为保存较为完好的明代建筑，王氏家庙为王瓒旧居。王瓒为殿前村人，明弘治八年（1495）中举人，次年得榜眼授翰林院修编，后任侍郎。嘉靖三年（1524）率钦命遣赠礼部尚书赐谥文定。王瓒为官30年，刚正不阿，两袖清风。后人为纪念其丰功伟绩而建榜眼桥，至今保存完好。

区级以上旅游景点

【概况】　龙湾自然景观丰富，省级风景名胜区瑶溪因“溪石皆玉色”而闻名。天柱景区以“峰奇、石怪、瀑飞、水碧、庙古”见胜。灵昆岛是浙江省级的滨海度假区，大岙溪农业观光区以其植被完美无缺被人称之为“浙南绿宝石”。

【瑶溪风景名胜区】　瑶溪风景名胜区位于瑶溪镇境内，属大罗山脉。1991年被省人民政府列为省级风景名胜区。景区面积13.5平方公里，距温州市中心16公里，距飞机场4公里，交通十分便捷。瑶溪因溪石皆玉色而得名，碧溪幽谷，苍崖峡峪，孤峰峭壁，石柱叠岩，素有“桃源仙境”之盛誉。分瑶溪泷、钟秀园、龙岗山、千佛塔和青山湖等五大景区一百多个景点，尤以幽谷金钟、水石同踪、铁壁潭影、梅林情深、山色湖光、鹭鸶闲云、烟雨朦胧、仙叠龙岗、千佛春秋和钟灵毓秀为其十大著名景观。瑶溪又是温州历史文化名胜荟萃之地，龙岗山遗址，距今四五千年；唐立国安寺，宋造千佛塔，明建玄真观，明清以来名士云集；尤其是明朝大学士张璁曾在此居住长达36年，留下许多文物古迹和动人传说。众多摩崖碑刻、文物古迹点缀于碧水玉石之间，自然风光与人文英华浑然一体，交相辉映，构成一幅奇异瑰丽的画卷。瑶溪伏夏清凉、隆冬燠温，林果四时丰饶。景区内建有四星级瑶溪王朝大酒店，瑶溪是会议商务、度假休闲、观光旅游的理想之地。

【天柱风景区】　天柱风景区地处瓯江口南岸，大罗山东麓，总面积12平方公里。登上山冈，遥眺东海，令人心旷神怡，精神为之一振。景区地理位置优越，距市区中心28公里，离温州机场5公里，交通便捷。景区所辟交通主干道与永梅公路、天中公路相通，游客往来方便。天柱风景区名胜古迹星罗棋布，人文景观丰富，以“峰奇、石怪、瀑飞、水碧、庙古”见胜。有荥阳园、观海坪、天柱寺、盘谷湖、五折瀑、天柱峰、弥勒峰、观音峰、美人峰、鲤鱼倒游、狮子壁、陶成洞、老虎洞、爬山石、母子岩、骆驼石、八戒贪吃、仙人影、第一山、百家尖等四五十个景点。诸景相得益彰，交映生辉，形成一派风光秀丽、景色宜人、葱茏苍翠、清幽静谧的自然环境。历代文人墨客留下许多真迹墨宝和名句佳作，为天柱胜景笼上一层浓郁的文化色彩。

【百家尖风景区】　百家尖风景区位于天柱风景区的西南部，与仙岩风景区相邻，海拔560米，风光旖旎，恍若人间仙境。这里聚集着大罗山典型的地质地貌，被称为大罗山山脉地质地貌博物馆，是研究大罗山地理变迁的最好场所。主要景点有天湖、群仙岩、石瀑岩、流泪岩、天河水库、火山遗址等景点。

【双岙风景区】　双岙风景区位于永中街道双岙村，是大罗山中人文景观、名胜古迹比较集中的景区。主要有滴玉泉、峰门摩崖石刻、坦头尖、仙人尿、安仁寺、蒙泉等景点。

【瓯江旅游度假区】　浙江省瓯江旅游度假区灵昆岛，是1995年9月经浙江省人民政府〔1995〕165号文件批准建立的首批省级旅游度假区之一，是全省唯一的滨海型旅游度假区。度假区位于瓯江入海口的江中之岛——灵昆，总面积8平方公里。灵昆岛自然环境优美、田园风光独具，一年四季花香不断、鱼鲜不绝，属典型海岛型旅游度假区。度假区按“五区一线一中心”的基本布局规划，五区为体育旅游区、东海风情区、养殖观赏区、生态花果园区和瓯乐花园区；一线为环岛旅游线；一中心为旅游接待中心。集吃、住、行、游、购、娱、度假综合旅游为一体。

【农业旅游观光园】　农业旅游观光园位于温州农业对外综合开发区，规划面积4.69平方公里。以大岙溪生态园为基础，建成以农业观光为主，集旅游、休闲、度假为一体的综合性旅游观光园。整个园区规划为四个功能小区，即以综合服务为主题的入口服务区；以生态观光为主题的农业观光区；以风景旅游为主题的休闲旅游区；以农家风情为主题的农家乐园区。

【永强大堤】　永强大堤位于海滨街道蓝田到海城街道海岸线。永强大堤全长62公里，顶宽6～10米，高10.1米，底宽约40米，工程浩大，景色壮观，被称为“东海第一堤”。

财政·税务·金融

综 述

2010年，龙湾区财税部门紧紧围绕区委关于加快转变经济发展方式的决策部署，贯彻实施积极的财政政策，深化财政改革，加强科学监管，全力“调结构、促增长、重民生、保平稳”，支持地方经济平稳发展。金融部门切实贯彻适度宽松的货币政策，积极开展银政企合作，加大信贷有效投入，优化信贷结构，金融运行总体稳健。做好区域金融创新改革，成立第2家小额贷款公司，开展农村资金互助联合会试点，规范民间融资行为，加强政保合作工作力度。全年全区实现财政总收入26.69亿元，比上年增长6.2%；完成地方财政收入11.50亿元，比上年增长6.6%。其中地方税收收入10.57亿元，比上年增长7.0%，增值税、营业税、企业所得税和个人所得税四大主体税种收入增幅分别为5.1%、2.1%、9.3%和7.1%；地方财政一般预算支出15.03亿元，比上年增长15.1%。2010年年末，全区存款余额419.39亿元，比上年增长22.5%。其中城乡居民储蓄存款余额186.80亿元，比上年增长23.6%。贷款余额413.49亿元，比上年增长15.9%。其中工业贷款225.96亿元，比上年增长8.6%；商业贷款20.44亿元，比上年增长9.0%；个人消费贷款63.04亿元，比上年增长35.9%。是年，龙湾区获中国金融生态区、浙江省金融创新示范区称号，中行龙湾支行获中行浙江省分行先进基层党组织称号，农行龙湾支行营业中心被中华全国总工会授予“全国五一巾帼标兵岗”称号，兴业银行龙湾支行获浙江省分行2010年度先进集体称号。

财 政

【概况】 2010年，龙湾区实现财政总收入26.69亿元，比上年增长6.2%。其中完成地方财政收入11.50亿元，比上年增长6.6%。全年地方财政一般预算支出15.03亿元，比上年增长15.1%。

【财政收入】 2010年，龙湾区财政局做好税收社会化征管，落实税收社会化征管激励资金510万元，调动各镇（街道）抓收入的积极性。全年10个代征点共入库税收2167万元，比上年增长71%。管好金属市场税收，跟踪落实62家金属企业，全年申报销售额12亿元，通过抓征管新增国地税入库948万元。抓好政府非税收入管理，推行票款分离，做到以票促管源头控管，组织政府非税收入23955万元。扶持再生资源回收企业发展，发放再生资源企业财政扶持资金678万元，共有40家企业受惠。全年再生资源企业缴纳税费1.65亿元，占全年税收收入的3%。

【财政支持经济发展】 2010年，针对国家宏观经济环境重大变化给经济和企业发展带来的不利影响，龙湾区财政局加强财政帮扶力度，发挥财政政策的导向作用，助推龙湾区经济转型发展。全年安排中小企业发展资金及外贸发展资金3400万元，比上年增长45.86%，科技专项经费2029万元，比上年增长8.9%。加大向上争取补助力度，全年向上级有关部门申报并争取到补助资金6540万元，使企业充分享受了各级政府的优惠政策。到区重点行业、重点企业开展调研，送政策到基层，力所能及帮助企业排忧解难。推进龙湾发展环境优化，区级财政性建设资金投入11亿元，重点用于中心区建设、东片排污管网和新区道路网一期工程等建设，提高公共投资的经济效益、社会效益、带动效益，增强拉动经济增长的社会合力。

【财政支持民生】 2010年，龙湾区加大对“三农”、教育、社保和卫生等方面资金的投入力度。用于民生支出9.28亿元，剔除不可比因素，占财政总支出的71.3%。安排支农支出3050万元，争取省市财政补助资金2892万元，比上年

表39： 2010年度与前4年龙湾区财政收支情况对比

年份	财政总收入(亿元)	比上年增长（%）	财政总支出（亿元）	比上年增长（%）
2006	20.03	18.2	6.44	16.7
2007	24.30	21.3	7.85	22.0
2008	27.59	13.5	9.66	22.9
2009	25.13	-8.9	13.08	35.4
2010	26.69	6.2	15.03	15.1

增长7.32%。筹措资金，安排8个项目“一事一议”财政奖补390万元。安排地方水利资金2250万元，安排农业特色产业扶持资金606万元。做好种粮农户综合直补工作，直接发放给农民503万元，发放率达99%以上。安排教育支出22325万元，其中安排教育事业费18825万元，安排校舍安全维护资金2000万元，校园安全工程资金555万元。安排低保支出923万元，较上年增长8.6%。安排药物零差价财政资金1232万元，推进医药卫生体制改革。安排农村医疗救助资金1786万元，比上年增长54.9%，大幅提高农村医疗救助水平。

【财政改革】 2010年，龙湾区财政局推进财政工作向精细化、科学化转变。做好国库集中收付制度改革前期工作，将沿海办、流动人口服务管理局等11家单位纳入会计集中核算。截至12月，纳入中心集中核算的单位153家，全部实现远程报账。制订国库集中收付制度改革试点方案，为2011年实施试点工作做好充分准备。深化政府采购改革，拓展采购实施范围，将污水处理、河道保洁、环保绿化工程等采购项目纳入政府采购范围，使日益增多的民生项目成为扩大政府采购规模的重要支撑点。采购规模首次突破亿元，共完成政府采购预算金额1.49亿元，节约资金2560万元，节约率17.2%。做好“家电、汽车下乡”工作，于7月1日全面推开家电销售网点代办申领并直接垫付补贴资金办法。全年下拨家电、汽车下乡资金1622万元，家电下乡产品销量比上年上升50%，6000余户次农民得到实惠，取得良好的社会效益。

【财政监督】 2010年，龙湾区财政局加强财政监督和管理力度，提高财政资金使用效益。全年完成财政预算评审47项共11亿元，纠正投资偏差5830余万元；财政决算评审246项共2.3亿元，核减2057万元，核减率达8.8%。推进绩效评价，全年完成14个项目的绩效评价工作，评价资金总计达3137万元，其中评价结果为优秀8个，良好6个。开展“小金库”治理，对全区204户行政事业单位开展“小金库”治理回头看活动，发现涉及违纪单位2户，违纪金额0.71万元。加强国有资产监管，对挂靠行政单位的温州市龙湾区建设工程质量检测中心等3家国有企业的违规行为进行深入调查并提出处理建议，规范了行政事业单位与下属企业的政企不分行为。

【会计管理】 2010年，龙湾区财政局加强会计管理。全年组织继续教育培训21期，培训4200人，办理会计管理事项1.1万件。

【财政队伍建设】 2010年，龙湾区财政局以“财政文化”为特色，推进财政队伍建设。先后开展国学讲座、书法摄影兴趣小组系列活动，“展财政风采 立岗位新功”演讲比赛，重温入党誓词活动、军事打靶活动。组织党员干部为旱灾、地震、泥石流等灾区捐款，慰问贫困户和退伍军人，与区贫困儿童开展结对助学、送书到结对村等活动。举办区财税羽毛球比赛，定点组织日常的游泳、乒乓球等体育活动，促进财政干部职工身心健康；开展文明单位、青年文明号、巾帼文明示范岗等创建和“机关文化理念”征集、干部岗位职责上墙等活动，树立财政“品牌”。

地方税务

【概况】 2010年，温州市地方税务局龙湾税务分局（简称龙湾地税分局）共组织各项收入14.54亿元，比上年增长16.9%。其中：税收收入7.71亿元，比上年增长8.6%；非税收收入6.83亿元，比上年增长28.0%。税收收入中，营业税1.23亿元，比上年增长12.7%，增收1384万元；企业所得税1.94亿元，比上年增长0.8%，增收159万元；个人所得税2.27亿元，比上年增长11.0%，增收2238万元；地方八税2.28亿元，比上年增长11.3%。

【地税补征】 2010年，龙湾地税分局通过国地税信息比对，补征城建税等3项附加税400余万元；通过实地核查房产、土地面积，补征房产税、土地使用税540万元。

【地方税费减免政策】 2010年，龙湾地税分局会同区科技局等相关部门召开高新技术企业座谈会，解读高新企业税收优惠政策，帮助企业用足用好政策。调整征管措施，改变规模以上企业分红项目个税征管措施，引导企业税后利润扩大再生产。全年核准技术改造国产设备投资抵免企业23户，抵免企业所得税950万元；审核上报水利基金减免77户，减免金额458万元；审核上报房产、土地税减免12户，减免金额288万元；落实5000余户企业社保费缴纳比例临时性下浮政策，减征各项社保费1800余万元。

【规费征收】 2010年，龙湾地税分局实现规费总收入6.82亿元，比上年增长28.2%，占全部地税收入的47.0%。开展社保年度结算工作。全年应结算企业5562户，已结算5357户，结算率为96.5%。比上年提升10.0%，结算补征社保费2500余万元。全年5项社保费收入5.23亿元，比上年增长31.5%。

【地方税务稽查】 2010年，龙湾区地税分局加强与温州市地方税务局稽查局

表40： 2010年度与前4年龙湾区地税收入情况对比

年份	各项收入（亿元）	比上年增长(%)	税收收入（亿元）	比上年增长(%)
2006	9.99	22.8	6.11	24.2
2007	11.99	19.9	7.33	19.9
2008	13.50	11.4	8.29	13.1
2009	12.43	−6.9	7.10	−14.4
2010	14.54	16.9	7.71	8.6

的业务沟通，及时向其报送稽查案源。做好股权转让纳税评估工作，全年完成388户股权转让纳税评估，查补税款4239万元。其中个税入库4147万元。开展电费比对工作，重点对2010年度规模以下申报异常的企业销售额和用电量进行比对，筛选出200户销售/电量比值偏低企业进行重点评估，补缴税费1378万元。

【税源管理】 2010年，龙湾地税分局加强征管过程监控，建立征管质量指标考核和监控体系，对申报率、登记率等14项征管质量指标进行系统实时监控，实行“一月一排名、一季一考核、一年一评优”。制定《关于加强个体税收分类管理的若干规定》，对个体工商户按行业和规模进行分类定额核定管理，将个体征管工作具体化、量化。扩大电脑版发票使用范围，对营业税地税征收的查账征收企业和月定额在10000元以上的个体户全部推广使用电脑版发票。推进社会化征管工作，加强与各镇（街道）及工商部门的交流合作，开展清漏清欠联合执法行动，补交税款300余万元。

【地税服务】 2010年，龙湾地税分局落实“一线工作法”，开展同城通办、补正承诺制、一次性告知等各项服务，简化个体登记、注销、股权转让、减免税等审批流程手续。联合工商行政管理部门开展工商税务联合办证工作，推行个体上门办证和送证上门服务。抽调40余名业务骨干以“一对一”交叉辅导的方式，对辖区企业进行走访调研和涉税辅导，帮助企业降低纳税风险。与登记局协商联系，为入驻金属交易市场企业提供税务登记“绿色通道”，对进场企业实行“先登记、后审核”。

【地税执法监督】 2010年，龙湾地税分局贯彻落实税收执法责任制和ISO 9000质量管理体系文件（C版）精神，进一步完善岗位设置，明确税收行政执法岗位职责、执法要求与操作程序。对干部职工进行《中华人民共和国税收征收管理法》、《中华人民共和国行政复议法》等法律知识的培训。加强对税收征收管理行为的日常监督，对执法检查结果改正情况、国地税比对征管情况、核定征收情况、定期定额情况进行内部检查，加大过错责任追究和教育力度，及时提醒纠正执法差错。

【地税税收宣传】 2010年，龙湾地税分局针对纳税人具体需求，整理汇编税收新政和减免优惠，以手机短信、专邮、DM传单等形式发送给纳税人。编印《税费汇结算政策汇编及涉税指南》、《高新技术企业政策汇编》、《企业财务和纳税申报培训教材》等资料分送纳税人。编写税法宣传公益广告，与邮政部门合作开展“夹报送传单”，让税收宣传走入“寻常百姓家”。搭建纳税人互动学习平台，开办“纳税人学校”，对相关人员进行集中培训和答疑，宣传税收新政、讲解纳税人权益、进行涉税财务辅导。

【地税队伍建设】 2010年，龙湾地税分局制订《龙湾地税分局“抓学习、优服务、强基础”系列活动实施方案》，全面建设学习型组织。开展党员“创先争优”公开承诺书活动，接受社会大众的监督。举办“业务能手”和“服务明星”竞赛活动，推进基层业务技能人才的培养。开展“科长讲业务”系列培训，邀请业务科长为干部职工讲解税收业务及财务会计知识，提高干部职工的业务水平。与浙江大学管理学院签署协议，将著名专家学者“请进来”举办“学者论坛”系列讲座。组织开展业务调研，70余人撰写论文61篇，并在中国税务出版社出版论文集《索·道——龙湾地税实践探索与理性思考》。

国家税务

【概况】 2010年，温州市国家税务局龙湾税务分局（简称龙湾国税分局）加强税收预测分析和税源监控，落实各项增收措施，较好完成国税工作任务。全年共组织税收收入18.14亿元，增收18130万元，占全区财政总收入的64.17%，占地方财政总收入的39.65%。

【税收优惠政策落实】 2010年，龙湾国税分局围绕龙湾区经济转型升级和“退二进三”整体规划的工作大局，做好协调区域经济发展和改善民生等方面税收优惠政策的宣传落实。扶持龙湾区现代服务产业、自主创新中小型企业等新兴产业的发展。全年共办理各类出口退税62435万元，办理各类固定资产抵扣8263万元，落实各项税收优惠政策减免税8234万元，对4户高新技术企业开发新技术、新产品、新工艺发生的研究开发费用加计扣除296万元。

【国税税收征管】 2010年，龙湾国税分局推行税源一体化管理，实行每月征管例会制度，收集整理在落实税源管理一体化工作中遇到的问题和困难。全年共召开征管例会9次，完成各项征管工作部署50余项。提升行业模型覆盖率，全年纳入行业模型的税收收入占总收入的85.35%，纳入模型工业企业总户数占

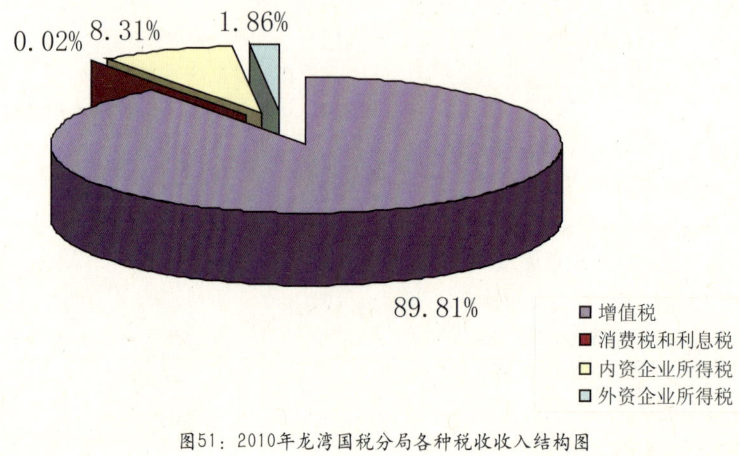

图51：2010年龙湾国税分局各种税收收入结构图

全部户数的84.89%。通过行业模型数据分析筛选疑点纳税人，实施监控评估处理612户，入库税款2523万元。加强各税种管理，全年登记率100%，准期申报率99.5%，入库率99.5%，滞纳金加收率99.9%，处罚率（按户）100%，全程服务项目准期办结率100%。抓好纳税人增值税核算辅导和所得税汇算清缴专项审核，全年辅导和审核1867户，补税445户，实补税款1325万元。做好社会化大征管工作，共组织税收入库244万元。

【国税纳税服务】 2010年，龙湾国税分局完善纳税服务平台建设，撤回永强所办税大厅，完成分局办税服务厅标准化规范化建设，并成为温州国税系统第一个标准化办税服务厅。温州市国家税务局局长胡蓬星在27期温州国税信息简报上，作出“学习借鉴龙湾国税分局推进办税服务厅规范化标准化建设的做法”的专题批示。简化办税流程，制订全程服务台办理涉税事项流程，建立管理员轮流值班制度，实现“窗口受理，内部流转，限时办结、窗口出件”，纳税人在一个窗口完成常规涉税事项办理。打破区域隔阂，推行涉税业务“同城通办”。推广“免填单”服务、“智能叫号”服务和“服务满意度评价”，减轻纳税人办税负担。完善自助办税服务区，供纳税人自助报税、自助认证和网上申报。设立税务争议协调窗口，顺畅与纳税人沟通、协调、解决通道，推行税收维权即时化。拓展网上办税，推行远程抄报税和普通发票网上开票，提倡网上办税。

【国税征收监督】 2010年，龙湾国税分局严格内部监督，促进税收规范执法。建立推行税务行政执法责任制和执法过错责任追究制，完善执法岗责体系，降低执法差错率。全年共追究责任人5人次，并给予相应的经济处罚。开展ISO内审执法检查3次，共对6个执法项目进行全面检查。制订税收执法风险预警管理办法，全面梳理税收执法过程中潜在的各种风险因素。建立提前预防、动态监控、风险处理三位一体的税收执法风险防范机制，规避干部执法风险。全年共发出11份预警通知书，查补税款15.56万元，加收滞纳金6.23万元。完善第三方监督体系，召开行业协会座谈会、特邀监察员座谈会和税收管理员述职述廉报告会，听取外部监督的意见和建议。

【国税队伍建设】 2010年，龙湾国税分局建立日常绩效考评机制，制定《龙湾国税分局日常工作绩效考核办法》。落实各项教育培训规划，加强税收政策法规、征收管理、财务会计、信息化知识和实际操作能力的培训。深入开展“转作风优环境”专项活动，聘请区公检法系统相关部门领导和行业协会为特邀监察员，构架监督外部网络。

表41： 2010年龙湾地税、国税纳税大户 单位：万元

序号	企业名称	地税税费	国税税费	合计
1	龙湾农村合作银行	1935.46	5253	7188.46
2	龙湾永强供电公司	2502.47	2600	5102.47
3	万康置业有限公司	3652.09	0	3652.09
4	温州人造革有限公司	507.29	2519	3026.29
5	浙江康德莱医疗器械股份有限公司	522.77	1923	2445.77
6	华迪钢业集团有限公司	345.05	1898	2243.05
7	温州市爱好笔业有限公司	334.48	1854	2188.48
8	温州市宏阳再生资源有限公司	488.19	1684	2172.19
9	夏梦·意杰服饰有限公司	208.09	1904	2112.09
10	泰庆皮革有限公司	162.31	1862	2024.31
11	温州泰昌铁塔制造有限公司	54.71	1818	1872.71
12	浙江明泰标准件有限公司	400.96	1086	1486.96
13	温州市金云铜材有限公司	144.17	1304	1448.17
14	温州华能汽车销售服务有限公司	142.79	1254	1396.79
15	青山控股集团有限公司	132.05	1144	1276.05
16	江南阀门有限公司	219.69	1045	1264.69
17	浙江格林兰印染有限公司	181.54	1048	1229.54
18	温州鸿升集团有限公司	224.79	946	1170.79
19	温州市龙湾区华商小额贷款股份有限公司	1146.27	0	1146.27
20	温州合力革业有限公司	107.12	1019	1126.12
21	温州鑫雅精细化工有限公司	53.53	1038	1091.53
22	伟明环保设备有限公司	142.77	899	1041.77

续表：

序号	企业名称	地税税费	国税税费	合计
23	温州德宏废旧回收有限公司	131.96	873	1004.96
24	温州市宏得利树脂有限公司	202.37	794	996.37
25	浙江丰业集团有限公司	160.63	824	984.63
26	温州市新兄弟人造革有限公司	106.79	876	982.79
27	温州市强利人造革有限公司	199.37	767	966.37
28	浙江长江能源发展有限公司	102.88	841	943.88
29	温州市宏得利合成革有限公司	248.54	694	942.54
30	温州市万年混凝土有限公司	92.15	828	920.15
31	温州永耀钢业有限公司再生资源回收分公司	82.27	809	891.27
32	温州隆兴皮革有限公司	94.33	796	890.33
33	温州市功针服饰有限公司	159.8	702	861.8
34	温州市海霸洁具有限公司	209.17	650	859.17
35	温州元发树脂有限公司	80.83	777	857.83
36	温州金来聚氨酯有限公司	105.48	747	852.48
37	温州市宏源铜业有限公司	209.54	626	835.54
38	三虎混凝土集团有限公司	108.04	698	806.04
39	浙江康尔达新材料股份有限公司	58.32	745	803.32
40	温州五洲人造革有限公司	156.78	637	793.78
41	温州新华迪合成革有限公司	220.28	536	756.28
42	温州港龙湾集装箱公司	736.06	0	736.06
43	温州正纳利聚胺酯有限公司	162.28	573	735.28
44	温州市五星铜材有限公司	143.79	589	732.79
45	温州环球合成革有限公司	84.7	623	707.7
46	温州金万利皮革有限公司	160.78	546	706.78
47	温州华都皮革有限公司	152.16	544	696.16
48	温州市新祥合成革有限公司	165.62	513	678.62
49	温州奥鹏合成革有限公司	91.27	587	678.27
50	温州市龙湾东方铜带厂	143.74	512	655.74

金融业管理

【“中国金融生态区”落户龙湾】 2010年，龙湾区金融办认真准备申报中国金融生态区的文字材料与图片影像资料，并与区委宣传部、区新闻中心合拍龙湾金融专题宣传片。4月25日，在“2010年中国金融形势分析、预测与展望专家年会暨第六届中国金融(专家)年会”上，龙湾区获“中国金融生态区”称号。

【“浙江省金融创新示范区”落户龙湾】 2010年，龙湾区根据省金融办创建浙江省金融创新示范区指导思想，起草《关于加快龙湾区金融业发展的若干意见（征求意见稿）》、《关于创建浙江省金融创新示范区的实施意见（征求意见稿）》、《关于加强民间金融管理的实施意见（征求意见稿）》、《关于促进龙湾区融资性担保公司发展的实施意见（征求意见稿）》等一系列规范性文件，为申报工作打下良好基础，申报工作获省联席会议好评。12月15日，龙湾区获“浙江省金融创新示范区”称号，温州市仅一个。

【小额贷款公司】 2010年，龙湾区小额贷款公司试点工作稳步推进，小额贷款公司数量继续扩大。3月，完成第一家小额贷款公司华商小额贷款股份有限公司增资扩股工作，总股本增加1倍。10月10日，龙湾区第二家小额贷款公司振华小额贷款股份有限公司正式开业。经区长办公会议研究，拟同意由浙江恒庆置业有限公司作为主发起人组建龙湾区第三家小额贷款公司，拟同意由浙江格林兰印染有限公司为第四家小额贷款公司主发起人。全年两家小额贷款公司累计发放贷款1685笔，其中华商小额贷款股份有限公司1472笔，振华小额贷款股份有限公司213笔；贷款余额16.46亿元。其中华商小额贷款股份有限公司13.73亿元，振华小额贷款股份有限公司2.73亿元。华商小额贷款股份有限公司全年缴税费2295万元。华商小额贷款股份有限公司获全省年度评价考核A+，被省金融办评为浙江省优秀小额贷款标兵公司。

【农村资金互助联合会试点】 2010年，龙湾区金融办组织开展农村资金互助联合会试点工作。起草《关于开展龙湾区农村资金互助联合会试点工作的指导意见》、《龙湾区农村资金互助联合会试点工作操作规程（暂行）》，根据各镇（街道）申请情况和全区金融创新总体布局，在天河镇率先开展农村资金互助联合会试点工作。

【民间金融监管】 2010年，龙湾区委、区政府成立龙湾区加强民间金融管理暨打击和处置非法集资活动小组，起草《加强全区民间金融管理实施意见》、《促进规范化融资性担保公司发展实施意见》、《镇（街道）加强民间金融管理考核办法》和《龙湾区民间信用记录黑名单制度管理暂行办法》等一系列文件，建立民间金融管理的长效机制。区政府下发《龙湾区人民政府关于进一步做好打击和处置非法集资工作的通知》，要求各镇（街道）和有关部门建立民间非法集资一月一排查制度。研究制订龙湾区金融风险预警方案，明确区金融应急领导小组及其下设办公室和各相关单位的工作职责，对金融突发事件的等级进行划分。

【银政企合作】 2010年，龙湾区金融办加强与经贸部门、各金融机构横向沟通和交流，鼓励各金融机构争取上级行贷款倾斜政策，搭建银政企合作平台，努力解决龙湾区中小企业融资难、贷款难问题。全年共举行4次银政企对接会。年初，区政府与民生银行龙湾支行签约，承诺未来3年在龙湾区投放50亿元小微企业专项贷款，扶持小微企业发展。年中，与区经贸局、建行龙湾支行联合举办“企业成长之路，政银鼎力相助”政银企融资对接会，中行龙湾支行、华夏银行支行也分别与相关行业协会举行签约仪式，合力帮扶龙湾小微企业共同成长。

【政保合作】 2010年，龙湾区金融办推进政府与保险业合作，为保险业的发展搭建合作平台。推广火灾公众责任保险，起草《龙湾区推行火灾公众责任保险工作方案》，牵头召开火灾公众责任保险试点工作暨龙湾区火灾公众责任保险工作方案讨论会。龙湾区已连续4年在网吧、KTV、电子游戏厅开展火灾公众责任保险，2010年参保单位29家，涵盖全区所有网吧、电子游戏厅和有证KTV，保费收入5.02万元。拟在沙城镇试点开展旅馆业火灾公众责任保险工作。开展医疗责任保险试点，全区所有医院、卫生院均投保“医疗责任保险”，收取保费25万元。探索在龙湾区开展“自然灾害公众责任保险”。

中国工商银行龙湾支行

【概况】 截至2010年年末，中国工商银行龙湾支行（简称工行龙湾支行）本外币各项存款余额24.67亿元，比年初增加5.73亿元，增量占比15.8%。其中，对公存款11.88亿元，储蓄存款12.79亿元。日均存款余额23.26亿元，比上年增加5.08亿元。本外币各项贷款余额34.33亿元（不含资金池1.87亿元），比年初增加8.15亿元。其中，公司流动资金贷款余额（含资金池）23.09亿元，公司固定资产贷款（含房地产开发贷款）余额2.89亿元，个人贷款10.22亿元。累计贴现贷款10.84亿元；银行承兑余额14.72亿元，较年初增加9.52亿元；信用证余额2.71亿元，较年初增加2.69亿元。实现拨备前利润2.46亿元，比上年增长103.0%。不良贷款余额74万元，五级分类不良贷款率0.02%，资产质量保持较好的水平。工行龙湾支行经营绩效考核排名全市第1名，获工行浙江省分行“2010年度十佳小企业专营机构”称号。

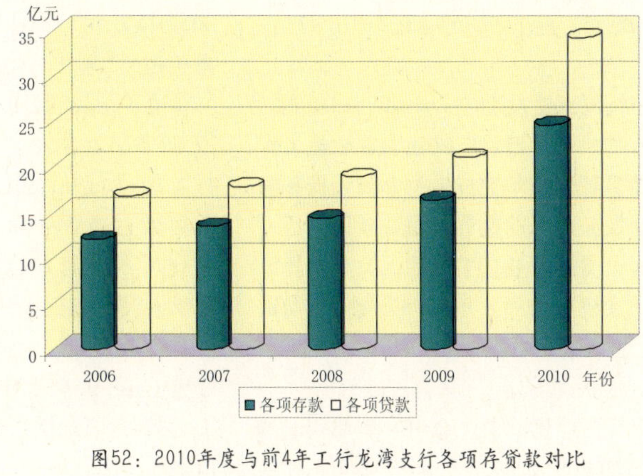

图52：2010年度与前4年工行龙湾支行各项存贷款对比

【工行中间业务】 2010年，工行龙湾支行中间业务发展态势良好，中间业务收入增长迅猛。全年实现中间业务收入8869万元，比上年增长163%。其中，国际结算业务量完成23.31亿美元，比上年增长159.6%。银行卡业务考核名列全市第一，累计办理信用卡汽车分期付款6.40亿元。结算及电子银行业务考核进入全市前三。

【工行精神文明建设】 2010年，工行龙湾支行围绕工行温州市分行“增强营业机构的核心竞争力和经营活力”这一主题，深入开展创先争优活动。深入开展“人心工程”建设，坚持为员工办实事。全行共办食堂3个，解决了5个网点的中餐问题；同时，开展了“冬增暖衣，夏送冷饮”活动。获工行温州市分行2010年度党建先进单位称号。

中国银行龙湾支行

【概况】 截至2010年年末，中国银行龙湾支行（简称中行龙湾支行）各项存款余额21.57亿元，存量名列城区支行第一，比年初增加5.45亿元。其中：储蓄存款6.06亿元，公司存款15.51亿元。各项贷款余额28.12亿元，比上年增加6.00亿元，增长27.1%。贸易融资余额15.48亿元，比上年增加3.50亿元，增长30%；承兑汇票余额13.40亿元，比

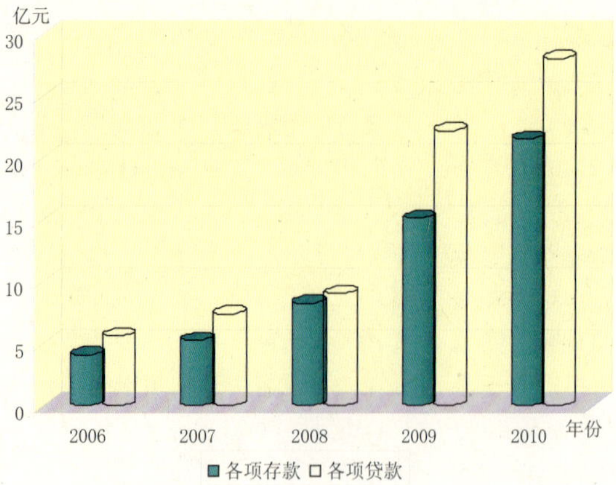

图53：2010年度与前4年中行龙湾支行各项存贷款对比

上年增加3.01亿元，增长29%。全年实现营业收入1.60亿元，比同期增加0.56亿元，增长54%，实现账面税前利润0.97亿元，比同期增加0.49亿元，增长99.5%。本外币五级清分不良率为零。中行龙湾支行获中行浙江省分行先进基层党组织称号。

【中行中间业务】 2010年，中行龙湾支行实现中间业务收入3780万元，比上年增加1960万元，增长107%，同比增幅列全市第一。其中：公司条线收入2325万元，完成年度计划的123.1%；个人金融产品线收入1213万元，完成年度计划的168.5%。

【中行国际结算业务】 2010年，中行龙湾支行国际结算业务量稳步增长，市场占有率上升。全年国际结算业务额37591万美元，同比增加8565万美元；完成市行任务的125.3%。跨境人民币贸易结算量4210万元，新开立NRA人民币账户4户。

【中行网点建设】 2010年，中行龙湾支行加快阵地建设，网点购置改造工作成绩显著。全年完成支行办公大楼和滨海开发区网点的购置，海城分理处迁入新居，支行营业部装修完工投产，新设的汤家桥网点和罗东大街离行式自助银行已进入装修阶段。

【中行内控建设】 2010年，中行龙湾支行加强贷款的“三查”工作，对贷后资金流向的监控和授信企业的资金链调查纳入日常化管理。强化对存量授信企业贷后检查的频率，严格新增授信企业的把关，对存量客户制订退出机制。谨慎对待合成革、不锈钢等企业的放贷，公司零售贷款五级清分零不良。强化员工合规意识，做好每天有内控点评，每周有内控文件制度学习，每月有内控差错排名。组织观看防腐倡廉警示教育图片展和《中国银行案例警示教育片》等，使内控工作形成长效机制。全年事后监督质量均排在全市20名以内，全年无外审处罚。10月，被中国银行业温州银监会授予温州市银行业内控合规示范单位。

中国农业银行龙湾支行

【概况】 截至2010年年末，中国农业银行龙湾支行(简称农行龙湾支行）下辖1个营业中心、8个二级支行，9个集大型化、集中化、个性化于一体的附行式24小时自助银行。各项存款余额84.31亿元，比上年增加15.59亿元；各项贷款71.81亿元，比上年增加8.74亿元。拨备前利润3.13亿元，比上年增加6247万元。中间业务收入突破1亿元，达到1.02亿元，比上年增加5305万元。国际结算首超6亿美元，达到6.2亿美元，比上年增加9778万美元。农行龙湾支行在全国农行等级行考评中排名第一，在全省农行城区支行考评中排名第一；农行龙湾支行营业中心被中华全国总工会授予“全国五一巾帼标兵岗”称号。

【农行支持地方建设】 2010年，农行龙湾支行认真贯彻国家宏观调控政策，稳健掌控贷款投放节奏，强化金融对地方建设的支持力度，全面落实与区政府战略合作备忘录承诺。支持龙湾城市中心区建设，温州民科产业基地开发，龙湾新农村建设，小额贷款公司筹建。截至2010年年底，已投放民科基地永兴南园项目贷款2亿元，新农村建设项目贷款6000万元，小额贷款公司贷款1亿元。

【农行支持中小企业】 2010年，农行龙湾支行成立9个小企业金融服务专营机构，针对小企业金融需求“短、小、频、急”的特点，推出“小企业简式贷款”，优化信贷流程，缓解了中小企业融资难问题。全年为龙湾区的351家企业提供信贷支持，新进入客户27家；已投放贷款余额43.57亿元，其中投向十大特色产业的贷款占比达79%。发展面向个体经营者、青年创业者的个人综合授信贷款1200户，金额19.40亿元；以惠农卡为载体，发展农户小额贷款928户，金额4639万元。

【农行优化网点服务】 2010年，农行龙湾支行深化网点转型，改善服务环境，努力为客户提供快捷周到全方位的金融服务。完成对3个网点的改造，其中营业中心营业面积扩大一倍，建成两个龙湾区域内自助设备最多的自助银行。打造电子服务新渠道，发展和投放POS商户、个人网上银行、手机银行、家银宝、转账宝等。树立大堂服务新形象，

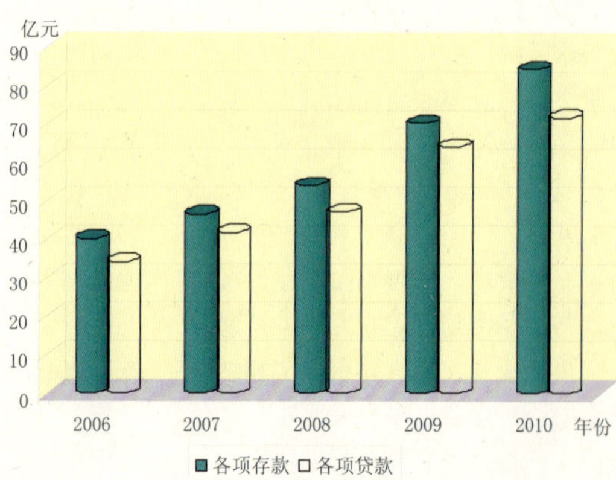

图54：2010年度与前4年农行龙湾支行各项存贷款对比

增配大堂经理、大堂助理，开展“网点现场管理”培训，提高现场管理能力。启动网点文明标准服务导入活动，引入第三方服务监督机制，提升网点服务形象。

【农行企业文化】 2010年，农行龙湾支行开展企业文化宣讲活动，增强队伍责任感、凝聚力和创造力。成立“员工之家”，开展各类培训和文娱活动。开展文明结对，热心公益慈善事业，做好双拥工作。实施“业绩排队制”，实施“竞争上岗制”，突出“能者居之”的用人理念，拓宽员工晋升渠道。

中国建设银行龙湾支行

【概况】 截至2010年年末，中国建设银行龙湾支行（简称建行龙湾支行）各项存款余额46.86亿元，比年初新增11.53亿元。各项贷款余额36.57亿元，比年初新增57.59亿元。承兑汇票新增18.35亿元，境内非融资性保函新增0.19亿元。不良贷款余额43.20万元，不良贷款率0.01%。

【建行业务拓展】 2010年，面对复杂多变的经济形势，建行龙湾支行坚持以客户为中心，深入了解客户需求，做好客户拓展和服务工作。做好优质进出口企业、成长型企业等优质客户服务工作，积极开展行业营销，针对行业特点提供个性化金融服务方案，在区金融办承办的“政银企”对接会上与多家行业协会代表签订《战略合作协议》。

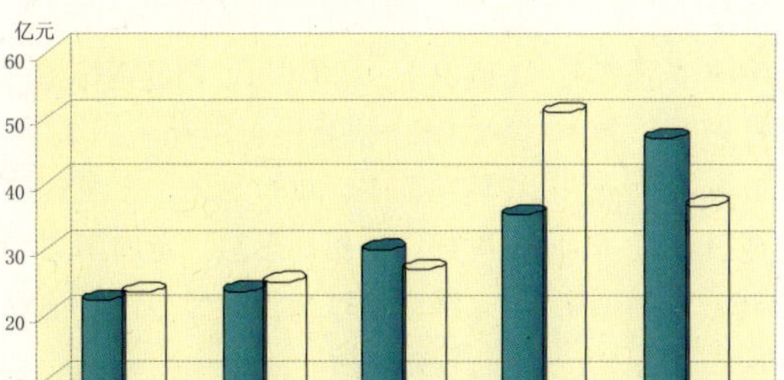

图55：2010年度与前4年建行龙湾支行各项存贷款对比

【建行网点建设】 2010年，建行龙湾支行加大自助终端投入力度，电子银行、手机银行、网上银行均取得较快发展。全年完成永强新址装修，新增离行式ATM机4个，并做好海城、罗东迁址的准备工作。全面推进网点二代转型工作，四个网点已通过验收。

【建行平安建设】 2010年，建行龙湾支行完善内控机制，完成“百日大排查”活动、排查回头看与违规代客服务专项治理工作。开展安全大检查，及时整改安全隐患。加强合规检查和宣传工作，使依法合规理念深入人心。

【建行企业文化建设】 2010年，建行龙湾支行加大培训力度，推行员工素质提升工程。组织开展柜面营销服务、个人外汇业务等多个培训，组织员工参加外汇从业、银行从业、金融理财师等考试。深化党建工作，充分发挥党组织在和谐支行建设中的战斗堡垒与先锋模范作用。

交通银行龙湾支行

【概况】 截至2010年年末，交通银行龙湾支行人民币存款10.94亿元，较年初增加1.40亿元。其中对公存款7.43亿元，较年初增加1.90亿元，对私存款3.51万元，较年初减少0.50亿元。外币存款142万美元，较年初减少38万元。各项贷款11.60亿元，较年初增加0.46亿元。其中，对公贷款8.72亿元，对私贷款2.88亿元。全年账面利润5600万元。不良资产占比0.1%，控制在较低水平。全年无重大安全事件。

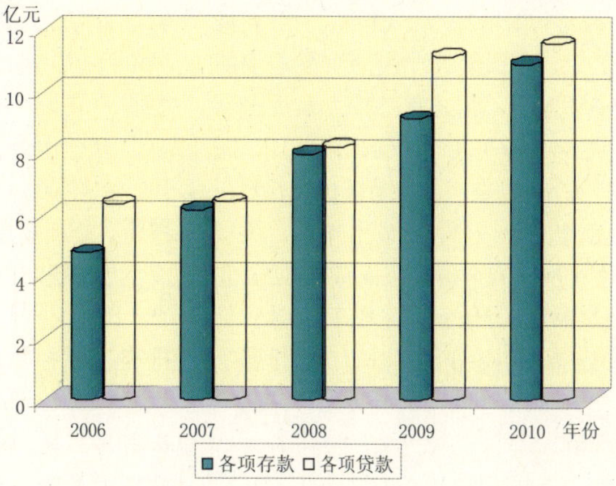

图56：2010年度与前4年交行龙湾支行各项存贷款对比

【交行业务拓展】 2010年，交通银行龙湾支行以积极发展对公业务为出发点，拉动负债业务的发展。全年新增对公授信客户19户，其中世行客户10户、展业通客户9户。积极营销财政性存款，并取得良好的效果。

【交行负债业务】 2010年，交通银行龙湾支行负债业务一直在水平面以下徘徊，负债业务的发展碰到从未有过的压力。2009年存款虚数偏高，对私存款达五六千万元的虚数，加上年底存款效应，虚数过高。宏观环境影响，物价指数持续高涨，储蓄存款利率倒挂，民间借贷活跃，市民投资观念增强，存量储蓄存款外流明显。资产规模受限，融资成本提高，拉动负债业务的动力和空间大不如前。交易渠道不畅，成本偏高，个金客户流失严重。监管部门力度加大，合规性要求提高，负债业务从粗放性发展转型后，没有新的产品和手段及时跟进，严重脱节。客户经理队伍不稳定，人员流动性大 。

中信银行龙湾支行

【概况】 截至2010年年末，中信银行龙湾支行各项存款余额12.6亿元，较年初增加5.4亿元。各项贷款余额11.1亿元，较年初新增2亿元。其中，对公新增1.2亿元，对私新增0.8亿元。完成中间业务558万元，完成率132%；实现国际收付汇8441万美元（不含国内证），完成率122%。资金产品交易量1847万元，有效新增户数19户；完成率380%。关贸e点通实现零的突破，完成713万元。完成银票贴现8.3亿元，完成率145%。贷款收益率6.0%，在温州分行全辖排名第一；FTP经营净收入6045万元，完成率达到140%。

【中信银行市场营销】 2010年，中信银行龙湾支行改变传统的营销方式，引导客户使用国内信用证、商票或者其他新产品，从单一产品营销转变到交叉营销。办理了首笔港口金融业务。加强与龙湾区政府合作，对龙湾城投、标准厂房、民科基地合计贷款额度将近占支行贷款规模的20%。开发行业中优质企业，引进14家建筑施工企业优质企业和5家钢材贸易企业。拓展国际业务，提供优质服务，加强与客户联系，以铜、镍、化工原料等大宗商品进口客户作为重点营销目标，推广背对背远期外汇交易、人民币与外币掉期等资金业务新产品，取得了预期效果。

【中信银行业务体系】 2010年，中信银行龙湾支行网点转型初有成效，体系建设初具规模。贵宾体系形成理财经理队伍与公司客户经理形成1+1贵宾客户服务模式，引进国正评估、中信金通、上海证券等第三方机构在该行驻点服务。组织开展理财大课堂，为贵宾客户提供多方位服务。大众服务体系阵地营销，形成以大堂经理为核心的交叉销售模式。个贷体系通过对存、增量客户的细分梳理，为不同类型的客户制订不同的挖潜、提升、退出方案。获取客户和资金的渠道能力不断提升，公私联动和资产业务推动工资代发、ETC、第三方存管业务、理财、外汇等渠道能力得到加强，并形成新的业务增长点。

【中信银行风险控制】 2010年，中信银行龙湾支行优化信贷资源分配，强化风险控制。通过多产品调剂，维护好重要客户（含个人潜力客户）和一般客户，对合作效益差的客户做好退出工作。完善贷款流程，规范政府融资平台授信，全面梳理政府融资平台贷款。完成上级行提出的各项自查，包括银票自查、贷款合规自查、贷款风险分离度排查、抵押物压力测试、低产能客户风险排查、理财产品自查、员工行为排查等，定时开展贷后管理例会，贷款首次检查、贷款五级分类，防范贷后风险。

【中信银行考核机制】 2010年，中信银行龙湾支行改革激励机制、完善分配激励机制。推出各条主线的年度、月度考核机制，形成部门经理考核、月度优秀员工、服务之星、技能标兵等单列考核，组织举行阶段性竞赛活动、半年度营销拉力赛、行庆杯业务营销竞赛等，充分调动员工积极性，在全行营造比学赶超的竞赛氛围。

浦东发展银行龙湾支行

【概况】 截至2010年年末，浦东发展银行龙湾支行各项存款余额132429万元，较年初增加5598万元。其中，储蓄存款余额33546万元，比年初增加14243万元。各项贷款余额222434万元，比年初增加21360万元。其中，个人贷款111459万元，比年初增加27971万元。各类三项不良贷款余额为零。

【浦发银行个金业务】 2010年，浦东发展银行龙湾支行转变经营思路，重点支持个金业务发展。全年各类个人中间业务收入190万元，完成计划任务数的105%；新增优质客户136户，新增白金客户38户，新增钻石客户39户，分别完成计划任务数的118%，190%，195%。理财产品销售6291万元，完成计划任务数的196%；财富类中间业务收入30万元，完成计划任务数的140%；销售信用卡124张，完成计划任务数的124%；销售电子银行682户，完成计划任务数的113%。

广东发展银行龙湾支行

【概况】 截至2010年年末，广东发展银行龙湾支行各项存款余额13.7亿元，比年初增加2.13亿元，日均存款11.43亿元，比年初增加2.04亿元。存款结构有所优化，无贷户储蓄存款增加7209万元，结算存款增加7761万元，保证金存款增加6330万元。各项贷款余额12.5亿元，比年初增加2.5亿元，新增授信客户40余户，新增授信额度4.2亿元。全年实现净利润394万元，人均创利接近200万元，名列温州同行业前茅。无新增不良贷款，不良贷款率为零，收息率为100%，无风险预警。

【广发行票据业务】 2010年，广东发展银行龙湾支行票据贴现业务保持良好的市场份额，同业中的影响力在逐步提高。全年累计贴现25.6亿元，比上年增加4.15亿元。其中，商业承兑汇票15.4亿元，增加7亿元。实现票据利润355万元，名列全行前茅。

【广发行个人业务】 2010年，广东发展银行龙湾支行个人业务个金中间业务收入138.21万元，基金销售677.62万元，基金定投开户387户，保险产品销售89万元，信用卡发卡601张，个金业务业绩较往年有较大进步。

招商银行龙湾支行

【概况】 2010年，招商银行龙湾支行紧紧围绕招商银行温州市分行确定的“效益为本、质量为先、二次转型、再创辉煌”的指导思想，走内涵集约型发展之路。通过一年的努力，各项业务都取得较好成绩。

【招商银行对公业务】 2010年，招商银行龙湾支行坚持服务地方经济，努力提供安全、可靠、全面的金融服务平台。全年实现对公存款总额9.18亿元，比上年增加2.7亿元；新增批发条线有效户32户，完成全年任务的267%；共发放贷款总额11.11亿元，比年初新增3.55亿元。

【招商银行零售业务】 2010年，招商银行龙湾支行以“储蓄开门红”活动契机，积极推进零售业务发展。全年个贷发放总额7.11亿元，比年初新增3.53亿元；储蓄存款总额3.08亿元，比年初新增7500万元。在金葵花卡、私人银行客户拓展、个人金卡、个人银行专业版、快易理财、个人信用卡等方面均取得不俗成绩。努力拓展基金定投、黄金投资、保险代售等业务，共实现管理客户总资产3.5亿元，比上年新增1.1亿元。

兴业银行龙湾支行

【概况】 截至2010年年末，兴业银行龙湾支行一般性存款余额11.71亿元，比年初增加4.39亿元。其中：公司存款余额9.18亿元，比年初增加3.75亿元；储蓄存款余额2.53亿元，比年初增加0.64亿元。各项贷款余额15.51亿元，比年初增加0.82亿元。存贷比为132%，不良贷款率为零。

【兴业银行金融业务】 2010年，兴业银行龙湾支行秉承“真诚服务、共同兴业”，坚持以客户为中心，各项业务快速增长。全年实现中间业务收入433万元，完成任务数的240%。新拓展中小企业授信客户25户，新增核心客户26户，完成任务数的866%。新增企业网银44户，完成任务数的880%。柜面替代率71.7%，基金、理财产品累计销售4414万元。年内，获兴业银行温州市分行年度经营单位综合考评第二名，年度中间业务收入第一名，年度经济利润第一名，年度本外币各项存款日均余额新增第一名。获兴业银行省分行2010年度先进集体称号。

深圳发展银行龙湾支行

【概况】 截至2010年年末，深圳发展银行龙湾支行各项存款余额16.69亿元，比年初增加2.35亿元，增幅为16%。各项贷款余额16.57亿元，比年初增加1.74亿元，增幅为12%。

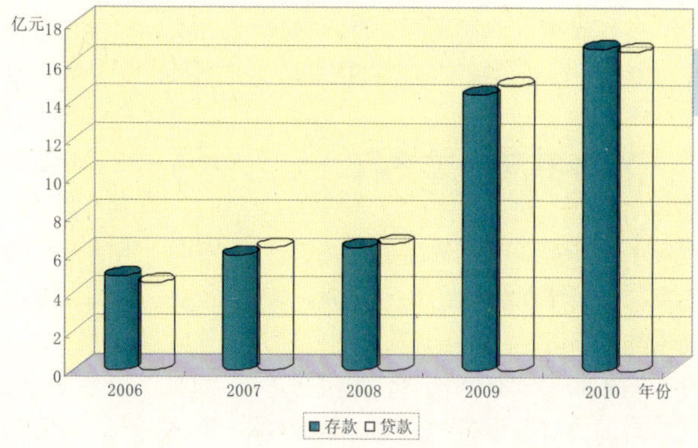

图57：2010年度与前4年深圳发展银行龙湾支行各项存贷款对比

【深发行公司业务】 2010年，深圳发展银行龙湾支行认真贯彻落实总分行的策略分类和有进有退的经营策略，对现有公司授信客户进行全面梳理。对符合国家行业（产业）政策，具有较好发展潜力的客户加大信贷支持力度，逐步培养成战略客户；对不具备培养价值的低收益客户，逐步退出。至12月末，全行发放公司贷款余额12.82亿元，比年初增加0.82亿元，增幅为7%。实现公司存款余额13.46亿元，比年初增加1.68亿元，增幅为14%。

【深发行零售业务】 2010年，深圳发展银行龙湾支行零售业务通过标准化的团队配置、销售管理，开展“4+e”等专项活动，努力优化贷款结构，快速、稳健地扩大有价值零售客户群。截至2010年年末，全行发放零售贷款余额3.76亿元，比年初增加0.92亿元，增幅为32%；实现储蓄存款余额3.23亿元，比年初增加0.67亿元，增幅为26%。

民生银行龙湾支行

【概况】 2010年，民生银行龙湾支行以“新起点、新面貌、新目标”为指导思想，优化业务结构，各项业务健康快速发展。截至2010年年末，各项存款余额5.82亿元，计划完成率106.8%。各项贷款余额15.05亿元。财富资产1亿元。

【民生银行交叉销售业务】 2010年3月，民生银行龙湾支行成立公司业务部，引进两名优秀对公客户经理。10月，将原有的公司、零售部门拆分，人员重新调整，成立3个综合业务部门，各部门内公司、零售业务交叉销售。通过公司业务带动零售业务，实现各种产品的捆绑式营销，包括零售业务内部的交叉销售，公司业务内部的交叉销售，公司和零售之间的交叉销售，产品组合、前中后台之间的交叉营销。针对客户需求，进行网银、基金、理财产品、第三方存管、信用卡等业务的捆绑综合营销，实现金融产品多元化发展。

【民生银行风险控制】 2010年，民生银行龙湾支行把风险防范、安全保卫工作放在首位，一手抓业务、一手抓安全。与员工签订龙湾支行安全保卫工作目标责任书，加强员工教育培训和演练，提高安全防范意识和一线员工处置紧急情况的能力。抓好重点风险部位和风险环节的安全防范，加大检查力度，建立健全整改落实督促检查制度和责任追究制度。强化重要环节和重要岗位的内控外防，增强员工合规经营意识，时刻关注员工思想动态，杜绝内部员工违法乱纪行为。

【民生银行企业文化建设】 2010年，民生银行龙湾支行充分发挥党团支部和工会组织作用，开展丰富多彩的员工活动。每周四组织员工羽毛球活动，每月集体庆祝员工生日，并发给员工移动充值卡。党支部响应总行“爱岗敬业增存创收”活动，掀起“爱岗敬业、尽职尽责”的营销高潮，在全行形成“赶帮学超”的良好氛围，并涌现出一批优秀员工。姜彩莲被评为总行十佳客户经理。

浙商银行龙湾支行

【概况】　截至2010年年末，浙商银行龙湾支行一般性存款余额10.28亿元，较年初增加1.43亿元。各项贷款余额11.78亿元，较年初增加3.08亿元。深化与龙湾区政府的项目合作，大力支持龙湾当地基础设施建设。

【浙商银行小企业业务】　浙商银行龙湾支行重视小企业业务，不论在贷款规模、业绩考核上，还是在风险控制政策上，都受到总行的倾斜性支持。截至2010年年末，实现500万元以下贷款余额4.78亿元，较年初增加1.91亿元。

温州银行龙湾支行

【概况】　截至2010年年末，温州银行龙湾支行本外币存款余额25.43亿元，比年初新增4.75亿元。本外币贷款余额21.45亿元（含贴现），比年初增加1.41亿元。累计签发银行承兑汇票10.82亿元，余额6.41亿元，比年初增加0.92亿元。全年实现账面利润8000万元。

【温州银行营销业务】　2010年，温州银行龙湾支行合理调整客户结构，明确存款营销重点。认真梳理全行的客户情况，出台《公司客户分层经营管理暂行办法》。行长带头抓大户、攻难点，部门抓系统管理，辖属行负责营销维护，落实客户分层经营管理职责。在强化对现有存量客户维护、巩固存款份额的同时，明确“定位中端、竞争高端、培育潜力”的客户发展思路，制定针对不同行业、不同企业的差别化营销策略。完善激励机制，实行每日存款数据动态检测，了解增存进度，及时调整营销策略。分阶段开展“新春揽存竞赛”、“迎端午、庆世博”等公司客户营销竞赛，群策群力齐抓存款。加强重点项目的营销力度，做好政府、大企业等存款大户的项目合作和存款维护。对重点客户不定期上门拜访，巩固银企关系。

【温州银行信贷业务】　2010年，温州银行龙湾支行规范和优化信贷业务流程，提升管理水平和服务职能。制定《授信调查报告基本格式》，细化办理各种信贷业务应提供的基础资料，改正6家支行提交调查报告6个样的情况，提高资料的完整性、真实性、规范性，有效防范信贷业务操作风险。在风险可控的前提下，对信贷流程环节进行缩减，以提高审批效率。加强信贷管理，通过贷前实地调查、贷时审查、贷款资金流向监测和贷后专项检查，严把信贷审查关，防范信贷风险。

【温州银行服务小企业】　2010年，温州银行龙湾支行明确信贷客户定位，继续深化小企业金融服务。以“打造中小企业和个人类信贷客户的主办银行”为市场总体目标，结合当地区域经济特点，将信贷投向优质小企业和个人核心客户倾斜，利用小企业联保贷款和小本创业卡等灵活、快捷、方便的优良信贷产品，为中小企业提供“短、平、快”的融资服务。对现有信贷产品进行梳理、整合、创新，适时推出适合当地的信贷新产品，如个人保证贷款、企业联保业务等，努力打造区域特色，培育信贷业务新的增长点。

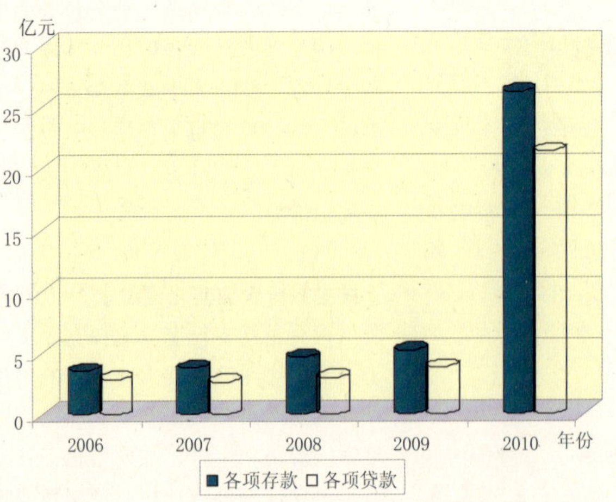

图58：2010年度与前4年温州银行龙湾支行各项存贷款对比

【温州银行风险管理】　2010年，温州银行龙湾支行坚持风险管理与案件防控并重，努力构建内控长效机制。成立内控管理和案防、财务管理、信贷审查管理、行风与安全防范检查、社会治安综合治理工作等系列小组或委员会，严格各项制度的执行，强化内控合规。开展培训、典型案例分析，教育员工按章办事，提高员工的业务水平和职业道德素养，防范操作风险和道德风险。不定期对员工进行家访，个别诫勉谈话，了解员工8小时工作以外的活动，强化风险管控。开展“小金库”整治，定期召开案件防控工作会议，开展案件风险排查，实行一级抓一级。

龙湾农村合作银行

【概况】　截至2010年年末，龙湾农村合作银行各项人民币存款余额97.01亿元，比年初增加21.63亿元，增幅为28.7%。各项贷款余额66.75亿元，比年初增加11.48亿元，增幅为20.8%。其中，涉农贷款余额40.03亿元，比年初增加7.78亿元，增幅为24.1%，占比为60.0%。外汇结算量1.47亿美元，比上年增加6800万美元，增幅为85.8%。全年实现财务总收入5.50亿元，比上年增加0.76亿元，增幅为16.0%。实现账面利润2.50亿元，比上年增加0.30亿元，增幅为13.6%。

【农合行支农服务】　2010年，龙湾农村合作银行启动农村服务三个一工程，即“一村一联络员”、“一村一机”和“一村一服务规划”工程。全行共有162名支农联络员，ATM机47台，支农联系点32个。在人口集聚区、商业繁华区，铺设POS机536台、信付通1019台，实现“攻商铺、拓市场、抓连锁店、创建电子

表42:	2010年度与前4年龙湾农村合作银行各项存贷款对比		单位：亿元
年度	存款	贷款	其中农业贷款
2006	35.82	28.25	16.14
2007	46.05	32.86	19.42
2008	58.82	39.92	23.79
2009	75.60	55.32	31.07
2010	97.01	66.75	40.03

结算一条龙”的营销策略。疏通便利支付结算渠道，推进网银和丰收支付宝卡业务。对接政府部门政策，落实配套金融服务，开展城乡社保、粮农直补、环保排污费等资金的代收计44余万笔、5500万元。

【农合行贷款业务】 2010年，龙湾农村合作银行根据龙湾区经济特色，推行“一行一品”区域产业贷款模式，出台“安居乐”、“新家园”贷款、“巾帼创业贷款”等。针对农村新型创业群体，出台适合农户需求的贷款品种，为其提供“量身定做”的金融服务保障。推广大学生村官贷款、青年创业贷款，均取得较好的社会反响。同时，开展行业合作，开办工行“汇贷赢”业务，推出贸易融资等产品。

【农合行人才管理】 2010年，龙湾农村合作银行重点加强管理、营销、培训师3支队伍建设。实施会计主管、柜组长“无框架”双聘，33名优秀青年员工走上管理岗位。以高校引进、社会招聘等途径，增配28名业务引导员、33名专职营销员，加快营销员的市场职业化培育。施行客户经理见习制，激发自主营销内在动力。

【农合行科技管理】 2010年，龙湾农村合作银行先后开发刷卡积分兑换系统和业务营销考核系统，升级数据基础平台。健全完善原客户经理考核系统，使客户经理薪酬考核更具科学性、严密性和直观化。开发人事管理系统，为工资核算、员工信息搜寻提供便利。加快科技服务硬件布设，逐步在辖区支行配置自动转账机、存取款一体机。

【农合行企业文化】 2010年，龙湾农村合作银行在状元、瑶溪等地，开展“移动文化站”进村（居）活动。持续开展“农墨重彩绘丰年”，寻找十年忠诚客户，印制五周年宣传画册、产品手册等系列行庆宣传，营造浓郁的人文和谐气氛。

住房公积金管理

【概况】 2010年，全区归集住房公积金1.68亿元，比上年增长22.1%；年末归集余额为4.81亿元，比上年增长22.7%。职工支取住房公积金7654.37万元，比上年增长18.5%；发放个人住房公积金贷款8234.80万元。年末贷款余额3.85亿元，比上年增长6.7%，贷款比率80.0%。

【公积金扩面工程】 2010年年初，龙湾区政府把住房公积金扩面工作列入政府重要工作责任制，专门下发《温州市龙湾区人民政府办公室关于落实2010年度住房公积金扩面任务的通知》，将年度扩面任务分解到各镇（街道）和工业园区。6月，区政府召开各镇、街道分管领导和经办人员参加的住房公积金扩面任务落实会。11月，龙湾区政府督查室专门发文《关于2010年度住房公积金面任务完成情况》的督查通报，对各镇（街道）工业园区2010年扩面任务完成情况予以通报，加大对未完成任务单位的督促力度。温州市住房公积金管理中心龙湾管理部（简称温州市公积金龙湾管理部）领导及工作人员深入企业，开展住房公积金扩面宣传和跟踪落实工作，共走访120余家企业，为75家非公企业上门办理缴存登记手续和代办银行小额支付系统业务。全年全区新增新建立住房公积金制度单位84个，净增700人，超额完成年度住房公积金扩面任务人数的117%。

【公积金优质服务宣传月活动】 2010年，温州市公积金龙湾管理部按照市住房公积金管理中心《关于开展2010年度住房公积金优质服务宣传月活动的通知》，采取多种形式，创新多种载体。在机场大道制作一幅大型平面广告，在各镇（街道）、工业园区张贴50余张宣传海报，在龙湾辖区农行10个营业网点大型电子显示屏上滚动宣传公积金政策法规，在龙湾区状元镇杨梅节交易广场举办“依法缴存公积金建设和谐新家园”大型广场咨询宣传活动。设立管理部领导和业务骨干主持的“888经济生活台”民生栏目和“967366”客服热线，现场答疑职工咨询。利用市住房公积金网站和《今日龙湾》报，宣传公积金工作开展情况。

【公积金缴存】 2010年，温州市公积金龙湾管理部调整2010年度住房公积金单位和职工的缴存比例，按12%执行。全区共调整住房公积金420个单位，有18个单位申请降低住房公积金缴存比例。

【公积金贷款】 2010年，温州市公积金龙湾管理部继续推行公积金预约服务、上门服务制度，加大公积金贷款贷后管理，做好贷后跟踪和催缴工作。完成市80家被注销资质的房地产开发企业的公积金贷款楼盘及抵押物落实情况的清理、核查工作。完成龙湾区260户经济适用房用户的清理排查和住房公积金贷款业务，协助区房改办办理了新龙公寓经济适用房他项权证抵押。全年完成1069户公积金贷款47个楼盘及抵押物落实情况的清理、核查工作，收回贷款金额5785.99万元，实现零逾期目标。发放住房公积金贷款153户，贷款金额8234.8万元。

【公积金管理部文明创建】 2010年，温州市公积金龙湾管理部利用各种载体推进文明创建工作。组织“青年文明号”团员参加温州市房管局举办的“世界住房日”活动，宣传住房公积金政策

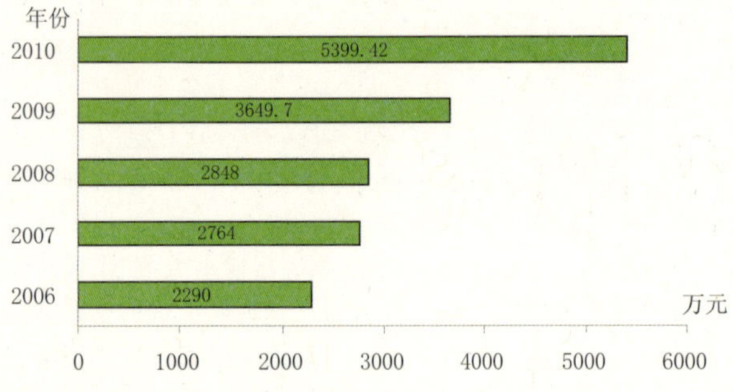

图59：2010年度与前4年人保龙湾支公司保费收入对比

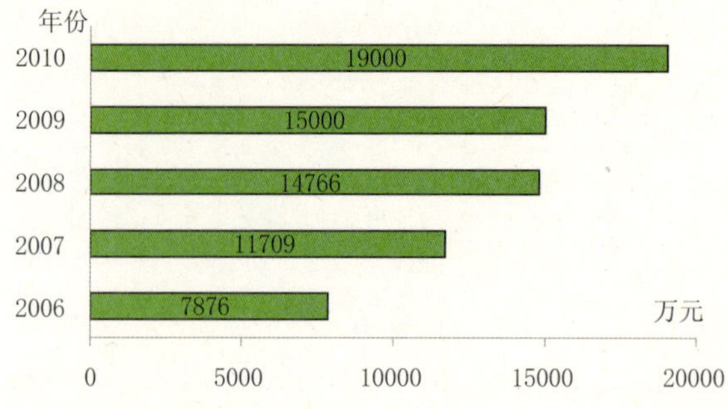

图60：2010年度与前4年人寿龙湾支公司保费收入对比

法规。与灵昆镇双昆村开展塘河治理结对帮扶活动，组织人员赴双昆村帮助进行塘河清理，向双昆村捐赠塘河治理和文明创建资金1万元。年内，通过区级文明单位复评、温州市“文明服务示范点”考核组检查考核，获市级“巾帼文明示范岗”称号。

中国人民财产保险股份有限公司龙湾支公司

【概况】 2010年，中国人民财产保险股份有限公司龙湾支公司（简称人保龙湾支公司）坚持规范经营，提升经营成果。全年共实现保费收入5399.42万元，比上年增长47.9%。其中，车辆保费收入4446.82万元，财产险保费收入686.76万元，意外健康险保费收入103.49万元，农险保费收入24.76万元，责任险保费收入102.76万元，货运险保费收入34.83万元。

【人保政策性农业保险】 2010年，人保龙湾支公司与区农林局合作，继续贯彻落实政策性农业保险工作。全年共承保早稻766.67公顷、大棚蔬菜8.47公顷的农业保险业务，共收取保费32万元。

【人保财险理赔】 2010年，人保龙湾支公司共受理案件5057件，共计赔款支出1840.94万元。其中，车辆险赔款支出1637.14万元，财产险赔款支出108.47万元，意外健康险赔款支出12.06万元，农险赔款支出16.18万元，货运险赔款支出67.09万元。未决赔款1843笔，未决金额1679.08万元。

中国人寿保险股份有限公司龙湾支公司

【概况】 2010年，中国人寿保险股份有限公司龙湾支公司（简称人寿龙湾支公司）落实“稳中求进，转型增效，深化改革，强化管控”的总体要求，有效提升了公司的可持续发展能力。全年共实现总保费收入1.90亿元，累计投保客户约5万人次，给付赔款593万元，给付满期和年金领取金额合计4246万元。

【人寿学生平安保险】 2010年，人寿龙湾支公司积极参与学生安全保障体系建设，学生平安保险以交费低、保障高、责任覆盖面广的特点，深受家长欢迎。全年全区学生共发生理赔案751起，总金额129万元，其中，赔付金额1万元以上的案件32起。

【人寿政策性保险业务】 2010年，人寿龙湾支公司在全区147个村中，开展村干部意外伤害、医疗保险及补充养老保险业务，为531名村干部提供人身保障和最佳服务。开展农村小额借贷保险，加大拓展深度与服务力度。

【人寿内控建设】 2010年，人寿龙湾支公司开展历时7个月的“诚信我为先一见真情”活动，进一步提升公司诚信合规经营水平。围绕“客户资料真实性”、“防范代签名”两个重点开展系列活动，加强销售人员诚信合规意识，维护消费者利益，增强公众信心。通过全员内控承诺书的签署、执行任务分解、日常工作审阅、内控评估、专项质量检查，进一步完善内部控制长效机制。通过重要岗位工作内容的规范操作与合理监督，增强员工对案件防范和安全防范的自觉意识和防范意识，实现风险防范的日常化管理，实现风险的有效预防。

经济管理与监督

综　述

2010年，龙湾区的经济管理部门围绕全区中心工作，优化服务，发挥职能优势，为促进全区经济发展作出积极贡献。出台《服务第三产业发展八条意见》、《引导个体工商户转型升级为企业指导意见》、《知识产权投资入股登记管理暂行办法》等帮扶政策，推行小额贷款公司动产抵押惠农新政，助推企业转型升级。狠抓综合治税，推动属地报关业务发展，支持地方外向型经济健康发展。推进区域品牌建设，设立区长质量奖，完成"十小"行业整规工作。加强食品安全监管，开展省级食品安全示范区创建工作，切实保障广大人民群众的身体健康和饮食安全。深化审计转型，发挥审计保障经济社会健康运行的"免疫系统"功能。加大统计改革与建设力度，完成第六次全国人口普查、第二次全国R&D资源清查。坚持"属地管理、条块共管"原则，切实抓好安全生产各项工作的落实。加强价格监管和服务措施，着力整顿价费秩序，为龙湾区经济社会发展提供良好的价格环境。是年，龙湾区获"省级食品安全示范区"称号。

海　关

【概况】　2010年，温州经济技术开发区海关（简称温州开发区海关）共监管进出口货物173.63万吨，比上年增长14.1%。其中进口153.05万吨，比上年增长14.2%；出口20.58吨，比上年增长13.3%。进出口货值12.42亿美元，比上年增长8.4%。其中：进口8.56亿美元，比上年增长11.8%；出口3.86亿美元，比上年增长1.6%。审核报关单17639份，比上年增长11.5%。其中：进口7504份，比上年增长8.6%；出口10135份，比上年增长13.7%。入库两税9.53亿元，比上年增长2.0%。监管保税仓库进出口货物2.36万吨，金额6654.9万美元，分别比上年减少27.2%和30.8%。办理企业注册登记642家，受理企业变更申请512份，新增3家适用AA类管理企业，92家适用A类管理企业。温州开发区海关报关厅获"温州市2009年度群众满意基层站所（办事窗口）"、"温州市文明服务示范点"称号。

表43：　2010年温州开发区海关主要业务量统计

项　目		单　位	数量或金额	比上年增长
货运量	进口	万吨	153.05	14.2%
	出口	万吨	20.58	13.3%
	合计	万吨	173.63	14.1%
货运值	进口	亿美元	8.56	11.8%
	出口	亿美元	3.86	1.6%
	合计	亿美元	12.42	8.4%
审核报关单	进口	份	7504	8.6%
	出口	份	10135	13.7%
	合计	份	17639	11.5%
税费	关税	亿元	1.53	−1.2%
	增值税	亿元	8.00	7.4%
	合计	亿元	9.53	2.0%
保税	备案合同	份	686	−4.7%
	备案金额	万美元	18194	2.7%
	核销合同	份	695	−9.5%
签单发证报明关联	进口付汇	份	6533	7.3%
	出口收汇	份	9490	12.5%
	出口退税	份	8474	−1.1%

【关税征管】　2010年，温州开发区海关把区域通关进口业务的拓展作为税收新的增长点，全年共征收区域通关进口税款2.31亿元，占税收总额的23.89%。加强与港务部门合作，积极挖掘新税源，对煤炭、铜矿沙、硅材料等新税源商品，实行跟踪服务。5月份以来，煤炭的通关共征税3267万元。加强税收征管基础工作，加强归类、审价、原产地认定、反倾销税等方面的审核管理，全年共审价补税355.75万元。

【通关业务监管】　2010年，温州开发区海关做好龙湾二期金鑫码头改造完成后的监管场所、状元岙深水港码头试运行期间对台直航班轮和散货进口、温州至宁波高铁外贸集装箱港铁联运班列的规范管理，配合上级海关职能部门做好铁路货运西站的验收工作。严格按照总署转关运输操作规程和管理规定的要求，做好温州口岸的出口转关业务申报审核工作，做好“丽水报关、温州验放”模式下的转关业务工作。落实处、科长巡视带班工作制度，开展对监管场所的不定期巡查。通过建立健全查验前风险分析、风险要素核实、查验后总结反馈的风险信息闭合管理机制，提高查验工作水平。全年共查验进出境货物343票，查获货运渠道违法违规案件4起，案值计人民币110万元。

【海关加工贸易监管】 2010年，温州开发区海关提高加工贸易管理水平，促进辖区加工贸易转型升级。支持辖区重点企业和新兴项目开展加工贸易，扶持康尔达、侨业等发展前景好、技术含量高的加工贸易企业，提高辖区加工贸易合同的资金和技术含量。完善加工贸易内勤工作机制，建立以行业和企业为单元整理辖区常见加工贸易商品的单耗数据库，提高单耗数据库在加工贸易备案、核销环节的应用水平。全年办理加工贸易合同备案686份，备案进口金额18194万美元，备案数量比上年减少4.7%，备案金额比上年增长2.7%。办理深加工结转合同1212份，金额11937万美元，分别比上年增长1.2%和24.1%；核销结案手册695份，核销率和结案率达100%。

【属地报关业务】 2010年，温州开发区海关突出区域业务培育特色，推动属地报关业务发展。结合辖区产业特色，深入企业、行业协会加强辖区特色产业及进出口商品调研，重点培育区域特色产品，重点扶持“一区一品”商品。建立健全工作机制，实行专人联络机制、应急响应机制、跟踪服务机制，开展个性化帮扶服务，引导企业属地报关。改善通关环境，扶持温州口岸进出口业务。建立中介联动促进制度，以奖优罚劣措施激励报关中介单位推动加工贸易企业属地报关业务发展。

【海关统计】 2010年，温州开发区海关加强统计工作，拓展统计服务领域，发挥统计预警监测和决策辅助作用。根据H2000企业注册登记数据，指派专人加班加点整理辖区3986家已注册企业的登记信息，做好业务统计和贸易统计及CSD系统管理工作，确保统计数据质量，为辖区四区一县地方政府提供准确的进出口分析报告。全年共编发以统计分析为主要内容的《领导参阅》4期。

【海关服务】 2010年，温州开发区海关广泛开展形式多样的加贸政策、区域通关政策宣讲，努力促进属地企业享受海关优惠政策。联合当地外经贸部门举办企业培训班，加大对企业的帮扶力度，对辖区内资信良好的13家加贸生产型企业予以保证金减免，共减免金额1800余万元。鉴于船舶加工生产周期较长的实际情况，对辖区一家船舶加工贸易企业提出的3次展期申请予以支持。协助地方发展保税仓储物流业，东艺保税仓库葡萄酒存储场地改造投入使用后实现入库葡萄酒600余万美元。根据地方政府发展地区特色经济需求，开展辖区公用型保税仓库经营情况专项调研，并就浙南金属公共保税仓库建设开展论证、调研和政策帮扶工作。

【海关风险管理】 2010年，温州开发区海关强化风险意识，扎实推进企业分类管理。做好进出口收发货人、报关企业、报关员的注册登记、延期、变更及换证等日常工作。加强对虚假注册进出口企业的监控，对风险企业实施实地核查和风险报送工作；规范对报关企业和报关员的管理，对不符合条件的企业责令限期整改。做好AA类企业、A类企业申请受理、实地核查、资格审查和征求意见等各项工作。

工商行政管理

【概况】 2010年，龙湾区新增各类企业859家，新发展个体户5789户。全区有内资企业（不含私营）1441家（其中企业法人1158家，营业单位283家），注册资本336636万元。有私营企业5842家，投资者14334人，雇工84403人，注册资本1512737万元。有个体工商户25567户，从业人数64674人，资金数额107754万元。全区各类有证商品交易市场28个。

【工商服务地方经济】 2010年，温州市工商行政管理局龙湾分局（简称龙湾工商分局）围绕龙湾经济“稳增长”首要任务，出台《服务第三产业发展八条意见》、《引导个体工商户转型升级为企业指导意见》、《知识产权投资入股登记管理暂行办法》等帮扶政策。开展“贴近企业 服务发展”、“品牌服务进民企”、“五型窗口”创建等主题活动，实施注册登记首席代表制，试点工商税务“三证合发”登记服务模式，落

表44： 2010年度与前4年全区个体工商业户情况对比 单位：户、人

年份		2006	2007	2008	2009	2010
商业	户数	8669	8536	9077	11641	13013
	人数	12146	13278	14328	18662	20783
运输业	户数	36	38	44	74	87
	人数	117	135	151	241	255
饮食业	户数	623	529	591	774	916
	人数	1426	1461	1721	2283	2683
服务业	户数	1400	1175	1137	1487	1582
	人数	2459	2328	2317	3099	3460
其他	户数	7176	6719	6834	8830	9969
	人数	25752	25968	25957	33456	37493
合计	户数	17904	16997	17683	22806	25567
	人数	41900	43170	44474	57741	64674

实重大项目对接联系跟踪服务制度。全年新增注册资本300万元以上企业47家，新增的47家企业注册资本高达182972万元，户均3893万元，为建区以来最高的一年。服务新农村建设，全区共设立农民专业合作社111家，出资总额2.32亿元。指导签订订单农业合同327份，订单金额3302.79万元。依托动产抵押物登记职能，推行小额贷款公司动产抵押惠农新政，有19家农民专业合作社及农户与华商小额贷款公司签订抵押贷款合同，累计发放惠农贷款640万元，解决部分涉农企业、农户资金紧缺难题。

【商标品牌建设】 2010年，龙湾工商分局继续引导企业参与“三名”商标、“知名商号”、“守重单位”、“消费者信得过单位”等活动。通过启动创牌培训工程、商标战略示范单位评选活动与“著（知）名商标企业巡礼”宣传活动，邀请国内资深专家举办驰名商标认定操作实务培训及仲裁认定“驰名商标”专项整治行动等活动，营造浓厚创牌、护牌氛围。全年新认定省著名商标3枚、续展认定9枚；推荐12枚商标参加市知名商标认定评选，参加续展11枚。新增注册商标1037枚，其中涉农商标63枚、服务商标190枚。全区共有中国驰名商标19枚（其中行政认定3枚），省著名商标36枚，市知名商标54枚，区名牌商标120枚，省专业商标品牌基地5个。

【无照经营查处】 2010年，龙湾工商分局加大对无证无照经营行为的疏导与查处力度。开展“零无照区域”创建、“有照无照比对消费体验”活动，出台“三断”强制措施，实施“网络运营商连带责任制”、“大房东告知制”。全年查处无照经营案件311件，疏导登记5789户，取缔2754户。无照存量下降54.41%，无照总量降低37.10%，无照率从12%下降至5.65%。2010年，查处取缔无证无照工作受到市政府表彰。

【工商行政执法】 2010年，龙湾工商分局办结各类案件886件，比上年增长33%。其中大要案448件，比上年提升62%；罚没款入库1267万元，比上年增长24%。开展世博会标志专用权保护、知识产权保护、护密维权、工程建设领域商业贿赂、农资打假等系列专项执法行动；查处农贸市场串通投标、商业诋毁、侵犯商业秘密、违法直销、“驰名商标”虚假标注、欺诈方式超售机票、网络运营商为无照提供便利等案件，市场维序成效明显。加强商业贿赂治理，集中力量对垄断行业商业贿赂及金融保险领域限制竞争查处难题进行破解。全年共查办商业贿赂案件45件，限制竞争案件4件，罚没款220余万元。

【企业信用建设】 2010年，龙湾工商分局从人才培育、信用约谈、档案管理、时机选择等多方面入手，着力提升企业信用能力，规范企业信用管理。通过设立“网络投诉中心”、建设“信用机场”、公示诚信企业荣誉、举办信用管理示范企业培训会、完善政府企业信息平台、开展食品批发行业信用评价等多种载体，推进企业信用建设。

【市场改造工程】 2010年，龙湾工商分局继续抓好农贸市场改造提升建设，市、区两级财政筹集资金900多万元，完成14个农贸市场改造提升工作，农村小菜场整规任务全面完成。专业市场建设和转型升级工作继续推进，温州粮食中心市场如期开业，温州五金装饰市场进场施工，永中商城重建完成前期筹备。筹划建立温州不锈钢市场驻江苏东方钢材城工作联络站，搭建温州市场和温州产品对外拓展平台。培育网上交易市场，第一阀门网、温州文化商品市场两家网上市场获准登记。

【流通领域食品安全监管】 2010年，龙湾工商分局巩固流通领域食品安全基础环节，突出小食杂与批发户监管重点，实施倒查抄告机制与“电子一票通”，开展星级示范店创建，推行格式化的“简易即时处罚”。全年查获各类一般程序食品违法案件124件，对300余起轻微违法行为实施简易处罚。其中，查扣病死猪肉、假冒“太太乐”牌鸡精案，在社会上产生良好影响。全年开展食品快速检测21984批次，不合格498批次，合格率97.73%；退市162批次，销毁336批次共928.91公斤。

【消费维权】 2010年，龙湾区受理消费者投诉580件，举报480件，为消费者挽回经济损失近60万元。区消保委与区邮政局联合成立“邮政12315·消费维权联络站”，开辟邮政行业投诉自行和解通道。针对辖区航空领域、汽车消费、餐饮业、美容美发等行业投诉较多的现象，加强引导规范，发布消费警示。首次对机票超售作出行政处罚，这一做法被中央电视台、《人民日报》等几十家中央和省市新闻媒体做了跟踪报道，还被评为全市工商系统十件大事之一。

【工商税务三证合发试点】 2010年6月，龙湾工商分局以开展“转作风、提效能、优环境、促发展”活动为契机，优化服务便民，促进税收公平，确定在永中工商所试行工商、税务“三证合发”一站式服务。9月，龙湾工商分局、龙湾国税分局、龙湾地税分局根据《城乡个体工商户管理暂行条例》、《中华人民共和国税收征收管理法》及实施细则、《税务登记管理办法》等有关规定，共同制定《龙湾区个体工商户工商税务联合办照办证实施方案》。自试行工商、税务“三证合发”一站式服务以来，共联合办理537次，税务登记率达98%。

【工商依法行政工作】 2010年，龙湾工商分局出台《龙湾工商分局行政处罚程序暂行规定》、《龙湾工商分局行政处罚自由裁量权暂行规定》等多项制度，进一步规范执法行为与自由裁量权。创设“阳光案审”载体，在加强执法监督方面作了有益探索。开展案件质量评查活动，提升案件质量。出台行政处罚案中约谈制度等四项行政指导制度，全年共进行行政指导6656次，行政调解550件，行政调解协议履行率达100%。

【工商队伍建设】 2010年，龙湾工商分局开展“奉献在岗位，建功在红盾”、“向身边先进学习、向先进人物看齐”等系列活动。开展中层干部竞争上岗和一般干部轮岗交流，探索实施全员分类量化考核，出台《工商所绩效考核工作规范》等多项制度，提高干部工作积极性。创建“星级文明规范工商所”，提升基层工作效能。以开展“评行风、转作风、优环境”活动为契机，整肃队伍纪律，严格队伍管理，规范执法行为，行风满意率达99.3%。瑶溪、海城、永中、永兴4个工商所在全区群众满意基层站所评议中满意度排名前10名。瑶溪工商所被评为全区群众满意基层站所。实施“重点岗位廉政风险点防控员”制度，从源头上构建廉政风险点防范工作长效机制，被评为全市“十大政风行风新事”单位，并上报评选省“十大政风行风新事”单位。

质量技术监督管理

【区域品牌战略】 2010年，温州市质量技术监督局龙湾区分局（简称龙湾质监分局）坚持以块状产业质量提升为目标，引导块状经济创建区域名牌。根据“质量强省”的战略部署，结合龙湾实际，设立区长质量奖，出台《龙湾区区长质量奖评审管理办法（草稿）》。与建行龙湾支行、农业龙湾支行、中行龙湾支行、区农村合作银行等4家金融机构联合打造质量诚信联动机制，遏制和打击失信企业，提高名牌企业的质量诚信意识和自觉性。开展行业ABC分类指导工作，加大对制笔、合成革行业的区域名牌培育力度。制定《龙湾区名牌产品“十二五”发展计划》，做好名牌产品申报动员工作。全年共获省级名牌产品13个（其中新增2个）、市级名牌产品13个（其中新增6个）。截至2010年12月，全区共拥有中国名牌产品3个、浙江名牌产品27个、温州名牌产品40个。

【标准化管理】 2010年，龙湾质监分局深入实施技术标准战略，推动企业参与国家、行业标准的制（修）订工作。是年，鸿升集团与5家单位参与制（修）订了11个国家、行业标准。截至2010年12月，全区共有27家企业参与制（修）订了91个国家、行业标准。申报块状产业标准化重点项目，温州人造革有限公司等3家合成革企业联合申报的《制订与实施能源计量器具配备及数据管理联盟标准，促进合成革产业节能》、区民用电器协会和区质检所联合申报的《制定并实施关键零部件联盟标准，提升开关插座产品整体质量水平》等两个项目获省质监局立项；天宇公司申报省级标准创新型企业。完善产品标准登记备案工作，备案（复审）企业标准117个，国家、行业标准73个。推进农业标准化示范区建设，温州达禾景观园艺有限公司、温州市绿岛果蔬专业合作社2家单位通过省级农业标准化示范项目的验收；温州市科农果蔬专业合作社通过市级农业标准化示范项目的验收。帮助企业开展标准化良好行为确认工作，全年全区有11家企业通过AA级确认。

【“十小”行业整规】 2010年，龙湾质监分局完成2008年省政府提出的开展“十小”行业整规工作任务，整规工作取得阶段性成效。全区“十小”行业3917家，已符合标准规范的3889家，整规率达 99.29%。“十小”行业整规覆盖面100%，规范率98%以上。10个镇（街道）全部创建“十小”行业示范街，整规完成率100%。灵昆镇和蒲州街道被评为市级“十小”行业整规示范镇（街道）。

【产品质量安全执法】 2010年，龙湾质监分局以食品、生产许可证、3C认证产品等为执法重点，建立分组监管制度，深入开展打假治劣活动。全年共出动执法人员3716人次，检查企业/商店1549家；现场处罚案件12件，立案查处案件181件；查获违法案件总标值162.30万元，罚没款230.80万元，有效维护了社会经济秩序。

【食品安全监管】 2010年，龙湾质监分局执法人员共出动800余人次，检查食品有关企业（包括食品小作坊）120余家，查处违法案件14件，立案14件，执行罚没款10万余元。联合区工商、经贸等职能部门，取缔状元镇“黑心小作坊”、海滨街道无证肉制品加工厂等6家食品加工作坊。开展“净源1号行动”和“净源2号行动”，共查处6家无食品生产许可证的饮用水生产企业，现场扣押饮用水900余桶，设备9台。严格执行食品质量安全市场准入制度，根据食品及相关企业的危险大小的不同，专门制订巡查计划，对全区35家食品及食品相关产品企业巡查70余次，下达整改通知书4份。加大食品生产企业的监督抽查力度，对全区食品生产加工企业进行共计45批次的质量抽检，不合格4批次，批次合格率为91.1%。开展打击违法添加非食用物质和滥用食品添加剂的行为，对5家可能涉及奶粉为原料的企业进行检查。规范全区豆制品生产加工小作坊的监督管理，在全区试点“集中采购、集中加工、集中检测、集中管理、集中销售”做法，13家豆制品小作坊签订入园意见书，解决豆制品生产加工小作坊“散、乱、小”问题。

【特种设备安全监察】 2010年，龙湾质监分局完善“政府统一领导，企业全

表45：　2010年度与前4年龙湾区质量技术监督行政执法查处案件对比

年份	处罚件数 立案（起）	处罚件数 现场（件）	其中罚没款1万元以上案件（起）	罚没款金额（万元）	查获违法案件总标值（万元）	出动执法人员（人次）	受检单位（家）
2006	300	20	72	352.7	258.8	3088	1099
2007	292	23	119	363.6	300.7	3910	1284
2008	199	31	77	262.6	265.5	3360	1327
2009	262	9	64	261.7	213.9	3320	1429
2010	181	12	56	230.8	162.3	3716	1549

面负责，部门依法监管，检验技术把关，社会监督支持”的特种设备安全监察工作机制，实现特种设备“三个零增长（事故件数、死亡人数、经济损失）”目标。加大对特种设备隐患的整治力度，全年出动执法人员1356人次，检查企业452家，检查设备1357台，涉及隐患设备435台，发放安全监察指令328份，整改429台。办理特种设备案件42起，罚没款60.09万元。强化各层面监管人员和特种设备作业人员的培训工作，全年培训监管人员101人，企业负责人165人，操作人员914人次，安全管理人员372人次。根据龙湾区特种设备分布具有区域性、行业性等特点，龙湾质监分局提出“区域性集中检验方式”和“行业性集中检验方式”相结合的检验方案，这一做法得到省、市质监部门肯定，新浪网、《钱江晚报》等新闻媒体予以报道。

【计量监管】 2010年，龙湾质监分局围绕民生计量这条主线，强化计量监管职能，做好计量惠民工作。推进农贸市场电子计价秤“四统一管理”工作，联合龙湾工商分局确定永福村农贸市场和金岙村农贸市场为试点单位；分别选定5家农贸市场和3家加油站开展诚信计量活动，签订诚信计量承诺书。对液化气站、加油站、眼镜店、酒店、定量包装开展计量监督管理工作。对年耗能1000吨标准煤以上的重点耗能企业，全面推行计量检测体系和标准化良好行为确认。对全区98家耗能企业的锅炉进行热效率检测，为企业提高能源利用效率进行技术改造提供科学依据。以温州人造革有限公司、浙江金大利皮革有限公司、温州市新兄弟人造革有限公司3家企业为能源计量示范单位和试点单位，推进能源计量工作，带动块状行业整体推进和提高节能水平。加强对计量器具许可证获证企业的监督检查，对1家无证生产液位计企业进行立案查处。帮助企业建立健全计量检测体系，全年通过市级计量检测体系确认8家。

【企业质量管理体系认证】 龙湾区企业积极开展质量攻关和质量赶超活动，提高企业的质量创新能力和质量管理水平。截至2010年12月，全区通过各种管理体系认证的企业达514家，其中ISO 9001质量管理体系认证370家，ISO 14001环境管理体系认证50家，ISO 18001职业健康安全管理体系认证30家，TS 16949质量管理体系认证29家，其他认证35家。

【质监行政审批】 2010年，龙湾质监分局按照“取消一批、简化一批、规范一批、提速一批”要求，再造简化代码申报等3个事项办事流程，优化质监窗口审批服务环境。全年质监窗口共办理企业标准116个，国家标准、行业标准登记73个，办理申请组织机构代码证4455个，年审2807个，IC卡90张。全年质监窗口获月度模范红旗窗口8次，优秀工作窗口4次，位居区审批中心第二。

【质监帮扶企业】 2010年，龙湾质监分局推进“质量安全年”、“创先争优”活动，努力为企业排忧解难。组建食品小作坊攻坚整治志愿队、特种设备技术人员帮扶志愿队、技术机构质量帮扶志愿队等3支党员志愿服务队，通过下基层下企业，加强对企业技术服务与指导，了解企业对质监部门的工作需求，做好跟踪服务。开展“技术机构千家企业质量帮扶”活动，面向企业开放部分实验室，提供技术培训，为华迪钢业集团培训上岗检测2人次，为金星阀门有限公司培训上岗检测5人次。

食品药品监督管理

【概况】 2010年，温州市食品药品监督管理局龙湾分局（简称龙湾食药监分局）出动执法检查1425人次，完成对55家医疗器械生产经营企业、7家药品批发企业（包括连锁总部）、164家药品零售企业和350家医疗机构的日常监管。受理举报投诉9起，办结9起。发放当场行政处罚决定书22份，责令整改通知书26份，立案9起，结案8起，罚没款3.79万余元，辖区内生产经营企业检查覆盖率达100%，企业监管档案建档率达100%。

【省级食品安全示范区创建】 2010年，龙湾食药监分局在2009年成功创建3个市级食品安全示范镇（街道）的基础上，部署创建省级食品安全示范区工作。研究制定《龙湾区食品安全示范区建设实施方案》、《食品安全示范区创建任务分解方案》、《龙湾区创建省级食品安全示范区（县）创建资料建档工作指引》，对示范镇（街道）、示范村（居）、示范学校以及各环节示范点的创建工作提出具体目标和要求。组织人员到各镇（街道）指导，对发现的问题做好整改到位。召开培训教育会，编写食品安全信息等方式开展食品安全的宣传教育工作。11月，经浙江省级食品安全示范区验收小组评定，龙湾区获“省级食品安全示范区”称号。

【食品安全专项整治】 2010年，龙湾食药监分局加强食品安全监管工作，以切实保障广大人民群众的身体健康和饮食安全。开展清查问题乳粉专项行动，以镇（街道）为单位，对辖区内所有的乳粉生产企业和以乳粉为原料生产食品的企业进行逐企业、逐产品、逐批次清查。开展“地沟油”专项检查，严查“地沟油”生产、销售、使用行为，严防“地沟油”流入餐饮服务行业。开展校园周边及学校食堂食品安全专项整治，联合各有关部门对学校周边摊贩、小餐饮、食杂店及学校内食堂、食杂店进行全面检查，确保学校周边及学校食堂食品安全。开展打击非法屠宰销售病死猪肉专项整治活动，针对媒体关注的“病死猪肉”，组织各镇（街道）、各有关部门对生猪养殖、屠宰、销售、使用环节开展专项整治。节日期间，加强对食品生产加工、流通、餐饮等环节各类食品生产经营企业进行检查，确保群众饮食安全。

【食品安全宣传】 2010年，龙湾食药监分局开展食品安全“进千家社区、入万户家庭”宣传活动。活动中，组织政府职能部门在各个镇（街道）巡回开展食品安全知识宣传。通过现场咨询、举办食品安全知识讲座、发放食品安全宣传资料等途径，提高群众饮食安全意识。在全区学校举办食品安全知识讲座、征文比赛、板报宣传等活动，在中小学生中形成关心食品安全、学习食品知识的氛围。开展各类食品安全培训，全年共培训镇（街道）食品安全工作人员及辖区村（居）食品安全信息员、协管员500余人次。开展食品安全数字电影下乡活动，在10个镇（街道）进行巡回播放20场。制作一批食品安全宣传展板，设置户外大型食品安全公益广告牌，设立一条食品安全知识宣传街，制作一批食品安全知识宣传栏，分发各类知识读本、手册等宣传资料5万余份。

【药械生产经营企业监管】 2010年，龙湾食药监分局结合无菌医疗器械实施细则，对辖区无菌产品生产企业开展监督指导工作，督促企业改进和完善质量管理体系。按照《浙江省口腔义齿生产企业质量体系考核检查表》要求，对义齿生产企业加大监管频次。督促软性角膜接触镜企业、植入（介入）类产品经营企业建立相关制度，及时记录产品购进、验收、仓储、出货复核等主要信息，做好对产品售后的质量跟踪。全年共检查医疗器械生产经营企业34家（次），其中国家、省重点监管企业8家（次），其他企业检查26家（次），检查覆盖面100%。

【药械审批】 2010年，龙湾食药监分局落实审批时限提速30%的8项社会公开承诺，严把标准，做好药店现场验收、换证、GSP（复）认证、GSP跟踪工作。全年药品新开办企业验收26家、变更验收12家、换证验收8家，实施GSP跟踪检查的企业31家，限期整改3家，GSP认证企业29家，限期整改4家，不合格1家；医疗器械新开办验收1家、变更验收2家、换证验收5家。

【药品经营企业监管】 2010年，龙湾食药监分局加强对药品批发、零售企业的日常监督检查，着重检查药品的购进渠道、销售流向、储存条件、进货验收情况、药学技术人员在岗履职情况、药品的合法性和药品分类管理制度的执行情况、店堂内药品广告宣传情况等。全年完成药品监督抽样39批次，配合上级快检车完成快检药品100批。

【医疗机构使用氧气专项检查】 2010年，龙湾食药监分局开展医疗机构使用氧气的专项监督检查。组织医疗机构对医用氧、分子筛制氧设备使用进行自查自纠，并对医用氧用量较大、问题较多和氧源（生产企业）不在本辖区、容易出现管理漏洞的医疗机构进行抽查，立案处罚违法单位1家。

【学校医务室用药专项检查】 2010年，龙湾食药监分局对全区中、小学校医务室药品管理进行历时一个月的用药专项检查。对学校医务室的现状、存在问题、对策与措施进行调研，形成调研文章，保障师生的用药安全。

【计划生育药械专项整治】 2010年，龙湾食药监分局开展计划生育药械专项整治。抽调人员与公安、计生、卫生等政府职能部门组成联合组，深入开展终止妊娠药品专项整治。严厉打击非法计划生育药械经营、使用环节的各种违法犯罪行为，进一步加强计划生育药械经营、使用的监督管理，规范合法企业的经营、使用行为，共立案处罚违法单位2家。

【中药质量专项整治】 2010年，龙湾食药监分局开展中药材、中药饮片专项整治，重点检查中药储存、养护情况，净化中药市场。全年共抽样可疑产品17批次，检验出不合格4批次，立案处罚违法单位3家。

【非药品冒充药品专项整治】 2010年，龙湾食药监分局开展非药品冒充药品专项整治行动，整治以食品、消毒产品、保健食品、化妆品等冒充药品上市的行为。共上报非药品冒充药品统计表100余份，主动下架非药品17个批次，主动上缴38批次。

【“小药店”整规专项整治】 2010年，龙湾食药监分局开展“小药店”整规回头看工作，严防小药店违规行为的回潮。制订责任分工制度、药品经营人员约谈制度等12项制度，实现小药店整规日常监督工作的常态化；开展节假日药械安全宣传暨专项检查工作。全年立案处罚违法单位2家。

【农村药品“两网一规范”建设】 2010年，龙湾食药监分局出台《龙湾区提升农村药品“两网一规范”建设工作实施方案》。对聘任期届满的协管员、信息员进行重新聘任，对全区医疗机构从药人员进行继续教育知识更新培训，进一步完善以地方政府负总责、食品药品监管部门监管为主、农村药品协管员和信息员等社会监督为辅的农村药品安全保障责任体系。将农村药品安全纳入区政府对镇（街道）政府工作目标和政府绩效考核内容，落实监管责任。贯彻落实《浙江省医疗机构药品和医疗器械使用监督管理办法》，对全区365家医疗机构进行日常监管和突击检查相结合的监管措施。通过企业申报、考核验收、审核公示，评选出2009年度“十佳药店”、“十佳药房”。

【药品不良反应监测】 2010年，龙湾食药监分局挂牌成立龙湾区药品不良反应监测中心，在全区范围设置31个药品不良反应监测站（点）。采用一对一培训方式，遵循“可疑即报”原则，制订相关奖励制度，根据上报报表的类型与级别给予每例5～15元不等的奖励。要求各药品经营企业和医疗机构及时准确上报药品不良反应报告。向群众发放药品不良反应（ADR）、医疗器械不良事件（MDR）监测宣传手册200余份，对高风险品种及时发布警示，避免出现用药安全事故。全年（ADR）上报数51例，（MDR）上报数21例。

统计工作

【第六次全国人口普查】 2010年，龙湾区按照国务院、省政府的统一部署，开展第六次全国人口普查。建立区、镇、村三级领导机构，区级人普办招聘普查工作人员25名，落实普查办公经费300万元。镇级人普办抽调、招聘工作人员112人，落实人普办办公场地1000平方米。2010年11月1日零时为标准时点的第六次全国人口普查结果显示，龙湾区常住人口74.93万人，同第五次全国人口普查的47.73万人相比，10年共增加27.20万人，增长56.99%，年平均增长率4.61%。其中区外流入人口45.85万人，占全区常住人口的61.19%。

【第二次全国R&D资源清查】 2010年年初，龙湾区开展第二次全国R&D资源清查工作，该次清查的对象是国民经济中R&D活动相对密集行业的法人单位。区统计局通过召开镇（街道）分管领导会议、联合区科技局召开科技活动单位会议等方式，进行专题布置，使企业对各项指标的填报要求有全面的理解。认真组织宣传工作，除做好网络、媒体、横幅、报纸等宣传外，还结合新《中华人民共和国统计法》，以知识竞赛的形式向广大企业宣传，收到竞赛答题卡2300余份。截至12月，顺利完成全区第二次全国R&D资源清查工作。

【统计服务】 2010年，龙湾区统计局围绕经济、民生、区委和区政府的重点工作开展统计服务工作。加强经济运行监测预警和分析研判，及时准确地提供各项经济指标的变化情况。围绕全区提升第三产业发展水平、加快民科基地建设、全社会单位能耗“十一五”规划完成情况等重点工作，建立健全工作机制，及时做好各项统计监测工作，为区委、区政府科学决策提供依据。认真做好城镇住户、农村住户粮食监测、低收入农户奔小康、妇女儿童、平安龙湾、环境、科技进步等统计监测和调查任务。全年共为各级领导提供统计分析材料37篇，统计信息61篇，工作动态162篇，其中1篇分析得到区长的批示。

【统计制度改革】 2010年，龙湾区统计局建立统计部门与行业部门常态化协调机制，逐步实现服务业统计与地区生产总值核算相衔接。严格执行市统计局制订的样本轮换方案，开展规模以下工业样本轮换和样本村地图绘制，该项涉及52个村和460户工业企业，确保工业抽样调查平稳运行。做好新一轮城镇和农村住户调查样本轮换工作，探索新样本点动员和宣传等前期工作。做好新的贸易业统计制度实施，建立批零贸易、住宿、餐饮分行业统计指标体系，并将符合标准的商贸个体户逐步纳入定期上报范围。全区新增限额以上单位46家，其中个体23家。

【统计队伍建设】 2010年，龙湾区统计局进一步加强统计队伍建设，努力打造一支高素质的统计队伍。创新工作机制，出台各科室负责人轮流授课制度、科室重点课题调研制度、全局信息工作一月一报制度，开展中层干部竞争上岗工作。以“七联三访”活动为载体，抽调精干力量“三下”基层，交流、指导统计工作。开展统计人员职业资格培训，有216人报名参加统计从业资格考试，有16人报名参加统计专业技术资格考试。联合区经贸局、区三产办、区科技局等部门对基层统计人员进行业务培训，全年举办各类培训班30期，培训1600人次。

审计工作

【概况】 2010年，龙湾区审计机关共完成审计项目28个，查出违规金额2023万元，查出管理不规范金额15724万元。经审计处理上缴财政1068万元，核减工程造价847万元，提出审计建议86条，移送纪检监察机关3件。年内，区审计局被评为全省内部审计指导工作先进单位、市文明单位、市县级审计机关年度工作考核先进单位，获区劳动模范集体称号。

【财政审计】 2010年，龙湾区审计局以促进规范预算管理和加强财政管理，提高财政资金使用效益为目标，进一步深化财政审计。在财政预算执行审计中，重点关注财政资金的分配管理情况，促进财政收支逐步实现“三个子”的财政体制改革模式，为构建完整的预算体系服务。在全部政府性资金审计中，摸清资金总量规模及增长情况、收支结构及变动情况，形成全部政府性资金数据库，预防和控制政府财政风险。在部门预算执行审计中，重点审计部门预算批复、预算资金管理使用、预算收支真实完整情况、上缴预算收入、项目资金是否挤占、挪用、转拨预算资金和内控制度等方面，促进部门单位的预算执行能力。在镇财政决算审计中，加强镇全部政府性资金管理，规范镇级预算管理，防止和化解镇财政风险和安全。

【绩效审计】 2010年，龙湾区审计局围绕社会关注的民生资金与重点项目进行审计或审计调查。着重关注医疗、教育、社保和救灾资金的审计，重点突出对预算支出和内部控制制度的审计。对专项资金是否及时足额下拨，有无截留克扣预算指标、挪用情况或虚列转移等情况进行摸底，揭露存在的资金拨付不及时、个别单位未能按规定使用等问题，并进行重点剖析，取得明显成效。

【投资审计】 2010年，龙湾区审计局加大对投资资金的审计力度，促进建设项目管理，提高投资效益。开展竣工决算审计，监督和规范项目建设单位及相关设计、施工、监理等单位的经济行为，有效核减工程造价。开展全区新增政府主导性项目实施情况审计，加强对资金使用和项目建设进度的监管。开展工程建设领域突出问题专项治理审计，通过对区行政中心区开发建设指挥部、永中街道办事处、区交通局等30家建设单位112个建设项目的审计，提出完善工程设计招投标制度建议，引起有关部门的重视。

【干部经济责任审计】 2010年，龙湾区审计局对9个单位11位领导干部进行经济责任审计。审计中，共查处违规金额1340万元，管理不规范金额8793万元；出具审计决定11份；对35个问题予以审计处理处罚；移送有关部门处理2件。完善领导干部经济责任审计的评价办法，与区委组织部联合出台《龙湾区经济责任审计项目组长责任制暂行办法》。健全经济责任审计联席会议制度，对领导干部实行“亮分”评价和定档，实行定量评价与定性评价相结合，定量评价结果分为好、较好、一般、较差、差五个档次；定性评价内容有十项，只要存在其中一项，就确定为“较差”或“差”档次。对领导干部实行“亮分”评价做法，被中国审计署网站、省审计厅、市委、市政府等有关媒体都宣传报道。

【内部审计】 2010年，龙湾区审计局贯彻落实《浙江省内部审计工作规定》，努力做好内部审计工作指导。指导龙湾农村合作银行开展计算机审计，形成优秀审计项目，《现代资金流向审计》等项目在省、市评比中获得优秀。指导区农林局农经审计总站开展“百村审计”行动，完成全区147个行政村的财务收支审计。指导区教育局开展8个领导干部经济责任审计项目。吸收永强供电公司为成员单位，实现会员单位中企业数量零的突破。

【审计质量管理】 2010年，龙湾区审计局把提高审计质量作为工作重点来抓。对审计项目进行交叉检查、评析和整改，开展全局优秀审计项目的评比，实行量化评分，促进全体审计干部增强审计质量意识。坚持审计业务会议、三级复核和OA审批流程等相关责任落实。完善《龙湾区审计局审计项目绩效考核评价办法》，制定《进一步提高审计项目质量的若干规定》，对重大审计项目实行方案论证制度和审计过程监督指导制度等，使审计工作进一步规范化、法制化。

【审计成果运用】 2010年，龙湾区审计局重视审计成果运用，积极撰写信息，多渠道宣传报道审计成果，共上报信息102篇，被有关刊物采用77篇次。编写《“私车公用”补贴发放有待规范》的审计要情和《温州市龙湾区国有投融资企业债权混乱，管理亟待加强》等6篇专报，引起有关领导重视。《龙湾审计对领导干部“亮分”评价》，被各大媒体进行广泛宣传报道。《“免疫系统”视觉下的经济责任审计》调研课题，获市审计局课题三等奖。推进审计结果公开制度，财政预算执行审计工作报告在区人大网上进行公告，区科级领导干部经济责任审计报告进行纸质公告，自觉接受社会各界监督。

图61：2月5日，区委书记王祖焕开展春节前安全生产检查。

（区安监局供稿）

【审计信息化】 2010年，龙湾区审计局采集、转换被审计单位账套数63套（年），采集、转换电子数据的资金总量33亿元，纪录条数41万条，存储量达22GB，实行“OA”与“AO”交互28个，有数据分析的17个，在审计调查项目中还首次采用互联网技术，各项数据较往年逐步提升。在审计信息化实践中，形成的《AO在龙湾区新农村合作审计中的应用案例》和《龙湾人民医院应用AO审计实例》两个案例和《新农合参保人员重复参保、重复报销情况审计》、《医院彩超和CT扫描超标准收费情况审计》的计算机审计方法，已经上报温州市审计局。

安全生产监督管理

【概况】 2010年，龙湾区共发生各类事故154起，比上年下降12.99%；死亡61人，比上年下降8.96%；受伤121人，比上年下降23.42%；直接经济损失454.06万元，比上年下降4.93%。全年未发生较大以上事故，全区安全生产形势基本稳定，事故总量、死亡人数、直接经济损失三项指标实现“零增长”。龙湾区被温州市政府评为2010年度安全生产目标管理责任制考核优秀单位。

【安全生产责任制】 2010年年初，龙湾区政府与10个镇（街道）、13个区属部门签订安全生产目标管理责任书，各镇（街道）也分别与所辖村居、单位及企业签订安全生产责任书，层层落实安全生产责任制和事故控制指标。区委、区政府除每季度召开一次维稳安全分析会外，还召开全区安全生产工作会议、全区“迎世博·促平安”暨危化品安全监管工作会议、全区安全生产暨构筑消防防火墙工程再推进工作会议等，具体研究部署安全生产工作。围绕区委、区政府的部署要求，区四套班子领导多次深入基层和企业检查安全生产工作；各镇（街道）、各部门坚持“属地管理、条块共管”原则，切实抓好安全生产各项工作的落实。为确保安全生产责任制得到有效落实，区政府于5月份组成2个督查组，对10个镇（街道）、2个工业园区的安全生产和消防安全工作开展专项督查。区安委办于7月、10月、12月分别对相关单位开展安全生产专项督查，并将督查情况向全区通报。

【安全生产隐患排查】 2010年，龙湾区安全生产监督管理局（简称龙湾区安监局）深入开展“安全生产年”活动，在元旦、春运、春节、“两会”和上海世博会等重大节日和活动期间，突出抓好消防、烟花爆竹、道路交通、特种设备、建筑施工等行业领域的安全状况，全面开展安全生产隐患大排查大整治活动。全年共排查各类单位14910家，发现一般隐患27748项，已整改26999项，查封、扣押各类危险化学品50多吨，追究刑事责任4人。

【安全生产专项整治】 2010年，龙湾区安监局以危化品、烟花爆竹、矿山、在建工程等行业领域为重点，有针对性地开展安全生产专项整治。开展危险化学品“平安行动”，严厉查处危险化学品企业违法行为，共立案17起，处罚金额49.8万元。对烟花爆竹经营权实行公开拍卖，拍卖出季节性零售经营权网点14个，查获各类非法、违法烟花爆竹2500箱，行政拘留1人。开展在建工程安全生产大检查，抽查24个在建工程，发出14份整改通知书，停工整顿8个工地。建立涉及易制毒化学品成员单位联席会议制度，开展专项打击行动3次，取缔非法电镀窝点30多处。在海城街道部署开展抛光加工单位安全生产专项整治，在天河镇部署开展粉尘与高毒物品危害治理专项行动，获得全省粉尘与高毒物品危害治理专项工作先进集体称号。

【安全生产标准化工程】 2010年，龙湾区安监局开展安全生产标准化建设，组织多家危化企业、机械企业开展安全生产标准化建设。已有2家机械企业通过市级复评。

【安全生产应急救援演练】 2010年6月22日，龙湾区安监局联合区消防、环保、卫生、质监等政府职能部门在温州鑫雅化工有限公司举办危险化学品泄漏应急救援演练，并组织全区34家危险化学品生产储存企业负责人共同对演练过程进行观摩。7月30日，开展矿山企业山体坍塌事故应急救援演练，组织全区11家矿山企业负责人、矿长、安全员对演练过程进行观摩。

【安全生产宣传培训】 2010年，龙湾区安监局以开展“安全生产月”、“安全生产宣传周”活动为载体，组织开展安全知识竞赛、现场咨询、安全生产专题讲座、安全签名、安全知识有奖竞猜、宣传车巡回广播等系列活动。活动中，发放安全生产宣传手册1.5万份、《企业安全生产主体责任读本》1万余本、《典型事故案例分析读本》2000本，悬挂标语横幅1000余条，展示安全生产宣传图板50余版面。抓好全员安全培训，全年共培训各类人员126639人。开展送教上门活动，区安监局领导班子及科室业务骨干，在市合成革商会及天河、永兴、温州工业园区等地上安全知识课。

图62：6月13日，龙湾区开展安全生产月活动。 （区安监局供稿）

【安全监管基层建设】 2010年，龙湾区安监局开展安监中队规范化建设，明确并量化安监中队执法工作职责。对符合委托条件的8个安监中队开展新一轮的委托执法。强化业务知识培训，举办安全生产监察执法业务知识培训班，对全区200多名镇（街道）、工业园区、村（居）安监人员开展业务知识培训，切实提高基层安全监管人员的业务水平。规范行政执法行为，深入开展行政权力阳光数字监察系统试点，以电子政务为载体，细化安全生产行政处罚自由裁量标准，规范执法文书，将安全生产行政处罚工作纳入权力阳光数字监察系统，实现网上办案公开。

物价管理

【价格认证】 2010年，龙湾区发展与改革局（简称龙湾区发改局）推行价格鉴定协助员制度，基本实现价格鉴定关口“前移”。全年受理公安机关委托涉案物品价格鉴定467件，办结458件，标的金额461万元。受理和办结龙湾区人民检察院和龙湾区纪委委托的案件各1件，浙江康德莱医疗器械股份有限公司委托的价格认证1件。全年出具的涉案物品价格鉴定结论书、价格认证评估书无发生责任事故、复核价格鉴定。

【价格监管】 2010年，龙湾区发改局在全区设立18个价格监测点，每月9日、19日对七大类34个品种与民居生活密切相关的商品及服务价格实行监测，确保及时掌握价格动态。每周对液化气价格监测2次，每月对水泥、钢材等建筑材料价格监测1次。针对粮油价格非正常上涨、部分农产品价格出现异常波动，启动应急价格监测，在一定程度上遏制价格过快上涨的势头。根据上级各项收费政策的变化，重新出台高中代收费用的标准与内容，调整全区公办幼儿园和部分民办高中的学费标准，核定温州市第十五中学、龙湾中学等2所学校学生公寓收费标准。全年共向上级物价

表46： 2010年度与前4年龙湾区价格违法案件查处对比 单位：件、万元

年份	查处件数	经济制裁金额	没收违法所得	其中退还用户	罚款	上缴财政
2006	10	80.14	12.91	66.73	0.50	13.41
2007	11	49.84	40.08	6.29	3.47	43.55
2008	6	49.07	3.91	43.01	2.15	6.06
2009	7	28.45	23.09	3.46	1.90	24.99
2010	7	8.95	5.31	2.69	0.95	6.26

部门报送价格监测分析报告16篇、市场价格信息16次。强化收费年审，全年换发、核发“收费许可证”正本33个、副本44个，换发率100%；验审43家，验审率100%。

【价格执法】 2010年，龙湾区发改局加强收费检查力度，切实减轻企业经营和居民生活负担。开展多次专项检查，涉及行业协会和中介机构涉企收费、涉农价格、商业零售市场价格、商品房销售明码标价等问题。开展医疗收费和教育收费行为轮查，对4家卫生院违规收费行为进行查处，经济制裁6.01万元。加强节假日市场监督检查，重点对瑶溪和天柱寺风景区、区交通中心、各大农贸市场进行巡查，并对月饼市场价格秩序进行引导和监管。

【价格服务】 2010年，龙湾区发改局深化价格服务，开展“价格服务进重点工程”活动，对南洋大道、塘永公路等安置房市场控制价予以核定，配合推进全区重点工程建设。协助区政府调整自来水价格标准，疏导珊溪水库移民的抵制情绪。完成安全生产管理知识培训班成本监审，并核定收费标准。完成殡仪服务项目成本监审，核定主要殡仪服务项目的单位成本，为区财政拨付专项经费提供参考。开展污水处理成本定期监审工作，进一步了解污水处理现状和成本变化，为相关管理部门的决策提供基础依据。

表47： 2010年龙湾区主要消费品及服务价格

收费类别	收费项目			收费标准	文件依据
教育	义务教育阶段（元/生·学期）	住宿费		200元，公寓式宿舍按等级报批	温教计〔2004〕56号
	高中	学费〔元/(生·学期)〕		省一级重点中学：1500 省二级重点中学：1350 省三级重点中学：1200 一般普通高中：1000	温市计价费〔2002〕163号
		择校费（元）		最高不超过3万	温计费〔2003〕317号 浙教计〔2007〕72号
		住宿费〔元/(生·学期)〕		200元，公寓式宿舍按等级报批	温教计〔2004〕56号
公安	居民户口簿工本费			活页户口簿5元/本	浙价发〔1994〕98号
	户口迁移证工本费			1元/张	浙财综字〔2006〕114号
	居民身份证			第二代20元/证，补证40元/证	浙价费〔2004〕64号 浙价费〔2005〕207号
婚姻登记	结婚、复婚、离婚登记证书工本费			9元/对	浙价费〔2001〕237号
	结婚证和离婚证			5元/对	
	无婚姻登记记录证明书			1元/张	浙财综字〔2007〕42号
有线电视	居民用户的有线电视入网费			300元/户	浙价服〔2006〕92号
	非居民用户的有线电视入网费			180元/只(允许上浮10%)	
	视听维护费			14元/（户·月）	浙价服〔2005〕340号
电信	固定本地电话基本月租费			25元/月	浙价服〔2001〕93号
	通话费			1.营业区内首次3分钟0.20元/次，以后每1分钟0.10元 2.营业区间通话费0.30元/分钟 3.国内长途电话0.07元/6秒钟	浙价服〔2001〕93号 浙价服〔2001〕48号 浙价服〔1997〕71号 浙通信联市〔2007〕115号
供电	居民生活用电	合表用户	不满1千伏	0.558元/千瓦小时	浙价费〔2006〕23号
			城镇1千伏～10千伏及以上	0.538元/千瓦小时	
		不满1千伏“一户一表”用户	月用电量50千瓦小时及以下部分	0.538元/千瓦小时	
			月用电量51千瓦小时～200千瓦小时部分	0.568元/千瓦小时	
			月用电量201千瓦小时以上部分	0.638元/千瓦小时	
		峰谷电表	峰谷时段划分	高峰时段：8:00～22:00 低谷时段：22:00～8:00	
			月用电量50千瓦小时及以下部分	高峰电价：0.568元/千瓦小时 低谷电价：0.288元/千瓦小时	

续表：

收费类别	收费项目			收费标准	文件依据
供电	居民生活用电	峰谷电表	月用电量51千瓦小时～200千瓦小时部分	高峰电价：0.598元/千瓦小时 低谷电价：0.318元/千瓦小时	浙价费〔2006〕23号
			月用电量201千瓦小时以上部分	高峰电价：0.668元/千瓦小时 低谷电价：0.388元/千瓦小时	
供水	居民生活用水	“一户一表”用户阶梯水价	第一级水量(每户每月17立方米及以下的用水量)	2.40元/吨（含0.5元污水处理费）	温发改价〔2010〕268号
			第二级水量(每户每月18至30立方米的用水量)	3.35元/吨（含0.5元污水处理费）	
			第三级水量(每户每月31立方米及以上的用水量)	4.30元/吨（含0.5元污水处理费）	
		非“一户一表”用户水价		2.40元/吨（含0.5元污水处理费）	
医疗服务卫生	挂号费			普通挂号1元/次	浙价费〔2005〕140号 浙价费〔2005〕290号 浙价费〔2007〕345号
				急诊2元/次	
				专家门诊(副高)5元/次	
				专家门诊(正高)7元/次	
	普通门诊诊查费			三级2元/次　专家门诊二级1.5元/次 省级名老中医10元/次　一级1元/次 国家级名老中医30元/次	
	注射费			肌肉注射1.20元/次　静脉注射2.3元/次 小儿3.0元/次	
	院前急救费			入院前危重病人现场急救150元/次，一般急救病人50元/次	
	救护车费			起步价10元（3公里以内） 2元/公里（3公里以外）	
农民建房	耕地开垦费			18元/m^2（占用基本农田再加15元/m^2）	浙政发〔2000〕292号
	土地登记证书工本费			普通证书：个人5元/证特制证书：20元/证	〔1990〕国字第93号 计价费〔1997〕2257号 计价格〔2001〕1734号 财综〔2004〕5号
	房屋所有权登记费			住房登记80元/件每增加一本房屋权属证书工本费10元/本补办、变更证书工本费10元/证农民利用宅基地建房不收房屋登记费	发改价格〔2008〕924号 浙价费〔2008〕250号
动植物检疫	大家畜			动物检疫3元/头(匹)，动物产品检疫4元/头(匹)	浙价费〔1995〕63号
	中家畜			动物检疫2元/头(匹)，动物产品检疫3元/头(匹)	
	禽、兔、鸟类			动物检疫0.20元/只，动物产品检疫0.30元/只	
	雏禽(10日龄以下)			动物检疫0.05元/羽	
	蜂			动物检疫0.80元/箱	
	国内植物	调运检疫		按货值的百分比：粮谷类0.60%，商品粮0.1%；经济作物类0.70%；水(瓜)果类0.8%，其中茶叶、香菇、黑木耳、金针菇、黄花菜、中药材按0.4%。	价费字〔1992〕452号 〔1992〕浙价费联1号 计价费〔1997〕2500号
		产地检疫		按货值的百分比：粮谷类0.4%；经济作物类0.45%；水(瓜)果类0.6%	

科　技

综　述

2010年，龙湾区科技部门深入推进科技强区和创新型城区建设，不断优化科技发展环境，科技对经济社会发展的贡献作用日益增强。全年全区财政科技投入2503万元，占地方财政一般预算支出的1.7%。全年新增国家科技型中小企业创新基金项目7项，新增国家火炬计划项目4项，新增国家重点新产品项目3项。开展丰富多彩的科普宣传，提升全区公众科学文化素质。全年发放各类科普书籍、挂图80000余册，龙湾科普报4期共12000份、龙湾科普简讯8期，受益群众6万余人次。全年科普经费投入155万元，人均科普经费4.8元。是年，龙湾区被评为2009年度浙江省党政领导科技进步与人才工作目标责任制考核优秀单位。

科技工作

【科技局获全国防震减灾工作先进单位荣誉】 2010年8月11日，全国2009年度防震减灾工作年度综合评比揭晓，龙湾区科技局被评为2009年度全国县级防震减灾工作先进单位。全省仅3家单位获此殊荣。

【科技项目】 2010年，龙湾区安排科技项目2期，经费1446万元。其中重大项目6项，重点27项。重点支持新能源、新材料、半导体照明（LED）、生物工程等国家战略性新兴产业项目。同时，组织企业申报国家、省、市科技项目，获国家科技型中小企业创新基金项目7项，数量居全市第一位，每项的支持力度均在100万元以上。获国家重点新产品项目3项（全市10项），获国家火炬计划项目4项。温州长丰人造革有限公司通过项目创新，攻克技术难题，使树脂中DMF含量从60%降到5%以下，成为世界500强企业宜家集团的长期供应商。

【企业研发平台建设】 2010年4月，龙湾区科技局在杭州举办首届龙湾区科技管理与企业创新高级研修班，邀请省科技厅、浙江大学、杭州师范大学等专家授课，引导企业提升研发能力。组织3家企业申报省级研发中心，2家通过认定。申报市级研发中心12家，10家通过认定。全区现有国家级研发中心1家，省级24家。

【高新技术企业】 2010年，龙湾区新增高新技术企业5家、浙江省科技型企业10家，累计拥有国家火炬计划重点高新技术企业9家、高新技术企业45家、浙江省科技型企业67家。由凯喜姆阀门有限公司为龙头，吸纳华海密封件有限公司等18家阀门企业整合重组而成的凯喜姆科技集团成立，凯喜姆核能阀门技术研究院挂牌、投入运行。

【特色产业基地建设】 2010年，龙湾区阀门国家火炬计划特色产业基地已完成申报，累计拥有省级以上特色产业基地3个，走在全省前列。加强对浙江大学（龙湾）食品与制药装备技术转移中心和兰州理工大学泵阀院的日常管理，浙大食品与制药装备技术转移中心与龙湾企业共同研发的8个项目，为龙湾企业带来数亿元的订单。配合做好温州市海洋科技创业中心落户龙湾区的各项工作。

【科技服务】 2010年，龙湾区开展为期3个月的企业科技需求调查工作，了解规模以上企业所想、所需、所求。修订《龙湾区科技计划项目验收管理办法》、《龙湾区软科学研究项目成果评审办法》，对行政审批、项目立项等流程进行优化，完善政府决策与专家咨询、评议相结合的立项审批机制，强化项目事前、事中和事后的监督管理。开展十佳科技人才突出贡献奖和龙湾外来科技人才自主创新工作先进个人评选。

知识产权

【专利申请】 2010年，龙湾区省级知识产权示范区创建工作基本完成，等待验收。组织申报省级专利示范企业2家，市级4家，市专利产业化项目2项。全年全区专利申请量1718件，专利授权量1581件，212项，专利授权量比上年增长52.75%。浙江华夏阀门有限公司5项国际专利进入PCT阶段，获国家补助25万元。

龙湾区科学技术协会

【科协第四次代表大会】 2010年9月16日，龙湾区科学技术协会第四次代表大会在温州滨海大酒店滨海厅召开。区四套班子领导及市（区、县）科协、镇（街道）领导等55名嘉宾应邀出席会议，138名正式代表参加会议。选举产生龙湾区科学技术协会第四届

图63：9月16日，龙湾区科学技术协会召开第四次代表大会。

（项绍雄/摄）

领导机构。李寿春当选为主席，范祯桑、陈孝道（兼）、沈爱巧（兼）、王胜耀（兼）、吴鸿炜（兼）、李彩华（兼）、陈锦法（兼）、黄子龙（兼）当选为副主席。

【主题科普活动】　2010年5月，龙湾区举办以“携手建设创新型国家”为主题的科普周活动。活动共推出科普画廊出刊联展考评、科普征文比赛、科普宣传进社区、科技三下乡、摊贩便民服务咨询、科普大篷车进校园等十大类活动。有10个镇（街道）、2个园区管委会、11个企业科协、76个村（居、社区）科协分会参与科普周活动，发放6类科普图书3万余册，环保袋2800个。9月，组织40名中老年科普爱好者参加温州市科协组织的以“倡导低碳生活，建设生态文明”为主题的全国科普日活动，参观温州市博物馆和市科技馆。全年科普经费投入155万元，人均科普经费4.8元。

【基层科普活动】　2010年，龙湾区科协动员科技人员为新农村建设服务，组织科技人员到农村、工厂、田埂传授科学知识。全年开展科技三下乡活动5场，利用双休日摆摊宣传科普知识活动2场，举办机关女性知识专题讲座1场。利用农函大举办农民技术人员培训班，共培育杨梅产业新型农民300名，瓯柑产业农民15名。组织农民蔬菜专业户赴山东省寿光市考察学习大棚蔬菜种植技术。送书到罗东锦苑和御史桥村，帮助建立科普图书室。加强对镇（街道）、村（居）科协分会的科普画廊管理，做到2个月更换1次内容，提高科普硬件的利用率。

【青少年科普工作】　2010年，龙湾区青少年科学素质明显提升，在省、市、区科技创新大赛纷获佳绩。龙湾区选手分别参加了温州市第24届青少年科技创新大赛、浙江省第24届青少年科技创新大赛、全国第25届青少年科技创新大赛。其中：获得市级一等奖11项、二等奖13项、三等奖17项；省级一等奖2项、三等奖4项；全国一等奖1项、三等奖1项。举办以“体验·创新·成长——走近低碳生活”为主题的第15届龙湾区青少年科技创新大赛，共评出优秀学生小发明作品56件，科幻画118幅，小论文84篇，科技实践38件，电脑机器人创意设计15件，科技辅导员科教创新成果4项，优秀组织单位5个，优秀科技辅导教师12名。举办2010年龙湾区青少年科技辅导员培训班。8月14～17日，区科协、区科技局、区教育局联合举办龙湾区2010年青少年科技夏令营。10月20日，2010永昌第一小学“体验·创新·成长——走进低碳生活”校园科技节举行启动仪式。10月25～26日，中央电视台《芝麻开门》栏目组到龙湾调研青少年科技教育工作，并在永昌第一小学和海滨第二小学进行现场交流和拍摄。年内，区科协被评为2010年温州市科协青少年科技教育工作先进单位、2009～2010年温州市青少年科技活动先进集体。

【科普基地建设】　2010年，龙湾区科协召开各类会议，加强科普教育基地和农村科普示范基地建设。蒲州街道汤家桥村被评为第六批浙江省基层科普示范单位。灵昆镇九村村、蒲州街道汤家桥村准备接受市级科普示范村验收，区文博馆被确定为2010年温州市科普教育基地创建单位，温州市一楠果蔬专业合作社杨梅基地被命名为温州市农村科普示范基地。

【科协学术交流活动】　2010年，龙湾区科协搭建学术交流平台，加强科技交流与合作。组织人员到温州市科技信息情报所考察学习，了解有关网络电视开发的专业人员配备、硬件设施配置、经营模式和制作流程工艺。到浙江省临海市，学习临海市农函大工作的先进经验。组织50名科普爱好者参加第二届“瓯越学术论坛”开幕式暨主题报告会。参加以区域统筹与创新发展为主题的第七届长三角科技论坛开幕式和特邀报告会。举办2010年龙湾区科技人员新春座谈会。

【浙江省第十八次城区科协工作交流会】　2010年6月23日，以“利用社会各方资源优势，推动全民科学素质工作——促进科普设施工作建设”为主题的浙江省城区科协工作研究会在龙湾区召开。全省7个地级市、20个城区、20个镇（街道）科协领导共84人参加会议。浙江省科协党组成员、秘书长董克军到会作重要讲话，龙湾区副区长赵飞致欢迎词，杭州市上城区科协主席陈彬主持会议。

【金桥工程】　2010年，凯喜姆阀门有限公司、华基化工有限公司、五洲阀门有限公司等3家企业向浙江省科协申报3项金桥工程项目，获省级立项1项。同时，五洲阀门有限公司承担的浙江省第十五批重点金桥工程项目（全焊接油气输送管线球阀）通过省级验收。

【基层科协组织建设】　2010年，龙湾区科协出台扶持政策，支持非公企业科协换届和新组建工作（按时换届补助1万元、新组建补助2万元）。7家非公企业科协完成换届选举，新组建4家非公企业科协，建立76家村（居、社区）科协分会。

教　育

综　述

2010年，龙湾区教育局围绕在全市率先基本实现教育现代化的工作目标，着力推进区域教育均衡发展。加快教育设施建设和教育信息化进程，加大教育装备投入，推进教育现代化。加强现代化学校和各类示范校、特色校创建，重视现代化星级学校评估工作，以开展各类创建活动促进优质教育资源的拓展。深入实施素质教育，全面推进学校文化建设和轻负担高质量工作，加大薄弱学校改造力度，妥善解决外来务工子女入学难问题。2010年教师节，区教育局、龙湾中学、温州市第十五中学、永强中学同时受到区政府通令嘉奖。2008～2010年区教育局连续3年在全市11个县（市、区）教育科学和谐发展业绩考核中被评为一等奖。2010年，区教育局获2009年度全国教研工作先进单位称号、第3届全国亿万学生阳光体育冬季长跑活动优秀组织单位称号。

学前教育

【概况】 2010年，全区有各类幼儿园132所（其中临时办园点31所），其中公办幼儿园7所、民办幼儿园125所，在园幼儿24022人，3～5周岁幼儿入园率97%，镇中心幼儿园建园率80%。等级幼儿园在园幼儿覆盖率75.1%。全区累计有省一级幼儿园1所、省二级幼儿园5所、省三级幼儿园50所。加强幼儿教育对口扶贫，选派公办教师管理民办幼儿园工作，开展片区联合教研活动，发挥中心幼儿园的示范辐射作用。海城西一小学改建成龙湾区第六幼儿园；海滨第二小学附属幼儿园进行改建成龙湾区第七幼儿园；区二幼罗东园区与上海爱绿教育咨询公司合作办园。

【全区学前教育工作会议】 2010年12月14日，全区学前教育工作会议在区行政管理中心四楼多功能厅召开。这是2001年龙湾区域规划后第一次全区性学前教育工作会议。区属各有关单位负责人、各镇（街道）党（工）委书记或镇长（办事处主任）、分管教育工作的副镇长（副主任）、社会事务办主任、教育局机关班子成员、中层干部及直属单位正副主任，幼儿园园长代表等170余人参加会议。会上，副区长方志方做学前教育工作报告，区教育局、区财政局、沙城镇政府分别做表态发言。会议出台《龙湾区人民政府关于进一步加快学前教育改革与发展的实施意见》，推出多项促进学前教育发展的新政策。

表48：2010年度与前4年龙湾区教育经费收入结构　　单位：万元

项目	2006年	2007年	2008年	2009年	2010年
预算内教育经费	14201.0	17174.1	21158.0	22045.6	24058.9
城市教育费附加	3299.0	2589.0	2126.4	6432.3	7117.6
农村教育费附加			1519.1	3571.0	3778.0
社会捐资集资办学	2015.5	3030.0	3815.8	1962.6	2206.1
学杂费	1588.0	894.2	849.4	1747.7	2155.2
其他收入	6454.7	5183.5	1909.9	9332.0	10350.9
总计	27558.2	28870.8	31378.6	45091.2	49666.7

表49：2010年年末龙湾区基础教育普及情况

小学项目	小学普及率	初中项目	初中普及率
学龄儿童入学率	100%	初中阶段入学率	99.60%
在校生年巩固率	100%	在校生年巩固率	99.99%
毕业班学生毕业率	100%	毕业班学生毕业率	100%
12～15周岁少年普及率	100%	初中升高中升学率	98.1%

义务教育

【概况】 2010年，龙湾区有公办小学36所，公办小学一年级新生招收121个班，5208人；在校小学生39397人，其中外来务工人员子女24997人。公办初中13所，公办初中七年级新生招收99个班，3435人；在校初中生13095人，其中外来务工人员子女5341人。义务教育阶段适龄少年儿童入学率、在校生巩固率、毕业率均达100%。初中毕业生4850

人，升学率为98.1%。全区三类残疾儿童28人，入学率、巩固率均为100%。实施“农村中小学家庭经济困难学生资助扩面工程”和“农村中小学爱心营养餐工程”。义务教育阶段学生免收课本费83412人次，约1200万元；贫困生资助853名，约128万元；爱心营养餐资助60.8万元，残疾儿童免费教育经费43.6万元。

【外来务工子女入学】　2010年，龙湾区教育局按照《龙湾区外来务工子女入学管理办法》，分类分批解决外来务工子女入学问题。全年全区39所公办中小学向符合条件的外来务工子女招生，公办学校接收外来务工子女的比例达78%。继续与区工商联联合对从事外来务工子女教育的教师和外来务工子女学生颁发“孺子牛奖”和“雏鹰奖”。

【民工子弟学校监管】　2010年，龙湾区教育局继续对外来务工子女教育采取“三个一批”举措，即建立一批民工子弟学校，调整一批公办校网，取缔一批无证办学点。引导和鼓励社会力量兴办民工子弟学校，适当放宽办学准入条件。全年新创办4所民办民工子弟学校。开展非法办学点大排查、大整治，对7所存在安全隐患的民工子弟学校予以停办处理。

普通高中教育

【概况】　2010年，龙湾区控制民办普高招生规模，普高一年级招收新生60个班，共2584人，高中阶段在校生9042人。初中升高中的升学率达98.1%，普高优质教育资源比例为60%。2010年高考重点上线207人，比2009年增加103人（全市增加231人）；本科上线673人，比2009年增加180人（全市减少1547人）；2010年高考总上线率72.3%，比2009年提高7.6%。

中等职业教育

【概况】　2010年，龙湾区有职业高中3所（其中公办职业高中1所、民办职业高中2所），在校生2774人。招收新生1089人，其中提前招收录取的学生730人。落实“省六项行动计划”，推进全区职业教育资源整合，把两所民办学校合并到区职业高中。加大中职学校教师引进和培养力度，区职技校共招聘30余名教师，选派5个专业的20余名专业教师参加省级和市级骨干教师培训，聘用一批企业技术人员担任专业课教师和实习指导教师。全区职业学校“双师型”教师45人，双师型比例为50%。

成人教育

【概况】　2010年，龙湾区农村预备劳动力培训任务450人，落实培训人员507人次，超额完成上级任务。配合区委组织部开展村干部成人高中培训，全年培训农村劳动力21078人。全区10所成人学校和社区学校在区社区学院的辐射带动下，承担全区农村劳动力素质培训及各种短期培训。全年培训非学历教育51090人次，培训人数42400人。开展社区学校的创建活动，灵昆社区学校、蒲州社区学校创建为市一级社区学校，状元社区学校创建为市二级社区学校。

民办教育

【概况】　2010年，龙湾区有94所民办幼儿园、18所民工子弟学校、7所民办普通高中、2所民办职业高中。70%的民办幼儿园被评为省三级、二级幼儿园，艺术学校被评为省级艺术特色学校，越秀高中、沙城高中被评为市级重点高中。民办教育的发展成为公办教育发展的补充，实现龙湾教育的“双腿”走路。

【民办培训机构监管】　2010年，龙湾区教育局联合区民政局对全区所有已注册的54家民办培训机构实施年检，促使各培训机构办齐办学许可证、民办非企业登记证等证件，规范办学行为。出台《民办培训机构安全管理“十不准”规定》，加强民办培训机构的安全工作。全年民办培训机构开展各项技能培训12873人次。

招生考试

【概况】　2010年，龙湾区普通高校报考人数为2780人。其中：报考一类的为1123人，二类的为851人，三类的为806人；文科类考生530人，理科类考生1765人，艺术类考生434人，体育类考生51人。文理科第一批（重点批）上线人数创历史新高，首次突破200人，共有207人（不含艺术、体育、高职单考单招），其中文科29人、理科178人，总人数比上年翻一番。文理科上线总人数1671人，上线率72.3%，比2009年提高7.6%。其中文科上线人数446人、理科上线人数1225人。重点、本科的增量居全市第一，总上线增量居全市第二。普通高校录取总人数1986人，其中。文理科录取1660人，艺术类录取252人，体育类录取4人，自主招生70人。各批次录取人数（不含自主招生录取）分别为：提前批17人，第一批197人，第二批785人，第三批917人。单招单考的高职招生报名人数139人，报考人数最多的专业为计算机、财会，上线人数79人，录取69人。英语听力、通用技术、信息技术报名人数分别为6314人、4531人、3218人。成人高校报名总人数为393人，其中文科317人、理科43人、艺术专科33人。中考报名人数为3466人，职业高中提前招生约800人，学前教育录取为11人。

【招生制度规范】　2010年，龙湾区教育局出台《关于印发2010年初中毕业生学业考试与高中招生制度改革实施方案的通知》，严格按照通知规定招生，按照就近入学原则，严格控制班额。扩大公办义务教育阶段学校招收民工子女入学的数量，试行初中招收特长生制度，控制民办普高招生规模。

师资队伍建设

【概况】　2010年，龙湾区幼儿园公办专任教师152人，学历合格率100%，中级及以上职称达35%，其中研究生1人；小学在编专任教师1581人，小学教师学

表50：　2010年龙湾区中小学专任教师学历基本情况　单位：人

学段	专任教师总数	按学历分												学历合格率
		研究生（含在读）		本科		大专		中专（师）		高中阶段		初中阶段		
		人数	比例	人数	比例	人数	比例	人数	比例	人数	比例	人数	比例	
幼儿园	152	1	0.7%	46	30.3%	100	65.8%	1	0.7%	4	2.6%	0	0.0%	100.0%
小学	1581	8	0.5%	682	43.1%	706	44.7%	175	11.1%	5	0.3%	5	0.3%	99.4%
初中	1023	7	0.7%	868	84.8%	128	12.5%	8	0.8%	9	0.9%	3	0.3%	98.0%
普高	326	27	8.3%	284	87.1%	12	3.7%	0	0.0%	3	0.9%	0	0.0%	95.4%
职高	114	5	4.4%	100	87.7%	7	6.1%	2	1.8%	0	0.0%	0	0.0%	92.1%

注：职业学校“双师型”教师总数：33人，所占比例：30%。

历合格率99.4%；取得大专及以上学历占88.3%，中级及以上职称占44.3%，其中取得硕士学位以上学历9人；初中在编专任教师1023人，初中教师学历合格率98%；取得本科及以上学历占85.5%，中级及以上职称占54.2%，取得硕士学位7人；普通高中在编专任教师326人，普通高中教师学历合格率为95.4%；取得硕士学位30人，中级及以上职称占62.5%。职业高中在编教师114人，职业高中教师学历合格率为92.1%；中级及以上职称占33.6%，取得硕士学位4人，职业学校“双师型”教师比例达30%。

【新教师招聘】　2010年，龙湾区教育局与区人事劳动局共同出台《关于龙湾区2010年公开招聘教师报名工作的通告》。全年共招录125名新教师，其中包括从东北师范大学、北京师范大学、浙江师范大学、温州医学院提前招录的24名。125名新教师中具有研究生学历8名、本科学历86名、专科学历31名。

【教师岗位培训】　2010年，龙湾区教育局按照《温州市教师素质年活动计划的通知》要求，开展中小学教师岗位大练兵活动，完成教师素质年活动规定的各项工作任务。一年来，开展中小学教师读书活动与博客建设、新教师基本功训练、校本研训等活动，举办区农村中小学“领雁工程”12个学科骨干教师培训班，全方位搭建名师名校长、骨干教师示范平台。由于师训和科研工作成绩突出，区教育局被评为2009年度全国教研工作先进单位。

【省特级教师协会工作站落户龙湾】　2010年4月6日，浙江省特级教师协会龙湾工作站启动仪式暨特级教师学术报告会在状元行政中心五楼会议室举行。龙湾工作站是浙江省特级教师协会在全省设立的第六个县（区）级工作站，也是温州市唯一的特级教师工作站。浙江省特级教师协会与龙湾区教育局合作期限为3年（2010～2012年），双方将联合打造“名师培养工程”，开展名师研修活动。

【教师推优活动】　2010年，龙湾区教育局认真做好各类先进教师的推荐和评选工作。全年评上省级先进个人7名、市级先进个人44名、区级先进个人155名；市级先进集体3个、区级先进集体19个。在第十批省特级教师评选中，郑银凤、黄高涌获省特级教师称号，黄丽秋、胡益政、张以得和黄秀平分别获温州市第三批名校长、名师、名班主任称号。同时，做好温州市第3届“新闻奖教金”优秀校长、优秀农村教师和师德楷模奖、终身班主任奖推荐工作。有3名校长和1名教师分别被评为温州市首届“新闻奖教金”优秀校长和优秀农村教师，8名教师获师德楷模奖和终身班主任奖。

【教育干部队伍建设】　2010年，龙湾区教育局通过“请进来，走出去”方式，强化教育干部队伍建设。举办教育管理（哲学）干部高级研修班，成立特级教师工作站，邀请国内一批顶级的教育、社科、哲学类专家到龙湾授课；选派一大批优秀机关干部、校长、教师到上海、北京等名校学习挂职。做好学校干部年度考核工作，对全区156名正、副校长进行工作组织考核，最后对全区148名正、副校长予以职级认定。结合学校实际，按德才兼备、注重实绩的干部任用原则，对部分校长进行适当调整、轮岗，全年共组织考察任免校级干部35名。

学生工作

【概况】　2010年，龙湾区教育局坚持以“为社会培养高素质的学生”为目标，践行“教育以育人为本，以学生为主体；办学以人才为本，以教师为主体”的师生双主体办学思想，高举素质教育大旗，深化“四大节”活动，推进学校文化建设，取得显著成效。是年，区教育局获省中小学合唱节优秀组织奖、第24届温州市青少年科技创新大赛优秀组织单位、市关心下一代工作先进集体、市家庭教育工作先进集体等称号。

【学生德育工作】　2010年，龙湾教育局坚持德育为先，育人为本，继续努力构建德育网络，健全校内德育领导小组，配置法制副校长和校外辅导员，办好家长学校，进一步强化学校、家庭、社会三位一体的德育体系。加强与相关部门的协作，开展“四信”、法制宣传教育、“五老”宣讲等主题活动。完善德育激励机制，开展名班主任和优秀学生、优秀学生干部、先进班集体等评比活动。创新德育载体，加强团队建设，以重要纪念日为载体，抓住入团宣誓仪式、14岁青春仪式、18岁成人仪式、建队61周年纪念日等重要契机，有针对性地开展思想道德教育和系列团队活动。

【中小学“四节”活动】　2010年，龙湾区教育局举办中小学生体育节、区第20届中小学生田径运动会，组队参加省、市级各类体育比赛。深化课外文体2+1工程，开展“快乐课间”活动，9所学校参与“快乐课间”活动的试点工作，7所学校组队参加市“快乐课间小游戏”汇演活动，获市一等奖1所、市二等奖2所、市三等奖4所。区教育局获第3届全国亿万学生阳光体育冬季长跑活动优秀组织单位称号；举办中小学艺术节，参加区级节目（作品）现场比赛人数达3000余人，组队参加省市级展示活动，选派76个节目参加市艺术节比赛，获市一等奖25个、二等奖33个、三等奖18个。其中温州市第十五中学合唱团代表温州市参加省级比赛获省一等奖；举办以“创新·体验·成长——走近低碳生活”为主题的区第15届中小学生科技节，会同区科技局、区科协开展第15届青少年科技创新大赛等系列活动。做好全国、省、市青少年科技节和科技创新大赛参赛的组织推荐工作，由温州育英学校低碳环保生活志愿者大队完成的《让餐厨垃圾在常温下的发酵腐烂加速》项目获全省、全国优秀科技实践活动一等奖，并获全国十佳；开展读书节活动，通过经典诵读、读书考核、演讲、征文、亲子共读等系列活动，开展读书节活动，做到班班开展，人人参与。

图64：11月18日，龙湾区举办第20届中小学生田径运动会。（区教育局供稿）

【素质教育实践基地】　2010年，龙湾区教育局出台《龙湾区义务教育阶段综合实践活动课程实施指导意见》，加快农业劳动基地、工业劳动基地、贸易市场基地、历史文化基地、户外拓展基地等综合实践活动五大基地建设。其中3个基地已投入正常运行，还举办了学生实践展示活动。

办学条件

【概况】　2010年，龙湾区加大财政投入，不断完善教育经费保障机制。全年教育经费62888.4万元，比上年增长19.26%。小学和初中生生均公用经费标准分别提高到410元和560元。办学条件不断改善，全区69.4%小学（25所学校）仪器配置达到一类标准，初中全部达到一类标准。全年共创建市现代化学校4所、市示范学校5所、市义务教育合格学校4所、市素质教育示范学校4所，创建省级标准化学校10所、省级绿色学校2所、市级绿色学校3所、市艺术、科技、体育教育特色学校3所、市级德育特色校1所、市级语言文字规范化示范校2所，创建省一级幼儿园3所、省二级幼儿园3所、省三级幼儿园21所，创建市一级社区学校2所、市合格社区学校2所。

【合作办学】　2010年，龙湾区教育局结合区域实际，创新办学体制，促使办学体制日趋多元化。将区实验小学和瑶溪第二小学合并，创办新实验小学；以社会团体办学形式创办区外国语学校；组建区第一新公民（集团）学校，共有15所学校加盟；新世纪学校实行转型办学，创办优质初中；将海城第二小学附属民工子女学校整体迁移至海城第一小学分部并由海城第一小学实行统一管理；继续提升永强中学与春晖高中合作办学水平。

【教育基础设施建设】　2010年，龙湾区教育基本建设工程中有续建工程16个、启动建设工程21个、前期工程10个，基本建设工作完成年初目标的100%。全年基本建设总投资12000万元，新增校舍建筑面积44765平方米（其中育英体育馆3009平方米、灵昆第一小学二期5926平方米、海城综合楼3800平方米、天河第一小学综合楼2897平方米、屿田小学综合楼2800平方米、实验中学26333平方米），完成新建塑胶操场9个。完成10所二、三类标准化学校的创建，年增幅16.47%。完成4所创建市现代化学校、4所创建市素质教育示范校、3所创建省一、二级幼儿园、7所创建市示范校、4所创建农村合格校、5所学校的惠民办实事（即薄弱学校改造）等基建项目。全年各类创建和薄弱学校改造类招投标项目31项，预算总投资1099.97万元，实际中标投资成交额886.17万元，节约资金213.80万元，总平均下浮率19.15%。

【校舍安全工程】　2010年，龙湾区教育局把校舍安全工程作为当前民生工程和教育工作的重点，力争把校舍安全工程建成“阳光工程”、“放心工程”。全区应加固、拆除、重建、迁建项目43个，已开工项目42个（海滨第三小学综合楼项目已移交区公用建设指挥部拆除），竣工36个；灾害治理项目1个，已开工1个；消防和防雷项目136个，开工136个，已基本完成。公办学校加固改造、拆除重建项目已全部完成原定实物量，共完成投资5977万元。是年，龙湾区加固和重建开工及竣工面积所占百分比列全市第一，加固和重建竣工面积所占百分比列全市第一，完成投资占规划投资百分比列全市第三。

【教育装备投入】　2010年，龙湾区加大传统教育装备投入力度，提高薄弱学校配备标准。9所学校建设了15个科学实验室，投入95万元；13所学校配备60万元教学仪器；8所学校新建或改建图书室、阅览室，投入20万元；新添置近10万册图书，投入90万元；13所学校配备音乐器材，投入12万元；12所学校配备体育器材，投入11万元；12所学校配备美术器材，投入8.5万元；8所学校建设校园智能广播系统，投入16万元。

【教育信息化工作】 2010年，龙湾区教育局加快教育信息化建设步伐。全区已有55所学校建有校园网，占全区68所中小学校数的80.9%；91.9%的班级建有教室多媒体平台；生机比为6.18：1，“班班通”普及率100%。全区69.4%的小学（25所学校）仪器配置达到一类标准，初中全部达到一类标准，中小学音体美设施均达省均水平。3所学校被评为省级现代教育技术实验学校，15所学校被评为市信息化达标学校，教育信息中心被评为2010年度温州市教育信息化工作先进单位。

【星级学校评估】 2010年，龙湾区教育局加快区现代化星级学校、幼儿园晋级评估工作。在第一轮区现代化学校（幼儿园）的评估认定基础上，开展区现代化星级学校（幼儿园）的网络评估，对全区63所中小学和公办幼儿园上传的《龙湾区现代化星级学校（幼儿园）评估系统》数据材料进行核查和汇总。认定五星级学校4所、四星级学校（幼儿园）15所、三星级学校（幼儿园）29所、二星级学校（幼儿园）16所、一星级学校1所。

【校园文化建设】 2010年，龙湾区教育局全面推进学校文化建设，发挥学校文化建设的育人功能。制定《龙湾区学校文化建设指导意见》和《龙湾区学习文化建设指标参考体系》，下发《关于开展学校文化建设工作先进单位评选活动的通知》。全区所有学校均开展精神文化、制度文化、行为文化和物质文化等四个层面的学校文化建设。经过严格的考核、评估，评选出龙湾中学等学校文化建设十佳单位和温州育英学校等15个学校文化建设优胜单位。组织开展全区义务教育阶段特色学校“学比赶超”活动，制定实施《龙湾区深入推进学校特色建设的实施意见》，推进全区学校特色创建。

图65：11月15日，龙湾区教育局开展特色学校“学比赶超”活动。

（区教育局供稿）

【平安校园创建】 2010年，龙湾区教育局重视平安校园的创建工作。成立安全保卫科和教育系统安保大队，各学校、幼儿园也相继成立安保处，配备安保主任，首批到位保安205名。学校视频监控系统已安装开通154个点，加上原先安装的16个点，已基本覆盖全区的中小学幼儿园。落实学校安全技防和物防相关规定，投入经费31万元，按标准发放防护器械335套。开展学校及周边安全工作专项行动，开展“平安校园”创建活动，“平安校园”创建率达100%。全年共开展各类安全演练255次，其中安全事故演练70次，地震灾害疏散演练23次。

【教育宣传】 2010年，龙湾区教育局加强内部环境建设和教育宣传信息工作。开展教育宣传信息工作专题调研，强化与省、市媒体的沟通互动，通过《中国教育报》、《浙江日报》、《教育信息报》和《温州日报》、温州教育网等媒体，报道龙湾区教育工作的亮点与特色，区教育局被评为2010年市教育宣传信息工作先进单位。加强阵地建设，改版龙湾教育网站，发挥龙湾教育网和《龙湾教育》简报的宣传作用。全年审核发布教育动态新闻近2000条，向上级新闻媒体报送各类信息300余篇。完善信息报道工作考核办法，实行信息工作月通报制度，加大对信息的监督和考核力度。

教育教学研究

【教学规范化建设】 2010年，龙湾区继续开展全区教学规范达标活动，组织24所小学和初中的达标验收工作。初中学校已全部完成教学规范达标，小学已完成30所学校的规范达标验收。借鉴义务教育阶段教学规范经验，在高中学校开展“教学规范达标”活动。全年对3所公立学校和春晖高中近331名高中教师进行教学规范达标考核，全部合格通过评估验收。

【教学评比活动】 2010年，龙湾区教育局举办各类教学评比活动，全面提升教师综合素质。开展区首届名师高级研修班“诊课”活动，举行中小学“领雁工程”研修班成员“我的专业成长故事”评选活动。共评出一等奖18篇、二等奖37篇、三等奖55篇，并从中选送39篇优秀作品参加温州市评比。组织区初中“精品百课”设计评选活动，组织小学分管教学校长和初中教科室主任赛课活动，举办技能学科与任教满3年新教师的课改之星评选面向教师活动，举行幼儿园新教师课堂诊断活动。组织参与各级各类优秀论文和课例评选。上半年，高中共有45篇课例参加市优秀课例评选，共有40篇获奖，获奖率87%；38篇高中论文参加市优秀论文评选，共有 26篇获奖，获奖率73%；10篇高中命题参加市优秀命题评选，共有7篇获奖，获奖率70%，均超全市60%获奖率的平均水平。温州市第十五中学教师王少莲获全国优质课一等奖，这是龙湾区教师近两年获得的第二个国家级优质课一等奖。

【教科研工作】 2010年，龙湾区教育局注重教科研工作，推进教育科研内涵发展。组织年度各级各类课题的申报、推荐、立项、结题和评审工作。2009～2010年课题成果丰硕，评出区教科规划优秀课题成果一等奖5项、二等奖10项、三等奖20项，共有51项2010年度区教科规划课题结题。送评市级课题，市规划课题一等奖2项、二等奖4项、三等奖1项；市教学研究二等奖1项、三等奖1项；市小课题一等奖1项、二等奖2项、三等奖2项；温州大学课题三等奖1项。送评省教育规划课题2009年度立项的《科研训活动策划与实施的实践研究》获省规划课题成果三等奖。2010～2011年，全区申报立项省级教科规划课题4项，省级教研课题5项，省农村青年教师专项课题2项，共11项省级课题立项；申报市级规划课题9项，教学研究课题6项，教师小课题11项，教师教育研究课题5项，温州大学面向基础教育教学课题5项；区级立项课题73项。

【“四个有效工程”活动】　2010年，龙湾区教育局响应省、市教育行政部门“轻负担高质量”的要求，实施有效备课、有效课堂、有效作业、有效评价，即“四个有效工程”，切实提高教师的执教能力和教学质量。举行全区初中和小学观摩课现场会，提炼出集体观摩课的流程：独立备课——交流说课——课堂上课——观课反思——调整设计——再次上课——再次反思。制定《龙湾区打造中小学“高效课堂”的指导意见》，转变师生教与学的方式，提高学生参与度，激发学生学习内驱力。义务教育阶段1～3年级，实行以教导学；4～9年级尝试推行预习单或学案稿，实行先学后教。制订《龙湾区义务教育阶段高效作业指导意见》，以龙湾区第二小学和龙湾实验中学为基地，研究作业设计，规范作业批改，切实减轻小学生过重课业负担。指导学校完善教师授课、听课、评课、批改、辅导、学习等考核奖励制度，健全学生综合素质评价制度，鼓励学有特长学生脱颖而出，建立后“20%”困难学生帮扶制度，引导学生全面学习、健康成长。

图66：2月30日，龙湾区区域推进“轻负担高质量”暨特色学校创建大会召开。（区教育局供稿）

依法治教工作

【教育廉政建设】　2010年，龙湾区教育局组织开展党风廉政教育，深化作风建设活动。开展“转作风、提效能、优环境、促发展”作风建设年活动和治理慵懒散“六个一律”自查自纠活动，不定期开展效能检查，联系实际开展“深入学校”破解难题活动、廉政风险点排摸和“六治七律”回头看等活动。结合教育工作实际开展师德师风教育，继续开展“廉政文化进校园”示范点建设，警示教育案例文稿报送区纪委1篇、报送市教育局3篇。全年共取消无实质意义的活动3次，节约经费约3万元。全年采购预算538.59万元，通过政府采购程序，节约资金43.21万元，下浮率19.8%。完善《龙湾区教育系统50万以下基建工程招投标管理办法（试行）》，全年累计完成21所中小学及幼儿园的基建修缮工程招投标项目31项。其中经区教育局招投标平台完成的有12所学校（幼儿园）、22个项目，经各镇（街道）招投标中心完成的有9所学校（幼儿园）、9个项目；预算总投资金额1010万元，中标成交额886万元；节约资金214万元，总平均下浮率19.15%。其中区教育局招投标平台预算总投资金额761万元，中标成交额614万元，节约资金147万元，平均下浮率18.9%；各街道、镇招投标中心预算总投资金额339万元，中标成交额272万元，节约资67万元，平均下浮率19.72%。

【教育收费】　2010年，龙湾区教育局认真落实浙江省义务教育阶段收费政策的通知精神，严格公办高中收费“三限”政策，全面实行亮牌收费。全年组织两次（春季、秋季）开学收费检查活动，共抽查16所学校（幼儿园）的收费情况，检查情况反映总体较好，对存在问题要求其自纠整改。规范“收支两条线”的管理工作，狠抓预算外资金管理，对全区校长和财务人员进行专题业务培训，规范财务管理，使教育经费使用更趋规范化。全年向学生清退不规范收费142980元。

【学校经济责任审计】　2010年，龙湾区教育局出台《龙湾区教育内部审计暂行规定》，切实加强学校经济责任审计工作。对全区4所学校进行义务教育经费、中职专项经费审计抽查，对3所学校的食堂进行审计调查，对学校基建经费及民办学校经费等进行审计调查，对全区9位校长（园长）进行离任审计。组织开展内部审计工作，进一步规范学校财务管理。

【教育投诉与信访工作】　2010年，龙湾区教育局开展义务教育阶段学校课程计划执行情况专项检查，对教师违规带生、兼课等行为进行查处。全年共收到投诉件195件，其中：来信85件、来访5件、来电105件；立案调查3件，党政纪处分3人，局级通报批评3人，责令学校处理12起。调查省、市、区交办的重要信访件，报结率100%。信访工作受到区委区政府的肯定，被评为2010年度龙湾区信访先进集体。全年编印教育信访情况通报4期。

龙湾学校选介

【龙湾中学】 龙湾中学创办于2004年，按省一级重点中学标准建设，是温州市东部城区现代化程度最高的全寄宿制公立高级中学，为温州市重点中学。学校位于龙湾行政中心区，总投资1.98亿元，占地面积14万平方米，建筑面积7.6万平方米，设计办学规模为60个班级。2010年高考，第一批上线196人，上线率40%，本科上线率94%。在26届全国中学生物理竞赛中，1人获三等奖。在物理、化学、生物、数学、文科综合、理科综合学科竞赛中，获省级一等奖28项、二等奖31项、三等奖46项，获市级一等奖33项、二等奖103项、三等奖141项。学生沈观宇获温州市“首届小数学家”称号。

2010年，龙湾中学文化建设取得阶段性成果。以市级课题《新课程背景下学校文化建设的实践》为统领，对学校的制度文化、精神文化、行为文化、环境文化等进行系统的思索和实践。专著《以人为本　以文化人——龙湾中学学校文化建设之路》编辑出版。形象识别系统（SIS）完成设计，校歌《龙中之歌》确定。校训石、主雕塑《日新》和系列雕塑落成，完成教学楼、实验楼、艺术楼、图书馆、行政楼、餐厅等主要空间的文化布置，对主要道路、园林进行命名，刻石、对联等点缀于校园，指示系统投入使用。体育馆建设进展顺利，预计2011年秋季竣工并投入使用。学校坚持“以人为本、以文化人、生活教育、品格至上”的办学理念，倡导“自主、实践、体悟”的德育模式。开展语言文化节、体育节、艺术节等系列活动，举办学生业余党校学习班、学生成长讲坛，开展农业实践基地种植活动。全年学生参加市、区艺术节比赛，获市一等奖2人、二等奖3人，区一等奖8人、二等奖12人、三等奖4人。校健身体操队获全国青少年校园青春健身操大赛温州赛区团体赛二等奖，基础套路《青春魅力》单项赛二等奖。

2010年，学校主干课题《“数字化”校园与学校管理现代化实践研究》，被列为省级电教专项课题教育信息化课题；《农村高中学生英语课外阅读的实践与研究》，被立项为浙江省2010年度教育规划课题。全年有70篇教师论文获区级以上奖项，有15项教研课题立项，其中省级1项、市级7项、区级7项。

2010年，区第二届名校长、名教师、名班主任评选中，柯晓平被评为区名校长，陈华云、陈燕青、宋登水、胡益政、吴建敏等5人被评为区名教师，胡益政还被评为市名教师，陈旭涵被评为区名班主任。在教学能力评比中，吴彬福获市一等奖、孙仁国获市二等奖，宋登水、陈春蕾获区一等奖。在市学科竞赛中，潘晓云获二等奖。在区高中青年教师优质课评比中，高鹏、王妍、滕洁琼、娄洁清分获语文、数学、英语、化学学科一等奖。

2010年，龙湾中学获2010年省高中学生化学竞赛集体优胜奖、浙江省第五批绿色学校、浙江省体育特色学校、2009年度市平安创建示范单位、市文明单位、市示范性家长学校、区信息工作先进集体、区艺术教育特色校、区教育系统先进基层党组织、区学校文化建设十佳单位，数学组网站获2010年浙江省百佳教育网站。

【温州市第十五中学】 2010年，温州市第十五中学以创建“温州市现代化学校”为契机，以实施“十大工程”为主要抓手，经过全校师生的共同努力，取得显著成绩。高考成绩优异，在全市同类学校中名列前茅，受到区人民政府嘉奖。通过温州市现代化学校、温州市信息化达标学校评估，通过区教学规范化达标工作验收，获温州市会考先进单位、区绿色学校称号。学校连续17年通过“省文明单位”的复评。

2010年，温州市第十五中学创建校园理念识别系统和校园视觉识别系统，秉承“团结、勤奋、求实、创新”精神，提出“博文约礼　经世致用”的校训，“博学明礼　养正拓新”的校风、“学高身正　树人达己”的教风和“德达才实　学以致用”的学风，构成校园精神的核心内涵。优化特色学校建设，开展市现代化学校的创建。11月23日，通过市现代化学校创建工作验收。

2010年，温州市第十五中学提出申报省艺术教育特色学校的目标。学校加大艺术教学管理力度，建立比较完备的管理系统网络。制定《学校教育发展规划》、《体艺组教研组长岗位责任》、《音乐、美术专业课教学常规管理细则》等制度，完善专业教师队伍，打造学校“青苹果”学生合唱团。10月22日，在浙江省中小学合唱节上，温州市第十五中学合唱团获高中组一等奖。2011年1月，该校通过省艺术教育特色学校验收。

2010年，温州市第十五中学以人为本，狠抓德育工作队伍建设，提升德育队伍的管理水平。加强对优秀班主任的表彰和奖励，继续实施班主任工作年限奖。加强对年轻班主任的培训扶持力度，实施师徒结对工程。开展形式多样的活动，陶冶学生道德情操。开展百名教师进千家的家访，与海军91916部队某部进行军民共建活动，学校与社区合作，由社区搭建平台，学生参与社区的社会实践活动。设立特福隆奖学金、希望基金。

2010年，温州市第十五中学抓好教师思想业务素质，推进教师队伍现代化。继续完善教职工周前例会制、全员坐班制，实行学生评教制，建立学校工作意见建议反馈制等。做到集体备课制度的常态化，坚持“集体备课，资源共享，课后反思”，开展“磨题、磨课、磨人”的校本研训主题活动。做到教学常规检查的制度化，教学质量检测的最优化，教学资源配置的合理化。加强传、帮、带，实施“引进来，走出去”教研活动；承办市、区级教研活动，鼓励教师参加校公开课、示范课，加强校际交流。校长黄高涌被评为浙江省特级教师，刘华西被评为市优秀教师，张红叶、王少莲被评为区名师，潘国荣被评为区优秀教师。全年选派80余人次参加省、市、区新课程观摩课、公开课等学习活动。2010年高考成绩优异，学校第一批上线人数53人，其中文理科上线17

人，艺术类上线36人，本科上线247人，本科率达61.8%，总上线率99.2%，在全市同类学校中名列前茅。年内，王少莲获全国历史优质课评比一等奖；王建斌获全国信息技术与课程整合优质课一等奖，由吴芳、陈秀指导的校合唱团获省中小学合唱节一等奖。王辉在市教师信息技术技能大赛获得一等奖，全年共有100余人次在各级各类竞赛中获奖。

2010年，温州市第十五中学开展平安校园建设。通过黑板报评比、征文、主题班会活动、安全录像片、知识宣传窗等载体，开展交通警示、防盗防抢、反邪教、反赌毒、防治传染性疾病、食品安全卫生等系列教育活动，与文化、公安、城建等职能部门联手整治校园周边环境，净化校园周边的育人环境；与开发区派出所合作，加强校园周边的治安管理，推进平安校园创建。全年全校师生未发生黄、赌、毒行为及参与邪教、封建迷信活动。是年，获温州市2010年度"平安教育家校通"先进集体称号。

【永强中学】　2010年，永强中学坚持"务实、规范、有效"的管理理念，办学水平和成效稳步提高。以创建学校特色和品牌为目标，大力推进德育活动课程化建设，强化学生社团活动课程化、社会实践活动课程化、"夏（冬）令营"实践活动课程化。健全学生管理制度，普及全校范围的研究性学习和社会实践活动多样性。27个学生社团菜单式校本课程可供有个性特长的学生自主选择。注重学生的平等对话，开展以感恩和励志为核心的"爱的教育"主题实践活动。创新"新三好学生"评选机制。组织学生志愿者上街免费赠写喜庆春联和安全环保的倡议活动，开展"绿色之旅"、"成长心连心"实践活动，举行"碧水龙湾·和谐家园"主题水周系列活动，利用暑假组织全校学生参加"军事素质提升夏令营"。通过系列活动，有效提升学校德育管理水平。

2010年，永强中学积极推进新课程实施，开设校本课程、研究性学习。每周20余门的校本课程暨社团活动丰富多彩，各种活动的开展，为特长学生的自主发展开辟广阔天地。该校不断推进综合实践课程与地方课程、学校课程的有效落实，综合实践活动课程与研究性学习、社团活动、学生社会实践有机结合，学生积极主动，研究性学习成果突出。2010年，该校第十五届科技节历时两个多月，学生共获市三等奖2项，区二等奖5项，区三等奖7项，教师作品和论文获市三等奖1项，区一等奖1项，二等奖1项。

2010年，永强中学以加快现代化学校建设和创建温州市素质教育示范学校为目标，提升学校教育教学管理水平。推进学校人事制度改革，实行政教处和年级段聘任班主任、教务处和班主任聘任学科教师的聘任制度，强化聘任班级与课时挂钩的运行机制。深化与春晖民办高中的合作办学，在优化春晖高中师资队伍、教师工资制度改革、教师二次评价等方面提出新思路、新做法，办学成果显著。建立新课程教学评价机制，与浙江省六校合作联谊，组织开展联考检测及质量分析会议，及时交流教学信息。加强对课堂教学的有效监控与管理，发挥教学骨干示范作用。组织开展高级（骨干）教师教学公开周活动，分析教学优势和缺陷，做到及时点评和综合反馈。永强中学首批通过龙湾区普通高中教学规范达标评估验收。

2010年，永强中学的张以得被评为温州市名班主任，章晓燕被评为龙湾区名教师，王笑梅、项彩虹、章晓燕等分别获温州市优秀班主任、优秀教师和教育先进个人称号。区教育局授予永强中学教科研先进集体、学校文化建设十佳先进单位、党风廉政建设先进单位、信息宣传报道工作先进单位等称号。学校获省治安安全先进单位称号，被授予温州市素质教育示范校、区体育特色学校（篮球）和区禁毒教育四星级学校；该校实验室被授予浙江省中小学示范实验室称号。

2010年，永强中学高考文科重点上线4人、理科重点上线4人，比2009年增加5人；第一批艺术上线42人。本科上线率52%，比上年增长15%；高考上线率98.7%，比上年增长2%。高考成绩突出，受到龙湾区人民政府通令嘉奖。物理实验室仪器装备水平及物理实验教学水平一直走在温州市的前列，自制教具70余项。其中，获国家发明专利1项，省一等奖2项，省二等奖2项，市级获奖15项。学生在各级各类学科竞赛中共有96人次获奖，其中省级奖3项，市级奖46项，区级奖47项。

2010年，永强中学迁扩建已列入龙湾区十大民生工程和十大为民办实事工程之一。2011年1月中旬划定规划红线，占地16.2公顷，建筑面积8万多平方米，投资3.5亿元。预计于2011年年底完成新学校征地、设计、奠基等前期工作。

表51：　2010年龙湾区幼儿园现状

序号	名称	园址	幼儿园占地面积（平方米）	幼儿园建筑面积（平方米）	教师数（人）	班级数（个）	幼儿数（人）
1	龙湾区第一幼儿园	状元镇中华路119号	4080	3382	34	13	452
2	龙湾区第二幼儿园	永中东路163号	4383	4404	43	22	731
3	龙湾区第三幼儿园	瑶溪镇白楼下村阳明路2号	6000	3052	25	9	233
4	龙湾区第四幼儿园	海滨街道沙村路151号	2650	2138	27	10	341
5	龙湾区第五幼儿园	永中万康住宅区	3920	1690	22	8	257
6	龙湾区第六幼儿园	海城街道西一村天灯街80号	4600	1500	9	4	79
7	龙湾区第七幼儿园	海滨街道江一村	4500	1060	14	7	246

续表1：

序号	名称	园址	幼儿园占地面积（平方米）	幼儿园建筑面积（平方米）	教师数（人）	班级数（个）	幼儿数（人）
8	蒲州中心幼儿园	龙湾区机场大道叉口蒲江路东越住宅区内	2700	1900	25	12	350
9	龙湾区我佳幼儿园	汤家桥雁荡西路192号	1400	1500	20	9	239
10	蒲州艳洁幼儿园	蒲州街道下埠村蒲兴路26号	4423	1642	20	10	267
11	蒲州红星幼儿园	汤家桥南路华瓯佳园B幢303室	1650	1250	8	7	152
12	蒲州阳光天使幼儿园	农业示范区中国笔都安心公寓	2498	996	15	7	203
13	蒲州亿童幼儿园	括苍西路旭阳大厦M层	640	509	6	5	153
14	蒲州启蒙幼儿园	蒲州下埠街98号	300	535	5	5	162
15	蒲州屿田幼儿园	蒲州屿田中路85号	2071	1199	12	11	369
16	状元龙腾幼儿园	状元镇龙腾南路	4332	3120	42	18	584
17	状元镇佳佳幼儿园	状元镇南片安居住宅小区	4038	2940	18	7	237
18	龙湾区天鹅湖幼儿园	开发区天鹅湖小区7～8幢	1900	1550	20	8	235
19	状元镇旺仔幼儿园	状元镇石坦南路147号	325	540	8	7	221
20	状元七巧板幼儿园	机场大道2138号	1808	2200	17	8	231
21	状元镇造船厂幼儿园	状元镇横街村船厂路	680	420	6	6	160
22	状元镇天天乐幼儿园	状元镇龙泽小区13幢118号	270	660	8	8	243
23	龙湾区康艺幼儿园	开发区天鹅湖综合楼216～221室	756	540	8	6	162
24	状元镇蓝精灵幼儿园	状元镇状元新村老人协会(周宅)	320	410	8	7	283
25	状元镇红太阳幼儿园	状元新村三组团3幢103～104室	400	220	5	5	179
26	状元镇星星幼儿园	状元镇横街东路33号	380	330	5	5	165
27	状元镇童真幼儿园	状元镇大墙围30号	350	465	6	5	162
28	状元金苹果幼儿园	状元中华路104号	1300	1600	14	7	140
29	状元金星幼儿园	状元镇石坦南路	800	1200	15	7	203
30	瑶溪镇佳乐幼儿园	瑶溪镇苏川村	2664	2558	21	10	275
31	瑶溪镇伊甸幼儿园	瑶溪镇黄石村雷达路25号	2180	690	7	4	107
32	瑶溪汇佳幼儿园	瑶溪镇永胜村龙永路263～269号	720	1740	15	7	204
33	瑶溪慧冉幼儿园	瑶溪镇黄石村山北老人活动中心	2100	1100	14	7	243
34	瑶溪乐欢幼儿园	瑶溪镇朱宅村水心街39号	500	1000	6	4	80
35	永中小康爱绿幼儿园	永中街道罗东锦苑内	3060	2260	22	10	313
36	七彩阳光幼儿园	永中街道桥北新街87号	10000	2000	37	17	461
37	永中镇南幼儿园	永中街道永上居委会永安路12号	350	410	4	4	93
38	永中红黄蓝幼儿园	永中街道虹桥路16号	1800	1500	15	8	175
39	永中现代幼儿园	永中街道永宁路287～293号	270	980	18	9	245
40	永中小天使二幼	永中街道石浦南路67～68号	180	380	6	5	124
41	永中时代幼儿园	永中街道建中街205～219号	450	600	4	4	76
42	永中蓝天幼儿园	永中城北村衙城街238弄5号	260	450	6	6	138
43	永中欣乐幼儿园	永中街道福宁巷1弄6～1、6～2号	820	600	4	4	52
44	永中蓓蕾幼儿园	永中建中街188弄6号	265	580	8	6	163
45	永中红太阳幼儿园	永中街道普门村龙池巷16号	280	630	5	5	123
46	永中乐乐幼儿园	永中街道寺前街后65号	850	777	8	6	92
47	永中爱心幼儿园	永中街道中河路22弄1号	250	530	4	4	94
48	永中康居幼儿园	永中街道坦头村	500	350	4	4	95
49	永中绿荫幼儿园	永中街道沙门头6号	982	2200	24	12	312
50	永昌小天使幼儿园	永昌城北村下六宅路3弄12号	320	420	4	4	90

续表2:

序号	名称	园址	幼儿园占地面积（平方米）	幼儿园建筑面积（平方米）	教师数（人）	班级数（个）	幼儿数（人）
51	永兴天乐幼儿园	永兴街道榕树下村综合大楼	300	380	5	4	113
51	永昌一小附属幼儿园	永昌城南村菜场路23号	2200	3200	12	7	158
52	永昌中心幼儿园	永昌新城村楼梯桥	888	848	4	4	90
53	永昌度山晨星幼儿园	永昌度山村	700	450	7	5	168
54	永昌艺海幼儿园	永中街道永昌路163号	320	800	5	4	105
55	永昌彩虹桥幼儿园	永中街道前街村陈宅夹南路	650	900	4	4	70
56	永兴教育幼儿园	永兴街道乐二村	2320	1620	22	12	353
57	小博士幼儿园	永兴街道康二村富康路安心公寓	2000	1590	8	7	137
58	永兴下垟街幼儿园	永兴街道大塘村永堡路38号	300	800	8	6	153
59	永兴笑微幼儿园	永兴榕树下村永裕路167～183号	320	400	4	4	99
60	永兴祠南永华幼儿园	永兴祠南村永华大厦	580	600	8	7	153
61	永兴育才幼儿园	永兴街道永民路88弄35号	180	600	5	4	100
62	永兴大东方幼儿园	永兴街道莩芳村书院路7号	2200	1200	10	6	196
63	永兴新世纪幼儿园	永兴街道榕康西路19弄3号	350	420	7	5	167
64	永兴育华幼儿园	永兴街道沙园村康一乐园对面	346	565	7	5	143
65	永兴娃哈哈幼儿园	永兴街道下垟街543弄20号	280	600	7	5	135
66	永兴小聪聪幼儿园	永兴街道下垟街300号	340	1200	4	4	60
67	永兴小花朵幼儿园	永兴下垟街61弄1～2号	320	710	3	3	46
68	海滨小天鹅幼儿园	海滨街道城东西路7幢6号	165	385	6	4	129
69	海滨梦得尔幼儿园	海滨南安南路48号	150	340	4	4	110
70	海滨诗之梦幼儿园	海滨街道二号横街东段6号	3230	2246	10	6	132
71	海滨小荧星幼儿园	海滨街道沙北村周宅路35号	400	1600	10	5	140
72	海滨佳艺幼儿园	海滨街道宁村北门128弄15号	650	1500	8	6	135
73	灵昆镇中心幼儿园	灵昆镇繁灵街	3773	3064	19	9	243
74	灵昆一小附属幼儿园	灵昆镇叶先村	4500	1600	14	8	226
75	灵昆春苗幼儿园	灵昆镇双昆村	916	562	9	7	171
76	灵昆童星梦幼儿园	灵昆镇上岩头路	400	850	8	5	146
77	沙城中心幼儿园	沙城镇七甲中心街后	2588	2886	33	14	430
78	沙城童心幼儿园	沙城镇七五村荫墩巷3幢1号	760	1680	15	8	164
79	滨海创新教育幼儿园	滨海园区B403地块40～103、104	885	500	9	6	186
80	沙城五一幼儿园	沙城镇永寿村天城路	800	1800	15	7	180
81	沙城朝阳幼儿园	沙城镇昌文路4号	1858	2015	21	11	305
82	沙城小太阳幼儿园	沙城镇永思村175弄8号	705	1500	13	8	237
83	沙城育才幼儿园	沙城镇五一村怡心路74～84号	700	1500	10	6	170
84	沙城金色摇篮幼儿园	沙城镇永阜村浦河西路1弄1～11号	455	1820	6	4	95
85	沙城怡心幼儿园	沙城镇五甲村大郎桥路81～83号	540	885	10	7	202
86	龙湾区现代二幼	沙城镇永阜河新路	1208	1208	12	6	107
87	沙城大拇指幼儿园	沙城镇七甲街82弄1～3号	445	1065	9	6	148
88	龙湾区童心二幼	沙城大街968号	1028	1458	6	4	102
89	天河天乐幼儿园	天河镇筑城村环川南路1号	1500	650	10	6	142
90	天河童心乐幼儿园	天河镇司南中心路5号	600	2822	10	5	148
91	天河银星幼儿园	天河镇永丰西路81～105号	1200	1700	20	9	292
92	天河小太阳幼儿园	天河镇三甲街215号	2200	2700	26	14	402

续表：

序号	名称	园址	幼儿园占地面积（平方米）	幼儿园建筑面积（平方米）	教师数（人）	班级数（个）	幼儿数（人）
93	天河春苗幼儿园	天河镇高轩村委会	660	380	9	5	165
94	天河开心幼儿园	天河镇永强大道1222号	1100	2600	16	10	218
95	龙湾区童心乐二幼	天河镇三甲街150～160号	580	1780	10	5	89
96	海城第一幼儿园	海城街道广场路111号	3555	4375	37	18	634
97	海城启蒙幼儿园	海城东门村海宁路150号	1350	1606	22	11	335
98	海城世纪星幼儿园	海城上涂村	800	1960	20	10	283
99	海城大风车幼儿园	海城广场路299号	730	1390	18	9	264
100	海城艺乐幼儿园	海城街道中星街167～175号	315	1045	16	8	221
101	海城喜洋洋幼儿园	海城街道石坦村南门南街7幢15号	800	650	8	5	125
		临时办学点					
1	状元横街青苹果幼儿园	状元镇横街东路115号	400	400	5	5	84
2	状元徐家桥幼儿园	状元镇横街西路156弄9号	500	285	6	6	120
3	瑶溪金童幼儿园	瑶溪镇金岙村勤奋路92号	220	480	6	5	123
4	瑶溪金岙佳艺幼儿园	瑶溪镇金岙村曹梁路18号	228	480	10	7	152
5	瑶溪龙东幼儿园	瑶溪镇龙东村东河路12号	680	420	8	6	173
6	永中小丫幼儿园	永中街道龙水东路28号	267	425	7	6	103
7	永中新天地幼儿园	永中街道永昌城北新路48号	400	850	6	4	88
8	永中青山幼儿园	永中街道龙水路38弄2号	1000	620	6	5	111
9	永昌阳光幼儿园	永中街道永昌郑宅楼阁巷5号	430	860	6	4	78
10	永中龙水幼儿园	永中街道龙水东路402～404号	585	585	6	5	123
11	永中海韵幼儿园	永中街道三都菜场龙池巷13弄13～15号	650	700	7	7	96
12	永兴小聪灵幼儿园	永兴街道乐富住宅区20幢3号	370	1125	4	4	104
13	永兴蓝天幼儿园	永兴街道康一环镇路	298	720	3	3	79
14	永兴童乐幼儿园	永兴街道康一环镇南路84～86号	260	620	3	3	32
15	永兴绿色幼儿园	永兴街道康一环镇路12幢138号	270	576	5	4	65
16	海滨小天鹅北新分园	海滨街道北新村王宅路2～7号	750	1050	9	5	143
17	海滨蓝田阳光幼儿园	海滨街道蓝田计衙路8号	300	600	5	5	111
18	海滨爱之家幼儿园	海滨街道宁村宁城街20弄1号	225	395	7	5	104
19	海滨田心幼儿园	海滨街道沙南中路7号	150	300	3	3	65
20	灵昆爱儿幼儿园	灵昆镇灵昆北路	412	600	4	4	96
21	灵昆育苗幼儿园	灵昆镇北段村	585	450	5	4	102
22	沙城大卫幼儿园	沙城镇浦江小区13幢1号	320	1280	10	8	185
23	沙城怡心幼儿园	沙城镇八甲街前巷路27～29号	260	630	4	4	99
24	沙城小摇篮幼儿园	沙城镇永恩村沙城大街233号	280	950	10	6	197
25	沙城智慧树幼儿园	沙城镇永恩村沙城大街849号	500	1500	15	8	237
26	天河宝宝乐幼儿园	天河镇新河村河东路19弄21号	450	660	9	5	141
27	天河七色花幼儿园	天河镇龙泉路天竹10幢1号	167	470	5	5	71
28	天河小状元幼儿园	天河镇中和新村	592	1184	12	6	162
29	海城东溪阳光幼儿园	海城街道东溪西路47～53号	825	520	10	5	126
30	海城华艺幼儿园	海城街道城河东路65号	1050	1050	6	4	102
31	海城长虹花园幼儿园	海城街道人民北路48号	500	350	10	7	117

表52:	2010年龙湾区小学现状						
序号	学校名称	校　址	学校占地总面积(平方米)	学校建筑总面积(平方米)	教师数(人)	班级数(个)	学生数(人)
1	龙湾区实验小学	状元镇耐宝路	36898	15791	119	49	2016
2	龙湾区第二小学	龙湾区万康锦绣城	12979	16298	29	13	495
3	永中第一小学（南校区）	永中街道沙门头	20250	10723	60	25	1229
	永中第一小学（北校区）	永中街道罗东南街			63	26	792
4	永中第二小学	永中街道永宁路	17430	4049	66	29	1258
5	永昌第一小学	永中街道新城村	18201	4583	47	19	830
6	永昌第三小学	永中街道丰台村	3933	1022	23	10	411
7	永昌第五小学	永中街道刘宅村	12000	1886	27	12	462
8	龙水第一小学	永中街道王宅村	16154	3787	64	27	1055
9	龙水第三小学	永中街道东林村	7523	1726	28	12	467
10	永兴第一小学	永兴街道萼芳村	7681	6567	67	28	1251
11	永兴第二小学	永兴街道乐二村	8311	4351	64	28	1296
12	海滨第一小学	海滨街道沙中村	6600	3388	54	20	1069
13	海滨第二小学	海滨街道道宁村	19053	5038	61	24	1067
14	海滨第三小学	海滨街道蟾钟村	15340	2300	30	12	482
15	灵昆第一小学	灵昆镇王相村	22011	4583	51	22	887
16	灵南小学	灵昆镇上岩头村	17034	3326	29	13	517
17	上江小学	蒲州街道上江村	8802	4401	36	15	616
10	屿田小学	蒲州街道屿田村	4736	2230	28	13	527
19	上庄小学	蒲州街道上庄村	4147	2286	31	13	547
20	元庄小学	状元镇元庄村	1925	1467	26	12	515
21	状元第三小学	状元镇三期工业区	18773	4323	45	19	782
22	横街小学	状元镇龙飞西路	17480	6547	52	24	898
23	瑶溪第一小学	瑶溪镇雄心村	20933	9151	46	19	791
24	瑶溪第三小学	瑶溪镇龙湾村	15040	3332	38	16	618
25	瑶溪第五小学	瑶溪镇河滨村	5814	1426	16	6	223
26	黄石小学	瑶溪镇黄石村	1095	843	15	7	278
27	黄山小学	瑶溪镇黄山村	1286	787	17	6	227
28	金岙小学	瑶溪镇金岙村	12000	2380	22	12	475
29	天河第一小学	天河镇庄泉村	23046	6544	76	34	1422
30	天河第二小学	天河镇中和村	12006	2095	28	12	505
31	沙城第一小学	沙城镇联七五村	13545	8252	81	35	1444
32	沙城第二小学	沙城镇永福村	14140	6692	45	20	871
33	区第一新公民学校	沙城镇烟台村	12653	1870	35	13	540
34	海城第一小学	海城街道上涂村、埭头村	41348	10030	107	48	2157
35	海城第二小学	海城街道中星村	17444	3866	35	15	673
36	育英学校（小学部）	开发区楠溪江路	同温州育英学校同校区		46	22	920

表53：2010年龙湾区初中现状

序号	学校名称	校址	学校占地总面积(平方米)	学校建筑总面积(平方米)	教师数(人)	班级数(个)	学生数(人)
1	龙湾区实验中学	龙湾行政中心区	10005	6620	68	18	915
2	永中中学	永中街道沧下路	16099	4140	127	32	1212
3	温州市第二十中学	状元镇文化路	34422	13303	112	27	993
4	温州市第二十五中学	瑶溪镇苏川村	63839	11837	114	21	838
5	温州育英学校	开发区楠溪江路	22538	14615	77	19	681
6	永兴中学	永兴街道下沿路	27123	8475	109	30	1130
7	海滨中学	海滨街道河北路	48667	8570	92	25	875
8	永昌中学	永中街道新城村	14700	3866	57	15	553
9	沙城中学	沙城镇中心街	24253	6694	88	24	746
10	天河中学	天河镇新川村	18457	5286	54	18	687
11	灵昆中学	灵昆镇上岩村	18150	4618	53	15	533
12	海城中学	海城街道上涂村	37352	8847	103	30	1090
13	新世纪学校	蒲州街道新江路			23	9	340
14	艺术学校					8	325
15	龙湾外国语学校					3	104

表54：2010年龙湾区普通高中现状

序号	学校名称	校址	学校占地总面积(平方米)	学校建筑总面积(平方米)	教师数(人)	班级数(个)	学生数(人)
1	龙湾中学	永中街道新城村	131995	70994	123	33	1590
2	温州市第十五中学	开发区楠溪江路	28681	22343	94	26	1224
3	永强中学	永中街道太师路	21194	19921	99	24	1139
4	新世纪学校	蒲州街道新江路	24734	19331	25	8	340
5	瓯江高中	蒲州街道屿田村	12569	15684	59	14	669
6	艺术学校	瑶溪镇苏川村	12474	12824	67	21	840
7	越秀学校	永中街道永宁西路	67980	28564	64	24	917
8	沙城高中	沙城镇庄桥村	38316	21746	64	22	984
9	春晖高中	海城街道东溪村	36685	12090	40	15	532
10	白鹿外国语高级中学	鹿城区仰义	23345	20070	40	16	779

表55：2010年龙湾区职业高中现状

序号	学校名称	校址	学校占地总面积(平方米)	学校建筑总面积(平方米)	教师数(人)	班级数(个)	学生数(人)
1	区职业技术学校	瑶溪镇白楼村	17500	8653	119	38	1575
2	永强职业中学	永兴街道纪兴路	7210	10489	42	15	722
3	曙光综合高中	永中城北街城街	10005	14062	28	16	517

文　化

综　述

2010年，龙湾区文化事业围绕文化大区建设目标，依托“新龙湾、新文化、新生活”这个总载体，以满足人民群众日益增长的精神文化需求和增强城市软实力为出发点，围绕基层文化覆盖工程、文化品牌提升工程、文化产业发展工程、文化人才支撑工程等四大工程建设，全面推进全区各项文化事业建设。深入开展国家历史文化名城创建工作，加大文化遗产保护力度，全区有63个项目列入各级“非物质文化遗产”保护名录。永昌堡、汤和庙等文保单位修复工作扎实推进，做好国家级、省级文保单位申报工作。引导民间和社会力量参与文化设施、文化阵地建设，成立姜家坦文化会所，设立温州金州动物馆，基层文化创建成效显著。推进电子文件和数字档案登记备份工作，编制龙湾区档案信息化建设“十二五”规划。新闻宣传工作有声有色，准确地传达了党和人民的心声，及时宣传了区委、区政府的重大决策、重点工作及各行各业的喜人成就和先进典型。群众文化活动丰富多彩，文艺精品创作成果丰硕。

社会文化

【主题文化活动】 2010年，龙湾区文化广播新闻出版局（简称龙湾区文广新局）举办龙湾区第六届音乐舞蹈节、首届机关青年卡拉OK大赛等8场大型演出活动。积极打造罗峰讲坛品牌，邀请阮仪三教授到龙湾主讲国家历史文化名城创建相关内容。开展龙湾区读书月系列活动、龙湾博物馆开馆十周年暨龙湾历史文化名人展、温州市公共图书馆建设成果展和防灾减灾科普书籍推荐等活动。全年开展各类文化活动76场。打造节假日文化品牌，组织开展非遗成果进校园、爱国主义电影进校园（军营）、科普电影下乡村等文化活动。引领各镇（街道）开展丰富多彩的节假日文化活动，受到广大群众的热烈欢迎。

图67：1月28日，龙湾区博物馆举行开馆十周年暨龙湾历史文化名人展活动。

（龙湾文广新局供稿）

【文化“三下乡”活动】 2010年，龙湾区文广新局实施文化惠民工程，开展送书下乡、送文艺演出下乡、送电影下乡等活动，较好地解决了农民群众看演出难、看电影难、看书难的问题。全年向全区农村、社区送去免费数字电影2100场，完成率为101.56%；送文艺演出下乡61场；送书下乡3500册。

【非物质文化遗产保护工程】 2010年，龙湾区文广新局参与百项“非物质文化遗产”项目保护“守望行动”工作，加强对非物质文化遗产项目的推荐申报和命名工作，加快建立四级非物质文化遗产名录体系。截至12月，全区有63个项目列入各级“非物质文化遗产”保护名录。其中国家级1项、省级5项，省级传承人7名、市级传承人9名。举办《守望记忆——龙湾区非物质文化遗产选粹》书籍首发仪式，开展“非物质文化遗产”保护成果共享工作，把“拼字龙灯”、“泥塑”等“非物质文化遗产”项目在温州大学和河泥荡文化公园进行现场展示展演活动。召开龙湾区非物质文化遗产产业化传承联盟基地论证会，撰写《关于推进龙湾区非物质文化遗产保护传承工作的调查报告》，筹建龙湾区非物质文化遗产产业化传承联盟基地，推进非物质文化遗产产业化传承工作。

文化行政工作

【文化市场监管】 2010年，龙湾区文广新局深入开展“平安文化市场”创建活动，促进文化市场健康有序发展。开展“扫黄打非”和“平安世博”专项行动，强化对出版物市场的监管。推进网吧、游艺娱乐场所、演出市场等文化市场监管整治，文化市场良好率达90%以上。开展小音像（小网吧）、非法地面卫星接收器和无证照场所整治工作，全区无证照场所整治率达100%，小音像（小网吧）整治与规范率达100%。全年共组织执法317次，检查文化经营单位1238家次，受理群众举报77件，查处违规经营单位192家，取缔文化经营场所150家，收缴各类非法物品39210件，收缴罚款30.24万元。

【文化行政审批窗口建设】 2010年，龙湾区文广新局设立行政审批科，和文化市场与产业管理科合署办公。推进审批流程再造，确保办事窗口授权到位、“限时办结制”落到实处，规范办事流程，提升行政审批效率。全年共收办件339件，办结339件，办结率100%。在区行政审批中心的考绩考核中取得7面红旗、5个优秀的好成绩。

【文化示范村（社区）创建】 2010年，龙湾区文广新局开展省级文化示范社区、市级文化示范村、市级文化信息共享工程基层点和无“小耳朵”（非法地面卫星接收器）创建工作。成功创建“浙江省东海文化明珠”1个、温州市金海岸文化网工程1个，浙江省文化示范村1个、温州市文化示范村4个、温州市文化信息共享工程基层服务点4个。在状元文化公园设立农村电影示范放映点1个，扶持建立30个农家书屋，培育和发展12名省级文化示范户。全区90%以上的街道实现无“小耳朵”，85%以上的镇实现无“小耳朵”。

【文化产业发展】 2010年，龙湾区文广新局编制《龙湾区“十二五”文化发展规划（征求意见稿）》，制定龙湾区文化产业发展计划，优先发展文化创意、文化博览、网络文化等新兴文化产业，发展壮大制笔、教玩具、办公文化用品、体育用品等文化用品制造业。抓好区文化发展有限公司、文博馆、文化馆、图书馆等单位的内部改革，理顺关系。建设非物质文化遗产产业化传承联盟基地，推进状元文化中心改造，解决好永强电影院遗留问题。引入“温州文化创意产业园”，在龙湾区设立基地。温州文化商品市场第三期工程完成内外装修和设备安装阶段，做好第四期文化大厦工程前期各项准备工作。截至12月，全区从事文化经营活动的单位有500余家，总产值65亿元，实现文化产业增加值9亿元，约占全区地区生产总值的4.1%，逐步形成文体用品制造、印刷、包装、造纸等特色文化产业。

【基层文化队伍建设】 2010年，龙湾区文广新局制订文化人才发展规划和2010年度人才发展计划，积极构筑文化服务人才网。配齐镇（街道）文化市场义务监督员，成立区、镇、村三级180支民间文艺队伍。开展2010年龙湾区综合艺术培训，配合市文广新局开展“星辰计划”人才选拔和百名文化员培训。全年举办各类培训班7期，辅导文化站干部、群众文艺骨干350人。开展学习型员工创建活动，推行文化经营场所人员上岗资格考试。全区47家文化经营单位的565名法人代表及从业人员参加上岗资格考试。

文化设施建设

【概况】 截至2010年年底，全区建有区级文化中心1个、图书馆1个、文博馆1个、文化馆1个，镇（街道）综合文化活动中心9个，村（社区）图书流动点3个，民间图书馆2个，文化场馆总面积达3万多平方米。建有“东海明珠工程”6个，“金海岸文化明珠工程”9个，省级文化示范村（社区）3个，市级文化示范村（社区）18个，文化信息资源共享工程文化服务网络村（社区）18个。

【标志性文化设施建设】 2010年，启动“龙湾区‘十二五’期间文化发展规划”编制工作，推进全区文化设施建设。区图书馆大楼建设进入施工方案确定、进场施工阶段。完成区文博馆技改二期改造前期准备工作。完成占地0.67公顷、建筑面积6188平方米的龙湾中心区文化水街建设。永中文化中心大楼等8个镇（街道）的文化中心扎实推进。全区9个镇（街道）拥有文化站，其中7个达省规定标准。

【民间文化阵地建设】 2010年，龙湾区文广新局借用社会力量参与文化设施、文化阵地建设，成果明显。成立龙湾区收藏协会并创建网球博物馆，成立姜家坦文化会所，建设温州金州动物馆。在王瓒家庙里建立“世界王氏谱牒收藏馆”，收藏不同时期的世界各地王姓家谱、族谱、宗谱共1000本。还在吉夫图书馆设立电子阅览室。

历史文化名城创建

【概况】 2010年，龙湾区根据温州市《关于开展国家历史文化名城等“六城联创”活动实施意见》，扎实推进国家历史文化名城创建工作。制定了《龙湾区创建国家历史文化名城（2010～2013年）实施意见》，与镇（街道）、部门签订创建责任分解书，确保按时保质完成创建任务。推进永昌堡、国安寺塔等历史古迹保护工程建设，开展汤和信俗保护和大罗山历史文化研究，启动《寺前街历史文化街区修建详细规划》编制，完成文化遗产保护项目申报年度任务。

【市、区领导调研国家历史文化名城创建工作】 2010年10月22日，龙湾区委

图68：10月12日，龙湾区委书记王祖焕调研国家历史文化名城创建工作。（区文广新局供稿）

书记王祖焕率区委办、区政府办、区文明办、区建设局、区文广新局、区城管执法分局、区规划分局等部门主要负责人调研国家历史文化名城创建工作，实地考察了区级文物保护单位张璁祖祠、历史文化街区寺前街和龙湾区文博馆。随后，召开国家历史文化名城创建工作座谈会。11月10日，副市长仇杨均到龙湾调研国家历史文化名城创建工作，现场察看了龙岗山龙岗寺、国安寺塔、张璁祖祠、王瓒家庙及永昌堡等5个文物保护单位及文物点，并召开调研会。

【温州创建国家历史文化名城主题讲座】　2010年11月10日，温州市创建国家历史文化名城办公室、龙湾区委、区政府联合在区行政管理中心4楼多功能厅举办温州·龙湾国家历史文化名城创建主题讲座。特邀上海同济大学教授、国家历史文化名城研究中心主任阮仪三主讲《中国历史城市遗产的保护与合理利用》。通过该次讲座活动，让大家更加明白温州创建国家历史文化名城的重大意义及如何创建国家历史文化名城的思路。

文艺活动

【龙湾区第六届音乐舞蹈节】　2010年8月26日，龙湾区第六届音乐舞蹈节音乐舞蹈专场比赛在区文化中心举行。龙湾区音乐舞蹈节创始于2000年，由龙湾区人民政府主办，区文化馆承办，每两年举办一次。共有21个音乐舞蹈节作品参赛，评出音乐创作金奖4个，舞蹈创作银奖1个，音乐表演金奖5个，银奖4个，舞蹈表演金奖7个，银奖5个。

图70：7月29日，龙湾区文化馆开展"种文化送培训"活动。（区文化馆供稿）

【首届龙湾区机关卡拉OK大赛】　2010年6月25日，龙湾区首届机关卡拉0K大赛在区文化中心举行。该活动由区文广新局主办，区文化馆承办，旨在丰富机关干部业余文化生活，营造健康向上的机关干部文化氛围，大赛吸引了一大批年轻干部的参与。该次比赛共评出一等奖2名、二等奖5名、三等奖7名。

【大型文化活动】　2010年，龙湾区文化馆牵头组织、参与或指导大型文化活动20多项，送文艺下乡61场。主要有参加温州市"廉洁之光"文艺晚会、"庆五一，迎世博，展风采"温州市职工排舞大赛。承办龙湾区各界人士迎新春联谊会、龙湾区庆祝"6·5"全国环境保护日大型广场文艺宣传演出、"为党旗增辉，为企业增效"非公党建宣传活动总结暨活力和谐企业大型颁奖文艺晚会、"真情送服务，建设新农村"文化进村送娱乐活动、龙湾区第六届音乐舞蹈节。参与"和谐文化乡村行"巡回演出、庆祝"九九重阳节"戏曲演唱会活动、首届机关干部卡拉OK大赛等。每个大型文化活动均得很成功，得到观众的一致好评。

图69：8月26日，小组唱《三月好江南》表演现场。　（区文化馆供稿）

【文艺创作】　2010年 1月20日，龙湾区文化馆创作编排小品《茶叶》，代表龙湾区参加由温州市纪委、市委宣传部主办的温州市"廉洁之光"文艺晚会，获二等奖。8月下旬，编排排舞《尝试》，参加市第三届排舞大赛，获二等奖。11月，选送辅导男声独唱《永强山歌》，参加2010浙江省中老年演唱大赛，获三等奖。12月下旬，创作选送的音乐作品《三月好江南》，参加省第九届音乐新作演唱演奏大赛获创作金奖、表演金奖。

【文艺队伍建设】　2010年，龙湾区文化馆继续加强农村文化素质提升工程建设，努力提升镇（街道）、村（居、社区）等基层单位文艺骨干的业务素养。全年共组织各类培训6期，其中龙湾区2010综合艺术培训班，时长半个月；机关干部排舞培训班，时长2个多月，有300余人参加了培训。

文　联

【龙湾区文联成立10周年纪念大会】　2010年1月12日，龙湾区文联成立10周年纪念大会在区文化中心举行。台湾诗人余光

图71：1月12日，龙湾区文联举行成立10周年纪念大会。

（区史志办供稿）

中应邀出席庆典活动并做专题讲座。会上，颁发龙湾区首届文学艺术“特别贡献奖”、“瓯江潮奖”，集体奖，市文联主席郑朝阳、区委书记王祖焕到会作重要讲话。区文联成立10年来，已拥有9个团体协会及3个2级团体协会，有会员800余人。

【“康而达”杯温州龙湾·杭州富阳书法联展】 2010年9月16日，由龙湾区文联、富阳市文联主办的“康而达”杯温州龙湾·杭州富阳书法联展在温州市展览馆开幕，展期3天。该次联展为联展活动的第一站，集中展出了120 幅书法精品，联展作品集同时发行。

【《龙湾文献丛书》第一辑首发式】 2010年2月24日，《龙湾文献丛书》第一辑明·嘉靖《永嘉县志》、《明代英桥王氏诗录》，在龙湾区举行首发式。明·嘉靖《永嘉县志》为明代王叔果、王应辰编纂，是现存最早的永嘉县志，仅见藏于日本尊经阁文库。1999年，中国书店将其列入《稀见中国地方志汇刊》影印出版，该书关于温州嘉靖年间资料与温州龙湾资料特详，由温州学者潘猛补点校出版。《明代英桥王氏诗录》，收录明代龙湾英桥王氏家族40余位诗人的诗作，由温州市青年学者陈伟玲校注出版。

【孔子祭拜大典】 2010年9月28日，沙城镇温州孔庙举行孔子祭拜大典。来自各地的孔子后裔200余人参加了祭拜活动。该次祭孔大典旨在教育后人，不忘人文祖脉，传承中华文化，推动经济社会和谐发展。祭祀分古代祭祀仪式与现代祭祀仪式。古代祭祀仪式以孔氏后裔向至圣先师孔夫子敬献花篮，恭读《祭文》、祭拜等仪式；现代祭祀以孔氏后裔与浙江工贸学院学生高声齐诵《论语》为主，这是温州孔庙一大特色。同时，举行儒学基地揭牌仪式。

【龙湾区罗峰艺社抚月堂揭牌】 2010年1月3日，龙湾区罗峰艺社抚月堂在河泥荡文化公园举行揭牌仪式。林剑丹、戴宏海、陈天龙等100余位书画名家出席。抚月堂成为该文化公园内一个新的文化景点和文化活动场所。

【文艺成果】 2010年，龙湾区60余件书法作品在各级书展中展出或获奖。其中10余件作品被全国各地邀请参展，在第七届全浙书法大展中获银奖、铜奖。《大漠天穹》等摄影作品，获中国第23届全国摄影艺术展览铜奖、优秀奖；漆画作品《守望故土》，入选第四届北京国际美术双年展。第5届中国（莆田）海峡工艺品博览会上，木雕作品《包青天》获银奖。歌曲《三月好江南》获省第九届音乐新作大赛创作、表演金奖。少儿舞蹈作品《尝试》，获省少儿排舞大赛铜奖、市排舞大赛银奖。

文物保护管理

【概况】 截至2010年12月，龙湾区文博馆收藏各种文物1626件。其中，陶瓷制品342件，木雕木构件189件，木制生产生活用具385件，碑志105通，砖、石雕、瓦当75件，铜器、铜镜54件，钱币164件，书画作品138幅，锡器、玉化石、革命文物等其他器具174件。

表56： 龙湾区文物保护单位

序号	单位名称	地址	时代	级别（级）
1	永昌堡	永中街道新城村	明	国
2	国安寺塔	瑶溪镇皇岙村	宋	省
3	龙湾炮台	瑶溪镇龙湾村	清、近现代	市（区）
4	龙岗山遗址	瑶溪镇瑶溪村	战国	市（区）
5	半山摩崖造像	瑶溪镇永胜村	明	市（区）
6	张璁祖祠	永中街道普门村	明	市（区）
7	张天麟家庙	永中街道普门村	明	市（区）
8	王瓒家庙	永中街道殿前村	明	市（区）
9	汤和庙	海滨街道宁村村	明	市（区）
10	石胜观摩崖造像	永中街道双岙村	宋	市（区）
11	“第一山”摩崖题刻	永中街道郑宅村	明	市（区）
12	峰门山摩崖题刻	永中街道坦头村	宋	市（区）
13	诸募桥	永中街道度山村	宋	市（区）
14	东引桥	永中街道城南村	明	市（区）
15	望海桥	永兴街道水潭村	清	市（区）
16	横塘桥	永中街道城北村	明	市（区）
17	王德墓	永中街道朱垟村	明	市（区）
18	东海大堤	海滨街道至海城街道	明、清、现	市（区）
19	王诤墓	状元镇山西岙	明	市（区）
20	海思亭	灵昆海思村	明	市（区）
21	梅头东溪碑群	海城街道东溪村	明	市（区）

【第三次全国文物普查】　截至2010年12月，龙湾区文物普查队先后完成不可移动文物名录公布、三普报告初稿撰写、普查台账整理、普查保护规划制订、普查资料出版计划制订，按国家文物局的审查意见进行校对修改等工作。筛选整理37处重要新发现，并公布为文物保护点，现存文物保护点共计70处。6月12日，区文物普查队获实地调查阶段省级先进集体称号。

【文物保护单位申报】　2010年，龙湾区文博馆完成第七批国家级重点文物保护单位（国安寺塔）和第六批省级文物保护单位（张璁祖祠、汤和庙、王瓒家庙）的申报工作。区委、区政府对申报工作十分重视，副区长方志方亲自带队，到北京、杭州两地向国家文物局和省文物局的专家进行申报说明，相关专家对龙湾区上报的文物给予A级分。

【文物维修】　2010年，龙湾区文博馆通过对全区文物保护单位详细排查，根据轻重缓急，对汤和庙和望海桥进行立项维修。汤和庙维修已完成图纸测绘、项目立项、编制维修方案工作，11月26日《汤和庙维修方案设计》通过温州市文物专家会审。望海桥维修已完成招投标，定于2011年春天进场施工。同时，恢复王瓒书院并进行陈列布展、对外开放；八甲民居等一批文保点，完成标志、说明碑的立碑工作。

【文物保护宣传】　2010年6月，龙湾区文博馆、区非遗中心共同承办“文化遗产日”系列活动。活动包括“龙湾区收藏协会藏友书画展”、“龙湾区第三次全国文物普查成果展”、《中华人民共和国文物保护法》宣传、在河泥荡文化公园举行非物质文化遗产传承人现场展演等活动。活动从6月9日开始到6月底结束。该活动旨在向社会全方位、多角度展示龙湾区文化遗产资源和近年来保护工作成果，以期进一步提高公众对文化遗产保护的认识，动员全社会共同参与和保持文化遗产。

永昌堡

【永昌堡建堡450周年系列活动】　2010年2月24日，龙湾区委、区政府在永昌堡环海楼广场举行龙湾区永昌堡建堡450周年纪念大会。温州市府副秘书长徐森，温州市文广新局局长吴东，龙湾区委副书记、区长陈玲玲及市旅游局、市规划局、区人大、区政协等相关部门领导、王氏名人、张氏后裔、相关村委领导、新闻媒体记者等近百人参加庆典仪式。会后，与会领导和嘉宾参观了永昌堡，并举行纪念永昌堡建堡450周年座谈会。同时，王氏后人共1000余人从永昌堡环海楼出发，排成建城、抗倭、历史名人、爱乡敬祖等4个主题方阵，进行以继承先祖业绩，弘扬古堡文化，传承乡土文脉为宗旨的民间巡游活动。巡游活动途经永中、沙城、永兴、海滨等镇（街道）20余个村。永昌堡建于明嘉靖三十七年（1558），是浙南民间兴建的一处抗击倭寇的军事设施，堡内面积0.34平方公里，于2001年被列为国家级重点文物保护单位。

【永昌堡文物维修】　2010年，龙湾区永昌堡管委会做好古民居维修和城墙维修。完成城墙一期工程、都堂第、隔浃派祠堂、状元里18号等维修，贤望巷3号、御史巷10号等一批古民居进行抢救维修，落实联芳桥、楼梯桥等11座古桥梁保护工作。永昌堡古民居维修二期得到国家文物局审批。

【永昌堡外迁安置工程】　2010年，永昌堡管委会加快外迁安置工程进度。6～8号楼共计15000平方米已竣工，1～5号楼18000平方米已结顶，19～22号楼共计30000平方米已完成桩基施工，主体工程正在建设中。

【永昌堡综合治理】　2010年，龙湾区永昌堡管委会推进民房立面整饬和配套工程建设。完成47间民房立面整饬改造，新城街立面整饬协议已基本签订，启动下河立面整饬协议签订工作和工程建设。综合管网主体工程已全线竣工，三线下埋即将启动建设。完成道路铺装12500平方米，广场绿地建设19300平方米，另有25000平方米绿地正在施工中。

公共图书馆

【龙湾区读书月活动】　2010年5月中旬至6月26日，以“读书进步，和谐发展”为主题的2010年龙湾区读书月活动在全

图72：6月9日，龙湾区举行“文化遗产日”系列活动启动仪式。

（区文广新局供稿）

图73：2月24日，龙湾区委、区政府举行永昌堡建堡450周年纪念大会。

（区史志办供稿）

图74：6月26日，龙湾区读书月活动举行闭幕式。（区文广新局供稿）

区铺开。该活动由龙湾区委宣传部、区文广新局、区文明办联合主办，区图书馆承办。活动期间，相继开展包括“书香浓情，读书大讲坛”、“‘百位名人谈读书’图文展”、“‘回味经典电影’优秀少儿电影展播”、“‘我爱我家’家庭读书竞赛”、“‘弘扬民族文化，诵读经典诗文’中小学生经典诗文诵读比赛”、“‘书香行动’评选活动”、“‘琳琅珍品，书香满怀’——中国最美的书部分作品展览”、“图书馆服务宣传周系列活动”等八大活动，营造“全民读书、终身学习”的良好社会氛围。

【龙湾区新图书馆开工建设】 2010年12月24日，龙湾区新图书馆举行开工仪式。该馆用地8500平方米，总建筑面积18571平方米，总投资1.4亿元。计划2012年建成。

【李浦王氏宗谱捐赠市图书馆】 2010年8月29日，李浦王氏宗谱捐赠仪式在王瓒家庙举行。龙湾区永中街道殿前村王瓒家庙文保管理委员会负责人把共计31册的李浦王氏宗谱捐赠给温州市图书馆，市图书馆馆长谢智勇为其颁发捐赠证书。王瓒家庙文保管理委员会负责人还表示今后会陆续把三槐李浦王氏家谱全部整理好捐赠给温州市图书馆。

【3个馆外图书流通点建立】 2010年，龙湾区图书馆与区消防大队、温州机场边检站、温州市新兄弟人造革有限公司分别签约，建立馆外图书流通点。

【图书馆读者活动】 2010年，龙湾区图书馆协办2010年龙湾区学习型党组织创建暨“阳春倡读”系列活动之中华经典诗文诵读及龙湾区地域文化书籍展览；开展“防灾减灾”影片播放、科普书籍推荐等宣传活动；在图书馆服务宣传周期间，开展减免图书借阅逾期费、取消读者证年审等优惠活动；开展暑期少儿优秀视频讲座；选送优秀少儿作品参加温州市“感受世博，畅想未来”征文绘画摄影比赛；组织民工子弟学生参观区图书馆，举办少儿阅读推广讲座活动等。

【沙城图书馆】 2010年11月29日，沙城图书馆举行建馆20周年庆祝活动。活动中，表彰了15位家乡文化建设的热心人，光泽电子信息阅览室揭牌。截至2010年年末，该馆有各类图书53000册，已形成“一户一证，免费借书”为特色的“读书服务网”。

档案事业

【概况】 2010年，龙湾区档案局(馆)开展档案登记备份工作，加强档案监督指导、档案利用服务、档案法制建设、档案信息化建设、档案队伍建设，实现档案事业快速健康发展。全年接待档案查阅利用112人次322卷册。龙湾区档案局（馆）机构规格被确定为正科级。

表57： 2010年度与前4年龙湾区档案利用情况对比

年份	利用档案（卷）	利用档案（人）
2006	386	182
2007	282	137
2008	473	187
2009	308	101
2010	322	112

【档案登记备份工作】 2010年，龙湾区档案局（馆）出台《龙湾区电子文件和数字档案登记备份工作实施方案》，成立龙湾区电子文件和数字档案登记备份中心，落实全额事业编制2名。全年全区有6家单位档案数字化成果和电子文件，在区电子文件和数字档案登记备份中心进行登记备份。

【档案监督指导】 2010年，龙湾区档案局（馆）继续发挥监督指导职能，开展年度建档和档案目标管理认定工作，主动为机关、团体、企事业单位、行政村、社区和重点工程建设单位提供业务指导。开展“联镇联村”下基层走访活动，各科室联系一镇（街道）一村，定期走访，帮助解决各基层联系点档案工作中存在的困难和问题。主动与区重点办联系，掌握重点建设项目进展情况，指导工程档案分阶段归档整理，确保全区重点工程的档案质量。截至12月，全区有49个单位通过市级综合档案室达标验收，15个单位通过省级综合档案室考评。

【档案移交工作】 2010年7月，龙湾区档案局（馆）对全区各单位档案管理情况进一次全面调查，完成《各单位档案管理情况登记表》的统计工作。对国家档案局8号令《机关文件材料归档范围和文书档案保管期限规定》尚未执行的单位进行督促和催办，确保档案的集中和安全保管。全年完成10家上报单位《机关文件材料归档范围和文书档案保管期限规定》的审批工作。

【档案信息化建设】 2010年，龙湾区档案局（馆）在馆藏档案全文数字化的基础上，对馆藏涉密档案一一进行过滤和隔离，建立共享数据库，方便读者检索利用。继续做好档案网站建设，及时更新网站信息。编制龙湾区档案信息化建设“十二五”规划。

新闻工作

【概况】 2010年，龙湾区新闻中心围绕区委、区政府“四大战略”、平安龙湾创建、生态区建设、民生工程等主题，及时宣传反映龙湾区建设宜商宜居滨海新城区的新措施、新成就。全年在《今日龙湾》、温州电视台《都市新闻》栏目和龙湾新闻网共发稿近万条，其中《今日龙湾》共出刊52期、178个版面，刊登消息1250条，专版20版；温州《都市新闻》栏目播出龙湾新闻1000余条，专题40档，有60余条新闻在《都市新闻》栏目头条播出；龙湾新闻网共刊登图文、视频消息8000余条。

【学习型党组织建设活动宣传】 2010年，龙湾区新闻中心在学习型党组织建设活动开展之际，在龙湾新闻网开设《大力推进学习型党组织建设》专题栏目。并分类开辟8个子栏目，编发信息稿件近100篇，建成全区学习型党组织建设的网上资料库。

【外地媒体话龙湾】 2010年，龙湾区新闻中心整合媒体资源，紧扣区委、区政府的中心工作，不断改进对外、对上宣传的形式和方法。全年在《经济日报》、《浙江日报》、《温州日报》等国家、省、市报纸刊登重点新闻稿件240篇，其中头版刊出20余篇；在浙江电视台、温州电视台等省市电视台播出电视新闻2200余条；被人民网、浙江在线、温州新闻网等国家、省、市级新闻媒体采用稿件近千篇。在浙江电视台、温州电视台等省、市电视台播出龙湾电视新闻1000余条。其中《军民共建“开心农场”走出网络》新闻，在中央电视台新闻频道《法治在线》栏目播出，实现了区新闻中心自成立以来在中央电视台播出新闻零的突破。丰富外宣手段，通过与《欧联时报》、香港《文汇报》等境外媒体合作，拓展境外宣传领域；通过与龙湾区驻各地商会合作，在其会刊上展示龙湾风采、塑造龙湾形象。

图75：8月18日，龙湾区新闻工作者协会召开一届一次会员大会。（江国荣/摄）

【媒体接待和舆论应对】 2010年，龙湾区新闻中心加强媒体接待和应对工作。按照“网上来、网上去”的原则，凡涉及龙湾区有炒作隐患的网络信息和负面报道，在第一时间采取措施，做好舆论热点引导，主动向媒体通报情况，有效应对了“龙湾某机关单位擅自出游事件”、“人事局招录事件”、“蹂躏门事件”、“温州工业园区污染事件”、“龙湾区某干部发帖攻击市领导事件”等突发事件。全年共接待上级各类媒体记者70余批次，成功应对新华社、中国新闻社、人民网、《领导决策参考》、《法制日报》、《钱江晚报》、《今日早报》、浙江卫视等媒体的舆论监督，维护了社会稳定，挽回了不良影响。

【龙湾区新闻工作者协会成立】 2010年8月18日，龙湾区新闻工作者协会召开一届一次会员大会。成立仪式上，有会员105人，团体会员24家与会。经选举，区委宣传部副部长、区新闻中心主任柯斌祥当选首届理事会会长。

【新闻队伍建设】 2010年，龙湾区新闻中心制订出台《新闻外宣目标考核奖惩（试行）办法》。对在《温州日报》头版头条、题前、报眼刊发的稿件予以2000元奖励；制定《龙湾区突发公共事件新闻报道应急处置实施细则》，对突发公共事件新闻报道工作进行细化和规范。完善落实记者联系部门制度和工作目标绩效考核制度，加大奖罚力度，充分调动新闻工作者队伍的积极性。

图76：8月26日，龙湾区第六届音舞节剪彩。
（区史志办供稿）

邵

卫　生

综　述

2010年，龙湾区医药卫生事业得到长足发展，医药卫生体制改革不断深化。覆盖城乡的医疗保障体系全面建立，公共卫生、农村卫生和社区卫生加快发展，财政对卫生事业的投入不断增加，人民群众健康水平显著提高。全区有区级医院2家，卫生监督机构1家，疾控机构1家，妇幼保健机构1家，社区卫生服务中心10家，其他公立卫生事业单位3家。各类在编卫生技术人员437人，平均每万人拥有病床16.79张、医生6.7人。全年门诊150.27万人次（不包括诊所和个体卫生室）。全区有民营专科医院1家，社区卫生服务站43家，村卫生室202家，个体诊所52家，医务室2家，卫生所1家。

表58：　2010年龙湾区医院概况

卫生机构	床位（张）	职工数（人）	执业医师（人）	助理医师（人）	门（急）诊人次	建筑面积（平方米）
区第一人民医院	240	251	89	6	452927	19292
区人民医院	100	75	24	9	109535	3645
沙城中心卫生院	50	18	4	4	159687	5018
海城中心卫生院	60	22	5	3	328303	3345
永中街道卫生院	15	32	12	6	38419	2843
海滨街道卫生院	18	22	5	5	17380	2465
永兴街道卫生院	15	23	5	4	50197	1845
蒲州街道卫生院	12	21	5	4	45752	1020
瑶溪镇卫生院	24	26	8	4	47712	1431
天河镇卫生院	12	14	6	1	19345	890
灵昆镇卫生院	15	15	4	1	23216	2004
灵昆镇卫生院	15	17	4	1	13160	1512

注：不含民办医院

表59：　2010年度与前4年龙湾区卫生事业经费对比　单位：万元

年份	合计	医院经费	卫生院补助费	防治防疫事业费	妇幼保健经费	合作医疗补助费	其他卫生事业费
2006	2429.35	330.69	623.14	461.21	111.82	566.65	335.84
2007	4010.40	658.05	847.05	636.17	98.26	1093.17	677.70
2008	4772.60	784.02	802.88	703.42	120.61	1798.87	562.80
2009	6125.46	702.90	1346.94	860.62	135.40	2539.64	539.96
2010	9905.78	1212.88	3159.66	807.80	311.75	3811.15	602.54

医疗改革

【概况】　2010年7月1日，龙湾区召开全区医改工作大会，对医改工作进行全面部署。龙湾区卫生局围绕医药卫生体制改革的要求和任务，认真执行国家基本药物制度，巩固完善新农合医疗保障制度，健全医疗卫生服务体系，努力促进基本公共卫生服务均等化，确保各项改革落到实处。12月，区政府出台《龙湾区关于深化医药卫生体制改革的实施意见》，进一步明确医药卫生体制改革的总体目标和主要任务。

【基本药物制度】　2010年2月25日开始，龙湾区实施基本药物制度改革。区政府开办的所有社区卫生服务机构，实现统一网上采购、统一配送，全部配备使用基本药物，并实行零差率销售。实施基本药物后，全区各社区卫生服务中心门诊量大幅度提高，老百姓“看病贵、看病难”问题得到一定程度缓解。3～12月的门诊量比上年增长27.0%，人均门诊费用比上年下降22.7%。

预防保健

【传染病防治】　2010年，龙湾区（包括温州经济技术开发区）共报告甲乙丙类传染病18种6053例。报告手足口病病例2530例（包括温州经济技术开发区344例），其中手足口病重症及危重病例85例，无死亡病例报告。发生的11例手足

表60：2010年度与前4年龙湾区百日咳及麻疹发病率对比（1/10万）

年份	百日咳	麻疹
2006	0.5292	22.7570
2007	0.5206	115.5805
2008	1.0259	286.2140
2009	0.5079	14.2203
2010	0	9.6600

表61：2010年度与前4年龙湾区“四苗”接种率对比　单位：%

年份	卡介苗	脊灰糖丸疫苗	百白破制剂	麻疹疫苗
2006	98.78	97.74	96.19	94.52
2007	99.77	99.63	99.05	98.05
2008	99.80	99.62	98.70	97.16
2009	99.65	99.47	98.86	97.83
2010	99.85	99.43	99.58	99.51

口病聚集性疫情，经患儿居家隔离治疗后，疫情得到及时控制。开展各项监测和防治工作，全区各医疗机构共开设肠道门诊11家，均未检测到霍乱弧菌。全年筛查重点人群HIV抗体检测6567人，其中两类重点人群31人、外来务工人员3749人、娱乐场所从业人员399人、监管人员172人。开展麻腮疫苗强化接种，共接种适龄儿童38414人，并顺利通过上级评估。抓好艾滋病、结核病等重大传染病防治，继续实施扩大国家免疫规划，有效处置突发公共卫生事件。全年全区无食物中毒及水污染事件报告，全区法定传染病报告及时率为100%。

【妇幼保健工作】　2010年，龙湾区卫生系统加强高危孕产妇的筛选、转诊和追踪管理工作，做到“发现一例，全程管理一例”，提高妇幼保健工作水平。全区孕产妇保健率、住院分娩率均达100%，孕产妇死亡率为零，产儿死亡率从2009年的5.6‰下降为4.3‰。加强免费婚前医学检查，全年全区累计免费婚前医学检查总人数5498人次，婚检率为104.8%。开展农村孕产妇住院分娩补助和增补叶酸预防神经管缺陷等重大公共卫生服务项目，住院分娩补助率和叶酸服用率分别达79.1%和114.2%。尤其对首例在龙湾区分娩的HIV阳性孕妇制定预防HIV母婴阻断方案，并成功实施剖宫产，为龙湾区预防艾滋病母婴传播工作积累经验。

农村卫生

【新型农村合作医疗制度】　2010年，龙湾区卫生局有27.09万人参加新型农村合作医疗，参保率达100%。完善新型农村合作医疗制度，提高筹资标准，由原先每人每年150元提高到220元，其中各级政府补助155元。提高住院报销额度及比例，住院累计报销补偿限额从4万元提高到7.2万元，报销补偿率为38.0%。扩大住院报销范围，将持有准生证的孕产妇的分娩费用纳入新型农村合作医疗补偿范围。加强和市区各大医院的沟通协调，逐家落实住院费用刷卡报销问题，住院病人在医院直接刷卡报销的已占总住院病人的53.0%，普通门诊直接刷卡报销率达100%。

【卫生信息数据库建设】　2010年，龙湾区卫生局投入88万元，用于数据中心硬件设备的购置和软件开发，推进健康档案管理系统建设，使卫生信息数据库和应用平台逐步走向标准化、网络化。全区建有个人电子档案21.51万份，家庭电子档案5.31万份，建档率为64.4%。

【农民健康体检】　2010年，龙湾区卫生局把农民健康体检列入镇（街道）考核内容，强化农民健康体检工作。全年全区完成农民健康体检106747人，体检率39.4%。

社区卫生

【概况】　2010年，龙湾区卫生局通过定期督查、规范标准、完善功能、提升服务等措施，强化社区卫生服务机构标准化创建。已完成市政府下达给龙湾区1个中心、5个站的创建任务。配合同济医学院完成《中国城市社区服务机构人力资源开发及制度设计研究》调研，进一步了解全区社区卫生服务机构现状。委托浙江大学编制龙湾区医疗机构设置规划，为今后医疗机构的科学设置和规范管理打下基础。

卫生监督执法

【概况】　2010年，龙湾区卫生局结合“地沟油”、“食品添加剂”整治，加强对小餐饮行业的整治和规范工作。全年对1560家小餐饮单位开展整规，整规率达100%。整治无证幼儿园食堂，立案处罚35起。完成粉尘与高毒物品危害专项治理，以温州地区第一名考核成绩被评为省级粉尘与高毒物品专项整治先进集体。组织小诊所等重点领域专项整治，严厉打击非法行医。参与食品安全示范区创建，被评为龙湾区食品安全工作先进集体。

医疗管理

【概况】　2010年，龙湾区卫生局成立9个区级质控中心，编印《龙湾区医政文件及医疗质量控制标准资料汇编》，制定各专业质控标准。加强对各医疗机构的质控检查，落实医疗纠纷第三方调解机制和医疗责任保险，持续改进医疗服务质量，提高医疗质量管理水平。全年受理各类医疗纠纷13起，比上年下降50%。

卫生基础设施建设

【概况】　2010年，龙湾区疾控中心、永中街道社区卫生服务中心建设项目主体工程基本完成，进入二次装修、附属工程建设等相关工作。天河镇卫生院建设项目进入装修和附属工程建设阶段。海城中心卫生院迁扩建项目供地、立项等前期手续正在办理，完成沙城中心卫生院病房大楼二期工程征地工作，开工建设区人民医院120大楼。做好区公共卫生服务大楼项目前期工作的调研。

爱国卫生运动

【概况】 2010年，龙湾区卫生局牵头国家卫生城市创建工作，认真开展春秋灭鼠、夏季灭蟑、灭蚊蝇活动。全年投放灭鼠药物60吨，灭蟑药物8万瓶，投入灭蚊蝇经费40万元。组织第22个“爱国卫生月”活动，清除卫生死角、改善环境卫生。11月，通过省级灭鼠先进城区达标复查。

医疗行风建设

【卫生系统党风廉政建设】 2010年，龙湾区卫生局在卫生系统开展“无红包、无回扣、无不合理处方”三创活动和从政风险防范集中教育月活动。组织机关和区第一人民医院中层以上党员干部60余人赴温州市看守所开展“防腐倡廉”警示教育活动。开展明察暗访6次，对基层卫生医疗单位执行机关效能建设进行督查。区疾病预防控制中心、区卫生监督所、区妇幼保健所，分别赴企业开展传染病防治宣传、职业病防治宣传培训、妇女病普查宣传等。召开卫生系统“开门纳谏，接受评议”座谈会，向人大代表、政协委员等征集到意见20余条。为改进卫生监督执法工作，区卫生监督所召开4场征求管理相对人意见座谈会。是年，区卫生监督所被评为龙湾区满意基层站（所）。

龙湾医院选介

【龙湾区第一人民医院】 2010年，龙湾区第一人民医院改进服务流程、方便病人就医、落实便民措施、杜绝不合理收费、加强行业作风建设，较好完成各项工作任务。1～10月，全院业务收入8665万元，比上年约增长15.9%；门急诊量377310人次，比上年增长12.4%；住院病人数为7336人次，比上年增长6.9%。

2010年，龙湾区第一人民医院把抓好“医疗质量持续改进暨医疗质量万里行”活动，巩固等级创建成果活动融入到医疗质量建设当中，以区卫生局把9项临床质控管理中心挂靠该院管理为契机，确保医疗质量和医疗安全。加强病历质量检查，针对病历质量存在的问题进行专题讨论，对不合格的病历通报批评。落实三级医师查房制度，加大对三级医师查房制度落实情况的督查。提高急诊工作水平，加强120龙湾分中心的医护人员院前急救知识培训和考核。加强护理质控，提高临床护理质量。严格执行等级护理制度及考评标准，护理部坚持每月进行一次行政查房，对检查结果进行分析点评。开展业务学习、护理操作技术及各科急救技术培训，举办全院性的业务学习与操作考核各3次，参加人数400余人次。护理人员优质服务病人满意度94.8%。医院三级管理组织健全，有效预防和控制医院感染。

2010年，龙湾区第一人民医院重视公共卫生工作建设，做好手足口病、甲流、肠道等重点传染病防治。针对全国上半年暴发手足口病和甲流等疫情，健全应急组织。院长亲自抓，业务副院长具体抓，医院与相关科室建立工作责任制，明确规定各自承担工作任务。完善发热门诊、医学留观、传染病报告等一系列管理制度，24小时开设发热、手口足病专病门诊。多次组织手口足病防治知识和应急技术培训，参加人数760余人次。加强正面宣传甲流、手口足病防治知识，网上直报传染病1393人次，漏报率0.3%。6月8日，温州市卫生局重点传染病防治督导组到该院督导检查，认为该院防治工作组织完善，措施得力。安排2次中高级技术人员到社区支援医疗下乡，为乡镇卫生院培育2名医疗技术人员。

2010年，龙湾区第一人民医院抓好中西医结合骨科、急诊科2个市重点专科和区级4个学科建设。把大五官科建设作为重点专科建设，在人员配置、高级仪器设备购置及资金投入方面给予倾斜，整体提高重点学科在龙湾区的形象和声誉。全年该院培育晋升高级人才3名，中级人才7名；引进中高级技术人员3名；选派4名学科带头人到外省进修学习；招考17名大学毕业生到医疗一线工作。多次组织专家讲座，提升医务人员的整体水平。

2010年，龙湾区第一人民医院抓好医院平安维稳工作，维护正常的医疗秩序。利用各种会议、宣传栏、院报，广泛宣传医院平安工作的重要性。开展消防灭火实地操作演练，实行24小时全天候值班巡逻，确保不发生重大安全事故。污水、废弃医疗器械实行统一集中处理，妥善处置各种突发事件，切实维护医院的稳定。

2010年，龙湾区第一人民医院加大基础建设力度，对院内诊治环境进行整治。投资594万元的医疗服务中心（病房大楼）工程，于2月底投入使用；投资40万元的医院输液室改扩建工程，于4月底完成建设。做好出入道路工程、生化检验中心、中心供应室、手术室和大型会议室改扩建的前期设计审批工作。投入200余万元，添置全自动生化分析仪等新型先进仪器，使医院的临床辅检科室技术含量得到进一步提升。

2010年，龙湾区第一人民医院认真抓好“作风建设年”、学习型党支部、创先争优和“三创”活动。通过全院职工动员大会、集中学习党员读本、参观温州看守所现场教育及宣传栏、院报等多样宣传形式，提高全院职工思想认识，转变全院职工观念，牢固树立服务意识。开展“走进基层、服务医改”集中攻坚活动，通过多种渠道和方法向社会各界“开门纳谏、接受评议”，主动诚征对医院工作的意见和建议。根据诚征的意见和建议，向社会做出十项公开服务承诺，出台便民利民惠民措施。认真贯彻执行党员干部廉洁从政各项规定，院领导分别2次组织该院药品使用排名靠前的医务人员召开诫勉座谈会。参加“慈善一日捐”自愿捐资13100元；40余人次拒收病人红包，共计3万余元；医院收到表扬信感谢信30封；医院职工共70

余人次参加党员活动日、团员活动日和卫生日义诊送医送药6次，共400余人受惠。

【龙湾区人民医院】　2010年，龙湾区人民医院通过加强行风建设，优化服务环境，全面提升医院形象。1～10月，全院实现总收入1755万元，较上年增加530万元，比上年增长43%；门诊人次78695次，比上年增长52%；职业病体检收入136万元，比上年增长40%。

2010年，龙湾区人民医院落实惠民政策，强化公共卫生。社区卫生服务中心办公室定期召开会议，与每个责任医师和服务医师签订责任书。每半年进行考核，考核结果与劳务费挂钩。督促每个责任医师做好3大项12小项的服务。深入各村（居）开展健康教育宣传，提高群众对健康知识的知晓率。做好农民电子档案的输入，累计输入22222份，已完成80%。对1107例高血压病人、115例精神病人、265例糖尿病病人，3176位60岁以上老人、308位特困人群，进行重点管理。重点人群随访率95%以上。

2010年，龙湾区人民医院新建一个一体化服务站——御史桥服务站，完成卫生服务站的创建任务。开展农民健康体检工作，至11月15日，已体检5200余人，占应体检人数的18.6%。开展儿童保健工作，状元镇范围内共有0～7岁儿童19637人，常住儿童1701例，对其进行系统化管理，系管1623例，系管率95.4%。其中，31例体弱儿，系管理率100%。开展妇女保健工作，全镇孕产妇总数303例，系管288例，系管率95%。孕产妇保健覆盖率100%，建卡率100%。高危孕产妇79例，管理率100%；孕产妇住院分娩100%，新法接生率100%。麻疹疫苗补种4242人。抓好传染病的防范工作，制定规范的工作流程，落实每个人员的工作职责。上半年，对277例手足口病、30例肺结核、48例乙肝、5例流行性腮腺炎，进行规范性管理。

2010年，龙湾区人民医院重视继续教育和人才培养，全院有16位职工参加继续再教育，有10位员工参加岗位培训，有5位职工参加大学本科学习，有1位职工到外院进修。主动到企业，为企业员工进行职业病体检。设立120急救分站。加强硬件建设，改善就医环境，购置CR、心电监护仪、阴道镜、体检车、五分类血球分析仪、B超机、洗片机等，大幅度提升医疗质量。落实新建急救站用地，于11月动工。

【温州曙光医院】　2010年，温州曙光医院以创建二级乙等医院为中心工作，进一步提升医疗服务质量。全年门、急诊人数66544人次，出院人数4978人次，入院人数4948人次，手术例数4710例，业务收入比去年增长10%，其中药品收入占业务总收入的29%。

2010年，温州曙光医院加强门诊科室力量，进一步改善医疗服务工作。实行全年开放门诊制度，方便病人就医。内科、外科、骨科、手外科、妇产科等临床科室实行全年开放门诊，每日24小时接诊，有关医技科室如CT室、B超室、检验科、药剂科等也实行每日24小时值班制。全年内科门诊16995人次，胃镜检查590人次，儿科门诊7200余人次；妇科门诊初诊人数比上年增加2060人次，业务收入比上年增长24%；产前检查8930人次，比上年增加1138人次；CT室、B超室、放射科检查均比上年有不同程度的增长。全年健康体检23000余人次，其中未成年人7400人，体检业务收入83万元。

2010年，温州曙光医院加强急诊科力量，由创伤科主任、副主任医师臧瑞年兼任急诊科主任，以提高急救水平。全年门急诊7100人次，收治留观病人4783例，门诊手术117例，住院手术215例，成功抢救急危重病人13例。开设绿色通道，先治疗后结账，赢得抢救时间。与周边100余家企业建立医疗协作关系，实行先治疗后结算，受到有关企业的好评。加强医院感染管理，预防医院感染。严格执行消毒隔离制度，对手术室、消毒供应室、口腔科、胃镜室等重点科室进行检查，对检验科、消毒供应室进行改造，通过温州市卫生局及市中心血站的检查验收。完善各项护理制度，每月组织1次业务培训，护理部每月对各科室进行考核检查，考核内容有10项。

2010年，温州曙光医院加强医疗质量和医疗安全管理，全面提升医疗质量。医教科定期组织人员对各科室执行首诊负责制、三级医师查房制度、疑难病例讨论制度、死亡病例讨论制度、术前讨论制度、护理查对制度、病例书写规范等医疗质量和医疗安全核心制度的检查督促落实。对于病历、处方等书写不规范的科室和医务人员进行通报批评，并按规定进行处罚，限期整改。全年药剂科共发配处方67591张，检查出不合格处方369张，处方合格率达99.4%。加强对医务人员的培训，医院每月开展1次业务培训，请有关专家授课。骨外科共收住院病人611人次，手术531例；手外科收住院病人723人次，手术1332例，成功抢救1例断臂病人、9位严重失血性休克病人、18例有4个手指全部离断病人，手术成功率高。妇产科住院人数2493人次，其中产妇2294人、手术1174例，成功抢救产后大出血50余例，子宫全切除10例。

2010年，温州曙光医院加大投入力度，更新医疗设备。新购美国GE全身螺旋CT、麦迪逊彩超、体外碎石机、全自动血球分析仪等先进医疗仪器设备，病区呼叫系统进行更新。严格执行医保政策，通过市社保局检查验收。完善岗位绩效考核办法，全年奖励57人次、计金额9670元，处罚71人次、计金额5355元。

2010年，温州曙光医院党支部开展“诚信服务先锋”活动，创建服务型党支部。6月25日，组织8名医护人员到灵昆镇双昆村开展义诊，诊治病人300余人次，免费赠送药品4000余元。7月19日和12月24日组织二次义务献血活动，共有36名职工参加义务献血。党支部被市委组织部确定为2010年全市新社会组织党建工作示范点。

体　　育

综　述

2010年，龙湾区围绕创建体育强区战略，全面推动群众体育工作，努力提高竞技体育水平，加快建设体育基础设施，积极实施体育惠民工程，广泛开展各项全民健身活动，有力地推进了龙湾区体育工作再上新台阶。

竞技体育

【全国汽车超级短道拉力挑战赛温州龙湾站赛事】　2010年12月31日～2011年1月2日　全国汽车超级短道拉力挑战赛温州龙湾站在温州瑶溪国际赛车场举行。该次比赛由中国汽车运动联合会、龙湾区人民政府和温州市体育局主办，龙湾区体育局、上海力盛汽车文化传播有限公司和温州瑶溪国际赛车场有限公司承办。该次比赛形式分为单一品牌杯、队赛杯和联谊杯3种。该次比赛有来自全国的10支车队106名运动员参加。分别为上海大众斯柯达红牛车队、义乌拉力车队、杭州风行拉力车队、无锡ＪＪ竞技车队、摩卡咖啡上海ＲＳＲ车队、温州极速车道ＪＪ竞技车队、家蕊洁具风行拉力车队、温州车迷俱乐部精英队、鹿城区航空航海运动协会海陆空俱乐部车队和苍南旭光拉力车队。比赛采取双人对抗，双车道、立体交叉、环形封闭的赛道内进行。

图77：12月24日，全国汽车超级短道拉力挑战赛新闻发布会召开。（区体育局供稿）

【参赛浙江省第14届运动会】　2010年，在浙江省第14届运动会上，龙湾区共派出101名运动员参加包括田径、篮球、排球、足球、体操、艺术体操、射箭、网球、游泳、跆拳道、拳击在内的11个大项目比赛，并在田径、篮球、排球、足球、体操、艺术体操6个大项中夺得金牌。在该届省运会会上，龙湾共获得金牌6.29枚、银牌4.5枚、铜牌7枚，并获得比赛总分211.5分，位列全省各县（市、区）第50名。特别是田径项目实现了历届青少年部参赛以来的金牌零的突破。在省运会期间，龙湾向浙江省体育职业技术学院输送了4名青少年运动员，获得省运会竞技贡献金牌3.5枚。龙湾在该届省运会上共获得综合金牌9.79枚，超额完成任务。

【参赛浙江省首届体育大会】　2010年4～11月，浙江省首届体育大会在丽水市举办，共设48个大项、349个小项和行业体协7个非奥运体育项目。龙湾区共派出30余名运动员参加蹼泳、嗒嗒球、太极、拔河、龙舟、钓鱼等6个项目的比赛。获得奖牌8.7枚、总分76.25分。

【龙湾体育赛事】　2010年12月，龙湾区首次承办2010年全国短道汽车拉力挑战赛。2010年9月，举办浙江省老年男子健身球操比赛，共有9支代表队近120名老年男子运动员参赛，龙湾区代表队获双人操冠军和团体操第二名。龙湾区还派出300余名运动员，参加温州市12个项目的青少年常规比赛，在各个项目上都取得较好成绩。

学校体育

【学生体育比赛】　2010年，是龙湾区组织开展中小学生各项体育赛事最多的一年，龙湾区体育局联合区教育局共同举办了区级中小学生多项比赛。主要有小学生足球赛，短式网球比赛，“益智杯”少儿棋类比赛，中学生排球比赛，中小学生乒乓球比赛，中小学生篮球比赛，中小学生田径比赛等，赛事共涉及参赛人员5000余人。

【阳光体育运动】　2010年，龙湾区学校体育工作坚持体育教学、体质锻炼、特长培养“三手抓”的工作思路，大力实施“阳光体育”工程，促进青少年体育素质发展。各类学校中实行“两课两操”、保证学生每天体育活动时间不少于1个小时，大力宣传实施“每天锻炼一小时，健康工作五十年，幸福生活一辈子”的健康观念，认真抓好“学生体质健康标准”达标工作，达标实施面达100%。加强体教结合，举行校体育特长生队伍训练，青少年暑期集训，体育节活动和中小学生田径运动会。多次召开全区业余训练“体教结合”研讨会，在全区中小学布局32个业余训练基地。响应“阳光体育”和“文体2+1活动”号召，把武术的传统创新教育和学生素质培养紧密结合起来，把南拳、永昌堡王家拳列入学校校本课程。

群众体育

【体育创强活动】 2010年，龙湾区体育局继续开展体育创强工作，新创建省级体育强镇1个，强镇（街道）创建面达60%。新创建省级农村体育俱乐部3个、市级农村体育俱乐部8个。省首批体育强镇（状元镇）开展复查复评工作，联合永中街道办事处承办全市省级体育强镇工作会议。

【全民健身活动】 2010年，龙湾区体育局围绕“全民健身共建和谐”主题活动，以区第7届全民健身月和“8月8日全民健身日”为活动载体，组织开展一系列群众性、科学性、创新性、特色性体育活动。分别举办了欢庆“三八”木兰健身展示，区首届“永强杯”游泳滩涂趣味运动会，区第二届千村百镇篮球联赛，区机关干部乒乓球团体赛，“金鑫杯”企业邀请赛，龙湾区象棋比赛等一系列群体活动。协助区总工会举办龙湾区女职工“三八”妇女趣味运动会；与区委有关部门联合举办龙湾区首届健身气功培训和健身气功大型展示。举办龙湾区第7届全民健身月活动启动仪式，宣传《全民健身条例》。全年全区经常参加体育锻炼的人数占全区人口的43.7%，获温州市群众体育先进单位称号。

图78：6月3日，龙湾区举行第7届全民健身月活动启动仪式。（区体育局供稿）

【民间划龙舟活动】 2010年，龙湾区体育局严格执行市委、市政府和区委、区政府通告精神，严把龙舟质量、数量和竞渡人员素质关。全年共审批龙舟36只，较上年减少6只。制订出台划龙舟活动应急处置预案，成立区体育局划龙舟管理应急小分队，做好民间划龙舟的监督管理、技术指导和安全教育，实现无安全事故发生。

【群众性体育社团建设】 2010年，龙湾区群众体育组织网络更加健全，体育社团的功能和作用进一步得到增强。截至2010年年底，全区共有1个体育总会、12个单项协会和5个分会，协会会员达4万人，约占全区总人口的14%。各协会积极开展一系列丰富多彩的群体活动，如健身舞及乒协、武协（包括太极、木兰、综合拳种、状元武术健身、南拳等分会）等协会举办“共建文明家园、欢度新春佳节”体育进社区下农村活动，钓鱼协会举行会员垂钓个人赛，老年人体协举办老年人特色健身项目展示。

【社会体育骨干培训】 2010年，龙湾区体育局举办三级社会体育指导员培训班2期，新增社会体育指导员148人，累计906人。社会体育指导员配备率达每万人26.97人。派3名镇（街道）的社会体育工作者参加浙江省一级社会体育指导员培训；鼓励经过培训的体育骨干在社区和农村的各个健身点为健身人群指导科学健身，引导居民走上科学、文明、健康的体育生活。

【国民体质监测】 2010年5月，龙湾区体育局在瑶溪镇设立国民体质监测点，组织80余名城镇户口老年人和300余名城镇户口非体力工作者参加体质监测。

体育场馆建设

【温州瑶溪国际赛车场启用】 2010年12月24日，温州瑶溪国际赛车场启用仪式在龙湾区行政管理中心举行。温州瑶溪国际赛车场（英文简称WZIC）是由温州民间资本投资建造的一条专业赛车场。赛车场位于瓯海大道瑶溪下口附近，建成于2010年11月，总面积23333平方米。赛道为复合型组合赛道，其中短道拉力赛道长约1300米（内外道距离相加），可组合区域面积约11000平方米。赛场可承接短道拉力赛、卡丁车赛、漂移赛等专业汽车赛事。

【体育惠民工程】 2010年，龙湾区体育局本着“惠民、便民、利民”原则，制订《2010年龙湾区全民健身苑（点）建设方案》，争取省、市体育经费121万元。全年新建浙江省小康体育村15个，全民健身苑点33个（累计326个），市全民健身中心1个，篮球场“亮灯工程”8个，室内乒乓球室8个。投资214万元翻修网球中心的5片球场并新建3片风雨球场。鼓励民间资本投资体育事业，引导永中奥力斯健身房建成综合性健身房。

体育市场管理

【体育场所安全管理】 2010年，龙湾区体育局为了全面、准确地掌握全区体育经营场所发展状况，在全区200余家体育场所开展安全检查，加强相关单位的备案制度。并组织人员参加全市游泳场所水上救生员培训班，为全区各类游泳场所的安全运行提供保障。

温州国际网球中心

【网球队伍建设】 2010年，温州国际网球中心选拔一批2001～2003年的新队员，使后备队伍的年龄和队员人数更加合理。4月，组队参加浙江省青少年网球冠军赛；5月，组队参加浙江省青少年短式网球冠军赛；10月，参加省14届运动会获3个第三，3个第四，2个第七的好成绩。

城建·资源·环境保护

综　述

2010年，龙湾区按照温州市新型城市化主战场的定位，加速推进城市开发建设。核心区“四纵四横”道路网框架基本形成，区图书馆、外国语小学等公建项目进场施工，温州银行大楼、万康财富广场等金融、商业项目进展顺利，成功引进万达、万科、绿城等知名地产企业。加快基础设施建设，东片污水管网工程基本建成。“六城联创”全面开展，启动瑶溪钟秀园等6个区级综合性公园和50个村级小游园建设。沿河、沿路单位“拆违建绿、拆围透绿”活动初见成效，启动4个城中村改造。深入实施生态区建设规划和生态功能区规划，完成省“811”环境保护新三年行动任务和“十一五”节能减排任务，温瑞塘河整治通过省“811”考核验收。理顺城市建设管理体制，组建龙湾区住房和城乡建设局、龙湾区城市管理和行政执法局。筹备城乡统筹综合改革试点，加快推进新农村建设步伐。加强海域使用管理，促进合理开发利用和保护海洋资源。开展土地利用总体规划修编，加强耕地保护和用地保障，严格建设用地审批。12月20日，温州市国土资源局龙湾分局状元管理所获“全国国土资源管理系统先进集体”称号。

城乡规划

【规划编制】　2010年，温州市规划局龙湾分局（简称龙湾规划分局）以总体规划修编为基础，稳步推进各层次规划编制，引导城区有序建设。完成瑶溪北片、状元南片、状元北片、海滨片、永兴片控制详细规划编制，其中状元北片和永兴片控规已经市政府批复。启动海城片、奥林匹克中心和龙水一区、二区的控制性详细规划编制，已进入实质性编制阶段。做好规划修改工作，瑶溪南片居住区（瓯海大道资金平衡地块及周边用地）控规、天河镇中心片（三甲河永强大道至滨海大道段河道蓝线暨沿线地块）控规、龙湾中心区A地块控规修改已经市政府批复，并已开始实施。完成永中旧城改造（YZ-30-01地块）控规、永中旧城改造（YZ-47-05）地块控规、沙城中心片（D-3-1～D-3-4地块）控规、瑶溪南片居住区（C-7地块）控规、龙湾城市中心区G地块控规的修改和永中街道度山村等四个村三产安置地块控规（图则），并已开始实施。启动灵昆岛（3094-522号地块）控规和沙城中心片（A-3-1、A-3-2地块）控规调整修改方案的编制。

【建设项目“一书两证”制度】　2010年，龙湾区严格执行建设项目“一书两证”（建设项目规划选址意见书、建设用地规划许可证、建设工程规划许可证）审批制度。全年共核发建设项目规划选址意见书20个，共核发“建设用地规划许可证”125件，总用地面积807964平方米。其中私建项目78件，用地面积6002平方米；公建项目47件，用地面积801962平方米。核发“建设工程规划许可证”1469件，总建筑面积820885平方米。其中私建项目1418件，建筑面积184271平方米；公建项目51件，建筑面积636614平方米。建设工程竣工验收211件，总建筑面积533967平方米。其中私建项目161件，建筑面积56387平方米；公建项目50件，建筑面积477580平方米。核发变更行政许可事项决定书40件，计建筑面积443494平方米。

【违法建筑整治】　2010年，根据市政府下达的“四大整治”任务，龙湾区要拆除历年违法建筑123万平方米。龙湾规划分局设立“四大整治”办公室，与各规划管理所、业务科室签订《四大整治工作责任书》，明确职责分工和目标任务。做好与区整治办、各镇（街道）的沟通和协调，督查各所整治工作的进度，保障整治任务的顺利完成。采取先易后难、分期分批的方法予以拆除，重点加大对严重影响城市规划实施的违法建筑的整治力度。全年共拆除历史违法建筑51.2万平方米，拆除新建违法建筑18.59万平方米。对拆后的违法建设点，进行跟踪管理，定期巡查，发现有拆后重建现象，及时组织力量重拆。

【农房改造建设】　2010年，龙湾规划分局作为龙湾区农房改造建设工作的牵头单位，全力开展农村住房改造建设，加快推进新农村建设步伐。对全区承担的2600户农房改造建设任务进行分解，落实到各镇（街道）。年内，完成2638户农房改造任务，完成全年任务数的101%；完成农村困难家庭危房改造150户，完成年度任务的100%。

【规划行政审批】　2010年，龙湾规划分局根据区行政审批“两集中，两到位”的改革要求，推进简政放权，精减审批流程，实现行政许可提速提效。将公建项目审批集中到规划建设科，并于3月1日将规划建设科成建制进驻区审批中心集中办公，所有公建项目由窗口统一受理、统一办理，形成一个窗口对外的“一站式”审批服务格局。完善审批流程，对公建项目审批流程进行一次全面清理，10个许可事项的前置条件由原来的62项精减至37项。严把项目审批关，对符合审批条件无特殊情况的申报项目，按程序直接办理，加快审批速度。每周联审会议上通过的项目，一周内必须予以办结。规范收退件管理，退件项目一律出具书面回复单，做好退件原因的说明。印制便民服务卡，做好一次性告知。

【规划基层服务月活动】 2010年，龙湾规划分局根据区“走进矛盾、服务基层”集中攻坚活动部署，开展基层服务月活动。对涉及规划的4个难点问题，及时牵头予以解决。龙水文化体育广场项目，在与市规划局衔接后，立即办理选址意见书；海城街道人民路安置房产权办理，规划层面上的问题已解决；永兴街道乐二村办公楼建设，通过办理临时性建筑予以解决；永兴街道乐一村胡同巷消防通道拆迁工程，已办理总评审批。

【规划信访】 2010年，龙湾规划分局认真做好群众投诉信访件的办理。对群众来电、来信、来访反映的问题，及时介入查处。全年共接到信访件659件，均予以回复。对市、区作风办转来的投诉件，均由分管领导亲自抓，限期办结并将办理情况以书面形式回复。

城市化建设

【“城中村”改造】 2010年，龙湾区城市化建设办公室根据市、区开展“六城联创”活动的具体部署，全面启动“城中村”改建工作。成立“城中村”改造攻坚领导小组，起草《龙湾区“城中村”改造战役实施方案（征求意见稿）》，科学合理地分解落实温州市下达给龙湾区2010～2012年要求启动建设20个“城中村”改造的指标任务。区城市化建设办公室以永中街道新联村、瑶溪镇朱宅村为试点，开展“城中村”改造模拟实施活动。

【农房改造】 2010年，龙湾区城市化建设办公室贯彻落实市、区城乡统筹综合改革动员会议精神，按照“一镇一规划、一镇一政策、一镇一平台、一镇一试点”要求，科学规划选址6个点开展农房改造集聚建设，共93.87公顷土地，涉及全区6个镇（街道）13个行政村。做好规划编制，专题召开会议启动土地报征程序，相关报征材料已整理完毕报送国土资源部门待审批。

【旧村改建】 2010年，东林旧村改造一期安置房建设工程12号楼、13号楼已建至九层楼，已投入建设工程款500余万元。一期出让平衡地块（1.36公顷）政策处理完毕，已全部签订拆迁补偿协议。做好对蒲州汤家桥、永兴五溪、状元周宅及天河郑岙等村旧村改造项目的业务指导协调工作。

【村庄整治】 2010年，龙湾区城市化建设办公室围绕省、市下达的各项整治任务，以改善农村基础设施配套建设为重点，深入推进“千村整治、百村示范”工程（简称“千百工程”）。全年全区共投入建设资金7661万元，新增（翻建）道路硬化10.5公里、路灯246盏、垃圾箱1290个、绿化苗木4630株。启动中心村培育3个。完成省级待整治村建设17个，市级待整治村18个，市级整治提升村4个，连片村庄环境整治镇1个，全面小康农村新社区1个，并通过省、市考核验收，获温州市“千百工程”建设先进单位称号。

【村级三产留地开发】 2010年，龙湾区城市化建设办公室起草《龙湾区村级三产留地开发建设实施方案（征求稿）》，多次组织召开区土地、规划、财政、银行等职能部门参加的会议，协调解决实际问题，全力推进村级三产留地开发建设步伐。全区村级三产留地面积171.96公顷，其中，三产已开发建设72.81公顷，未开发99.15公顷（包括已征未供37.95公顷，已供未开发33.04公顷，未落实选址28.16公顷）。

城市中心区建设

【概况】 2010年，龙湾城市中心区开发建设指挥部（简称龙湾中心区建设指挥部）根据“化解一批、推进一批、开工一批、储备一批”的思路，启动龙湾城市中心区开发建设推进专项活动，借全区合力，克难攻坚，优化发展环境。全年实施重点建设项目39个，新开工项目12项，续建项目14项，竣工项目6项，累计完成投资24.60亿元，完成年度计划112%。其中区重点工程建设完成年度计划127.3%，超额完成全年工作目标任务。

【中心区公建项目】 2010年，龙湾中心区建设指挥部加快推进公建项目建设。市民活动中心主体结顶正在内装修阶段，文化水街主体结顶。区人民法院、检察院主体结顶，公安指挥中心完

图79：12月24日，龙湾城市中心区四大工程集体开工典礼。

（龙湾中心区建设指挥部供稿）

成地下室施工。实验中学两幢教学楼、食堂验收，实验楼结顶砌体。图书馆(党校、老年大学)、外国语小学进场施工。永中旧城改建一期安置房完成北侧800平方米地下室桩基础工程。蓝田标准厂房基地基础设施竣工验收。寺西村上璜安置房完成摸文认购定位，下湾村东郭一期安置房完成结算和交付。

【中心区储备项目】 2010年，龙湾中心区建设指挥部细化项目立项、设计、招标等前期工作，全年完成22项立项、14项施工图设计、49项（3.6亿元）招投标工作。建立城市中心区专家咨询小组，形成专家论证、领导决策、公众参与的决策机制，完成A地块和G地块控规调整编制。邀请专家和有关部门对区图书馆、F地块大型地下工程及主题公园、永中旧城改建二期安置房工程等10项设计方案进行论证指导和审查把关。有序推进城市综合体、F地块大型地下工程及主题公园等“十大工程”的前期工作，温州市金属材料大楼、科技创新大楼、建设总部大楼、综合农贸市场、A地块精品居住区（A-02、A-09、A-16）等7块共计28.81公顷土地出让，12个工程全面开工，G地块城市综合体项目出让公示。

【中心区市政基础设施】 2010年，龙湾中心区建设指挥部加快完善市政基础设施建设。完成核心区35千伏高压线入地的前期准备、110千伏高压线下埋、220千伏高压线改迁工作，启动公交站头、公厕等小配套工程。建成核心区E地块区间道路、龙祥路北段道路、永定路东向延伸道路、永昌路整治、区政府大楼周边绿化整治等5项工程。开工建设瑶溪南片道路网一期，永中西路（龙江路-青龙路），永中路（龙海路-建中路），瑶溪南片A、B、C区间道路，D地块及府后路延伸段等6项道路配套工程，推进永中西路、永宁西路向77省道延伸，为中心区“两翼”建设和谋划瑶北开发做好项目储备。开工建设中心区绿景廊绿化亮化工程，建成区政府大楼北首绿化景观工程和龙江路西侧绿化带两个小游园，进一步改善城区环境，提升城市形象。

【中心区社会性投资项目】 2010年，龙湾中心区房地产、金融业项目和商务酒店稳步推进。龙城华府建成，温州银行大楼土建结顶，万康财富广场正在室内外装修，财智东方完成地下室施工。开工建设龙湾农村合作银行大楼、中心区D08住宅、村级三产安置房等3项社会性投资项目，D地块菜市场项目进场施工，逐步开发永宁西路、永中西路两侧的商务楼宇区、高档商业街区。

图80：11月24日，龙湾区“学比赶超”视察组到龙湾城市中心区实地察看重点项目推进情况。（龙湾中心区建设指挥部供稿）

【中心区民房（民企）拆迁】 2010年，龙湾中心区建设指挥部破解民房（民企）拆征难题。打通龙海路、龙江路卡口，加快片区连接。永中旧城改建二期工程完成2户民房拆迁协议签订，共计360.44平方米，并启动永中旧城改建民房拆迁典型户的强制性拆迁程序。完成下湾村东郭60户共计6282.63平方米的民房拆迁工作。完成永中西路12家企业、温州江南钢管厂共计32300平方米的拆迁协议签订和腾空拆除工作。完成F地块2家企业（温州市锦一无纺布有限公司和温州市龙湾永中金属建材钢管厂）共计2500平方米和G地块1家企业（温州市瓯海本铃摩托车配件厂）3592.37平方米的拆迁协议签订和拆除工作。永中旧城改建一期工程2家企业（温州市永中兴合啤酒批发部、温州市瓯海区土产废旧物资公司）进入拆迁协商谈判阶段。着手G地块3个村（寺西、镇北、普门）、8家拆迁企业和瑶溪南片道路网3个村民房拆迁入户调查归档等工作。

【中心区征地供地政策处理】 2010年，龙湾中心区建设指挥部围绕永中旧城交通卡口历史遗留问题和瑶溪南片基础道路网拆征工作，开展村界认定，召开村民代表会议、落实征地补偿政策。完成瑶溪镇河滨等5个村约8.67公顷用地和永中街道双何等3个村共4.53公顷土地征地协议签订和报批。推进54个项目84.5公顷供地前期工作，完成市民活动中心、外国语小学、文化水街等9个划拨项目24.96公顷和区科技大楼、建设总部大楼等7个挂牌项目28.81公顷供地上报工作。协助13个村26.16公顷三产安置房政策处理和设计审查监督，其中棋盘村三产安置房竣工验收，东林村、普门村等三产安置房结顶，上京村、寺西村三产安置房进场施工，龙华等村三产返回地选址工作基本落实。办理刘宅村、七二村、龙华村、下湾村等地上附着物补偿、征地款发放，共发放款项5020万元，缴纳农民社保金9308万元。完成新联村、双何村、桥北村、黄石村等村的16座坟墓处理，发放补偿金30万元。

沿海产业带建设

【概况】 2010年5月31日，根据温龙机编〔2010〕41号文件精神，成立龙湾区沿海产业带建设协调委员会办公室（简称龙湾区沿海办）。6月17日，龙湾区沿海办正式挂牌对外办公。11月5日，根据温龙委办发〔2010〕173号文件精神，正式承接温州空港经济区建设任务。

【沿海产业带建设规划编制】 2010年，温州空港经济区进行概念性规划编制，完成《龙湾区土地利用总体规划（2006~2020年）》修编、《温州沿海产业带龙湾片实施规划》审批稿的编制，同时根据“十二五”规划及《温州市城市总体规划》调整要求，修编了报批稿。针对龙湾沿海产业带内现代服务业发展滞后的实际，提出沿海产业带三产项目布局方案，努力构筑服务业发展新高地。针对辖区阀门、不锈钢、合成革、水暖洁具等行业发展瓶颈问题，研究制订十大传统支柱行业转型升级行动计划，为产业发展提供指导性意见。

【沿海产业带重大项目建设】 2010年，龙湾区沿海办推进民科基地、围垦工程、产业带大交通、温州空港经济区等重大项目建设。全年完成投资额27.11亿元，占年度计划的109.2%。

【沿海产业带重大项目政策处理】 2010年，龙湾区沿海办组织开展天城围垦626.67公顷的政策处理工作，制定《天城垦区政策处理实施细则》。投入政策处理经费1.68亿元，完成该项工作。

标准厂房建设

【概况】 2010年，龙湾区标准厂房建设指挥部开展“走进矛盾，合力化解”、“固定资产投资百日攻坚”等活动，扎实开展标准厂房建设。全年实现固定资产投资2.26亿元，引进内资3000万元。是年，获区级文明单位、市容环境整治先进集体称号。

【标准厂房电镀基地建设】 2010年，龙湾区标准厂房建设指挥部加快电镀基地建设，累计完成投资2.2亿元。完成19幢厂房的竣工验收，剩余厂房通过竣工预验收。8月，开工建设电镀污水处理厂，该厂总占地约0.93公顷，计划总投资7300万元。截至2010年年底，已完成土建工程桩548根（27400米）、基坑围护桩476根（5300米）及止水搅拌桩12000米的施工任务；完成生产污水收集与排放系统、管网、道路广场、园林景观等附属工程施工图设计及审查。

【阀门基地建设】 2010年，龙湾区标准厂房建设指挥部根据《沿海产业带建设2010年度工作责任书》要求，做好阀门基地土地证办理工作，督促辖区25个村与国土资源部门签订《国有建设用地使用权出让合同》，并办理25个村的建设用地批准书。与25个村签订《二产安置用地使用权租赁协议》，委托开发面积21.6公顷。加强与规划等部门的协调，为阀门基地免缴城市基础设施配套费2000余万元，降低了阀门基地的开发成本。做好阀门基地市政配套服务工作，与温州民科基地建设指挥部做好衔接，增加道路雨污管道的支管预留口。同步推进企业招租工作，确定租赁企业38家，租赁总面积25.33公顷。其中19家企业正在办理规划等前期手续，10家企业已进场施工，开工面积达6万平方米。

【蓝田片道路网建设】 2010年，龙湾区标准厂房建设指挥部完成纬一南路市政工程、鞋业二区区间道路工程继建任务，并通过质监部门竣工验收。纬一东支路中段、锁业区区间道路工程完成地下管网埋设及水泥路面浇筑；经三南支路东段完成地下管网埋设，逐步完善整个基地道路网。

【标准厂房征地工作】 2010年，龙湾区标准厂房建设指挥部加快征地、政策处理等相关工作。完成蓝田片、“三地”片20个土地调查、核对工作；完成江一村、城东村的征地面积、征地款、地面附着物等核对工作。C-04等4宗（17.38公顷）土地挂牌出让工作及C-01（2.33公顷）地块农转用的审批工作正在办理中。

【标准厂房服务企业】 2010年，龙湾区标准厂房建设指挥部以创建“文明单位”为契机，以提高企业满意度为抓手，深入开展企业服务年工作。无偿代理企业办理地质勘测、总平审批、水土保持方案、建设工程规划许可证办理等12项行政审批业务全面提速，大大缩小企业审批周期。做好招商后期工作，签订租赁合同47份，清退押金322万元。深化标准厂房基地物业管理，突出抓好治安、卫生、违章建筑管理等工作。与有关单位协调，将22路公交线延伸到蓝田标准厂房基地，极大方便了工人出行和企业招工。加强拉管污水处理厂监管，为拉管企业提供可靠的污水处理服务。

建筑业

【概况】 2010年，龙湾区建筑业实现产值45.53亿元，比上年增长18.2%，创税1.6亿元。实施“走出去”战略，外地市场份额大幅增加，省外产值达8.2亿元。全年施工面积685万平方米，比上年增长23.0%；竣工房屋面积224万平方米，比上年下降3.3%。全年完成房地产投资25亿元。全区晋升房建总承包一级企业2家、市政总承包二级企业1家、工程招标代理甲级资质企业1家。龙湾建设总部大楼即将进场开工。是年，获省建筑市场管理先进集体、市住房城乡建设系统目标责任制考核先进集体等称号。

【区住房和城乡建设局挂牌】 2010年12月24日，龙湾区建设局与龙湾区住房制度改革委员会办公室合并组建龙湾区住房和城乡建设局，并举行成立授牌仪

图81：12月24日，龙湾区住房和城乡建设局举行成立授牌仪式。

（区住建局供稿）

式。区委书记王祖焕作重要讲话，区长陈玲玲主持授牌仪式，常务副区长王忠立宣读了《关于组建城市建设管理相关机构的通知》。龙湾区城建管理体制改革进入新阶段。

【建设系统行政审批工作】 2010年，龙湾区住房和城乡建设局（简称龙湾区住建局）取消和调整一批建设行政审批事项，实现行政审批由管理型向服务型转变，促进行政审批再提速。区住建局审批窗口获温州市学法用法示范基层站所称号，连续第8年被评为区年度模范红旗窗口。在区群众满意、不满意办事窗口评议中，名列区办事窗口满意度排名第一。

【建筑市场监管】 2010年，龙湾区住建局强化招投标日常监督，实施资格后审制度，加强对镇（街道）招投标平台的业务指导。依法严厉打击招投标活动中的违法违规行为，有效维护招投标市场秩序。应招标项目招标率和应公开招标项目公开招标率达100%。做好建设领域突出问题专项治理，查清2008年以来全区国有500万元以上的工程投资项目111项，并对其中的32个项目进行重点检查，对查出的突出问题要求进行整改。加大行政执法巡查力度，全年共查处违法违规行政案件11起，涉及企业16家，共处罚款167.2万元。

【工程质量安全管理】 2010年，龙湾区住建局改变传统的监管模式，突出巡查，加强监督检查力度，在全省率先出台实施监理企业信用建设星级评定管理。全年全区在建工程项目373个，工程竣工验收一次性通过率100%，连续6年未发生人员死亡事故和质量安全责任事故。全年共创“瓯江杯”3项、“龙湾杯”4项，通过结构评优7项；创省标化工地1个、市标化工地7个、区标化工地14个。

【建筑节能和科技创新】 2010年，龙湾区住建局对全区住宅和公共建筑工程项目，加强施工阶段节能实施情况的监管及竣工验收的把关。全区住宅和公共建筑节能专项审查率达100%，新型墙材专项基金押金征收率达100%，完成政府办公建筑和大型公共建筑用能示范工程1项。

【公用事业监管】 2010年，龙湾区住建局对区内供水企业进行全面检查，重点检查出厂水质，并要求对检查中发现的问题进行整改。完成小液化气行业3年整规，整规覆盖面达100%，整规率达98%，8家供应站取得“瓶装燃气经营许可证”。加强对温州东片污水处理厂的监管，做好水价谈判与二期工程前期工作，全年共处理污水3029万吨，日均处理量达8.3万吨。

【民工合法权益保障】 2010年，龙湾区住建局进一步健全农民工工资支付保障金制度，规范工资发放程序，切实做到专款专用。利用工地慰问、安全生产月、质量月等活动，教育民工通过法律途径解决自己的切身利益问题。健全信访接待工作制度，安排专人及时落实处理，保证农民工投诉渠道的畅通。全年共受理农民工来信来访63件，解决民工工资100余万元，清欠率达100%，未发生群体性上访事件。

【建设系统队伍建设】 2010年，龙湾区住建局举办区城建工作座谈会、区建设工程业务知识培训班、建设工程知识竞赛、“质量月”宣传教育等系列活动。重视干部职工思想道德、职业道德建设，完善“述学、考学、评学”机制，鼓励干部职工通过多种形式的学习交流，增强应对新形势、解决新问题、破解新难题的能力，提高队伍整体的综合素质。全年全区共有290人获得或晋升建设工程专业技术人员职务任职等级资格，其中高级12人、中级65人、初级213人。

瓯海大道安置房工程

【安置房建设】 2010年，瓯海大道全线安置点已完成土建、市政配套和附属工程建设。共投资8300万元，完成年度工程任务的207.5%，列全区重点工程建设第一名。瑶溪生活区A地块一期、朱宅安置地块的安置房计14.7万平方米通过竣工验收，并交付使用。瑶溪生活区A地块二期加快建设进程，争取2011年10月交付使用。

【安置房交付结算】 2010年，瓯海大道安置点除瑶溪生活区A地块二期48套外，已全部完成交钥匙任务，并同步开展结算工作。截至2010年年底，状元片3个安置点交付469套安置房，仅22套未结算；永中石浦桥北安置点交付387套，已结算243套；朱宅安置点、瑶溪生活区一期结算都已超过50%。

【瓯海大道政策处理和企业安置】 2010年，瓯海大道龙湾段工程建设指挥部落实瓯海大道47.57公顷资金平衡用地的进场施工，并组织集中拆违19000平方米。双何等5个村的用地，完成矿渣填培。做好拆迁企业已征未供土地的供地工作，完成办理供地手续企业16家，进场施工企业10家，15家企业正办理结算。

城镇住房体制改革

【住房货币化分配】 2010年，龙湾区住建局推进住房货币化分配工作。1～10月，共审核审批住房货币化分配107人，面积6435.74平方米。审核审批货币化分配资金501.22万元（其中财政资金151.22万元）。累计发放货币补贴869人，货币补贴资金4845.52万元。

【住房保障工作】 2010年，龙湾区住建局贯彻落实《温州市房改办关于编制2010～2012年城市住房保障和解决其他住房困难家庭规划及年度实施计划通知》精神，牵头协调状元镇、龙湾规划分局、龙湾工商分局集资联建房办证等房改历史遗留问题，按规定处理好区安监局退休职工的住房困难问题。组织召开全区居民经济适用房申请受理培训会议，从5月20日开始，全区共有58户住房困难家庭申请经济适用住房。协调规划、土地、房管等职能部门，做好区经济适用房的办证前期工作，已开具房屋发票358份并办理相关产权。

【住房信访工作】 2010年，龙湾区住建局重视群众来信来访工作。对来信来访实行专人登记，并及时调查和回复。全年共接待咨询住房货币化及经济适用房申请120人，回复信访局转交的个人来信2件；协助（会办）市房改办、市科技局办结温州市人大议案4件，协助区政府办公室、区教育局办理区政协提案2件。

房产管理

【廉租房保障】 2010年，温州市房产管理局龙湾分局（简称龙湾房管分局）对2009年廉租房保障户进行调查审核，6户通过年审。对2010年8户（新增2户）廉租房保障户在龙湾党政网进行公示。全年落实廉租房保障户8户，发放租金补贴63180元。

【房地产市场监管】 2010年，龙湾房管分局加强市场监管，打击违法违规行为，促进龙湾区房地产市场平稳健康发展。全年共参与项目开盘监管8次，受理各类投诉8起，立案查处4起，罚款1.2万元。

【房屋安全监管】 2010年，龙湾房管分局加强国家直管公房管理，每季进行一次房屋安全、转租情况及使用情况的检查。全年累计检查户数332户次，因转租原因收回住宅1处、非住宅1处。推进直管公房的产权登记工作。加强对高层建筑及地下建筑的消防安全隐患整治工作的监管力度，对龙湾区有高层建筑的小区进行检查，发现问题及时向区安监委、区消防大队通报。加强C、D级危房监管，全区现有C、D级危房3121处。全年组织安全检查4次，召开安全会议4次。开展房屋装修不定期的日常巡查监管，对永中街道等重点区域长期派员监管。

【物业管理】 2010年，龙湾区现有物业服务企业8家，其中一级4家，二级、三级各2家，从业人员316人，托管面积115万平方米。至12月末，全区小区物业管理覆盖率达35%，居民逐渐接受有偿服务的物业管理模式。开展创建平安物业活动，为物业小区创造安全、和谐、舒心的生活环境。加强对行业监管指导，规范物业服务行为，指导监督物业小区召开业主大会、依法成立业主委。

【产权管理】 2010年，龙湾房管分局着手建立房地产个人信息系统，继续开展集体土地农房抵押贷款登记试点工作，对房屋所有权登记有关流程进行提速。全年共办理产权初始登记1896件，转移、变更登记487件，交易登记517件，抵押登记4310件。登记窗口获市级“巾帼文明示范岗”，并连续三年被评为“群众满意窗口”。

【拆迁监管】 2010年，龙湾房管分局合理申报和控制拆迁规模，颁发“江滨路龙湾段道路一期工程拆迁许可证”等3个房屋拆除项目。规范拆迁许可证发放程序，严格按照《浙江省城市房屋拆迁管理条例》的规定执行，做好房屋拆迁许可“五个要件”的审核。督促落实拆迁安置房认购与交钥匙工作，全年安置房认购265套，交钥匙480套。

市政建设和管理

【概况】 2010年12月24日，龙湾区市政园林管理局与温州市城市管理行政执法局龙湾分局合并组建龙湾区城市管理与行政执法局。全年投入城市维护资金6668万余元，维护10座泵站；全年排污1876.5万吨。

【市政设施管理】 2010年，龙湾区城市管理与行政执法局完成龙飞路人行道、建中街、永宁路、永强路道路整治，镇标西路、桥北新街、沙门头状元垃圾中转站前道路维护。坚持每周2～3次对主要道路进行巡查，及时修复更新破损窨井盖、路灯，全年共出动路灯维修车250余次，维修受损电缆980米、路灯344盏次，新建改建路灯76盏，改造罗东大街节能路灯130盏，全区路灯灯亮率保持在98%以上。完善全区排水管网资料收集，加强10座泵站维护。全年疏通道路排水管网12公里，排污1876.50万吨。建成永中、海滨、状元等镇（街道）12个候车亭。

【园林绿化建设】 2010年，龙湾区深入开展“六城联创”活动，启动建设区级综合性公园6个，村级小游园50个。筹建龙湾区苗木基地一期，做好全区20多公顷绿地的养护工作，完成绿地灌木补植7万余棵，种植行道树300余棵，重要节假日期鲜花及小品布置30余万盆。多次配合执法部门，查处侵占、违章开口绿化带、私自修剪行道树等违章行为。

【环境卫生管理】 2010年，龙湾区城市管理与行政执法局完善道路清扫保洁市场化、垃圾收集清运处置、环卫经费投入和城乡环境卫生综合考评等“四大工作机制”，有效推动环境卫生管理工作制度化、规范化。市场化运作道路从135条扩展到258条，面积扩展到382万平方米。重新修改《龙湾区环境卫生考核办法》，认真落实日检查、周通报、月评比工作制度，完善通报制、排名制和奖惩制。提高镇（街道）月考核补助比例，由原最高补助的50%提至75%，按照排名依次递减5%。安排村居环境卫生考核补助专项资金，每个村居1万元/年。

表62： 2010年龙湾区绿化情况一览

序号	项目名称	绿化面积（公顷）
1	建成区绿化覆盖	512.43
2	镇村级小公园建设	45.16
3	绿地面积	69.15
4	公园绿地面积	203.66
总计绿化面积		830.40

成立垃圾死角清理队伍和果壳箱清洗队伍，全年共清理垃圾死角808处，共计3万余吨。

【户外广告审批和整治】 2010年，龙湾区城市管理与行政执法局严把户外广告和洗车场（点）审批关口。对于经现场勘查不符规定的坚决不予审批，对于设置不规范、存在安全隐患的，立即要求限期整改，努力提高龙湾区户外广告的设置品位和档次。建立电子档案，实行档案管理专人专管。全年共受理审批件515件，核准流程422件。

【环卫设施建设】 2010年，龙湾区城市管理与行政执法局加快环卫设施建设。完成温州工业园区垃圾中转站和海城街道工贸路垃圾中转站等3座垃圾中转站建设，改造提升永中沙门头垃圾中转站、永中王宅垃圾中转站等5座垃圾中转站。完成永中街道普门村公厕、永中街道双何村公厕等11座公厕建设。购置环卫专业车辆，主干道路机械化清扫率从原先的30%提高至50%。为主要道路配备果壳箱1500个，购置三轮保洁车50辆。

国土资源管理

【国土资源规划修编】 2010年，龙湾区土地利用总体规划修编方案已经省政府批准；区级中心城区规划通过省国土厅审查，上报省政府审批；中心城区外3个镇（街道）的规划通过市政府批准。各项规划控制指标分别为：耕地保有量2500公顷，基本农田保护面积2106.67公顷（含标准农田面积），城乡建设总规模8404公顷，新增建设占用土地4969公顷，人均城镇工矿用地90平方米，万元二、三产地区生产总值耗地量10平方米。

【状元国土资源管理所获全国先进集体荣誉】 2010年12月20日，温州市国土资源局龙湾分局状元管理所被人力资源和社会保障部、国土资源部授予“全国国土资源管理系统先进集体”称号，这也是浙江省唯一一个基层国土资源所获此殊荣。

【耕地保护】 2010年，温州市国土资源局龙湾分局（简称龙湾国土资源分局）严格落实耕地保护工作责任制，认真执行国家重点建设项目占用基本农田审批制度，实行占用基本农田听证和公告制度。对耕地保护实行分片包干负责制，聘请村干部为土地协管员，形成区、镇（街道）、村三级耕地保护信息网络。制订耕地保护实施方案和考核办法，将耕地保护纳入文明所创建考核内容。加快土地开发整理步伐，做好省、市政府下达的“百万造地”工程——海滨滩涂围垦新增耕地73.33公顷的任务，该工程已进场施工；灵昆镇52.40公顷的造地项目，已落实给灵昆镇政府具体负责实施。完成海滨街道基本农田示范区建设，完成352个遥感监测疑似图斑的外业实地核查。

【建设用地报批】 2010年，龙湾国土资源分局上报预审建设项目59宗，涉及用地面积166.61公顷；已办结58宗，用地面积165.09公顷。办理供地91宗（其中划拨供地42宗，公开出让供地44宗，集体拨用土地5宗），面积187.35公顷。受理临时用地申请14宗，面积11.18公顷；已批准使用11宗，用地面积7.45公顷。办理复核验收22宗，办结建设期延长的用地60宗，面积99.66公顷。全年新增建设用地面积331.96公顷，其中农用地321.64公顷（耕地296.49公顷）。

【土地专项清理】 龙湾区转而未供土地总量有1122.73公顷，2010年市政府下达龙湾区转而未供土地清理任务112.27公顷。11月，区府办、龙湾国土资源分局牵头抽调龙湾规划分局等6个部门9名人员成立“转而未供”土地专项清理工作小组。2010年，龙湾区实际完成“转而未供”土地清理任务231公顷。其中供地已经审批完毕但未交费项目52个74.87公顷，列入招拍挂拟出让地块8个41.80公顷，供地已全部到位34个72.73公顷，在办项目5个32.23公顷，完成市政府下达任务的206%。推进闲置土地清理进程，通过延长建设期方式清理疑似闲置项目47个，尚有疑似闲置项目15个待处理，其中属于政府公建项目的有12个。

【农村土地管理】 2010年，龙湾国土资源分局审核农民宅基地拆扩建81宗，涉及用地面积6065.11平方米；通过简易程序补办用地105宗，补办用地面积3127.05平方米；受理设施农用地申请8宗，面积18037平方米，其中已批准使用5宗，用地面积2144平方米。落实农村土地综合整治工作示范点3个，天河镇郑岙村作为省级示范点予以上报。

【国土资源行政监察】 2010年，龙湾国土资源分局共立案土地资源违法案件78件。其中：土地违法70件，违法用地面积17.69公顷（耕地面积2.83公顷）；矿产违法8件。作出处罚决定书94件，其中土地违法类86件。责令退还土地面积21.47公顷，没收违法建筑面积42511.5平方米，拆除违法建筑面积27851.2平方米，收取罚款375.2万元。8件矿产违法案件类，没收违法所得3.9万元、罚款1.57万元。申请法院强制执行（包括历年案件）43件。全年出动巡查1573次、4231人次，发现违法用地438宗，违法面积28.13公顷。制止417起，现场制止面积392142平方米，拆除面积43637平方米。组织拆除土地违法行动161次，拆除违法建（构）筑物面积315298平方米；组织复垦4次，复垦面积4000平方米。开展打击偷挖盗采矿产资源行为，共扣留采矿施工工具（挖掘机）9台，批评教育21人。开展土地卫片执法检查，龙湾区2008年10月至2009年10月期间被卫星监测到的图斑共有68个。经核查，有17宗违法用地。其中立案查处16件，不予立案由当事人自行纠正1件。

【矿产资源管理】 2010年，龙湾国土资源分局开展矿区范围界桩与采矿权告示牌标准化建设，对全区8家矿山企业按照标准化、统一化模式进行设计与建设。其中，4家矿山矿区范围进行拐点界桩放样，共埋设界桩32个。完成8宗采矿权注销和5宗采矿权换证工作，出让采矿权3宗。完成国土资源部督办挂牌的瑶溪镇底岭下普通建筑石料矿区的整合工作。全年收取采矿权价款3644.56万元，矿产资源补偿费45.73万元，矿山环境治理备用金425.33万元，采矿权使用费6500元。

【地质灾害防治】 2010年，龙湾国土资源分局编制《龙湾区2010年地质灾害防治方案》，确定全区4个地质灾害重点防治区和11个重点防治对象，做好防治措施及应急预案。要求各镇（街道）及时更新防灾避险工作明白卡，确定监测负责人，做好地质灾害预警预报工作。完成地质灾害隐患再排查工作，确定10处地质灾害点并建立群测群防系统体系。完成海城街道东门村眠牛山、西一村安埠山地质灾害治理工程，总投资874万元。启动海城街道中星村秃头山治理，瑶溪镇机场大道金岙——龙东段地质灾害隐患点治理，瑶溪第二小学校舍地质灾害隐患点治理，共投入治理资金770万元。投入4万元，在全区重点地质灾害隐患点和废弃矿山树立40个警示牌。在防汛抗台期间，完成全区11个地质灾害点和12个持证矿山企业的汛期检查，无人员伤亡事故发生。

【第二次全国城镇土地调查】 2010年，龙湾国土资源分局完成状元、蒲州、瑶溪、永中4个镇（街道）78个街坊的调查，涉及土地面积29.52平方公里。完成15.85万宗纸质档案的比对工作，完成龙湾区87.32平方公里的地形测量。其中龙湾标段永中、状元片约33.2平方公里地形图，通过省测绘成果质量检查验收中心验收。

【国土系统信访工作】 2010年，龙湾国土资源分局收到群众来信287件（重复件为131件），要件报结率100%。收到各类交办单301件（其中：区效能监察中心转办单28件，市、区创建办转办单31件，市长热线及区长热线电话交办单188件，市局违法用地举报电话交办单54件），报结率98%。接听群众来电320次（包括“12336”来电举报）。接待群众来访11批、89人次，作出信访答复书20件。全年化解信访积案件8件，化解率达66.7%，化解率居市本级第一。

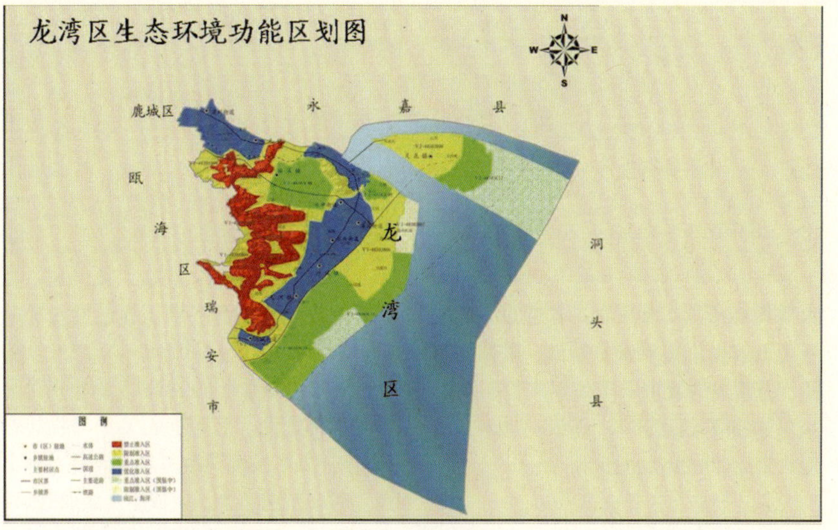

图82：龙湾区生态环境功能区划图。 （区环保局摄于6月11日）

海洋管理

【海域使用监管】 2010年，龙湾区海洋与渔业局加强海域使用管理，促进合理开发利用和保护海洋资源。完成市、区民科基地建设和瓯江口开发建设项目用海计划上报，配合金海岸休闲娱乐中心、瓯江口开发建设用海法律纠纷、瓯飞滩开发建设项目用海、龙湾二期高涂养殖用海、77省道延伸用海等工作。编制完成《龙湾区海洋开发实施规划》。全年区域内确权海域面积9.97公顷，发证4个，收海域使用金4.47万元。海域论证项目2个，填海竣工验收项目1个，面积41.29公顷。完成已确权海域使用档案整理、无居民海岛调查登记、908专项海域使用现状调查项目汇交资料审核、补齐等工作。

【海洋环保工作】 2010年，龙湾区海洋与渔业局完成《龙湾区海洋环境保护规划》初稿编写工作；完成近岸海域海洋生态环境监测方案制定、招投标、签订委托合同、采样监测等工作；完成省赤潮监视监测志愿者年度培训。全年有2个项目召开海洋环境影响评价审查及听证会。

生态区建设

【生态区建设任务分解】 2010年6月11日，龙湾区召开生态区建设暨节能减排和温瑞塘河综合整治攻坚会议，全面部署2010年生态区建设工作并签订年度生态任务书，将生态建设工作任务落实到35个部门、10个镇（街道），并在《今日龙湾》报纸上公布生态区工作任务书。完善生态建设资金保障，全年安排生态区建设专项资金1780万元（其中生态补偿资金230万元）。组织开展“十二五”环保和生态区建设规划编制。

【生态区创建】 2010年，龙湾区环境保护局（简称龙湾区环保局）指导灵昆镇开展国家级生态镇创建，配合灵昆、瑶溪镇开展省级生态镇复评工作。蒲州街道开展生态街道创建，完成永中、蒲州、永兴3个街道的生态街道规划编制工作。在灵昆镇和沙城庄桥、状元甘岙、永中双岙等10个行政村开展生态文明建设试点工作。已创建省级绿色家庭2户，申报创建市级绿色家庭3户，龙湾中学、海城第二小学创建省级绿色学校，沙城第二小学、越秀学校和永昌第一小学申报创建市级绿色学校。

环境质量

【水环境质量】 2010年，龙湾区饮用水源地（倒龙坑水库、青山水库、双岙水库）水质监测结果全部达到II类水标准。十字河（状元）、下湾（永中）、水潭（永兴）等3个内河地表水采样站，

表63： 2010年与2009年龙湾区废水及化学需氧量排放情况对比

	废水排放量（万吨）		化学需氧量排放量（吨）
	工业废水	城镇生活污水	
2009年	1002.04	1705.4	5834
2010年	1012.84	2456.78	5673
增减率	1%	44%	-2.76%

表64： 2010年与2009年主要大气污染物排放情况对比

	二氧化硫
2009年	4394
2010年	4389
增减率	-0.11%

水质均劣于V类水标准。主要的污染因子为五日生化需氧量、氨氮、氟化物。瓯江龙湾段地表水采样点每月监测1次，水质能够满足GB3838-2002《地表水环境质量标准》Ⅲ类水标准。

【大气环境质量】 2010年，状元镇、永中街道大气环境质量自动监测站监测结果表明，全年环境空气质量优良率分别为91.4%、80.4%。状元镇全部达到《环境空气质量标准》（GB3095-1996）二级空气质量标准；永中街道二氧化硫、二氧化氮达标，可吸入颗粒物平均值超标。

【声环境质量】 2010年，龙湾区29个区域环境噪声测点中，有19个点监测结果不能满足功能区要求，另外10个点能够满足噪声功能区要求，区域环境噪声达标率为34.5%，区域环境噪声平均值为63.4dB。

环境管理

【“放心放射源县”创建】 2010年10月13日，由温州市环保局“三放心”创建领导小组组成的验收组对龙湾区“放心放射源县”创建工作进行验收。通过听报告、查台账，赴现场抽查辖区内辐射工作单位（温州万明不锈钢制品有限公司）的辐射安全监管状况，查阅创建相关档案资料，核对放射源信息地图，以97分成绩通过该次验收。现场授予“验收合格”标志牌。

【合成革行业污染整治】 2010年，龙湾区环保局根据污染整治有关要求，督促企业落实整改措施。全区已有50家企业完成整改，23家企业正在整改中。合成革固废处置中心二期工程已投入试运行，累计收集固废料1万多吨，企业的精馏残渣得到妥善处置。推进车间废气封闭收集系统建设，累计建成DMF回收装置185座、二甲胺废气治理设施53套、DOP废气回收设施65套。完成生产企业的134个配料间、287条生产线、49台喷涂机、159台印刷机的全封闭。PU革行业已建成废水治理设施54套，废水治理后各项出水指标基本达到国家标准。制定《龙湾区合成革行业排污许可证发放规定》，开展二轮监测补测，已有21家企业监测合格，大部分企业已委托编制后环评报告书。

【拉丝行业污染整治】 2010年，龙湾区环保局推进拉丝企业污染治理设施改造，对蒲州上江、状元御史桥、山西岙拉丝基地周边河道发黄现象进行深入调查、研究，责令这3个拉丝基地实施整改。截至12月，御史桥拉丝基地已完成整改，污水处理设施进行全面改造，增加一个沉淀池，由一级加药曝气系统变为二级加药曝气系统。蒲州上江拉丝基地污水治理设施已改建完成，增加一个180吨的废水集中池和一台板框压滤机。山西岙拉丝基地已完成废水管网改造工程，废水治理设施全面改造工程亦竣工。

【熔炼餐饮行业污染整治】 2010年，龙湾区环保局继续做好熔炼行业污染整治工作，已完成7家企业验收。组织开展8家树脂企业的废水治理工程验收。开展餐饮业污水整治，制订专项整治工作方案，已完成全区有证餐饮业整治工作。对浙江明泰标准件有限公司等3家电镀企业和泰庆皮革有限公司实施废水限期治理。

【电镀基地建设】 2010年，蓝田电镀基地23幢标准厂房已通过质量竣工验收，附属工程完成招标，配套污水处理厂完成桩基工程。已确定企业入园计划、招租方案、入园方案，开展企业整合重组工作。有44户整合达到入园标准，其中37户已缴纳租金定金。海城电镀中心主体工程已完成桩基施工阶段，其中2家企业完成基础施工，配套污水处理设施完成建筑设计。

【温州工业园区环境整治】 2010年，龙湾区制订温州工业园区环境整治全年实施计划，成立相应的领导小组，建立联席会议制度。开展环评补办、三同时验收工作，环评执行率和三同时验收率分别达100%和91%。加快污水管网建设进度，完成概算投资3000万元的园区一、二期排水整治工程，完成对园区134家企业内部雨污管网的分流改造。制订上岙河治理和园区及周边企业截污治理方案，对工业区排污管网进行疏通修复和改造，切实解决排污管网混乱、堵塞和雨污分流问题。拆除园区内河段围堰，对河道进行截污疏浚，与3个村签订河面保洁协议。完善园区基础资料，在134家企业建立“一厂一册”台账。12月14日，温州工业园区整治工作通过省、市验收。

【主要污染物减排】 2010年，龙湾区环保局编制《龙湾区2010年主要污染物总量减排计划》，制订《龙湾区“十一五”污染减排应急预案》和《龙湾区污染减排应急预案启动措施》。全面推进燃煤锅炉脱硫改造工作，全区140台4吨以上的燃煤锅炉均已完成脱硫改造。制订《龙湾区二氧化硫减排应急预案》，9～11月组织实施一、二、三期停电限产措施，对重点用煤企业进行限产停产。加强对东片污水处理厂的运行监管，定期分析污水处理厂进出水情况。

开展进水重金属含量偏高情况专项调查，查找进水重金属的主要来源，以确保东片污水处理厂的正常运转。全年日均进水量8.3万吨，累计处理水量3029.2万吨。全区纳污管网建设工作顺利推进，累计建成截污纳管445公里、工业基地与居民集中生活区入户纳管5万户。

【农村环境综合整治】 2010年，龙湾区环保局制定《龙湾区农村环境整治（保护）规划》、《龙湾区农村突出环境问题排查整治工作计划》。完成灵昆双昆村生活污水工程（北片）、庄桥村雨水管网工程，启动灵昆王相村、上岩头村、永中双岙村、状元响动岩村生活污水治理工程。完成灵昆双昆村生活污水工程（南片）、灵昆周宅村生活污水工程、瑶溪皇岙村污水工程图纸设计和立项工作。完成瑶溪镇朱宅村、沙城镇庄桥村的生态文化公园建设。完成全区131个太阳能路灯的政府集中采购，改建3座垃圾中转站，新建3座垃圾中转站、15座生态公厕，农村生活垃圾集中收集行政村覆盖率达100%。

【环境监管】 2010年，龙湾区环保局以环境执法年活动为载体，组织开展整治违法排污企业保障群众健康环保专项行动。全年共出动监察人员13849人次，检查企业7464家次，立案查处企业280家，作出行政处罚决定书262件，应收罚款750.70万元。对拒不履行行政处罚决定的违法单位依法申请人民法院强制执行，累计申请强制执行187件。组织开展案件执行回头看行动，司法传唤16人（其中拘留3人）。联合有关部门开展环保“打非”行动，全年共组织环保“打非”行动30次，打击取缔非法窝点162家次。其中无证照化工原料桶清洗点14家次，无证电镀户73家次，水洗加工场9家次，小造纸3家次，牛皮转鼓3家次。

【排污费征收】 2010年，龙湾区环保局根据《排污费征收管理条例》，征收排污费。全区征收排污费991户、2993.24万元。

【污染源普查】 2010年，龙湾区环保局开展全区污染源普查动态更新调查。共完成487家工业重点调查源、6家集中式污染治理设施，31家规模化农业源的入户登记、数据审核和录入、数据上报及数据整改等工作。

【环保行政审批】 2010年，龙湾区环保局审批建设项目141个，其中否决突破环境容量、不符合环保和产业政策要求的新建项目35个。落实行政审批无偿代办制度，对全区8个重点建设项目提供行政审批无偿代办服务。实行建设项目“窗口约见”方式，共有20余个项目通过此工作方式完成环评报批。强化绿色通道审批，全年通过绿色通道办理的项目有30余个。

【世界环境日主题活动】 2010年，龙湾区环保局围绕“6·5”世界环境日主题，相继开展“小手拉大手”环保事迹征文比赛、“走进低碳生活，共建生态家园”巡回知识讲座、“改善塘河环境·促进人文和谐”保护母亲河知识竞赛、环保知识有奖竞答等活动，举行“6·5”世界环境日“低碳减排·绿色生活”大型广场主题活动。

图83：6月4日，龙湾区“6·5”世界环境日大型广场活动举行。

（区环保局供稿）

温瑞塘河治理

【概况】 2010年5月31日，根据温龙机编〔2010〕36号文件，龙湾区温瑞塘河治理工程建设指挥部更名为龙湾区温瑞塘河保护管理委员会。龙湾区温瑞塘河保护管理委员会（简称龙湾区温瑞塘河保护管委会）围绕塘河整治“攻坚200天，决战811”行动部署，开展截污纳管、除黑消臭、执法管理及宣传教育等一系列工作，取得显著成绩。全年温瑞塘河综合整治新建工程24项，计划投资12250万元，实际完成投资12525万元，完成年初投资计划的102%。

【《温州市温瑞塘河保护管理办法》实施】 2010年9月1日，《温州市温瑞塘河保护管理办法》开始实施。温瑞塘河流域设立温瑞塘河保护区，范围包括骨干河道水域、城市和镇建成区河道水域和沿岸保护管理的陆地。温瑞塘河流域内骨干河道沿岸保护管理范围每侧不少于50米；重要河道保护管理范围每侧不少于15米；一般河道保护管理范围每侧不少于8米。该《办法》明确规定，温瑞塘河流域骨干河道和重要河道两侧各50米以内的范围为禁养区，禁止新建、扩建各类畜禽养殖场，现有畜禽养殖场要在2011年年底前关停或者搬迁。

【塘河环境污染整治】 2008年，温瑞塘河环境污染整治被列入省政府“811”环境保护新三年行动计划，并作为省级督办的重点环境问题进行攻坚“摘帽”。三年来，龙湾区委、区政府把温瑞塘河综合整治作为一项重中之重的工作，加强组织领导，科学确定整治思路，建立完善工作机制。2010年12月9日，温瑞塘河环境污染整治通过省“811”考核验收，顺利完成“摘帽”任务，温瑞塘河环境整治取得阶段性成果。

【污水管网建设】 2010年，龙湾区温瑞塘河保护管委会坚持科学指导，快速推进污水管网工程建设，各项工程均超额完成。东片污水管网工程年度安排7

个项目，计划建设截污管40公里，完成入户纳管5000户。全年完成截污管95.1公里，完成计划238%，累计完成截污管445公里；入户纳管12060户，完成计划241%，累计完成56365户。

【塘河综合整治】 2010年，龙湾区温瑞塘河保护管委会采用生态治河，综合治理，逐步达到消除河道黑臭目标。全年安排状元、蒲州、永中、海城、天河5个镇（街道）的11条河道进行综合整治建设。采取截污、清淤、驳坎、绿化、道路修复、水体修复等一系列综合措施，进行综合整治。全年共完成截污管道1027米，清淤28.62万立方米，驳坎4483米，绿化面积31043平方米，道路修复8756平方米，修复水体30万立方米。完成投资额4297万元。

【塘河洁化绿化工程】 2010年，龙湾区温瑞塘河保护管委会继续做好河面保洁工作，深化“河前三包”和专项整治，大力开展“两拆两绿”工程建设。全区共有河面保洁员115人，保洁船55只，对全区232条总长278公里的河道实行日常保洁。全年河面保洁投资328万元，完成绿化面积3.8万平方米，完成“两拆两绿”首批30家沿河企业拆违任务，拆违面积1.15万平方米。

【塘河志愿者队伍建设】 2010年，龙湾区温瑞塘河保护管委会进一步深化全民治河理念，建立温瑞塘河义务护河监督管理机制，充分发挥基层群众的社会监督力量。7月20日，永中街道温瑞塘河义务护河队在永中明珠广场举行成立仪式，有来自机关、高校及社会各界的300余人参加了仪式。至此，全区有温瑞塘河义务护河队9支，义务护河人员225名。这9支护河队将分区段从工业、农业、餐饮业、生活污染等四大污染源入手，对塘河治理开展宣传、巡查、监督等活动。

图84：7月19日，状元镇三郎桥河拆违现场。 （龙湾区温瑞塘河保护管委会供稿）

【塘河专项执法工作】 2010年，龙湾区温瑞塘河保护管委会强化塘河专项执法检查，整治工作取得阶段性成果。全年共出动监察人员10025人次，检查企业5000多家次，作出行政处罚114件，打击取缔无证无照化工原料桶清洗点68家次。检查沿河工地规范泥浆废土处置行为35次，立案查处擅自处置建筑垃圾案件18件，查处35家餐饮单位污水排放情况。开展河道清障拆违执法行动28次，强制拆违128处、15140平方米。开展联合执法拆除涉河违法建筑66006平方米。

【塘河监督机制】 2010年，龙湾区实行温瑞塘河“河前三包”和专项整治挂钩联系责任制。全区56个机关单位与10个镇（街道）分别“结对”，建立挂钩联系制度。建立健全责任制，明确相关单位塘河整治工作职责和任务要求，细化各季、月工作安排，分解细化各项考核指标。区委、区政府督查室，每月将以实地督查、暗访督查、定期通报和媒体公布相结合的方式，对塘河整治进展情况开展跟踪督查，确保各项责任落实到位。

【塘河保护宣教活动】 2010年，龙湾区温瑞塘河保护管委会全面开展塘河保护宣传教育活动。以宣传保护温瑞塘河为主线，利用报刊、电视、广播、宣传栏、简报等渠道，全方位、多层次进行塘河整治和保护宣传。全年向社会发布宣传教育信息76条，印发工作简报13期。在《浙江省温瑞塘河保护管理条例》正式颁布实施后，迅速开展开办一次专题培训，组织一次专题宣传，组织一次集中拆违的“三个一”活动，在全区掀起学习宣传条例的高潮。在永中街道和瑶溪镇开展“改善塘河环境，促进人水和谐”的普法知识宣传和条例宣传教育活动，采取知识问答、图片宣传和发放纪念品等多种方式，向周边的群众进行普法宣传，共发放1400余份宣传资料，1000余份纪念品，使塘河保护工作深入人心，取得良好社会效果。

基础设施建设

综　述

2010年，龙湾区完成省、市重点工程投资11.19亿元，区重点工程投资19.82亿元。开工建设77省道延伸线龙湾段、瓯飞围涂工程起步区（龙湾二期围涂）。加快推进飞云江三桥龙湾段接线工程、塘永公路永梅段道路整治。曹龙大道、江滨路龙湾段、新区道路网围垦路等工程有序推进。110千伏南洋变竣工投产，新农村电气化建设完成率100%。瓯江口获准设立温州市瓯江口产业集聚区。机场完成旅客吞吐量532.68万人次、货邮吞吐量5.00万吨，实现安全保障航班起降4.99万架次，分别比上年增长10.5%、12.9%和11.3%。旅客吞吐量排名全国（175个民用机场，含军民合用机场）第28位。铁路发送旅客561万人次（其中温州站发送旅客349万人次）；实现货物到发量1131万吨（其中温州西站货物发送量392万吨，货物到达量405万吨）。龙湾港区综合楼工程、温州港龙湾作业区4号泊位技术改造工程通过验收，港铁路线延长轨道工程竣工。温州大桥计重收费和不停车收费正式运行，日均车流量4.48万辆次。全区公路完成客运量2152.31万人次，旅客周转量5.07亿人公里，完成货运量63.13万吨，货运周转量4.63亿吨公里。信息产业加大基础设施建设力度，服务能力得到加强。永强供电公司获全国模范职工小家称号，温州永强机场获2009年度（第四届）全国优秀机场评比“三星级机场奖”，中国移动龙湾分公司获“省文明单位”称号。

省、市重点工程

【概况】　2010年，龙湾区被列入省、市重点工程项目11项，市政府下达年度投资计划11亿元。全年完成工程投资11.19亿元，占年度计划的101.8%。在温州市三区两市排名中，总量排第2位，计划完成率排第3位。配合市级有关部门做好温州电大迁建工程、瓯海

表65：　2010年龙湾区重点工程建设在三区两市中的排名情况

	单位	总量情况	排位	计划完成率（%）	排位
全　市	亿元	220.7		96.0	
鹿城区	万元	43674	5	72.2	5
龙湾区	万元	111941	2	101.8	3
瓯海区	万元	114765	1	81.4	4
瑞安市	万元	108284	3	146.7	1
乐清市	万元	104332	4	117.9	2

表66：　2010年龙湾区的省、市重点工程建设完成情况　　单位：万元

序号	项目名称	投资计划数	实际完成数	完成率（%）	业主单位
	合　计	110000	111941	101.8	
*1	温州市东片防洪工程一期	15000	10855	72.4	温州市城市东片防洪工程建设指挥部
*2	龙湾围垦（天城、海滨、龙湾二期）	23000	4707	20.5	区海涂围垦工程建设指挥部 温州龙达围垦开发建设有限公司
*3	飞云江三桥接线龙湾段工程	15000	10806	72.0	区经贸（交通）局
4	龙湾新区（南片）道路网一期	5000	10301	206.0	区公用事业建设指挥部
5	曹龙大道	10000	4647	46.5	区公用事业建设指挥部
6	江滨路龙湾段	6000	2855	47.6	区公用事业建设指挥部
7	塘永公路永梅段改建	10000	9683	96.8	区公用事业建设指挥部
8	瑶溪钟秀园	3000	2645	88.2	区瑶溪钟秀园建设指挥部
9	温州民科基地龙湾园区（含永兴北园）	19000	40635	214.0	温州民营经济科技产业基地龙湾开发建设指挥部
*10	凯喜姆核能阀门产业化基地	2000	6840	342.0	凯喜姆阀门有限公司
*11	温州中科新能源科技有限公司年产10万吨生物柴油能源高科技项目	2000	7949	397.5	温州中科新能源科技有限公司

*为省重点建设项目

大道资金平衡地块、温州市第八中学（五十八中）迁建工程、龙湾港区一期技改工程等省、市重点工程的政策处理和协调服务工作。

区重点工程建设

【概况】 2010年，区级重点工程建设项目58项，年度投资计划18.05亿元。全年完成工程投资额19.82亿元，占年度计划的109.8%。其中：建成项目10项，完成工程投资额1.60亿元，占年度计划150.4%；续建项目25项，完成工程投资额14.12亿元，占年度计划125.5%；开工项目23项，完成工程投资额4.10亿元，占年度计划71.5%。

【重点工程各业主单位完成情况】 2010年，瓯海大道龙湾段指挥部建设项目1项，完成工程投资0.83亿元，占年度计划207.5%；区温瑞塘河治理工程指挥部建设项目2项，完成工程投资1.12亿元，占年度计划160.3%；温州民营经济科技产业基地龙湾开发建设指挥部建设项目1项，完成工程投资2.13亿元，占年度计划127.3%；区东片防洪工程指挥部建设项目1项，完成工程投资1.09亿元，占年度计划135.7%；区交通工程指挥部建设项目2项，完成投资1.18亿元，占年度计划134.2%；区城市中心区开发建设指挥部建设项目15项，完成工程投资3.60亿元，占年度计划127.3%；龙湾供电分局建设项目2项，完成工程投资0.12亿元，占年度计划108.5%；区公用事业工程指挥部建设项目5项，完成投资3.32亿元，占年度计划105.0%；区海涂围垦工程指挥部建设项目3项，完成投资0.45亿元，占年度计划90.2%；区瑶溪钟秀园建设指挥部建设项目1项，完成投资0.26亿元，占年度计划52.9%；温州龙达围垦开发建设有限公司建设项目1项，完成投资0.18亿元，占年度计划7.5%。

【重点工程各行业完成情况】 2010年，龙湾区重点工程农业水利建设项目6项，完成投资1.74亿元，占年度计划46.9%；交通道路建设项目14项，完成投资5.80亿元，占年度计划124.5%；电网通讯建设项目3项，完成工程投资0.74亿元，占年度计划239.4%；基础设施及城市建设项目20项，完成工程投资7.37亿元，占年度计划123.4%；社会事业建设项目11项，完成工程投资1.26亿元，占年度计划92.8%；工业建设项目3项，完成工程投资2.61亿元，占年度计划135.4%；属现代服务业的龙湾农产品物流中心，因各种原因，工程尚未正式开工。

半岛工程

【概况】 2010年11月，温州市瓯江口新区作为14个省级产业集聚区之一率先通过浙江省人民政府审批，获准设立温州市瓯江口产业集聚区。规划建设控制范围为茅竹岭及大罗山脚以东的龙湾区和洞头县（不包括鹿西乡），具体包括龙湾的灵昆、永中、永兴、海滨、沙城、天河、海城、瑶溪等镇（街道）的全部或部分地区，洞头的北岙、东屏、元觉、霓屿、大门等乡镇，及温州浅滩围涂等规划围垦区，共13个乡镇及街道。12月，撤销温州市瓯江口开发建设总指挥部，组建温州市瓯江口新区开发建设管理委员会（简称瓯江口新区管委会）。管委会作为市政府的派出机构，负责瓯江口灵霓半岛一体化开发建设管理的具体工作。全年完成投资8.72亿元。

【瓯江口规划编制】 2010年，瓯江口新区管委会托浙江省发展规划研究院完成《温州市瓯江口产业集聚区发展规划》的编制，委托中国规划设计研究院完成《瓯江口城市总体规划》编制。启动瓯江口灵霓半岛130平方公里概念性规划国际方案征集工作，日建设计、美国RTKL、美国RTKINS等6家世界知名规划设计机构参与方案设计。

【滩涂围垦造地工程】 2010年，瓯江口区域在建围垦项目围涂规模近3000公顷，促淤面积达6000公顷。温州浅滩围涂一期工程基本完成围区堤坝施工，形成可开发建设围区2400公顷。启动围区部分回填，进入实质性造地施工，形成围区隔堤、交通便道23条。6月29日，围涂促淤面积6000公顷，促淤堤长9.33公里的温州浅滩二期促淤堤工程完成项目设计、海域使用权审批等各项前期工作，正式开工建设。小霓屿促淤坝、小门西片围垦、布袋岙安置围涂等工程稳步推进，布袋岙围区实现合龙。

【瓯江口交通设施建设】 规划中的沈海高速、南金公路及77省道覆盖瓯江口新区。2010年，温州市瓯江口新区开发建设管理委员会加快推进对外通道建设，启动浅滩对外第二通道工程。77省道延伸线工程起于龙湾上岙，沿灵昆线至状元岙深水港区，主线全长36.7公

图85：10月26日，温州市“互看互学”视察组到瓯江口新区现场查看。

（瓯江口新区管委会供稿）

里，按双向四车道一级公路标准建设，设计速度80公里/小时。该工程试验段和灵昆大桥段工程已开工。浅滩对外第二通道——瓯江南口大桥项目前期工作正式启动，城市S1轻轨线确定延伸至浅滩区域，轨道桥将与南口大桥并行。

【半岛起步区建设】 2010年，瓯江口海域420公顷建设用海转为建设用地。全面启动起步区市政基础设施建设，完成起步区市政道路工可审批、部分道路的初步设计和南环堤河设计，展开“一纵三横”市政道路主网和南环堤河建设。启动起步区标志性项目建设，谋划瓯江口新区规划展示馆和半岛度假酒店项目前期工程，完成新区规划展示馆项目的前期工作和半岛五星级度假酒店的方案设计及软基处理。半岛起步区作为现代服务业启动区，各主体建筑完成桩基基础施工。谋划新区产业园项目，启动新区物流产业园项目前期工作。

【灵霓半岛一体化工程】 2010年，瓯江口新区管委会推进瓯江口新区开发建设体制创新，加速灵昆、霓屿纳入瓯江口新区一体化发展。启动灵昆镇控制性规划修编工作，开展灵昆新市镇前期工作。完成20公顷灵昆新市镇试点工程选址，开展土地类、房屋状况等政策性、基础性调查。霓屿首期30万平方米安置房，主要用于霓屿政策处理拆迁安置，基本完成项目的初步设计、施工图审查等前期工作。

海涂围垦工程建设

【天城围垦工程】 2010年5月，天城围垦工程完工，完成年度投资额500万元，累计完成工程投资额11420.30万元，正待验收。

【海滨围垦工程】 2010年，海滨围垦工程南堤、主堤基础及堤线进占已完成工程量2404米，南闸水下部分施工，中闸围堰完成65%；北堤基础及主堤加载堤线进占已完成2596米，北闸水下部分开始施工。全年完成投资额3007万元，占年度投资任务目标3000万元的100.2%。累计完成工程投资额12518.80万元，占原概算资金的69.0%。

【海滨围垦造地项目】 2010年，海滨围垦造地项目完成公开招投标及对项目区内养殖塘的全面清理等前期工作。并确定施工单位和监理单位，已进场施工。

【“围垦杯”法律知识竞赛】 2010年12月3日，龙湾区海涂围垦工程建设指挥部联合区司法局、区普法依法治理领导小组办公室举办“围垦杯”法律知识竞赛。12支参赛代表队参加竞赛，状元镇代表队获一等奖，区围垦Ⅰ标队和围垦Ⅱ标队分别获优胜奖和三等奖。

龙湾电力

【概况】 2010年，温州电力局龙湾供电分局（简称龙湾供电分局）供电量26.91亿千瓦时，比上年增长18.6%；售电量25.90亿千瓦时，比上年增长20.2%；年综合线损3.8%，较上年同期的5.0%下降1.2个百分点；电费回收率100%。全年最高用电负荷50.20万千瓦，比上年增长17.0%；供电可靠率（Rs−1）99.9%；电压合格率99.9%；新

表67： 2010年龙湾供电分局管辖的全社会用电情况

项目	用户（户）	装接容量（千瓦）	用电量（万千瓦小时）
全社会用电总计	93918	1718409	286404.63
全行业用电合计	18221	1255378	264913.58
第一产业	278	5681	382.74
第二产业	13295	1032689	246607.17
第三产业	4648	217008	17923.67
城乡居民生活用电合计	75697	463031	21491.05
城镇居民	31694	205294	8959.98
乡村居民	44003	257737	12531.07

表68： 2010年与2009年龙湾区各供电所用电情况对比

单位	年份	总用电量（万千瓦小时）	同比增长（%）	工业用电量（万千瓦小时）	同比增长（%）
状元所	2010	24654.95	−49.6	3962.55	−73.6
	2009	48889.13		15004.79	
开发区所	2010	70221.95	14.2	26490.38	−44.6
	2009	61507.45		47772.66	
龙瑶所	2010	78618.38	82.4	59147.05	96.1
	2009	43097.16		30168.01	
海城所	2010	21510.18	19.4	6298.54	−50.5
	2009	18012.73		12722.87	
灵昆所	2010	2832.88	18.5	305.36	−68.2
	2009	2389.96		958.66	
滨海所	2010	61123.07	47.0	3550.12	−89.9
	2009	41591.48		34973.97	
直供用户	2010	17296.16	−1.3	17296.16	1.3
	2009	17531.14		17531.14	
合计	2010	276257.57	18.6	117050.16	−26.4
	2009	233019.05		159132.10	

农村电气化建设完成率100%。

【龙湾电力电网建设】 2010年，龙湾供电分局贯彻落实龙湾区电网建设攻坚大会精神，加大电网建设力度。落实属地责任制，加强与各部门的沟通协调，确保电网建设工程按计划开工、进场、施工、投运。220千伏龙东变所址及110千伏出线方案得到落实；投产110千伏南洋变；110千伏西台输变电工程施工进展顺利；110千伏永十七、滨海和灵昆输变电工程前期工作有序进行。完成3个电气化村的建设。

【龙湾电力安全生产】 2010年，龙湾供电分局全面落实《温州电业局2010年安全生产工作意见》及各级人员安全生产责任制，与相关部门签订年度安全生产承包责任书。组织开展“百问百查”、“安康杯”、“无违章年”、“安全生产三项行动”、“隐患排查治理”和“安全生产月”等活动，学习2010版《电力安全工作规程》（线路部分）、《农村电网人身事故典型案例分析》、《农网配电典型作业防止较大及以上人身事故措施》和温州电力局《安全生产责任制》等规章制度。全年共开展安全活动270次，参加7100人次，开出10千伏工作票92张，操作票138张，两票合格率100%。开展施工现场安全监察，共到现场安全监察598次。全年未发生电力生产人身重伤及以上事故，未发生重大电网机械损坏事故和责任性大面积停电事故。截至12月31日累计安全日达到5645天。

【龙湾电力优质服务活动】 2010年，龙湾供电分局全面开展电力优质服务活动。继续推行绿色通道，坚持每周召开绿色通道会议，改变以往只根据进度表看问题、解决问题的方式。采取“把用户请进来”的新举措，每次会议都根据工程进度和用户需求，邀请相关客户代表参与会议，用面对面交流的方式，更好地掌握用户的动态需求，实现与用户之间的互动。关注客户需求，分析客户的电费支出结构和电量情况，帮助及时调整用电方式，提供个性化、专业化供电方案，为客户降低用电成本、减少开支。开展供电服务明察暗访活动，进一步提高电力服务质量。

图86：3月31日，龙湾供电分局开展电力进社区服务活动。
（龙湾电力分局供稿）

【龙湾电力教育培训】 2010年，龙湾供电分局在技能人员基本取得高级工的基础上，继续抓好学历教育和技师、建造师、经营师、经济师等技能鉴定和取证工作。全年共参加技师、高级技师培训11人，通过6人；参加高级工培训并通过3人；参加中级工培训67人，通过36人；专升本函授学历在读15人，研究生函授学历在读2人。组织职工参加上级组织的各类相关培训，并自办各类安全活动和生产技能、理论学习培训。配电工段、各供电所等部门还坚持每月一题的技术问答，每周一次的安全学习，每月一次的培训学习，全员培训率达100%。

【世博电力保障】 2010年，龙湾供电分局深入学习世博保供电文件精神，多次召开迎世博、保供电专题会议，成立世博保供电领导小组，制定保供电方案和应急预案，落实各种防范措施，确保世博期间安全、可靠供电。将有序用电分解到各供电所，分级落实错峰用电计划，做好配网供电方案的编制，将电网卡脖子现象减至最低。开展护网保电工作，对辖区内输配电线路进行全面排查。健全相应的巡视记录、反馈记录和消缺记录，做好工作与资料的闭环管理，以实现对线路设备进行彻底巡视，确保世博会期间线路正常运行。4月23日，联合温州永强机场举行一场“迎世博、保供电”的停电应急演练。

永强电力

【概况】 2010年，永强供电公司实现供电量15.99亿千瓦时（其中自发电828万千瓦时），比上年增长7.3%，线损率4.1%，电费汇收率100%，主营业务收入12.20亿元，直属产业营销收入达4.05亿元，创税6624万元。是年，获全国模范

表69：2010年与2009年永强供电公司管辖的各镇及街道用电量对比

名称	2010年用电量（万千瓦小时）	2009年用电量（万千瓦小时）	比上年增长（%）
永中街道	58275	53073	9.8
海滨街道	33553	31582	6.2
永兴街道	18020	16128	11.7
沙城镇	25226	22075	14.3
天河镇	18584	17066	8.9

表70：2010年度永强供电公司管辖的全社会用电量构成情况

行业分类	用电量（万千瓦小时）	构成比例（%）
一般工商业	129384	84.2
农业	167	0.1
照明	21386	13.9
非工业	2721	1.8

职工小家、温州市百强企业、温州市百强纳税大户、龙湾区功勋企业等称号。

【永强电力电网建设】 2010年，永强供电公司加快电网建设，以破解电力紧缺矛盾。110千伏海滨变电所已上报国家电网公司审批，调用110千伏龙新变3个10千伏间隔，增加供电能力2万千瓦。实施高、中、低3个等级立体化补强工程，抓好10千伏中压线路改造和调节。全年共整改10千伏线路25.4公里，电缆预埋8.2公里。完成19个村的新农村电气化建设线路和表计改造任务。编制永强供区“十二五”电网发展规划。

【永强电力基础设施建设】 2010年，永强供电公司基础设施建设稳步推进。天河水库东西库被列为国家拉动内需、水利部挂牌工程项目；东库除险加固工程全部完成，已具备蓄水条件；西库主库工程基本完成。山门坑、后坑水库加固工程已竣工。天河营业大楼竣工投入使用；海滨所营业大楼完成三通一平工程，进入招投标阶段；永兴所营业房规划土地完成审批手续；沙城所办公楼在办理供地手续；完成永昌供电所大楼的装修。白水电站计划更新机组，发电容量增加到1250千瓦，并全面实现计算机遥控。

【永强电力经营管理】 2010年，永强供电公司推进精细化管理，努力提高经营绩效。全年高压线损率降到2.65%，低压线损率降到4.0%，低谷利用率48.5%。查获窃电等违法案件38起，追补电量12.95万千瓦时。加强网络无功管理，电容补偿7.17万千瓦，功率因数达0.96。加强表计管理，轮换表计330台，现场校验配变计量1370台，利用校表和负控功能，及时发现故障，追回电量407.18万千瓦时。全面试行红外线集抄系统，提高抄表准确率和到户率。加强电费汇收，全年收费率达100%，6个供电所全面结零。

【永强电力安全生产】 2010年，永强供电公司重视安全生产，加大反违章和隐患排查整治力度，着重加强线路操作施工、外包工程、多经生产企业、高危用户的监督和管理。健全安全生产网络组织，层层签订安全责任书，完善防汛、电力检修等安全应急预案。加强全员安规学习和培训，360人参加培训和考试，合格率达100%。开展春秋季安全生产大检查，查出事故隐患230余条，及时整改，消缺率达98%。全年安全生产形势平稳，未出现人身伤亡事故、责任性的重大设备事故和大面积的停电事故。

图87：6月1日，中共永强供电公司委员会召开党员大会，以“公推直选”的方式选举产生党委领导班子。（永强供电公司供稿）

【永强电力党建活动】 2010年，永强供电公司党支部升格为党委，直属龙湾区委管辖。公司领导班子实行公推直选，成为龙湾区第一家公推直选党委。党委结合中心工作，提出“争做文明和谐先锋、高效廉洁先锋、服务活力先锋、学习实践先锋”的主题活动，5个基层支部的每位党员，都做出郑重承诺，创优争先活动不断引向深入。

【永强电力企业文化】 2010年，永强供电公司坚持人才强企战略，全年174人参加技能培训和考试，27人参加专业技能比武，20人带薪到高校脱产学习，30人参加业余高校远程学习，80余人参加各类专业培训。创办《永电报》，建立慈善分会和义工队，每年定期向慈善事业捐款50万元，职工个人捐款6万余元。

铁 路

【概况】 2010年，金温铁路公司共发送旅客561万人次（其中温州站发送旅客349万人次）；实现货物到发量1131万吨（其中温州西站货物发送量392万吨，货物到达量405万吨）；实现主营业务收入7.84亿元。12月31日，公司连续安全生产4083天，实现第十一个行车人身安全年。2010年，金温铁路公司党委被省国资委党委授予“先进基层党组织”称号，温州站售票作业区获浙江省“三八红旗集体”称号，金温铁路温州西地区平安志愿服务队被省综治办、团省委、省志工办、省公安厅等九部门联合授予浙江省首届“优秀平安志愿者服务队”称号。

【金温铁路扩能改造工程】 2010年1月19日，金温铁路举行扩能改造工程建设动员大会。浙江省委书记、省人大常委会主任赵洪祝宣布工程启动建设，省委副书记、省长吕祖善出席会议，副省长王建满主持会议。金温铁路扩能改造工程线路全长188.3公里，比老线缩短约60公里。其中：金华地区东孝站至金华南站增建第二线5.3公里，金华南站至新温州站新建双线183.0公里。新金温铁路设计标准为国家Ⅰ级、设计时速200公里、双线电气化铁路，规划运输能力为客车69对/日、货运1500万吨/年。项目总投资179.7亿元，由铁道部和浙江省共同出资，建设工期4年。

【金温铁路远程视频监控报警装置获国家专利】 2010年，金温铁路公司研发的山区铁路设备远程视频监控报警装置通过国家知识产权局审查，获国家实用新型专利。专利号：ZL 2009 2 0122211.7。

【陈敏尔调研金温铁路】 2010年11月30日，浙江省委常委、常务副省长陈敏尔在温州调研城市轨道交通的规划情况。调研期间，专程乘坐金温铁路轨道车，从温州火车站出发至龙湾港区码头，调研该线温州城区段的线路走向。

图88：11月11日，浙江省副省长、温州市委书记陈德荣实地查看金温铁路城区段的线路走向及周边环境。（金温铁路公司供稿）

【陈德荣调研金温铁路】 2010年11月11日，浙江省副省长、温州市委书记陈德荣与市领导彭佳学、葛益平、章方璋等，率有关部门负责人，乘坐金温铁路轨道车考察双屿站至龙湾港区码头区段的线路走向及周边环境，并就如何利用既有金温铁路城区段加快推进温州城市轨道交通及乐清湾港区铁路货运专线建设进行研讨交流。

【赵一德检查金温铁路春运工作】 2010年2月10日，温州市市长赵一德带领检查组到温州火车站对春运情况进行检查，并慰问铁路员工和火车站广场志愿者服务队。金温铁路公司春运期间发送旅客81.7万人次，其中学生旅客3.1万人次，并获"2010年浙江省春运工作先进集体"称号。

【金温铁路电煤运输工作】 2010年，金温铁路公司推进港铁联运电煤运输业务，年发送电煤358.5万吨。在低温雨雪天气和夏季高温期间，金温铁路公司开通温州至金华功塘的电煤运输专列抢运电煤，全力缓解浙西南地区的电煤需求，支持民生建设。

【金温铁路安全工作】 2010年，金温铁路公司翻浆冒泥整治8.5公里，新建防路伤栅栏22公里，完成武义、永康、缙云三个车站的6502信号设备改造，增设温州东站6502信号设备和温州西机务段的调车进路表示器。全年共深入开展各类安全检查活动76次，开展路外安全宣传活动16次。

民 航

【概况】 2010年，温州永强机场完成旅客吞吐量532.68万人次、货邮吞吐量5.00万吨，实现安全保障航班起降4.99万架次，分别比上年增长10.5%、12.9%和11.3%。旅客吞吐量续居全省第2位，排名全国（175个民用机场，含军民合用机场）第28位。平均客座率75.7%，平均载运率71.1%，分别比上年增长1.2个百分点和0.8个百分点。历年累计通航城市达72个，新增邯郸航线。周平均航班约480班，有实际业务联系航空公司（不包括分公司）17家。国航、东航、吉祥航空在温州设立过夜基地，停场飞机5架。

【机场改制】 2010年11月，按照温州市委、市政府实施新一轮市级国有企业整合重组改革要求，温州机场集团有限公司筹建工作正式启动。12月14日，温州机场集团有限公司依法在温州市工商行政管理局注册登记。12月18日，温州市委、市政府向包括机场在内的全市十家国资营运公司统一授牌。12月30日，温州机场集团有限公司正式挂牌成立。

【机场世博安保工作】 2010年，温州永强机场作为上海世博会五个主备降机场之一，成立安保领导小组，制订安保实施方案，规范和加强机场反恐重要目标的安全防范工作。开展不稳定因素和治安隐患排查及员工背景调查，制订安保质量控制计划和培训计划，组织应急演练。加强设备维护保养，制订安检设备故障情况下的应急保障预案。严格执行民航二、三级预警相应措施，制订世博期间备降航班和飞沪航班特别保障工作程序，严格安检等级措施，完成上海世博会安保任务。

【机场获"三星级机场奖"】 2010年4月12日，温州永强机场被深圳航空公司授予2009年度（第四届）全国优秀机场评比"三星级机场奖"。深圳航空公司的该次评选覆盖了国内外所有深圳航空公司的通航机场，采取业内专家与社会公众的多维评价模式进行评选。

【首架民间赈灾货包机起航】 2010年4月17日，首架民间赈灾货包机——中货航A300-600货机满载着帐篷、药品等救灾物资在温州永强机场起航飞往西宁。完成温州永强机场通航以来首架货机航班的地面运输保障任务，也是玉树地震以来从温州永强机场起飞的首批救灾物资。

表71： 2010年温州永强机场生产发展情况

项　目	单 位	2010年	比上年增长(%)	历年累计
起降架次	万架次	4.99	11.3	49.46
旅客吞吐量	万人次	532.68	10.5	4537.85
货邮吞吐量	万吨	5.00	12.9	43.28
平均客座利用率	%	75.7		
平均载运率	%	71.1		

注：1.旅客吞吐量含直接过站人数。 2.货邮吞吐量不包含行李。

表72： 2010年温州永强机场实际运营城市

广州、北京、上海（虹桥、浦东）、重庆、成都、深圳、昆明、武汉、长沙、海口、青岛、贵阳、沈阳、西安、厦门、三亚、郑州、乌鲁木齐、南京、济南、太原、大连、哈尔滨、泉州（晋江）、杭州、南宁、兰州、合肥、万县、临沂、珠海、徐州、桂林、南昌、连云港、天津、长春、宜昌、张家界、烟台、赣州、盐城、银川、香港、邯郸

【首届共建民航强省高层研讨会召开】 2010年5月27日，民航浙江监管局和中国民航报社共同发起并组织，由杭州、宁波、温州三大机场主办的“首届共建浙江民航强省高层研讨会”在杭州召开。研讨会围绕“打造民航强省，服务浙江发展”这一主题，针对当前浙江民航发展存在的突出问题、困难瓶颈，如何有效整合浙江民航各方资源优势，从政府、机场、航空公司等多方角度进行阐述、研讨。浙江省主要民航单位负责人及国内知名专家学者70余人出席研讨会。

【首个全货机航班开通】 2010年6月4日，温州永强机场首条全货机定期航线——温州至深圳往返航班正式开通运营，结束了温州永强机场无全货机的历史。该次开通的全货机定期航线，由顺丰速运集团租赁东海航空有限公司的波音737全货飞机营运，整舱货运量可达14吨。

【机场应急演练】 2010年11月18日，温州永强机场在候机楼组织开展应急救援疏散演练。该次演练经过各部门的精心准备，有效检验应急救援队伍及设备，提高了机场的应急救援保障能力。来自民航浙江监管局及温州海关、边检、航空公司、空管、航油等驻场单位领导现场观摩演练。

【机场中长远规划】 2010年11月30日，温州永强机场总体平面规划修编评审会召开，审查并通过温州永强机场总体规划（2010～2040年），明确温州永强机场发展目标和战略定位：近期至2020年，规划建设成为年旅客吞吐量1300～1500万人次的国内重要干线机场、民用航空大型机场、国际定期航班机场；远期至2040年，规划建设成为年旅客吞吐量3900万人次的大型机场和客货并举的区域性枢纽机场。12月1日，新航站区建设工程咨询评估会召开，评估并通过新建航站楼工程预可行性研究报告。12月23日，温州永强机场飞行区扩建工程全面进场施工。

【机场年旅客吞吐量首破500万人次】 2010年12月8日，从西安飞往温州的MU2392航班载着116名乘客抵达温州机场，迎来2010年第500万名旅客。机场年旅客吞吐量首次突破500万人次，成为全国营运机场当中年旅客吞吐量超500万人次的唯一一个非国际机场。

【“2011年温州机场集团有限公司发展论坛”举行】 2010年12月20日，“2011年温州机场集团有限公司发展论坛”举行。机场领导和各部门党政领导及部分干部参加此次论坛。论坛就机场未来发展和2011年工作展开大讨论，共同谋划机场的未来发展方向，提出发展性和创造性的意见和建议。

港　口

【概况】 2010年，龙湾区有大型港区2个，大、小码头24座，吨位6.2万吨。龙湾港区完成货物吞吐量865万吨，比上年增长23.5%；完成集装箱10万国际标准箱，比上年增长2.75%；实现企业营业收入1.1亿元，比上年增长36.02%。龙湾港区综合楼工程、温州港龙湾作业区4号泊位技术改造工程通过验收，港铁路线延长轨道工程竣工。8月13日，龙湾港区一期技改工程新征用地范围内5000余平方米违章建筑成功拆除。

【港铁联运年发送量突破300万吨】 截至2010年11月6日，港铁联运累计发送电煤达300万吨，与上年同比增加128.5万吨，增幅达79%。

【金属现代物流中心项目启动】 2010年12月7日， 温州鑫港物流有限公司成立暨温州金属现代物流中心项目启动仪式在龙湾港区举行。温州鑫港物流有限公司由温州市金属投资股份有限公司与

图89：12月7日，温州金属现代物流中心举行启动仪式。

（区档案局供稿）

温州港集团共同出资成立，将在龙湾港区毗邻的机场大道南侧兴建一个集金属材料货物集散、货物仓储、货物展示、加工配送、电子商务、配套服务等六大功能为一体的温州金属现代物流中心。项目总投资12亿元，占地面积33.33公顷。温州市金属投资股份有限公司、温州港集团各占股份66%和34%。

【港航局行政执法】 2010年9月29日，温州市港航管理局行政执法人员在瓯江水域灵昆镇双昆村段行政执法检查中发现温州市某混凝土有限公司码头正在从事码头沙石装卸业务，而不能出示港口经营许可证。该局作出没收违法所得7万元，并处罚款10万元的行政处罚，这也是温州市港航管理局自成立以来办理的罚没款金额最高的行政处罚案件。

【龙湾各港区安全生产演练】 2010年，龙湾各港区重视安全生产，多次开展安全演练。5月25日，温州白楼下港务有限公司举行世博安保演练；9月15日，温州金鑫码头有限公司举行蓄意破坏港口设施设备突发事件安保演练；11月18日，温州金鑫码头有限公司开展港区纵火消防安保演练；12月16日，温州港龙湾港务有限公司组织开展消防灭火和应急疏散预案演练。

公路路政

【概况】 2010年，龙湾区有公用型客运站场3个（其中三级站场1个，四级站场2个）；有运输企业5家，客运车辆368

辆、出租车154辆、货船5艘（2.6万吨位），班车通达率96.6%。公路总里程288.85公里，其中国道15.75公里，省道18.13公里，农村公路254.87公里（含县道67.36公里，乡道55.09公里，村道132.42公里）。

【公路路政管理】 2010年，龙湾区公路段共出动路政执法巡查人员3910人次，发现违章案件43起，查处43起，案件查处率达到100%。拆除违章建筑物228平方米，清理堆积物1310平方米，拆除非公路标牌（包括横幅）281块（条）。强化依法行政，路政行政许可共53件，行政许可正确率达100%。查处超限车辆140辆，卸载量2573.38吨，卸载率达100%，收取罚没款45.07万元。收取公路赔补偿费1371元。做好交通标志标线管理，对茅永公路、灵霓公路等主要干线公路标志牌进行维修和更新。创建农村文明示范公路，对塘永至郑岙段公路沿线的堆积物、非公路标牌等进行清除。

【公路养护】 2010年，龙湾区公路段以迎接全国干线公路养护管理检查为契机，加大公路养护管理投入，促使境内干线公路全面升级。组织实施农村公路大中修工程，投资约200余万元对青龙线、状响线两条重要县道实施大中修，实施里程8公里。开展以危病桥梁为重点的公路结构物安全隐患排查治理工作，将伯温大桥、石坦桥两座村道公路桥梁列入全年危桥修复计划中，工程计划投资约170万元。继续做好公路绿化补植工作，投资约8万元完成茅永公路绿化4公里。修复县乡公路里程碑18块、百米桩162根。推进安全保障工程建设，做好机场环线、响三线、机油线、双镇线等4条公路计3公里的临水临崖路段的安全隐患整治工作，工程投资40万元。加强路面日常保洁工作，重点对灵霓线（灵昆大桥及接线）、茅永线、瑶李线等全区重要干线公路实施开展公路保洁专项整治活动。

【路政宣传月活动】 2010年，龙湾区公路段以路政宣传月为契机，积极开展宣传活动。该次活动共出动173人次，设立咨询点1个，分发印有宣传标语的雨伞计100把，印有宣传标语的纸杯3000个，法律法规宣传资料1000份，倡议书500份，巡回宣传里程共计648公里，途径公路沿线7个镇（街道），45个行政村。通过路政宣传月活动，进一步提高群众对公路法规和路政管理的认知程度。

【路政安全生产】 2010年，龙湾区公路段贯彻落实“安全第一，预防为主”方针，加强安全宣传教育。完善、落实安全生产责任制，与驾驶员、特种作业人员签订责任书，签订率达100%。维护公路系统“世博”期间的安全和稳定，专门成立领导小组，实行工作分工，实行24小时值班制度，保障公路完好畅通。开展“安全生产月”活动，通过公路安全大检查、制作安全宣传横幅、张贴宣传画、发放宣传资料、设置公路安全宣传标志、新闻报道等方式，营造良好的安全生产氛围。加大安全检查和整改力度，全年共投入隐患整治资金110万元完成整治任务，整改率达100%。

温州大桥

【计重收费和不停车收费】 2010年，温州大桥管理处贯彻落实全省高速公路实施计重收费和不停车收费制度，进一步调整和完善车辆通行费征收管理方式。完成站点ETC车道应用软件升级、复合卡读写器和收费专用键盘安装和更新，对ETC车道附属设施进行设置、安装，举办计重收费和ETC业务培训，制订《计重收费、ETC不停车收费紧急情况处置预案》，安排征收人员进行模拟操作。4月16日，温州大桥各站点正式启动计重收费和不停车收费。

【大桥收费站设施更新】 2010年，温州大桥管理处以迎接全国干线公路养护与管理检查为契机，进一步规范硬件设施，优化收费环境。各站点增设车道限速、限高等标志标牌和收费公示牌，收费大棚、票亭定期清洗，对站房进行粉刷，绿地进行改造。对大桥北收费站车道摄像机、工控机、自动栏杆机等设备设施进行更换。完善不停车收费服务系统，提升服务质量。

【大桥管理体制改革】 2010年，温州大桥管理处根据集团公司关于高速公路管理体制改革的统一部署，承担温州大桥和温州绕城高速公路征收运营管理职能。原工程养护委托给温州绕城高速公路有限公司，专业化运营管理，开创全省高速公路系统之先河。

【大桥安全生产】 2010年，温州大桥管理处加强安防措施，切实做好运营安全管理。以世博期间安全防范为重点，制订重要目标日常防范措施，加强监控人员对各收费站进出口广场、收费区域等24小时的监控安防巡查力度。与辖区公安机关建立日常巡查报告制度，加强对来访人员、车辆及物品进行检查和登记。完善安全生产制度和应急处理预案，提高防范应急处理能力。对设备设施保持每周一次的例行检查，节假日前

图90：7月29日，温州大桥管理处举办科普健康知识讲座。

（温州大桥管理处供稿）

开展安全生产大检查。全年安全生产无事故。

【专项整治偷逃通行费行为】 2010年，温州大桥管理处开展打击偷逃通行费专项整治活动。通过严把各类减免、异常车辆关和协助执法部门蹲点设卡等方式，对苏C、皖J等牌号货车和绿通车辆进行重点检查。同时，将查获“换卡车”等行为纳入征收人员业绩考核体系，激发全体征收人员打击换卡车辆的积极性。各站点有换卡嫌疑的大货车明显减少，进一步优化了收费环境。

【大桥文明创建】 2010年，温州大桥管理处继续开展各项文明创建工作，大力营造“爱岗敬业，和谐合力”的企业文化。以迎接省级“文明单位”复评为载体，组织开展“优胜班组”、“服务标兵”，“大桥服务日”、“夏季防疲劳驾驶提醒服务”等主题创建活动，进一步提升优质服务水平。是年，通过省级文明单位复评，获“2009年度浙江省高速公路养护目标责任考核先进单位”称号。

邮 政

【概况】 2010年，温州市邮政局龙湾区局下设营业网点14个（6个储蓄网点），全区有自行车邮路13条，摩托车邮路31条，汽车邮路5条。全年营业收入2299万元。

【邮政信息化建设】 2010年，温州市邮政局龙湾区局投递系统成功上线，形成邮件收寄、封发、转运、投递等信息跟踪的封闭圈。取消邮件清单打印，实现无纸化邮件寄递，采用全自动化的信息上传系统，降低运营成本。

【邮政网点建设】 2010年，温州市邮政局龙湾区局进一步加大网点建设和改造力度，先后对状元、天河、永中网点进行全面装修，扩建业务窗口。筹备开发区网点的全面改造方案，逐步实现投递队伍摩托车化，全年新增摩托车11辆。

【邮政新业务】 2010年12月1日，温州市邮政局龙湾区局开通同城重要函件业务，满足次晨到达高端函件客户需求。成功开发温州机场20周年纪念邮册。

电 信

【概况】 2010年，温州市电信分公司龙湾分局（简称龙湾电信分局）实现电信业务收入23454万元，完成年度预算率的100.2%，比上年增长5.9%。年内净增宽带8139部、移动57163户、3G用户4127户、家庭光纤用户1886户。ICT业务完成652万元，号码百事通943万次。

【电信网络设施建设】 2010年，龙湾电信分局按照标准化机房创建要求，对辖区内各局站进行环境检查整改和各机房标准化建设。对开发区等6个局向的OLT进行扩容，并增加龙水与海城2个OLT新局；开通名人花园等11个驻地网小区，对镇南小区等6个LAN小区进行1000M升级和沙城等12个DSLM节点上联升级；对灵昆等9个下移宽带节点实施扩容和改造；对永兴等5个局端和海城集团网、永强集团网进行语音宽带扩容。加大无线网络的覆盖，全年开通C网宏站11个，完成率110%；应急室外站6处；室内与室外RRU69处；WLAN15个，新增AP数72个。在“护航天翼”活动中，获移动网络质量提升奖。

【电信“平安联防”业务】 2010年，龙湾区电信分局联合区委政法委推出“平安联防”新举措，分别在永中街道坦头村、状元镇龙景小区、瑶溪镇朱宅村、灵昆镇上岩头村先行试点，在家里有电信固话的用户安装固话“平安联防”功能。每5到10户组成一组，一旦发生紧急情况，只要拨打“#9”，组内相关的亲友或邻里的电话就会同时响起，并能听到电信“10000号”服务台发出的语音求助信息：“***，家里紧急求助！”从而实现“一家求助，十家帮忙”。截至12月，试点村已安装平安联防功能电话业务1760户。

【电信“渔信通”业务】 2010年，龙湾电信分局联合区海洋与渔业局开展渔业安全生产通信指挥系统的建设，为全区渔业生产保驾护航。渔业安全生产通信指挥系统简称“渔信通”，由指挥中心、安全通信终端两部分组成。安全通信终端固定安装在渔船上或以专用手机的形式由渔民手持。渔民在海洋从事渔业作业过程中，若遇上紧急情况，只需按下终端上的报警按钮，就能实现“一键报警”。安全通信终端具备定位、语音通话和短信功能，渔民通过设备能方便与家人进行沟通交流，通过短信功能可方便接收渔政部门发出的预警、休渔、执法等管理信息。首期开通“渔信通”200余部。

【电信“光纤到户”业务】 2010年，龙湾电信分局推出FTTH（Fiber To The Home）业务，意为一根20米至100米光纤直接接入到家庭。FTTH为用户提供高清影视、3D及多媒体产品等更多大带宽业务。

中国移动龙湾分公司

【概况】 2010年，中国移动龙湾分公司继续保持“业务与服务”双领先，巩固网络、业务、服务三大竞争优势，实现企业可持续发展。全年实现运营收入5.69亿元。全区有移动通话用户数62.9万户。完善13家营业厅场所布局和设置，拓展移动服务点，实现所有村镇街道和开发区服务覆盖。3月23日，公司迁址温州经济技术开发区钱江路128号。为适应市场发展需要，进行区域改组，编成永中、蒲州、天河、滨海4个分公司，隶属中国移动龙湾分公司。

【移动公司业务拓展】 2010年，中国移动龙湾分公司继续加速业务推广，实现全球通、动感地带、神州行用户，都可享受不用换手机号，不用换SIM卡，不用到营业厅登记办理，直接升级3G的便捷服务。继续通过网络识别将2G用户转变为TD用户，免除换号，直接进入3G通信状态。开展农村互联网建设，提升龙湾区的信息化进程。

【移动信息化服务】 2010年，中国移动龙湾分公司参与区政府信息化建设，推进平安校园建设活动。丰富和完善企业信息化产品线，推广集团名片、一卡通、企业总机、企业信息机、移动E管家、电路租用、车辆GPS定位等信息化产品，利用信息化手段和优质的服务帮助龙湾企业提升企业信息化程度，提高内部管理效率，减少运营和管理成本。

【移动公司网络建设】 2010年，中国移动龙湾分公司优化GSM网络质量，推进TD-SCDMA网络建设，推广WLAN网络建设，推动"2G+TD+WLAN"三网协调发展。全年新增GSM基站52个；新增延伸覆盖系统24个；新增TD基站118个。新增城域管道87公里，布放385公里的光缆；增加传输数据汇聚机房8个；新增家庭宽带覆盖4万户。完成TD-SCDMA网络建设任务，3G信号区域覆盖率达99%，启动WLAN建设。

【"便捷服务 满意100"主题服务活动】 2010年，中国移动龙湾分公司在全区范围内继续开展"便捷服务 满意100"服务主题活动，提升服务水平，强化优质服务形象。活动推出资费套餐量身优选、异地交费随时随地、电子渠道以指代步、积分兑换足不出户、3G业务无障碍办理、垃圾信息自主屏蔽等六项服务措施，使用户真正得到便捷服务。

【移动公司客户回报活动】 2010年，中国移动龙湾分公司推出系列活动回馈客户，提升老客户满意度。开展形式多样的集团回报，召开客户答谢会，形成"用的越久，回报越高"的客户服务感知。全面延续老客户回报工作，开展"冬送温暖，夏送清凉"客户回报营销，对使用年限越长的老客户推出越多的优惠，并关爱老人，专门推出孝心机。

【移动公司企业文化建设】 2010年，中国移动龙湾分公司开展班组标准化建设，启动龙湾"大课堂"活动，强化员工的工作责任感和社会责任感。组织开展"爱心助学接力"，资助10名贫困大学新生；开展"美丽校园"和"梦想书屋"活动，捐助山区学校建立图书馆。继续开展慈善一日捐、慰问孤寡老人、关注留守儿童、慰问子弟兵、倡导低碳生活等活动，进一步推进文明创建工作。年内，中国移动龙湾分公司获省级"文明单位"和省级"巾帼文明示范岗"称号，连续3年获市级"平安创建示范单位"称号。

中国联通龙湾分公司

【概况】 2010年，中国联通龙湾分公司实现业务收入10739万元，完成率在各县（市、区）排名第一。截至2010年年底，公司有移动用户18万户（其中3G用户数1万户），宽带用户1.5万户，固定电话用户1.4万户，自由营业厅4家，授权代理商100余家。

【联通3G业务】 2010年，中国联通龙湾分公司加强对3G（3G采用全球通用WCDMA技术，能够提供包括可视电话、无线上网、手机上网、手机电视、手机音乐等多种信息服务。）业务的管理。要求所有3G发展渠道必须做到3个"达标，即店堂内有明显的3G广告宣传；工作人员能熟练掌握3G基本业务知识，讲出3G业务的主要特点；店内有1台3G业务演示手机，能演示3G相关业务。龙湾所有3G发展渠道均已达标，业务发展渠道渗透率达90%以上。

【联通通信建设】 2010年，中国联通龙湾分公司完成客户工程23个项目、宽带一期8个项目；开通12个EPON小区，确定5个OLT机房，完成7个站点的开通及部分小区室分建设以及3G信号增补、室外直放站建设；完成28个基站天线整改、语音扩容800线、宽带端口扩容3840线、ONU设备语音端口为596口、数据端口为680口。开展一日装机等试点工作，解决区域弱覆盖和投诉热点问题。

【联通企业文化建设】 2010年，中国联通龙湾分公司组织开展多种活动，把企业文化建设与企业的改革等具体工作结合起来。激发员工工作热情，增强企业凝聚力。开展争先创优、党员承诺活动、慈善一日捐、建立员工之家、组织文艺公司路演、开展送温暖、创建学习型班组、争做知识型员工、举办趣味运动会等活动，丰富基层群众的文化生活。中国联通龙湾分公司支部被评为业务发展示范党支部、年度优秀基层党组织称号。

社会生活

综　述

2010年，龙湾区加大民生资金投入力度，扶持民生事业支出9.28亿元，占全区财政总支出的71.3%。完善被征地农民生活保障，实施城镇职工医疗门诊统筹，进一步提高城乡居民低保标准。医疗救助实现网上审批，殡葬改革工作稳步推进。双拥示范区创建工作有序开展，推进双拥工作再上新台阶。基本扭转人口和计划生育工作被动局面，率先在全市完成区、镇两级计生服务站标准化建设。加强流动人口管理，组建流动人口服务管理机构。推进移民后期扶持工作，移民遗留问题基本得到解决。开展省级扶残助残爱心城区创建，实施残疾人共享小康工程。扎实推进青少年思想道德教育，民营企业关工委组织覆盖面得到扩大。创建"和谐寺观教堂"，确保宗教领域和谐稳定。健全老年人医疗服务，做到符合低保条件的老年人应保尽保。推进慈善和经常性社会捐助工作，完善经常性社会捐助服务网络。在海城街道和海滨街道的23个村，建立村级慈善工作站试点，逐渐形区、镇、村三级慈善网络机构。2010年，龙湾社保分局获"浙江省粉尘高毒物品危害治理专项工作"先进集体。

社会保障工作

【概况】　截至2010年年底，全区养老保险参保单位4842家，参保总人数9.69万人。其中，企业基本养老保险参保单位4495家，参保人数9万人，年内净增1.13万人，完成全年任务数的125.2%。全区医疗保险参保单位3492家，参保总人数12.72万人。其中：城镇职工基本医疗保险参保6.44万人，年内净增1.42万人，完成全年任务数的228.8%；城镇居民医疗保险参保6.28万人，其中新型农村合作医疗中非农人员参保3.08万人，完成全年任务数的104.7%。全区工伤保险参保单位4252家，参保总人数13.54万人；年内净增1.03万人，完成任务数的205.3%，基本实现全覆盖。全区生育保险参保单位4065家，参保人数5.04万人；年内净增5747人，完成任务数的179.6%。全区城乡居民社会养老保险参保7.53万人，其中年内新增参保4.35万人。全区共有113个行政村的8.29万人参加被征地农民基本生活保障，年内新增参保11个村、4708人。全年发放养老保险基金12401.0万元（其中企业10568.1万元，机关事业1832.9万元），均做到按时足额发放和100%社会化发放。支付工伤保险待遇1684人次，支付基金1558.1万元，分别比上年增长32%和24%。支付生育保险待遇1185人次，支付基金751.6万元，分别比上年增长20%和22%。全年发放被征地农民基本生活保障基金6189.2万元。年内，龙湾社保分局获"浙江省粉尘与高毒物品危害治理专项工作"先进集体称号。

【城乡居民社会养老保险】　2010年，温州市劳动和社会保障局龙湾社保分局（简称龙湾社保分局）积极推进城乡居民社会养老保险工作。1月，将全区所有年满60周岁且符合条件的城乡居民纳入参保，并及时将基础养老金发放到位。8月，成立城乡居民社会养老保险工作领导小组，制作印发近10万份宣传资料。截至12月底，全区60周岁以下新增参保对象4.35万人，按时完成任务。

【企业社会养老保险】　2010年，龙湾社保分局开展企业年检和养老金资格认证，年检企业2677家，养老金资格认证3349人。新办理企业社会保险登记574家，开通缴费工资网上申报510家。办理退休证、养老金储蓄账户通知书、整理新增退休人员档案727人。做好养老金及供养费调整，共计1.86万人次。落实《城镇企业职工基本养老保险关系转移接续暂行办法》，指定专人负责，共计打印缴费凭证639份，跨省转出131人，打印联系函49份，转入26人。

【城镇职工基本医疗门诊统筹启动】　2010年4月1日，《温州市区城镇职工基本医疗保险门诊统筹办法》施行。龙湾社保分局制作《温州市区城镇职工基本医疗保险门诊统筹参保指南》宣传资料2万份，组织全区60多家大企业经办人员培训门诊经办流程，组织两定单位医保管理人员培训门诊管理服务政策。发放门诊医疗证历近4万份，下发企业单位1655家。全年全区有4.54万人参保。

【未成年人医疗保险】　2010年，龙湾社保分局采取多种措施，推进未成年人医疗保险工作。对各学校校长进行未成年人医疗保险政策培训；配合人寿保险公司做好业务宣传，发放参保指南3万多份，致家长一封信3万多份，张贴海报62

张。加大对区民营学校特别是民工子弟学校的监察力度，通过发放稽核通知书等形式督促参保。年内，首次组织未成年人免费健康体检，定点医院派医务人员进驻学校，完成体检2.25万人。

【定点医疗机构管理】 2010年，龙湾社保分局加强定点医疗机构管理。对8家医疗机构、7家药店签订服务协议书，对2010年新增的定点医疗机构、药店，组织相关人员进行医保政策培训和考试，配合市区联动稽核小组，进行3个月的专门稽核。做好医疗费用审核结算，全年共人工审核窗口医疗费用报销2035笔，报销金额794.69万元。其中门诊药品费用25.19万笔，门诊诊疗费用13.42万笔；住院药品费用1.38万笔，住院诊疗费用2.81万笔；剔除不合理费用8.12万元。

【工伤与生育保险】 2010年，龙湾社保分局扩大工伤、生育保险覆盖面。通过加强对用人单位办理社会保险登记和社会保险登记证年检的审核把关，督促用人单位为职工办理工伤、生育保险。以全区粉尘和高毒物品专项治理活动为契机，配合卫生、劳动等职能部门到各镇（街道）、工业园区开展工伤、生育保险政策培训，提高企业依法参保自觉性。同时，加强待遇支付审核，杜绝不合理医疗费用支出，全年追回工伤保险待遇1.8万元。全年办理新增、续保工伤保险人员5.75万人，中断4.77万人，调整497家参保企业工伤保险费率。

【失土农民生活保障】 2010年，龙湾社保分局完善失土农民生活保障措施，加强待遇资格审核，追回200余人的应扣回基金约9万元。与区农村合作银行等单位协调沟通，逐步将失土农民基本生活保障金转至区农村合作银行与城乡居民基础养老金一并代发。清理违规资金，按照市政府《关于市区被征地农民基本生活保障专项资金管理中有关问题的处理意见》（温政办〔2010〕103号），配合区政府追回4个行政村的全部占用资金和6个行政村的部分占用资金，另7个行政村的专项资金正在陆续收回过程中。

【社会保险监察】 2010年，龙湾社保分局加大社会保障监察执法专项检查工作力度。先后开展“龙湾区粉尘与高毒物品危害治理专项行动”、“民办教育行业参保情况专项检查”、“建筑企业农民工参保情况专项检查”等行动，进一步规范企业员工参保行为。全年共下达整改通知书25份，行政处罚4家，共处罚金3万元；受理群众投诉举报4起，立案4起，结案率100%。强化对社会保险业务的稽查，调查处理重复享受养老、供养待遇或退休、供养人员死亡瞒报及不报等行为，查处冒领养老金6起、违规享受生育保险待遇2起，追回社保基金7.8万元。同时，强化社会保险登记证的申领、年检工作。全年发送《限期办理参加社会保险登记的通知》200余份，发送《限期办理社会保险登记证年检的通知》3000余份，登记率和年检率分别达到80%和90%，为历年最高。

民政工作

【城乡低保】 2010年，龙湾区共有在册低保对象2290户，4840人。其中：城镇低保179户，302人；农村低保2111户，4538人。全年累计发放低保金1024.62万元，农村户籍月人均补贴186.86元，城镇户籍月人均补贴305.5元。发放物价补贴4次，共计139.05万元。城乡最低生活保障已实现“全员覆盖、标准适宜、应保尽保”目标。

【自然灾害救济】 2010年，龙湾区在汛期来临前完成全区救灾预案的修订，开展全区避灾场所的检查，进一步完善避灾电子示意图功能。对全区49个避灾场所信息进行重新核对、调整、落实。下拨2010年春荒救济款12万元，确保春荒期间困难群众的基本生活。

【专项救助】 2010年，龙湾区做好残疾人小康工程，发放残疾人补贴资金55.73万元。医疗救助稳步实施，累计救助困难对象1365人次，发放医疗救助资金242.25万元。完善临时救助工作，全年累计救助640人次，发放140.78万元。同时，为50名患白内障困难群众免费治疗。

【困难群众慰问】 2010年，龙湾区共投入522余万元慰问全区各类困难群众约13300人次。对低保对象进行全面慰问，慰问标准全部提高为1000元。春节前夕，对低保对象，五保、孤儿、优抚对象等困难群众和特定群体进行慰问。同时，开展“夏日送清凉”慰问活动。全区共投入40.25万元，为3291户低保、特困职工等困难群众，购置生活用品。中秋节则为困难群众送上月饼、棉被等慰问品。

【困难群众危房改造】 2010年，龙湾区做好困难群众的危旧房改造工程。全年市政府下达全区的困难群众危旧房改造任务150户，其中民政对象137户、残联对象13户。区民政局逐户核定落实，审核确定低保对象76户，持困难家庭救助证对象9户，残疾人特困家庭6户，重点优抚对象6户，三老对象2户，低保标准130%～200%家庭51户。截至12月，完成改造任务150户。

【殡葬改革】 2010年，龙湾区殡葬改革工作稳步推进。建立网格式责任管理机制，区政府和镇（街道）、区级有关部门、村（居）层层签订责任书，确保职责明确、责任到人。加强“青山白化”治理工作，努力实现三沿五区“见树不见墓”目标，全年共拆除新建、翻新坟墓2577座。开展“革除丧葬陋习、树立文明新风”殡改专项活动，整治丧事扰民现象。全年对1256户进行上门宣传，发出停止火化通知书2份。逐步推进丧事集中办理，争取在源头上革除殡葬陋习，龙湾区殡仪服务中心已进入规划论证阶段。开展公墓清理整顿，组织人员对辖区7座生态墓地进行全面检查，对检查中出现的违规现象要求整改，并对整改不到位的进行拆除，共拆除超标建造墓穴112对，未批先建墓穴144对。

【民间组织管理】 2010年，龙湾区民政局坚持培育发展与监督管理相结合方针，依法依程序审批新申报的民间组织。开展社会组织星级评估工作，全区有4家社会组织被评为AAAAA级，3家社会组织被评为AAAA级。开展对全区民间组织的检查，对27家重点社会团体的2008、2009两个年度财务情况进行专项检查。对49家连续两年未参加年检的单位启动撤销登记程序。取缔8家非法幼儿园和2家民工子弟学校。截至12月，全区新成立社会组织28家，其中社会团体11家，民办非企业单位17家。全区社会组织总数达295家，其中社会团体87家、民办非企业单位208家。

【婚姻登记】 2010年，龙湾区在温州市率先实现历史婚姻登记档案电子化管理。4月1日起，开通网上预约登记。全年共依法办理结婚登记4632对，离婚登记465对，出具无婚姻登记记录证明4983份，补领结婚证1763对，补领离婚证50对。登记合格率100%。

【收养管理】 2010年，龙湾区贯彻落实收养新政策，采取多项措施解决国内公民私自收养子女问题。对符合收养登记条件的85件私自收养件，移交鹿城区民政局进行登记（因龙湾区内无儿童福利院，根据通知精神要移交至鹿城区民政局进行收养登记）。全年共办理收养登记3件。

【双拥工作】 2010年，龙湾区共投入双拥经费65万元，深入开展多种形式的双拥活动。“八一”前夕，对驻龙部队官兵和重点优抚对象开展慰问活动，加强军民共建。开展双拥示范区创建，把军营文化、社区文化、企业文化建设有机结合起来，推进全区双拥工作再上新台阶。

【优扶工作】 2010年，龙湾区认真落实优抚对象抚恤补助标准自然增长机制，提高抚恤优待标准。全年发放优抚经费1057.20万元。走访和慰问重点优抚对象128人次，慰问金12.8万元。维修和改善重点优抚对象无房和危房户20户。拨出55.8万余元资金，帮助309名优抚对象解决“三难”问题。

【退伍军人安置】 2010年，龙湾区接收退伍军人152人。其中农村退伍军人116人，城镇退役士兵36人，2010年重点安置退役士官6名。发放一次性安置金136.20万元。开展退伍军人免费职业技能培训，全年共培训退伍军人152人，培训后就业率100%。重视退役人员信访工作，共接待来访对象508人次，接到群众来信来函54封，走访调查95户。

【福彩“中福在线”销售】 2010年6月9日，福彩“中福在线”龙湾销售厅正式开业。销售厅位于龙湾区永强大道4567号滨海大酒店内，大厅营业面积近300平方米。福彩是集娱乐性、趣味性为一体寄慈善于娱乐之中的彩种，可进一步促进龙湾福利事业的发展。

【福利机构安全检查】 2010年，龙湾区民政局结合区委、区政府的消防安全专项整治和安全生产检查对全区养老场所进行安全检查工作。会同消防、房管、建设等职能部门对10个镇（街道）的福利机构进行实地走访检查，发现问题及时整改。完成区综合福利院消防设施改造，院内实行24小时视频监控，确保在院老人安全。邀请消防大队专业人员对全区敬老院管理人员和入住老人进行消防安全知识培训。

移民工作

【水库移民后期扶持】 2010年，龙湾区移民安置办公室（简称龙湾区移民办）认真贯彻《国务院关于完善大中型水库移民后期扶持政策的意见》，全年共核减后期扶持对象38人，复核后人数为6686人。及时发放2009年第四季度，2010年第一季度、第二季度大中型水库移民后期扶持直补资金。按照《关于2009年度龙湾区大中型水库移民后期扶持结余资金项目计划的批复》，组织实施结余资金项目。划拨结余资金41万元，用于移民安置区水网改造。推进移民就业培训、创业帮扶、政策补助等后期扶持工作，全年共发放移民子女教育奖励基金近7万元。

【移民群体和谐稳定】 2010年，龙湾区移民办坚持“以人为本”工作思路，及时处理移民的各类问题，切实维护移民安置区的和谐稳定。开展不稳定因素大排查，深入14个移民村（居、点）及周边的经济强村、明星企业实地调研，妥善处理各类信访问题。做好移民历史遗留问题的处理，把梳理出的问题分别给予领导包案，限时予以解决。如夏良陈信访事件得到化解，龙华出让代建房土地证问题已办理完毕。

【龙湾移民网开通】 2010年，龙湾区移民办网站正式开通（http://lwym.longwan.gov.cn/）。该网站主要包括《单位概况》、《政策文件》、《综合信息》、《经验交流》、《政府信息公开》、《动态新

表73：2010年度与前3年龙湾区婚姻登记情况对比

年度	结婚登记总数（对）	国内居民登记			离婚登记(对)	总离婚率(%)
		新婚（对）	复婚（对）	补办（对）		
2007	3984	2984	21	979	328	8.23
2008	3801	3014	56	731	364	9.57
2009	3925	2723	75	1127	415	10.57
2010	4632	2526	79	1763	465	10.04

表74：2010年度与前3年龙湾区福利企业概况对比

年度	福利企业数	残疾职工人数
2007	9	97
2008	5	96
2009	4	91
2010	1	27

闻》、《公告公示》、《埠外移民》等栏目，并提供网上办公、网上信访等功能。实现网站与用户的互动交流，进一步提高龙湾区移民工作的透明度、开放度。

民族宗教事务

【少数民族服务】 2010年，龙湾区民族宗教事务局（简称龙湾区民宗局）在全区范围内开展少数民族人口基本情况调查，建立健全少数民族流动档案。截至12月，全区共有少数民族27181人，其中：外来少数民族26731人，龙湾户籍少数民族450人，涉及畲族、回族、土家族、满族、苗族等22个少数民族。9月，启动区“少数民族学子关爱工程”，在瑶溪镇金岙小学创立示范单位，建立少数民族学子个人档案和流动档案，开展帮学结对及其他民族特色等活动，营造民族团结友爱的良好氛围。

【宗教事务管理】 2010年，龙湾区民宗局坚持“保护合法，制止非法，抵御渗透，打击犯罪”原则，依法管理宗教事务。严格审批程序，全年审批宗教活动场所拆扩建行政许可5件，非通常宗教活动8起，对宗教活动场所管理组调整备案19起。联合相关部门依法取缔非法聚会点，共查处非法宗教活动6起。做好宗教活动场所消防管理，开展“重剑二号”、“重剑八号”、“平安攻坚”等消防安全大检查和重大节庆活动巡查，确保全区宗教领域和谐稳定。调整区天主教爱国会班子成员，推进区基督教“两会”换届工作。

【“和谐寺观教堂”创建】 2010年，龙湾区民宗局深入推进“和谐寺观教堂”创建，切实提高宗教场所管理工作。创新“五个有”载体（一个健全的管理班子、一套完善的管理制度、一个固定的宗教场所宣传窗、一个整洁的办公室、一个舒畅的会议室），促进寺观教堂的管理更加规范有序。推广场所财务委托代理，15个参与试点的佛教寺（院）成功实施财务由代理中心统一代理，有效解决一些宗教活动场所因财务问题引发的矛盾。全年全区第一批参与创建活动的42处宗教活动场所已完成创建达标，并通过市民宗局验收。

图91：9月28日，龙湾区“少数民族学子关爱工程”启动仪式在瑶溪镇金岙小学举行。（王鹏/摄）

【宗教界慈善活动】 2010年，龙湾区宗教界积极参与公益慈善活动，共募集捐款56.07万元。其中通过区慈善总会捐款22.07万元，向西藏嘉黎县捐款26万元，向瑶溪镇皇岙村捐赠3万元，向苍南县四亩村捐款5万元。

【宗教政策宣传】 2010年，龙湾区民宗局印制宣传册、制作宣传图、设立宗教活动场所宣传栏，大力宣传宗教政策、法律、法规知识。全年编印宗教法律法规汇编500余本，并将《宗教活动场所财务监督管理办法（试行）》翻印成宣传图，下发到全区200多处宗教活动场所。

【民族宗教队伍建设】 2010年，龙湾区民宗局抓好民族宗教队伍建设，提高民族宗教事务管理水平。制定学习例会制度，宗教团体每季度组织宗教团体工作人员、宗教教职人员、宗教活动场所管理人员集中学习一次，及时学习传达相关会议文件精神。5月，区天主教爱国会以承办全市天主教学习例会为契机，针对宗教房产纠纷有限处理问题，做典型发言，受到其他县（市、区）爱国会好评。组织宗教界人士外出参观考察学习，区民宗局牵头组织四大宗教团体成员和第一批参加“和谐寺观教堂”创建活动的场所负责人约100余人，分四批分别到福建厦门、北京以及本市瑞安、永嘉等地考察学习，开阔宗教人士的思路和视野。

人口和计划生育

【概况】 2010年，龙湾区围绕“稳定低生育水平、提高出生人口素质、优化

表75：　2010年度与前4年全区计划生育情况对比　单位：人

年份	出生人数					计划生育符合率（%）	独生子女领证率（%）	晚婚人数	已婚育龄妇女人数	已采取节育措施人数	节育率（%）
	合计	男	女	一孩率（%）	多孩率（%）						
2006	3511	1904	1607	66.70	0.83	88.24	23.89	2403	69644	61941	88.87
2007	3967	2131	1836	66.17	1.24	86.29	23.69	2308	70315	62538	88.88
2008	3757	2069	1688	66.97	1.12	89.22	25.67	2381	70650	62553	88.48
2009	3932	2131	1801	61.16	1.22	88.22	24.30	2207	71786	62304	86.79
2010	3903	2150	1753	58.62	1.84	84.50	23.96	2207	73612	63662	85.45

注：含温州经济技术开发区

表76：　　2010年全区各镇及街道计划生育基本情况　　单位：人

	出生人数											女性新婚
	合计	一孩			二孩			多孩			计划生育率（%）	人数
		人数	一孩率（%）	其中计划内	人数	二孩率（%）	其中计划内	人数	多孩率（%）	其中政策性		
总计	3903	2288	58.62	2282	1543	39.5	1000	72	1.84	16	84.50	2207
永中街道	818	491	60.02	490	310	37.9	190	17	2.08	2	83.37	498
蒲州街道	192	109	56.77	109	81	42.2	60	2	1.04		88.02	118
海滨街道	381	216	56.69	216	158	41.5	103	7	1.84	3	84.51	212
永兴街道	428	212	49.53	211	199	46.5	134	17	3.97	7	82.24	168
海城街道	393	222	56.49	219	167	42.5	102	4	1.02	1	81.93	212
状元镇	268	167	62.31	167	97	36.2	67	4	1.49		87.31	169
瑶溪镇	348	220	63.22	220	121	34.8	82	7	2.01	1	87.07	222
沙城镇	493	281	57.00	281	204	41.4	126	8	1.62		82.56	304
天河镇	326	185	56.75	185	138	42.3	81	3	0.92	2	82.21	152
灵昆镇	216	145	67.13	145	68	31.5	55	3	1.39		92.59	133
开发区	40	40	100	39							97.50	19

注：含往年补报及温州经济技术开发区

表77：　　2010年全区各镇及街道四项手术情况　　单位：人

	合计	手术例数					
		结扎			放环		人工流产
		小计	其中		小计	其中	
			二孩结扎	女儿户结扎		一孩放环	
全区	2943	1354	1280	148	1267	1222	324
永中街道	572	205	191	14	291	278	76
蒲州街道	150	69	67	17	63	61	18
海滨街道	279	148	144	19	111	105	20
永兴街道	332	192	171	14	111	110	29
海城街道	387	159	155	18	138	132	90
状元镇	202	94	89	22	89	87	19
瑶溪镇	251	91	88	9	151	144	9
沙城镇	360	189	178	14	153	149	19
天河镇	259	134	129	8	90	86	35
灵昆镇	151	73	68	13	70	70	9

人口结构”这一主线，抓重点、攻难点，较好地完成了人口和计划生育年度目标管理责任制的各项目标任务。全年全区出生人口3903人（含历年漏报人口与温州经济开发区人口），计划生育率84.5%。获市2010年度计生服务体系建设工作先进奖。

【人口计生工作责任制】 2010年，龙湾区人口计划生育工作全面实行“四个一”工作规定。区委、区政府主要领导坚持每半个月听取一次计生工作汇报；区四套班子领导在攻坚活动期间每周一次到各自联系镇（街道）督促指导工作；区人口和计划生育工作领导小组每周对全区计生工作情况通报一次；各镇（街道）每月召开一次计生工作例会，总结分析当月成绩与困难。同时，推行“点评会”制度，根据计划生育率、出生人口性别比、社会抚养费征收等10项指标的排名情况，每季度安排一次点评会，对排名末2位的镇（街道）进行一次点评，推进各项工作落实到位。

【社会抚养费征收】 2010年，龙湾区出台《龙湾区社会抚养费征收使用有关问题补充规定》，规范社会抚养费征收。对一次性缴纳抚养费确有困难的对象，实行分期征收；将社会抚养费的返回比例，跟各镇（街道）计划生育率和社会抚养费征收兑现率相挂钩。配备5名临时工作人员，协助法院开展社会抚养费征收执行工作。全年社会抚养费当年应征例数871例，已征例数665例，例数兑现率为95%；应征金额8251万元，已征金额3481万元，金额兑现率为42.2%；往年遗留对象应征1793例，已征1267例，往年例数兑现率83.96%；高额征收6例，最高征收金额50.1万元，实现历史性突破。加大对党员干部计划生育违法行为的处理力度，全年共处理党员24名。其中开除党籍21名，留党察看3名。

【计划生育两非整治】2010年，龙湾区成立性别比综合治理办公室，加大“两非”打击力度。全年共计查处“两非”案件17例，共判刑1人、追逃1人、刑拘2人，罚款金额14.37万元，取消二胎生育指标1例。

【流动人口计生管理】 2010年，龙湾区继续推进流动人口“一盘棋”机制建设。发挥流动人口协管员队伍作用，开展流动人口计生集中服务管理，实现流动人口“同宣传、同管理、同服务、同考核”。与福建、湖北、云南等省的21个县（市、区），签订流动人口计划生育双向管理协议，为流动人口计生服务管理搭建新平台。

【生育文化阵地创建】 2010年，龙湾区深入开展婚育新风进万家活动，以建设新型生育文化、促进生育文明为主线，精心打造宣传窗口和宣传阵地。截至12月，全区有6个生育文化公园成功创建并投入使用，3个生育文化公园正在积极建设当中。在部分镇（街道）中心街市打造多条生育文化宣传街、生育文化墙、宣传长廊，编制人口计生宣传短片，在银行、社区、酒店、车站等公共场所滚动宣传。多渠道、多层次、多方面开展各类宣传服务活动，引导群众树立科学、文明、进步的婚育观念。

【计划生育服务】 2010年，龙湾区全面完成区、镇两级计划生育服务站标准化建设，计生技术服务体系进一步完善。在全区范围内全面推开优生“两免”工作，有效构筑出生缺陷干预防线。全年婚前医学检查率和孕前优生检测率分别达到98.93%和97.18%。加强病残儿医学鉴定，组织安排13名对象参加全市病残儿医学鉴定。其中9名对象被鉴定为病残儿，并做好再生育二孩的优生指导和服务。

【计生利益导向机制】 2010年，龙湾区深化计划生育家庭优惠、奖励、保障、救助等利益导向机制，开展“快乐读书助学”活动，全面落实中考加分、高考奖励、低保补助、独女户一日游等系列利益导向政策。推进村（居）计划生育基础建设，落实独生子女村级集体利益分红双份分配待遇。重视“生育关怀”冠名基金工作，自2009年成立首个企业冠名基金后，2010年又成立沙城镇企业“生育关怀”基金和天河慈善分会“生育关怀”基金。

【基层计划生育】 2010年，龙湾区推行计划生育网格化管理模式，落实基层干部联村包干及计生工作与“政治、经济、责任”相挂钩的“三捆绑”制。出台《龙湾区村（居）计划生育工作黄牌警告制度》，健全完善激励机制，强化问责体系。实行两级三类管理制度，10个镇（街道），评出示范1个、合格6个、整治3个，164个村（居），评出示范18个、合格95个、整治51个（其中重点列管14个）。建立重点列管村（居）帮扶制度，明确规定重点列管村（居）的驻村组长由区管后备干部担任，并将转化情况与后备干部的提拔相挂钩。出台《村（居）计划生育服务员管理办法》，开展村级计生服务员第一批第一轮公开招聘工作，建立健全计生服务员“区聘、镇管、村用”的管理制度。

【计生信访工作】 2010年，龙湾区人口与计划生育局（简称龙湾区计生局）收到群众来信来访29件，立案13件，结案13件，结案率100%。

流动人口服务管理

【概况】 2010年6月17日，龙湾区流动人口服务管理局（简称龙湾区流管局）正式挂牌对外办公。区流管局为区政府直属正科级事业单位，负责全区流动人口组织协调、指导督查、宣传教育及流动人口的维权服务。区流管局下设4个科室，分别为办公室、督查大队、管理科、信息科。同时，建立10个镇（街道）流动人口服务管理所，155个村居（社区）管理站及154个企业管理站点，构建三级管理网络。

【流动人口宣传教育】 2010年，龙湾区以“12·4”法制宣传日为契机，组织全区流动人口服务管理机构联合区司法局、区综治办、区公安分局分别在永中街道、瑶溪镇、蒲州街道进行为期3天的《浙江省流动人口登记条例》、《浙江省房屋租赁管理条例》宣传活动。活动现场除提供法律咨询、政策咨询等服务外，还发放了5000份宣传手册，参加活动的群众达10000余人。

图92：12月4日，龙湾区流管局开展流动人口法律法规宣传活动。

（区流管局供稿）

【流动人口居住证制度】 2010年11月15日，龙湾区出台《龙湾区流动人口居住证制度实施办法》，实现由“暂住证”向“居住证”的转变。新办法规定持有居住证的人员可享有就业指导维权、参加社会保险，子女在义务教育阶段就学享受与龙湾户籍居民子女同等待遇，有资格参与各级党代表、人大代表、政协委员和劳动模范的推荐及申请公共租赁房等待遇。

【流动人口管理经验交流】 2010年9月初，龙湾区流管局组织考察组赴绍兴、嘉兴等地学习考察。通过走访当地乡镇、村居、企业，掌握新居民治安管理、子女教育、暂住人口登记、网格化管理等方面的先进经验，逐步在龙湾区加以推广。11月24～25日，嘉兴平湖市政法委副书记李中华带领新居民事务局班子成员和各镇（街道）新居民事务所负责人一行13人考察龙湾，双方就协管员经费保障、登记发证制度等相关问题进行交流和探讨。

【流动人口监管】 2010年，龙湾区流管局贯彻落实《关于印发全市流动人口基础信息百日大排查专项行动方案和考核标准的通知》精神，联合区公安分局开展流动人口基础信息百日大排查行动，于7月通过考核。以第六次全国人口普查为契机，开展对外来人口中肇事肇祸精神病人进行排查，提高流动人口居住证的登记率。组织开展全区出租房治安消防联合普查，确保出租房屋信息准确。专项检查出租房暂住证办理情况，落实登记证发证情况。联合区公安分局到区10个镇（街道）33个警务室及企业检查流动人口居住证登记情况，力争做到“底数清、情况明”。截至12月21日，全区在册流动人员384406人，在册出租房屋数44344间。全年新登记流动人口412485人，比上年下降2%。在册落脚点租住出租房的有前科劣迹人员1732人。

【流动人口管理机制建设】 2010年，龙湾区流管局推行“三项机制”建设，规范服务管理格局。推行“条块结合、以块为主”的属地化管理体制，合理划分相关镇（街道）在流动人口管理中的职责和权限，实现以镇（街道）、村（居）为平台的流动人口属地化管理。建立两级财力保障机制，把流动人口服务管理工作经费纳入年度预算，财政予以保障。协管员工资、流管所日常办公经费由区、镇（街道）财力保障。

【协管员队伍建设】 2010年，龙湾区流动人口专职协警员739人，按照500：1的要求已配备到位。在区公安分局设立流动人口专职协管员管理中队，各派出所副所长担任中队长，确保流动人口专职协管员队伍的正规化。经费分别由市、区、镇（街道）各出1万元的方式保障解决。制订《龙湾区公安分局协辅教育培训方案》，组织700余名专职协管员进行为期一周的集中培训，帮助专职协管员熟练掌握《浙江省居住证登记条例》。制订流动人口专职协管员日常管理办法和流动人口协管员管理中队绩效考核办法，强化督导考核。

老龄工作

【农村老年人协会规范化建设】 2010年，龙湾区推进农村基层老年人协会规范化建设，与各镇（街道）签订老年人协会规范化建设责任书，层层分解落实工作责任。出台《龙湾区关于加强村级集体老年人事业经费管理的通知》，对农村基层老年人协会的经费审批、村账镇（街道）代理中心工作人员的报酬和老年人协会账户设立、操作流程、资金使用等问题进行专题研究解决。截至12月，全区150个村居（社区）老协均在村委会（村经济合作社）开设子账户、148个村纳入村账镇（街道）代理中心统一记账（其中4个没有自有资金）。5月，协助市府办和市老龄办领导到永中街道等地检查基层老年人协会规范化建设进展情况，并协同区政府对村级老年人协会规范化管理工作开展视察和督导。

【老年人医疗服务】 2010年，龙湾区健全老年人医疗服务体系，提高老年人的生活质量。继续开展离退休人员健康体检，组织1127名企事业单位退休人员和城镇居民医保对象免费体检。加大低保覆盖范围，全区共有871名老人享受最低生活保障，做到符合低保条件的老年人应保尽保。

【老年工作检查】 2010年3月22日，龙湾区老龄委协助市人大领导到蒲州屿田黄宅老人乐园和灵昆进行老年工作执法检查。检查组检查了相关台账，听取相关单位关于社会养老保险、老年人医疗保险制度的落实、老年大学办学情况介绍；检查老龄事业发展情况和老年人优待政策措施落实情况；检查敬老院、社会养老机构、社区医疗服务中心、社保服务站及老年人协会、社区活动点的活动开展情况。

【老年活动中心星级评比】 2010年，龙湾区老龄委把老年活动中心（室）星级评比与创建老龄工作规范化社区和创建农村基层规范化老年人协会结合起来。4月，组织老龄委干部对全区40个“二星级”老年活动中心（室）创建点进行了检查验收，促进了老年活动场所规范化建设。

【老年维权和服务】 2010年，龙湾区老龄委加强老年维权和优待服务工作。全年共为老年人办理优待证3894本，提供法律援助服务案件8件，接处警和办理各类侵害老年人案件452起（件），举办各类老年人文体娱乐活动90多场次。全年共投入57.45万元，对全区795位90岁以上高龄老人和105位特困老人进行生活补助和慰问。

【农村老年人协会骨干培训】 2010年8月25日，龙湾区老龄委组织160余名村老协会长、副会长、理事，就村老年人协会资产管理、老年人协会规范化建设、土地管理知识等内容进行培训，以提升基层老年人协会的思想政治素质、政策运用、管理服务和开拓创新能力。7月12日，召开村级老年事业经费管理工作召开会议，对各村老协财

图93：7月12日，龙湾区村级集体老年事业经费管理培训会议。（区老龄委供稿）

务管理人员进行培训，以提升老年事业经费的管理水平。

【老年电大建设】 2010年，龙湾区完成4个福彩金资助的老年电大教学点改造，灵昆镇海思村和沙城镇庄桥村的老年电大教学点获省市福彩金补助10.5万元。全区现有老年电大教学点72个，学员2200余名。

关心下一代工作

【概况】 2010年，龙湾区关工委发挥“五老”优势，加强组织建设，推进关心下一代工作的科学发展。截至12月，龙湾区有“五老护苗”志愿者人数1300余人。8月22日，全省关工委办公室工作会议在龙湾召开。12月16日，区委常委会专题听取区关工委工作汇报，就温委发〔2010〕68号文件精神和当前区关工委急需解决的问题逐一进行了研究。

【青少年思想道德教育】 2010年，龙湾区关工委始终把提升青少年思想道德素质作为根本任务，坚持用社会主义核心价值体系教育引导青少年。联合区委宣传部、区教育局、团区委下发《关于在全区青少年中深入开展以增强“四信”为主题千场报告会教育活动的通知》，深入开展“四信”（“马克思主义信仰、社会主义信仰、改革开放和现代化建设信心、党和政府的信任”）教育。联合区教育局在清明节期间，开展“缅怀先烈、感恩思源、科学发展、共创和谐”主题教育活动。在永昌堡博物馆青少年教育基地举行了主题教育活动启动仪式，永昌第一小学100余名学生参加教育活动。配合区教育局在全区中小学生中开展“做一个有道德的人”读书活动。小学组开展“做一个有道德的人”为主题的演讲比赛，中学组开展以“做一个有道德的人”为主题的网上征文活动。开展“老少谈心”活动，组织“五老”成员到龙湾区中学生业余党校上党课，与中学生畅谈入党动机、谈人生理想，用自身成长经历教导中学生树立正确的人生观、价值观、立志报效祖国。开展法制教育，举行“依法禁毒 构建和谐”禁毒宣传月启动仪式活动，通过青少年的亲身参与禁毒宣传，向社会宣传当前禁毒工作的严峻形势。全年组织“五老”宣讲团深入学校、社区、企业93场次，受教育青少年、青年职工34356余人次。

【企业关心下一代工作】 2010年，龙湾区关工委把工作重心放在企业，抓好企业的关心下一代组织建设。1月28日，召开全区民营企业关心下一代工作会议，组织与会代表到五洲阀门有限公司关工委进行参观学习，增强民营企业组建工作的主动性。联合区委组织部下发《关于进一步加强和改进民营企业关心下一代工作意见》，力求实现民营企业关工委组织全覆盖。深入开展基层关工委工作调研，指导辖区内规模以上企业、党建工作健全企业逐步建立关工委组织。7月30日，召开31家民营企业关工委成立大会暨统一授牌仪式。截至12月，全区民营企业关工委组建达51家。

【“五老护苗”志愿队永中中队成立】 2010年5月29日，永中街道关工委成立“五老护苗”志愿队永中中队。这是首支街道层面的“五老护苗”志愿队，辖区内100余名老年人加入志愿者行列。

【“五老护苗”工作】 2010年，龙湾区“五老护苗”志愿者通过多种渠道为青少年办实事做好事解难事。“六一”期间，区关工委、各镇（街道）关工委组织20对“五老”志愿者和贫困少年到温州大剧院、温州科技馆参观学习，培育老少结对愿望。永中街道关工委发动“五老护苗”志愿队永中中队，组织50位老同志为50位孩子每人送上慰问金300元。12月24日，永中街道关工委组织“五老扶苗”志愿队永中分队一行8人，协同永中教育学区有关领导，深入辖区小学调研，关护青少年的身体健康。区关工委邀请温州市科协“五老护苗”志愿队的60名医学老专家，赴永中蓝天民工子弟学校为390名学生和17名老师免费体验。邀请温州市青少年教育讲师团老师，给学生做航模科普知识讲座，教会学生简单的航模制作方法。组织52位“五老”网吧义务监督员对全区27家网吧进行监督检查，发现不良现象及时作出警告。全年开展义务监督活动106次，出动“五老”820人次。全年劝告未成年人112名，向有关部门反映问题和意见15件，协助文化部门取缔黑网吧159家，无证电子游艺室23家，扣押电脑107台，分发宣传资料1088份。

【关工委关爱活动】 2010年，龙湾区各级关工委开展了不同形式的关爱活动。区关工委给民营企业中的10位贫困新龙湾青少年每人发放助学金1000元；天河镇关工委开展“展童年风采 做四好少年”庆“六一”文艺演出，并慰问了天河第一小学、天河第二小学两所学校的20名贫困儿童，送上慰问金15000元；浙江中能轻工机械有限公司关工委对20名特殊学生开展“阳光雨露”结对活动，共送上助学金20000元；瑶溪镇关工委开展“美丽的瑶溪，我的家”现场绘画比赛，为全镇32名贫困儿童献上爱心。

残疾人事业

【概况】 2010年，龙湾区残疾人联合会（简称龙湾区残联）继续实施“残疾人共享小康工程”，开展基本生活保障、康复、扶贫就业、助学培训、托（安）养等残疾人救助帮扶工作。全区现有各类持证残疾人4353人（其中：肢体残疾人2282人，视力残疾人343，听力（言语）残疾人418人，智力残疾人611人，精神残疾人515人，多重残疾人184人）。龙湾区残联在全市县级残联工作目标考核中被评为优秀单位。

【扶残助残爱心城区创建】 2010年，龙湾区作为全市第二批省级扶残助残爱心城区创建单位，区政府与省政府残工委签订《创建责任书》，承诺在2011年10月底前完成创建任务并接受省残工委验收。区委、区政府高度重视创建工作，成立领导小组，由分管副区长任组长，区委组织部、区委宣传部、区财政局、区人事局等20多个残工委成员单位负责人为成员。根据《浙江省扶残助残爱心城市（区）创建办法》和《浙江省扶残助残爱心城市（区）创建活动实施方案》要求，把创建任务分解落实到相关成员单位和各镇（街道）。启动爱心乡镇（街道）创建，指导永兴街道开展市级“爱心街道”创建活动。

【残疾人共享小康工程】 2010年，龙湾区残联积极实施残疾人共享小康工程。1337名贫困残疾人纳入最低生活保障，481名重度残疾人纳入基本生活保障，204名重度残疾人每月享受200元生活补助金。323名残疾人进入托（安）养工程（其中集中托养75人、日间照料26人、居家安养222人），发放托养经费118.72万元。全年完成白内障复明手术120人、助听器适配100人、助视器适配10人，安装假肢5条，儿童孤独症训练1人，适配普及型辅助器具1件。加大扶贫帮困工作力度，全年为201名贫困残疾学生或贫困残疾人家庭子女给予就学补助，发放学费补助45.15万元。对全区20户贫困残疾人危房进行改造，区残联补助14户经费34.5万元，另6户由区民政局补助。对缴纳养老保险有困难的11户城镇贫困残疾人个体户，给予1.32万元补助。在全国助残日、国际盲人节、国际聋人节及其他节假日，共慰问贫困残疾人525人次，发放慰问金35万余元。

【康宁残疾人中心落成】 2010年10月29日，温州市首家精神智力残疾人阳光庇护中心——龙湾区康宁残疾人小康·阳光庇护中心落成。该中心是以劳动年龄段的智力、精神残疾人和其他各类重度残疾人为服务对象的残疾人托养服务机构。中心建筑面积约900平方米，总投资38万元，设床位30张，已接受28位残疾人参加日间照料。

图94：5月14日，温州市委书记邵占维到龙湾慰问贫困残疾人。 （江国荣/摄）

【残疾人就业】 2010年，龙湾区残联出台残疾人就业创业帮扶政策，帮扶111名残疾人就业创业，发放补助金44.2万元。全区已有残疾人扶贫基地3个，种养大户9个，其中永中郑宅残疾人再就业基地获市AA级残疾人扶贫示范基地称号。组织残疾人参加市残联举办的残疾人就业招聘会与市第4届残疾人技职比赛。

【残疾人文体活动】 2011年，龙湾区残联重视残疾人的文体活动。在全国助残日期间，区残联举办了“携手参与，展示风采”残疾人趣味运动会。同时，组织开展残疾人文化艺术周活动，举办首届残疾人艺术作品展，组织残疾人参加省残联文化艺术周活动。在市第7届残疾人运动会上，龙湾区运动员共获得11金、5银、8铜，列奖牌榜第4名，团体总分第5名，并有5名残疾人运动员参加省八届残运会，取得3枚银牌。

【扶残助残志愿者活动】 2010年4月25日，温州大学“健康天使服务队”在托养中心成立志愿者服务基地；11月27日，市残联在龙湾区残疾人托养中心举行“扶残助残志愿者基地”授牌仪式，市残联理事长夏克潘出席仪式致辞并为温州职业技术学院授牌。学子们定期到托养中心开展志愿活动，以自己的实际行动为残疾人的生活、学习和康复等提供帮助和服务，让残疾人感受社会大家庭的温暖。

【政协委员关心残疾人事业】 2010年11月，龙湾区政协组织部分政协委员就全区贯彻落实《中华人民共和国残疾人保障法》情况，开展专项视察工作。11位政协委员先后分赴灵昆、瑶溪、状元三地，看望当地残疾人士并详细了解残疾人创业就业、残疾人集中托养、残疾人日间照料等方面的情况。委员们就残疾人保障金征收、残疾人就业，庇护中心后期管理等问题进行探讨，鼓励区残联再接再厉，积极推进扶残助残爱心城区创建活动。

表78：　2010年度与前4年龙湾区慈善捐款情况对比

年份	单位（个）	人数（人）	金额（万元）
2006	520	2552	539.46
2007	496	6273	1081.82
2008	1800	78900	3058.40
2009	430	5229	855.42
2010	853	7697	1165.97

表79：　2010年度与前4年龙湾区慈善救助情况对比

年份	救助人数（人）	救助金额（万元）
2006	1001	276.97
2007	2259	404.05
2008	3940	1622.94
2009	4796	1452.94
2010	2553	1450.52

慈善工作

【概况】　2010年，龙湾区慈善总会坚持“乐善好施、扶贫济困”宗旨，组织慈善款物募集，扎实开展慈善救助，慈善事业取得明显成效。通过“一日捐”、“定向捐”、“冠名捐”、“约定承诺捐”等多种方式募集爱心善款。全年共有853家企业单位，69个村级集体经济组织，7697位机关、事业单位干部职工和社会各界爱心人士参加慈善捐赠活动，募得善款1165.97万元。其中“慈善一日捐”募得爱心善款705.22万元，“冠名捐”募得爱心善款108.05万元，“定向捐”募得爱心善款74.11万元，“约定承诺捐”募得爱心善款110.00万元。

【慈善救助】　2010年，龙湾区慈善总会坚持慈善爱心款取之于爱心人士，用之于暂时困难群体的原则，落实区内助医、助学、扶残、济困、区外救灾等救助项目，共支出爱心善款1450.52万元（其中区内各项困难救助654.65万元），直接受益2553名困难人员。支出善款中，助医支出爱心善款235.77万元，有390名患有重大疾病的病人得到救治；设立“慈善助学”项目，支出爱心善款195.16万元，共救助困难家庭的高中、大学生595名（其中低保家庭学生379名）；支出低保家庭的危房修建补助和各种定向救助爱心善款75.49万元；救助和慰问遇到各种困难的新温州人310人，支出爱心善款58万元。玉树抗震和舟曲泥石流救灾分别支出爱心善款81.35万元和15.24万元。

【慈善荣誉】　2010年，蒲州街道、状元镇、沙城镇、灵昆镇4个慈善分会通过市级争先创优验收，受到市慈善总会的表彰。王迪、张国林获“温州市爱心使者”称号，温州强丰合成革有限公司、温州华峰人造皮有限公司和温州鸿升集团有限公司3家单位获市级“爱心集体”称号，天河镇慈善分会会长王成武获市级“先进助学工作者”称号。

【基层慈善网络】　2010年，龙湾区慈善事业不断延伸慈善网络，逐渐形区、镇（街道）、村三级慈善网络机构。12月，在海城街道和海滨街道的23个试点村，建立村级慈善工作站。工作站募得善款的60%～70%，直接用于本村的困难群众救助。全年10个镇（街道）慈善分会募集善款699.16万元，各分会各项救助支出善款491.36万元。

【慈善宣传】　2010年，龙湾新闻网、《今日龙湾》报和市级相关新闻单位，全方位宣传龙湾区开展的慈善活动。慈善捐赠、救助、慰问、年夜饭等活动在电台上有声，报纸上有文，电视上有形。其中市级媒体报道40余篇次文章；《龙湾慈善》简报刊发4期，每期发行25500份；龙湾慈善网，浏览网站人员全年达3万余人次。

图95：11月26日，龙湾区慈善总会开展慈善医疗义诊活动。　（江国荣/摄）

镇·街道

永中街道

【概况】　永中街道位于温州市区东部瓯江口南岸永强平原的中心位置，西、北连接瑶溪镇，东临海滨街道、永兴街道及沙城镇，南接天河镇，西南与瓯海区接壤，是龙湾区人民政府所在地。辖区面积46.64平方公里，下辖34个村、6个居委会，户籍人口71697人。2010年，街道实现工业产值129.71亿元，社会消费品零售总额16.08亿元，全社会固定资产投资11亿元，财政收入66418万元，农民人均纯收入15102元。“温州市乡镇（街道）综合实力30强”排名第10位。永中区位优势明显，紧靠温州永强机场与龙湾万吨级码头，机场大道、瓯海大道、77省道、永强大道贯穿全境，是规划中的温州市中心城区重要拓展区。永中自古以来就是温州城市东部的商贸重镇。改革开放以后，永中的经济社会发展跃上新的台阶。工业形成不锈钢、合成革、铜材、医疗器械、阀门五大支柱行业，是中国不锈钢无缝管材生产基地和中国阀门城，建有4.62平方公里的龙湾中心工业区，全街道拥有各类企业1100余家。农业建有龙水、永昌两个农业示范园区，效益农业稳步发展。永中第三产业发展迅速，金融、房地产、交通、餐饮、零售等服务行业兴旺发达，不锈钢、阀门、服装、小商品等专业市场星罗棋布。近年来，永中城区建设日新月异，建成一批以“瓯江明珠”生态广场、小康住宅示范小区、河泥荡文化公园、永强廊桥等为代表的标志性建筑。其中小康住宅示范小区系建设部审定的村镇住宅建设示范小区。永中历史悠久，人文荟萃，古迹众多。至今保存有晋代古刹天柱寺、明代古堡永昌堡、明代内阁首辅张璁宗祠等名胜古迹。永昌堡被国务院列为国家级文物保护单位。

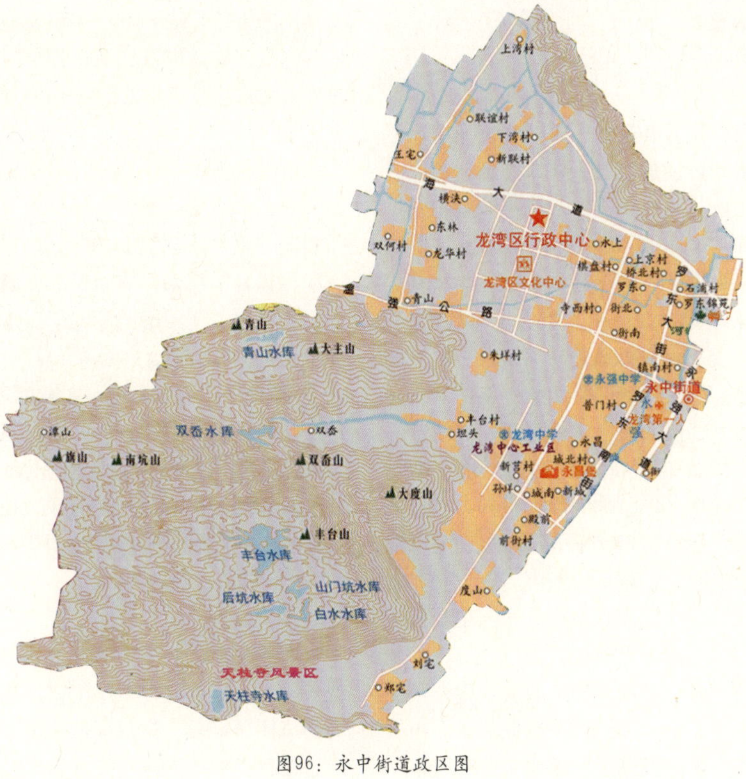

图96：永中街道政区图

【永中农业】　2010年，永中街道办事处在稳定粮食生产的基础上，扶持发展专业合作社、农业生产大户，新建农民专业合作社4家。农技推广、动植物疫病防控、农产品质量监管“三位一体”的农业公共服务体系进一步健全。继续实施封山育林工程，完成366.67公顷封山育林和养护任务，开设防火隔离带6公里，新造防护林13.33公顷。完成平原绿化0.67公顷，幼林抚育110.53公顷。东片防洪一期工程，开工建设1标河道工程和桥梁工程。

【永中工业】　2010年，永中街道办事处继续推进中心工业区建设。全年工业项目开工建设4个、竣工20个、投产9个，项目推进率89.2%，实现工业性投资3.29亿元。新增高新技术企业1家、省名牌产品4个、市名牌产品3个，重点行业、重点领域污染整治和节能减排工作成效显著。

【永中第三产业】　2010年，永中街道办事处把扩展第三产业作为经济结构调整的主攻方向，依托城市中心区建设和永中老城区改造，加快发展现代服务业。不锈钢总部大楼建设进展顺利，永中小商品市场改建稳步推进，奥玛尔国际购物中心项目（永中机床市场改建）前期工作进展顺利，现代物流、邮电通信、保险等服务业发展态势良好。

【永中城市化建设】 2010年，永中街道办事处着力推进重点工程建设。稳步推进永中旧城改造二期工程，永中西路企业拆迁，刘宅村工业安置用地，下湾村东郭二期拆迁安置房工程，实验中学，外国语学校建设的项目政策处理。开工建设东林旧村改建一期工程，曹龙大道、围垦路开工，塘永公路永中段整治按计划施工，罗东南街建设完成前期相关工作。推进永中排污管网工程二期、三期建设，新增截污管39.8公里，纳管到户2200户。累计完成管道建设总长108公里，总投资1.35亿元。建成镇南、石浦生态停车场。做好村级三产留地开发，完成3个村5.87公顷的开发任务，着手开发4个村7.2公顷。推进“四大整治”，拆除违章建筑12万平方米，新增村庄整治合格村5个。推进农村住房改造建设，加快农村困难家庭危房改造步伐，改造建设农村住房21户。

【永中综治】 2010年，永中街道办事处加强综治网格化管理，有序推进平安建设。抓好上海世博安保工作，落实领导班子责任包干制度。成功解决25起疑难信访案件与社会不稳定事件，实现“零入沪非访”目标。在沧河、普门、镇南、罗东锦苑等4个村（社区）开展试点，建立村级信访信息员导访和代理信访制度。深化综治网格化管理，推进街道综治工作中心、村居（社区、企业）综治工作室规范化建设。建立街道流动人口管理服务站，创建村级示范点6个、达标村27个。加大矛盾纠纷排查化解力度，成功调处442起民间纠纷，调解成功率100%。全街道共发刑事案件1467起，比上年下降14%。其中“两抢”发案数156起，比上年下降45%。加大技防投入，新增公共安全视频电子眼200台。

【永中安全生产】 2010年，永中街道办事处实施“365安全生产行动计划”，全面推行企业安全生产“三大员”体系建设。深化隐患排查治理，重点做好危险化学品、矿山、合成革等重点行业和“三合一”场所、违章简易棚、居住出租房等重点部位的排查整治。实行重大安全隐患挂牌整治，20家区、街道两级挂牌单位完成整改。加大居住出租房整治力度，在全区首创居住出租房挂牌整治制度。全街道存在隐患的6417户居住出租房中完成整改6028户，整改率93.94%。加强社会公共安全管理，突出抓好食品药品监管，加大对无证无照经营行为的整治，完成“十小”行业质量安全整治与规范工作。

图97：7月20日，永中街道温瑞塘河义务护河队举行成立仪式。

（永中街道办事处供稿）

【永中社会事务】 2010年，永中街道办事处持续加大民生投入力度，实现各项事业与经济发展同步推进。新型农村合作医疗和政策性农村住房保险参保率分别达86.11%和101.62%。新增就业岗位2082个，下岗人员实现再就业230人。成立永中街道劳动关系三方协商委员会，全年化解劳资纠纷453起。新增8个农村社区，成立龙湾区第一支镇（街道）级五老护苗队。完成《永中街道志》编撰工作。加大教育投入，完成龙水第三小学等3个农村薄弱学校改建工程和永中第一小学等2个学校“新农村、新校园”现代化改建工程。永昌中学被命名为温州市示范学校，龙湾区第二幼儿园通过省一级幼儿园验收。新建全民健身苑点5个，东林等4个村完成省、市级村体育俱乐部创建。永中卫生院主体工程结顶。完成第六次全国人口普查登记工作。

【永中计生】 2010年，永中街道办事处加强人口计生基层基础工作，不断提高优质服务水平。推出《计划生育社会抚养费征收“三色”预警方案》，计划生育各项指标得到较好落实。全年出生818人，计生符合率83.0%；出生人口男女性别比为124.52：100，身孕信息掌握率94.7%。完成街道标准化计生服务站建设，征收社会抚养费2300万元。

【永中文明创建】 2010年，永中街道办事处以省级文明城区创建为龙头，全面启动“六城联创”工作。深化“周末文明创建日”活动，不断提高文明城区创建知晓率、支持率与参与率。加强未成年人思想道德建设，城北村等7个村列入“春泥计划”活动阵地。加快文化阵地建设，完成寺西、普门市级文化示范村和13家农民书屋建设，完成永中文化活动中心建设前期工作，每村有一室的文化基础设施网络进一步健全。加大永昌堡开发保护力度，打造古堡文化品牌。

【永中廉政建设】 2010年，永中街道党工委认真开展机关工作纪律督查，机关作风明显好转。规范街道便民服务中心建设，机关办事透明度有效增强。以

“评星晋级”创建活动为主抓手，发挥坦头省级党风廉政建设示范村的示范引领作用，加强农村党风廉政建设。普门村、城北村获市级“农村基层党风廉政建设五星村”称号。加强街道招投标中心建设，进一步规范村级工程建设行为。全年40个项目，共节约资金350万元。加大案件查处力度，共立案查处违纪案件15件，上缴礼金礼卡28982元。

【永中党建】 2010年，永中街道党工委贯彻落实区委文件精神，推进基层党建工作。以学习型领导班子建设为示范，带动学习型机关、企业、社区、农村、学校建设。坦头村和罗东锦苑获市第一批学习型党组织创建示范点。优化党组织设置，城北村和永强供电公司党组织升格为党委，4个村党支部升格为党总支。完成村级党组织换届选举工作，全面启动村民委员会、村经济合作社、村务监督委员会的换届选举。浙江五洲阀门有限公司等5家企业开展市、区两级“活力和谐企业”创建。全年发展新党员88名。

表80： 永中街道建制村（居委会）数据库

村（居）名	党支部书记			村民委员会（居委会）主任				户数（户）	人口（人）
	姓名	出生年月	文化程度	姓名	出生年月	文化程度	是否党员		
普门村	张作池	1969年4月	大专	张作池	1969年4月	大专	是	1068	4151
沧河村	冯显新	1962年1月	高中	冯显杰	1967年12月	大专	否	515	1937
镇南村	张维光	1955年1月	高中	高新发	1962年11月	大专	是	935	3515
镇北村	郑加星	1955年2月	初中	吴毓辉	1967年9月	高中	是	437	1860
寺西村	叶乃进	1960年10月	高中	朱道清	1957年4月	高中	是	648	2633
上京村	陈继华	1976年9月	大专	潘一豹	1967年11月	高中	是	432	1842
棋盘村	陈光杰	1964年6月	高中	薛永岳	1972年10月	高中	否	275	1184
桥北村	姜　明	1967年6月	高中	姜　潮	1972年11月	高中	是	549	2199
石浦村	张作仁	1975年5月	高中	张孝战	1962年7月	高中	是	691	2723
郑宅村	郑教洲	1958年9月	高中	胡荣泽	1958年6月	初中	否	518	2361
刘宅村	刘炳聚	1979年10月	中专	刘永迪	1974年1月	高中	否	232	1068
度山村	朱荣华	1977年8月	高中	朱道彪	1970年3月	大专	是	606	2724
前街村	陈占春	1953年1月	高中	陈会聪	1972年4月	大专	否	322	1514
殿前村	王向东	1978年11月	初中	王建飞	1966年7月	高中	是	240	959
城南村	王会昌	1967年5月	大专	王爵林	1968年8月	初中	否	319	1405
新城村	王建德	1961年12月	初中	王爵东	1967年8月	初中	否	1133	5812
城北村	王纯亮	1951年11月	初中	胡文彬	1968年10月	高中	是	697	2731
街前村	王忠海	1970年11月	高中	王建林	1959年5月	高中	是	202	830
朱垟村	黄加汤	1970年2月	高中	朱汝逸	1974年7月	高中	否	259	1001
丰台村	陈彦册	1963年9月	高中	陈绍龙	1962年7月	初中	否	157	647
坦头村	许绍钦	1954年1月	高中	许绍森	1968年12月	高中	否	163	732
孙垟村	孙建挺	1971年3月	高中	孙建仁	1973年3月	高中	否	107	485
双岙村	郑祥国	1957年3月	高中	郑祥国	1957年3月	高中	是	76	341
新莒村	夏碎绍	1945年10月	高中	夏守新	1958年5月	高中	是	141	482
青山村	娄树春	1959年12月	高中	娄树平	1964年11月	初中	否	480	1680
双何村	金炳涛	1965年7月	高中	陈国强	1967年6月	高中	否	462	1593
东林村	林由岳	1970年10月	大专	黄光辉	1971年6月	高中	是	408	1670
王宅村	王雪成	1970年9月	大专	王尚仁	1964年8月	高中	是	368	1383
联谊村	曹宗权	1954年3月	高中	曹崇生	1960年1月	高中	是	378	1543
新联村	吴祥文	1974年3月	中专	程祖良	1964年4月	高中	否	417	1479
上湾村	洪秀友	1954年3月	高中	程定兴	1958年11月	高中	是	317	1187
下湾村	王建春	1963年6月	高中	郭洪涛	1955年4月	初中	是	377	1210
横渎村	余文清	1966年10月	高中	孙洪榜	1968年3月	初中	否	252	796
龙华村	林安盛	1966年11月	大专	夏彩文	1959年7月	初中	否	660	2509

续表：

村（居）名	党支部书记			村民委员会（居委会）主任				户数（户）	人口（人）
	姓名	出生年月	文化程度	姓名	出生年月	文化程度	是否党员		
永上居委会	周贤跑	1957年12月	高中	夏友龙	1964年11月	高中	是	250	659
罗东花园	陈秀华	1967年9月	高中	陈秀华	1967年9月	高中	是	1257	2850
街南居委会	张竹香	1963年10	高中	张竹香	1963年10月	高中	是	1360	3098
街北居委会	郑爱春	1965年12月	高中	郑爱春	1965年12月	高中	是	1275	2998
罗东锦苑社区	张成国	1964年12月	高中	姜振庭	1944年9月	初中	是	79	182
永昌居委会								480	1217
其他集体户								161	717

表81： 永中街道基本情况数据库

项目	单位	合计
总面积	平方公里	46.64
种植面积	公顷	856
建制村	个	34
居委会	个	6
户籍人口	人	71697
外来人口	人	46164
农业产值	万元	4717
工业产值	亿元	129.71
财政收入	万元	66418
农民人均纯收入	元	15102
街道主要领导一览（表）		
党工委书记	人大工委主任	办事处主任
孔繁新	王会飞	叶庆权
街道机构一览（表）		
机构设置	街道设党政综合办公室、经济发展办公室、社会事务管理办公室、村镇建设管理办公室、综合治理办公室、计划生育管理办公室、组织人事办公室（含农村工作指导员办公室）。纪工委、人武部、工青妇等按有关规定和章程设置。事业单位设置经济综合服务中心、社会事务服务中心、城建环卫管理中心、统计信息中心、第三产业发展开发中心。	
编制状况	行政编制数56名、事业编制数67名，年底在岗总人数143名。	

表82： 永中街道2010年规模以上企业

序号	企业名称	负责人	主要产品	员工（人）	全区排名
1	温州市龙湾永强供电公司	王建华	电力供应	420	2
2	华迪钢业集团有限公司	王会森	不锈钢管	645	4
3	五洲阀门有限公司	陈锦法	阀门	212	17
4	温州市巨星特钢有限公司	张宪国	不锈钢管	109	23
5	浙江康德莱医疗器械股份有限公司	方剑宏	一次性输液器、注射针	1596	24
6	温州市五星铜材有限公司	郑宝乐	铜材	294	28
7	温州市宏源铜业有限公司	冯茂勋	铜材	243	29
8	温州金来聚氨酯有限公司	陈建南	化工原料	102	33

续表1：

序号	企业名称	负责人	主要产品	员工（人）	全区排名
9	温州市金富铜材有限公司	张祥金	铜材	160	41
10	浙江永上不锈钢产业有限公司	张洪庆	钢管	145	44
11	温州市其昌不锈钢有限公司	姜笃其	不锈钢	10	46
12	浙江五星钢管制造有限公司	陈　文	不锈钢管	178	54
13	温州太平洋双鲸人造革有限公司	姜方潮	人造革	290	59
14	华东阀门有限公司	夏福荣	阀门	131	68
15	温州波士登合成革有限公司	张　平	合成革	157	73
16	温州市江南钢管制造有限公司	吴增华	不锈钢管	172	91
17	浙江三雄麒鞋业有限公司	季小麒	皮鞋	1002	100
18	浙江鑫安铜业有限公司	李启安	铜材	75	102
19	浙江贵莲鞋业有限公司	郑祥贵	皮鞋	300	104
20	浙江威腾阀门有限公司	王汉光	阀门	160	108
21	浙江南华钢管制造有限公司	王克林	不锈钢管	85	110
22	温州市奥星铜业有限公司	刘家福	铜条	96	112
23	温州新恒利来合成革有限公司	杨选荣	合成革	185	117
24	温州五星合成革有限公司	陈　斌	合成革	163	118
25	浙江温兄机械阀业有限公司	姜瑞玉	阀门	119	121
26	温州市森脉特钢有限公司	方劲松	钢管	77	124
27	温州市宏福皮革有限公司	李岩福	人成革	159	126
28	浙江东亚阀门有限公司	李　其	阀门	127	131
29	浙江东富汽车部件有限公司	张建洪	汽车部件	228	132
30	温州亚大特钢有限公司	林永华	不锈钢	68	144
31	浙江远安流体设备有限公司	邵显安	机械设备	175	148
32	温州市兄弟人造革有限公司	张金勇	人造革	143	149
33	温州市昌源铜业有限公司	姜方谊	铜材	63	171
34	浙江正华阀门厂	王靖聪	阀门	115	172
35	温州新金州人造革有限公司	蔡学方	人造革	106	174
36	温州斯高铜业有限公司	王修泽	铜材	52	175
37	浙江天宝实业有限公司	张体宝	不锈钢管	87	177
38	温州市康莱方医用塑料有限公司	姜方仓	医疗用品	254	178
39	温州亚光机械制造有限公司	陈国华	机械设备	161	179
40	温州永强垃圾发电有限公司	林　枫	电力	69	181
41	浙江天瑞钢业有限公司	周巨者	不锈钢管	206	188
42	浙江富马仪表有限公司	张立弟	仪表	143	192
43	温州大和人造革有限公司	丁士廉	人造革	85	193
44	温州越秀合成革有限公司	王成东	合成革	105	202
45	浙江有氟密阀门有限公司	朱孝有	阀门	88	212
46	浙江新泰钢管厂	王岩新	不锈钢管	62	219
47	温州同渡合成革有限公司	郑滋华	合成革	103	223
48	温州永得利机械设备制造有限公司	林永兴	机械设备	87	224
49	温州市明得利合成革有限公司	李新明	合成革	78	255
50	温州市吉胜植绒有限公司	吴克青	植绒	70	256
51	浙江隆泰钢业有限公司	王增旺	不锈钢管	170	257

续表2：

序号	企业名称	负责人	主要产品	员工（人）	全区排名
52	浙江以勒钢管有限公司	章福滔	不锈钢管	57	274
53	浙江五洲钢业有限公司	陈　兴	不锈钢管	102	275
54	温州市康增钢管厂	王增产	不锈钢管	49	281
55	温州市经协钢管制造有限公司	张洪芳	不锈钢管	56	286
56	温州市雄利人造革有限公司	孙岳前	人造革	73	295
57	温州市康聚医疗仪表有限公司	吴桂龙	医疗仪表	179	303
58	温州市永上人造革有限公司	王　忠	人造革	66	306
59	温州方源革业有限公司	张作松	人造革	73	307
60	温州市龙湾宏利植绒有限公司	叶笃翔	植绒	75	312
61	温州市金星阀门有限公司	金进星	阀门	82	314
62	浙江方圆钢管厂	李铁绍	不锈钢管	50	319
63	浙江中南阀门有限公司	胡学明	阀门	36	331
64	温州市龙湾康泰鞋服有限公司	郑加斌	鞋服	128	336
65	浙江爱麟斯鞋业有限公司	王秋麟	皮鞋	159	347
66	浙江浩康鞋业有限公司	王成维	鞋业	150	356
67	温州市成东药机有限公司	王成东	机械设备	118	361
68	温州市益大钢管厂	林宝法	不锈钢管	34	363
69	温州市东南化工设备有限公司	张廷棋	不锈钢管	65	374
70	温州市远东特殊钢管有限公司	张高兴	不锈钢管	23	380
71	浙江嘉泰异型钢管厂	王庆龙	不锈钢管	66	381
72	温州市国大不锈钢管厂	张孝迪	不锈钢管	55	385
73	温州博纳斯锻造有限公司	潘德飞	锻件	70	396
74	温州市新光机车部件有限公司	王建森	机动车配件	70	408
75	温州市澳克人造革有限公司	厉爱兰	人造革	45	409
76	浙江珠宝流体阀业有限公司	林茂标	机械设备	65	410
77	温州市富源铜业有限公司	张维恒	铜业	43	416
78	浙江华夏阀门有限公司	陈占基	阀门	102	430
79	温州市龙湾长城钢管厂	项晓东	钢管	35	435
80	浙江泰丰阀门制造有限公司	王建华	阀门	59	443
81	温州市好多利皮革有限公司	张崇潮	合成革	98	447
82	温州市华宝精铸阀门有限公司	王达旺	阀门	46	452
83	温州市宏业合成革制造有限公司	王松银	合成革	53	455
84	温州市亚达钢管厂	方德总	不锈钢管	26	464
85	温州三帆不锈钢制品有限公司	周　斌	不锈钢制品	43	466
86	温州市健牌药业机械制造有限公司	王爵崇	机械设备	49	472
87	温州市中大冶化机械有限公司	吴升俊	空压机配件	42	473
88	温州市龙湾建中管件制造有限公司	姜国栋	不锈钢管	48	476
89	温州市兆峰鞋材有限公司	王　津	鞋材	25	477
90	温州市金来钢管厂	林祝福	不锈钢管	28	498
91	温州金丰钢带有限公司	王忠乐	不锈钢管	14	504
92	浙江长鸣钢管厂	娄沛增	不锈钢管	43	509
93	浙江奥星管件有限公司	刘家福	不锈钢管	57	512
94	温州市崇德鞋业有限公司	姜德生	鞋业	130	514

续表3:

序号	企业名称	负责人	主要产品	员工（人）	全区排名
95	温州市天工精密制造有限公司	黄光明	机械设备	42	522
96	温州市亿晟鞋材有限公司	孙　瑜	鞋材	40	523
97	温州市吉邦皮具有限公司	王德迪	皮具	80	533
98	温州市合力白炭黑厂	李小波	白炭黑	26	539
99	温州海正管件有限公司	叶乃来	不锈钢管	17	544
100	浙江学仕课桌椅制造有限公司	王庆丰	课桌椅制造	60	546
101	温州市东亚不锈钢管有限公司	何炯昌	不锈钢	32	553
102	温州市双菱不锈钢制品有限公司	王临安	不锈钢制品	45	567
103	温州之巨管件有限公司	朱建新	不锈钢管	40	576
104	温州市华宝铜业有限公司	王建清	铜业	18	579
105	浙江日发阀门制造有限公司	郑永生	阀门	31	580
106	温州市沧河铜材有限公司	冯茂建	铜材	30	584
107	温州市正大钢管厂	王靖国	不锈钢管	24	602
108	温州美嘉皮饰有限公司	王建功	人造革	32	606
109	温州润泰不锈钢机械有限公司	冯显松	不锈钢管	26	608
110	温州市捷宇阀门制造有限公司	金炳泰	铜业	48	626
111	温州市恒精锻压有限公司	林建中	锻打	46	630
112	浙江宏明阀门有限公司	姜　明	阀门	35	633
113	温州市龙湾机械铸造厂	邹嘉善	铸件	35	636
114	鸿兴皮件有限公司	陈绍章	皮具	112	656
115	温州瓯科机械有限公司	郑加福	机械设备	30	660
116	温州市强盛植绒有限公司	方强义	植绒	25	662
117	温州市龙湾正球阀门厂	王明华	阀门	40	666
118	浙江康尔美鞋业有限公司	张福人	鞋业	98	667
119	温州市森脉电力设备有限公司	娄森荣	电力设备	27	670
120	温州市森鸿钢管有限公司	姜森剑	不锈钢管	23	680
121	温州兰克阀业有限公司	王　峰	阀门	42	686
121	温州市丰普不锈钢制品有限公司	吴祖芳	不锈钢管	15	692
123	温州市钢管厂	姜笃洪	不锈钢管	27	695
124	温州博恩自控阀门有限公司	陈久恩	阀门	32	698
125	浙江新同力管件有限公司	冯晓斌	不锈钢管	18	700
126	温州海辰阀门有限公司	郑福春	阀门	24	704
127	温州市正特电焊设备厂	王建伟	电焊设备	52	705
128	温州华业阀门厂（普通合伙）	沈文中	阀门	30	711
129	浙江东南管件制造有限公司	何加旺	不锈钢管	46	723
130	浙江龙洲阀门有限公司	张文启	阀门	35	755
131	温州市奔腾变压器配套有限公司	张国豪	变压器配套	22	762
132	温州市森瑜钢管厂	姜森剑	不锈钢管	15	763
133	温州市强星钢管厂	李新福	不锈钢管	19	768
134	温州市澳克鞋业有限公司	张维清	鞋业	32	770
135	温州市中诚钢管有限公司	项朝华	不锈钢管	10	807
136	温州市金宏管件有限公司	娄晓光	不锈钢管	20	815
137	温州市百泰不锈钢管制造有限公司	韩帮忠	不锈钢管	35	816

续表4:

序号	企业名称	负责人	主要产品	员工（人）	全区排名
138	温州市琳泰钢业有限公司	张维明	不锈钢管	17	820
139	温州市华迪人造革有限公司	陈良光	人造革	97	825
140	温州市良大管件制造有限公司	王会海	不锈钢管	22	826
141	温州市瓯马钢业有限公司	应乾贵	不锈钢管	10	827

【永中街道2010年大事记】

1月18日　市委副书记朱贤良、区委书记王祖焕等到普门村慰问困难老人，同时参观普门村星光老年之家。

1月26日　永中街道召开经济工作会议。

2月10日　街道妇联干部走访42位困难退职妇女干部，为她们送去食用油和慰问金。

3月4日　街道办事处组织青年志愿者服务队到龙湾综合福利院开展“春风送暖，爱心敬老”活动。

3月8日　街道办事处在区文化中心举行以“百年庆典欢乐颂，四自女性风采扬”为主题的文艺演出纪念大会。

3月29日　街道党工委在永强供电公司4楼会议室召开创建学习型党组织活动动员大会。

4月8日　由街道承办的2010年温州市省级体育强镇（乡）全民健身工作会议在滨海大酒店召开。来自全市102个省级体育强镇（乡）和11个县（市、区）体育局的分管领导参加会议。

4月27日　街道办事处在二号横街举办罗东街及周边秩序综合整治启动仪式。区委副书记、区政协主席徐国信出席会议并作重要讲话。

4月30日　街道办事处举办“庆五一　迎五四”纪念大会暨“歌颂劳动、唱响青春”大型文艺汇演。

4月30日　街道党工委在区文化中心举办创建学习型党组织图片展览活动。

5月5日　城北村党委获批，为龙湾区首个街道下辖的二级党委。

5月6日　市委政法委常务副书记林建军到永中街道综治中心视察。

5月27日　街道领导带领妇联、团工委和社会事务办人员对镇中片、永昌片和龙水片的8所小学、2所幼儿园进行“六一”慰问。

6月1月　永中街道妇联、关工委在三垟湿地举行“阳光六一节·爱心欢乐送”主题活动。

6月4日　市委书记邵占维检查永中街道网格化管理工作。

6月7日　省委常委、组织部部长蔡奇在市委书记邵占维、市长赵一德等陪同下，视察华迪钢业集团。

8月3日　温州市常务副市长周少政、温州市民政局局长周文珍到普门村调研星光老年之家居家养老建设情况。

8月5日　街道党工委在701会议室召开推行“四议两公开”工作法动员会。

8月5日　龙湾区组织工作恳谈会在永中街道召开。

8月27日　副区长方志方到前街村调研指导后进村整治转化工作。

9月7日　区委王祖焕书记视察温兄企业。

9月13日　省财政厅副厅长薛小杭等省委督察组成员，视察坦头村和华迪钢业集团党支部的创先争优活动。

9月29日　永中街道符合条件申购经济适用住房的21户居民参加电视直播摇号，9户获购房资格。

10月12日　区委书记王祖焕，区委常委、宣传部部长徐琮琦，副区长方志方到寺前街、张璁祖祠等地进行文化调研。

11月10日　江苏省政府参赞室到普门村星光老年之家调研居家养老工作。

11月10日　国家历史文化名城研究中心主任、上海同济大学教授阮仪三在温州市政府副市长仇杨均、副区长方志方陪同下，到张璁祖祠等地调研历史文化名城创建中的文物保护工作。

11月12～13日　街道党工委召开党工委理论学习中心组（扩大）会议，学习贯彻落实中共十七届五中全会精神。

11月22日　龙湾明代文化研讨会与会海内外知名专家、学者50余人参观考察张璁祖祠。

11月26日　永中街道办事处承办的“我与文明同行——和谐文化乡村行”活动在普门村举行。

12月20日　团市委副书记林小露、刘云峰等人率各县（市、区）团委书记到罗东锦苑社区检查指导社区团建工作。

12月23日　区委常委、组织部部长阮云富调研永中村党组织换届工作。

蒲州街道

【概况】　蒲州街道西接温州城市中心区，北濒瓯江，东接状元镇，南与瓯海区相连，街道境内有温州经济技术开发区、温州农业对外综合开发区，机场大道、温州大道、瓯海大道并行从东至西贯穿全辖区，区位优势十分明显。辖区面积7.09平方公里，下辖6个村、1个居委会，户籍人口21540人。2010年，街道实现地区生产总值15.98亿元，工业产值45.78亿元，社会消费品零售总额19.92亿元。外贸自营出口8926.70万美元，财政收入12604万元，农民人均纯收入13909元。“温州市乡镇（街道）综合实力30强”排名第21位。

近年来，蒲州工业经济发展稳健发展，制笔、紧固件两大支柱行业声名远播。辖区内有爱好笔业、天丰制笔等

图98：蒲州街道政区图

一批“中国制笔王”企业和龙湾区首枚中国驰名商标飞雕牌电器等一批重点知名企业。龙湾区首个“国”字号轻工生产基地“中国制笔之都”落户蒲州。屿田、上庄的制笔专业村不断发展壮大；上江、下埠的紧固件生产专业村规模不断扩大，占地31.33公顷的蒲州上江紧固件生产基地拉丝园区已投用，为紧固件行业实现产品的产、供、销一体化、规模化运作创造良好条件。辖区内的温州紧固件市场是国内最大的紧固件专业市场，年交易额超3亿元。温州文化用品市场一期、二期、三期已建成并投入营业，四期工程正在建设之中，机场大道汽车走廊初具规模，温州大道餐饮业发展如火如荼，为街道经济进一步发展和繁荣注入新的活力。

【蒲州经济建设】 2010年，蒲州街道办事处全面贯彻落实“保稳促调”系列政策，做好企业服务，街道经济继续回暖。全年规模以上企业实现工业产值23.39亿元，工业性投资1.48亿元(年度考核排名全区第一)，社会消费品零售总额19.92亿元。推进工业项目落实，完成工业项目8项。区重点项目温州五金装饰市场建设于11月奠基开工。

【平安蒲州建设】 2010年，蒲州街道办事处落实重大信访件领导包案制、维稳工作驻村负责制、维稳信息研判分析制，确保社会稳定。全街道34个综治网格、7支平安和谐服务队、34个平安和谐服务组在消防安全、安全生产、信访维稳、治安防控等方面发挥积极作用。全年共调处各类矛盾纠纷104起，成功率100%；刑事案件发案率比上年下降13.5%；整改出租房3469户，整改率95%；拆除违章简易棚5500平方米，易燃隔断2600多平方米。开展“安全生产年”活动，深化隐患排查治理活动，全年共检查生产经营单位1307家，企业隐患整改率100%，挂牌整治7家重点隐患企业。

【蒲州环境治理】 2010年，蒲州街道办事处开展以塘河综合治理为主要内容的环境治理，投入500余万元推进辖区塘河综合治理系列工程。开展畜牧业整治工作，对影响塘河环境的生猪养殖场和奶牛养殖场进行搬迁。组织开展40次大规模的拆违治乱行动，共拆除违章建筑2.16万平方米。完成拉丝基地的整改，特别是污水收集和处理通过省、市验收，成为温州市完成省“811”环保工程的重要验收点。

【蒲州社会事务】 2010年，蒲州街道办事处落实各项社会保障制度，抓好困难家庭危房改造、优抚救助、殡葬改革、政策性农村住房保险等各项工作。开展新型农村合作医疗保险，实现全员参保，报销金额达280余万元。实施“文化街道”建设工程和农村文化“999”工程，抓好学校、社区文化建设，做好街道文化中心大楼建设前期工作。抓好民间划龙舟活动管理，全程落实划龙舟活动中的安全管理工作。强化社会抚养费征收，全年全街道计划生育率为88.2%。举办社区邻居节、“我与文明同行”暨和谐文化乡村行等活动，推进文明创建，提升蒲州环境软实力。

【蒲州旧村改造】 2010年，蒲州街道办事处按照重点突破、以点带面工作思路，推进旧村改造工作。汤家桥村旧村改造已被列入市政府11项重点工作计划，进入总体规划修编、详细规划与控规编制，其他一些村也已启动旧村改造前期工作。

【蒲州党建】 2010年，蒲州街道党工委突出基层党建工作重点。组织党员干部深入学习党的十七届五中全会精神，开展“廉洁从政集中教育月”活动，抓好干部队伍的思想教育和纪律整顿。加强学习型党组织建设，向全体机关干部分发读书卡，鼓励机关干部多读书、读好书，在机关内部营造浓厚的学习氛围。完善《蒲州街道机关管理制度》，健全机关“十项规定”及效能建设等各项制度。12月，启动村级组织换届工作。全年发展党员29名，全街道党员总数达748名。

图99：6月18日，蒲州街道开展端午文明划龙舟活动。（蒲州街道办事处供稿）

表83：蒲州街道建制村（居委会）数据库

村（居）名	党支部书记			村民委员会主任				户数（户）	人口（人）
	姓名	出生年月	文化程度	姓名	出生年月	文化程度	是否党员		
上江村	叶国兴	1957年2月	高中					947	3775
下埠村	高炳南	1971年10月	高中	叶文武	1971年3月	初中	否	530	2116
汤家桥村	叶松云	1964年7月	高中	叶建勇	1966年1月	高中	否	540	2250
江前村	黄爱光	1976年10月	大专	陈秀通	1974年5月	中专	是	448	1772
屿田村	周锡尧	1963年10月	高中	李旺生	1972年1月	高中	否	1048	3695
上庄村	朱建勇	1974年12月	高中	石　峰	1973年2月	初中	否	768	2818
蒲江社区	郑长生	1947年2月	高中					已计入下埠村	已计入下埠村

表84：蒲州街道基本情况数据库

项　目	单　位	合　计
总面积	平方公里	7.09
种植面积	公顷	9.87
建制村	个	6
居委会	个	1
户籍人口	人	21540
外来人口	人	31268
农业产值	万元	1257
工业产值	亿元	45.78
财政收入	万元	12604
农民人均纯收入	元	13909

街道主要领导一览（表）

党工委书记	人大工委主任	办事处主任
王炳隆	张少清	林舜平

街道机构一览（表）

机构设置	党政综合办公室、经济发展办公室、社会事务管理办公室、村镇建设管理办公室、综合治理办公室、计划生育管理办公室。事业单位综合机构：经济综合服务中心、社会事务服务中心、城建环卫管理中心、统计信息中心。纪工委、组织、人武部和工、青、妇按照有关规定和章程配备.
编制状况	行政编制20人、事业编制24人，年底在岗总人数52人。

表85：蒲州街道2010年规模以上企业

序号	单位名称	负责人	主要产品	员工数（人）	全区排名
1	温州市爱好笔业有限公司	张汉平	制笔	3676	7
2	温州天盛塑料助剂有限公司	王金杰	PVC加工助剂	145	15
3	温州天盛电化有限公司	吴爱生	化工	294	74
4	温州市功针服饰有限公司	倪建新	服饰	578	116
5	蓝光电子实业有限公司	倪建海	电子	411	140
6	温州市初旭食品有限公司	吴初旭	食品加工	76	153
7	温州市佳盟照明电器有限公司	郑联盟	电器	91	157
8	温州飞雕电器有限公司	徐益忠	电器	365	184

续表：

序号	单位名称	负责人	主要产品	员工数（人）	全区排名
9	温州市宝典鞋业有限公司	朱成兴	鞋	138	197
10	温州市天丰文具有限公司	史信光	笔	348	203
11	浙江正宏五金有限公司	朱平海	五金	195	252
12	浙江东方光学眼镜有限公司	苏紫来	眼镜	195	282
13	温州福达文教用品有限公司	郑元福	文具	98	288
14	温州华华集团有限公司	谢庆华	催化剂	31	294
15	温州市长力笔业有限公司	朱连平	笔	166	340
16	温州三金电池有限公司	黄庆平	电池	60	351
17	温州市华生笔业有限公司	蔡建明	笔	123	358
18	温州鼎诚包装机械制造有限公司	王振国	打包机	136	367
19	温州市建庆实业公司	陈建庆	空压机	70	376
20	温州市富兜制衣有限公司	黄小麟	男士休闲裤，男士牛仔裤	20	391
21	温州市金益铜业有限公司	朱国民	铜	41	411
22	温州英诺华电气科技有限公司	陈晓艳	开关、插座	12	441
23	温州市金鸳鸯服装有限公司	史晓敏	服装	95	485
24	温州弘博文具有限公司	张新村	文具	60	486
25	温州市龙湾精细化工染料厂	朱松华	染料		497
26	温州市通明电器有限公司	陈瑞力	防爆灯具	200	500
27	温州市胜发紧固件有限公司	叶永光	紧固件	78	534
28	温州市龙湾隆华文具有限公司	杨锡洪	文具	100	540
29	温州市万顺标准件有限公司	杜唐弟	标准件	46	554
30	温州福来康文具有限公司	朱艺松	笔	56	615
31	温州市恒力仪表有限公司	林工一	开关仪表	86	621
32	温州市金马行制衣有限公司	张　文	服装	74	623
33	温州市龙湾泰盛紧固件有限公司	陈晓东	紧固件	40	627
34	浙江通晟工贸有限公司	王克敏	货物进出口、技术进出口		628
35	温州市鑫泰文教用品有限公司	朱文光	笔	104	649
36	温州市龙湾盛业塑料制品厂	张克新	塑料装饰带	40	661
37	温州市通亚标准件有限公司	郑雪明	其他紧固件、连接件	200	683
38	浙江友力标准件有限公司	季绍峰	标准件	85	699
39	温州市龙湾西冷化学品厂	吴新民	封口胶	21	702
40	温州双华彩印包装有限公司	石金华	彩盒制造	18	706
41	温州浩力登科技有限公司	高光荣	瘦身产品及丰胸产品		717
42	温州市奇宇汽配有限公司	蒋宇静	汽配	56	727
43	温州市嘉隆聚氨酯设备厂	林玲玲	聚氨酯设备	53	730
44	温州市欧泰文具有限公司	李锡贤	文具	101	742
45	温州市龙湾东方纸箱包装有限公司	诸恩光	纸箱	27	752
46	温州市龙湾恒力标准件有限公司	严东微	标准件	30	786
47	温州市飞扬铝业有限公司	赵　阳	铝丝	14	821

【蒲州街道2010年大事记】

3月3日　街道2010年度工作会议在奥林匹克大酒店召开。

9月16日　省人大常委会、省建设厅领导到蒲州督导旧村改造工作。

9月25日　市长赵一德到蒲州督查塘河整治工作。

10月29日　蒲州街道党工委召开学习贯彻党的十七届五中全会精神及基层站所满意度测评会议。

11月16日　温州五金装饰市场举行开工仪式。

12月8日　省环保厅到蒲州验收拉丝基地。

12月14日　街道党工委召开村级组织换届选举动员会议。

12月24日　街道人大代表、议政员开展视察活动。

海滨街道

【概况】　海滨街道位于瓯江入海口南岸，北濒瓯江，东临东海，西接永中街道和瑶溪镇，南连永兴街道，是温州永强机场所在地。街道总面积28.38平方公里，辖13个村、1个居委会，户籍人口29971人。2010年，全街道实现工业产值65.15亿元，农业产值8255万元，财政收入25104万元，农民人均纯收入14893元。“温州市乡镇（街道）综合实力30强”排名第26位。

海滨工业经济蓬勃发展，形成天然气、人造革、鞋业、化工、不锈钢、阀门等支柱行业，企业呈现规模型、科技型、外向型发展趋势。2010年全街道拥有规模以上企业93家，产值超亿元企业13家。农业结构不断优化，都市型效益农业发展迅速。是温州市首批小康乡镇和全国股份制经济的发祥地。海滨街道发挥机场所在地的交通优势，加快基础设施建设。辖区道路交通四通八达，有滨海大道、瓯海大道、机场大道、永强大道、海宁路、蓝浦路、沙前街、海滨街、富海路等主要道路。温州永强机场飞行区扩建、东片防洪一期工程、瓯海大道海滨段两侧景观整治、农产品物流中心、排污管网工程建设等一系列重点工程扎实推进。海滨是民族英雄汤和的第二故乡。汤和庙建于明嘉靖七年（1528），是为纪念抗倭英雄汤和而立的。每年的农历正月初九、农历七月十五都要举行“宁城庙会”，已发展为融经济、文化、休闲、娱乐、旅游、观光为一体的“汤和文化艺术节”。2008年，“汤和信俗”入选国家级非物质文化遗产名录。

图100：海滨街道政区图

【海滨工业经济】　2010年，海滨街道办事处深化为企业服务活动等有效措施，挖掘工业经济新的增长点。全年规模以上企业实现工业产值55.70亿元，比上年增加21.3%；完成全年计划的108.4%。完成工业性投资1.17亿元，完成率为116.6%。引进内资146.54万元。全街道获区优秀企业9家、区纳税50强企业5家。

【海滨第三产业】　2010年，海滨街道办事处启动空港经济区建设前期工作，加快“退二进三”步伐，培育现代物流、餐饮、宾馆、商贸等新的经济增长点，做大做强第三产业。全年社会消费品零售总额23675.60万元。

【海滨重点工程建设】　2010年，海滨街道办事处开展重点建设政策处理攻坚活动。突出抓好永强机场飞行区扩建和东片防洪一期工程、海滨围垦工程、蟾钟农产品物流中心建设、瓯海大道海滨段两侧景观整治工程、海滨截污纳管南片延伸管工程、环镇路、围垦路等重点工程的征地、拆迁及有关政策处理。稳步推进海滨街道文化休闲公园、瓯海大道海宁路出口道路、蓝浦桥、北片垃圾中转站等基本设施建设。

【海滨环境整治】　2010年，海滨街道办事处全面开展“四大整治”行动，优化发展环境。温瑞塘河综合整治取得实效，河道景观工程年度计划250万元，累计完成182万元。污水收集与处理工程年度计划817.5万元，累计完成904万元；截污纳管14公里，入户纳管1200户。建立健全垃圾清运及考评体系，实行主要道路保洁市场化运作。完成宁城西路、海滨街等道路整治工程，建成垃圾坞10座、生态公厕2座，启动建设北片垃圾中转站。加大违法建筑拆除力度，集中拆除违法建筑4.27万平方米。完善交通设施，新建永强大道候车亭2座。启动瓯海大道海滨段两侧景观整治工程及海滨公园建设，沿河、沿路企业“拆违建绿、拆围透绿”活动初见成效。

【海滨社会事务】　2010年，海滨街道办事处稳步推进社会事务各项事业建设。完成龙湾区第四幼儿园危房加固工程，做好海滨第三小学综合楼拆建、海滨第二小学综合楼建设的前期准备工作。协助宁村村做好“二月二拦街福”和农历七月十五汤和信俗文化节活动。组织编排《凤鸣九州》舞蹈参加区第六届音乐舞蹈节比赛，获龙湾区表演金奖。有序推进农村合作医疗，新增3个村体育苑点，沙中村、蟾钟村等2个村创建市级体育俱乐部。成立海滨街道慈善分会13个村分站，募捐善款70万元。规范

图101：8月24日，海滨街道举办宁村汤和节活动。（海滨街道办事处供稿）

村务公开与民主管理工作，做好三资清查和老年人协会规范化工作。

【海滨计划生育】 2010年，海滨街道办事处切实加强社会抚养费征收、流动人口管理和性别比整治工作，及时扭转人口计生工作被动局面。全年辖区内共出生381人，其中计划内322人，计划生育符合率84.5%。出生人口男女性别比为135.18：100；落实四项手术279例。社会扶养费当年应征收99例，征收金额912万元，已征收79例。征收金额355.05万元；往年应征的218例全部征收，征收金额640.89万元。

【平安海滨建设】 2010年，海滨街道办事处深入开展“信访矛盾化解”活动和综治“网格化管理、心连心服务”，完成世博会、广州亚运会期间的安保工作。加强信访纠纷矛盾排查和化解，调解各类矛盾纠纷210起。深化综治网格化管理，在58个片组网格中全面铺开综治网格化管理。完善社会治安巡防体系，社会治安状况得到改善。刑事发案数660起，比上年增加8.6%；两抢案件发案83起，比上年减少5.7%；盗窃发案数180起，比上年增加11.1%；五类案件发案2起。加强街道综治工作中心规范化建设，在13个村、19个企业开展星级示范综治工作室创建。开展无毒社区、平安村居、平安企业创建，沙南村通过市级民主法治村验收。

【海滨安全生产】 2010年，海滨街道办事处加强安全生产和消防工作。开展“安全生产年”活动和“重剑”系列行动，抓好企业安全隐患排查和居住出租房隐患整治，出租房整改率达92.4%。实行重大安全生产事故隐患单位挂牌整治，完成整改区级挂牌整治企业7家，街道挂牌企业11家。

【海滨党建】 2010年，海滨街道党工委按照“三、四、五、六”工作思路，加强基层党建工作。在村级开展“三类村”创建，创示范村3个、特色村5个、规范村4个。在非公企业开展活力和谐企业创建，温州华基化工有限公司被评为区活力和谐企业。在党员中开展五佳优秀党务工作者、五佳优秀外来党员和十佳务实奉献型党员评选。在街道推出“3＋1”测评机制，每月进行“满意度一月一测评、重点工作一月一排名、纪律作风一月一量化”三项考评，评出创先争优活动月度之星。做好村级组织换届选举工作，完成辖区13个村党支部的换届选举。全面推行“四议两公开”工作法，较好地完成后进村整治任务。加强党员管理，设置沙中、宁村、蓝田、蟾钟等4个村党总支。全年街道发展党员47名，转正74名。街道议政会经验在全区推广，办理第一届议政会二次会议建议13件。

表86：海滨街道建制村（居委会）数据库

村（居）名	党支部书记			村民委员会主任				户数(户)	人口(人)
	姓名	出生年月	文化程度	姓名	出生年月	文化程度	是否党员		
蟾钟村	李建光	1960年8月	高中	李崇桂	1970年7月	高中	否	1031	4577
沙南村	姜桂荣	1959年8月	高中	陈　冲	1981年1月	高中	否	473	2012
建新村	陈钟明	1976年9月	大专	姜建斌	1970年1月	高中	否	330	1296
沙中村	张德景	1969年4月	高中	张立坚	1969年6月	大学	是	711	2903
沙北村	周建敏	1964年12月	大专	周兴华	1967年7月	初中	否	563	1739
教新村	李建瑞	1977年1月	高中	廖文燕	1981年2月	高中	是	385	1542
渔池村	吴正棣	1948年6月	中专	吴克洪	1973年9月	高中	是	176	615
北新村	邱忠和	1976年2月	高中	邱君贵	1971年9月	高中	否	488	1949
宁村村	郑其聪	1977年3月	大专	蒋忠尧	1962年7月	高中	否	869	3387
小陡村	刘正寿	1977年8月	高中	张孝泽	1969年6月	初中	否	218	967
江一村	孙秀贤	1960年1月	高中	郭庆贤	1953年7月	小学	否	376	1623
城东村	韩仕巧	1960年7月	高中	孙忠勤	1976年11月	高中	否	453	1844
蓝田村	郑加善	1966年8月	大专				否	594	2539
居委会								1456	2502
其他集体户								2	146

表87：海滨街道基本情况数据库

项　目	单　位	合　计
耕地面积	公顷	566.8
养殖面积	公顷	366.7
建制村	个	13
居委会	个	1
户籍人口	人	29971
外来人口	人	13363
农业产值	万元	6484
工业产值	亿元	65.15
财政收入	万元	25104
农民人均纯收入	元	14893
街道主要领导一览（表）		
党工委书记	人大工委主任	办事处主任
王旭辉	项振康	范朝阳
街道机构一览（表）		
机构设置	党政综合办公室（党政、组织、财务、信访）、政法办（综治、司法、禁毒）、社会事务办、城建办、重点办、计生办、经济服务中心、经济发展办（企业管理所、劳动就业管理所、安监中队）、纪工委、人武部（统战）、工会、妇联、团工委。	
编制状况	行政编制28人、事业编制38人，年末在岗总人数66人。	

表88：海滨街道2010年规模以上企业

序号	企业名称	负责人	主要产品	员工数量	全区排名
1	浙江长江能源发展有限公司	杨选建	液化石油气	230	1
2	浙江永农化工有限公司	吴克孟	百草枯、三唑磷、甜菜宁、甜菜安	553	12
3	浙江丰业集团有限公司	李松林	不锈钢管	272	19
4	温州市新兄弟人造革有限公司	张金勇	PU合成革	282	34
5	温州五洲人造革有限公司	陈仁通	PU合成革	535	36
6	温州奥鹏合成革有限公司	张维巧	合成革	360	63
7	温州市大邦化学有限公司	陈仁宗	PU树脂	70	70
8	温州均得利皮革有限公司	潘可法	人造革	373	76
9	温州宝业富来树脂有限公司	李云夫	PU树脂	61	83
10	温州市正茂合成革有限公司	章方浙	人造革	220	93
11	温州市大华皮革有限公司	张宪秋	皮革	172	97
12	温州市新宝业人造革有限公司	王宝银	人造革	254	103
13	温州泛太箱包有限公司	王岩法	箱包	840	107
14	温州市沪昌不锈钢管厂	郑祥清	不锈钢	53	133
15	温州宏丰革基布有限公司	王进祥	皮革	75	141
16	温州市强龙医疗用品厂	项国强	血压表、听诊器	420	166
17	温州市华基化工有限公司	李彩华	化工	76	176
18	温州市圣大利皮革有限公司	王靖森	皮革	107	183
19	浙江东风化工有限公司	张纯标	化工、农药	181	186
20	温州弘扬冷热带钢有限公司	杜有珍	不锈钢	30	211
21	温州市海滨秀龙鞋材有限公司	张秀龙	皮鞋	219	215
22	浙江创大汽车部件有限公司	方德辉	汽车门窗	198	217

续表：

序号	企业名称	负责人	主要产品	员工数量	全区排名
23	温州市博康仪表有限公司	项友旺	血压表、听诊器	200	229
24	温州市隆达皮革有限公司	张树仁	皮革	120	244
25	温州市浙南皮革有限公司	张崇潮	皮革	100	260
26	温州市胜源铜业有限公司	陈国辉	铜	72	265
27	温州市康森鞋底有限公司	黄庆宝	鞋	97	266
28	温州温信特钢有限公司	邱信德	不锈钢		269
29	温州海螺挑战生物工程有限公司	刘炯辉	植酸酶	85	276
30	温州市金荣铜业有限公司	陈奎荣	铜业	60	300
31	浙江方文特钢有限公司	王小云	不锈钢	50	316
32	温州市龙湾荣鑫橡塑发泡鞋料有限公司	姜扬敏	EVA切片	65	317
33	温州市龙湾丰泰皮革有限公司	李建忠	皮革	105	332
34	温州市龙湾大利制革助剂有限公司	郑　广	色浆、色片	100	335
35	温州市信得达不锈钢材料有限公司	李国斌	不锈钢	39	365
36	温州卡罗尔鞋业有限公司	张万友	鞋	50	370
37	温州华迪轧钢有限公司	项光春	不锈钢	83	373
38	温州金鑫生化阀门有限公司	涂志金	阀门	50	377
39	温州锦杰鞋业有限公司	祝庆杰	鞋	200	379
40	浙江南王鞋业有限公司	张孝来	鞋	300	383
41	浙江应升不锈钢有限公司	邹赛赛	不锈钢	29	390
42	温州市龙菲尔布业有限公司	陈学塘	布	58	395
43	温州振鹏不锈钢有限公司	陈其云	不锈钢	30	400
44	温州市红尔康鞋业有限公司	韩士武	鞋	105	414
45	浙江亿都鞋业有限公司	周崇光	鞋	30	417
46	温州顺尔达管件设备有限公司	陈红翠	金属	20	431
47	温州中环水务有限公司	陈远明	污水处理		457
48	温州市精华钢管有限公司	潘启旺	不锈钢	30	467
49	温州市龙湾丰达钢管厂	张维岳	不锈钢	21	471
50	温州豪顺来人造革有限公司	姜扬敏	皮革	42	475
51	温州市龙湾舒尔康鞋业有限公司	王展飞	鞋	204	481
52	温州市中力阀门有限公司	张忠巧	阀门	856	513
53	温州市宝得利皮革有限公司	鲍忠龙	皮革	87	527
54	温州市龙湾南洋钢管厂	陈时清	不锈钢	16	535
55	浙江维兰特流体科技有限公司	孙建维	阀门	28	536
56	温州市林杰鞋业有限公司	孙先旺	鞋	60	548
57	温州市聚泰不锈钢有限公司	姜振青	不锈钢	17	559
58	温州市龙湾三祥皮革有限公司	郑祥聪	皮革	54	562
59	温州市龙湾金豹鞋业有限公司	姜宝来	鞋	15	588
60	温州市汇丰人造革有限公司	范云标	皮革	47	597
61	温州华正钢管制造有限公司	张兴华	不锈钢	30	616
62	温州高远钢管制造有限公司	姜建斌	不锈钢	16	641
63	温州华杨钢管有限公司	张崇卓	不锈钢	30	645
64	温州市宝达利皮革有限公司	王宝福	皮革	76	654
65	浙江足福鞋业有限公司	王国香	鞋	45	655

续表1：

序号	企业名称	负责人	主要产品	员工数量	全区排名
66	温州市新章金属有限公司	李新章	金属	16	665
67	温州市天科伸源工业有限公司	朱玉莲	摩托车配件	50	672
68	温州市龙湾鸿波铜材制品有限公司	王国波	铜	24	674
69	温州银山钢管有限公司	孔祥标	不锈钢	45	709
70	温州市百好钢管厂	姜　迁	不锈钢	20	715
71	浙江海一角装潢家私有限公司	孙士明	家具	170	766
72	温州市丰原皮件实业有限公司	黄贤清	皮件	131	789
73	浙江海一阀门有限公司	方德芬	阀门	50	791
74	温州市龙湾吉利达鞋业有限公司	张成武	皮鞋、运动鞋	88	792
75	浙江丰业集团温州高中压阀门厂	郑福田	阀门	35	793
76	温州佳利达人造革有限公司	郑少珍	皮革	11	796
77	温州市金汇不锈钢制造有限公司	陈国美	不锈钢	47	811
78	温州良钢管件阀业有限公司	陈文良	阀门	65	813
79	浙江裕隆化纤有限公司	孙士明	无纺布	35	

【海滨街道2010年大事记】

1月28日　街道禁毒宣传首站在温州卡罗尔鞋业有限公司举行，共计200余人参加。

2月17日　蓝田村举办大型春节龙灯巡游活动。

3月3日　街道妇联举行庆祝“三八国际劳动妇女节”100周年暨“相约春天共庆百年盛典”大型文艺演出活动。

3月17日　街道2010年度工作会议召开。

4月20日　街道召开第一届议政会第二次会议。

4月29日　区农林局在街道召开龙湾区水稻机械化插秧现场会。

5月27日　街道办事处组织防汛抗台模拟演练。

6月11日　街道办事处开展大型拆违行动。

7月1日　街道党工委举行庆祝中国共产党成立89周年红色经典诗歌朗诵比赛。

8月4日　龙湾区组织工作恳谈会在海滨街道召开。

9月3日　街道办事处对辖区内教新村堤塘边的3处隐蔽的非法牛皮转鼓加工点进行打击取缔。

10月21日　街道办事处在沙中村老人文化乐园举行“唱和谐、庆重阳”文体演出活动。

10月26日　全区团干部读书会暨第四季度基层团委书记例会在海滨街道召开。

11月4日　街道满意不满意基层站所评议会议召开。

12月16日　区人大代表、议政会成员视察重点工程建设。

12月31日　街道2010年度领导班子述职述廉大会召开。

永兴街道

【概况】　永兴街道位于温州市东部沿海平原，东临东海，南连沙城镇，西与永中街道接壤，北邻海滨街道。“永兴”以明代抗倭军事设施“永兴堡”得名。街道总面积31.68平方公里，下辖14个村、1个居委会，户籍人口36362人。2010年，全街道实现工业总产值28.35亿元，农业总产值6183万元，外贸出口交货值1.15亿元，财政收入10076万元，农民人均纯收15970元。

永兴历史悠久，自然条件优越，文化底蕴深厚。30多年的改革开放，使永兴街道的各项事业得到长足发展。工业经济稳步增长，形成阀门、鞋革、管件、铸造、五金、电器等六大主导行业。效益农业发展步伐加快，形成粮食、蔬菜、畜牧三大基地，建有733.33公顷粮食生产示范园区、133.33公顷蔬菜生产基地和13.33公顷畜牧示范基地。商业构成以超市、大型农贸市场为中心的一系列商业网点。道路交通设施日益完善，永强大道、滨海大道穿境而过，纪兴路、永裕路、康宁路全面贯通，道路交通形成“五纵四横”格局。基础设施不断完善，街道面貌日新月异，居住环境逐步改善。教育事业成绩显著，从永兴起步的教授级学者多达40余人，街道内建有百年老校——永兴第一小学（原罗山书院）。

【永兴经济建设】　2010年，永兴街道办事处落实早稻播种面积453.33公顷，产量5300余吨；晚稻500公顷，产量9500吨，完成区年初下达的粮食生产任务。加速推进五溪蔬菜基地建设，一期建成投入使用，二期完成图纸设计。引导企业重视科技投入和自主创新，不断提高综合竞争力。全年AC认证1家，申请技术改造企业1家，申请科技项目6家。第三产业平稳增长，全年实现社会消费品零售额1.30亿元，比上年增长12.6%。街道有法人单位68家、个体户1552家，“诚信企业、区知名企业”3家，“千镇连锁超市，万村放心店”11家。

【永兴城市化建设】　2010年，永兴街道办事处完成通海大道、永兴一小等工

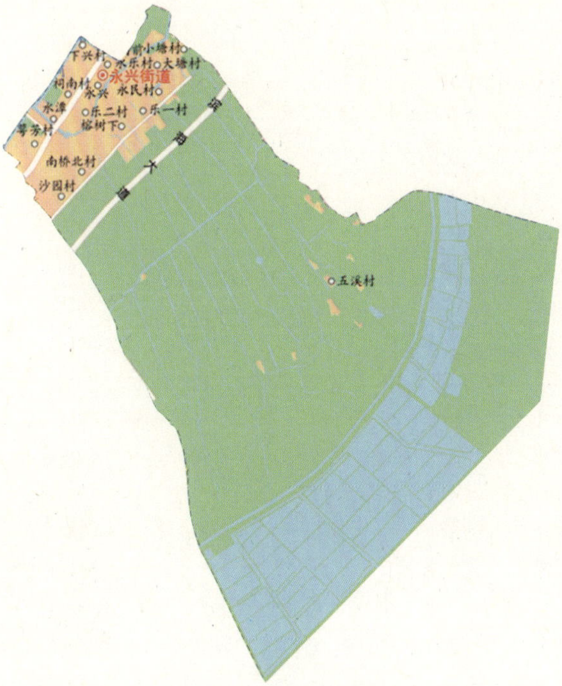

图102：永兴街道政区图

程的征地任务，围垦路一期工程实现通车，永裕路卡口建设进场施工。五溪村搬迁工程稳步推进，完成旧房丈量、面积确认、安置实施细则出台、安置控规方案审批及一期6.4公顷土地征用手续办理。东片防洪一期工程3号桥完成40%的工程量，4号桥完成矿渣填培。全部启动14个村支管工程建设，7个村支管工程已全部完成。完成小塘村等4个村的河岸驳坎工程。上河儿景观工程完成70%的工程量，大塘村、水潭村河岸驳坎工程完成工程量90%以上。乐一、大塘、祠南村庄整治通过验收，水潭村启动文明村创建，南桥北村、小塘村小游园建设完成初步设计。强化街道周边环境的综合治理，共发动170人次，清理垃圾18000余吨。加强违章建筑整治，共拆除面积达43000平方米左右。组织1000余人，对沙园、萼芳村的老人协会近3000平方米的违章建筑进行强制拆除。

【平安永兴建设】 2010年，永兴街道办事处开展平安建设，治安环境趋于平稳。全年没有发生一起凶杀案，两抢发案比上年下降31%，入室盗窃发案比上年下降28%。开展毒情大排查和禁种铲毒活动，查处吸毒人员60名，强戒19名，缴获毒品700克。加强对出租房的消防安全监管，专题推出挂牌整治活动。“网格化管理、心连心服务”工作取得有效进展，各网格进行基础信息采集登记累计3000余户。全年排查矛盾纠纷123起，调解121起，化解不稳定因素4起，完成康三村李福采建房纠纷的调处。成功处理市级垃圾填埋场进场、沙园村因移民征地在市政府闹事上访等重点上访案件的化解。完成世博安保工作，世博会期间没有发生“进京赴沪”上访事件。

【永兴民生事业】 2010年，永兴街道办事处不断深化社会保障事业建设。新型农村合作医疗参保29469人，参保率100%；全年累计报销13532人次，报销费用564.3万元。养老保险参保率71%，医疗保险、政策性住房保险等社会保障事业日趋完善。开展社会救助工作，全年共发放低保补助金31.6万元。规范管理老人协会，各村的老年人协会组织建设均达规范化要求。人口计划生育工作扎实开展，计生符合率达82%；出生人口男女性别比122：100；征收211例计划外生育对象，征收金额887.54万元。开展迎中秋——永兴鼓板亭展示、金秋和谐文化乡村行等主题活动，传统文化得到宣传光大。

【永兴廉政建设】 2010年，永兴街道党工委制订《2010年党风廉政建设和反腐败工作的组织领导和责任分工》，明确分管领导实行“一岗双责”制。加强公款旅游管理，纠正一起未按审批规定超标准学习考察活动。开展为期1个月的“学准则、见行动”专项自查自纠活动，对违反廉政准则行为的问题进行全面清查。加强对建筑工程项目的监督管理，全年共节省资金78万元，节约率为10.9%。推行村级党风廉政建设“评星晋级”考核机制，实行动态管理。全年受理群众信访6件，回复6件。对2名违纪党员作出处分，其中1人开除党籍，1人被党内警告；对3名轻微违纪的党员干部进行诫勉谈话。

【永兴党的建设】 2010年，永兴街道党工委完成村级班子及成员满意度调查和村级后备干部公开选拔工作，完成14个村支部换届选举。开展示范村创建、后进村整治转化和以“双争一满意”为主要内容的“创先争优”活动。深入开展学习型党组织建设，特别是党支部书记讲党课形成良好的学习和争优的氛围，街道被区评为组织奖。开展中层竞岗全员聘用工作，调动干部的积极性。建立干部个人目标责任制，细化街道机关干部年度岗位目标，实行任务包干。全年发展党员60名，党员转正58名，新创建一个非公企业浙江爱美佳鞋业有限公司党支部。

图103：2月19日，永兴街道开展群众文化巡游活动。（永兴街道办事处供稿）

表89：永兴街道建制村（居委会）数据库

村（居）名	党支部书记			村民委员会主任				户数（户）	人口（人）
	姓名	出生年月	文化程度	姓名	出生年月	文化程度	是否党员		
沙园村	王国强	1972年9月	高中	章显聪	1974年3月	高中	否	716	3311
南桥北村	王进文	1973年2月	高中	季文聪	1967年2月	高中	否	510	2322
葶芳村	张爱和	1966年11月	中专	方岩辉	1967年6月	高中	否	864	3932
榕树下村	张永生	1968年10月	高中	张　混	1971年8月	初中	是	462	1940
祠南村	张　强	1974年3月	大专	张福麒	1968年6月	高中	否	622	2888
乐一村	张以斌	1975年7月	高中	张积龙	1967年10月	中专	是	589	2595
乐二村	张崇禹	1964年2月	高中	张崇来	1965年5月	大专	是	584	2658
永乐村	季克洪	1958年3月	大专	季昌业	1959年1月	小学	是	611	2641
永民村	潘国光	1964年11月	大专	方中秋	1985年9月	高中	否	580	2584
大塘村	范茂争	1967年11月	初中	范进来	1977年10月	中专	是	416	1844
小塘村	王建林	1974年9月	高中	王良武	1974年2月	高中	否	290	1328
下兴村	孔祥洪	1963年7月	初中	张积信	1966年8月	高中	是	508	1163
五溪村	林运福	1962年7月	大专	施昌孟	1977年12月	高中	否	730	3244
水潭村	王立珍	1972年1月	高中	叶　俭	1972年9月	高中	是	284	2068
居委会								576	1017

表90：永兴街道基本情况数据库

项　目	单　位	合　计
总面积	平方公里	31.68
耕地面积	公顷	1733.33
养殖面积	公顷	33.78
建制村	个	14
居委会	个	1
户籍人口	人	36362
外来人口	人	25279
农业产值	万元	6183
工业产值	亿元	28.35
财政收入	万元	10076
农民人均纯收入	元	15970
街道主要领导一览（表）		
党工委书记	人大工委主席	办事处主任
章魁洪	孙永友	上官光架
街道机构一览（表）		
机构设置	纪工委、人武部、工会工委、妇联、团工委、党政综合办公室、财政与经济发展办公室、农业综合服务站、社会事务办公室、计划生育办公室、政法综合办公室、城镇建设管理办公室。	
编制状况	行政编制29人、事业编制37人，年底在岗总人数66人。	

表91：永兴街道2010年规模以上企业

序号	企业名称	负责人	主要产品	员工（人）	全区排名
1	凯喜姆阀门有限公司	章成忠	阀门	315	35
2	温州市豪来邦皮革有限公司	张德飞	皮鞋	168	86

续表：

序号	企业名称	负责人	主要产品	员工（人）	全区排名
3	浙江生贵阀门有限公司	方建生	阀门	135	87
4	温州市石化机械阀门厂	王忠芳	阀门	102	111
5	温州市卓越金属有限公司	王文国	不锈钢管等	100	127
6	浙江埃尼斯阀门有限公司	黄光文	各种阀门	115	162
7	浙江维都利阀门制造有限公司	夏成锐	球阀、蝶阀等	62	180
8	温州市东城铜带厂	张光荣	金属、五金	65	194
9	温州市博凡实业有限公司	陈贤德	钢带	40	200
10	温州正原人造革有限公司	王春华	人造革	76	234
11	温州市铜带厂	林善珍	铜材	49	293
12	浙江万强法兰有限公司	张崇尧	不锈钢法兰、管件	50	309
13	浙江双力管件制造厂	张玉燕	阀门、法兰	65	313
14	温州市蓝天自动化阀门厂	王建隆	高中压阀门	123	330
15	浙江特一阀门有限公司	王运辉	排水阀门	40	346
16	温州市鑫光机械有限公司	方培巧	印刷装订设备	59	348
17	温州杰德管业有限公司	夏崇桥	管道配件、法兰		397
18	浙江储信管业有限公司	张积储	法兰、法兰盘	63	398
19	温州市蓝天汽车门窗机械有限公司	麻克华	汽车配件	38	428
20	温州市方顿仪表阀门制造有限公司	张　锦	阀门制造	35	432
21	温州市盛达人造革有限公司	李日锋	人造革	40	456
22	温州市华海密封件有限公司	张　勇	金属垫及非金属类	51	461
23	温州市万隆阀门铸造有限公司	季岳昌	球阀、闸阀等	51	483

【永兴街道2010年大事记】

3月1日　永兴街道2010年度工作会议召开。

3月3日　街道办事处在区文化中心召开庆祝"三八"国际劳动妇女节100周年表彰大会暨"百年庆典欢乐颂 四自女性风采扬"文艺汇演。

3月10日　区人大常委会副主任殷国兴、副区长黄阳栩视察永兴农业示范区。

3月24日　街道第一届议政会第一次会议召开。区人大常委会副主任殷国兴为永兴街道议政会授牌。

5月6日　市交通局局长朱铁山一行在副区长张光羽、市派驻龙湾组组长、市教育局副局长张志宏等陪同下，到五溪村、沙园村进行调研。

5月20日　由龙湾区19家阀门企业整合组建的凯喜姆科技集团股份有限公司正式挂牌成立。

5月28日　区委书记王祖焕在永兴街道召集专题会议研究推进五大重点工程工作。区委常委、常务副区长王爱光，副区长卢剑平、黄阳栩和相关镇（街道）、职能部门负责人参加会议。

6月23日　区委常委、区纪委书记胡晓东看望街道部分老党员和困难党员。

7月29日　区委书记王祖焕、区纪委书记胡晓东、副区长方志方到街道督查指导人口计生工作。

7月30日　街道党工委召开推行"四议两公开"工作法动员大会。

8月11日　市规划局局长谢作雄、副局长徐少云一行到永兴街道就塘河治理和城市化建设过程中遇到的有关规划问题进行协调解决。

9月21日　街道举办以保护非物质文化遗产为主题的"迎中秋·庆国庆——永兴鼓板亭音乐展示"活动。

11月25日　龙湾区"学比赶超"视察组到永兴实地察看工程项目。

12月3日　全区"围垦杯"法律知识竞赛举办。永兴街道代表队以210分的总成绩夺得第二名。

海城街道

【概况】　海城街道位于龙湾区南部，其东南濒海，西南与瑞安接壤，北与天河镇相连，前属瑞安市原称梅头镇，今属龙湾区，改称海城街道。街道总面积14.7平方公里，辖10个村，户籍人口31916人。2010年，全街道完成工业产值66.27亿元，财政收入17426万元，农民人均纯收入13379元。海城经济综合实力位居龙湾区前茅，在"温州市乡镇（街道）综合实力30强镇"中，排名第23位。

海城历史悠久，因境内有一山名梅屿，山上遍植梅树，故旧称梅头，2001年改为海城。境内有海岸线4.5公里，占地666.67公顷的丁山一期围垦工程已竣工。西、北有塘梅公路和罗梅公路均与104国道线连接，东有龙瑞大道和滨海大道与南面飞云江三桥连接，构成四通八达的交通网。改革开放后，海城经济

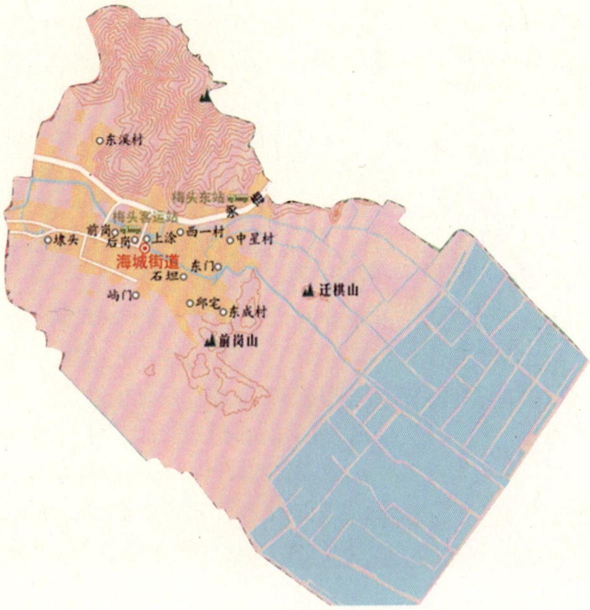

图104：海城街道政区图

得到快速发展。形成水暖洁具、民用电器、五金标准件、石化仪表、塑料化工等五大支柱产业。海城是全国三大水暖洁具生产基地之一，2004年2月被中国建筑卫生陶瓷协会授予“中国五金洁具之都”称号。2010年，浙江水暖洁具工业园区继续投资3亿余元（其中电镀中心2.2亿元），园区规模基本形成。海城农业产业结构不断优化，建有农业示范园区、水产养殖、蛋鸭养殖和杜仲药材种植四大农业生产基地，形成数家农业龙头企业和一大批农业拳头产品。自然景观有眠牛、长蛇、老鼠、象鼻等梅岗八大景，历史上有数位文人骚客赋诗赞颂。丁山围垦标准堤塘是休闲观潮的好去处。

【海城农业】 2010年，海城街道办事处为促进农业生产，加快改善农业基础设施。投入50万元，对邱宅村的机埠和三面光渠道、屿门三面光渠道、东门村三面光渠道和东溪村灌溉暗渠进行修复和建造。投入70万元，对中星下垟河、石坦段梅头浦、屿门段梅头浦等3条河道进行全面疏浚。投入200万元对中心河、邱宅村艇沥、屿门村下垟河、埭头村新开河河道进行疏浚，拆除东门浦上的围堰和卡口，全面提高防洪防汛能力。完成街道和10个村的抗台防汛体系建设，各村均配备必要的防汛物资。全年早稻种植面积186.67顷，晚稻种植面积306.67公顷；粮食单产396.40公斤，总产2874.30吨；生猪出栏6009头、羊出栏44头、家禽出栏95500羽。水产捕捞鱼类255吨，甲壳类30吨；咸水养殖鱼类55吨，甲壳类2吨；淡水养殖鱼类45吨，甲壳类5吨。造林19.5公顷，育苗新增面积120公顷；零星植树2000株，迹地更新面积291公顷；幼林抚育面积138.7公顷。环眠牛山、农田林网、塘河沿线、罗梅大道新植树木7000株，面积约7.67公顷。

【海城工业】 2010，海城街道有民营企业495家、个体企业2773家。2000万元以上规模企业58家，超亿元以上企业有8家。全年规模以上企业实现工业产值39.79亿元，工业性投资2.69亿元，规模以上工业企业销售产值37.37亿元，产售率达94%。推进工业基地和项目建设，基地准入园企业24家，其中22家企业已入园开工生产。占地8.2公顷的电镀中心的28家企业厂房建设基本进入结顶阶段，水暖基地标准厂房建设全面启动。中星村2.27公顷，小企业标准厂房建设手续已办理，部分企业于12月进场开工；埭头村7公顷拆违后的土地，完成标准厂房农转用报征工作。帮持企业做好技术和科技创新，设备投资3000万元。推进品牌创建，认定区名牌商标4枚。累计2家企业获中国驰名商标，5家企业获省级著名商标，6家企业获市级知名商标，12家企业获区级名牌商标。推进二产留地开发建设，不断壮大村级集体经济。

【海城基础设施建设】 2010年，街道办公楼建设工程完成装修，于9月27日搬迁。截污纳管后续施工的管网一期工程、水暖洁具生产基地截污纳管工程、管网二期二标工程相继通过竣工验收，续建截污纳管二期一标工程，全街道已入户纳管累计完成4500户。引导中星村灯桥巷、邱宅村海滨路、东门村下潭河北岸、屿门村海川路等路段实行团块开发建设。永梅大道进场施工，岩头桥、牌坊桥启动招投标前期工作，环山道路完成水泥路面浇灌和路灯工程。陆续开工建设石坦、屿门、东门、上涂等村4个休闲文化公园。

【海城环境治理】 2010年，海城街道办事处狠抓街容村貌综合整治。对东门、石坦、屿门和上涂4村的废弃地转废为绿，启动4个小游园和1个大公园建设，建设面积12公顷。联合规划、土地、电力、执法中队等职能部门，对上涂村街心公园所在地的违章建筑进行拆除。埭头工业园区新建公厕1座、翻新公厕2座，新建1座日处理垃圾30吨的垃圾中转站。清理垃圾死角62起，清运垃圾2.27吨。加大道路保洁力度，将各村的主要道路纳入市场化清扫保洁。加强宣传，悬挂保护环境卫生宣传横幅52条，出动宣传车68次。

【平安海城建设】 2010年，海城街道办事处投入政法综治资金205万元，以“平安海城”建设为主线，开展“基层基础规范化建设年”活动。全年共受理涉诉涉访案19起，成功办理17起；排查调处各类矛盾纠纷246件，调解成功238件，成功率达到96.7%；涉案金额274.6万元。突出社会治安大整治，全年刑事发案608起，“两抢”发案34起，入室盗窃发案133起。加大对严重暴力性案件的专案攻坚，全年移送起诉163件，完成率149.9%。创建“无毒社区”，查处吸毒人员64人。各村逐步推广应用“平安联防”平台，提高群防群治能力。85%的规模企业安装安保视频装置，公安派出所为86家规模企业免费统一配备呼叫机，加入治安联防呼叫平台，实现企业治安联保网络大覆盖。开展校园周边治安环境专项整治，对全辖区23所学校进行地毯式安保大检查。开展民主法制村创建，东门村创建成市级民主法制村。全街道现有区级民主法制村7个、市级民主法制村2个。

【海城安全生产】 2010年，海城街道办事处狠抓安全生产管理，定期、不定期开展安全生产大检查。街道办与辖区内10个村、770余家企业和个体户签订安全生产目标管理责任书，完善安全生产综合目标管理考核细则。建立“三大员”制度，各村和企事业单位配备一名安全生产工作专职人员，每个车间设一名安全生产监督员。开展抛光加工单位安全生产专项整治，取缔安全隐患严重的无证无照抛光加工企业65家，为强制整改停电停水121家，限期整改完成企业125家。开展机械制造行业安全生产隐患排查治理，排查涉及机械设备使用单位267家，查出安全隐患1490条，整改1212条，其中对东城村4台无证非法机械设备进行强制拆除。抓好危险化学品隐患检查整治，严格实行购买实名登记制度。开展消防安全大检查，排查整改359家企业，其中重点隐患企业3家。发放消防宣传资料3000份，下达整改通知321份。完善街道10个村、658家生产性企业和69家商贸单位的信息化动态管理，对生产企业以A、B、C、D四类型重新评分分类管理。

【海城社会事务】 2010年，海城街道办事处做好低保对象的动态调整，新增低保13户，取消低保3户。全年发放低保金667908元；临时救助28人次，发放救助金61700元。完成年度困难群众危房改造13户，发放危改补贴资金23.5万元。开展机关“慈善一日捐”工作，全年募得善款100余万元。设立村级慈善工作站，扩大慈善覆盖面。实施残疾人安居工程，9名重度残疾人送进抚养机构，16名生活不能自理的重度残疾人组织居家安养。完成10个村的三资清产，推进各村社区服务中心创建，完成东成、东门、东溪3个村的社区服务中心创建工作。中星村老年之家完成验收，基本完成老年协会规模建设。完成海城中学二期0.62公顷征地工作，并建成3550平方米的综合教学楼。海城中学和海城第一小学共用塑胶操场开始招投标，完成海城第二小学的校园绿化和维护工程。启动中心卫生院新院建设工程和旧院部分建筑危房改造工程，新型农村合作医疗养合率为100%。开展温州市文化示范村创业，建成东溪、上涂2个村农家书屋各1个。举办已停办57年的梅头民间庙会文化艺术活动。建成室外健身苑点14个和室内健身苑点4个。落实“十小”行业整规工作，建设1条示范街与10个示范点，通过市、区验收。

【海城计生】 2010年，海城街道办事处通过强化基层基础，较好地完成区下达的计划生育各项指标任务。全年出生354人，计生符合率84.4%；身孕信息掌握率95.8%；出生人口男女性别比125：100。社会抚养费当年应征收82人，已征59例；征收额336.28万元，例数兑现率86.8%、金额兑现率为50.2%；往年应征收129人，已征收53例；例数兑现率53.54%，完成1例高额征收41万元。

【海城工青妇工作】 2010年，海城街道办事处抓好规模以上非公有制企业的工会组建，新建独立工会8家，新增会员393人，工会组建总数达到73家。开展“活力和谐企业”、“劳动关系和谐企业”创建，温州鸿升集团有限公司、浙江明泰标准件有限公司分别获市、区两级“活力和谐企业”、“劳动关系和谐企业”称号。已建工会企业中，集体合同与工资合同签订率100%。建立三方协调机制，加大调处力度，全年受理案件244件，调解207件，结案率达84.8%。结合“青年文明号”和“青年岗位能手”活动，开展职业道德和岗位责任教育，加强团组织建设，发展新团员100余名。做好推进优秀团入党工作，全年“推优入党”人数8人。全街道机关、各村、企事业单位共有团支部36个，团员1200名。组织2568名妇女参加海城卫生中心免费体检。“三八”前夕慰问34名妇女干部，发慰问金6800元。接待妇女来访9起，通过上门走访，使矛盾消化在萌芽状态，促进家庭和谐和社会稳定。

【海城基层组织建设】 2010年，海城街道党工委贯彻落实区委加强农村基层组织建设系列文件精神。开展对“村两委”班子满意度调查，村两委班子满意度在70%～80%的1个村，80%～90%的4个村，90%以上的5个村。加强农村党员干部教育，10个村党支部，3个非公企业党支部和2所学校党支部建立了党员远程教育终端，各村每月观看远程教育不少于17次，集中学习不少于2次。对70家未建党组织的非公企业的党员、生产情况进行调查，筛选出5家有一定知名度和影响力的未建党组织的非公企业，作为重点组建对象，强化非公企业党建工作开展。全街道有党支部37个，其中非公企业支部14个，有党员1347名。

表92： 海城街道建制村数据库

村名	党支部书记			村民委员会主任				户数(户)	人口(人)
	姓名	出生年月	文化程度	姓名	出生年月	文化程度	是否党员		
上涂村	朱中裕	1973年7月	高中	沈良荣	1968年3月	初中	否	800	3472
中星村	林道光	1970年12月	大专	徐祥林	1975年1月	初中	否	933	3982
屿门村	涂晓忠	1977年1月	高中	涂秀青	1965年7月	初中	否	742	3332
东门村	王建平	1969年10月	大专	钱国仁	1967年6月	初中	否	608	2618
埭头村	张式东	1965年9月	高中	张永贤	1968年4月	高中	否	981	4256

续表：海城街道基本情况数据库

村名	党支部书记			村民委员会主任				户数(户)	人口(人)
	姓名	出生年月	文化程度	姓名	出生年月	文化程度	是否党员		
西一村	高岩国	1953年8月	初中	李启开	1964年10月	初中	否	1068	4511
石坦村	涂永明	1965年7月	高中	涂圣孟	1981年11月	初中	否	709	3138
东成村	孟邦东	1955年12月	高中	孟月玲	1968年3月	高中	否	207	877
东溪村	董国权	1969年1月	高中	姜金国	1979年5月	高中	否	475	2061
邱宅村	何志海	1969年1月	初中	何献康	1952年1月	初中	否	875	3802
其他集体户								5	75

表93：海城街道基本情况数据库

项目	单位	合计
总面积	平方公里	14.7
种植面积	公顷	924
建制村	个	10
户籍人口	人	31916
外来人口	人	27332
农业产值	万元	5133
工业产值	亿元	66.27
财政收入	万元	17426
农民人均纯收入	元	13379

街道主要领导一览（表）

党工委书记	人大工委主任	办事处主任
郑　华（~2010-11） 孔令敏（2010-11~）	曹利民	潘国华

街道机构一览（表）

机构设置	纪工委、人武部、工会工委、妇联、团工委、党政综合办公室、社会事务办公室、城镇管理办公室、财政与经济发展办公室、计划生育办公室。
编制状况	行政编制28人，事业编制数37人；全年新录用4人，调入2人，调出3人；年底在岗总人数60人。

表94：海城街道2010年规模以上企业

序号	企业名称	负责人	主要产品	员工（人）	全区排名
1	温州鑫雅精细化工有限公司	邱上洪	有机颜料1404B\1138\1214\1272等	156	11
2	温州鸿升集团有限公司	管鸿升	水龙头、卫浴五金件	798	13
3	浙江明泰标准件有限公司	陈金明	标准件	488	22
4	温州市海霸洁具有限公司	邱建春	水龙头及卫生洁具	558	39
5	温州意得利洁具有限公司	张　平	卫浴挂件\水龙头\玻璃台盆等	328	81
6	浙江裕泰紧固件制造有限公司	沈永瑞	开型件、冲压件、汽车高强度标准件	187	85
7	温州海米特集团有限公司	章联华	工业自动仪表、化工设备、水暖洁具	80	96
8	温州市尖端标准件有限公司	涂其华	标准件	70	114
9	温州立新水暖器材有限公司	宋新国	水龙头、水暖器材、五金冲件	126	122
10	温州华远汽车零部件有限公司	姜友斐	汽车零部件	100	128
11	浙江利尼斯洁具有限公司	涂克者	水暖洁具、五金	212	146
12	温州国大标准件有限公司	涂开存	标准件	123	151

续表1：

序号	企业名称	负责人	主要产品	员工（人）	全区排名
13	浙江高朗卫浴有限公司	王仁龙	水暖洁具、五金	160	152
14	浙江奥标车辆部件有限公司	涂元国	标准件	45	158
15	温州市三喜车业部件有限公司	刘兴国	火花塞等	75	160
16	温州精艺洁具有限公司	陈江山	水龙头	217	167
17	松日电气有限公司	陈春华	高低电压器 电器配件 电线电缆	297	170
18	温州市乐家五金制品有限公司	胡时华	五金挂件	82	190
19	温州市亿达标准件有限公司	宋玉水	各类标准件、非标准紧固件	90	196
20	浙江盛诺紧固件有限公司	姜金国	标准件	70	199
21	温州市富奥洁具有限公司	周良洪	五金配件\水暖器材\卫生洁具	105	222
22	浙江海欣五金制品有限公司	管鸿良	水龙头、不锈钢制品	150	233
23	浙江海士洁具有限公司	邱小洁	卫生洁具、水暖器材、机械阀门、五金等	210	236
24	温州明亿汽车部件有限公司	姜金财	标准件	73	247
25	温州市力航汽车标准件厂	涂志钢	标准件	75	264
26	温州市长江标准件有限公司	涂忠武	汽气紧固件、汽车配件	46	268
27	温州市红阳汽车部件有限公司	陈仁斌	汽车部件	50	271
28	温州市意利洁具有限公司	何云水	水暖洁具	108	283
29	浙江摩玛利洁具有限公司	涂元进	水龙头、卫生洁具	189	284
30	温州市华族卫浴有限公司	董德鸿	水暖器材	48	285
31	浙江中克家居用品有限公司	张权江	毛巾架等	158	297
32	浙江申红达卫浴有限公司	陈绍基	水暖器材卫生洁具五金配件	230	308
33	浙江华朗洁具有限公司	李晓华	水暖器材	140	321
34	浙江龙胜电器有限公司	张尧弟	电器类开关\插座\浴霸\换气扇	240	324
35	温州四维卫浴有限公司	涂思联	卫生卫浴	66	325
36	温州亿隆金属制造有限公司	钟红叶	洁具配件	30	334
37	温州市星火标准件厂	沈永明	标准件	80	337
38	温州市鑫豹紧固件有限公司	吴光明	标准件	28	352
39	浙江联合标准件制造有限公司	钱秀平	标准紧固件、五金制品、汽油发电机	62	353
40	温州市三祥电器厂	肖金明	卫浴洁具 卫浴挂件	16	359
41	浙江松洋电工实业有限公司	张式荣	电器开关电器配件水暖器材	108	384
42	浙江凯泰洁具有限公司	钱彦凯	水暖洁具、五金挂件	122	386
43	温州市潜龙洁具有限公司	林道成	水龙头系列	112	399
44	温州宋氏印刷包装有限公司	宋新孝	印刷包装制品、礼盒、彩盒外箱	82	412
45	温州市帆航洁具有限公司	邱昌龙	五金挂件	50	415
46	温州市宋达减震器有限公司	涂光林	摩托车配件 标准件	110	418
47	浙江得士高洁具有限公司	管鸿兴	洁具	122	424
48	温州市一威汽车零部件有限公司	张建波	汽车部件	25	427
49	温州市胜隆标准件制造有限公司	涂力波	标准件	10	429
50	浙江松瑞电器有限公司	邱建旺	墙壁开关	150	436
51	温州华安标准件厂	姜阿碎	标准件	15	437
52	温州市美亚水阀厂	夏明寅	水龙头	48	439
53	温州助力汽车部件有限公司	陈圣良	标准件 非标标准件	39	442
54	温州帝威斯感应洁具有限公司	钱国华	延时闸系列\红外线自动感应洁具	51	460
55	温州市富特标准件有限公司	张永贤	标准件	16	465

续表2：

序号	企业名称	负责人	主要产品	员工（人）	全区排名
56	浙江创新标准件厂	姜瑞登	标准紧固件	63	469
57	温州市鸿图汽车零部件有限公司	张德池	冲压件 标准件	40	470
58	温州市卡路里洁具有限公司	董其松	洁具	57	474
59	温州市维利多洁具有限公司	钱金玉	水龙头洁具	60	505
60	浙江美克通用电器有限公司	姜华林	开关 插座 卫浴 锁具	100	507
61	温州市伟业玻璃洁具有限公司	黄修华	玻璃镜、白盘等	80	521
62	温州万通泵业有限公司	钱志勇	汽配系列		524
63	温州市乐生金属制造有限公司	李联双	不锈钢垫圈	35	530
64	温州市骏马标准件厂	朱邦全	标准件	46	532
65	浙江亿莱达电器有限公司	张成华	电器盒、过路盒 电器配件	82	538
66	温州市申南紧固件有限公司	张光荣	标准件	25	545
67	浙江川野电器有限公司	涂光青	电器天关	178	552
68	温州市万福标准件有限公司	高章龙	标准件	48	571
69	温州市亨威汽车标准件有限公司	张京水	汽车配件	35	573
70	温州市帝驰机电有限公司	姜云林	标准件	31	595
71	温州大通金属制品有限公司	陈德通	紧固件	110	613
72	浙江奇泉电器制造有限公司	胡时新	墙壁开关、室内加热器、换气扇	123	619
73	温州市圣特标准件有限公司	王美福	标准件	100	620
74	温州市志诚水暖器材有限公司	涂志龙	水暖器材	180	632
75	浙江彩霸金属制品有限公司	姜文秀	水龙头	67	638
76	浙江万隆标准件制造公司	王文虎	标准件	38	657
77	温州市多米诺洁具有限公司	黄宪龙	卫浴挂件 卫浴五金	80	659
78	浙江康尔特洁具有限公司	张剑东	水龙头	43	681
79	温州市华滨标准件制造有限公司	李定华	标准件	75	712
80	温州市康威特电器有限公司	何志海	开关 灯座 插头等	32	745
81	温州市盟鑫标准件厂	陈时钱	标准件	150	746
82	温州喜日卫浴制造厂	张晓勇	卫生洁具	16	750
83	温州宇东电器洁具有限公司	何卫星	卫浴	31	759
84	浙江飞迪亚斯电器制造有限公司	林永福	墙壁开关 插座等	102	777
85	温州市奥太五金器材厂	王仁宇	卫浴洁具	6	809

【海城街道2010年大事记】

1月13日　街道办事处联合派出所、消防大队、安监中队、房管所、工商所、电业所、水务公司等单位，对辖区内存在严重消防隐患的81家出租房、三合一企业采取集中强制性断水断电措施。

3月8日　街道禁毒办借助“三八”国际劳动妇女节100周年庆祝大会暨文艺演出活动之机，发起“不让毒品进我家”倡议活动，向现场群众发放《不让毒品进我家倡议书》300余份。

3月13日　金都宾馆一房客（河南固始人）非正常死亡（酒后吐血猝死，经抢救无效）。3月18日，街道人民调解委员会成功调处该案。

4月15日　中星村30余位人员到区信访局（属非正常集体信访）上访，反映该村的水暖工业园区征地费补偿低等问题。

4月16日　在铜盘岛海域附近发生一名船员坠海溺水死亡事故。街道、派出所介入该事故的善后调解工作。

4月20日　街道第一届议政会议第一次会议召开。

4月25日　在海城街道举行已停办57年的梅头民间庙会文化艺术活动。该活动有1000余人参与，参观群众约10000余人，有参演节目39个。

6月23日　副市长黄德康到街道指导检查防汛防灾工作。

6月29日　区委副书记、区政协主席徐国信率督查组到街道督导综治网格化和老人协会规范化建设工作。

7月1日　街道党工委在春晖中学多功能厅召开海城街道庆祝中国共产党成立89周年纪念大会。共有600名党员参加会议，42名新党员举行入党宣誓。

7月6日　东溪金色电镀厂发生一起

员工非正常死亡案。

7月15日　龙湾区历史学会海城分会暨海城历史研究会成立。刘国忠为主任，何建洪为副主任。

8月12日　副区长周慧带队到街道召开区领导包案案件现场协调会。就中星村董裕伍等村民反映88间房屋未能办理房产证的事宜与国土、规划、房管等职能部门进行商议协调。

8月24日　区委副书记徐国信到街道开展计生督查。

8月30日凌晨　西一村环岗北路50号对面一无证抛光生产加工点发生火灾，造成两户个体加工点经济损失近50万元。

9月2日　区委常委、组织部部长阮云富带队督查街道重点工程进展情况。

9月2日　上涂村中学路82号一家庭作坊因电线浸水发生火灾，未造成人员伤亡。

9月6日　邱宅村南垟路一牛场焚烧稻草，引发蜡烛厂火灾。

9月27日　海城街道新办公大楼举行搬迁揭牌仪式。该办公大楼于2008年5月开始动工兴建，占地5403平方米，建筑面积5373平方米，总投资1450余万元。

11月11日　街道安监中队联合环保，工商、供电、派出所等职部门开展非法熔炼企业安全生产专项整治活动，出动执法人员60余人，共取缔非法熔炼企业32家。

12月3日　海城街道代表队参加区司法局、区围垦海涂工程建设指挥部、区普法依法治理领导小组办公室举办的“围垦杯”法律知识竞赛获优胜奖。

12月7日　街道综治办、司法所、团工委及消防专职队联合海城中学开展学习贯彻“12·4”全国法律制宣传暨消防安全教育现场书画比赛。

12月2日　街道党工委召开新任党工委书记欢迎见面会。

12月17日　街道党工委召开村级组织换届选举工作动员大会。

12月22日　区委常委、组织部部长阮云富到街道就村级组织换届选举工作进行调研。

状元镇

【概况】　状元镇位于龙湾区西部，东连瑶溪镇，南与瓯海区接壤，西邻蒲州街道，北濒瓯江。状元镇因镇内有南宋状元赵建大所建状元桥而得名。全镇总面积14.15平方公里，下辖10个村、3个居委会和1个渔业大队，户籍人口28090人。2010年，全镇实现工业产值52.32亿元，第三产业产值29.31亿元，财政收入18123万元，农民人均纯收入13468元。“温州市乡镇（街道）综合实力30强”排名第27位。

状元镇的工业主要以皮鞋、拉链和紧固件三大支柱产业为主，文体用品行业和机械行业也逐渐兴起。近年来，通过实施“质量立镇，名牌兴业”战略，打造一批省、市名牌产品和著名商标。状元镇的农业生产稳步发展。大岙溪杨梅多次获省、市杨梅品评会金奖；响动岩的“黄叶早”茶叶，因色、香、味俱佳而享誉浙南。状元镇区位优越，交通便利。机场大道、瓯海大道、甬台温高速公路、金温铁路穿镇而过，温州大桥南桥头、金温铁路龙湾客货运站场坐落该镇。状元镇历史悠久，文化底蕴深厚，是浙江东海文化明珠、浙江省教育强镇。

【状元经济建设】　2010年，状元镇人民政府克服土地资源紧缺瓶颈，创新工作方法，各项经济指标增速明显。全镇实现工业总产值52.32亿元，工业性固定资产投资1.3亿元；外贸出口总值12718万美元；社会消费品零售总额4.26亿元。推进特色农业无害化、标准化生产和产业化经营，农产品质量得到提高；农民专业合作社健康发展，成功举办第三届杨梅节。第三产业加快发展，成功引进百润投资有限公司，推进沿瓯海大道三产开发用地前期征地工作。

【状元城镇建设】　2010年，状元镇人民政府完成土地利用总体规划修编，状

图105：状元镇政区图

元片区北单元控制性详细规划获市政府批复。全面启动周宅旧村改造，拆迁协议签订率超50%。江滨路状元段建设政策处理取得新突破，110千伏西台变主体工程进展顺利。依法拆除违法建筑5万余平方米，完成率居全区前列。扎实推进塘河整治的5个续建项目，6个新建项目进入实质性施工，开工建设状元公园和街心、响动岩公园。完成龙飞路改建、中华路整治、建成区路灯修复、候车亭建设及石坦排污管网、岩岙生态厕所、邵宅排洪水利工程、兴元路乱点整治、流动摊贩疏导点等工程项目。状元桥危桥改建和御史桥自来水网改造等工程完成前期工作。

【平安状元建设】 2010年，状元镇人民政府开展“重剑”系列消防安全和安全生产整治活动。完善出租房一户一档工作，实行分组划区安全生产监察机制，全力整治出租房和企业安全隐患。十小整规和食品安全监管力度加大，通过省级食品安全示范镇验收。做好人民调解工作，全年共调解纠纷60起。积极构建劳动和谐关系，全年受理解决劳动争议案件180余件。加强社会治安综合治理，依法打击各类违法犯罪行为。积极化解历史遗留问题，全力维护社会稳定，完成世博安保任务。全年没有发生重大安全事故，社会保持和谐稳定。

【状元社会事务】 2010年，状元镇人民政府正式启动状元历史文化研究工作。启动历史文化名镇创建，印发《状元发现》小册子。状元第二小学教学楼工程结顶，省级体育强镇和文明城镇通过复评。完成状元急救分站办公大楼项目前期工作，完成城乡居民养老保险和新型农村合作医疗保险扩面工程。全年累计发放各类救助补助资金190余万元，医保报销350余万元。严格执行社会抚养费征收标准，共征收120例，其中高额征收1例。完成第六次全国人口普查，新建3个社区服务中心，新建6家区级农家书屋，成立龙跃社区。

图106：6月22日，状元镇举行“大胃王”吃杨梅比赛。 （江国荣/摄）

【状元党的建设】 2010年，状元镇党委突出后进村转化和示范村创建两手抓，加强非公企业党组织建设，严格落实党组织和党员承诺制、结对帮扶制，形成浓厚的创先争优氛围。按照“依法换届、和谐选举”原则，开展村级组织换届选举试点。健全党委政府《议事规则》，加强民主集中制建设，切实维护班子团结。完善村级民主议事制度，促进农村党风廉政建设和村民自治。规范村账镇管和工程监管，切实发挥村账代理中心、招投标管理中心和便民服务中心作用。组织实施“转作风 优环境”作风建设年活动，有效促进干部作风转变，提高群众满意度。

表95： 状元镇建制村（居委会）数据库

村（居）名	党支部书记			村民委员会主任				户数	人口
	姓名	出生年月	文化程度	姓名	出生年月	文化程度	是否党员	（户）	（人）
状元桥村	黄武超	1970年2月	高中	张　贤	1967年12月	初中	否	958	3651
横街村	应进光	1968年11月	高中	张秀亮	1968年7月	高中	是	1418	4142
御史桥村	王岳仙	1976年8月	高中	诸松国	1965年1月	高中	是	446	1731
山西岙村	邵云利	1969年2月	初中	虞胜椿	1966年9月	高中	是	368	1371
西台村	张万国	1977年7月	中专	吴亮光	1974年7月	高中	否	283	1101
石坦村	金阳光	1965年10月	初中	张光强	1973年8月	初中	否	634	2341
甘岙村	黄权成	1982年3月	中专	叶忠武	1971年12月	大专	否	78	373
三郎桥村	李永林	1963年3月	高中	李湖东	1975年2月	初中	是	742	3185
大岙溪村	赵崇壁	1971年12月	高中	陈瑞德	1975年2月	初中	否	360	1646
响动岩村	陈国胜	1969年8月	高中	石克新	1965年12月	高中	是	316	1372
龙腾社区	林云华	1963年7月	高中	林云华	1963年7月	高中	是	745	1692
龙跃社区	陈云华	1962年6月	高中	王乐燕	1963年7月	高中	是	1255	3323
龙泽居	林启柳	1952年10月	初中	林启柳	1952年10月	初中	是	97	380
渔业大队	陈松兰	1962年10月	高中					278	1087

表96：状元镇基本情况数据库

项目	单位	合计
总面积	平方公里	14.146
种植面积	公顷	160
建制村	个	10
居委会	个	3
渔业大队	个	1
户籍人口	人	28090
外来人口	人	21605
农业产值	万元	5668
工业产值	亿元	52.32
财政收入	万元	18123
农民人均纯收入	元	13468
镇主要领导一览（表）		
党委书记	人大主席	镇长
余安江	项光平	朱大志
镇机构一览（表）		
机构设置	纪委、组宣、人武部、工会、团委、妇联、党政综合办公室、经济发展办公室、社会事务办公室、计划生育办公室、社会综治办公室、村镇建设管理办公室、重点工程办公室、精神文明办公室。	
编制状况	行政编制24名、事业编制34名；全年调入8名；全年调出2名，在岗总人数为53名。	

表97：状元镇2010年规模以上企业

序号	企业名称	负责人	主要产品	员工（人）	全区排名
1	浙江天龙集团有限公司	陈奎洪	制造体育品	312	10
2	浙江大自然鞋业有限公司	吴显义	皮鞋制造	1725	16
3	三虎混凝土集团有限公司	邵丰华	商品混凝土	117	57
4	浙江金谷鞋业有限公司	陈瑞芬	女式皮鞋加工	400	60
5	浙江剑派鞋业有限公司	瞿承松	皮鞋制造	422	62
6	天龙网球有限公司	陈奎洪	网球系列制造	426	78
7	温州市立信鞋业有限公司	虞胜椿	制造橡胶鞋	502	109
8	温州市先锋标准件有限公司	黄恩华	生产螺丝螺帽	138	115
9	大森鞋业有限公司	陈瑞生	生产皮鞋	850	119
10	温州宏业精机有限公司	张岳恩	生产鞋革机械	191	125
11	温州欣珑鞋业有限公司	陈瑞雪	女鞋生产	418	155
12	温州耐舒康鞋业有限公司	刘建克	皮鞋制造	372	185
13	温州市曙霞包装有限公司	叶美俊	生产印刷制品	105	189
14	温州莎诗特鞋业有限公司	杨丽云	生产皮鞋	114	198
15	温州市龙湾天龙鞋业有限公司	陈　俊	皮鞋制造	238	227
16	温州市龙湾金泰鞋业有限公司	石金松	皮鞋制造	220	228
17	温州市日丰打火机有限公司	黄发静	制造打火机	209	240
18	温州市龙湾宏牛鞋业有限公司	周　研	女皮鞋制造	265	254
19	温州香婕丽鞋业有限公司	季克胜	皮鞋制造	160	280
20	温州市龙湾康利达鞋业公司	朱锦锡	女鞋加工	195	301
21	温州新耐宝鞋业有限公司	黄忠胜	皮鞋生产	115	338

续表：

序号	企业名称	负责人	主要产品	员工（人）	全区排名
22	浙江吉尔康鞋业有限公司	虞建平	皮鞋制造	152	371
23	温州市万达标准件厂	黄建勇	螺帽制造	72	394
24	温州市南亚汽车配件有限公司	木寿金	皮带轮生产	85	404
25	温州市龙湾仁福鞋材料厂	李仁福	鞋底加工	77	420
26	温州新欣拉链有限公司	唐仙云	拉链制造	74	440
27	温州市龙湾耐尔达鞋业有限公司	石金国	生产皮革	68	451
28	温州市龙湾中立皮鞋厂	陈瑞忠	女式皮鞋制造	152	468
29	温州佳艺印务有限公司	王正武	包装装潢印刷	50	484
30	温州市宏泰鞋业有限公司	诸云星	皮鞋制造	42	494
31	温州市龙湾旺利紧固件厂	张建光	紧固件加工	35	506
32	温州市龙湾盛隆标准件有限公司	诸阿对	金属紧固件生产	61	511
33	温州市龙湾兴泰标准件制造有限公司	袁瑞华	金属紧固件生产	40	525
34	温州市百利合鞋业有限公司	黄庆虎	女鞋加工	77	529
35	温州久耐紧固件有限公司	诸彩春	拉丝加工	42	543
36	温州耐斯特鞋业有限公司	唐建平	制造女士皮鞋	85	550
37	温州市布兰妮鞋业有限公司	夏小媚	皮鞋制造	63	551
38	温州盛金紧固件有限公司	王国金	不锈钢标准件加工	28	556
39	温州华固标准件有限公司	黄少华	紧固件加工	35	558
40	温州东日气体有限公司	潘爱云	专项化学用品制造	50	560
41	温州市泰源鞋业有限公司	潘显明	制造皮鞋	71	612
42	温州市金锋机械厂	陈云和	鞋革设备制造	59	635
43	温州远达标准件制造有限公司	邵忠武	紧固件制造	31	651
44	温州凯旋铜材有限公司	谢国恩	铜拉头制造	50	687
45	浙江意泰鞋业有限公司	金贤忠	生产皮鞋	85	694
46	温州市宏顺标准件有限公司	王兴良	不锈钢管拉丝加工	15	716
47	温州市龙湾顺丰拉链厂	唐云华	生产拉链	33	721
48	温州市状元矿山电器厂	缪可生	开关制造	25	729
49	温州市创业标准件有限公司	陈志云	拉丝加工	15	741
50	温州市兴瑞标准件有限公司	潘瑞	紧固件生产	15	753
51	温州市龙湾昌盛紧固件有限公司	潘淑萍	紧固件加工	46	761
52	温州市龙湾吉祥精机厂	陈志祥	拉链设备鞋机设备制造	35	778
53	温州市文宇文具用品有限公司	张西	笔的制造	37	801
54	温州万州包装有限公司	王建光	纸板箱生产	41	829

【状元镇2010年大事记】

1月8日　中共状元镇第十一届代表大会四次会议召开。

1月16日　状元镇第十五届人民代表大会第五次会议召开。会上，补选镇长1名、副镇长2名。

2月1日　全镇经济工作会议召开。

2月11日　大岙溪村开通公交车（84路）。

3月5日　全镇年度工作大会召开。

3月31日　江滨路状元段建设拆迁动员大会召开，标志着政策处理工作进入全面攻坚阶段

4月11日　镇党委组织镇党代表考察新农村建设。

4月15日　镇人大代表考察新农村建设。

4月20日　镇政府举行“护世博、保平安”军警民治安大巡防活动启动仪式。

5月10日　镇政府举行赵建大文化研究座谈会。

5月19日　状元镇杨梅开摘仪式在甘岙村举行。

6月1日　状元居委会办公楼乔迁。

6月22日　状元镇举行第3届杨梅节开幕式。

6月30日　状元镇庆祝中国共产党成立89周年大会召开。

7月27日　状元镇龙跃社区成立。这是状元第二个社区。

8月18日　状元镇周宅地块旧村改建办公室挂牌成立。

8月31日　状元镇代表队参加2010年中国人保——防灾减灾知识竞赛，获浙江赛区选拔赛冠军。

10月15日　龙湾区工商联状元商会第二届第一次会员大会召开，会议选举产生新一届商会理事会。

10月25日　状元镇“六城联创”动员大会召开。

10月25日　急救中心状元分站建设正式挂牌启动。

10月31日　镇政府开展百名干部人口普查“零点行动”，正式拉开第六次全国人口普查序幕。

11月1日　浙江省体育局工作组对状元镇体育强镇进行复评。

11月17日　状元镇共青团第十五次代表会议召开，会议选举产生新一届团委班子。

11月17日　状元镇村级组织换届选举试点工作动员大会召开。在全区率先启动村级组织换届选举工作。

12月9日　状元镇工会第一次全体代表会议召开，成立状元镇总工会。

图107：瑶溪镇政区图

瑶溪镇

【概况】　瑶溪镇位于瓯江下游南岸，东与永中街道、海滨街道相连，南靠大罗山，西南与瓯海区接壤，西邻状元镇，北濒瓯江。瑶溪镇因境内有溪流名为“瑶溪”而得名。全镇总面积24.48平方公里，下辖19个村，户籍人口31647人。2010年，全镇实现工业产值52.08亿元，财政收入44796万元，农民人均纯收入11666元。曾被列为全国“千强”、省“百强”和市“三十强”乡镇。“温州市乡镇（街道）综合实力30强”排名第19位。

瑶溪镇依山傍江。南依大罗山系，既有省级风景名胜区——瑶溪风景区，又有蕴藏丰富、品种优良的花岗岩、陶瓷土等矿产资源。北靠瓯江，海岸线曲折绵长，水流平缓，是天然良港，建有万吨级集装箱码头和化工、煤炭、石油、渔业等多个专用码头。瑶溪镇与温州永强机场近在咫尺，机场大道、瓯海大道、南洋大道贯穿全镇，连接灵昆岛的灵昆大桥是温州半岛工程的主要通道。瑶溪镇是传统的农业大镇。立足于服务城市的城郊型农业，建成一批水产养殖、蔬菜、花卉种植生产基地。瑶溪镇又是新兴的工业强镇。经过三十年发展，已形成皮革、化工、铸造三大支柱产业，企业规模不断提升。瑶溪山清水碧、钟灵毓秀，自然景观和人文景观十分丰富。瑶溪风景区以其别具一格的溪谷风光闻名浙南，素有“溪石皆玉色”之美誉。瑶溪是温州历史文化名镇，明嘉靖内阁首辅张璁、弘治礼部侍郎王瓒等人，或读书或讲学或归隐于此。这里发现的龙岗山新石器时期文化遗址，距今已有四五千年历史。北宋国安寺、明代华阳洞诗碑、半山摩崖题刻等为省、市重点文物保护单位。始建于清光绪九年（1883）的龙湾古炮台，是祖辈们抗击外来侵略者的历史实证，为市级文物保护单位、市级爱国主义教育基地、省级国防教育基地。

【瑶溪经济建设】　2010年，瑶溪镇人民政府深化开展“政企联动，攻坚克难”企业服务年活动。全年规模以上企业实现工业产值38.84亿元，地方财政收入6460万元，工业性投资11728万元，社会消费品零售总额5.69亿元。推进工业项目建设，瑶溪雄心工业区瓯海大道拆迁企业9家，安置面积3.54公顷；全年竣工4家、开工5家。社会化税收征管工作在金岙村完成试点后，在全镇顺利铺开，入库金额74万元。加快发展特色农业，璋川村发展无花果6.67公顷，金岙村引种百香果2.67公顷。全年完成早稻播种面积32.33公顷，晚稻播种面积30公顷，蔬菜播种面积389.33公顷。

【瑶溪城镇建设】　2010年，瑶溪镇人民政府坚持以新农村建设为着眼点，推进城乡基础设施建设。全镇区级以上重点建设项目46项，按照“在建项目抓进度、未开工项目抓动工、建成项目抓投产”的总体要求，完成钟秀园违章企业调查，签订征地协议书，农转用手续完成审批；涉及港区一期技改的9家违章企业全部拆除，其他政策处理也已基本完成；完成电大土地丈量和征地款发放，并举行奠基仪式；中心区南片道路网永中西路、永宁西路等五条道路，已上报征地，并签订补充协议；环山北路完成方案设计。投入资金30万元，完成对龙湾村炮台路、77省道白楼下段立面整治和朱宅村水心街立面整治。完成黄石村、龙湾村、苏川村和河滨村水网改造工程。推进白楼下村等7个村的第二批水网改造工程，已完成水管主管铺设，正进行大面积的户表安装阶段。8个标段的截污纳管工程，已竣工验收6个。截污纳管工程累计完成投资3778万元，完成入户纳管5312户。

【瑶溪环境整治】 2010年，瑶溪镇白楼下河道整治工程已复工，并制订施工计划表，政策处理经费到位50%。启动轮船河、龙湾河（金岙段）、朱宅新河整治工程的前期调查摸底、测算、上报立项等工作。加强对塘河沿线畜禽业整治，已拆除2家。成立义务护河队，宣传教育护河爱河知识。完成泱底和白楼下垃圾中转站改造工程，增加龙瑶景苑和永胜村生态公园绿化面积8880平方米，清理垃圾死角49处，清理垃圾188立方米。对瑶溪风景区，瓯海大道两侧、机场路两侧、南洋大道两侧非法畜牧业养殖点、电大雄心地块、党校地块、77省道底岭下段等处违法建筑进行拆除。全年共组织实施11次大规模集中拆违行动，累计拆除违法建筑10.7万平方米。

【平安瑶溪建设】 2010年，瑶溪镇人民政府认真开展“网格化管理、心连心服务”工作，全镇20个村（居）综治网格化管理实现全覆盖，其中示范村3个、达标村（居）17个。5月21日，全市综治基层基础“网格化管理”现场会代表到朱宅村参观考察。开展治安乱点整治，全年全镇共受理各类案件86件。群体性事件发生率和刑事案件立案数分别比上年下降50.0%和6.9%；生产安全事故起数比上年下降50.0%；信访件和信访人次分别比上年下降24.0%和15.0%。不稳定因素和疑难信访件排查梳理14件，全部进行包案和联动稳控。完善隐患排查治理工作，联合有关部门检查企业、个体工商1356次，发现隐患1587条，整改1498条。组建瑶溪镇专职消防队，7名消防管理员在各村轮流协助村消防管理员开展排查督促整改工作。开展“重剑”系列行动，对全镇5201户进行检查，对存在隐患的1582户出租房根据隐患程度轻重予以分类整改。其中A类出租房374户，已整改370户，整改率98.9%；B类出租房1208户，已整改1167户，整改率96.6%；拆除违章简易棚58处2768平方米，存在隐患的通天房219处，已整改202处，整改率92.2%。

【瑶溪社会事务】 2010年，瑶溪镇人民政府进一步支持教育文化事业的发展。瑶溪第一小学塑胶操场交付使用，通过市级规范化建设验收；瑶溪第六小学土地征用通过市政府批复，瑶溪第三小学综合楼已报区发改局立项。创建老年星光之家7个，完成2010年新型农村合作医疗筹资工作。完成体育强镇和“东海明珠”创建准备，等待市里验收。举办首届全镇农民运动会。完成全国第六次人口普查工作。开展老人协会规范化建设，完成19个村的老人协会在农村合作银行设立账户，实行会长和村委会主任同时签字制度。

【瑶溪计生工作】 2010年，瑶溪镇人民政府全面开展“强基础、破难题、促提高”活动，从根本上扭转瑶溪镇计生工作被动局面。全年全镇出生348人（包括往年补报18人），其中计划内生育303人，计划生育符合率87.1%；出生婴儿男女性别比为118.86：100；落实四项节育手术251例。开展孕育排摸工作，切实掌握育龄妇女的孕情、育情，信息掌握率达91.6%。加大社会抚养费征收力度，实现例数兑现率94.4%，金额兑现率50.9%。

【瑶溪党的建设】 2010年，瑶溪镇党委加强基层党建工作。自觉对照《中国共产党党员领导干部廉洁从政若干准则》开展自查自纠，收到表格97张。开展“珍惜政治生命，确保从政安全”集中教育月活动，排查出岗位廉政风险点5个。在苏川村试点基础上，全面铺开农村三资清产核实工作，全镇20个村（居）全面完成第一阶段工作。开展农村党风廉政建设“评星晋级”创建，3个村申报四星级。深化农村党风廉政建设“示范村”创建，转化瑶溪村和皇岙村2个后进村。开展“四议两公开”工作法，共有13个村破解难题14个。开展“双争一满意”为主要内容的创先争优和学习型党组织创建，完成村级党组织换届选举。加大违纪查处力度，全年处理违纪农村党员10名。严格执行镇招投标中心制度，对9个项目进行公开招投标，预算金额530万元，中标金额456万元，节省余资金74万元。

表98：瑶溪镇建制村（居委会）数据库

村（居）名	党支部书记			村民委员会（居委会）主任				户数	人口
	姓名	出生年月	文化程度	姓名	出生年月	文化程度	是否党员	（户）	（人）
苏川村	方建国	1965年2月	大专	程宗清	1968年8月	大专	是	424	1355
泱底村	叶庆国	1964年5月	高中	叶春财	1976年5月	高中	否	215	833
河口村	黄林锋	1966年6月	大专	黄建勇	1969年11月	高中	否	242	1036
皇岙村	张　义	1975年3月	高中	项公平	1966年12月	初中	是	217	845
南山村	李建海	1979年9月	中专	倪延曙	1965年2月	高中	否	229	929
永胜村	邵崇清	1963年1月	高中	邵建福	1975年5月	高中	是	350	1358
雄心村	邵忠章	1973年11月	高中	邵品华	1966年1月	初中	否	342	1235
瑶溪村	董建龙	1964年7月	大专	董光弟	1968年3月	高中	否	329	1243
璋川村	吴　升	1986年9月	大专	吴贵平	1968年6月	初中	否	123	432

续表:

村（居）名	党支部书记			村民委员会（居委会）主任				户数（户）	人口（人）
	姓名	出生年月	文化程度	姓名	出生年月	文化程度	是否党员		
环一村	蔡正标	1953年9月	大专	蔡学巧	1975年8月	高中	是	428	1757
河滨村	邵春兴	1973年3月	高中	邵云和	1978年11月	高中	是	570	1895
朱宅村	朱进尧	1965年11月	高中	朱际华	1974年2月	高中	是	566	2049
底岭下村	王光明	1967年5月	大专	张崇弟	1952年1月	小学	否	578	2210
白楼下村	杨文华	1960年3月	大专					728	2586
金岙村	林文明	1972年7月	大专	林宝胜	1965年6月	初中	否	693	2705
龙湾村	李成立	1964年12月	大专	邵应魁	1969年1月	初中	否	541	1838
龙东村	黄苏权	1968年7月	大专	潘国胜	1958年2月	高中	是	362	1518
黄山村	林松岳	1962年8月	初中	林汝敏	1963年12月	高中	是	616	2085
黄石村	周巨华	1958年5月	高中	叶增恩	1977年10月	初中	否	724	2827
龙瑶居委会				王建朋	1961年6月	高中	否	1	271

表99：瑶溪镇基本情况数据库

项　目	单位	合　计
总面积	平方公里	24.48
种植面积	公顷	800.26
养殖面积	公顷	80
建制村	个	19
户籍人口	人	31647
外来人口	人	26691
农业产值	万元	7679
工业产值	亿元	52.08
财政收入	万元	44796
农民人均纯收入	元	11666
镇主要领导一览（表）		
党委书记	人大主席	镇　长
南君晓	倪士章（～2010—11） 郭瑞乐（2010—11～）	陈林彬
镇机构一览（表）		
机构设置	纪委、人武部、工会工委、妇联、团委、党政办公室、财政与经济发展办公室、社会事务办公室、计划生育办公室、政法综合办公室、城镇建设管理办公室。	
编制状况	行政编制29人、事业编制39人，年底在岗总人数69人。	

表100：瑶溪镇2010年规模以上企业

序号	企业名称	负责人	主要产品	员工（人）	全区排名
1	浙江格林兰印染有限公司	张国林	印　染	343	14
2	温州强利人造革有限公司	叶笃珍	合成革	379	32
3	浙江一帆化工有限公司	吴正绍	化　工	215	38
4	温州环球合成革有限公司	孙　坚	合成革	337	43
5	温州金万利皮革有限公司	王建义	合成革	255	52
6	温州市华泰皮革有限公司	黄益弟	合成革	176	56
7	温州市国泰合成革有限公司	谢巨亮	合成革	223	64

续表1:

序号	企业名称	负责人	主要产品	员工（人）	全区排名
8	温州新华迪合成革有限公司	王爵勤	合成革	287	69
9	温州龙铸钢铁阀门有限公司	邵康礼	铸 造	180	79
10	温州市吉泰布业有限公司	姜方宜	布 业	101	80
11	温州天牛人造革有限公司	张维艺	合成革	237	82
12	温州恒泰橡塑有限公司	陈春平	鞋 材	293	88
13	温州市宏利制革有限公司	方岩弟	合成革	195	89
14	温州市正得利合成革有限公司	姜方昌	合成革	142	92
15	温州市瑞昌特种单丝厂	宋云昌	特种单丝	153	138
16	温州中港混凝土有限公司	黄成愧	混凝土	107	156
17	温州市蓝江革基布印染有限公司	王良勇	革基布	95	182
18	浙江圣邦机械有限公司	姜 伟	机 械	159	191
19	温州永固混凝土有限公司	潘正文	混凝土	80	214
20	温州南方鞋材有限公司	王海燕	鞋 材	91	218
21	温州市长丰人造革有限公司	邵治中	合成革	55	220
22	温州国宝阀门铸造有限公司	陈国光	铸 造	103	263
23	温州市吉大利合成革有限公司	郑建华	合成革	90	278
24	温州市精工啤酒设备成套有限公司	周建光	机 械	25	305
25	温州绿佳化工有限公司	王学强	化 工	43	315
26	温州市龙邦钢业有限公司	庄孟龙	不锈钢	45	320
27	温州市协成鞋材有限公司	张松亚	鞋 材	47	323
28	温州市龙湾华通精铸厂	吴贵芳	铸 造	118	326
29	温州市龙胜化工有限公司	张兴国	化 工	48	329
30	温州市协力皮革助剂有限公司	戴建新	化 工	50	339
31	温州大力锻造有限公司	邵太迪	锻 造	72	344
32	温州市龙湾染料中间体厂	陈建春	化 工	47	350
33	浙江龙湾化工有限公司	张学郎	化 工	60	360
34	温州隆昌特钢阀门有限公司	邵成昌	铸 造	60	368
35	温州宏德鞋材有限公司	夏成材	鞋 材	80	387
36	温州市亿盛合成革有限公司	蔡国宝	合成革	60	388
37	温州市瑞邦阀门铸造有限公司	黄瑞彩	铸 造	30	402
38	温州市宏维微型管业有限公司	邵 楷	不锈钢	22	413
39	温州市乌苏里江米业有限公司	闫 晗	米 业	20	419
40	浙江吉泰阀门有限公司	张远清	机 械	94	421
41	浙江嘉宏钢管有限公司	姜方洪	不锈钢	33	426
42	温州市联诚洗涤有限公司	周晓雄	印 染	150	445
43	温州市东瑶铸造阀门有限公司	邵康舜	铸 造	60	499
44	温州市永宝特钢阀门有限公司	邵应立	铸 造	37	501
45	温州市浙宝铸造有限公司	章 雄	铸 造	22	528
46	浙江一力紧固件有限公司	张伟俊	标准件	36	531
47	温州市德钦钢管有限公司	陈德钦	不锈钢	20	549
48	温州市皇家化工有限公司	潘国胜	化 工	30	569
49	温州市巨光冲压件有限公司	林秀忠	冲压件	30	570
50	温州市龙湾永隆皮革色浆厂	张维忠	化 工	56	572

续表2:

序号	企业名称	负责人	主要产品	员工（人）	全区排名
51	温州市不锈钢管厂	叶挺发	不锈钢	30	577
52	温州市龙湾金属阀门铸造有限公司	叶春芳	铸造	30	593
53	温州市国永阀门铸造有限公司	陈加星	铸造	37	596
54	温州炬声阀门有限公司	邵太松	铸造	33	598
55	浙江良正精锻汽配件有限公司	张爱英	汽配件	48	600
56	温州电站阀门制造有限公司	吴良福	铸造	30	604
57	温州鑫佳塑胶有限公司	张昌弟	塑胶	43	624
58	温州市鸿浩皮革材料有限公司	胡学舜	化工	24	637
59	温州大工钢业有限公司	王旭	不锈钢	56	640
60	温州市先源鞋材有限公司	潘定文	鞋材	28	652
61	温州市江东塑料材料有限公司	张献胜	化工	28	653
62	温州市医械塑料厂	张松鹤	医械	30	658
63	温州市聚丰铸造有限公司	黄成忠	铸造	45	663
64	温州格林兰服饰有限公司	叶伟伟	服饰	83	664
65	温州市龙湾颜料助剂厂	陈兰笙	化工	27	671
66	温州市瑞宝标准件有限公司	方瑞芳	标准件	31	675
67	温州奔益不锈钢制造有限公司	张伟俊	不锈钢	42	688
68	温州市振钢铸造阀门有限公司	吴祥平	铸造	32	697
69	温州市龙湾宏盛精密铸造厂	邵洪光	铸造	34	701
70	温州市龙湾顺达木质粉厂	潘国增	化工	18	707
71	温州市南山阀门铸造厂	戴伯生	铸造	33	722
72	温州市罗东装饰五金有限公司	孔令敏	五金	40	724
73	温州大都市铸业有限公司	邵建安	铸造	25	725
74	温州市永旺阀门有限公司	林建人	铸造	28	732
75	温州市求精铸造阀门有限公司	邵康者	铸造	30	733
76	温州市火车头阀门铸造有限公司	朱永定	铸造	33	736
77	温州奇胜阀门制造有限公司	姜日静	铸造	21	737
78	温州市新艺陶瓷制造有限公司	张爱国	陶瓷	40	738
79	温州市宝业阀门铸造有限公司	邵太金	铸造	31	748
80	温州市长城阀门铸造有限公司	黄清湖	铸造	27	751
81	温州市宏顺机械阀门铸造有限公司	章魁麟	铸造	28	760
82	温州市强友铸造阀门有限公司	娄强光	铸造	18	764
83	温州市大东针织印染有限公司	胡小兰	印染	38	771
84	温州市龙湾阀门铸造厂	邵小云	铸造	28	772
85	温州市通惠精铸阀门有限公司	朱进尧	铸造	40	774
86	温州市华荣铸造有限公司	叶玉林	铸造	32	775
87	温州市龙顺电器配套厂	陈其锋	电器配件	43	776
88	温州市龙日铸造阀门有限公司	董衍东	铸造	30	780
89	温州市隆昌塑料有限公司	李青兰	塑料	60	782
90	温州市龙湾泵阀机械制造有限公司	王达坚	铸造	22	788
91	浙江珊瑚自动化仪表成套工程有限公司	陈益敏	机械	35	794
92	温州市宇锋铸阀厂	李成法	铸造	28	804
93	温州市大公化工有限公司	张良	化工	18	818
94	温州市龙湾兴旺鞋材有限公司	孙先旺	鞋材	22	819

【瑶溪镇2010年大事记】

3月4日　镇政府举行“庆元宵 迎三八 猜灯谜”活动。

3月10日　镇政府举办“巧妇当家”厨艺PK赛。

3月10日　镇党委召开第七届第四次党员代表大会。

4月7日　镇党委举行中层职位竞争上岗演讲会。

5月6日　镇政府开展校园安全大检查。

5月9日　市委组织部副部长滕荣权到瑶溪镇调研指导。

5月20日　镇党委举办首期“党支部书记讲坛”。

6月3日　瑶溪镇河滨村老人活动中心启用。

6月18日　镇第八届人民代表大会第五次会议召开。

7月1日　镇党委举行纪念中国共产党成立89周年活动。

7月6日　瑶溪镇成立首家新社会党组织——商会党支部。

7月31日　瑶溪镇11家非法排污企业被取缔。

9月9日　上海司法局一行到瑶溪司法所调研。

9月17日　镇政府开展“迎中秋、庆国庆”春泥计划系列活动。

10月21日　科普大篷车进村入校进瑶溪。

11月4日　龙湾区第二个镇（街道）级总工会在瑶溪镇成立

12月6日　“我与文明同行”和谐文化乡村行活动走进瑶溪镇。

12月23日　瑶溪镇河滨村文明生态公园开工建设。

沙城镇

【概况】　沙城镇位于龙湾区东南部，背靠大罗山，东临东海，西接永中街道，南、北分别与天河镇、永兴街道接壤，地处永强冲积平原中部。全镇总面积37.43平方公里，辖15个村、1个居委会，户籍人口38021人。2010年，全镇实现工业总产值59.18亿元，财政收入19340万元，农民人均纯收入15122元。

“永嘉沙场东垫于海，土不能堤”。古来难御洪潮侵袭，明嘉靖年间，海上倭寇频患，永强人民不堪天灾外敌双重蹂躏而奋起垒石设防，因城处海岸沙涂，故得名“沙城”。近年来，沙城镇大力打造“食品（制药）机械制造业基地”、“南片三产发展要地”、“南片交通枢纽重地”、“文化建设阵地”和“南片绿化园地”，经济实力跃上新台阶，城镇建设凸显新风貌，社会各项事业取得新进展，社会稳定构筑新格局。沙城镇形成了以食品机械为龙头，五金、阀门、民用电器、人造革为辅的五大支柱型工业产业体系。全镇产值超亿元企业3家，高新技术企业12家。已建成食品机械工业基地2个，食品机械行业企业350余家，从业人员1万余人。产品包括食品机械、制药机械、包装机械等50多种型号，产品拥有量和生产能力占全国的40%和30%，产品远销东南亚和欧盟各地。以龙湾区新一轮总体规划和温州经济技术开发区滨海园区开发建设为契机，编制沙城镇生活区详细性控制规划，大力推进以沙城文化中心区为核心、以天柱大道和沙城中心街为两翼的新城区建设。

【沙城经济建设】　2010年，全镇规模以上工业企业实现工业总产值27.50亿元，比上年增长30.2%；实现工业销售产值25.70亿元；出口产品交货值3.52亿元，比上年增长38.4%；完成工业性投资10826万元，内资到位2200万元，工业项目投产2个。有“市千星成长企业”13家，“市科技计划项目”9家。推进三产转型提升，三产开发联合建设模式成为城镇建设发展的新亮点。完成七甲片8.93公顷三产返回地的工程建设，总投资3.9亿元，总建筑面积16.7万平方米。做好天城围垦政策处理工作，完成涉及13个村、29852平方米海域使用权的政策处理。

【沙城城镇建设】　2010年，沙城镇人民政府坚持城市化和新农村“双轮驱动”发展战略。沙城文化中心建设完成

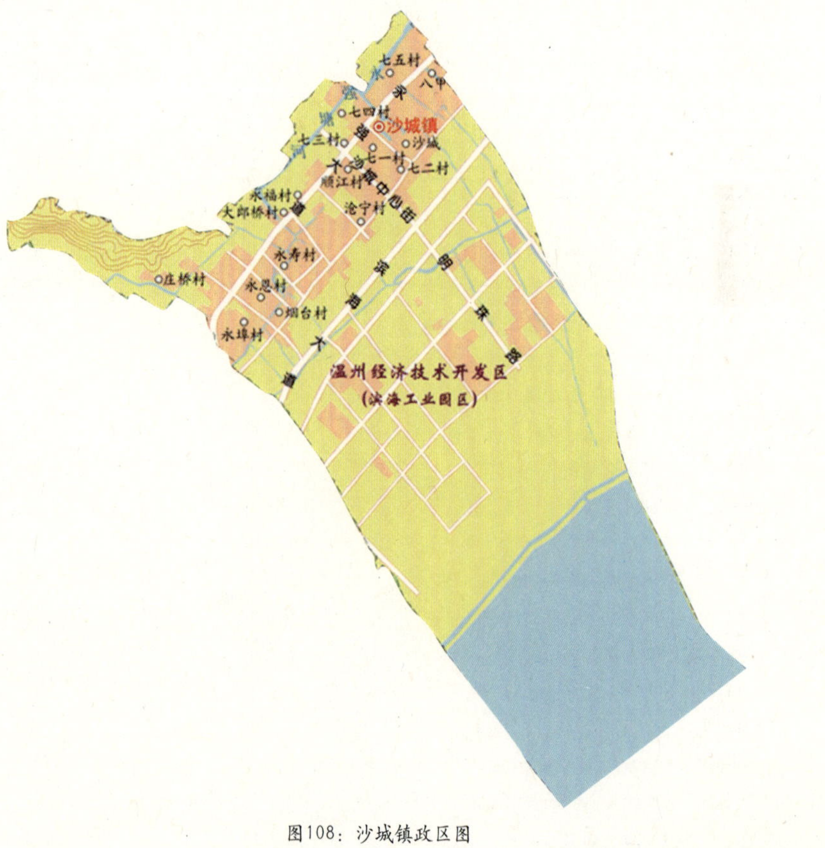

图108：沙城镇政区图

供地手续办理，矿渣填方已进场施工。启动“绿满沙城”建设，金钟湾大型生态公园完成填方工程招投标；逐步开展八甲、烟台、永阜等村绿化小公园建设；烟台村、永寿村纳入“城中村”改建项目。沙城第三小学（新公民学校）综合教学楼扩建工程，完成工程招投标。推进温瑞塘河综合整治，迁移畜牧养殖户3家，拆除沿河违章建筑4000平方米，疏浚八甲、七五、七三、七四、沧宁、永阜等村浦沥，清理淤泥1.5万立方米，清理河道垃圾1万立方米。完成八甲村、大郎桥村、永阜村、烟台村河岸驳坎工程，全面开展沙河小流域治理。抓好排污管网工程建设，延伸管工程四一标段、永阜标段、沧宁标段已竣工验收，四五甲、七甲片1、2、3标段延伸管已竣工验收。完善道路清扫保洁考核机制，实现道路清扫市场化运作。加大拆违力度，拆除建筑违章（屋棚）2.19万平方米。在庄桥山开设3.5公里生物防火带，在轮船河和永福公园、永阜公园等种植各类树木2000株，完成绿化任务。

【沙城社会事务】 2010年，沙城镇人民政府强化文化强镇建设力度。举办以“读书学习，让生活更美好”为主题的2010年温州市龙湾区社会科学普及周活动暨沙城镇第六届读书文化节，打造读书文化品牌。做好温州孔庙文化阵地建设，以“十分钟步行文化休闲圈”为目标，不断加强文化场馆建设。以镇图书馆建馆20周年活动为契机，开展学习型社会建设和农村文化遗产传承工作。开展计生“百日大会战”，计划生育符合率82.6%；出生人口男女性别比125.6：100；社会抚养费征收900万元。加强新型农村合作医疗工作，群众参保率达99%以上，办理医疗费报销1313人次，金额485.56万元；开展第三轮健康体检，参加体检14096人。推进城乡居民社会养老保险，做到失地农民应保尽保。推进有序用电、企业节能减排工作，涉及企业400余家参与节能减排。帮扶特困户危房改造17户，发放救助慰问金89万余元。

【平安沙城建设】 2010年，沙城镇人民政府切实抓好社会综合治理，确保世博会、亚运会期间各项维稳工作的落实。全年刑事发案数比上年下降22.35%，两抢发案比上年下降13.16%，入室盗窃发案数比上年下降41.63%。全面落实信访长效机制，办结信访件20件。做好消防安全和安全生产工作，累计出动检查组1600组，检查人员5487人次。重视劳动保护和监察工作，全年调解劳动争议案件170件，涉及金额177万余元。

【沙城党建】 2010年，沙城镇党委以基层党建工作为抓手，加强政府服务工作。深化党建示范村创建，推进后进村整治。建成沙城镇党员服务中心，推进民主法治村建设。全面建立村监会，完成村级三资清查试点。开展村级班子满意度调查，推行“四议两公开”工作法。全面启动村级组织换届选举，进一步强化村级组织运行的规范化建设。推进学习型党组织创建，引导13个村建成高标准村级活动阵地。强化廉政教育，提高党员干部拒腐防变能力。

表101： 沙城镇建制村（居委会）数据库

村（居）名	党支部书记			村民委员会主任				户数（户）	人口（人）
	姓名	出生年月	文化程度	姓名	出生年月	文化程度	是否党员		
庄桥村	孙德兴	1962年4月	高中	林茂林	1971年6日	初中	是	198	850
永阜村	林启霞	1959年1月	高中	孔祥玉	1974年12月	高中	是	571	2880
永恩村	江劲直	1959年5月	高中	林益文	1970年12月	初中	是	500	2492
烟台村	傅寿兴	1969年12月	高中	汪德钊	1973年1月	初中	是	493	2377
永寿村	叶康元	1966年6月	大专	叶康国	1972年8月	初中	是	419	1996
大郎桥村	孙玉明	1962年8月	高中	章永远	1975年11月	初中	否	528	2380
永福村	章泽明	1963年6月	高中	孙福泽	1973年1月	高中	是	440	1968
沧宁村	沈加东	1965年8月	高中	沈加明	1964年3月	初中	是	867	3798
七一村	项光通	1966年10月	高中	项有金	1972年8月	初中	是	710	3307
七二村	项有其	1962年10月	高中	王宝贤	1965年4月	初中	是	621	2820
七三村	王汉仁	1963年1月	高中	项金龙	1977年7月	高中	否	632	2963
七四村	项光银	1957年6月	高中	项光忠	1971年3月	初中	是	516	2303
七五村	项光明	1974年6月	高中	陈久全	1962年6月	高中	是	717	3264
八甲村	杨贤钏	1965年10月	大专	杨　杰	1972年11月	高中	否	728	3403
顺江村	夏文晓	1965年12月	高中	夏念斌	1970年6月	高中	是	179	624
居委会								311	578
其他集体户								2	51

表102： 沙城镇基本情况数据库

项目	单位	合计
总面积	平方公里	37.43
种植面积	公顷	226.73
建制村	个	15
居委会	个	1
户籍人口	人	38021
外来人口	人	34109
农业产值	万元	1914
工业产值	亿元	59.18
财政收入	万元	19340
农民人均纯收入	元	15122
镇主要领导一览（表）		
党委书记	人大主席	镇　长
梅银松	黄国荣	王小云
镇机构一览（表）		
机构设置	纪委、人武部、工会工委、团委、妇联、党政综合办公室（农村指导员办公室）、经济发展办公室（经济综合服务中心、劳动保障所、安全生产监察中队、统计信息中心）、社会事务管理办公室（社会事务服务中心）、计划生育管理办公室、综合治理办公室、村镇建设办公室（城建环卫管理中心）。	
编制状况	行政编制31人、事业编制37人；调入9人，调出3人；年末在岗总人数65人。	

表103： 沙城镇2010年规模以上企业

序号	企业名称	负责人	主要产品	员工（人）	全区排名
1	温州市龙湾东方铜带厂	孔祥泽	铜带	206	27
2	浙江龙跃科技有限公司	项光国	人造革	270	49
3	伟明环保设备有限公司	项光明	机械制造	88	58
4	凯喜姆机械有限公司	张建来	泵阀	78	98
5	浙江东正阀门管件有限公司	项光平	泵阀	110	130
6	浙江艾美佳鞋业有限公司	季克瑞	鞋业	500	134
7	温州市天宇轻工机械有限公司	沈永贤	食品机械	96	135
8	浙江宇力管件有限公司	张新岳	管件	90	142
9	温州市日利制革有限公司	林钟虎	人造革	108	145
10	精工阀门有限公司	杨连成	泵阀	268	150
11	温州市金榜轻工机械有限公司	孙昌榜	食品机械	50	159
12	温州市康而达实业有限公司	项光辉	食品机械	61	161
13	浙江亚达不锈钢制造有限公司	项有通	不锈钢	75	164
14	浙江志得管业有限公司	张新宝	管件	60	165
15	温州天富机械有限公司	唐保峰	食品机械	61	187
16	温州人造革一厂	项光国	合成革	53	207
17	浙江澳太机械制造有限公司	项光春	食品机械	106	221
18	温州市龙泰轻工机械有限公司	章方龙	食品机械	32	235
19	温州市天龙轻工设备有限公司	孙家隆	食品机械	52	237
20	浙江天联机械有限公司	沈永华	食品机械	60	241
21	温州镇田机械有限公司	项光增	食品机械	78	245
22	温州市波讯科技有限公司	王新华	电子	60	253

续表:

序号	企业名称	负责人	主要产品	员工（人）	全区排名
23	浙江信泰阀门有限公司	张德飞	泵阀	50	262
24	温州市武荣阀门有限公司	徐武荣	泵阀	100	267
25	温州大盾鞋业有限公司	缪爱秋	鞋业	180	270
26	温州市龙强乳品机械厂	项光清	食品机械	50	290
27	温州日兴五金厂	孔儒康	五金	95	298
28	浙江卡特五金有限公司	程敬昆	五金	98	318
29	温州市日特轻工机械有限公司	项有云	食品机械	100	327
30	西麦克阀门制造有限公司	项有可	泵阀	55	333
31	温州良精锻造厂	姜　朋	制造	72	345
32	温州市繁华工程塑料有限公司	孔繁麟	塑料	30	349
33	温州贝诺机械有限公司	孔正华	食品机械	70	355
34	温州市龙湾超力制锁有限公司	项有寿	五金	67	405
35	浙江百鼎斯阀业有限公司	项公光	泵阀	52	406
36	温州市宏大金属穿孔厂	项有贵	泵阀	58	422
37	温州市联峰电器有限公司	孙昌夫	电器	99	434
38	温州市巨光色片有限公司	郑晓东	颜料	12	458
39	浙江精业法兰管件有限公司	张积聚	不锈钢	80	459
40	浙江永光照明科技有限公司	沈永光	电器	15	463
41	温州市巨光五金制品厂	郑晓东	五金	105	478
42	温州利马人造革有限公司	王建飞	人造革	77	479
43	温州市元亨五金有限公司	孙福华	五金	100	487
44	温州市利宏轻工机械有限公司	章作滔	食品机械	15	492
45	温州市鑫森特钢有限公司	郑光华	钢材	70	496
46	温州市研制阀门厂	张文敏	泵阀	85	508
47	浙江北泽阀门制造有限公司	项炳华	泵阀	60	515
48	温州市江波乳品设备制造厂	章兆土	食品机械	33	520
49	浙江良丰阀门有限公司	季克寅	泵阀	60	541
50	温州市新焦点科技电子有限公司	孔祥伟	电子	60	547
51	浙江章达轻工机械厂	章魁平	食品机械	31	566
52	浙江中特气动阀门成套有限公司	季中兴	泵阀	42	568
53	温州生贵医疗器械有限公司	王成燎	医疗设备	90	574
54	温州市东星阀门有限公司	张　文	泵阀	48	610
55	温州市龙湾华一电料开关厂	章宝华	五金电器	31	617
56	温州正宇轻工机械有限公司	沈永来	食品机械	20	629
57	浙江凯德尔阀门有限公司	王国荣	泵阀	41	646
58	温州史达特阀门有限公司	郑笃义	泵阀	61	669
59	温州市金瓯轻工机械有限公司	胡振中	食品机械	35	677
60	浙江永联阀门有限公司	沈永增	泵阀	48	678
61	温州项建球阀有限公司	项　建	泵阀	32	679
62	温州科田轻工机械有限公司	孔德桃	食品机械	6	685
63	温州市亿本鞋材有限公司	杨乡本	鞋业	35	690
64	温州建伦鞋材有限公司	张维建	鞋材	35	734
65	浙江意德力阀门有限公司	项　忠	泵阀	20	805
66	温州市鸿昌机械制造有限公司	项雄武	食品机械	30	812

【沙城镇2010年大事记】

1月8日　中共沙城镇第八届第三次代表大会召开。

1月11日　城乡居民社会养老保险基础养老金存折发放。

1月13日　沙城镇第八届人民代表大会第四次会议召开。

2月1日　市委副书记朱贤良带队检查顺江村通天房整改情况。

3月3日　镇政府召开政企联动新春企业家座谈会。

3月17日　区长陈玲玲带队到该镇调研重点工程建设情况。

3月18日　镇党委举行中层干部竞争上岗演讲。

3月23日　镇政府召开2010年度工作会议。

4月20日　镇政府举办“粉尘与剧毒物品”培训，并与企业签订卫生职业病等责任书。

4月22日　沙城镇村级班子满意度调查在全镇15个行政村全面铺开。

5月6日　镇政府组织志愿者50余人到第一新公民学校开展志愿者服务活动。

5月12日　沙城镇“慈善一日捐”活动举行。

5月13日　区长陈玲玲带队到该镇督查计划生育工作。

5月18日　镇残联联合沙城镇卫生院免费为残疾人开展义诊活动。

6月1日　“我与文明同行，共建美好家园”大型广场活动在五一公园举行。

6月1日　沙城镇塘河整治宣传活动在永寿村举行。活动发放800份宣传资料，青年志愿者与巾帼志愿者清理下河儿沿岸垃圾20吨，并开展保护母亲河千人签名活动。

6月5日　镇政府联合国土、规划、执法、公安、电力等职能部门对滨海大道两侧可视范围内拾荒大军的违章棚屋进行彻底拆除，并对垃圾死角进行清理。该次行动共拆除滨海大道两侧13个违法建筑点。清除垃圾死角4处，清运垃圾30吨。

6月8日　首届温州读书节“书香浓情·百场巡讲”走进沙城温州孔庙。

6月12日　镇政府举办“安康杯”安全生产演讲比赛。

6月25日　区长陈玲玲到四甲片慰问老党员干部。

6月25日　区委副书记、区政法委书记徐国信到沙城镇考察综治“网格化管理、心连心服务”工作和老年人协会规范化建设情况。

6月30日　温州市越剧团到永阜村举行“文化进村送娱乐专场演出”。

7月1日　镇党委举行庆祝中国共产党成立89周年大会。

7月13日　区委书记王祖焕带队到沙城听取天城围垦政策处理工作汇报。

7月23日　区纪委（区监察局）在沙城镇开展“听民生、解难题、促和谐”大接访。

7月26日　镇政府组织民兵与青年志愿者支援庄桥村抢险救灾。

7月30日　沙城镇党员服务中心揭牌仪式暨创先争优主题报告会举行。在全区率先建成首个镇（街道）级党员服务中心。

8月6～16日　镇政府在未成立党组织的非公企业温州天富机械有限公司、西麦克阀门制造有限公司召开团员大会，选举产生企业团支部书记，组建团支部，沙城镇率先在未成立党组织的非公企业中开展团建工作。

8月10日　区委书记王祖焕带队到沙城调研创先争优活动、后进村整治工作。

8月15日　区委副书记徐国信带队督查计生“百日大会战”活动。

8月27日　由镇党委、镇政府主办，永阜村、永恩村、烟台村联合承办的“春泥计划”关爱青少年活动——暑期国学夏令营正式启动。

8月　沙城镇象棋代表队参加龙湾区象棋比赛获团体第一名。

9月9日　为庆祝第26个教师节，区委书记王祖焕、副区长方志方到沙城镇第二小学慰问并送上节日的祝福。

9月22日　市人口计生委主任朱云华到沙城镇调研人口计生工作。

9月25日　镇政府在全镇范围内开展“美化环境，爱我家园”环境卫生创建大活动。

9月27日　区委副书记徐国信带队到沙城督查综治、平安沙城建设工作。

9月28日　区委书记王祖焕到沙城调研。

9月28日　举行儒学基地揭牌仪式，同时拉开沙城镇第6届文化读书节序幕。

10月13日　温州市委宣传部、龙湾区委、区政府在沙城镇五一公园举行温州市·龙湾区2010年社会科学普及周活动暨沙城镇第6届读书文化节开幕式。市委常委、宣传部部长曹国旗，市社科联副主席洪振宁、龙湾区四套班子领导、温州各县（市、区）代表、沙城各界代表近千人出席开幕式。

11月2日　龙湾区第2届“和谐文化乡村行”首演在沙城镇五一公园拉开帷幕。

11月11日　镇政府组织村干部赴乐清市虹桥镇溪西村学习考察“学比赶超”活动情况。

11月13日　镇人大组织区、镇人大代表视察永阜村塘河及金沙河流域整治工程建设项目。

11月26日　区“学比超越”活动视察组考察七甲片三产留地开发建设工程、沙河小流域治理工程、金钟湾公园建设工程、沙城镇第三小学综合教学楼扩建工程。

11月29日　镇图书馆在图书馆二楼举行建馆20周年庆祝会。会上，举行光泽电子信息阅览室揭牌仪式。并为15位热心家乡文化建设的个人颁发纪念章。

12月30日　区委常委、组织部部长阮云富到沙城调研村级组织换届选举工作。

12月31日　2010年度领导班子和领导干部述职述廉会议召开。

12月　七四村、庄桥村、永福村、大郎桥村通过农村社区服务中心建设竣工验收。七四村、七五村、七二村、沧宁村通过区“农家书屋”创建验收。七五村、七一村、永福村、永寿村通过“星光老年之家”创建验收，至此，全镇15个行政村，已有14个行政村完成创建“星光老年之家”。

天河镇

图109：天河镇政区图

【概况】 天河镇位于龙湾区的南部，东濒东海，西靠罗山，南邻海城街道，北与沙城镇接壤。天河镇因境内地势偏高，靠设水闸蓄水成河，河流水位高于他乡而得名。境内交通运输便捷，滨海大道、永梅大道贯穿全镇。全镇总面积23.18平方公里，辖17个村、1个居委会，户籍人口26760人。2010年，全镇实现工业产值39.40亿元，财政收入6579万元，社会消费品零售额2.2亿元，农民人均纯收入12531元。

天河镇自然条件优越，既有青山绿水，又有金色海滩。天河人民充分利用枕山靠海的地理条件，大力发展特色型、效益型农业，建成畜牧、蔬菜、水产养殖三大农业基地。近年来，天河镇以民用电器为主的工业经济迅速发展，建有占地66.67公顷的天河民用电器生产基地，成为华东地区最大的民用电器生产基地。现有规模企业57家，其中年产值超亿元企业2家、4000万元以上企业5家，规模经济占全镇工业经济比重达32.68%，获ISO 9000系列国际质量体系认证、CE认证及其他认证企业122家。天河旅游资源丰富，境内有天河水库、百家尖、天柱寺、巡检司、道任洞、大禅寺等旅游景点。“东海第一堤”——永强大堤是观潮看日出的好去处。天河还有“圣师后裔”之美誉，从这里走出了中科院院士孙大业和众多的教授、研究员等。尊师重教，兴学助教在天河蔚然成风。

【天河经济建设】 2010年，天河镇人民政府坚持“园区带动、产业引领、科技兴农”战略，推进农业产业规模化发展。借助天河无公害蔬菜基地、专业合作社的品牌效应和引导作用，进一步加快特色农业发展步伐。加快天河民用电器生产基地建设，天河民用电器工业园区共有70家企业，已建成投产38家、竣工23家、开工在建8家。注重品牌创建和科技创新工作，奥司朗获省级名牌称号，巨鹏磁能锁业、奥司朗等企业新产品列入国家、省、市科技研发项目。全年完成工业性投资3.04亿元，完成年度任务的121%。加快发展现代服务业，整合永丰路、天河新街现有商贸布局，引入现代服务业、大型购物中心等优质商贸资源，打造以永丰路为核心的商贸圈。

【天河重点工程建设】 2010年，天河镇人民政府加快基础设施建设步伐，实现城镇面貌新变化。推进东片防洪一期工程建设，金山河河道疏浚工程、跨三甲河永梅公路桥建设和三甲支河工程均已完工，排污管网截污纳管工程已接近尾声。飞云江三桥龙湾段接线工程建设完成界线确认，开展附着物情况调查和三产留地选址。镇村道路网建设逐步完善，环镇路东段道路、宾阳路整治工程均已接近尾声，环镇路西段道路建设进展顺利。

【平安天河建设】 2010年，天河镇人民政府全面推进综治网格化管理，强化信息采集与矛盾处理工作。全镇共受理各类问题176件，成功处理176件。完善社会治安巡防体系，实现刑事发案率和治安发案率“两降”态势。完成“五五”普法宣传教育，推进社区矫正工作，进一步巩固民主法治村建设。深入实施安全生产专项整治，完成整治省级挂牌1家，区级挂牌整治5家，镇级挂牌17家。组建镇专职消防分队、17支村级义务消防队和5支消防联合小分队，定期进行消防培训和演练。对重大事件做到定时定人进行包案调处、化解，有效化解各种社会矛盾，完成区“两会”、世博会等重要活动期间安保工作，切实维护社会和谐稳定。

图110：11月25日，龙湾区“学比赶超”视察组到天河镇实地察看重点项目推进情况。
（天河镇人民政府供稿）

【天河社会事业】 2010年，天河镇人民政府坚持把保障和改善民生作为重要工作来抓，推动社会各项事业统筹发展。天河卫生院迁扩建工程的主体工程、天河第一小学综合楼的主体工程相继建成；天河中学塑胶操场工程建成投入使用；天河第二小学综合楼建设工程完成总评会审；天河中心幼儿园建设项目通过初步设计会审。开展“慈善一日捐”活动，募捐80万余元。完善城乡居民最低生活保障制度，发放低保金76.55万元，发放各类社会救助和助残慰问金60万余元。推进新型农村养老保险工作，做好困难群众危旧房改造，完成14户危房改造工程。启动计划生育“强基创优工程”，成功举办镇第二届全民运动会，完成第六次全国人口普查工作。

图111：6月10日，天河镇举行争创省级文明镇启动仪式。 （天河镇人民政府供稿）

【天河市容整治】 2010年，天河镇人民政府以创建省级文明镇和市三星级文明镇为载体，开展市容环境、塘河治理、拆违治乱、交通秩序等四大整治。全面启动“六城联创”工作，创成省级文明镇。完善村级环境卫生考核机制，实行月排名月奖励制度，村镇环境卫生得到总体改善。推进塘河综合整治，实施沿河排污口整治、清淤、生态保护、调水保洁、驳坎绿化等措施，完成三星村三甲老浦景观工程、新河新开河景观工程和建丰村外洋河景观工程，启动屋上新开河景观绿化工程。加大违法建筑整治力度，拆除违法建筑4万余平方米，非法占地和违章建筑得到有效遏制。加强“四小车”管理，切实维护交通安全。

表104： 天河镇建制村（居委会）数据库

村（居）名	党支部书记			村民委员会主任				户数	人口
	姓名	出生年月	文化程度	姓名	出生年月	文化程度	是否党员	（户）	（人）
郑岙村	孙晓波	1965年3月	高中	孙永源	1967年12月	初中	否	242	1055
西前村	王良仁	1972年10月	高中	王绍清	1969年7月	高中	否	654	3004
天凤村	王挺银	1954年2月	高中	王绍荣	1972年2月	初中	是	360	1648
高轩村	王兴龙	1969年4月	大专	王兴安	1981年10月	初中	否	326	1602
天津村	项有良	1962年7月	高中	王仁业	1976年2月	初中	否	229	1076
三星村	项文生	1961年12月	高中	王仁孟	1967年8月	初中	否	600	2509
筑成村	王相华	1974年7月	高中	王永斌	1977年11月	高中	否	406	1830
二甲村	章建国	1962年3月	高中	李恩思	1980年1月	初中	否	191	869
泰河村	陈圣华	1958年4月	初中	王守松	1963年1月	初中	否	152	558
金益村	金培芳	1963年10月	大专	金上旺	1963年8月	高中	否	354	1587
庄泉村	朱德璋	1969年4月	高中	朱巨森	1965年12月	初中	否	711	3400
新川村	王炳寅	1968年9月	高中	王宝有	1962年2月	初中	否	208	960
建丰村	金家滨	1970年10月	高中	章吉强	1967年8月	初中	否	224	947
司南村	王少山	1967年1月	高中	王冬生	1972年12月	高中	是	252	1110
新河村	曹利华	1967年8月	高中	李启华	1967年9月	高中	是	402	1789
中和村	陈定友	1962年2月	高中	陈芝生	1968年6月	初中	否	206	957
蒲门村	郑存文	1959年1月	初中	郑德慈	1975年	初中	否	372	1591
居委会								351	591

表105：天河镇基本情况数据库

项目	单位	合计
总面积	平方公里	18.3
种植面积	公顷	571.53
建制村	个	17
居委会	个	1
户籍人口	人	26760
外来民工	人	33604
农业产值	万元	3063
工业产值	亿元	39.40
财政收入	万元	6579
农民人均纯收入	元	12531
镇主要领导一览（表）		
党委书记	人大主席	镇　长
韩包斌	郑笃兴	张纯道
镇机构一览（表）		
机构设置	纪委、组织、人武部、工会工委（文明办）、妇联、团委、党政综合办公室（农村工作指导员办公室）、经济发展办公室（劳动保障所、安全监察中队）、综合治理办公室（司法所、禁毒办）、村镇建设管理办公室（城镇环卫管理中心）、计划生育管理办公室（计划生育技术服务站）、社会事务管理办公室（社会事务服务中心）、经济综合服务中心、统计信息中心。	
编制状况	行政编制数28人、事业编制数38人；全年调出3人、退休1人；年度在岗总人数66人。	

表106：天河镇2010年规模以上企业

序号	企业名称	负责人	主要产品	员工（人）	全区排名
1	浙江奥司朗照明电器有限公司	王仁乐	民用电器	186	53
2	浙江凯喜特机械有限公司	张建来	机械	129	123
3	浙江奥发实业有限公司	黄忠胜	皮革	653	147
4	浙江王邦电器有限公司	王成文	民用电器	160	225
5	温州市天河塑胶电器厂	李成高	民用电器	192	239
6	温州市科龙轻工机械有限公司	孙加龙	机械	68	246
7	温州佳禾助剂有限公司	陈剑峰	化工	23	251
8	温州普拉玛服饰有限公司	郑日池	服饰	243	272
9	浙江晨剑锻造有限公司	王名才	机械	84	291
10	温州市巨鹏磁能锁业有限公司	林道洪	五金	100	299
11	温州市龙湾三星金属制品有限公司	王炳安	五金	187	343
12	温州市朝克洁具有限公司	方德仁	洁具	65	364
13	浙江金本电气有限公司	王则旺	民用电器	85	372
14	温州市龙湾浪奇电器厂	朱成南	民用电器	120	389
15	浙江万方精铸科技有限公司	刘万平	机械	78	401
16	温州市贝朗洁具有限公司	陈少华	洁具	80	438
17	浙江豪星电器有限公司	朱定海	民用电器	122	448
18	温州万博金属制造有限公司	陈岳锡	五金	49	450
19	温州琥珀五金制品有限公司	王挺银	五金	58	489

续表：

序号	企业名称	负责人	主要产品	员工（人）	全区排名
20	温州市星日电控器材有限公司	章吉星	民用电器	28	490
21	温州恒泰钢业有限公司	王炳奇	机械	20	491
22	温州市龙湾西汇管件厂	项友义	五金	39	502
23	温州市月球胶木电器有限公司	陈国月	民用电器	110	518
24	温州市盛宝铸造厂	冯绍崇	机械	25	519
25	温州市尤凯电器有限公司	朱崇善	民用电器	50	561
26	温州市俊鼎工艺品有限公司	郑长华	工艺品	50	563
27	温州宇洲科技电器有限公司	陈定兴	民用电器	47	565
28	温州市华伦电器有限公司	王建国	民用电器	92	575
29	温州三彩灯饰有限公司	陈肇麟	五金	26	582
30	浙江豪意电器有限公司	朱成森	民用电器	50	583
31	温州市名派照明电器有限公司	程敖远	民用电器	60	587
32	温州市得门电器有限公司	孙作龙	民用电器	28	594
33	浙江国正电气有限公司	王成都	民用电器	103	611
34	温州市亿力电器有限公司	黄时聪	民用电器	50	618
35	温州莉格电器有限公司	潘莉丽	民用电器	75	622
36	温州市瓯雅精细化工有限公司	郑德清	化工	20	625
37	温州市龙湾天河电线厂	王　仁	五金	11	647
38	温州市安泰电器有限公司	陈志荣	民用电器	25	648
39	温州求新标准件厂	郑存友	五金	31	668
40	温州市龙湾利佳电器厂	朱克福	民用电器	40	676
41	浙江四通松日电器有限公司	朱成鹏	民用电器	50	682
42	温州市瑞翔轻工机械有限公司	张成眉	机械	157	718
43	温州胜隆汽车部件有限公司	林　锋	汽摩	31	719
44	温州市好博机械有限公司	陈毅敏	机械	45	720
45	温州瑞尔泰电器仪表有限公司	李启昆	仪器仪表	25	726
46	浙江川山机电有限公司	张圣光	民用电器	37	728
47	温州市宇乐机电开关有限公司	孙作龙	民用电器	25	731
48	浙江浦大液压机械有限公司	朱克木	机械	50	744
49	浙江正日电气有限公司	王兴炜	民用电器	31	747
50	温州市金和卫浴有限公司	王仁宇	洁具	15	754
51	浙江新世纪电器有限公司	金上楷	民用电器	21	757
52	温州京城实业有限公司	唐玉燕	服饰配件	22	758
53	温州华普电气有限公司	孙小红	民用电器	21	765
54	温州市正顺五金有限公司	叶友斌	五金	30	767
55	温州九瑞电器有限公司	姜瑞登	民用电器	36	781
56	温州市龙湾天河电器总厂	王成文	民用电器	32	790
57	温州市天豪五金有限公司	王成海	五金	33	795
58	温州市龙湾天河奇安特电子仪器厂	王炳昆	仪器仪表	49	802
59	温州市中发机电有限公司	陈时滔	民用电器	32	810
60	温州市捷强汽车摩配有限公司	王挺银	汽摩	5	828

【天河镇2010年大事记】

1月5日　中共天河镇第八届四次代表大会召开。

1月12日　天河镇第八届人民代表大会第五次会议召开。

3月17日　区长陈玲玲调研塘永公路天河段工程。

4月7日　市计生委副主任高玉凤到天河镇检查计生工作。

6月10日　区委王祖焕书记到天马山调研防汛工作。

6月25日　区委副书记徐国信到天河镇督查综治网格化管理工作。

7月19日　副市长陈浩到天河镇检查工作。

8月9日　区委在天河镇召开区组织工作恳谈会。

8月31日　区委常委、组织部部长阮云富到天河镇调研。

9月3日　区委常委、常务副区长王爱光到天河镇协调天城围垦、天马街口和新河矿渣专用道的合理使用。

9月16日　区委常委、副区长王忠立到天河镇郑岙村调研。

9月30日　区委书记王祖焕到天河镇调研。

10月21日　副区长张光羽到天河镇调研。

11月10日　副区长周慧到天河镇调研森林城市工作。

11月11日　区委书记王祖焕到天河镇就开展“六城联创”工作进行调研。

11月19日　省、市人口普查组到天河镇督查人口普查工作。

11月26日　区四套班子及全区各单位负责人等一行到天河镇“学比赶超”活动点察看。

12月16～31日　全镇17个村党支部完成换届选举工作。

12月22日　市委副书记朱贤良、区委书记王祖焕、区长陈玲玲等到天河镇察看天河计生主题公园（天凤鸣凤园）。

灵昆镇

【概况】　灵昆镇位于瓯江入海口，属冲积平原岛屿。全岛即为镇域。东濒大海，经灵霓大堤与洞头县霓屿乡相接，南与温州永强机场和温州工业园区隔江相望，北与乐清市一衣带水。全镇总面积55.05平方公里，其中岛陆面积25.00平方公里、滩涂面积30.05平方公里。岛岸线总长24.69公里。下辖9个村、1个居委会，户籍人口21545人。2010年，全镇实现工业总产值6.77亿元，农业产值13732万元，财政收入3425万元，农村居民人均收入12014元。

农业是灵昆镇的传统产业。以甜瓜、西瓜、冬瓜、草莓、瓯柑等为主的纯生态农产品驰名全市，灵昆鸡、灵昆蛸蠓、文蛤名声远播。近年来，建成瓜果、灵昆鸡、生猪、梅花鹿等十大农业基地，周宅、九村等两个蔬菜精品园区，食用菌、无土栽培等3个大学生村官农业示范基地。灵昆镇先后被国家有关部门评为绿色先进乡、文蛤之乡、蛸蚌之乡。工业是灵昆镇的新兴产业。全镇已形成服装、电器、家具、眼镜、建材等五大行业。服装加工业是灵昆镇的支柱产业，曾培育出“夏蒙”等知名品牌，被誉为“西装之岛”。镇政府正全力发展2.4公里沙石料岸线及配套仓储基地建设，一旦建成，将为灵昆的生态工业发展打下基础。灵昆环境优美，被誉为“东瓯蓬莱”。长年瓜果飘香，四季鱼虾不断。灵昆镇积极挖掘和整合旅游资源，现已建成灵昆九村鱼塘游乐场、双昆山主题文化公园、“农家乐”一条街。灵昆大桥和灵霓大堤的建成，使灵昆成为连接温州市区和洞头岛的中枢。

【灵昆农业】　2010年，灵昆镇人民政府贯彻落实各项支农惠农政策，有效保证农业增产、农民增收。基本完成周宅生态蔬菜园区建设，不断提高失涂失业农民参与大棚种植的积极性，基地示范带动效应进一步显现。加大农技指导扶持力度，共落实水稻高产示范园2个，建成双昆食用菌、周宅无土栽培等3个大学生村官农业科技示范基地。完成出海陡闸口及灵北河等7条河道的清理疏浚，完成验收南堤米筛段抛石保滩工程；双昆河岸驳坎主体工程基本完工，北标准堤塘一期Ⅱ标前期政策处理工作正扎实开展。

【灵昆工业】　2010年，灵昆镇人民政府发挥在外灵昆人的创业潜力，重视内外灵昆人的互动发展，大力扶持规模企业发展。5家商品混凝土企业基本完成前期手续审批，6家仓储物流企业已启动项目报批，码头岸线综合开发得以提速。

【灵昆第三产业】　2010年，灵昆镇人民政府整合旅游资源，培育特色项目，成功举办“温州美丽乡村游暨首届灵昆油菜花节”活动，吸引大量游客前来观光旅游，游客2.7万人次。灵昆油菜花节被评为市级旅游精品项目，有效推动了乡村旅游业向更高水平发展。以“圆通圆生态农庄”建设为重点，加大帮扶协调力度，开展农家乐改造提升试点工作，努力引导扶持农家乐经济持续深入发展。

图112：灵昆镇政区图

【灵昆重点工程建设】 2010年，灵昆镇人民政府土地开发整理项目进展顺利。灵昆变电所工程土地政策处理基本完成，有序推进77省道延伸线龙湾段工程的政策处理工作。修编新一轮土地总体规划，为灵昆下一步开发建设提供保障。

【灵昆生态建设】 2010年，灵昆镇人民政府在通过省级生态镇复评的基础上，申报创建国家级生态镇。完成双昆村景观带和兴灵路绿化带建设，开工建设王相农民公园、周宅河滨公园，启动中心绿园建设。完善新一轮环卫市场化运作机制，新建改建垃圾坞14座，新配置果壳箱35个。上岩头村、周宅村被评为省级绿化示范村，沙塘村被评为省级森林村庄。

【灵昆民生事业】 2010年，灵昆镇人民政府集中人力、物力办好关系全镇人民群众切身利益的十件惠民实事。增设67路公交线路，方便群众出行；建成镇综合便民服务中心，简化办事流程；成立市区首个乡镇交通管理工作站，落实专门警力驻点管理，加大交通违法现场查纠力度，有效治理交通差乱现象；实施农村电视村村通工程，解决1200余户看电视难的问题，即将实现有线电视网络岛内全覆盖。

【灵昆社会事务】 2010年，灵昆镇人民政府继续加大社会事业的投入力度。灵昆第一小学二期主体工程已竣工验收，基本完成灵昆中学改建工程，完成灵南小学二期扩建工程前期工作，市级合格社区学校创建已通过验收。在全区率先开展村务网上公开试点，建成镇级、村级两级网站。出台灵昆镇老年人协会财务管理暂行规定，村级老年人协会规范化管理得到加强。重视新型农村合作医疗工作，新农合参合率达100%。开展计生百日攻坚活动，计生工作继续得到加强。关怀帮助弱势群体生产生活，完成农村住房改造260户。强化文明镇村创建，创成市一星级文明城镇。举办5场广场文艺演出和灵昆首届农民读书周活动，放映数字化电影216部。建成双昆、周宅等4个村级农民书屋，建成王相村科技信息服务站。成功举办镇首届全民运动会，通过省级体育强镇创建验收。

【平安灵昆建设】 2010年，灵昆镇人民政府继续加强对聚众赌博的整治力度，成功打击处理“六合彩”案件。健全完善维稳工作机制，确保上海世博会期间没有发生重大案件和重点稳控人员前往上海及其周边城市滋事事件。重视和加强信访积案化解，成功化解3件信访积案。全面推进综治“网格化管理、心连心服务”专项行动，各村共提交受理各类事项188件，得到及时处置。落实出租房消防安全工作，全镇出租房整改率达98%。建立动态管理的安全生产网络，全年没有发生重大安全事故。

【灵昆廉政建设】 2010年，灵昆镇党委全面执行“十不准”规定，加强领导干部廉洁自律工作。开展机关纪律督查，加大干部的问效问责范围和力度。坚持厉行节约，推进便民中心建设和服务管理。加强对村干部的管理监督，开展村干部届中廉政谈话活动。严格执行村务监督委员会制度，深化村级集体三资管理。推进基层站所党风廉政条块共管机制，开展民主评议暨创建群众满意基层站所（办事窗口）工作，群众满意度有所提高。

【灵昆党的建设】 2010年，灵昆镇党委深化拓展创先争优活动。深入创建学习型党组织，创新活动载体，相继开展“干部夜学会”、“青年骨干论坛”和“午间微型党课”等特色活动，组织镇机关干部开展辩论比赛，切实提高机关干部思辨能力和学习积极性。加强村级组织建设，抓好村级组织换届前期工作，在全区率先完成村党组织换届选举。完成“四议两公开”工作法试点。促进后进村海思村经济社会的平稳发展。

表107：灵昆镇建制村（居委会）数据库

村（居）名	党支部书记			村民委会（居委会）主任				户数	人口
	姓名	出生年月	文化程度	姓名	出生年月	文化程度	是否党员	（户）	（人）
双昆村	吴炳光	1961年10月	大专	王体祥	1970年2月	初中	是	748	3048
上岩头村	张亦杰	1971年5月	高中	金德津	1958年9月	高中	是	673	2726
海思村	曾益林	1962年5月	高中	黄建云	1973年4月	初中	否	624	2360
沙塘村	麻显超	1968年1月	初中	林正春	1972年3月	高中	是	678	2553
王相村	郑宪松	1954年4月	高中	周志安	1970年3月	大专	否	391	1525
叶先村	夏岩兴	1954年4月	初中	姚宗浩	1963年10月	初中	否	513	2185
周宅村	周国枢	1953年10月	初中	周永飞	1963年1月	大专	是	476	1876
北段村	余忠义	1958年3月	高中	徐麟锋	1962年3月	高中	否	382	1649
九　村	周玉林	1965年8月	高中	翁光才	1968年6月	大专	是	632	2840
居委会				张建萍	1963年4月	高中	是	864	1217

表108：灵昆镇基本情况数据库

项目	单位	合计
总面积	平方公里	55.05
种植面积	公顷	1551.27
养殖面积	公顷	254.07
建制村	个	9
居委会	个	1
户籍人口	人	21545
外来人口	人	11000
农业产值	万元	13732
工业产值	亿元	6.77
财政收入	万元	3425
农民人均纯收入	元	12014
镇主要领导一览（表）		
党委书记	人大主席	镇　长
郑小强	余新庭	韩包强
镇机构一览（表）		
机构设置	纪委、组织（农村工作指导员办公室）、人武部、工会工委、妇联、团委、党政办公室、经济发展办公室（劳动保障所、安全监察中队、统计信息中心、农技责任推广服务站）、社会事务办公室、人口与计划生育办公室、综合治理办公室（司法所、禁毒办、人民调解办公室、信访办）、城镇建设办公室（城镇环卫管理中心）。	
编制状况	行政编制数23人，事业编制数28人；调出5人，调入3人；年度在岗总人数53人。	

表109：灵昆镇2010年规模以上企业

序号	企业名称	负责人	主要产品	员工（人）	全区排名
1	温州万年混凝土有限公司	黄成钦	商品混凝土	225	50
2	温州市安尔顿电器有限公司	黄崇生	电吹风	66	393
3	温州耐斯康护用品有限公司	项丽丽	劳动防护用品	110	644
4	温州华亨服饰有限公司	麻巧忠	西服	60	691
5	温州市达仕明光学有限公司	胡良献	眼镜	108	743
6	温州市利金王箱包有限公司	姜祥顺	箱包	108	783
7	温州市龙湾顺发服装有限公司	高玉平	西服	102	817

【灵昆镇2010年大事记】

1月4日　中共灵昆镇第十二届委员会第四次代表大会召开。

1月8日　灵昆镇第十五届人民代表大会第五次会议召开。

1月22日　镇政府迁入新行政办公大楼。

2月20日　镇政府召开在外灵昆人联谊会。

3月24日　镇政府举办“温州美丽乡村游暨首届灵昆油菜花节”活动。

4月9日　龙湾区村级组织“四议两公开”试点工作在灵昆镇举行。

4月27日　公交67路（灵昆王相村—龙湾人才市场）开通。

4月29日　灵昆镇便民服务中心正式运行。

4月　龙湾区村务网上公开在灵昆试点。

6月9日　市区首个乡镇交通管理工作站成立。

8月　灵昆镇完成省级生态镇复评。

9月19日　灵昆第一小学金州大礼堂落成。

11月23日　灵昆镇通过市一星级文明城镇验收。

12月24日　77省道延伸线龙湾至洞头疏港公路动工仪式在灵昆举行。

龙湾民间文化活动

综　述

龙湾区群众自古留传的自娱自乐活动中，感恩祈福宗教色彩浓厚，以春节活动为高潮，喜庆人寿年丰又预祝新年福祉。尔后以庙会戏为主，形形色色活动断断续续，贯穿于一年四季。

正月抬佛

【概况】 “抬佛”即神像出巡，以祈求地方平安吉庆。正月初十有永昌堡的地主爷、郑老爷。十四、十五有下垟街至七甲的东岳爷、玄坛爷、郑老爷、水城隍爷、地主爷、海神爷。正月十六有茅竹桥的玄坛爷、关老爷、许府真君。正月廿七有梅头的东岳爷、硐主爷、地主爷、陈十四圣母。神像出巡是一次盛大庙会，唱词演戏，商贩云集，挨家招朋邀友，合地欢腾。

【永昌堡抬地主爷、郑老爷】 地主爷即东瓯圣王驺摇，郑老爷即郑使候王郑铮。两尊神像均寄驻堡内民家。每年正月初十巡游，后变换驻所。初九白天由头牌执事在轟锣开路下，巡视翌日抬佛路线一周，称“扫街”。新驻户主人在地方父老陪同下，持香烛前往老驻户神像前点上香烛。晚上再去神前举行祈祷“接香”仪式。初十神像出巡。先由两顶16人抬的大轿，分别前往老驻户接地主爷、郑老爷到南门巡检司内，至辰时巡游开始。在礼炮鼓乐声中，以身穿五色彩衣的头牌执事，轟锣长号组成的仪仗队为前导，继之为香炉、吹打班。最后是坐在轿内的地主爷、郑老爷神像，各由8位盛装老人手执黄旗，口呼“威——武”簇拥着。从南门到北门来回巡游三次，观众夹道欢呼。至午时在囱头“松梅竹”各房小宗前接受“路祭”参拜。午后分成南北两路，郑老爷南巡出城至李浦桥上，地主爷北巡出城过英桥至灰炉湾。各调头返回堡内，接入新驻所。

【七甲抬佛】 自下垟街到七甲寄驻民家的共有6尊神像，下垟街为东岳爷、玄坛爷、郑老爷、沙园水城隍爷、八甲地主爷、七甲海神爷。每年正月十四、十五神像出巡，叫“抬佛”。佛轿由珍贵木材如楠木、樟木、铁钞、铜钞外加真杉做成。高3～3.2米，宽2～2.5米，重约800公斤。轿杠长12米。轿分上下两段，上段为神座，高约2.2米，下段为底座，高约1米。神座由12条柱，菩提帽盖、椅、外加栏杆，插饰构成。精雕细刻、金碧辉煌、极尽华丽，下座为马腿狮爪，底盘沉稳厚实。十四日上午神像出位上轿。每日下午、晚上沿下横路街道，南起七甲门前垟（前社），北止下垟街范公桥。各抬一趟，行程约3.5公里。以八甲地主爷为例：轿两杠分4段，每段3人。大社左杠前段，二社右杠前段，三社左杠后段，四社右杠后段。计12人；前后轿头脊各2人，轿头担各1人，计6人。合计18人。都为精壮劳力，尤其是轿头脊需身躯颀长之彪形大汉，起把握、纠正方向作用。外需抬香亭、打锣6人，背头牌、执事、旗子、灯笼10余人。海神爷由项、王、章三姓每姓派出9人，共27人，内18人抬佛、4人抬香亭、3人打锣。余2人机动。锣用敲中心、旁边、最外边分别响起“吭”、“段”、“蚩”3种声音，代表项、王、章三姓。背头牌执事10人，旗4人、高灯2人。十五是元宵节，晚上抬佛队伍中加入花灯。十四、十五抬佛是春节中的最大、最后一个群众文体活动，挨家设宴待客，过年的喜乐气氛达到高潮，每尊神像旋即迁入新居。过后便是“年也过、节也过、正月十八落灯鼓”。

【状元“铲桥佛”】 茅竹岭沿江的状元桥、茅竹桥一带，有玄坦爷、许府真君、关老爷三尊神像，寄驻民家。正月十六出巡，随后转换驻所。三尊神像均为珍贵木材雕成，大小状人。四肢可活动。便于穿戴袍服。正月十六举行祭祀仪式后，由仪仗队开路，轮流由四位精壮后生抬着坐在椅上的神像，在当地父老簇拥下，鼓乐喧天，巡游各村。其间还伴有板凳龙滚舞，俗称“龙盘佛”。过桥时要在桥上来回“铲”（快速冲刺）三五趟。逢民居前道坦要兜一圈，寓意“朝朝（桥）平安、圈圈生旺（人口平安、六畜兴旺）”。自晨至晚，行程约十来华里。

【梅头会市】 会市为正月二十六、二十七、二十八3天，以二十七为“正日”，除有中星村的东岳爷，邱宅村的硐主爷，上涂村的地主爷，西一村的陈氏圣母出巡外，九个村（除屿门村外）有8个戏台演戏，还有抬阁、舞龙、花灯等活动，商贾云集，名闻遐迩。自清乾隆年间至“文化大革命”前200多

图113：4月15日，举行庆贺东岳泰山寿诞活动。

年中盛传不衰。改革开放后又恢复。3天中每天下午3时开始，三尊神像出巡（上涂村的地主爷与西一村的陈氏圣母按年轮流），巡游遍梅头的9个村。每天早上有两种抬阁巡游，中星村为千秋阁，高约15米，上有十余位儿童化妆成戏曲人物，固定在转轮上凌空旋转。西一村为抬阁，高约12米，上有表演台，在乐队伴奏下演出戏曲故事。过西门城门要拆开门洞，所以西门城门要年年拆建。晚上有东岳观的火龙活动。长13节、篾制纸糊，每节长1.2米，直径0.6米，内点蜡烛，舞遍各村，至廿八夜在东门岩头（原入海陡门所在地）焚化——龙入海。

闹元宵

【概况】 龙湾民谣："正月灯、二月鹞、三月麦秆做吹箫"，春节活动的物化特色是"灯"。而灯的高潮是正月十五"元宵"，故号称"上元节"的"元宵"又有"灯节"之称，元宵闹花灯是新春佳节中的"压轴戏"。邑境历经南宋乾道二年（1166）洪灾、明代嘉靖倭祸，人丁鼎盛成为社会发展的第一需求。灯，正寄寓着人们对人丁兴旺的希冀与祝愿，所以历年"元宵闹花灯"，成为龙湾民间的群体性自觉行为，如"海城灯市"、"石浦大龙"、"三都花灯"、"东坦板凳龙"、"上吴鱼灯"、"蟹爬龙"、"状元板凳龙"。清代下垟街人张子容有"美节从来点上元，家家蜡炬待黄昏"诗句即其写照。

【海城灯市】 明清时即有"海城灯市"之誉，为《永嘉场十七景》之一。邑人有诗赞曰："万人空巷迎庙会，十里堰堤闹元宵"。入夜，参加巡游的东岳爷、玄坦爷、郑老爷、水城隍爷、地主爷、海神爷6尊神像均以"头牌灯"领头，后继仪仗队、花灯队、乐队、神像轿座。间或有打火球开路、灯鼓亭乐队断后。头牌灯4盏，木框构成灯箱：约0.9×0.8×0.3米。有柄米许，可背。灯箱白纸糊，上写"风调雨顺"、"国泰民安"、"合社康宁"、"××圣（侯）王"等字样。内点一对蜡烛。紧随仪仗队，有上写"肃静"、"回避"、神名的头牌，龙头、刀、钺、矛等礼仪器械。流光溢彩的花灯有鱼灯、禽灯、兽灯、昆虫灯、人物灯，最多的是花篮灯。如水城隍爷为沙园村四社100多户所有，每户一灯，计百余灯。其余4位神像也均有花灯百余。自下垟街至七甲的几千户人家中，不少人家携灯上街。七里长街，灯如海，争艳斗巧；人似潮，笑语欢声。清人张子容有《海城灯市》描述其盛况："永兴俗于上元节迎神，前后凡七八夜，凡十余社。社各崇其神，神各张灯百余。每夜灯盛至万余，少亦数千，贯鱼阛市。又有灯棚火树，明月之下，星球灿烂，笙乐殷作，歌曲沸声，无愧嘉会矣。"此俗新中国成立后停止。

【石浦大龙】 "大龙"是特大特长的龙灯。龙头硕大如稻桶（高3米、长4米、宽2米），重达250公斤，需10人抬。龙尾长4米、径1米，重约150公斤，抬需8人。龙身为18档，每档长约1.2米，径0.6米，一人一档。头、尾、身均以木竹为架，龙头、龙尾蒙以真丝布，张须扬鳍，威灵显赫；龙身布裹，彩鳞斑斓。全长100余米，共需100多人抬着逶迤前进。

石浦村（又名陡门）中有一始建于明嘉靖三十七年（1558）间的"忠烈庙"（俗称"陡门殿"），供奉郑使候王郑生。候王生于南宋乾道乙酉年（1165）正月十五日，爱乡爱民，捍卫海疆，在抗暴平寇中壮烈献身，被封为神。"乙酉"为"鸡年"，故每逢该年的正月十五候王诞辰，石浦村都要迎大龙、放花灯3天，以示纪念。十二生肖轮回，故每隔十二年（也有例外，如1986年）举行一次，相传已400余年。大龙出巡要在陡门殿中先举行仪式。后整队出动。先是由敕令、头牌灯、仪仗、香炉、灵牌组成的"头站"，继以鱼灯为主的各式花灯，大龙断后。大龙不能舞，只抬着巡示，每逢户外香案，参鼓先生唱贺词，双方父老祭拜，大龙则头尾居中，龙身绕三圈围住头、尾，众鱼灯跳跃作舞。逢院子里的香案，则大龙停在大门外，头站和鱼灯进内，举行祭拜和舞蹈。

当年的巡视对象一是同姓宗亲、上代姻亲；二是本村外嫁女儿娘家；范围东至宁村、沙村；西至底岭下、龙湾；北至蓝田；南至三都。石浦的大龙巡游新中国成立后停止，改革开放后恢复。1986年、1993年和2005年已举办3次。现在春节休闲时间变短，迎大龙放花灯要占用村中大量劳力，故2005年改为正月初一始，初五结束。2005年巡游民间集资152万元（实际花费118万余元），男女老少齐动员，参与人数达1500余人。大龙全长130多米，运用电子元件自动化控制技术，定时变换出"红、黄、绿"三种颜色。近看光彩夺目，鳞鳍璀璨；远看金碧辉煌一条蜿蜒游动的蛟龙。花灯种类繁多，五彩缤纷。有大型彩龙灯、彩凤灯、彩龙船灯、金鸡灯、抬阁灯、十二生肖灯、走马灯、八仙过海灯、仙女下凡灯。各类鱼灯64盏、人物灯80盏，所有灯彩均改蜡烛为电灯，30辆汽车拉着30部发电机随队发电。一路电光闪烁、火树银花，照亮半爿天空，倍添花灯光彩与魅力。28个歌舞节目中融进了禁毒系列宣传，显示时代色彩，此外尚有大鼓队、铜鼓队、腰鼓队、民族细乐队，巡游队伍长达2公里，一路载歌载舞，两旁人山人海，爆竹焰火连天，鼓乐欢声动地。正月初一巡游在永中街道辖区内永中范围；第二夜经永昌堡、度山后转七甲至康一；第三夜沿机场大道至龙湾、底岭下、瑶溪、青山；第四夜由衙前经水潭至下垟街到宁村、蓝田；第五夜在本村。

【三都放灯】 三都放灯始于明代嘉靖年间，当年张璁有幼女嫁于寺前街油车巷朱家，女婿朱邦彦在家务农。张家为抬举白衣女婿，每年放灯先到油车巷。又一说谓那年“头家”有女受聘于油车巷，婚期在元宵节前，女要看过灯“出阁”。为不误婚期，父答应第一个路祭到油车巷，从此照例仿行。

三都放灯的主神是村中天仙宫卢氏圣母，俗称“三都宫娘娘”。全村7个自然村称7个“庄口”，大池潭、桥南、中川三村略小，合做两份。车驾巷、桥北、沧头上、五宅井各为一份，轮流做东。每两年放灯一次。放灯队伍的前导称“头站”，有一杆高达8米，上书“勅令护国佑民孝佑元君卢氏圣母花灯花龙驾巡”的条幅，俗称勅令。四盏头牌灯、对号、一对纛锣、头牌执事、众父老拥簇的香炉、灵牌。中间为花灯队伍：领头为荷花灯、继为戏曲人物灯、最后孩童背的鱼灯。合计百余盏，外有众多手擎蜡烛的外地拜卢氏圣母为“亲太”的“亲儿”们。最后是苎布为皮的太平龙。常有外地的吹打班、灯鼓亭自愿来加盟，组成了一支数百人，色彩璀璨、鼓乐喧天的灯的长龙。正月十三始放灯，十五结束。每天下午3时参与者集中天仙宫内点香。5时出发。第一夜到油车巷、寺前街、寺后、沧头下，第二、第三夜都在三都本村巡游。沿途姻亲、大店，各摆香案迎接。三都本村一家一香案。每夜闹到更深夜阑。

三都花灯到新中国成立时中止，改革开放后，放过两次，1985年、2005年各一次。2005年的花灯巡游为历史上规模最大、档次最高的一次，民间共集资200余万元，邀四川技师30人，历时4月，制成各类花灯56组计100余盏。正月初三开始，初七结束，巡游范围南迄三甲，西至瑶溪，北及后陈，东到永兴。行程累计达100公里余。每天出动约2000余人，政府派出民警、协警200来人维持秩序，巡游队伍长达4里。沿途香案相接，爆竹焰火连天，灯月交辉，万人空巷，大罗山下成了不夜天。

【上吴鱼灯】 上吴为寺前街西边一个小自然村（今属寺西行政村），为吴、叶两姓聚居地。新中国成立时约70来户，务农，主要副业是“担行贩”（鱼贩），渔业丰收成为全村人的祈盼。故每年正月十二、十三闹龙灯时，结合闹鱼灯。除各种鱼类外，尚有虾、蟹、“乌贼”众多水族花灯，琳琅满目，栩栩如生，世代流传。正月十二上午举行迎神仪式，先将村中郑老爷殿中的郑使候王香炉与神座请入吴氏宗祠，又往北山杨府殿迎来永强宫主杨府爷香炉、神座。下午在吴氏宗祠中举行隆重的“点灯”（村民称“点香”）仪式。以后以拥有杨府爷、郑老爷勅令、香炉、神座、鼓乐的仪仗队为“头站”，中间随着数十上百的各类鱼灯，最后是拼字龙灯。以寺前街为中心，用两夜周游遍西湖、上黄、西张、巷底、寺后、北头桥处、上金、宅前、新殿后、北山下诸地方。各地合社与上吴姻亲各摆香案迎祭。以后要择日“完香”，护送郑老爷、杨府爷回庙。新中国成立后，此俗停止。

【东坦板凳龙】 东坦位于寺前街西北，为姜姓聚居地，新中国成立时约80来户，村中有姜氏宗祠、陈氏圣母宫。历年正月十二祭祠堂，十三日圣母宫出动板凳龙。板凳龙全长约60米，木质，精雕细刻。龙头、龙尾以木为架，辅以竹篾搭扎，蒙以真丝布。铺金贴银，精美绝伦。龙头重达100余公斤，出巡时需8人抬，龙尾重约50公斤，需4人抬。中间36档，上装水浒108将雕像，生净旦丑，个个惟妙惟肖。平均每档3位，外加一灯笼。档长1.5米，档与档之间以两端凿孔插入木栓以连接，左右旋转自如。每档一人扛在肩上。正月十三下午3时许，参与人员集中在娘娘宫内参加祭拜“点香”，仪式隆重。各档点亮灯笼，在“头站”开路下，以两夜时间，遍游寺前街附近村落，第三天下午去访问海城东溪村姜氏宗亲。先用船运板凳龙到梅头码头，然后上岸整队入村，姜氏宗祠有隆重香案迎祭。东坦板凳龙新中国成立后停止，1958年“公社化”时，板凳龙被劈为木柴，作了公共食堂燃料。

【岭上板凳龙】 茅竹岭上状元镇、蒲州街道两地，元宵盛行板凳龙，基本上村村、殿殿都有。状元镇有20多条，如状元桥村的下市、前泮、桥底、茅竹桥、前岩各自然村各有一条，蒲州街道有5条～6条。状元镇的板凳龙又名龙档。龙头、龙尾仿渔船状篾扎纸糊，中间为18节板凳状（也有24节）连接的木板，故名“板凳龙”。龙头以一株巨大茅竹的主干，两头弓起。用竹篾扎成一艘长5～6米，高2～3米，宽1.5～2米的船形。船头高挺一龙头，张口、瞪目（两盏小灯笼）、扬须。巨大的面额中写“王”字，两旁各画一飞龙。血盆大口下装有喷火花的“万花筒”。船上亭台楼阁，头牌执事，船两旁布遍戏曲人物、花鸟走兽。熊熊烛光映照下异彩纷呈、琳琅满目。巡游时需八九个壮汉杠抬。龙尾也篾扎纸糊，长约2米，圆形，径0.8米左右，彩鳞斑斓，一人背着走。20世纪40年代御史桥有一哑巴艺人扎的龙头、龙尾精美绝伦，名闻遐迩。中间18节（或24节），板长1米许，宽约20厘米。上安一灯笼，写着“太平灯”，一三角小旗。每档两端有孔插木栓相连，一人肩扛一挡。挡板首尾以一粗绳相连，两头人拉，起节制龙档行动作用。

【蒲州板凳龙】 蒲州板凳龙的龙头、龙尾较状元的更为硕大精致，称“蟹爬龙”。各庙的板凳龙一般在正月十二始灯——点亮龙头上当眼的灯笼，下午在神前举行隆重的祭拜仪式，点亮龙头、龙尾、龙档上的所有蜡烛。在勅令、头牌执事、香炉、神座组成的“头站”带领下，一路鼓乐喧天，号角长鸣，灯光斑斓，人们前呼后拥，开始巡游本村和周边村庄。沿途社众、宗亲、姻亲摆香案迎祭。十三夜各庙的板凳龙更是彻夜欢腾，至十四日凌晨烧化纸扎的龙头、龙尾，祷告神灵，圆香结束（蒲州街道有十八日结束的）。

此俗新中国成立后、“文化大革命”前曾停止多年，改革开放后重新兴起。板凳龙活动在继承的基础上，有了长足的创新，规模更大，档次更高。板凳龙制作更精致、气派。纸扎的龙头、龙尾妆金缕银，上面的亭台楼阁、人物花鸟争艳斗巧，更加热闹。原来木制的简易龙头、龙尾，现在换樟木精制的了。如状元村三港殿2008年的龙头高约2米，长约4米，宽约1.5米，昂首长天的龙头上鹿角、狮鼻、虎口、豹眼、马腿、鹤爪，金碧辉煌，威灵显赫。龙头后是3座雕梁画栋的精巧楼台，最高的七层，层层有戏曲人物，栩栩如生，富丽堂皇。巡游的内容更丰富，除原有的以勅令、仪仗、香炉组成的“头站”和板凳龙外，更加进了舞蹈、腰鼓、乐队；增加了各类鱼、鸟如彩凤灯、鱼虾灯等花灯，有些龙灯灯内的蜡烛都变换为电灯了，尽显盛世的“歌舞升平”兴旺景象。

【灵昆板凳龙】 清光绪二十八年（1902）农历六月十八日，灵昆岛遭遇特大洪灾，全岛田园屋舍漂洗一空，罹难20多人，灾后田园荒凉。温州道台童兆蓉亲莅救灾，以7个月时间督造千余米长海堤，保灵昆岛安全。岛民在海思码道造“童公亭”。1904年亭成，舞龙庆功。从此灵昆岛上有板凳龙。灵昆的板凳龙头、尾为竹扎纸糊，制作精致，一般为当年“圆香”（也有留用两年、三年的）焚化。龙身木制，永久留用。全岛有板凳龙12条（王相、叶先两村各2条），历年都是初八开始，元宵节后结束。近年来改为正月初二即开始了，2008年全岛有10来条。板凳龙巡游前要举行“起灯”仪式、参鼓先生唱开坛歌。

板凳龙从民屋东首进入道坦，动作要听鼓令，鼓有紧板轻打，慢板重打。进宅打鼓序次是：擂三通鼓——调向催鼓——擂三通鼓——参龙鼓（开头唱慢板，中间唱中板，最后唱快板，一般七字一句）——擂三通鼓——游垟鼓——擂三通鼓——收香鼓。鼓止、龙停，龙头转向，顺逆各三圈后，灯板跟随龙头出宅。

图114：灵昆板凳龙。　　（江国荣摄于5月30日）

曲　艺

【概况】 20世纪50年代前，乡间生活枯寂，遂产生多种多样以卖艺谋生文艺形式：有吹打班、鼓词、打花鼓、唱道情（即打莲花）、唱龙船儿等。除吹打班、唱词外，其余都属上门行丐性质。50年代七甲不足800户，从事曲艺（唱道情、打花鼓、唱龙船儿、唱门头词）行丐约10人，永强片区约100人左右。

【吹打班】 吹打班为民间红白喜事、祠庙庆典有偿服务乐队，乐器为管弦及打击乐器，故名“吹打班”。一般由5人组成，分唱生、旦、净、丑，角色较固定。乐器有锣、鼓、铙、钹、鼓板、琴、箫、笛、唢呐。一人兼使多样乐器，边奏边唱。曲调均源于道教音乐，常奏曲目有《集锦头通》、《梅花三弄》、《步步高》、《百家春》、《万家欢》、《龙虎斗》、《柳青娘》等。常唱京、昆、乱弹等剧种的流行节目《白蛇传》、《珍珠塔》、《薛刚反唐》等。中华人民共和国成立前，各村庄无完整班子，要互相拼凑，境内有5～6个“班”。较著名的艺人有范德浩、戴顺善、张阿扁、项金　等。每做“一个日”（即一个喜事），报酬为每人3～5枚铜元，山边人家有给几斤番薯丝的。随着社会进步，“吹打班”发展到20个左右，2006年出现以全区30多位民间器乐爱好者组成的“龙湾区民乐团”，乐器除传统的外，增加扬琴、笙、月琴、提琴、铃鼓、琵琶、撞铃等新型乐器，在演奏传统节目的基础上，自创了《腾飞的龙湾》、《东海渔歌》、《春节随想曲》等乐曲。受邀于区、市的各种聚会演奏，并多次在省市获奖。

【唱道情】 唱道情要两人合作，为卖艺行丐最简单、最易掌握的一种形式。工具是“道情筒”，竹筒制，长约80厘米，一头蒙上猪油皮；另为一副“莲花夹”，竹片，6×10厘米，用绳索相连。一人主唱，一人帮腔。歌词多为七字句，主唱者唱到第6字时，帮腔者接过最后一个字，并伴以“里啊，里啊，里拉里呐”尾腔；第二句接腔时则唱“里啊—里拉，妙登翻”。一唱一和，气氛热烈，最受人欢迎。常唱节目有《高机与吴三春》、《黄三凫与林定郎》（即金丝果盆）、《水满温州城垛凿》（即双仙斗）等。20世纪40年代，区境专事唱莲花艺人一二十人，逢荒年，搭伙游唱，早出晚归度荒。外地来游唱的也大有人在。至60年代，“唱道情”一度由民间沿门行丐向登台演唱发展，有司南的陈仲良、陈莲莲夫妇，二都的王成环、章阿花夫妇登台演唱长篇小说《红岩》、《女儿风尘起》等作品。至80年代，街坊间的唱道情曲艺消失。

【打花鼓】 打花鼓也为上门行乞的卖唱行为，单人，均为女性，工具是一小腰鼓，一小锣，唱词曲调仅四句，夹以锣鼓，节奏为：“咚——咚咚——锵，咚——咚咚——锵，咚——锵，咚——锵，咚——咚咚——锵。”女艺人右肩斜背腰鼓至左腰际，右手握鼓槌，左手提小锣，每至一户人家门头，锣鼓一响，主人家即会端出凳子，落座后的艺人置鼓于左膝大腿，左手用肘压住腰鼓，手掌提小锣，手指夹锣槌，右手握鼓槌往左敲鼓，左手指使槌敲锣。一般节目有《孟姜女送寒衣》、《阿唐儿担饭》、《方卿见姑》、《高机卖绡》及民歌《百样鱼名》等。永嘉场以打花鼓谋生的有10余人。三都女盲人方高妹是80年代的最后一位打花鼓艺人。

【唱龙船儿】 唱龙船儿背着龙船模型，走街串巷上门演唱卖艺。故称“唱龙船儿”。“龙船儿”长约米余，头尾仿龙船，木板制，中间为宫殿状，内设“陈十四娘娘”神座香炉，船下设4只脚，似凳，下挂单皮鼓板、铜锣，可背着走，是一座小型行走着“太阴宫”。有民谣曰：“四柱屋三间，上面一对对风流幡，请佛先生站后面，行头家生一担担。”一般是两人，一人背龙船，演唱，另一人挑担收纳香金（薯丝或大米）。笃信神佛的人家往往会虔诚地在“龙船儿”的陈十四娘娘的神座上上香点烛参拜，艺人在常唱的祝福词在外，就加唱有关陈十四的词文，酬谢的香金也就丰厚了。民国期间有梅头锦树，曾登台演唱大部头的龙船词书《水满温州城垛凿》名扬城郊。新中国成立后龙湾区较有名的是上朱垟的朱庆星，曾推陈出新唱过《永强美景规划》：“大河两岸稻谷香，横河下面红糖甜，大罗山下机器响，大罗上满牛羊。蓝田码道渔轮到，鲜鱼如山销售畅，沧河沙前读书声，广播电视电灯明。”

【唱词】 “唱词”是登台演唱，是“门头词”的发展与提高。一部词除道白外约2500句，要默记在心，边操琴敲鼓击拍，边吟唱。道白要仿生、旦、净、丑音调。一场演唱达4～5小时。“台”为一方桌，上置词师座位，一倒置方凳，四足交织绳索，放扁鼓、牛筋琴。开唱前场外要鸣炮（爆竹）三声，词师登台先“请神”、唱贺词（打八仙）唱词头（折出）再唱正本，结束时场外又鸣炮三声。传统乐器仅鼓、琴、拍，近代增添梆子（抱月）。20世纪50年代每场酬金为1元左右，2007年每场提高到2000元，最高8000元。新中国前，词师基本是盲人，南宋陆游有“负鼓盲师正作场”句。50年代区境有30多位词师，只有张鹤森、陈金东两人为五官、四肢周全的健康人。唱词都是各神殿主神寿诞的祝寿活动。一般至少唱三天六本词，多的5～7天不等，上规模的神殿殿内设场，规模小的神殿殿外临时搭棚设场，每年一次，千秋流传。

【唱大词（唱灵经）】 唱大词（唱灵经）专指在陈氏圣母“太阴宫”中唱的酬神鼓词，也称《南游传》，俗名唱灵经。全区30来座太阴宫，都有唱大词习俗。每次7天7夜，开唱后要连续唱3年。以灵昆岛最流行，有双昆、王相、上岩头、北段等处，其他有石坦、底岭下、上黄、永昌堡、司南、金岙、山北等处。唱灵经仪式庄重，开始称“立坛”，最后要“圆经”。开坛时，圣母神像要出位至中堂。设神座遍请上、中、下三界神仙与当地八方神灵入位。左右戏台柱上要绕一对纸扎白蛇。词师两人，一主唱，一助唱。乐器除常用的牛筋琴、扁鼓、阴阳板外，还要大锣、大鼓、龙角。鼓词《南游传》，叙述福建莆田女子陈十四学法与收妖故事，曲调雄浑简朴，高亢凝重。开坛时，助唱词师身穿长袍登经台，首事中由一德高望重，福禄双全者执香率众参拜。先唱“净心”、“净口”、“净身”、“解秽”四咒，后脱长袍坐唱贺词，再由主唱词师接唱正文南游传。根据情节发展，要适时敲打大锣大鼓，以烘托激烈场面。紧要危急关头由助手吹响龙角，激越凄烈，全场振奋。在唱到观世音、陈十四出生和两位菩萨“下阴”时，全场听众在词师引领下要焚香躬拜，叫“顶香”，气氛肃然。第六天“斩白蛇”。由一胆大村民从词师手中领过“圣母令箭”，上戏台先斩蛇公、后斩蛇婆。纸扎“白蛇”颈部事先装有一内灌红水的蒲瓜，手起刀落，蒲瓜随蛇头被斩为两截，“血”流如注。卸下白蛇残躯火化。第七天晚上“圆经”，焚化所有祭品，送神仙回府。7天（日夜）酬金2007年为4万元～10万元。

庙会戏

【概况】 各地神庙多有一年演一次戏（以祝寿为多）习俗，以感谢神灵“庇佑”，祈求来年福祉。一般演戏3天以上。土改前有庙产土地可供开支，土改后赖善男信女乐助。改革开放以来各地均由企业家赞助，一呼百应，盛况空前。演戏前有祭祀仪式，迎接附近各神庙主神香炉神位莅临，以邀“众神共享盛典”。开演要“打八仙”，“打八仙”时，乐助戏金者要上台从“招财爷”手中接过金元宝，以“讨彩”。接着是“三阕戏”，以后是“正本”，剧终称“团圆”。最后一夜“团圆”时有“关老爷洗台”，一饰关公演员先持大刀舞遍全台，以“破煞驱邪”，然后众人推开台中央活动台板，以示戏已演毕，“神灵鬼怪远退”。还各庙香炉神座。演戏时，村头巷尾张灯结彩，家家摆酒邀客，四方商贩云集，遂成集市。故演戏即庙会又称“会市”。

图115：2月17日，龙湾民间唱戏活动。（项绍雄/摄）

表110： 龙湾区各寺庙演戏情况一览

村名（地点）	庙会名称	日期（农历）	始自何时	现状	备注
永中寺西村	杨府庙会	正月初五～十二	民国前	一年一次	祭杨府圣王
瑶溪环一村	姚六元帅庙会	正月初六～初八	民国前	一年一次	祭姚六元帅
海滨蓝田村	姚家汇庙会	正月初六～初八	民国前	一年一次	
沙城永福村	东岳观庙会	正月初八～初十	清、乾隆	一年一次	忠靖圣王
海城东溪村	太阴宫庙会	正月十一～十三	民国前	一年一次	
蒲州江前村	陈宅祠堂庙会	正月十三～十五	民国前	一年一次	祭祖先
蒲州汤家桥	集福堂庙会	正月十四～十六	民国前	一年一次	圣母寿诞
永兴祠南村	震城堂庙会	正月十一～十三	民国前	一年一次	
灵昆北段村	双合宫庙会	正月十五～二十一	新中国成立前	一年一次	
海城上涂村	瞿宁观庙会	正月二十五～二十七	新中国成立前	一年一次	
海城	东岳庙会	正月二十七～三十	新中国成立前	一年一次	
瑶溪金岙村	双连观庙会	正月二十八～三十	新中国成立前	一年一次	
蒲州屿田村	史宅祠堂庙会	正月初三	新中国成立前	一年一次	祭祖先
海滨蓝田村	东欧王庙会	正月二十二～二十六	2001年	一年一次	
海滨建新村	村社戏	正月十四～二十一	新中国成立前	一年一次	
状元御史桥村	玉灵庙会	正月二十五～二十七	新中国成立前	一年一次	
蒲州江前村	玄坛爷	正月十四～十六	新中国成立前	一年一次	元坦爷
永中普门村	天仙宫庙会	二月十三～二十	新中国成立前	一年一次	祭庐氏娘娘
永中度山村	东瓯王庙会	二月十九～二十三	新中国成立前	一年一次	祭东瓯王
永中寺西村	太阴宫	二月十一～十七	新中国成立前	一年一次	祭陈十四娘娘
永中新城村	杨府庙会	二月二十一～二十五	新中国成立前	一年一次	祭杨府圣王
蒲州上江村	平水观庙会	二月初二～初五	新中国成立前	一年一次	
蒲州上江村	仁济观庙会	二月初八～初十	新中国成立前	一年一次	
蒲州屿田村	平水观	二月初二～初四	新中国成立前	一年一次	
蒲州屿田村	许五殿	二月十四～二十五	新中国成立前	一年一次	祭陈十四娘娘
蒲州下埠村	郑宅祠堂	二月初五～初七	新中国成立前	一年一次	祭祖先
海滨城东村	城东社戏	二月初五～初九	待查	一年一次	
状元石坦	南岸社戏	二月份三天	新中国成立前	一年一次	
状元石坦	岩岸社戏	二月份三天	新中国成立前	一年一次	
瑶溪龙湾区	龙岩宫	二月十五～十八	新中国成立前	一年一次	
瑶溪河滨村	太阴宫	二月十七～十九	清末	一年一次	陈十四娘娘
瑶溪黄石村	北山宫	二月份三天	清初	一年一次	
沙城庄桥村	三港观	二月十五～十七	清乾隆四十年（1775）	一年一次	三港大圣
沙城七四村	太庐宫	二月十三～十五	不详	一年一次	庐氏圣母
沙城八甲村	太阴宫	二月十五～十七	清、光绪	一年一次	陈十四娘娘
天河垟心屋	水仙宫	二月十八～二十	新中国成立前	一年一次	
灵昆海思村	五福庙	二月份三天	新中国成立前	一年一次	
永中石浦村	春泽乐园社戏	三月初五～十二	新中国成立前	一年一次	
永中朱垟村	东瓯王庙	三月初七～初九	新中国成立前	一年一次	祭东瓯王
永中刘宅村	白鹤观	三月十七～十九	新中国成立前	一年一次	
永中镇北村	吴氏大宗	三月二十一～二十七	新中国成立前	一年一次	
蒲州江前村	玄坛爷	三月十五～十七	新中国成立前	一年一次	玄坛爷
海滨蟾钟村	玄坛爷	三月初九～十八	1978年	一年一次	

续表1：

村名（地点）	庙会名称	日期（农历）	始自何时	现状	备注
海滨教新村	玄坦观	三月二十～二十七	待查	一年一次	
永兴乐一村	玄坦观	三月初五～初七	新中国成立前	一年一次	
永兴永民村	元旦殿	三月十五～十七	新中国成立前	一年一次	
永兴沙园林	宣灵观	三月初四～初六	新中国成立前	一年一次	
海城西一村	永瑞宫	三月初八～十一	新中国成立前	一年一次	地主爷
海城西一村	东岳观	三月二十八～三十	新中国成立前	一年一次	
状元石坦村	北岸社戏	三月份三天	新中国成立前	一年一次	
瑶溪白楼下村	镇海观	三月份三天	新中国成立前	一年一次	
沙城永阜村	元坦观	三月十五～十七	新中国成立前	一年一次	元坦爷
天河二甲村	祖师爷殿	三月初三～初五	新中国成立前	一年一次	
灵昆九村	永乐宫	三月份三天	新中国成立前	一年一次	
永中下湾村	杨府庙	四月初七～十一	清朝	一年一次	杨府圣王
永中桥北村	新殿	四月初十～十四	新中国成立前	一年一次	祭张、金二圣
永中新联村	东园观	四月十二～十三	新中国成立前	一年一次	
海滨宁村	太阴宫	四月十二～十四	清嘉庆六年（1801）	一年一次	
海滨宁村	三王观	四月十三～十五	清光绪二十七年（1901）	一年一次	
海滨江一村	太阴宫	四月二十一～二十七	1998年	一年一次	
永兴榕树下	八大观	四月初九～二十八	新中国成立前	一年一次	
永兴永乐村	安乐观	四月初十～十二	1987年	一年一次	
瑶溪镇白楼下	二圣观	四月十八～二十	清初	一年一次	
瑶溪镇龙东村	广济观	四月二十八～三十	清中期	一年一次	
天河前房	清峰宫	四月二十一～二十三	新中国成立前	一年一次	
永中上京村	后京观	五月十三～十八	新中国成立前	一年一度	
永中下湾村	杨府殿	五月十七～十九	清朝	一年一度	杨府圣王寿诞
蒲州下埠村	关圣庙会	五月十三～十五	新中国成立前	一年一度	关圣帝君寿诞
永兴萼芳村	灵帝庙	五月初一～初三	新中国成立前	一年一度	
海城中星村	杨老爷殿	五月十八～二十	新中国成立前	一年一度	杨府圣王寿诞
海城东门村	杨老爷殿	五月二十四～二十六	新中国成立前	一年一度	
状元东垟地方	三星殿	五月十八～二十	清朝	一年一度	
状元横街村	杨府殿	五月十八～二十	新中国成立前	一年一度	
瑶溪底领下村	洪崖殿	五月三天	明初	一年一度	
瑶溪黄山村	杨府殿	五月十八～二十	宋朝	一年一度	杨府圣王寿诞
沙城七一村	沙城观	五月十三～十五	明、洪武	一年一度	
沙城沧宁村	杨陈观	五月十八～二十	清嘉庆三年（1798）	一年一度	杨府圣王寿诞
天河司南村	三宝殿	五月初八～初十	新中国成立前	一年一度	
天河天津村	三港殿	五月初一～初三	新中国成立前	一年一度	
天河蒲门村	娘娘宫	五月十八～二十	新中国成立前	一年一度	
灵昆叶先村	天后宫	五月二十二～二十四	新中国成立前	一年一度	
蒲州下埠村	令公庙	六月二十三～二十五	新中国成立前	一年一度	
海滨宁村	汤和庙	七月十三～十五	明嘉靖七年（1528）	一年一度	纪念汤和
海城邱宅	硐主殿	七月二十二～二十四	新中国成立前	一年一度	
海城岐门村	硐主殿	七月二十五～二十七	新中国成立前	一年一度	
沙城七三村	太阴宫	七月十五～十七	明末清初	一年一度	

续表2：

村名（地点）	庙会名称	日期（农历）	始自何时	现状	备注
天河新河村	太保殿	七月二十二～二十四	新中国成立前	一年一度	
天河建平村	三宝殿	七月二十七～二十九	新中国成立前	一年一度	
永中普门村	杨陈道观	八月十三～十九	新中国成立前	一年一度	
永中南桥村	五星观	八月十五～十七	新中国成立前	一年一度	
海城西一村	永瑞宫	八月十五～十七	新中国成立前	一年一度	陈十四圣母
状元横街村埭头	陈府殿	八月十五～十七	清朝	一年一度	陈府爷
瑶溪白楼下村	二圣观	八月十七～十九	清初	一年一度	
瑶溪龙东村	华光观	八月十四～十六	清初	一年一度	
瑶溪苏州村	太阴宫	八月份三天	明、清	一年一度	
瑶溪河口村	临水殿	八月份三天	明、清	一年一度	
瑶溪皇岙村	太阴宫	八月份三天	明、清	一年一度	
瑶溪南山村	石匣观	八月份三天	民国16年（1927）	一年一度	石候王
沙城七二村	太保观	八月初二～初四	明嘉靖年间	一年一度	
沙城七五村	陈圣观	八月初八～初八	明末清初	一年一度	
沙城烟台村	元帅殿	八月十三～十五	清初	（轮流）一年一度	王大帅诞辰
沙城烟台村	三府圣王殿	八月十三～十五	清嘉庆	一年一度	陈、杨、东岳爷
天河八柱台	土地堂	八月初五～初七	新中国成立前	一年一度	
天河庄泉村	地主殿	八月十五～十七	新中国成立前	一年一度	
灵昆上岩头村	五岳殿	八月初三～初五	新中国成立前	一年一度	
永中青山村	胡公庙	九月初九～十四	清朝	一年一次	胡公大帝寿诞
永中普门村	天仙宫	九月十六～二十五	新中国成立前	一年一次	
永中棋盘村	陈府观	九月二十～二十六	新中国成立前	一年一次	陈府爷
永中镇南村	村文化宫社戏	九月二十六～十月初四	新中国成立前	一年一次	
海滨小陡门	社戏	九月初八～初七	待查	一年一次	
海滨北新村	社戏	九月十四～十八	待查	一年一次	
永兴乐二村	西门宫	九月十九～二十一	待查	一年一次	
永兴祠南村	震城堂	九月初八～初十	新中国成立前	一年一次	
永兴沙园林	宣灵观	九月十八～二十	新中国成立前	一年一次	
海城石坦村	天妃宫	九月初五～初七	新中国成立前	一年一次	
海城上保	瞿守观	九月初八～初十	新中国成立前	一年一次	
状元响动岩村	龙母娘娘宫	九月初九～十一	明朝	一年一次	
瑶溪黄石村	陈府庙	九月份三天	清末	一年一次	陈府爷
沙城烟台村	方岩观	九月初九～十一	1984年	一年一次	
沙城大郎桥村	五瘟观	九月初九～十一	明嘉靖元年（1522）	一年一次	
沙城沧宁村	长生观	九月初九～十一	清、光绪	一年一次	
沙城沧宁村	华光庙	九月二十八～三十	清、康熙	一年一次	
天河天凤村	陈府殿	九月十三～十五	新中国成立前	一年一次	
天河金益村	杨府殿	九月初一～初三	新中国成立前	一年一次	
天河新川村	浮礁殿	九月初三～初五	新中国成立前	一年一次	
永中桥北村	新殿文化宫	十月十六～二十	新中国成立前	一年一次	
永中沧河村	沧上乐园	十月二十～二十七	新中国成立前	一年一次	
蒲州下埠村	关圣庙	十月初十～十二	新中国成立前	一年一次	
永兴大塘村	伽蓝观	十月十五～十七	新中国成立前	一年一次	

续表3：

村名（地点）	庙会名称	日期（农历）	始自何时	现状	备注
永兴永民村	元坦殿	十月初三天	新中国成立前	一年一次	
海城埭头	太阴宫	十月初十～十二	新中国成立前	一年一次	
	地主爷殿	十月十九～二十一	新中国成立前	一年一次	
海城	东岳庙	十月二十二～二十四	新中国成立前	一年一次	
海城邱宅	水心殿	十月二十八～三十	新中国成立前	一年一次	
状元徐家汇	三星殿	十月十六～十八	清朝	一年一次	
状元石坦	北岸	十月三天	新中国成立前	一年一次	
状元桥村	高山宫	十月二十四～二十六	新中国成立前	一年一次	
瑶溪朱宅	太阴宫	十月初四～初六	明朝	一年一次	
瑶溪泱底村	石匣观	十月十六～十八	明末	一年一次	
瑶溪瑶溪村	钟灵殿	十月三天	明末	一年一次	
瑶溪永胜村	陈府观	十月十六～二十二	民国	轮流	
瑶溪雄心村	太阴宫		明清	一年一次	
瑶溪黄石四十亩	忠烈观	十月三天	明嘉靖年间	一年一次	
沙城沧宁村	陈府观	十月初五～初七	清、观绪	一年一次	
沙城烟台村	潘御史庙	十月十二～十四	清中叶	一年一次	
沙城七五村	清溟殿	十月初七～初九	明洪武十一年（1378）	一年一次	
沙城永寿村	东岳庙	十月二十二～二十四	清乾隆年间	一年一次	
海滨沙南村	下祥观	十一月初六～二十七	清光绪二十六年（1900）	一年一次	
瑶溪黄石沙岙儿	郑使观	十一月初三	明嘉靖年间	一年一次	
沙城永思村	陈府观	十一月初六～初八	清初	一年一次	
灵昆双昆村	双昆宫庙会	十二月初八～初十	清初	一年一次	陈氏圣母
灵昆双昆村	陈府观	十二月初三天	清初	一年一次	
灵昆叶光村	杨府庙	十二月十二～十四	清初	一年一次	
灵昆王相村	陈府观	十二月初三天	清初	一年一次	

龙湾社会异闻

【公交车撞上小货车一死一伤】 2010年1月10日6时30分，龙湾区永强大道天河新川村西路口路段发生一起交通事故，一辆62路红色公交车与一辆五菱小货车相撞，事故造成小货车内一人当场死亡，一人受重伤。受伤人员正在医院接受治疗。

事故现场，地上到处是玻璃碎片，一片狼藉。公交车车头位置受损，车内乘客与司机均无受伤迹象。小货车的车头则严重内陷，车身横在公交车前方，驾驶室内到处是鲜血，副驾驶座上的人已无知觉，驾驶座上的司机被卡在了驾驶室里。晚上18时30分许正是交通高峰，天河往海城、沙城的路段几乎处于瘫痪状态，交警正紧急对过往车辆进行疏通。

龙湾区消防大队8名消防官兵火速赶赴现场救援。到达现场后，救援人员根据现场情况立即利用液压剪对严重变形的小货车车头进行扩张破拆，然后利用无齿锯对货车严重变形的车门切割，再用液压扩张剪对车头变形部位进行扩张。15分钟后，两名被困人员被成功救出，坐在副驾驶位置的人员经现场医护人员检查后确认当场死亡，驾驶室的人员还有意识，随后被现场医护人员送往医院急救。

【嫌过年红包太少保姆留下“临别大礼”】 “新白棉袄被染色、雪地靴灌冷水，如果仅此两件事情，我也不会报警。”2010年2月4日晚，龙湾状元的王女士回家后，发现孩子的点读机和防盗门的钥匙也被顺手捎走了，她忍无可忍终于报警。

这到底是怎么一回事呢?而这一切，王女士坚信是保姆徐阿姨做的，因为丈夫手机收到已经返乡的徐阿姨发来的一条恶毒短信，“这些钱留给你小孩看病”“她这样做，是因为觉得我们过年红包给少了!”王女士告诉记者，就在前天晚上，在和保姆徐阿姨结算工资时，她们两人曾经发生争吵，因为王女士今年只给了徐阿姨200元钱作为过年红包，另加一些海鲜之类的年货。于是，徐阿姨当即“反对”，“上次我在你们家只干了5个月，你们都给了500元的过年红包，这次干了一整年，怎么才给200元，怎么着也得和上次一样吧!”按照保姆徐阿姨的意思是，王女士应该给她封个1200元的大红包。不过，王女士却不是这样想的。王女士说，上回之所以徐阿姨干了5个月，她就给了500元的过年红包，是因为觉得徐阿姨活干得不错，人也老实，就连平时给的买菜钱也都细心记账给她过目。可这回一整年干下来，她发现徐阿姨人变了，不单是干活慢慢吞吞，还常常私吞买菜钱，再加上有人向她反映，徐阿姨对自个孩子照顾不好，所以才“下调”了过年红包。“可我们自问也没亏待她啊，虽说红包只给了200元，但还给买了海鲜等年货，加起来也有500多元!”王女士说。虽然保姆徐阿姨当着王女士的面“抗议”，最终还是回房睡觉了。2010年2月3日上午8时许，王女士起床后发现徐阿姨已经走了，也没多想。可等到她想找几天前刚买的白色棉衣穿时，才发现衣服被紫色颜料染了色藏在被子底下，再一检查，发现自个的雪地靴也被灌进了冷水。“还不止这些，她还把我们家大门都敞开着，幸亏没进小偷!”王女士说。

原本王女士以为就此两件事情，可没想到等到昨晚回家后，发现孩子的步步高点读机也被保姆徐阿姨给拿走了，家里防盗门的钥匙也给带走了，这下王女士才报了警。

【“面子纠纷”责任在超市】 消费者李某在龙湾区永兴街道某超市购买了一瓶价值20元的某品牌洗面奶。回家使用后，引发面部瘙痒红肿，皮肤严重过敏，不得不去医院治疗。2010年2月25日，经龙湾区消保委调解，李某一次性拿到了赔偿款2000元。

据悉，龙湾区消保委接到李某投诉后，认真了解了事情经过，并立即对此展开调查。工作人员称，《中华人民共和国消费者权益保护法》第七条规定，消费者在购买、使用商品和接受服务时享有人身、财产安全不受损害的权利。永兴某超市在出售化妆品时，未向消费者告知使用方法以及注意事项，致使消费者在使用该产品时发生皮肤过敏现象，该超市应承担赔偿责任。李某在向消保委投诉时，要求该超市赔偿其医疗费、误工费、精神损失费等共计3000余元。经过两次调解，双方最终达成协议：被申诉方永兴某超市赔偿申诉方李某医疗费、误工费等2000元。此事得到了解决。

龙湾区消保委也借此提醒消费者，在选购、使用化妆品时，应注意“六看”：①看商号。消费者在购买化妆品时，应选择信誉好、有一定规模的化妆品店(专柜)，尽量到大商场、大超市购买。②看品牌。要看清楚化妆品外包装盒上的厂名、厂址、使用说明、生产日期、产品批准号、生产和卫生许可证等标志，并选择产品质量和服务质量较好的知名企业的产品。③看细节。特殊用途化妆品还须标注特殊用途化妆品卫生许可文号；进口合格化妆品应标明进口化妆品卫生许可文号，并有中文标志，以及生产厂家所提出的警示说明。④看凭证。消费者购买化妆品应索要正规发票，上面应标明化妆品名称、品牌、批号、购买日期和价格等。⑤看效果。在使用化妆品前，要仔细阅读产品说明书，并在手背或耳后进行皮试，看是否适合自己皮肤，增强自我保护意识。⑥看反应。当出现化妆品过敏反应时，要立即停止使用，并到正规医院就医。

【银行卡里的钱不翼而飞谁买单】 明明银行卡一直带在身边，卡里的钱却不翼而飞，类似报道常见诸报端，受害人要么选择报案，要么自认倒霉。市区的陈女士选择了起诉，将银行给告了。近日，龙湾区人民法院一审判决，陈女士赢了官司，银行要赔偿她的所有损失。龙湾区人民法院称银行方面已向温州市中级人民法院提起上诉。“这类案件在温州很少有通过法律途径解决的，因为受害人往往觉得自己理亏，认为是自己不慎给人有可乘之机。”陈女士的代理律师吴建胜称，“卡里少了钱，究竟是谁的责任，这是庭审的焦点，这场官司的判决给出了一个范例。”

卡在身边钱却不翼而飞

2005年，陈女士到市区一银行办理了一张“乐当家白金卡”，使用多年，相安无事。2010年3月，陈女士查询时发现卡内仅剩670.18元。经她再次查询，得知卡内的4万元分别于3月3日、3月4日两天，在杭州的ATM自动取款机上被人分15次领取，另还支付了取款手续费100多元。“卡一直在我身边，怎么就少钱了呢？”陈女士称，“可能是我平时经常在商场刷卡，泄露了信息吧。”公安部门介绍，有些商场的POS机可能被人做了手脚，客户刷卡时，卡内信息被人暗中窃取，再将信息录入废卡，复制成“克隆卡”，便可凭卡取款。这类案件早在前几年就发生过。“我不否认可能是我刷卡时出现的问题，我向银行反映后，他们建议我去报案。”陈女士称，她听从建议选择了报案，但案件涉及温州、杭州两地，颇为麻烦。过了一个多月后，她最终于5月5日选择向法院提起民事诉讼。

责任在谁成庭审焦点

2010年6月17日，龙湾区人民法院公开开庭审理。该银行在法庭上提出三点意见，希望法院驳回陈女士的诉讼。该银行称，原告可能委托他人支取或自己支取40114元，不存在经济损失；银行已尽到合同约定的义务，不存在过错，并提供了密码信封交接登记簿、银行卡事故交接清单等证据；陈女士若确有损失，过错在于她自己，应由她自行承担。

浙江高策律师事务所律师吴建胜是陈女士的委托代理人，他也提出了三点意见。他称，虽然陈女士有保护密码的义务，但是银行在维护金融服务产品时，有责任更新升级银行卡的安全防范措施；陈女士的银行卡被复制的风险是在电子化交易下产生的，对这种风险的防范义务，应当由从这种风险中获益的一方承担；银行卡是银行与储户双方储蓄存款合同的凭证，且该凭证由银行出具，所以银行（包括ATM机）须对其出具的银行卡具有识别能力。

法院判决银行赔偿损失

龙湾区人民法院最终认为，根据《商业银行法》第六条规定：“商业银行应当保障存款人的合法权益不受任何单位和个人侵犯。”银行卡是储户和银行之间储蓄合同的有效凭证，银行作为发卡机构，应当掌握银行卡的制作技术和加密技术，具备识别真伪的技术能力和硬件设施，承担对银行卡真伪的实质审查义务。如果伪卡能通过ATM机进行交易，只能解释为银行卡的技术含量太低或计算机系统存在重大缺陷，也表明银行未尽到实质审查义务。依据储蓄合同的性质，在储户存、取款时，银行还应承担相应的附随义务，确保包括对ATM机等交易场所的安全。如不法分子能通过ATM机将卡内存款支取，银行违反了附随义务，构成违约。

7月13日，法院判决银行赔偿陈女士的40114元损失及利息，并支付案件受理费。

【一声惊雷“烤”了41头猪】 “龙湾滨海八路一处养猪棚被一个惊雷击中并引发了火灾，二十多头猪被烧死；永嘉县枫林镇一家农户被雷击毁了半堵墙；鹿城凯润花园受雷电影响，电梯‘罢工’。”2010年3月23日，夜晚雷电频频，温州不少地方发生雷击事故。

24日上午，看着只剩铁架的猪棚和烧伤烧死的41头猪，龙湾滨海八路养猪户孙先生不停地叹气、搓手，这是他养猪17年来最惨重的一次损失。“下个月就可以卖了，一阵雷把放兜里的七八万元给劈没了。”孙先生说，23日晚上11时许，他正在家里看电视，突然听到“轰隆”一声，一个惊雷像在耳边炸开，不一会儿就有邻居告知他家的猪棚起火了。等他赶去时，大火已覆盖三间300多平方米的猪棚，棚里93头猪被烧死24头、烧伤17头。“消防队员说雷击中了绕在猪棚上的电线而引发火灾。”永嘉县枫林镇内档村夏女士说，23日10时许一个响雷击毁了她父亲家3楼的半堵墙，烧焦了家里的全部电器，万幸的是无人受伤。“打开电冰箱，一股皮臭味就扑鼻而来。连水管电线也被击坏了，现在家里停水停电。不只我们，还有三四十户村民家的电器被雷击坏。”市区凯润花园的物业工作人员单女士告诉记者，受雷电影响，鹿城区府东线路发生故障，他们小区停电了一个上午。“电梯也停了好一会儿，困住了五六名业主。全靠电工手动转换开关，才保证正常运行。”还有平阳李先生称，一个响雷正对着他家的房顶打下来，把家里的电线电表都烧毁了。乐清吴小姐说，正上网时忽然一道闪电过后，她电脑就黑屏了，原来主机遭“雷劈”了。

据温州市防雷设施检测所主任郑海祥介绍，23日晚属雷暴天气，24日所里也接到一些社区来电上报雷击事故。他表示，春季是温州雷暴多发季节，特别是冷空气过境，冷暖气流交汇易发雷暴气象，希望市民做好防雷措施。

【12万假币卖了2万多】 12万元假币经谭某等3名犯罪嫌疑人转手，最后以2.16万元的价格卖给了乔装民警。2010年3月27日，龙湾区人民检察院以涉嫌购买、出售、运输假币罪，对谭某、童某、饶某提起公诉。

据童某交代，2009年11月27日上午8时许，湖南老乡谭某向他买假币，两人约定每100元面值的假币卖12元。在市区站前东小区划龙桥菜场门口，童某将12万元假钞装在一个鞋子包装袋里，卖给谭某。当天上午11时30分左右，谭某将12万元假币带到龙湾区状元镇西台村，以每100元面值的假币按15元的价格卖给了贵州人饶某。随后，饶某将购得的12万元假币，以每100元面值按18元的价格，总计2.16万元卖给下家。但他怎么也料不到，这个下家竟是乔装民警。谭某等3人相继落网。

【女子报案称屡受性侵犯，警方经调查决定不立案】 2010年3月28日晚，网友在温都论坛上发了一条“救救打工妹”的帖子，称事件女主角两年来受到上司性侵犯，引起了广大网民的关注。日前，女当事人已经报警，警方调查后不予立案。3月29日下午，女当事人称已向龙湾区检察院申请立案监督。

帖子称：当事人屡受性侵犯

帖子内容称，女当事人于2008年3月和男友来到温州，在龙湾一家企业当普工，后被调到办公室当文员。同年8月的一天下午，董事长张某对她性骚扰。同年9月的一天下午，她被张某从办公室拖拉进男厕所，实施了性侵犯。此后，这样的事情还发生了多次。帖子称，张某曾硬塞给当事人2000元，当事人本打算归还，但后来当事人觉得自己被蹂躏多次不该归还，就存起来了。2010年3月29日中午，当事人吴某在龙湾公安分局刑侦大队会议室接受了记者采访。吴某称，她今年26岁，英语专业毕业后，于2008年到该公司上班。虽然受到多次性侵犯，但她到公司后，除张某以外的所有领导和同事，都对她很好，且工作环境让她觉得舒适。此外，她负责公司出口业务的拓展，比较有前途。故这份工作她舍不得放弃。2010年3月21日，张某再次对她动手动脚，被她的印度朋友视频截图。几天后，她将截图与写好的事情经过给张某的堂弟看，张某得知后非常生气。她在叔叔的建议下，和男友一起报了案。记者随后来到位于龙湾滨海园区的这家公司。公司门卫拨通董事长张某的手机，对方一听是记者来访，称不接受采访，随即挂断。

龙湾警方：决定不予立案

警方接到报警后对案件展开调查，查明吴某系2008年3月16日到该公司上班，2008年9月吴某与公司董事长张某发生性关系，已有两年，其间发生性关系超过十次。控告人认为每次性行为自己都是不自愿的，而被控告人认为她都是自愿的。警方认为，从主观内容上看，证据不支持认定张某有违背妇女意志的故意。从双方陈述看，双方连续发生性行为时间跨度长，自发生性行为以来吴某一直没有报案，也没对其他人说出被强奸的情况，直到最近被印度朋友视频截图后才报案。另外性行为大都发生在白天，且在工作时间，吴某具备自救和他救的时空条件，但其没有实施自救和他救行为。在第一次发生性关系后，吴某想到的不是去报案，而是要求张某给她买避孕药。从客观行为看，证据不支持认定张某通过暴力或威胁手段及其他手段，置吴某于不能反抗、不敢反抗的境地而与其发生性关系。从控告人与被控告人的陈述看，在这么多次的性行为过程中，没有发生使吴某不能反抗、不敢反抗的暴力及威胁。同时，也没有证据证明张某利用职务上的权力在事前、事中或事后对吴某进行要挟。警方据此作出不予立案决定。并告知吴某对不予立案决定不服，可向检察院提出立案监督申请。

两律师：发表各自看法

浙江平宇律师事务所副主任卓予拉律师认为：张某为吴某的老板，双方存在从属关系。从证据直接反映的内容来看，张某具有对吴某实施强行拖拉、按倒等行为。因此，公安机关应当对该案进一步深入调查，结合有关资料，综合分析该案张某是否在违背吴某意志的情况下，与她发生性行为。如存在吴某因迫于就业压力、传统妇女的羞耻感而对性行为没有反抗或反抗不明显之情形，张某的行为可能涉嫌强奸。而不能简单以吴某没有反抗为由，不予立案。吴某要求张某买避孕药，不能作为推断吴某是自愿的理由，那是事后她为了避孕而采取的必要措施。另一位不愿透露姓名的律师在分析了论坛帖子和图片等后认为：警方不予立案是正确的。理由是：①从当事人所发的被拥抱图片的表情来看，不是哭，而是笑；②这些事都发生在公司里，是有人的地方；时间长达两年，多次被人强奸的可能性不大；③其间她还拿了张某的一些钱；④这么多次，哪怕有一次她有反抗，那也可以认定他是强奸，可是她却没有。

【假冒“太太乐”鸡精无处遁形】 一车假冒“太太乐”鸡精被龙湾工商人员查获后，截至2010年4月11日，货主仍未现身。

4月12日中午，龙湾工商分局永中工商所接到上海太太乐食品有限公司打假人员举报：一辆装有疑似假冒“太太乐”鸡精的小货车停在永中四号街附近。永中工商所立即组织执法人员赶赴现场调查，并发现该货车上共载有100箱“太太乐”鸡精，每箱40包，共计800公斤。经上海太太乐食品有限公司技术人员现场鉴定，这些均为假冒产品。执法人员当即扣留车上的假冒“太太乐”鸡精。经初步了解，货车驾驶员张某系河南人，事发前受雇主委托，从机场大道的另一辆货车上卸下这批货物并装在小货车上，打算运往龙湾蟾钟一副食品批发店。张某称并不清楚该车货物的来源，只是帮助运送以收取运输费。据工商人员介绍，被查获的假冒“太太乐”鸡精，其外包装的文字图案与真品相同，但印刷较粗糙。龙湾工商部门正根据有关线索，追查假冒鸡精源头和相关经销商。

【女顾客掌掴女店员十七下】 日前，有这么一个网帖在温州某论坛上引起众多网友注目，发帖者“虔诚的顾”称一名女顾客因怀疑手机在龙湾永中罗东街好西好服装店内丢失，几番上门谩骂女店员小刘，还狂扇小刘脸部、身体17次。警方已介入调查。

网络视频：一女子掌掴女店员

根据视频显示，2010年4月13日下午18时55分，在一间服装店内，穿蓝色外套的女店员正在向两名顾客介绍衣服。此时，一名穿白色外套的女士推门进店，气势汹汹地用手直指蓝衣女店员，表情带有怒意，嘴里不停地说些什么。紧随其后，还进来两名男士，其中一名和该女士一起逼向女店员，指手、叉腰叫嚷，而女店员则步步后退。在18时56分时，该白衣女士开始掌掴服务员头、脸等部位，连扇5下，其后陆续打了十余下。据发帖人描述，该女士共打了女店员17下。其间，不断有人进店围观却无人阻止。打骂了两分多钟，该女士和同伴们才罢手离开，而挨打的女店员则在他们走后一直埋头蹲地，整个过程持续了四分钟左右。视频没有声音，但发帖人称该女士一直用温州话谩骂女店员。

女店员：顾客丢手机引发争执

4月15日，记者找到被打女店员小刘。小刘今年24岁，来自河南，自2006年到温州便就业于好西好公司。一个多星期前，她被公司派到永中罗东街这家新开业的好西好服装店。她说，做了近四年营业员，第一次碰到这样的顾客。“完全吓呆了，至今想起来仍浑身发颤。”据小刘介绍，事情起于4月12日晚上22时多，当时她和陪她的同街好西好饰品店店员小姜准备打烊。此时，一名过路妇女进店与小姜打招呼。小姜说，这名妇女是她的贵宾客户，自称姓陈，购物比较豪爽，几乎每月都会来店一两次，一次购物五六百元。当晚该女士和小姜聊了几句后，便开始看起衣服，而小姜陪了一会就走了。小刘说，因为是同事的老客户，就继续营业让她试衣服，最后她买了一件T恤和一条裤子。13日上午10时许，该女士再次来到店内，说昨晚手机丢了，肯定是落店里了，要小刘马上找出来。小刘仔细查找但没找到。该女士不信，谩骂了几句，留下一个手机号码，要求小刘找到联系她。下午14时，该女士又带了两个女伴来讨要手机，其中一名女伴提出要看监控。小刘依言打开监控，不料里头一片空白。“这家服装店才开业一周，监控程序暂时装在电脑里，那天晚上快要打烊了，我提早关了电脑，因此没录下来。”小刘说，那女士却坚称她因盗窃手机而故意删除了那段监控，痛骂了十多分钟才离开。事情并未就此结束，当晚18时55分该女士又带了几名同伴进店，上演了视频里的一幕。“她边打边用温州话骂，我都听不懂，从没碰到过这样的人和事。”小刘说，她吓得浑身发抖，唯一的反应就是哭。后来，闻讯赶来的小姜帮她报了警。

打人女子仍没有联系上

好西好公司经理顾先生介绍，小刘是个非常文静内向的姑娘，在好西好工作了近四年，表现一直很不错，去年拿了优秀员工奖。所以公司也放心把一个四五十万元的店交给她一个人打理。“事发后，她还坚持上班，说不想被打人者以为胆怯心虚而藏起来。”15日，记者拨打小姜提供的该名女士的手机号码，发现此号已停机。而小刘提供的号码主人陈女士表示，自己是好西好饰品店客户，但从未去过好西好服装店。据小姜介绍，打人的女士跟她还聊得挺来，为人行事并不极端。事情发生后她也试图调和，但多次被其呵斥，态度与平时截然不同。警方已受理调查此案，正在寻找打人者。据警方介绍，小刘受的是轻微伤。

【因债务纠纷，村里的小车遭了殃】 2010年4月29日上午6时许，家住龙湾上庄村桥西路的老李起床准备开车外出。他走向停在路边的车子时，发现周围的人正朝着他笑，老李纳闷了，随后仔细看了一眼自己的车子吓了一跳，原来车上被人喷上了醒目的红漆：“欠债还钱，朱××”。不仅是他，路边停放的十余辆车子都不同程度地被喷上了红漆。上午8时许，记者赶到现场看到，一些车子已经驶离，但现场仍有三四辆车子停在原地，车身上同样被喷上了“欠债还钱，朱××”等字样。不仅如此，村里一些一楼住户的外墙和卷帘门上也被喷上了漆，附近居民在一旁连声抱怨：“无缘无故的，被人喷了这些字样，洗又洗不掉，还怎么见人啊。”朱××究竟是谁？一名居民说，他也是住在上庄村的村民，但是很久没出现了，但父母就住在附近。记者找到了朱××的父亲朱某，朱某说，他儿子和别人有债务纠纷，现在也不知去向，讨债的人此前已经三番四次到他家讨要好几百万，他们两夫妻也没钱，对方就砸玻璃，洒汽油，这回居然还找上邻居了。村民已向辖区派出所报案。

【炖品能治多种病？】 炖品店在街头越开越多，“食补”、“养生”等名目让人眼花缭乱，一些店家更是把滋补保健食品吹嘘成能治多种病症的药品。2010年5月3日，市消保委联合龙湾区消保委发布今年第5号消费警示，提醒消费者不要被这种炖品当药品的宣传忽悠了。龙湾工商分局执法人员日前在巡查中发现，该区海滨街道某食补养生炖品加盟店销售的冬虫夏草礼盒装保健品的产品说明书中印有“冬虫夏草味甘性温，益肺肾，补精髓，止血化痰等，主治虚劳咯血、盗汗虚喘、腰膝酸痛等症”。工商人员认为，这家店销售的冬虫夏草属于保健食品，而非药品。国家对药品有严格的管理规定，非药品不允许宣传疗效，不得出现与药品相混淆的用语，不得直接或间接地宣传治疗作用，也不得借助宣传某些成分的作用，明示或暗示食品及保健食品的治疗作用。而说明书上的这些内容，暗示所经营的炖品中某些成分有疗效作用，将保健食品宣传与药品宣传相混淆，误导消费者。第5号消费警示提醒，消费者在购买炖品等保健食品时应选择合法、规范的商家，并索要有效购货凭证，提高自我保护意识。如发现保健食品宣传与药品宣传相混淆、误导消费等违法行为，应及时向工商等有关部门举报。

【店铺是否有违章 看看颜色就知道】 温州市行政执法局永中中队“门前三包电子

监控”系统于2010年5月5日上午正式启用，永中街道中心片区六条主要道路的路面及沿街店铺的违章情况，在该系统上一目了然。

据了解，该系统曾于2009年底试运行。系统根据门牌数据和建筑物布局，制作成精确的地图模型，覆盖了包括罗东大街、振中街、永中路、永强路、永康路、永宁路等六条位于永中中心商业区的道路，以及沿线的1800多家店铺。该地图可以按比例缩放，点击图上的任何路段，即可直观地看到沿线的一幢幢房子和一间间店铺。同时，该系统的数据库还收集了道路及其附属设施情况，沿街店铺的经营地址、经营范围、营业面积、店招名称、经营负责人的身份证号码、联系方式等资料。只要点击地图上的某家店面，系统就会弹出这家店铺的所有资料。据悉，执法人员将采取不间断步巡与摄像头监控相结合的方式加以监督、管理。若在步巡中查到有违章情况，则及时拍照取证，记录相关情况，并向违章店铺发出温馨告知，由店铺经营者签字确认。另外，执法人员还在龙湾区最繁华的路口——罗东大街和永中路路口设置了一个360°全方位察看的“全球眼”，可视范围为半径约200米的圆形区域，一旦发现该范围内存在违章情况，执法人员将于5分钟内到达现场进行取证、记录，并告知当事人。每天中午和下午，执法人员都会将步巡和“全球眼”查到的违章情况，统一录入“门前三包电子监控”系统，并通过系统中的短信平台，将违章情况发送到相应的店铺经营负责人的手机中进行提示。在该系统地图上，没有违章情况的店铺均显示为绿色，若存在三次违章以下的，则显示为黄色，超过三次违章的，显示为红色。对显示为黄色的违章店铺，执法人员采取告知的方式，以整改为主，整改到位的不作行政处罚。对显示为红色的，执法人员将予以立案，并根据之前的违章情况予以重罚。结案后，该店铺自动恢复为绿色，但之前的违章情况和案件办理情况仍将记录在系统内。

市行政执法局龙湾分局负责人表示，“门前三包电子监控”系统启用后，可及时遏制该区域内的违章情况。

【66岁老人6楼坠下　竹竿一挡奇迹生还】　2010年5月3日，家住龙湾状元镇东垟路的倪先生从18米高的6楼坠落，造成头部蛛网膜下腔出血，右肋骨骨折。5日早上，昏迷两天的倪老先生清醒过来了。医生说，他的生命体征平稳，很多人都觉得是个奇迹。

倪先生今年66岁，家里正在盖新房，现已修到7楼。看着房屋很快就要盖好，倪先生心里高兴，每天都去新房转转。3日下午13时30分许，他像往常一样爬到6楼，不幸从楼上坠下。对于坠楼过程，他儿子倪某说：“我家新楼旁边也有楼房在建，两幢房屋的距离很近，从我家楼房到对面，抬脚就能跨过去。那天下午，我父亲喝了点酒，加上心里高兴，他到6楼后，准备跨到对面楼上去看看，结果一脚踩空，坠楼了。”坠楼时，他父亲还被二楼的一根竹竿挡了一下，然后才落地。第一时间赶到现场的温州曙光医院的赵医生说，他赶到现场时倪先生还能说话，但没过多久就昏迷了。“经检查，他的头部蛛网膜下腔出血，右肋骨骨折，右腿骨折，股骨开放性骨折，头皮有5个伤口，身上多处软组织损伤，可谓遍体鳞伤。”倪先生的主治医生曹辉说，经过两天的抢救，5日上午，倪先生清醒过来，生命体征稳定。

温州大学物理与电子信息工程学院副教授李士本博士说，以倪先生60公斤体重计算，他从18米高楼上落地时的速度为每秒20米。如果以这一速度直接落地，后果不堪设想。好在落地前，被二楼的竹竿挡了一下，分担了一部分冲击力。此外，他坠楼时身体与墙壁刮擦时，也会分担一部分冲击力。

【为避交警查酒驾　广本连撞13辆车】　看到前方有交警在查酒驾，龙湾人郑某驾驶的广本商务车忽然发狂连撞13辆车，直至车辆无法动弹时才停下。

事情发生在市区瓯海大道辅道建中街路口。2010年5月10日晚上20时许，记者赶到现场发现，路面上横七竖八地停着十多辆车，地上撒满了挡风玻璃碎片、车辆保险杠。大部分车辆被撞得惨不忍睹，而站在车旁的驾驶员则个个显得惊魂未定。胡先生驾驶的别克车第一个受到撞击，而该车前天刚从重庆运至温州，尚未上牌。爱车的受损让胡先生心疼不已，他说，19时50分左右，他行经此处时，一辆正开在前面的广本忽然后退，“砰”一声撞向他的车头。他当即吓得不轻，赶紧和坐在副驾驶座上的亲戚一同跳下车。没想到肇事车辆又倒转车头撞了过来，这次撞在车身上，紧接着，肇事车辆再度撞到爱车的车头上。事发时，将车子行驶在道路中间的应女士，则幸运地躲过了。她说，当时看到很多车主从车内逃出，她因为被挤在中间，一时打不开车门，幸好没事。而欧阳先生驾驶的七座小面包，最后一辆受到撞击，正是他的车辆，卡住了肇事车辆。据欧阳先生介绍，他看到肇事车辆在前方左冲右撞，发出剧烈的响声，吓得赶紧将车子靠路边停下，人则闪到一边，而肇事车冲过来后，将他的车子顶开一定角度后才停下。记者在现场看到，肇事车辆车身两侧油漆几乎已被刮尽，左侧前轮泄气，车头已撞得稀烂，油箱也已破损，汽油流了一地。据市交警三大队民警介绍，肇事司机姓郑，龙湾人。事发时，交警正在前方例行查酒驾，而郑某发现情况不对劲后，立即掉头逃跑，在逆向冲撞过程中，连撞13辆车，整个碰撞过程持续了十余分钟，第一辆被撞的车和最后一辆被撞的车相距一百多米。郑某的车辆一度在撞击过程中被卡住，交警赶到车前，让其下车接受检查，对方却置之不理。而当交警动用辣椒水时，郑某则将身子趴到方向盘上，仍然不予理会。一名交警试图从右侧车窗进入车内，拔出车钥匙，但未果。过了一会儿，郑某忽然将车子倒出，再度往前冲撞。而最后当郑某的车辆“被停住”时，七八个人合力才将其拉出。郑某身上有酒气，但其拒绝配合接受酒精测试仪测试。

经查，郑某的车辆为套牌车，而交警在他车上则找出了辣椒水等物。随后，护士试图对郑某进行抽血，但其仍不配合。截至记者发稿时，尚未能确定郑某是否涉及酒驾，案件仍在进一步调查中。

【用秤“称”出来的美味汤包】 早上总是早餐点心店最忙碌的时候，各式各样的早点顺溜排开，多种选择，留住了不少“回头客”。但是，有一家点心店却并不这样，他们用秤“称”面粉、馅料，只卖汤包，每天老客仍扎堆。

这家拥有红色招牌，名为“上海汤包”的点心店，位于龙湾永中的衙民路上，与之相邻的还开了三四家早餐店。该店在这条路一头的十字路口，占据着最有利的地形。汤包店是一对来自安徽的年轻夫妇开的，老板朱保东曾在上海开了五六年汤包店，后来由于很多亲戚在温州打工，他也随大流来到了温州，并在永中扎根。他发现小汤包生意比上海好做很多，因为温州只卖汤包的店不多，更重要的原因是他家的汤包好吃。朱保东的父亲在安徽是靠卖汤包维持全家生计，等到朱保东成家立业，他也子承父业。一家都做汤包生意，自然会有“绝活”。对汤包馅的配方朱保东不愿意透露。他说，他只知道做，不知道如何描述。每天，他只想把汤包做得更好吃点，卖其他早点只会让他分心。朱保东做的汤包个头都不大，但是咬上去很有味道，里面也是满满的馅料。相邻几家早餐店也卖类似的汤包，个头都比朱保东做的汤包大。朱保东对此不以为然。他说，汤包的个头大是由于面粉发酵的原因，与分量并没有关系。在店的显眼位置，放着一杆秤，对于只卖汤包的汤包店来说，似乎显得有点多余。朱保东却说，这杆秤是他的看店“法宝”。每天他都要用这秤“称”出面粉和馅料的比例，既保障每个客人每天吃的汤包是一样的，也避免了馅料特别多或者特别少的情况，保证汤包的口味始终一致。每天早上3时多，朱保东就和他老婆在店里忙开了，因为他们要赶在周围住户起床吃早点前把汤包做出来。他们的汤包都是现做现卖，卖完了就收摊，有时候去晚了说不定还会吃个闭门羹。截至2010年5月18日，记者采访该店时，已开了近两年时间。一杆秤，一间亮堂的店门，干净的环境以及美味的汤包让这家店生意越来越红火。

【用死猪肉做腊肉出售】 有人昧着良心把死猪肉制作成熏制腊肉销往市场，直接危害消费者的身体健康。2010年5月21日，龙湾工商分局瑶溪工商所在一偏僻山边查获死猪肉1330公斤，已由死猪肉制作的成品腊肉50多公斤。

不久前，龙湾瑶溪镇底岭下村一村民向工商行政管理部门举报：近段时间来，他们经常看到有陌生人从一处偏僻的山上挑东西下来，然后向菜市场方向走。一细心的村民跟踪后发现，陌生人挑下山的是成品腊肉，直接送往各个农贸市场销售。该村民说，如果是正当的腊肉加工厂，为什么会在这么偏僻的山边呢，很可能有问题，希望工商执法人员前往检查。瑶溪工商所接到举报后，立即与龙湾区屠宰办工作人员取得联系，出动多名执法人员，乔装打扮到底岭下村粮油仓库西首山边进行暗访。执法人员发现，该加工场就在瑶溪大粮仓后边的丛坟之旁边，临近加工场便闻到一股强烈的臭味。加工场内污水横溢，令人呕吐。现场摆放着已分割的猪肉，每一块猪肉都已发白，大部分腐败变质。当日傍晚，15名执法人员迅速“包围”了该猪肉加工窝点，现场查扣猪肉1330公斤、成品腊肉50多公斤，并查缴大批用于腌制、加工死猪肉的胭脂红等化工原料。经龙湾区屠宰办鉴定后，这些猪肉全部都是病、死猪肉，制作成品的腊肉则用了很多化学原料。当时，死猪肉加工场内只有一个李某在工作。据李某说，他去那里还只有五六天时间，这些死猪都是3个老板晚上从别处运过来的。据老板说，这些死猪都是在路边草丛里、污水池里发现的，就前两天还运了两头。在检查过程中，执法人员还发现，他们在绞割肉品中大量使用敌敌畏等防腐剂及胭脂红、日落黄、亚硝酸盐、十三香等染色剂。

工商行政管理部门一方面在寻找“老板”的下落，一方便紧急查处问题猪肉制品的流向。案件仍在调查处理之中。

【疑凶杀害好友后投案】 2010年5月21日深夜23时许，龙湾区蒲州街道上江村叶宅前巷发生一起凶杀案，当地村民叶某将睡梦中的好友高某杀害，随后向警方投案。龙湾警方已经介入调查。

上江村叶宅前巷有一个十几平方米的小店，店里摆放着一个柜台、一台电视、一张桌子、一张床等物品，这里就是凶杀案现场。这家小店的老板高某自幼患小儿麻痹症导致双下肢残疾，但高某脾气很好，对村民很友善，连小朋友都喜欢他。22日上午，村民发现高某已经死亡，床上、墙壁上都是血，床上散落着扑克、10元或1元面值的纸币，而疑凶很快浮出水面，居然是高某好友叶某。“他头颈有勒痕，胸部被捅了十几刀。”高某的大嫂王某说，高某今年53岁，一直没有结婚，平日就住在他家这间小房子里，靠小店维持生计。高某行动不便，王某每天都要送些饭菜给高某。21日下午与晚上，包括叶某在内，有几个人在小店里打扑克，到了晚上21时许，这些人就离开小店，高某躺在床上睡觉。当天深夜23时许，叶某竟潜入高某小店，将睡梦中的高某杀害。与高某小店相隔20米左右，就是叶某的家。叶某今年43岁，在家里的兄弟姐妹中排行最小。叶某的父母年过八旬，都因病重躺在床上。叶某就在母亲的房间里，搭了一张小床睡觉。“叶某的妻子出国后一直没回来，十几岁的女儿也没有在他身边抚养。”一名邻居说，他们知道叶某患有精神疾病，而父母因为年迈无法照顾他。叶某家一角落里，可以看到一些治疗精神分裂症的药品。高某与叶某平日称兄道弟，当地村民经常看到他们在一起。对于这对好朋友反目成仇的原因，高某的大嫂王某、侄子等人认为，叶某经常向高某伸手要钱，还曾威胁高某说出银行卡密码，并扬言不这样做就将高某杀死。而叶某的亲属说，叶某患精神病多年，这次是病情突然发作导致凶杀案发生。据介绍，案发后，叶某将杀害高某一事告诉其亲属，随后向警方投案。叶某已经被龙湾警方控制，案件还在进一步调查中。

【因情感纠纷女华侨当着丈夫的面跳河】 2010年6月1日晚21时许，在龙湾区蒲州街道上庄北路永乐桥上，一名归国女华侨脱掉外套，卸下眼镜，拿出手机交到丈夫手上后，突然从桥上跳入污浊的河水中。桥上的行人被这一幕惊呆了，很多人在桥上大喊：有人跳河了！此时，吉尔达鞋业安徽籍员工张旺在妻子店中帮忙，听说有人跳河，他立即跑了过去，看到一名中年妇女在河中挣扎。见此情景，熟悉水性的张旺奋不顾身地跳入河中救人。他奋力游到河中央，妇女拼命地挣扎，却又哭嚷着："不要救我！"当张旺要靠近救人时，妇女本能地扑向他，抓住他的胳膊。张旺呛了几口污水，他知道身体一旦被缠住，不但救不了人，相反自己也有可能被拖下水。于是他用力甩开妇女的手，绕到她身后，一把拽住她的衣领往岸边拉。随后，民警赶来，一名协警也跳入河中，与他一同将妇女救上岸。记者赶到现场时，妇女已经被送往曙光医院。在医院里记者见到跳河的李女士，她眼睛哭得红肿，神情憔悴。李女士告诉记者，2005年她独自一人到希腊种菜、开店卖服装。好不容易在希腊拥有自己的农场和店面，站稳了脚跟，却遇上了金融危机和希腊债务危机。于是，2009年年底她卖掉店面回国，准备带丈夫一同出国打拼，希望能东山再起。夫妻俩都办好了签证，准备这个月出国。由于夫妻俩聚少离多，感情早已出现裂痕。李女士称她归国后经常遭丈夫无故殴打，而一直以来她都是忍气吞声。昨天下午，李女士回到家时，又遭遇丈夫一顿毒打。朋友很同情她，将她接到家中吃晚饭，并让自己老公约李女士丈夫来喝酒，希望能劝和他们夫妻。饭后回家途中，李女士又遭丈夫言语恫吓，她担心自己回到家中再遭毒打，于是就心生跳河的念头。在医院走廊里，记者见到了李女士的丈夫，他反驳说自己从来没有打过她，并埋怨妻子经常在外不回家。当记者准备离开医院时，发现她丈夫去小店为妻子买来一盒蚊香，细腻之处见真情。

【藏獒袭人如何惩处】 2010年6月2日上午，龙湾公安分局召开紧急案情讨论会，就"藏獒伤人事件"这个新鲜案例，该立什么案件，如何对藏獒主人惩处进行专题探讨。

藏獒伤人的金伦花园归辖派出所——温州经济开发区派出所所长姜宝银接受记者采访时说，此案已经立案，并已开展调查，但根据相关法律规定，该以涉嫌什么罪立案不是十分明确。根据《中华人民共和国治安管理处罚法》第75条规定，饲养动物，干扰他人正常生活的，处警告；警告后不改正的，或者放任动物恐吓他人的，处200元以上500元以下罚款。驱使动物伤害他人的，依照本法第四十三条第一款的规定处罚。即殴打他人的，或者故意伤害他人身体的，处5日以上10日以下拘留，并处200元以上500元以下罚款；情节较轻的，处5日以下拘留或者500元以下罚款。姜所长说，如果根据《中华人民共和国治安管理处罚法》，只是警告处理，这个处罚显然太轻，受害人不答应，可能广大市民也会不同意。因此，警方根据受害人被藏獒咬伤构成伤势轻重，进行确认伤势，是否达到轻伤以上，如果构成重伤，警方拟将以过失伤人案件，追究藏獒主人的刑事责任。

截至记者发稿时，"藏獒伤人事件"该如何对藏獒主人惩处尚在探讨中。

【十箱日用品 一半是垃圾】 10箱日用品只需3400元，何先生在兴奋的同时，又担心有诈。而当他想开箱验货时，对方却抓住他的手，跟他握手；当他再次想验货时，对方又拉住他，称被人看到会被抢购。结果，何先生买来的10箱日用品中，有一半是垃圾。2010年6月12日下午，何先生给记者打来电话，希望借此提醒大家注意防范。

事情发生在龙湾海滨街道。2010年6月9日早上8时许，何先生上完夜班往住处走。突然，一名陌生女子手拿一条毛巾问他，1.8元一条，要不要？该女子自称是超市的配送员，手头积攒了大量的赠品，想便宜点卖掉。随后，该女子带何先生到附近一辆轿车上，车上还坐着两个男的，车内堆放着10箱日用品。何先生发现这些箱子有电脑主机箱般大，分别装着电池、牙刷、毛巾等物。此外，车内还放着煤气灶、电吹风等。对方告诉何先生，每样日用品一箱，如果全部拿走，总价3400元。此前，何先生一心想摆地摊，这对他来说，正是一个好机会。但他心里偷着乐的同时，又有些犯嘀咕，总觉得有些不对劲。于是他下意识地要打开箱子检查，不料，车内的一名男子忽然抓住他的手，和他握手，并一个劲地套近乎。而且该男子还表示，把东西运到何先生的住处。当日用品从车上卸下后，何先生再次欲检查箱子时，对方又一次拉住他，称不宜拖延，最好立即搬入屋内，不然别人看见了，会引起抢购。随后，对方一行人迅速离去，并留下一个号码，称将来继续合作。何先生打开箱子时，不禁傻了眼，毛巾下面塞着纸盒；牙刷下面垫着垃圾箱；电池下面藏着玻璃杯，所有东西顶多值千把块。而对方留下的号码根本打不通。

昨天下午，记者在何先生的出租房看到，他买来的毛巾、电池、煤气灶等物，包装简陋，制作粗糙。何先生说，事后，因为担心母亲责备，他并未报警。但当他得知又有务工人员因为同样的事情上当受骗，便给记者打来电话，希望借此提醒大家注意防范。

【龙湾姊妹花的网店"名正言顺"了】 2010年7月1日，《网络商品交易及有关服务行为管理暂行办法》正式实施，鼓励网络卖家尽量亮照经营。近日，在淘宝网上卖童装的龙湾两姐妹主动到永中工商所办理了营业执照。据了解，她们是在新法实施后首批主动到工商部门办理营业执照的网络卖家。龙湾张姓两姐妹一直在淘宝网上经营童装。7月1日网络交易新法出来后，要求网络卖家进行"实名登记"，并鼓励卖家尽量办照经营。为让自己的网店"名正言顺"，她们于7月初到永中工商所进行登记。因该所提供的是“一站式”服务，她们在办理了工商营业执照后，又被要求办理了税务登记证。

这是不是意味着网店办照后也得缴税？两姐妹认为，她们办理网店营业执照是为让自己的网络经营行为更加正规，让网店的信誉度进一步提升。如果办照后要缴税，那就得不偿失了，她们经营的利润也会因此大大下降。所以，她们在办照后希望相关部门能在纳税等方面给网店经营者一些优惠政策，以进一步鼓励、支持网络商品交易及有关服务行为的发展，促进网络经济的发展。事后，永中工商所工商人员就此展开讨论，并最终决定，在国家相关政策未出台前，他们不再要求前来办理网店营业执照的经营者同时办理税务登记证，以鼓励广大网络卖家主动来办照。

据工商行政管理部门统计，截至6月30日，在温州市区工商行政管理部门建档监管的网络经营的企业、组织和个人有21927家，其中个人实名登记领取营业执照的仅57家，余下的多是“实体+网站”形式。57家个体网店大多集中在龙湾区，以经营卫生洁具、礼品、厨房设备、家电、服装等为主。

【疑犯持刀劫持儿子要挟出走妻子回家】 2010年7月5日上午，龙湾区天河镇庄泉村村民朱某持刀劫持了自己的亲生儿子，并扬言要将儿子杀死。龙湾警方展开紧急营救，历时6小时将朱某制伏，成功解救出被劫持在房间内的朱某儿子。

父亲劫持8岁儿子

劫持人质案发生在龙湾区天河镇庄泉村明泉路某号，这间两层楼的民房就是朱某的家。下午14时30分，记者在现场看到，该间民房周边有几十名警察与协警设置了警戒线，身着便衣的民警被部署在房子附近，准备实施营救。同时，警车、消防车、120急救车等在附近严阵以待。躲在房间里的朱某，不时向后门小巷扔出碗盆等，发出“砰砰”的响声，朱某还大声辱骂营救人员，不许营救人员靠近。朱某在房间里将8岁的儿子小晨（化名）用绳子捆住，并持刀架在儿子脖子上，口口声声说要将儿子杀死。

警方启动应急预案

据附近村民说，上午9时许，朱某将小晨劫持在房间里。龙湾警方透露，昨天上午9时36分，他们接到朱某的妻子项某报警，称儿子小晨被朱某持刀劫持在家里，他们随即启动突发事件应急处置预案。中午天气炎热，一些部署在民房周围及民房楼顶的民警，冒着烈日等待最佳的营救时间。一名民警说，他从中午开始，在楼顶守候了3个小时。为了避免被朱某发现，他一直没有饮水。朱某的妻子、朱某的父亲及朱某的朋友，在屋外苦口婆心地劝说朱某，但朱某以辱骂回应，并不停扔出影碟机、电视架等物品。双方的谈判陷入僵局。随着时间一分一秒过去，大家都为在房间里的小晨担忧起来。到了下午15时10分左右，僵局终于被打破。警方成功将朱某劝导到房屋门口，埋伏在门外的民警冲上去，很快将朱某制伏，小晨在被劫持6小时后终于获救。

作案要挟妻子回家

幸运的是，小晨在此期间没有受伤。昨天下午15时20分，小晨坐在家附近的一家小店里发愣，显然，对于父亲的疯狂举动，他难以理解。7月5日下午，警方在现场处找到朱某作案的刀具，还在房间里搜查到红缨枪等。朱某父母说，朱某终日在外面游荡，欠了一屁股的赌债，还在2009年染上吸毒恶习。家境并不宽裕的他们，东凑西借为他还了一部分的赌债。

村民们说，朱某经常打骂妻子，妻子为此离家出走。就在五六天前，他还将其妻的兄弟砍伤，被送往医院抢救。村民们都害怕朱某上门来要钱。据警方初步调查，朱某今年39岁，2005年曾因赌博被治安拘留3天。近期，曾有群众反映其在吸食冰毒。案发当天，他为了让其离家出走的妻子回心转意，持刀将其儿子捆绑在家，要挟其妻子回家。

【五车相撞引发滨海大道拥堵一小时】 2010年7月11日下午，龙湾发生一起五车相撞的交通事故。事故发生于龙湾滨海大道中段。据现场目击者介绍，下午13时30分左右，一辆灰色丰田轿车被后面一辆小货车追尾，整个车尾凹陷。而后另一辆高速行驶的丰田左侧车头狠狠撞在了小货车上，丰田轿车车头四分五裂，小货车也因此失去控制向左侧超车道滑去。超车道上一辆大型工程车为躲避小货车与最左侧一辆三菱轿车碰撞，三菱轿车右边车门凹陷。最先发生碰撞的丰田车司机王女士回忆说，当时她的车速并不快，前面一辆车突然刹车，她便赶紧踩下油门，紧接着突然感觉到车身猛震。

记者在现场看到，5辆车横七竖八地停在滨海大道上，原本宽敞的大道，在这一地点出现“瓶颈”。只剩下最右侧的硬路肩可供通行，交通很不顺畅。下午14时10分左右，由于道路被堵，一辆水泥工程车变道，准备从最右侧硬路肩通过时，与后面驶来的一辆黑色现代轿车发生碰撞。此路段陷入瘫痪状态。而因为交通堵塞，离事故发生地1公里左右的地方，一辆面包车和电动三轮车也发生碰撞。交警赶到现场后，将几辆停在超车道上的汽车移到路旁。下午14时30分左右，该路段通行才得以恢复正常。

据了解，事故中除一名车主头部受伤外，其他车主均无大碍。据交警三大队四中队的刘姓警察介绍，事发原因可能和车辆车距较近，及夏日午后司机注意力不集中有关。

【世界杯决赛前夜，龙湾查获23起酒驾】 世界杯决赛前夜，市交警三大队开展“世界杯决赛前夜严查酒驾行动”。该队测酒分队从2010年7月11日晚20时开始蹲点龙湾永兴街道罗东南路新华路口严查酒驾，以确保辖区道路交通安全。仅两个小时已先后查获醉酒驾车交通违法案件2起，酒后驾车违法案件21起。

晚20时18分，执勤交警拦下一辆外地号牌的两轮摩托车进行例行检查，该车驾驶员邓某身上有明显的酒气，且无法出示驾驶证，其所驾车辆还存有故意遮挡牌号的违法行为。经查，邓某血液中的乙醇含量为23.5mg/100ml，已超出酒后驾车临界值，民警对其进行拍照取证后当场暂扣所驾车辆。晚上21时许，一辆黑色现代越野车沿龙湾永昌堡罗东南路左拐弯欲进入新华路，途径新华路口时突见前方交警设卡检查，急忙调头，慌不择路，执勤交警见状立即上前对其实施拦截。此时，该车快速驶上右侧人行道，并迅速熄火关灯准备弃车"走人"。但被执勤交警当场截获。经查该车驾驶人季某涉嫌酒后驾驶。晚上22时10分左右，民警在检查卡点拦下一辆丽水牌照的七座面包车，并对该车驾驶人陈某进行现场酒精测试，检测结果显示陈某血液中的乙醇含量为92.0mg/100ml，达到醉酒驾驶标准。

【夫妻打架 宝宝头顶遭殃】 出生六个月的宝宝，本应受到"捧在手心怕冻着，含在嘴里怕热着"的待遇，却被父母打架波及，导致头顶左侧出现明显凹陷、安危未卜。2010年7月16日，在附二医急诊室，看着女儿所遭受的磨难，"肇事父母"一个啜泣，一个悔恨。

唐先生与白女士家住龙湾区永中镇，平素做些小生意。唐先生性子急，又好酒，虽然刚生了小宝宝，两夫妻却是大吵小吵不断。16日晚19时多，正在喝酒的唐先生又与妻子从小吵发展成动手。因酒醉与怒气而丧失理智的丈夫抄起酒瓶就向抱着宝宝的妻子抡去。白女士闪过了这一下，但怀中的孩子却不知被酒瓶还是拳头擦中，尚未发育完全的头部顿时凹进去一块。夫妻俩急忙"停战"，将孩子送到最近的医院，经诊断后又转了两家医院最终送至市区附二医。经医生诊断，宝宝颅骨骨折、颅内出血，需继续住院观察一段时间才可确定是否会留下后遗症。

【"卡斯特葡萄酒"是这样"酿"成的】 购来大批半成品"宁夏解百纳葡萄酒"，然后贴上"卡斯特"、"尚博龙"等名牌商标，就变成了法国原装进口葡萄酒。价格也从几十元变成了一千多元。2010年7月23日晚，龙湾瑶溪工商所查获1000多箱假冒伪劣葡萄酒，总价值100多万元。

这个"卡斯特葡萄酒制造厂"隐藏得很深，在温州港务集团白楼下港区一个仓库内。谁也不会想到，在这么一个立着七八个储油罐、门口有"严禁烟火"4个红色大字、又写着"海关监管区"的码头，竟然藏匿着一个"葡萄酒制假"窝点。23日下午16时许，记者赶到现场时，工商所已派了几辆货车进行运输，暂扣1000多箱成品与半成品的葡萄酒。记者在现场看到，在这个码头内的西边有一个大约500平方米的仓库，仓库的大门打开，正好让一辆大货车驶进去。记者从大货车旁边挤进仓库，看到仓库内堆满了葡萄酒，有宁夏解百纳干红葡萄酒和法国"卡斯特"、"尚博龙美"露葡萄酒等。在现场清点数量的工商执法人员，从一箱宁夏解百纳葡萄酒里取出一瓶，瓶盖没有封好，瓶上也没有贴上包装纸。再从一箱"卡斯特"里拿出一瓶，就像人平时喝的卡斯特葡萄酒一模一样。记者再往里走，仓库内有一个小车间，车间里堆放着几十瓶半成品的宁夏解百纳葡萄酒和几十瓶法国原装卡斯特葡萄酒，旁边放满了"卡斯特"的包装纸和封瓶盖铝合金包装。工商执法人员说，根据现场勘察证实，不法分子是通过某种渠道购买了大批的宁夏解百纳干红葡萄酒，然后贴上"卡斯特"包装纸就可以出售了。瑶溪工商所林副所长告诉记者，几天前，他们所接到群众举报，有人在这个码头租了一间仓库，专门用来制造假葡萄酒。几天来，他们工商所便衣执法人员，多次调查这个仓库，可仓库的大门白天都是上锁的。7月24日下午14时许，他们再次来到仓库门口时，发现仓库的门没有上锁。于是，执法人员立即打开门冲进去，当场控制了现场的两男一女，并将他们带到工商所谈话。

据悉，温州港务集团白楼下港区是林某承包的，林某又将这个仓库承包给两名市区人。由于案件较大，案情比较复杂，龙湾公安局经侦大队已介入调查，码头承包者林某已被警方扣留，现场控制住的两男一女，由工商部门作进一步调查取证。

【"越野"车撞上抛锚车，拖车师傅看傻了】 2010年7月29日晚，瓯海大道发生一起"离奇"车祸，一辆"现代"越野车追尾撞上了一辆抛锚停在车道上的小四轮货车，结果小货车被撞成了"S"型，越野车撞得"四轮朝天"、翻倒在地。然而，虽然两车撞成这样，车上的人却一点没事，真是侥幸！

29日凌晨1时许，记者赶到现场，事故发生在瓯海大道曹龙路路口附近往温州方向路段，一辆车斗被撞击成了"S"型凸起的小四轮货车斜停在超车道上，其两侧及后面的挡板都被撞没了，而大约在30多米外，一辆"四轮朝天"的现代越野车紧紧地靠在道路护栏上，车辆已严重受损。车虽被撞成这样，人却没怎么受伤的小四轮货车驾驶员王先生对此有些暗自庆幸。据他介绍，当晚他开着小四轮经过这里时，出故障抛锚在这里，当时自己还特意下车在车后几米开外放置了警示标志，随后才坐回车里打电话等待拖车到来。还没等拖车过来，车子居然被撞上了，那一瞬间还好自己反应快，及时抓住了方向盘，才没被甩出去。据了解，就在这起车祸发生的时候，赶来准备拖走小四轮货车的拖车其实也已差不多赶到现场。拖车师傅说，"我从温州方向开来都看见自己要拖的车子了，没想到等我下了车道转弯上来，小四轮居然就被撞了，前后只差一分钟时间。""当时被撞上的瞬间，车子犹如散了架，车斗的挡门更是被撞得'四分五裂'飞散开来，一块挡板更是飞到了道路桥下。"小四轮司机王先生指着桥下方向说。下了车后，他更是被吓了一大跳，只见车子居然被撞得卷了起来，撞他车的"现代"越野车也是"四轮朝天"，还好车内的驾驶员同样没什么事。

【藏身特价区，并非特价品】 2010年7月29日，消费者孙女士在龙湾沙城一连锁超市内购买了一瓶标价31.8元的特价沐浴露，回家查看单据时，发现这瓶沐浴露实际被收了73元。与商家交涉无果后，觉得自己被忽悠的孙女士向龙湾工商分局投诉。

工商行政管理人员经了解发现，原来超市在做促销，将30瓶同一品牌规格的沐浴露摆在一起，其中在抗菌止痒型沐浴露上，标有“特价31.8元”字样。而消费者在购买时，以为摆在旁边的同品牌同规格的柠檬型沐浴露也是促销产品，就购买了一瓶。超市人员称，以特价销售的只是抗菌止痒型沐浴露，柠檬型的按原价73元出售。工商行政管理人员认为，超市将外观相似的产品放在特价商品里一起销售且没有明确指出，引起消费者误解。经调解，超市在特价商品区撤掉该款柠檬型沐浴露，消费者用柠檬型沐浴露换回抗菌止痒型沐浴露，同时超市退回差价并赔偿消费者路费。

【伤者不知自己怀孕18周，也不清楚孩子父亲是谁】 2010年8月19日晚，龙湾永兴街道五溪村围垦路地段，两辆二轮摩托车相撞，造成一死三伤，其中一名19岁的贵州籍驾驶员文某在事故中当场死亡。而一名17岁的女伤者（王某）在检查治疗过程中被查出已经怀孕18周，但是她自己却浑然不知，当问及谁是孩子的父亲时，王某的回答更雷人：“我也不太清楚”。

当晚22时左右，交警三大队民警赶赴现场，发现两辆摩托车因为冲撞力太大缠在一起。据悉，事发当时两辆摩托车上各坐着一男一女，两车相向而行，由于该路段没有路灯，两车在交会时碰撞。民警向王某询问死者名字时，王某摇头说不知道。再问他们是怎么认识的，王某说：“就在永强堤塘边的滩涂上玩耍时刚认识的”。后经警方调查，该起事故中的四人都在滨海园区务工，另外两名伤者为重庆人。事故相关责任还在进一步调查中。

【车床空中落 砸扁宝马车】 龙湾区永中街道永强路最近在修路，有些路段只能容两辆车并排通过。2010年8月22日下午，一辆铲车铲着一架车床经过永强路时，为了让对面车辆顺利通过，铲车将车床举高，等待底下的车流通过。当一辆红色宝马车经过时，也许是重心不稳，铲车上的车床居然“轰”一声翻落下来，砸在宝马车上，引擎盖顿时凹进一大片。据目击者称，当时驾车的是一名女子，吓得脸都白了，“幸好没砸在车顶上，否则肯定要出事”。

令人疑惑的是，双方居然都没选择报警。“车辆的维修费应该不低，铲车又没保险，不知双方是如何协商的。”交警称。

【3名老人晨练途中被车撞倒】 2010年9月3日清晨，龙湾3名老人结伴前往马路对面锻炼，结果在经过斑马线时发生不幸，一辆快速驶过的油罐车将3人撞倒在地。

事情发生在龙湾区滨海大道康二路口附近。据康二村原村支书王建志介绍，因为村内没有宽敞的锻炼场所，村里的老人每天早晨都会到村口马路对面的空地上锻炼。清晨5时许，3名正走在斑马线上的老人，被疾驰而过的油罐车撞倒。平时在一起锻炼的张阿婆说，她赶到时，现场一片混乱，3名伤员躺在地上不停地呻吟。她急得不知所措，这时，有一辆七座面包车经过，她马上将车拦下。“因为去晨练，身上没带钱，没想到司机二话不说就将伤员扶上车”。将伤员送到龙湾第一人民医院后，驾驶员悄悄地离开了。随后，其中一名伤势较重的老人被转至附二医治疗。

据交警介绍，8月份以来，市区已有多名晨练老人被车撞伤。交警提醒，老年人的反应能力相对较弱，遇险不能及时避让，再加上清晨驾驶员安全意识相对薄弱，因此，晨练最好选择就近地点，不要在马路两侧及交通繁忙路段进行。

【“80后”女会计“蚂蚁搬家”】 无意中发现公司税务缴纳卡竟然可以转账和取现，这名“80后”女会计欣喜若狂。从此，她的赌资有了来源，还有像山一样压在她肩上的赌债也可以轻松搬掉了。从此，她利用职务便利，偷偷地实施“蚂蚁搬家”计划，4年间从公司的税务缴纳卡“搬”走300万元。

意外发现

李某，1983年出生的龙湾区姑娘，2004年应聘进了一家中外合资企业当会计。她工作勤勤恳恳，深得大家信任。但好景不长，2006年，李某开始沉迷于赌博，而且运气不好，十赌九输，到2007年，她已经债台高筑了。

每月1800元的工资，让她如何还赌债，如何筹集赌资来翻本？正当她一筹莫展之际，2007年5月的一天，当地税务部门打电话说他们公司的税务缴纳卡是董事长张某个人的名字，最好去变更成公司的名称。于是，李某就向公司出纳拿来公司税务缴纳卡去银行变更。但是到了银行，对方说要该卡的本人就是公司董事长张某亲自去办理。李某认为手续太麻烦了就一直拖着没去，而这张卡也就一直放在她身边，出纳也没及时向她拿回。在一次被债主逼债后，她想到了这张银行卡，她想试试运气，结果她发现这张卡竟然真的可以取现，也可以转账。

巧设名目

这一发现让李某惊喜不已，她想到可以偷偷地侵占公司的公款来赌博，来偿还她的赌债。于是，她就不准备将卡还给出纳了，而是找了个借口放在自己身边。急需钱的李某迫不及待地从卡里拿钱。刚开始她只是将卡里剩余的钱以转账、现金支取、现金刷卡消费、办理支票、本票等形式转于自己名下占为己有。到后来，赌博输得太多了，她就向公司虚报需要缴纳的税款，让公司多存些钱，有时不需要扣税也叫公司存钱上去，而她就将多余的钱占为己有。经检察机关审查查明，从2007年至2010年1月案发，李某累计侵占公司资金近300万元。

法网恢恢

据公司董事长张某回忆：2010年1月23日，税务部门打电话通知他，尚未缴纳相关税款。张董事长纳闷了，1月8日，公司已将36万元款项打入税务缴纳款内，不可能存在拖欠税款问题。于是他向李某了解相关情况，李某坚持说已经缴款，但公司向税务部门打印相关税单，发现税务部门并没有进行过扣款。于是，李某的“蚂蚁搬家”行动在4年后终于被暴露。李某交代，从2007年至2010年，她赌博一共输了近400万元，她侵占的款项主要用于赌博及偿还因赌博所欠的债务，小部分用于生活消费。“80后”，花一样的年纪，本应无忧无虑，但她只剩下无穷无尽的悔恨。9月8日，龙湾区人民检察院以涉嫌职务侵占罪对李某依法提起公诉。

【杀女友再自杀可伤口真疼啊！他最终报了警】 有一对小情侣，两人感情不错。可是吵啊吵啊，出了事。2010年9月8日，龙湾状元横街东阳路一间民房4楼出租房里发生一件憾事。8日上午，一名脖子上满是鲜血的男子和盖着布的女子先后从出租房里被抬出来。知情人说，这对青年男女在附近一家厂里上班，是情侣。龙湾警方说，行凶男子罗某和死者刘某今年都21岁，江西乐安人。刘某今年刚考上大学，为了帮家里减轻负担，两个多月前，她来到龙湾某鞋厂打暑期工。上班不久，刘某就与同厂的罗某成为男女朋友，同居在一起。案发前几天，不满意高考成绩的刘某提出回去复读。罗某一再挽留，可刘某坚持要走。案发当天上午9时许，罗某请假后，准备借钱帮刘某买车票。过程中，两人为琐事发生争吵。罗某怀疑刘某欺骗他的感情，用手掐住刘某脖子，把刘某按倒在地。随后，失去理智的罗某拿起屋内一把水果刀，向刘某脖子上割下去。行凶后，罗某拿刀往自己脖子上割，因忍受不住疼痛停下手，并拨打110报警电话。

警方说，刘某当场死亡。罗某治愈出院后，于9月15日被龙湾警方逮捕。

【街头出现“野猪秀”】 2010年9月10日上午，在龙湾区永中街道，两名男子拉来一头野猪在展示，还挂牌称在永中老菜场里开有野猪肉店。

买卖野猪肉是否违法？这些野猪有没有经过检疫？对此，记者进行了走访调查。

为了打广告当街展野猪

上午10时许，在龙湾永中街道罗东北街的一座桥上，记者见到了那只被关在铁笼里的野猪，旁边有一牌子，上面写着“野猪肉专卖店”，并附上店面地址和电话号码。看护野猪的男子说，野猪肉价格在每公斤36元到50元，市面上家猪的肉价是每公斤24元左右。需要的话可以到他们的野猪肉专卖店去买。男子还说，由于野猪肉店刚开业，为了吸引顾客，特意拉来野猪在街上展示。野猪肉店的老板姓杜，河南人。杜先生说，野猪肉店是他和几个朋友合开的。第二家野猪肉店近日也要开业。下一步他们将与酒店、农家乐等店家建立供货关系。

买卖野猪肉是否违法？

杜先生说，他卖的野猪肉是由瓯海一家野猪养殖场供应，属于驯养的野猪，不是山上捕猎的，而且野猪肉店证件齐全，属正规经营。龙湾工商分局永中工商所一名负责人说，开野猪肉店，要先通过该区农林局审批，拿到野生动物经营利用核准证。工商行政管理部门再根据该核准证及店面或摊位租赁合同，颁发工商营业执照。据龙湾区农林局综合执法大队大队长张勇说，这家野猪肉店已于9月7日通过审核，是该区登记的第一家野猪肉店。该店买卖的野猪是由瓯海一家野猪养殖场供应，是驯养的野猪，所以是合法的。张勇介绍，野猪属省一般保护动物，如果某山区野猪出没过多，造成一定危害，当地林业主管部门会授权专业狩猎队上山捕猎野猪，买卖这些合法捕猎的野猪也属合法行为。如果非法猎捕野猪或进行买卖的，就属违法行为。

野猪上市前要检疫吗？

瓯海那家野猪养殖场的负责人称他们养殖场出栏的野猪尚未经过检疫。市畜牧兽医局检疫处有关人员称，根据有关规定，人工驯养或合法捕获的野猪在上市前都要经过检疫，但限于客观条件，很多地方尚未开展这项工作。野猪养殖场方面售出野猪时，要考虑到对自身品牌的保护及顾客的健康安全，应主动向当地动物卫生监督机构提出检疫申请。相关工作人员会上门了解情况，确定是否属于检疫范围，然后给出书面答复。这样野猪养殖场出栏的野猪质量才有保障。

【10万工资款车间里被抢】 2010年10月5日，在龙湾一鞋包加工厂，出纳拎着10万余元工资款准备给工人发工资，“嗖”的一声闪出一个黑影，抢走了装着工资款的黑色塑料袋，冲向车间旁门，翻出围墙跑了。目前，龙湾警方已介入调查。

10月5日，是这家鞋包加工厂发放工资的日子。当天下午，工厂出纳小周陪老板去银行取了10万余元，准备下班的时候发给工人。小周身兼两职，是出纳又是质检员，平日在车间上班。当日取工资款后，她把装钱的袋子拎到车间，放到工作台的抽屉里。“那天下午，有个男子一直在车间里转悠，黑T恤，牛仔裤，一米六几的个头。”小周说，那男子以前来过工厂，她以为此人是来找老板的，没在意。当日下午17时许，小周从抽屉里拿出装钱的袋子准备到办公室，等工人下班时发工资。这时，那名男子突然闪了过来，伸手抢走了小周手中的钱袋子。小周懵了，叫着“抢劫！抢劫——”等车间里的工人反应过来，那男子已迅速穿过车间旁门，跃上一铁皮房顶，翻到围墙外，坐上摩托车一溜烟跑了。报警后，警方根据小周和该加工厂老板的描述，初步确定了嫌疑人的身份。该加工厂老板王先生说，抢钱的男子曾在他厂里上班，姓林，四川人。2010年开始，林某自立门户，办了一家鞋包加工作坊，常来拉活做。王先生说，他还欠林某1万元左右的加工费，并约好等发了工人工资，就把这笔加工费付清，没想到林某竟会来抢。事后，王先生曾联系上林某，林某说会把多余的钱退回，可一直杳无音讯。双方到底存在什么样的经济纠纷尚需进一步调查。警方敦促林某尽快投案自首。

【专抢在家静养孕妇】 趁男主人上班后，再以租房为由进入受害者家中，对在家里静养的孕妇实施抢劫，劫走现场财物后，还持刀威胁孕妇准备钱财让其下次过来拿，不然就对受害者及其肚子里的孩子实施报复。2010年10月22日，龙湾警方破获了这一系列入室抢劫孕妇案件。

10月9日，已怀胎5个月的张女士独自一人在龙湾的家中静养，突然一名陌生男子窜进她家，用刀架在其脖子上，随即劫走了手机、现金等财物。拿到这些东西后，劫匪并不满足，继续威胁张女士，让她再准备一万元现金在家等着，他过几天会过来取；如果张女士不配合，那么张女士和肚子里的孩子将性命不保。

最近几天，龙湾区永兴、永中派出所辖区内连续发生六起类似入室抢劫案件。令人惊讶的是，犯罪嫌疑人都是上午独自一人进入未锁门的出租房，对单身在家的妇女进行持刀威胁，甚至调戏，然后再当场抢劫手机、现金等物，气焰极为嚣张。接到报警后，龙湾警方立即组织精干警力对犯罪嫌疑人的作案规律和特点展开串并分析，经多位受害人指证，确定犯罪嫌疑人是一名40岁左右、个子瘦小的外地男子。10月20日下午，龙湾警方成功抓获犯罪嫌疑人鄢某。经审讯，40岁的鄢某2010年来温务工，但一直没找到工作，手头拮据的他开始动起歪脑筋。针对龙湾永中、永兴一带出租房众多，租住在内的外地人防范意识不强的现象，鄢某采用入室持刀抢劫的方式屡屡得手，有时一天内就作案数起。据疑犯交代，他都是白天趁那些年轻人，或家中主要男性去上班后，前去敲门，以租房子为理由进入，看到房子里没人就把房内财物一洗而空，如果房间里只有一个女人，他会掏出随身携带的水果刀，对她们进行抢劫。鄢某交代了10月9日以来的6起入室抢劫案件以及另外多起白天入室盗窃案件。目前，鄢某已被龙湾警方刑拘。

【凌晨呼啦啦一声吓煞住户】 2010年10月10日凌晨，龙湾区状元镇西台村罗华锦园小区里有一条小路路面开裂，最宽的地方有四五米，河边的绿化带塌陷，房子也出现裂缝。

现场周边拉着警戒线

10日上午10时许，塌陷现场站满围观的小区住户，周边拉着警戒线。塌陷发生在小区西侧。只见两幢房子外侧过道路面发生开裂，其中一段面积约为10平方米的路面，开裂尤为明显，向西倾斜下沉。紧挨通道的绿化带，塌陷最为明显。西北侧的绿化带和通道路面完全断开，落差约在1～3米不等。小区西侧一段护栏已完全变形，四周向小区西北角一处倾斜下陷，最深的塌陷处蓄有一摊积水。目测现场，塌陷绿化带有数十米长。据了解，事故没有造成人员伤亡，对小区居民的用电、用水也尚未造成不便。塌陷发生后，有关职能部门负责人第一时间赶到现场，提出应急防范措施及善后处理意见。

小区住户以为地震了

现场一些居民介绍，10日凌晨路面塌陷时发出呼啦啦的声响，起先以为是地震。“凌晨2时左右，我在睡梦中感觉床突然一阵晃动，赶紧起床趴到窗口往下看，不好，楼下路塌了！”小区住户小李昨天上午为记者描述了当时的情景。13幢住户陈女士介绍，她听到小区保安在挨家挨户敲门，称楼下塌了，让住户将停在楼下通道的车子开走。当时她发现路面开裂并不严重，绿化带也只有轻微下陷。昨天上午再次去看时，塌陷明显厉害了。受塌陷影响，小区附近几幢房子楼下花坛周边路面也出现几处明显裂痕。“不知道，这房子会不会塌。”一位老伯为房子的安全问题感到担忧。他说，塌陷位置离最近的房子仅几米远。事故造成小区西侧通行不便不说，只怕会影响到主体建筑安全。记者在现场看到，紧挨小区西侧的是一条河道，此前正在清理。昨天上午，河道已停止清理作业。

事故原因还需论证

该小区物业负责人介绍，小区于2009年11月交付使用，共有15幢房子，其中一幢还未建好，共有房子296套，目前已入住200多户。他介绍，前天傍晚，小区保安已发现小区路面有轻微开裂，昨天就想将情况向有关部门反映，没想到发生了塌陷。瓯海大道龙湾段工程建设指挥部有关工作人员介绍，罗华景园是瓯海大道西台村拆迁安置房。昨天下午，有关部门的技术人员对小区主体建筑进行检测，结果显示，目前为止，主体建筑不存在安全问题。这名工作人员称，经初步测量，明显发生下沉的面积近百平方米。为防止塌陷面积进一步扩大，技术人员将对塌陷周边进行加固。据悉，有关专家昨天勘察事故现场后，初步推测河道的清理是发生塌陷事故的诱因。

【天马落河，执法人员探究竟】 2010年11月1日《温州都市报》刊发了《这河水，为何天天变脸？》一文后，2日上午，温瑞塘河保护管理委员会、市环保局环境监察支队及龙湾区环保局的工作人员前往现场勘察，欲找出河水变红的原因。据悉，这条河名为天马落河，但昨天没有出现河水变红情况。在之前记者观察到的河水变色源头处，一处雨水排放口排出的废水明显呈黄绿色，经工作人员现场检验，发现污水呈强酸性。工作人员取样后，循着污水的流经路线一路探查，最终确认污水来源——附近一家电镀厂的污水输送管道出现堵塞，其未经处理的生产废水溢出后经雨水管网直接排入河中。环保部门执法人员当场查封该厂，勒令其停产、整改管道系统，并予以立案处罚。随后，环保部门工作人员在临近河段监测并取了水样。执法人员称，在水样检测结果未明前，难以确认此前河水变色的原因。目前推断，可能为先前排放的酸性污水与其他废水中的化学成分发生变色反应，也不排除附近印刷产业清洗颜料容器或附近生活区处理废旧铁器所产生的废水造成污染的可能性。环保部门将继续关注天马落河的水质情况。

【为帮孩子上户口，离异母亲无奈复婚再离婚】 龙湾区一名姓程的离异母亲，为了给孩子上户口，百般无奈中选择了与前夫复婚，然后再准备离婚。如此荒诞之事，实在匪夷所思。究其起因，同样是阴差阳错，而最终造成这样的结局，令人唏嘘不已。

阴差阳错孩子上不了户口

2005年，程女士于龙湾第一人民医院产下一个婴儿，由于特殊原因她没有及时给孩子上户口。2007年，程女士与丈夫的婚姻走到尽头，他们的离婚协议上写着他们孩子的名字——雨姗(化名)。2010年11月1日，程女士考虑到孩子长大，想给孩子上户口。由于父母离异，雨姗上户口必须凭出生证明和父母的离婚协议书。雨姗出生时出生证明不慎遗失了，于是程女士到龙湾第一人民医院开了资料证明，然后到龙湾海滨妇幼保健医院补办了一张“雨姗”的出生证明，而在这张出生证明上登记了“雨姗”的现用名——瑜姗(化名)。这一字之差，却惹来了天大的麻烦。程女士和前夫带着离婚协议书和孩子的出生证明去瑶溪派出所为孩子上户口。派出所工作人员告诉他们，离婚协议上写着：“雨姗”，出生证明上写着“瑜姗”，两者对不上，一字之差，所以不能上户口。之后，程女士便四处奔走想办法。跑到医院要求改动名字时，医院方面说，名字已登记存档，没有办法改动；跑到民政局反映情况，民政局方面说，无法证明雨姗和瑜姗是同一个人，只能找派出所想办法。程女士最后试着去孩子所在的村里打了一个证明，证明2005年出生的“雨姗”和现在的瑜姗是同一个人，但是派出所的工作人员认为村里的证明无效。

荒诞的主意离异夫妻复婚后再离婚

正在程女士百般焦急之时，有人给她出了一个主意——复婚。是因为程女士和前夫离婚，孩子上户口时才需要出生证明和离婚协议书，假如他们俩复婚了，就不需要离婚协议书了，也就不存在孩子名字一字之差的问题了。这个主意也得到一些业内人士的肯定。程女士找到前夫商量这主意，两人思前想后，觉得还是孩子上户口要紧。11月5日，两人在一片尴尬沉默的气氛中复婚。随后，孩子瑜姗的“黑户”生涯也总算结束。但程女士却怎么也高兴不起来，她说，2007年，她跟前夫情感破裂才选择终止了这场婚姻。现在为了孩子而复婚，她没有怨言，但是程女士不想因此继续和前夫生活。“现在孩子的户口是上了，也意味着我得尽快安排再次离婚。”程女士苦笑着说：“庆幸的是我和前夫还未再婚，不然这事真不知道该怎么处理。假设我又已婚了，难道先和‘现任’离婚，再和前夫结婚，然后再和前夫离婚，之后和‘现任’再复婚？除此之外，真的就没有别的办法吗？”

公安提醒别让孩子成“黑户”

温州市公安局治安支队户政科科长钱战美说，一些小孩在出生以后没有及时登记户口的现象确实存在，这些情况往往很复杂。举个例子，有些女性还没结婚就生了孩子，而且出生证明上没有父亲的信息，如果这时候孩子没有及时登记户口，等孩子长大了再想登记就会比较麻烦。“不论遇到怎样的情况，孩子落地（出生）后30天以内，监护人必须凭身份证和孩子的出生证明到派出所给孩子上户口。这非常重要，是法律规定的。”

记者感叹荒唐背后是人性化的缺失

读完这则新闻，相信读者们都会有同样的感受：荒唐！然而在荒唐之余，难道不值得我们反思吗？强扭的瓜不甜。程女士和前夫是因为感情破裂才离婚的，如今为了孩子能上户口，他们在煎熬中又复婚了，这无疑在双方的伤口中又撒了一把盐。究其原因何在？各部门可能都会义正词严，“我们都是按照规章制度办事。”话是没错，可法律无外乎人情。程女士的孩子在出生证明和离婚协议上，除了那两个谐音“雨(瑜)”字以外，父母双方的信息都是一致的，相关的派出所或者其他单位在核实情况之后，为什么就不能人性化一点，具体问题具体分析呢？干吗非得死抱着冷冰冰的规章制度，把程女士和前夫搞得如此尴尬。

【弟弟锲而不舍查寻嫌犯】 战女士在一家棋牌室里被七八个人绑架，被逼说出银行卡密码损失20多万元。其弟弟陈先生为了帮姐姐追查嫌疑犯，1个多月来一直没停歇过。2010年11月6日晚，他在龙湾状元镇发现了一名女嫌疑犯，跟踪到她家后向状元派出所报案，民警及时出动将犯罪嫌疑人姜某抓获。

战女士是湖北人，跟母姓，她弟弟随父亲姓陈。10月3日下午，战女士接到朋友的电话，叫她到市区垟儿头一家棋牌室玩。战女士到了棋牌室时，打电话的朋友还没有到，棋牌室主人叫她休息一会，她也就靠在沙发上睡觉了。“我惊醒时，已有几个人按住我了，并往我身上打了几拳，然后快速把我推到一辆面包车上，把我的双手捆绑后按在座椅上，汽车便快速离开了现场。”战女士说，她也不知道汽车开了多长时间，根据车外光线的变化，感觉到汽车经过两个山洞，然后被带到一个偏僻的山上。这时候她发现，绑架她的七八个人里面，有一半与她见过面，大部分是温州人。战女士说，她被带到山上后，立即被按在地上打，有几个还拼命地用脚踩，打得她直喊“救命”。其中一个男的向她要银行卡，并叫她乖乖地说出银行卡密码，否则只有死路一条。刚开始她不说，后来天黑了，自己又不断地被打，心里害怕就给他们银行卡，还把银行卡密码告诉他们。一个男的拿着银行卡下山去，1个小时后回来就把她给放了。她慢慢地摸下山来，走到公路边才知道，那里是温州工业园区。于是打电话把自己的遭遇告诉了弟弟陈先生。陈先生说，他姐在温州打工已有七八年时间，所以有了这20多万元的积蓄。当晚，他接到姐姐的电话后，立即向鹿城江滨派出所报案。陈先生告诉记者，他从第二天开始，便出来寻找绑架姐姐的嫌疑犯，据姐姐说，姓姜那个女孩子也在，因为他见过那个姓姜的女孩子。这些人经常到那个棋牌室玩。棋牌室的主人肯定能认得。办案民警前往调查后，确实找到了几个人的照片，并叫他姐去派出所认，结果确实是这几个人。“我以为民警既然知道这些人的底细了，应该很快就能破案，但就是想不通为什么迟迟都没有破案的消息。”陈先生表示有点疑惑。“虽然派出所立案了，但我自己一直还在寻找嫌疑犯的下落。”陈先生说，这1个月来，他没有停止对嫌疑犯的寻找，经常到那些姜某平时喜欢去的地方守候。11月6日傍晚18时许，他寻找到龙湾区状元镇时，终于在一家棋牌室门口看到了姜某。于是，他便苦苦地守在棋牌室门口4个小时，等姜某出来后，他便悄悄地跟在姜某的身后，一直跟踪到她的家里。于是向状元派出所报警。

状元派出所接到报警后，立即组织民警出击，很快将姜某抓获，并移交到江滨派出所。江滨派出所负责人说，他们非常重视这起案件，立案后已将另3名嫌疑犯进行上网缉捕。

【厕所"臭气"熏倒两工人】 2010年11月11日晚21时许，龙湾区瑶溪镇龙东村一家配件厂男厕所发出的刺鼻气味，让两名上厕所的工人先后倒下，经抢救无效死亡。事发后，龙湾区公安、安监、卫生监督等部门已经介入调查。

两工人倒在男厕所

发生意外的两名工人是40岁的老向和20岁的小廖，分别来自湖南与贵州。事发当晚，该家配件厂有十几名员工在加班生产配件。因为是计件工资，大家各自埋头生产。"我要上趟厕所。"当晚21时许，老向向厂里担任修理工的老乡说了一声，随后去了厕所。大约20分钟过去，老乡发现老向迟迟没有回来，便去厕所查看，眼前的一幕让他大吃一惊：老向倒在地上，脸色与嘴唇发紫发黑，已经昏迷不醒。老乡发现他无法将老向的身体挪动，因为厕所里刺鼻的气味让他很难受，浑身乏力。他急忙叫工友过来帮忙，将老向从厕所里抬出来，120急救车将老向送往医院。没过几分钟，一名好奇的工人进厕所查看，发现工人小廖不知什么时候也进入厕所，晕倒在小便池的地上。小廖的症状和老向相似，随即也被120急救车接走。

有关部门正在调查

龙湾区人民医院医务科工作人员证实，老向与小廖送到医院时，检查发现两人的呼吸心跳都已停止。医生给出的初步诊断意见是，两人属气体中毒。到底是什么气体，无法得知。11月12日傍晚，记者来到事发的配件厂，但配件厂的牌子被摘下，大门紧闭。厂里一些工人及住户证实，有两名工人在厕所里神秘倒下。记者经过多方努力，联系上该配件厂负责人。该负责人说，厂里男厕所面积五六个平方米，距离车间有10米多。此前，一些工人反映厕所气味很臭，没想到发生了这样的意外。记者了解到，在该厂区附近，有几家皮革厂和化工厂。附近一些工厂的工人说，该配件厂从事抛光加工。事发后，该配件厂的厕所被封闭，不让工人使用。龙湾区公安、安监、卫生监督等部门的工作人员都表示，他们不清楚刺鼻气体的来源，正在进一步调查。

【龙湾破获全省首例黑客攻击案】 一个是青年教师，一个是电信员工，虽然他们并不认识，但对计算机的爱好和对金钱的贪欲，使他们成为了专业的电脑黑客，并走向犯罪的深渊。龙湾警方通过缜密侦查，于2010年11月24日，破获了公安部挂牌督办的"9·10"黑客攻击案，两名自学成"才"的电脑黑客落网。这也是浙江省破获的首例黑客攻击案。

网络惊现新型犯罪

2009年9月，温州市公安局网警大队在工作中发现，互联网上有人涉嫌以非法侵入他人计算机为业，并将窃取到的资料向全国各地的调查公司进行出售，从中获利。由于该案涉及新型网络犯罪，受到了各级公安机关的高度重视，龙湾警方于2009年9月10日成立专案组展开调查。警方通过侦查，在互联网上出售QQ密码破解、远程控制等软件的"XXX工作室"和"XX网络科技"两个网站进入警方视线。但这两个网站十分隐蔽，且从未使用过真实身份。经过专案组成员长达半年多的侦查，最终确定这两个网站分别为重庆市长寿区某中学教师沈某某和绍兴越城区某电信员工孙某某所建，此两人分别于2010年7月20日和7月27日被龙湾警方抓获。

侵入计算机窃取他人隐私

据悉，沈某某从2009年6月份开始，销售自己编制的木马软件次数达200多人次，总共获利4万余元。而孙某某不仅出售木马软件，还专门接受全国各地调查公司的委托，侵入目标计算机窃取他人的隐私牟利。截至案发时，与孙某某有联系的全国各地调查公司多达100余家，每次收费在600～1000元不等。据经办民警介绍："他们每次作案，都会有指定的目标，通过即时通、QQ、MSN等聊天工具与目标对象进行聊天，并设法让目标电脑运行木马程序的文件，进而控制对方计算机，并在对方毫无察觉的情况下窃取文件。"

黑客自学成"才"

据了解，落网的两名黑客均不是计算机专业的高才生，沈某某是中学的一名政治老师，孙某某则是电信局的一名普通员工，两人家庭经济条件都一般。不过，他们都有一个共同点，就是对计算机知识十分热爱，警方依法在两人家中搜查发现了大量的计算机专业书籍。两人通过自学，掌握了大量的计算机专业知识，并用此牟利。警方特别提醒，用户在使用计算机时，不要随意接受、运行陌生人发过来的程序和文件，用户私人的电子数据、资料存放计算机时要注意安全管理，重要的账号、秘密一定要注意保管，以免因密码泄露而造成损失。

【2岁女孩玩耍时扑倒在硫酸水里】 2010年12月8日下午，温医附属育英儿童医院接诊了一名被硫酸水烧伤眼睛和喉咙的小女孩洋洋（化名）。她在龙湾永中一工厂门口玩耍时，不慎扑倒在硫酸水里，正在该院住院治疗。洋洋今年2岁，家住龙湾永中。据洋洋的妈妈说，8日下午13时许，洋洋和其他小朋友在她上班的工厂大门边玩耍时，不慎扑倒在硫酸水里，洋洋脸和身子浸在了硫酸水里，喉咙也呛进了硫酸水，由于洋洋穿的外套比较厚，硫酸水没有触及洋洋的身体。首先发现洋洋摔倒的是该工厂老板娘，她见状急忙将洋洋从硫酸水里拉起来。当时洋洋的爸妈正在厂里上班，得知情况后，急忙用自来水对洋洋的面部进行冲洗，但洋洋已经睁不开眼睛，由于喉咙里呛进了硫酸水，洋洋吐了好几次，说话声音也变了，还不时大声咳嗽。随后，洋洋被送到医院救治。据了解，洋洋平时都待在她爸妈所在的厂里玩。该厂平时要用硫酸洗钢筋，硫酸用过之后会用水冲过再排到厂外。工厂门口边上的硫酸水就是厂里排出的废弃硫酸水，水位高度大概有10厘米，硫酸浓度不是很高。8日下午14时多，在温医附属育英儿童医院，医生对洋洋的眼睛进行了清洗。医生说，洋洋的眼睛被硫酸烧伤，瞳孔表面有些发白，今后可能会留下疤痕，视力也可能受影响。此外，她的喉咙也出现发红等症状，尚需住院观察做进一步治疗。

名　　录

一、省、市党代表名录

表111：龙湾区出席中共浙江省第十二次代表大会代表（根据当选时职务）

姓　名	单位及职位
王祖焕	龙湾区委书记、区人大常委会主任
陈玲玲（女）	龙湾区委副书记、区人民政府区长
刘少云	龙湾农村合作银行行长

表112：龙湾区出席中共温州市第十次代表大会代表（根据当选时职务）

姓　名	单位及职位
王炳隆	龙湾区蒲州街道党工委书记
王祖焕	龙湾区委书记、区人大常委会主任
王爱光	龙湾区委常委、副区长
邱小侠（女）	龙湾区委常委、宣传部部长
张宪明	龙湾区委委员、经贸（交通）局局长、党委书记
陈玲玲（女）	龙湾区委副书记、区人民政府区长
周　赞	龙湾区委副书记、区政法委书记
赵万磊	龙湾区委委员、状元镇党委书记
姜嘉锋	政协温州市委员会副主席、党组成员
徐纪平	温州市委常委、市政府副市长、党组副书记
徐国信	龙湾区委常委、组织部部长
鲁爱民（女）	龙湾区委常委、纪委书记
王　迪	华迪钢业集团有限公司董事长、党支部书记
方崇安	温州市第十五中学教师
叶康元	龙湾区沙城镇永寿村党支部书记
张　敏	龙湾区人民法院民一庭庭长
陈奎洪	浙江天龙集团有限公司董事长、党支部书记
管鸿升	温州鸿升集团董事长

二、省、市、区人大代表名录

表113：龙湾区出席浙江省第十一届人民代表大代表（根据当选时职务）

姓　名	单位和职务
陈玲玲（女）	龙湾区委副书记、区人民政府区长
张福龙	温州丰篮农产品物流有限公司董事长
王茂法	中国·泰昌集团公司高级经济师、工程师
黄作兴	江南控股集团董事长、总裁

表114：龙湾区出席温州市第十一届人民代表大会代表（根据当选时职务）

姓　名	单位和职务
徐纪平	温州市委常委、市人民政府副市长、党组书记
翁锦武	温州市人大常委会副主任、党组副书记
李国胜	温州达得利集团有限公司董事长、市工商联（总商会）常委
仇杨坪(女)	温州市图书馆副馆长
潘佩聪(女)	挺宇集团总经理
夏爱华(女)	温州市人大教科文卫民侨工委主任
王延申	温州市城市中心区建设指挥部党组书记、副指挥
林金龙	温州市人大法工委主任
陈福生	温州大学校长、党委委员
王祖焕	龙湾区委书记、区人大常委会主任
陈玲玲(女)	龙湾区委副书记、区人民政府区长
殷国兴	龙湾区人大常委会副主任、党组书记
王身康	龙湾区中心区建设指挥部常务副指挥
张华燕(女)	海滨街道办事处主任
曹利华	天河镇新河村党支部书记
章联芳	永兴街道莩芳村村委会主任
张福龙	温州丰篮农产品物流有限公司董事长
徐福忠	温州飞雕电器有限公司董事长
陈瑞生	大森鞋业有限公司董事长

续表1：

姓　名	单位和职务
章方辉	温州龙泰轻工机械有限公司总经理
王建华	永强供电公司董事长
王茂法	中国·泰昌集团公司高级经济师、工程师
张雪梅(女)	区劳动就业管理处副主任
许绍钦	永中街道坦头村党支部书记、村委会主任
邵康礼	温州龙铸钢铁阀门有限公司董事长、工程师
王贤理	浙江伊利康生物技术有限公司经济、研究员
陈金明	浙江明泰标准件有限公司经济师

表115：龙湾区第六届人民代表大会第五次会议代表与列席人员（代表203名）

永中代表团

代表团召集人：叶庆权　王建华

1．代表（41名）

方剑宏　王兆银　王纯亮　王建飞　王建华
王忠乐　王忠良　王香兰（女）王爵勤　叶乃进
叶庆权　朱荣华　许绍钦　吴祥文　吴毓辉
张竹香（女）张作仁　张作池　张单娇（女）张维光
陈占春　陈光杰　陈秀华（女）陈其迪　陈国良
陈玲玲（女）周日福　林宗武　郑爱青（女）郑教洲
姜　潮　娄树春　胡志升　胡国忠　夏彩文
郭洪顺　高新发　章方松　黄光辉　潘一豹
潘旭宏

2．列席人员（28名）

王　浩　王会飞　王身康　孔繁新　方永棣
方志方　叶伟斌　刘　峰　刘少云　朱　毅
张爱钗（女）张崇林　李道钮　杨银萍（女）陈方波
周峰荣　林崇国　郑　凯　郑晓燕（女）郑祥迪
金　林　柯晓平　项玉燕（女）项华琛　翁锦武
温端体　廖海容（女）潘可旺

蒲州代表团

代表团召集人：王炳隆　张少清　林舜平

1．代表（17名）

王永康　王贤理　王炳隆　叶松云　叶显龙
朱建勇　吴忠靖　吴锡和　张少清　张汉平
张福龙　李素微（女）林舜平　柯彩眉（女）殷国兴
潘云龙　薛克风

2．列席人员（18名）

包双二　叶美友　朱祖荣　李国胜　李修懂
陈定杰　陈福生　卓淑智（女）林志森　范长安
赵　飞　姚海云（女）徐益忠　彭佳学　蔡文年
潘　敏　潘乐仲　戴建华

续表2：

海滨代表团

代表团召集人：王旭辉　项振康

1．代表（19名）

王　军　王旭辉　叶文华　孙仕明　严信安
张立新　张华燕（女）张德景　李春莲（女）李新梁
邱忠和　郑希荣　施明进　项振康　徐顺炜
郭庆贤　程淑英（女）韩仕亮　潘文汉

2．列席人员（24名）

王全忠　王忠立　包邦和　卢剑平（女）叶铭克
孙福荣　朱振华　初　春　吴天峰　张志宏
张崇嫡　苏友灿　陈　滨　陈建淼　陈思崇
周德望　范朝阳　姜祥林　高冬环（女）赵万磊
黄作兴　黄建芳　黄新民　潘向捷

永兴代表团

代表团召集人：章魁洪　孙永友

1．代表（19名）

王良绍　孙永友　张岳礼　张金勇　张积龙
张崇芬（女）张崇妹（女）张福光　张福康　张德飞
季小麒　郑丽丽（女）金昌洪　金德汉　章成忠
章联苏　章魁洪　麻克华　潘国光

2．列席人员（18名）

上官光架　王国荣　孔繁义　伊柏峰　吕淑平
余光良　吴祥武　李　谊　李淑华（女）张崇海
陈汉杰　陈洪平（女）陈振宇　周德新　林汝旺
胡晓东　倪士章　廖银霜

海城代表团

代表团召集人：曹利民　管鸿升

1．代表（17名）

池建光　张延文　张式东　沈永明　邱建春
邱秀云（女）陈士民　陈建芬（女）陈金明　孟月玲
胡嗣新　涂晓忠　贾黎春　钱玉水　曹利民
董灵平　管鸿升

2．列席人员（18名）

王　勇　王进良　孔令敏　叶晓琴（女）刘万青
张韩杰　沈旭东　周　慧　林兴财　洪文泳
项云霞（女）徐琮琦　陶祝波　陶彩霞（女）童国林
潘国华　潘佩聪（女）潘源源

状元代表团

代表团召集人：余安江　项光平

1．代表（19名）

王松林　叶忠武　朱为民　朱进国　朱选良
余安江　陈松兰（女）陈奎洪　林晓微（女）林永杰
金　亮　金阳光　胡希良　赵春燕（女）赵崇壁

续表3：

项光平　诸松国　董朝贤　潘小林

2. 列席人员（19名）

丁文东　仇杨坪（女）　孙方忠　朱大志　许声维
李　武　李　健　应增荣　张光羽　张良飞
杨大汉　陈用银　陈品富　林　坪（女）　陈瑞生
夏哲宇　唐庆友　程云唐　解立明

瑶溪代表团

代表团召集人：南君晓　陈林彬

1. 代表（19名）

方　权　张以国　邵忠章　邵春兴　陈文斌
陈林彬　周长林　林　跃　林文明　林汝敏
郑玉葵（女）　郑国富　南君晓　黄海春（女）　翁银巧
董汉玉　释默行　蔡学巧　潘国胜

2. 列席人员（20名）

王　敏　王　颖　孙士岳　吴南友　张加福
汪永胜　沈永国　邵康礼　陈光宇　陈纪兴
陈和斌　周元福　林金龙　罗云远　金江桂
金国珍（女）　郭瑞乐　高皓达　曹　立　潘建华

沙城代表团

代表团召集人：梅银松　黄国荣　王小云

1. 代表（21名）

孔祥友　孔祥泽　王小云（女）　王汉仁　王宝贤
王彩娥（女）　朱文松　吴临安　杨虹霞（女）　杨贤钏
汪振博　沈上东　沈永贤　项小波　项光国
项光明　梅银松　章方丽　章方辉　章泽明
黄国荣

2. 列席人员（20名）

王云师　王东来　包双一　叶自力　李　超
张纪恩　肖健雄　苏鹭平　季绍友　郑照明
金旭东　柯斌祥　姜法宏　夏爱华（女）　陶竹友
黄阳栩　黄挺义　温从明　程庆进　程建春

天河代表团

代表团召集人：　韩包斌　王兴龙

1. 代表（16名）

王永斌　王兴龙　王国胜　王绍清　王挺锋
孙晓波　许　峰　李　雪（女）　沈玉眉（女）　邵康成
陈　栋　金上楷　曹利华　章庆乐　蒋炳发
韩包斌

2. 列席人员（18名）

王延申　朱志清　朱进龙　朱德利　朱德彪
吴振弟　李　伟　张纯道　张雪梅（女）　陈　朴
周玉鹏　林发坤　林姜歆　郑建忠　郑笃兴

续表4：

黄剑峰　温端庆　谢恩赐

灵昆代表团

代表团召集人：郑小强　余新庭

1. 代表（15名）

王茂法　王莲莲（女）　孙剑锋　余新庭　吴炳光
张晓和（女）　周玉林　林　钢　郑小强　金德津
胡良献　徐国信　曾文彬　黄忠武　董纯心

2. 列席人员（16名）

王星云　包谊新　刘敏波　阮云富　吴向兵
邵建乐　陈　彪　陈小锋　陈建敏　范祯桑
胡学崇　郭建超　韩包强　潘敦雄　戴保福
瞿长凯

三、省、市、区政协委员会名录

表116：　龙湾区出席政协浙江省第十届委员会委员（根据当选时职务）

姓　名	单位及职位
胡玲玲（女）	温州康尔达印刷器材有限公司总经理 温州华尔达印刷器材有限公司董事长

表117：　龙湾区出席政协温州市第九届委员会委员（根据当选时职务）

姓　名	单位及职位
徐国信	龙湾区政协主席
郑建忠	龙湾区委常委、统战部部长
林　钢	龙湾区总工会主席
张崇波	团区委书记
陈春华	浙江松日电器有限公司董事长
叶剑平	浙江伯兰特服饰有限公司董事长
吴初旭	温州市初旭食品有限公司董事长兼总经理
邵和畴	浙江东瓯律师事务所主任
郑银凤（女）	龙湾区教育局教师发展中心教科研员
王香梅（女）	龙湾区侨联副主席、永中街道侨联主席
黄　鹤	江南皮革有限公司董事长
季克旺	特斯亚鞋业有限公司董事长
翁银巧	温州康尔达印刷器材有限公司董事长
汪玉斌	温州机场党委书记
吴良福	大自然钢板有限公司董事长
孙福荣	温州人造革公司董事长
杨连标	温州环球笔业有限公司董事长
黄发静	温州日丰打火机有限公司董事长
欧阳后增	龙湾区基督教“三自”爱国运动委员会主席
陈孝焕	温州瑞气空分设备有限公司董事长

续表：

姓　名	单位及职位
胡经云	威尔鹰集团有限公司董事长
林决定	浙江决定精细化工有限公司董事长
张贤良	中国旗舰集团董事长
陈晓敏	浙江俊尔新材料有限公司董事长
项光明	伟明集团有限公司董事长

表118：　政协龙湾区第三届委员会第五次会议委员与列席人员（代表203名）

第一组（中共）

召集人：林新林　朱钱合

1．委员（29名）

徐国信　黄秀清　林春霞（女）胡郑梅（女）陈　栋
林兆申　林新林　赵春斋　王胜耀　金振弟
周兆明　夏朝峰　孙景绍　王进才（组织部）
郑光泽　朱钱合　陈　武　曾国勇　李永清
林宝夏　吴克孟　杨选林　姚日成　郑联盟
王秋麟　张宪寿　冯成昌　涂思华　朱国平

2．列席（20名）

陈久肖　朱伟英　章　文　王永林　缪克鸠
陈　佳　娄长崇　黄光丰　项东华　姜祥凯
李　胜　谢时平　陈精益　苏本云　王进光
高　峰　叶赛晓　陈国安　郑　靖（女）陈孝道

第二组（工青妇、宗教界）

召集人：杨国平　潘玉萍（女）

1．委员（21名）

王德金　何光德　陈敏敏　潘玉萍（女）章成达
林丹艳（女）陈　旭　姜　伟　项忠祥　张凌哲
丁玉燕（女）王来雨（女）朱红英（女）季星莲（女）程敬远
林　萍（女）王进才（道教）杨国平　陈国光　金惠民
释教度

2．列席（20名）

张安畴　王向阳　周旭晨　王浩清　孙文元
项东军　章　炜　陈宗杰　刘　健　娄晓杰
欧阳后增　徐国光　潘伟光　倪云飞　沈　节
林　华　诸海灵　王海霞（女）陈丕侠　刘加章

第三组（工商联）

召集人：张　建　朱光朝

1．委员（31名）

方旭昶　方建生　王　迪　王忠芳　王炳银
任建新　朱光朝　吴正绍　姜方谊　吴振汉
宋小华　张　平（波士登）张　建　张光龙　张明海
李新弟　杨选建　邵　杰　邵康礼　陈进富

续表1：

陈金强　罗云远　郑存秋　姜方强　姜笃其
胡玲玲（女）项光清　倪士云　徐登平　袁国雄
曹大崇

2．列席（20名）

孙福荣　陈春华　叶剑平　吴良福　季克旺
张延棋　章方龙　何锡康　陈建设　项光辉
朱晓芬（女）陈光辉　赵钦升　程海彬　黄荣森
张明晓　邹建强　冯宪芙　潘国银　黄朝辉

第四组（经济界）

召集人：陈立荣　姜文华

1．委员（30名）：

王宝光　王建义　孔德亮　冯茂勋　包敏君
史信光　孙眉眉（女）吴显义　张　平（意得利）陈李洁
吴增安　李寿春　李松林　杨荣水　陈仁通
陈立荣　陈孝焕　陈凯鸿　林慧英（女）林恩胜
范茂银　姜文华　项文胜　项晓东　涂克银
涂志金　黄发静　黄益弟　蔡　晖　潘少杰

2．列席（20名）

吴初旭　张贤良　胡经云　林决定　杨连标
黄　鹤　陈晓敏　项光明　叶会昌　杨连成
高　强　李向帆　王永元　陈根生　管小鹏
陈良友　黄顺杰　胡碧倩　夏建峰　林　勇

第五组（教育体育、新闻文艺界）

召集人：朱学林　曹凌云

1．委员（21名）

王云弟　刘加仁　刘建永　朱学林　张德锋
李延芝　杨素静　陈丽闽（女）徐小茶（女）俞金柱
薛小华　王　增　兰小春　余　美（女）张卫中
张洪林　林　培（女）林晓燕（女）郭瑞乐　曹凌云
曹丹艳（女）

2．列席（20名）

郑银凤（女）项绍雄　邱朝剑　金晓敏（女）张　延
林立新　项　晓　李美广　唐金平　徐明武
朱宝进　蒋永昌　金龙山　王益元　陈　铭
王芝树　朱智猛　陈云云　马克朋　鞠金贵

第六组（科技、农业、医药卫生界）

召集人：严永明　王良洪

1．委员（28名）

叶乃福　孙昌榜　严永明　张国林　沈永华
邱上洪　陈国华　陈继远　林永兴　姜瑞玉
项一汀　章联华　王　和　王大荒　王良洪
叶秀青　何绍海　项文生　薛立华　王魁胜
王英姿（女）王彩霞（女）许小微　周旭南　郑碎迈

续表2：

金叶道　章华真　魏丽华（女）

二、列席（19名）

陈少华　黄光辉　丁乐燕　徐　宇　项有森
陈发林　李胜春　甘世邱　何品豪　马晓波
杨敬中　吴加居　朱景所　张　和　张恩东
陈光伟　王爵清　黄晨鹏　卢震宇

第七组（台侨界、社会人士）

召集人：王建勤　张雪梅（女）

1. 委员（32名）

王建勤　叶文武　许先明　张三豹　邱胜伟
陈猷良　林朝生　林　钢　郑国伟　郑国春
金培云　娄向阳（女）戴显俊　王成福　王进东
陈德明　朱筱霞（女）张　强　张雪梅（女）张彩霞
李　芊　李新平　邵和畴　陈　音　陈友喜
姚金辉　柯巴嫩　项玉凤（女）项有仁　徐贤丰
黄成光　黄根云

2. 列席（15名）

王香梅（女）杨丰荣　郭进玲　金文斌　郑克雷
薛学平　胡光德　聂火良　洪　亮　李上明
杨向荣　章方森　章崇巧　王学选　赵中南

第八组（特邀人士界一）

召集人：项岳年　钟杭玲（女）

1. 委员（28名）

陈　敏　周筱云（女）王明华　王晓东　王崇焕
王智英（女）叶　峰　孙进清　江绍选　邢庆武
吴永龙　张凌华　张霞鸿（女）李上辉　陈　宏
陈金杰　林文化　金秀燕　郑秀东　姜国桢
柯尔克　钟杭玲（女）项有年　项岳年　陶惜分
高明章　韩必强　潘淑贞（女）

2. 列席（21名）

胡瑞中　周爱冬　吴桦槐　王美芳（女）叶道标
朱进梁　张积敏　周日发　余海敏　高雍和
金凌云　张贵林　张　华　朱邦丰　罗　彬
张　尧　林炳岳　何光善　王茂卿　何安元
王炳进

第九组（特邀人士界二）

召集人：季秀兰（女）葛建海

1. 委员（20名）

方志华　王玉燕（女）王会弟　王权辉　应士杰
张小平　张纯标　张桂业　季秀兰（女）陈建胜
林培强　郑祥辉　郑福章　胡　洁　葛建海
蔡志和　戴锦国　刘小标　林善良　戚建敏

续表3：

2. 列席（23名）

马爱光　王庆丰　高仁义　王振成　张成宣
潘秀雄　姜化日　王　雄　蔡志飞　薛克刚
张积林　郑宝乐　张尧弟　潘新叶（女）林　俞
柯小雪（女）何琪琪　罗旭升　王小敏　王绍信
章庆乐　方崇敬　吴贵银

国家级先进名录

表119：　先进集体

龙湾区获“中国金融生态区”称号。

龙湾区人民法院被全国妇联授予全国维护妇女儿童权益先进集体

龙湾区人民检察院被最高人民检察院评为“2010年度全国检察宣传先进单位”

温州市国土资源局龙湾分局状元管理所被人力资源和社会保障部、国土资源部授予“全国国土资源管理系统先进集体”

区消防大队荣立公安部集体二等功

温州市城市管理行政执法局龙湾分局、永强供电公司被中华全国总工会授予全国模范职工小家

农行龙湾支行营业中心被中华全国总工会授予“全国五一巾帼标兵岗”

《龙湾年鉴》被中国地方志指导小组评为全国地方志系统第二届年鉴县区级地方综合年鉴特等奖

区教育局获2009年度全国教研工作先进单位称号

瑶溪王朝大酒店荣膺国家四星级酒店

表120：　先进个人

陈建敏被中国地方志指导小组为全国方志系统先进工作者。

温州市爱好笔业有限公司 董事长张汉平、温州天骄笔业有限责任公司董事长兼总经理韩爱国被中国制笔协会评为中国制笔行业突出贡献企业家。

省级先进名录

表121：　先进集体

龙湾区获浙江省金融创新示范区称号

龙湾区获省级食品安全示范区称号

龙湾区人武部被省军区评为2009年征兵工作先进单位

瑶溪镇人武部被省军区评为基层武装部建设标兵单位

龙湾区人民检察院获省级先进基层检察院称号

温州市交警三大队被浙江省委政法委、省高级人民法院评为全省集中清理执行积案活动先进单位

龙湾区边防大队灵昆所支部被浙江省公安边防总队评为先进党支部

龙湾区农林局获2010年度全省农村经营管理工作先进集体称号

龙湾区妇联获省巾帼建功先进集体称号

龙湾区工商联获全省工商联系统先进集体称号

续表：

龙湾区科协获2010年度浙江省科协工作先进单位称号
龙湾社保分局评为"浙江省粉尘高毒品危害治理专项工作"先进集体
温州高速公路交警支队获全省春运工作先进集体称号
永中司法所、瑶溪司法所、沙城司法所被命名为省级规范化司法所
龙湾工商分局获2010年度"红盾风采——优秀领导班子、全省政务信息工作先进单位称号
龙湾工商分局状元工商所获全省四星级文明规范工商所称号
龙湾工商分局沙城工商所获全省三星级文明规范工商所称号
龙湾区文物普查队获实地调查阶段省级先进集体称号
农工党龙湾支部被农工党省委会授予2007～2009年社会服务工作先进基层组织
温州文化商品市场获"浙江省文化产业示范基地"称号
浙江温兄阀业有限公司获浙江省和谐关系引领示范企业称号
中国移动龙湾分公司评为省文明单位
中行龙湾支行浙江省中行系统先进基层党组织称号
兴业银行龙湾支行获浙江省兴业银行系统2010年度先进集体称号
永中街道获2010年度浙江省先进团组织称号
天河镇评为省级文明镇
灵昆镇评为省级村庄绿化示范镇

表122：先进个人

斯路路被省边防总队评为十佳边检服务明星
王勇被省军区评为优秀党务工作者
吴长理被省军区评为国防教育先进个人
刘健获省级优秀专武干部称号
周月英获全省农产品质量安全整治暨执法年活动先进个人称号
叶美华获全省农机安全生产工作先进个人称号
王洪彬获2009年度全省畜牧兽医工作先进个人称号
罗利敏获2010年全省农作系统先进个人称号
张青腾获浙江省优秀基层法律服务工作者称号
李朝阳获省优秀城市美容师称号
林炳岳获致公党浙江省委会基层工作先进个人称号

市级先进名录

表123：先进集体

龙湾区获市级"放心放射源县"称号。
龙湾区人民检察院评为全市政法工作先进单位。
温州开发区海关报关厅评为"温州市2009年度群众满意基层站所（办事窗口）"称号
温州高速公路交警支队评为2010年度温州市精神文明建设先进集体号
龙湾工商分局获全市依法行政工作优秀单位称号。
龙湾工商分局永中工商所获全市工商系统法制十佳文明规范科室。

续表：

龙湾区农林局评为温州市2009年农业丰收奖一等奖
永中街道获温州市2010年度基层防汛防台体系建设先进集体称号
蒲州街道评为全市党建带工建三级联创先进职工之家。
状元镇评为2010年度温州市精神文明建设先进集体。
工行龙湾支行获工行温州市分行2010年度党建先进单位称号
温州市公积金龙湾管理部获市级"巾帼文明示范岗"称号

表124：先进个人

刘万定、林新林、黄丽秋、龚光强获市优秀共产党员称号
季克霖获2010年温州市农村指导员工作先进个人称号
翁银巧、胡玲玲、冯定献获温州市荣誉市民称号
郑照明被温州军分区评为安全管理工作先进个人
吴长理被温州军分区评为优秀机关干部
谢时平、张崇亮被温州军分区评为优秀共产党员
刘健被温州军分区评为专武干部标兵
戴云杰、曹大波获市优秀检察官称号
陈小强获全市政法系统优秀干警称号
陈婧婧被授予首届全市优秀"平安志愿者"称号
项明东获温州市先进人民调解员称号
冯微奇获全市十佳工商科长称号
周月英获2009年度市农业产业化工作先进个人称号
王建光获2009年度温州市林政管理先进个人称号
吴良文获2008～2009年温州市林业科技工作先进个人称号

区级先进名录

表125：区级先进基层党组织

永中街道桥北村党总支
龙水第一小学党支部
华迪钢业集团有限公司党支部
浙江温兄机械阀业有限公司党支部
蒲州街道下埠村党总支
温州市爱好笔业有限公司党支部
海滨第一小学党支部
温州市新兄弟人造革有限公司党支部
永兴街道水潭村党支部
永兴第二小学党支部
生贵阀门有限公司党支部
海城街道东成村党支部
龙湾农村合作银行海城支行党支部
浙江明泰标准件有限公司党支部
状元街道龙跃社区党支部
瑶溪街道瑶溪村党支部
瑶溪街道龙湾村党支部
浙江格林兰印染有限公司党支部
沙城街道顺江村党支部

续表：

沙城第一小学党支部
中天昊宇科技股份有限公司党支部
天河街道机关党支部
天河街道金益村党支部
浙江奥司朗照明电器有限公司党支部
灵昆街道周宅村党支部
温州市达士明光学有限公司党支部
区委办公室党支部
区人民政府办公室党支部
区委宣传部党支部
区委统战部机关党支部
区人民法院第一党支部
区人民检察院第二党支部
区财政局党支部
区人事劳动局党支部
温州农业对外综合开发区机关党支部
区电镀行业协会党支部
鸿厦建设有限公司党支部
温州市第十五中学党支部
区妇幼保健所党支部
区工商分局永中工商所党支部
区公安分局海城派出所党支部
浙江康尔达新材料股份有限公司党支部
温州三杉光学有限公司党支部
龙湾农村合作银行第三党支部
永强供电公司第二党支部

表126：　区级优秀共产党员

叶庆权	王　奔	张维明	王晓林	项哲慧
周贤跑	王建飞	张万云	朱忠华	邹宪波
林姜文	丁永海	孙昌金	王炳隆	张福尧
朱建勇	倪三利	李秀光	郑祥彬	黄玉增
季克棣	张洪超	孙成宇	李淑华（女）	周兆礼
徐　芳（女）	项光瑞	孙国芳	张存钦	张德飞
叶　俭	姜金土	涂克银	戴其飞	林　毅
胡嗣新	程　虎	项友忠	朱大志	吴克俊
陈云华	陈丽丽（女）	李建海	陈君雅（女）	张维丰
孙俊巧（女）	陈达生	邵治中	邱君考	王绍美
黄瑞华	杨虹霞（女）	王友珍	方建莲	章吉椿
朱晓春	王林华	孙建宝	王靖禹	项炳银
朱成德	王仁德	曹海秋（女）	姜祥凯	林兴村
张亦杰	吴炳光	吴圣林	林　克	王进云
陈志楠	王学淼	叶美华	王建敏	夏文通
赵春斋	季文荣	姚海云（女）	孙晓峰（女）	张熙阳
张振波	方珠林	曹宗襄（女）	蒋　影（女）	安　东
方崇辉	张宪珍	林日潮	林国标	王茂贤

续表：

龚光强	陈志勇	吴祖勃	项　羽	周玉生
胡立新	朱彩莲（女）	陈显丰		

表127：　区级优秀党务工作者

陈彩华	张立钱	朱伟英（女）	金晓春（女）	章　文
缪克鸠	张建立	张崇微	汪少卫	项东华
王光强	叶赛晓	周　威	方崇敏	陈　立
王津花（女）	何亮明	陈建敏	潘玉萍（女）	徐志毅
尤恩侯	姜方兴	潘贤呈	张莲莲（女）	张万里
张冬松	陈振南	陈根生	虞　蝶（女）	吴大同

表128：　2010年度党风廉政建设先进集体

永中街道办事处
天河镇人民政府
灵昆镇人民政府
区农林局
区卫生局
区审计局
龙湾工商分局

表129：　2010年度“十佳学习型党组织”、“十佳学习型党务工作者”和“十佳学习之星”名单

1．“十佳学习型党组织”名单

区委办公室党支部
区委组织部党支部
区永中街道普门村党总支
区状元镇龙跃社区党支部
区天河镇二甲村党支部
区灵昆镇机关党支部
区瓯江中学党支部
温州源大人力资源服务公司党支部
温州大自然鞋业党支部
温州三杉光学有限公司党支部

2．“十佳学习型党务工作者”名单

孙宝武　区委办公室
吴向兵　区经贸（交通）局
陈凌云　区行政审批中心
徐　芳　永兴街道办事处
缪克鸠　海城街道办事处
郑佳禾　沙城镇人民政府
陈智慧　灵昆镇上岩头村
戴元巧　区职业技术学校
李彩华　温州市华基化工有限公司
胡立新　温州市瓯斯达电器有限公司

3．“十佳学习之星”名单

叶显伟　区人民检察院

续表：

曹　俊	区教师发展中心
刘君可	沙城镇人民政府
王林华	天河镇人民政府
王素华	永中街道罗东锦苑社区
麻克华	永兴街道下兴村
潘　锋	区农民诗社
董彩霞	瑶溪第三小学
潘彰根	鸿升集团
戴晓燕	江南阀门

表130：　2010年度精神文明创建工作先进单位

区文广新局
区环保局
区城市中心区开发建设指挥部
区妇联
市交警三大队
永中街道办事处
海滨街道办事处
沙城镇人民政府

表131：　2010年度统战工作先进单位

永中街道办事处　　海城街道办事处
状元镇人民政府　　天河镇人民政府

表132：　2010年度“平安龙湾”建设先进单位

永中街道办事处
海滨街道办事处
永兴街道办事处
状元镇人民政府
区委政法委
区安监局
区机关事务管理局

表133：　2010年度社会治安综合治理先进集体

蒲州街道办事处
瑶溪镇人民政府
灵昆镇人民政府
区教育局
区科技局
区司法局

表134：　2010年度维护社会稳定工作先进集体

区公安分局
区民宗局
区民政局
海城街道办事处

续表：

沙城镇人民政府
天河镇人民政府

表135：　2010年度信访工作先进集体

海滨街道办事处
天河镇人民政府
灵昆镇人民政府
区委维稳办
区公安分局
区教育局
区人事劳动局
区环保局
龙湾国土资源分局
区纪委信访室

表136：　2010年度人民调解工作先进集体

蒲州街道人民调解委员会
海城街道人民调解委员会
瑶溪镇人民调解委员会
沙城镇人民调解委员会
天河镇人民调解委员会
灵昆镇人民调解委员会
永中街道城北村人民调解委员会
永中街道横浃村人民调解委员会
海滨街道蓝田村人民调解委员会
永兴街道下兴村人民调解委员会
状元镇三郎桥村人民调解委员会

表137：　2010年度环境综合整治工作先进集体

1．市容环境整治先进集体
　瑶溪镇人民政府
　天河镇人民政府
　区城管与执法局
　区标准厂房建设指挥部
2．违法建筑整治先进集体
　蒲州街道办事处
　永兴街道办事处
　区规划分局一所
　区国土资源分局状元所
3．交通秩序整治先进集体
　市交警三大队

表138：　2010年度村庄整治工作先进集体

1．先进集体
　区委农办
　区文明办

续表：

区财政局

区住建局

区城市化建设办公室

区温瑞塘河治理工程建设指挥部

龙湾规划分局

区环保局

瑶溪镇人民政府

2. 先进组织实施单位

永中街道双岙村

蒲州街道上庄村

灵昆镇沙塘村

表139：　2010年度环境污染整治工作先进单位

区监察局

区环保局

温州工业园区发展总公司

区温瑞塘河治理工程建设指挥部

区人民法院

区财政局

海城街道办事处

蒲州街道办事处

表140：2010年度温瑞塘河综合整治“母亲河奖”先进单位

区重点办

区财政局

区住建局

区水利局

区环保局

区城市化建设办公室

区温瑞塘河治理工程建设指挥部

龙湾规划分局

永中街道办事处

蒲州街道办事处

海滨街道办事处

状元镇人民政府

表141：　2010年度龙湾区开放型经济工作先进单位

1. 2010年度招商选资工作（内外资）先进单位

温州民科基地（龙湾）开发建设指挥部经济发展处

2. 2010年度招商选资工作（内资）先进单位

温州工业园区经济发展局

区标准厂房建设指挥部

永中街道办事处

状元镇人民政府

瑶溪镇人民政府

沙城镇人民政府

续表：

3. 2010年度外贸出口增幅十强企业

温州合力革业有限公司

浙江奥发实业有限公司

温州市富瑞浦建材进出口有限公司

华迪钢业集团有限公司

温州大西洋进出口有限公司

温州市江南钢管制造有限公司

温州市强利人造革有限公司

温州泛太箱包有限公司

温州市登泰贸易有限公司

浙江龙跃科技有限公司

4. 2010年度外贸进口十强企业

温州市金钻金属材料有限公司

温州迈拓国际贸易有限公司

纪梵喜服饰有限公司

温州江天不锈钢有限公司

温州五环进出口有限公司

浙江南华钢管制造有限公司

温州市龙湾对外贸易有限公司

温州瑞银经贸有限公司

温州史帝泰克国际贸易有限公司

浙江东方光学眼镜有限公司

5. 2010年度加工贸易十强企业

温州市爱好笔业有限公司

夏梦·意杰服饰有限公司

天龙网球有限公司

浙江瓯斯达电器实业有限公司

温州杰亚迪服饰有限公司

温州鸿升集团有限公司

浙江康尔达新材料股份有限公司

泰庆皮革有限公司

浙江美达电器有限公司

浙江百先得服饰有限公司

6. 2010年度境外投资先进企业

青山控股集团有限公司

表142：　　2010年度农业和农村工作先进集体

1. 农村劳动力素质培训工作先进集体

区财政局

区农林局

区曙光综合高级中学

2. 实施“共同跨越六大行动”先进集体

温州市爱好笔业有限公司

凯喜姆阀门有限公司

江南阀门有限公司

浙江格林兰印染有限公司

续表1：

温州市宏源铜业有限公司
温州泰昌铁塔制造有限公司
三虎混凝土集团有限公司
浙江永上不锈钢产业有限公司

3．农业农村综合工作先进集体

区委农办
区财政局
区农林局
区水利局
永兴街道办事处
海城街道办事处

4．农业产业建设先进集体

永兴街道办事处
海城街道办事处
灵昆镇人民政府
温州市龙湾区亿能粮菜专业合作社
温州市龙湾区六顺粮菜专业合作社
温州市璋川农副产品合作社

5．农业管理工作先进集体区纪委党风宣教室

区农林局
市交警三大队三中队
区农机管理总站
海滨街道办事处
海城街道办事处
灵昆镇人民政府
永兴街道农村三资代理服务中心
状元镇农村三资代理服务中心
瑶溪镇农村三资代理服务中心

6．“三位一体”农业基层服务体系创建工作先进集体

区农林局
灵昆镇人民政府

7．林业工作先进集体

永中街道办事处
状元镇人民政府
天河镇人民政府
天河镇森林消防队

8．水利工作先进集体

区农林局
区水利局
区温瑞塘河治理工程建设指挥部
区城市东片防洪建设指挥部
永强水电站
永中街道办事处
沙城镇人民政府
灵昆镇人民政府

续表2：

9．渔业工作先进集体

温州市灵顺水产有限公司
温州市繁灵生态水产养殖有限公司
温州市龙湾区海滨小华水产加工厂

表143：　2010年度人口和计划生育工作先进单位

1．人口和计划生育工作先进单位

灵昆镇人民政府
蒲州街道办事处

2．人口和计划生育工作单项奖获奖单位

人口和计划生育重点工作突破奖：永中街道
人口和计划生育工作进步奖：沙城镇
人口和计划生育工作创新奖：天河镇

3．人口和计划生育综合治理工作先进单位

区民政局
区人民法院
区卫生局
区公安分局
龙湾工商分局
龙湾地税分局

表144：2010年度镇（街道）重点工作考核获奖名单

一等奖：蒲州街道办事处
二等奖：灵昆镇人民政府、永中街道办事处

表145：　2010年度党管武装工作先进单位

蒲州街道党工委
瑶溪街道党工委
沙城街道党工委
区民防办
区财政局
区卫生局
状元街道人武部
天河街道人武部
灵昆街道人武部
江南阀门人武部
永中街道桥北村民兵连
蒲州街道汤家桥村民兵连
海滨街道蓝田村民兵连
永兴街道莩芳村民兵连
海城街道东门村民兵连
状元街道状元桥村民兵连
瑶溪街道金岙村民兵连
沙城街道七五村民兵连
天河街道西前村民兵连
灵昆街道沙塘村民兵连

表146：龙湾区第十四批区级文明单位、第六批区级文明村和第四批区级文明服务示范点名单

1．第十四批区级文明单位

区教育局
区环保局
区信访局
区标准厂房建设指挥部
区食品药品监管分局
区质量技术监督检验所
中信银行股份有限公司温州龙湾支行
温州金来聚氨酯有限公司
温州市康莱方医用塑料有限公司
浙江东亚阀门有限公司
温州源大人力资源服务有限公司
龙湾区第四幼儿园
海滨街道社区卫生服务中心
温州市新兄弟人造革有限公司
永兴街道社区卫生服务中心
龙湾农村合作银行海城支行
浙江大自然鞋业有限公司
浙江金谷鞋业有限公司
瑶溪第三小学
龙湾区第三幼儿园
龙湾区佳乐幼儿园
浙江格林兰印染有限公司
沙城第一小学
浙江东正阀门管件有限公司

2．第六批区级文明村

永中街道横浃村
瑶溪镇河口村
沙城镇顺江村
天河镇三星村
灵昆镇双昆村

3．第四批区级文明服务示范点

区环保局海滨环境管理所
龙湾农村合作银行中心区支行

表147：2010年度龙湾区功勋企业

温州市龙湾永强供电公司
华迪钢业集团有限公司
温州人造革有限公司
泰庆皮革有限公司
温州市爱好笔业有限公司
温州市金云铜材有限公司
浙江格林兰印染有限公司
温州合力革业有限公司
温州市宏得利树脂有限公司

续表1：

浙江明泰标准件有限公司
温州龙湾农村合作银行
万康置业有限公司
鸿厦建设有限公司
温州华能汽车销售服务有限公司
青山控股集团有限公司

表148：2010年度龙湾区优秀企业

浙江康德莱医疗器械股份有限公司
温州市宏阳再生资源有限公司
泰昌集团有限公司
江南阀门有限公司
温州鸿升集团有限公司
浙江长江能源发展有限公司
浙江丰业集团有限公司
浙江康尔达新材料股份有限公司
浙江天龙集团有限公司
浙江大自然鞋业有限公司
温州天盛塑料助剂有限公司
温州市龙湾东方铜带厂
温州市宏源铜业有限公司
夏梦·意杰服饰有限公司
温州市强利人造革有限公司
温州市新兄弟人造革有限公司
温州五洲人造革有限公司
温州市宏得利合成革有限公司
一帆生物科技集团有限公司
温州市海霸洁具有限公司
温州市金富铜材有限公司
温州隆兴皮革有限公司
浙江永上不锈钢产业有限公司
华东不锈钢集团有限公司
温州华都皮革有限公司
温州金万利皮革有限公司
伟明环保设备有限公司
温州市国泰合成革有限公司
温州市裕达合成革有限公司
温州市大邦化学有限公司
温州银宏合成革有限公司
温州波士登合成革有限公司
温州市中天皮革制造有限公司
温州龙铸钢铁阀门有限公司
温州宝业富来树脂有限公司
温州市豪来邦皮革有限公司
温州恒泰橡塑有限公司
温州市正茂合成革有限公司

续表：

温州市新宝业人造革有限公司
温州泛太箱包有限公司
温州市尖端标准件有限公司
温州市功针服饰有限公司
温州市龙湾区华商小额贷款股份有限公司
温州市恒正房地产开发有限公司
温州市中原建筑安装工程有限公司
温州中厦建筑安装工程有限公司
温州晋大建筑安装工程有限公司
温州市太平洋石油化工有限公司
温州港龙湾集装箱公司
温州德宏废旧回收有限公司
温州永耀钢业有限公司再生资源回收分公司
温州航空实业有限公司

表149： 2010年度龙湾区功勋企业家

企业家	企业名称
王建华	温州市龙湾永强供电公司
王会森	华迪钢业集团有限公司
孙剑锋	温州人造革有限公司
杨　正	泰庆皮革有限公司
张汉平	温州市爱好笔业有限公司
项光权	温州市金云铜材有限公司
张国林	浙江格林兰印染有限公司
张琼武	温州合力革业有限公司
张晓隆	温州市宏得利树脂有限公司
陈金明	浙江明泰标准件有限公司
刘少云	温州龙湾农村合作银行
王宝光	万康置业有限公司
张以国	鸿厦建设有限公司
王胜康	温州华能汽车销售服务有限公司
张积敏	青山控股集团有限公司

表150： 2009年度龙湾区优秀企业家

企业家	企业名称
方剑宏	浙江康德莱医疗器械股份有限公司
林晓敏	温州市宏阳再生资源有限公司
张鹏飞	泰昌集团有限公司
黄子龙	江南阀门有限公司
管鸿升	温州鸿升集团有限公司
杨选建	浙江长江能源发展有限公司
李松林	浙江丰业集团有限公司
翁银巧	浙江康尔达新材料股份有限公司
陈　旭	浙江天龙集团有限公司

续表：

企业家	企业名称
吴显义	浙江大自然鞋业有限公司
王金杰	温州天盛塑料助剂有限公司
孔祥泽	温州市龙湾东方铜带厂
冯茂勋	温州市宏源铜业有限公司
陈孝祥	夏梦·意杰服饰有限公司
叶笃珍	温州市强利人造革有限公司
张金勇	温州市新兄弟人造革有限公司
陈仁通	温州五洲人造革有限公司
张明海	温州市宏得利合成革有限公司
吴正绍	一帆生物科技集团有限公司
邱建春	温州市海霸洁具有限公司
张祥金	温州市金富铜材有限公司
张树仁	温州隆兴皮革有限公司
张洪庆	浙江永上不锈钢产业有限公司
孙雪梅	华东不锈钢集团有限公司
王会弟	温州华都皮革有限公司
王建义	温州金万利皮革有限公司
章小建	伟明环保设备有限公司
王汉胜	温州市国泰合成革有限公司
季绍深	温州市裕达合成革有限公司
陈仁宗	温州市大邦化学有限公司
张维钦	温州银宏合成革有限公司
张　平	温州波士登合成革有限公司
王美瑞	温州市中天皮革制造有限公司
邵康礼	温州龙铸钢铁阀门有限公司
李云夫	温州宝业富来树脂有限公司
张德飞	温州市豪来邦皮革有限公司
陈春平	温州恒泰橡塑有限公司
章向阳	温州市正茂合成革有限公司
王海华	温州市新宝业人造革有限公司
孙忠雄	温州泛太箱包有限公司
涂其华	温州市尖端标准件有限公司
任建新	温州市功针服饰有限公司
王　迪	温州市龙湾区华商小额贷款股份有限公司
虞定华	温州市恒正房地产开发有限公司
郑进明	温州市中原建筑安装工程有限公司
胡建明	温州中厦建筑安装工程有限公司
叶庆年	温州晋大建筑安装工程有限公司
汪　清	温州市太平洋石油化工有限公司
陈巧敏	温州港龙湾集装箱公司
王爵麟	温州德宏废旧回收有限公司
周洁莲	温州永耀钢业有限公司再生资源回收分公司
胡汉光	温州航空实业有限公司

表151： 龙湾区第四届“活力和谐企业”及创建工作先进单位名单

1. 龙湾区活力和谐企业

温州市爱好笔业股份有限公司
浙江格林兰印染有限公司
温州人造革有限公司
浙江温兄机械阀业有限公司
浙江大自然鞋业有限公司

2. 龙湾区活力和谐企业创建工作先进单位

温州市宏得利树脂有限公司
温州市龙湾东方铜带厂
一帆生物科技有限公司
温州市新兄弟人造革有限公司
精工阀门有限公司

科技企业名录

表152： 高新技术企业

江南阀门有限公司
浙江生贵阀门有限公司
华东阀门有限公司
浙江富马仪表有限公司
温州康尔达印刷器材有限公司
浙江维都利阀门制造有限公司
浙江温兄机械阀业有限公司
五洲阀门有限公司
精工阀门有限公司
温州市金星阀门有限公司
浙江威腾阀门有限公司
浙江东亚阀门有限公司
温州市中力阀门有限公司
凯喜姆阀门有限公司
温州市健牌药业机械制造有限公司
温州海螺挑战生物工程有限公司
浙江伊利康生物技术有限公司
温州市博康仪表有限公司
浙江康德莱医疗器械股份有限公司
温州亚光机械制造有限公司
温州市有氟密阀门有限公司
浙江圣邦机械有限公司
温州市东富滤清器制造有限公司
温州市巨鹏磁能锁业有限公司
浙江澳太机械制造有限公司
浙江一帆化工有限公司
温州市成东药机有限公司
浙江埃尼斯阀门有限公司
温州宏业精机有限公司

续表1：

温州鸿升集团有限公司
浙江康尔达新材料股份有限公司
伟明环保设备有限公司
浙江宏明阀门有限公司
温州市龙强乳品机械厂
温州市华基化工有限公司
温州市金榜轻工机械有限公司
温州天富机械有限公司
温州市康而达实业有限公司
温州市天龙轻工设备有限公司
浙江华夏阀门有限公司
温州科瑞机械有限公司
天龙网球有限公司
温州市南亚汽车配件有限公司
浙江海顺电工有限公司
温州市长丰人造革有限公司

表153： 国家火炬计划重点高新技术企业

温州龙化塑料助剂有限公司
江南阀门有限公司
浙江五洲阀门有限公司
中国·凯喜姆阀门有限公司
浙江永农化工有限公司
浙江一帆化工有限公司
温州鑫雅精细化工有限公司
浙江东风化工有限公司
浙江石化阀门有限公司
浙江生贵阀门有限公司

表154： 省级科技型中小企业

浙江华东阀门有限公司
浙江精工阀门厂
温州市威腾阀门有限公司
温州市东富滤清器制造有限公司
温州市金鑫药机阀门制造有限公司
浙江富马仪表有限公司
浙江温兄机械阀业有限公司
温州市华基化工有限公司
温州市有氟密阀门有限公司
温州泰昌铁塔制造有限公司
浙江龙胜电器有限公司
温州天宇轻工机械有限公司
浙江东风化工有限公司
温州市中制药机械设备厂
温州市华银票据传递设备制造有限公司
浙江圣邦机械有限公司

续表1：

浙江科大机械制造有限公司
温州市江兴汽车检测设备厂
浙江澳太机械制造有限公司
温州市华基化工有限公司
浙江华东阀门有限公司
浙江精工阀门厂
浙江温兄机械阀业有限公司
温州希伯伦流体设备有限公司
浙江奥司朗照明电器有限公司
浙江东正阀门管件有限公司
温州贝诺机械有限公司
温州伊捷玛波纹管制造有限公司
温州市巨鹏磁能锁业有限公司
温州市龙强乳品机械厂
温州华银票据传递设备制造有限公司
温州市东风橡胶有限公司
温州市金鑫药机阀门制造有限公司
温州市蓝光电子实业有限公司
温州市龙湾化工有限公司
温州中大冶化机械有限公司
浙江康而达有限公司
浙江龙胜电器有限公司
浙江维都利阀门有限公司
浙江一帆化工有限公司
浙江敏康特阀门有限公司
浙江奥龙阀门制造有限公司
浙江万强法兰有限公司
浙江中特气动阀门成套有限公司
浙江百鼎斯阀门有限公司
温州万净天环保工程有限公司
浙江成宝电线电缆有限公司
浙江泰丰阀门制造有限公司
温州市华威机械有限公司
温州市天龙轻工设备有限公司
温州市天科伸源工业有限公司
温州市托普特阀门制造有限公司
温州市金瓯轻工机械有限公司
浙江四通松日电器有限公司
浙江维兰特流体科技有限公司
浙江信泰阀门有限公司
浙江精业法兰管件有限公司
温州顺尔达管件设备有限公司
温州麦克辛石业有限公司

表155：　　科技型企业

温州市天宇轻工机械有限公司

续表2：

温州海米特集团公司
蓝光电子实业有限公司
华华集团
温州超维工程塑料有限公司
温州市中大冶化机械有限公司
温州永得利机械设备制造有限公司
温州市华基化工有限公司
温州鸿升集团有限公司
温州正丰钢带有限公司
温州市金榜轻工机械有限公司
浙江石源阀门制造有限公司
温州市鑫光机械有限公司
浙江华夏阀门有限公司
浙江天联机械有限公司
浙江康而达有限公司
温州市南亚汽车配件有限公司
浙江天龙集团有限公司
温州市金鑫药机阀门制造有限公司
浙江宏明阀门有限公司
浙江华迪不锈钢集团有限公司
温州天盛塑料助剂有限公司
浙江龙湾化工有限公司
浙江龙胜电器有限公司
温州市华银票据传递设备制造有限公司
温州市弘合布业有限公司
温州东海滩涂开发有限公司
温州市龙泰轻工机械有限公司
浙江科大机械制造有限公司
温州人造革有限公司
浙江丰业集团有限公司
浙江天宝实业有限公司
温州非织布有限公司
温州市明珠塑钢门窗型材有限公司
温州奥古斯都鞋业有限公司
温州三杉光学有限公司
浙江永上不锈钢产业有限公司
温州市隆大塑业有限公司
浙江东海化纤设备厂
温州市龙湾灵昆化工厂
松日电气有限公司
浙江明泰标准件有限公司
温州市华尔士气动阀门制造有限公司
温州市巨星特钢有限公司
温州市泰源化学工业有限公司
浙江长城锁业有限公司
温州市维达自动化仪表厂

续表3:

温州市高中压阀门厂
浙江格林兰印染有限公司
浙江光上实业有限公司
温州泰昌铁塔制造有限公司
温州科瑞机械有限公司
温州奇胜阀门制造有限公司
温州澳珀化工有限公司
温州宝业富来塑脂有限公司
浙江四通松日电器有限公司
温州市四通冶化机械厂
温州市初旭食品有限公司
温州市金瓯轻工机械有限公司
温州天富机械有限公司
浙江埃尼斯阀门有限公司
温州市龙强轻工机械有限公司
浙江奥龙阀门制造有限公司
温州希伯伦流体设备有限公司
浙江学仕课桌椅制造有限公司
浙江万强法兰有限公司
温州市天龙轻工设备有限公司
浙江信泰阀门有限公司
温州伊捷玛波纹管制造有限公司
温州市龙湾颜料助剂厂
浙江泰丰阀门制造有限公司
温州市万士通阀门有限公司
温州镇田机械有限公司
浙江精业法兰管件有限公司
温州市维兰特轻工机械有限公司
浙江特一阀门有限公司
温州市敏康特阀门有限公司
浙江成宝电线电缆有限公司
浙江中特气动阀门成套有限公司
温州东泰树脂有限责任公司
温州东海数控机床有限公司
浙江奥司朗照明电器有限公司
浙江东正阀门管件有限公司
温州市创大汽车门窗有限公司
浙江利尼斯洁具有限公司
温州百鼎斯阀门有限公司
温州市伸华轻工机械有限公司
浙江晨剑锻造有限公司
温州拓博塑料制品有限公司
温州市托普特阀门制造有限公司
温州方顿仪表阀门制造有限公司
浙江珠宝流体阀门有限公司

续表4:

温州麦克辛石业有限公司
温州新瑞泰树脂有限公司
温州市天科伸源工业有限公司
温州顺尔达管件设备有限公司
温州市新光机车部件有限公司
温州市新焦点科技电子有限公司
浙江裕泰紧固件制造有限公司
温州市精工啤酒设备成套有限公司
温州市长丰人造革有限公司
浙江远安流体设备有限公司
浙江正华阀门厂

名牌产品名录

表156：2010年年末龙湾区累计获“中国名牌产品”企业

企业名称	产品名称
温州人造革有限公司	“东泰”牌合成革
温州鸿升集团有限公司	“RODDEX”牌水嘴
温州市爱好笔业有限公司	“爱好”牌书写笔 “爱好”牌圆珠笔（国）

表157：2010年年末龙湾区累计获“中国驰名商标”企业

企业名称	商标名称
温州飞雕电器有限公司	飞雕及图
温州鸿升集团有限公司	RODDEX及图
温州奥古斯都鞋业有限公司	奥古斯都
温州人造革有限公司	东泰及图
浙江三雄麒鞋业有限公司	三雄麒及图
江南阀门有限公司	江一及图
浙江特斯亚鞋业有限公司	TESIYA及图
浙江剑派鞋业有限公司	驰邦及图
温州市红尔康鞋业有限公司	红尔康及图
浙江爱麟斯鞋业有限公司	爱麟斯
泰昌集团有限公司	泰昌+THICHANG
凯喜姆阀门有限公司	KCM及图
华迪钢业集团有限公司	华钢HUAGANG及图
浙江天龙集团有限公司	Teloon及图

表158：2010年年末龙湾区累计获“国家免检产品”企业

企业名称	产品名称
大森鞋业有限公司	胶黏皮鞋
凯喜姆阀门有限公司	阀门
温州奥古斯都鞋业有限公司	胶黏皮鞋
温州鸿升集团有限公司	HS9000～HS1000系列水嘴

续表：

企业名称	产品名称
夏蒙服饰有限公司	西服
浙江三雄麒鞋业有限公司	胶黏皮鞋、注塑鞋、皮凉鞋
温州市爱好笔业有限公司	书写笔
浙江天龙集团有限公司	天龙网球T818及其系列
江南阀门有限公司	中低压阀门
浙江特斯亚鞋业有限公司	胶黏皮鞋、皮凉鞋
浙江大自然鞋业有限公司	Josiny 卓诗尼、图案牌皮鞋、皮凉鞋

表159：2010年年末龙湾区累计获“浙江著名商标”企业

企业名称	商标名称
浙江天龙集团有限公司	TELOON及图
浙江三雄麒鞋业有限公司	三雄麒及图
夏梦.意杰服饰有限公司	夏蒙及图
温州人造革有限公司	东泰及图
温州市爱好笔业有限公司	爱好
温州飞雕电器有限公司	飞雕及图
凯喜姆阀门有限公司	KCM及图
温州康尔达印刷器材有限公司	康尔达及图
华迪钢业集团有限公司	华钢及图
温州鸿升集团有限公司	RODDEX及图
浙江永上不锈钢产业有限公司	永上
温州市天丰文具有限公司	TENFON
大森鞋业有限公司	DARSON+大森
温州市中制药机械设备厂	成东（图形）
江南阀门有限公司	江一
温州奥古斯都鞋业有限公司(驰)	奥古斯都
五洲阀门有限公司	WZ（图形）
浙江明泰标准件有限公司	明泰及图
温州鑫雅精细化工有限公司	鑫雅及图
浙江伊利康生物技术有限公司	伊利康
温州市海霸洁具有限公司	海霸
泰昌集团有限公司	泰昌+THICHANG
青山控股集团有限公司	青特及图
温州海米特集团有限公司	海米特及图
浙江东风化工有限公司	罗东及图
温州市江南钢管制造有限公司	远程
浙江龙胜电器有限公司	龙胜及图
浙江奥司朗照明电器有限公司	LIPER及图
浙江威腾阀门有限公司	威腾及图
浙江龙跃科技有限公司	龙跃及图
温州泛太箱包有限公司	LYS
温州市华康合成革有限公司	华康+图形
温州三杉光学有限公司	三杉+图形
浙江特斯亚鞋业有限公司	特斯亚
生贵阀门有限公司	生贵SHENGGUI+图形
温州龙铸造钢铁阀门有限公司	龙铸
浙江格林兰印染有限公司	格林兰缔

表160：2010年年末龙湾区累计获“浙江名牌产品”企业

产品商标、名称	企业名称
“夏梦”牌西服	夏梦·意杰服饰有限公司
“天龙”牌网球	浙江天龙集团有限公司
“永上”牌不锈钢无缝钢管	浙江永上不锈钢产业有限公司
“WZ”牌球阀	浙江五洲阀门有限公司
“飞雕”牌86、118系列墙壁开关插座	温州飞雕电器有限公司
“康尔达”牌阳图PS版	温州康尔达印刷器材有限公司
“三雄麒”牌女鞋	浙江三雄麒鞋业有限公司
“宏得利”牌人造革	温州市宏得利合成革有限公司
“康德莱”牌一次性使用注射针/静脉输液针	浙江康德莱医疗器械股份有限公司
“KCM”牌闸阀	凯喜姆阀门有限公司
“江一”牌DTD调节型耐高温金属密封蝶阀	江南阀门有限公司
“江一”牌电液联动快速关闭阀	江南阀门有限公司
“邦得利”牌PVC人造革	温州市百得利制革有限公司
“华钢”牌不锈钢无缝钢管	华迪钢业集团有限公司
“丰业”牌不锈钢棒	浙江丰业集团有限公司
“奥古斯都”牌皮鞋	温州奥古斯都鞋业有限公司
“浙工”牌高温高压闸阀	浙江华东阀门有限公司
“伊利康”牌生物体外诊断载脂蛋白试剂	浙江伊利康生物技术有限公司
“特斯亚”牌女式皮鞋	浙江特斯亚鞋业有限公司
“驰邦”牌皮鞋	浙江剑派鞋业有限公司
“（图形）”PU合成革	浙江金大利皮革有限公司
“雁荡山”牌PVC热稳定剂系列（复）	温州天盛塑料助剂有限公司
“龙跃”牌人造革	浙江龙跃科技有限公司
“瓯通”牌球阀	浙江石化阀门有限公司
“明泰”牌高强度紧固件	浙江明泰标准件有限公司
“华康”牌合成革	温州市华康合成革有限公司
“（图形）”蝶阀	浙江生贵阀门有限公司
750KV及以下输电线路铁塔	温州泰昌铁塔制造有限公司
胶片版材	温州康尔达印刷器材有限公司
眼镜架	温州三杉光学有限公司
荧光灯灯具	浙江奥司朗照明电器有限公司
球阀	浙江威腾阀门有限公司

表161：2010年年末龙湾区累计获"温州知名商标"企业

企业名称	商标名称
温州市安达电器有限公司	安达及图
华东不锈钢集团有限公司	浙一及图
温州市华峰人造皮有限公司	海峰及图
浙江美达电器有限公司	MEIDA及图
温州市功针服饰有限公司	Gongzhen及图
温州永得利机械设备制造有限公司	永得利及图
浙江爱麟斯鞋业有限公司	爱麟斯
温州市佳盟照明电器有限公司	佳盟及图
温州意得利洁具有限公司	Yideli意得利及图
温州超维工程塑料有限公司	超维及图
浙江海一角装潢家私有限公司	海一角（图形）
温州市宏得利合成革有限公司	宏得利及图
温州市五星铜材有限公司	永中及图
浙江五星钢管制造有限公司	中五及图
浙江丰业集团有限公司	丰业及图
温州市立信鞋业有限公司	Green olive
浙江温兄机械阀业有限公司	温兄及图
温州市天宇轻工机械有限公司	昊宇及图
温州华都皮革有限公司	HUA DOU及图
浙江天宝实业有限公司	TBS
浙江特斯亚鞋业有限公司	TESIYA及图
温州市华康合成革有限公司	华康及图
温州龙铸钢铁阀门有限公司	龙铸
浙江利尼斯洁具有限公司	利尼斯Linisi
温州市日丰打火机有限公司	日丰及图
温州三杉光学有限公司	三杉
温州市豪来邦皮革有限公司	HLB及图
浙江圣邦机械有限公司	圣邦及图
浙江海士洁具有限公司	XOXO
温州市宏源铜业有限公司	永源及图
温州市正茂合成革有限公司	正茂及图
浙江贵莲鞋业有限公司	贵莲及图
浙江东正阀门管件有限公司	DONJOY及图
浙江鑫安铜业有限公司	鑫安及图
浙江金谷鞋业有限公司	意利都
温州市瑞昌特种单丝厂(普通合伙)	昌胜及图
温州市博康仪表有限公司	BOKANG及图
浙江生贵阀门有限公司	生贵SHENGGUI及图
温州市红尔康鞋业有限公司	红尔康及图
温州强丰合成革有限公司	图形
永强供电公司	图形
浙江剑派鞋业有限公司	驰邦及图
温州市宏得利树脂有限公司	宏得利及图
温州立新水暖器材有限公司	立新LIXIN
浙江格林兰印染有限公司	格林兰缔
浙江王邦电器有限公司	WANB
浙江埃尼斯阀门有限公司	ANIX
浙江科博卫浴有限公司	MOKA摩卡
温州市林脉特钢有限公司	森脉
温州精艺洁具有限公司	精艺
浙江恒丰拉链有限公司	风盛
浙江友力标准件有限公司	友力

表162：2010年年末龙湾区累计获"温州名牌产品"企业

产品名称	企业名称
"永上"牌不锈钢无缝钢管	浙江永上不锈钢产业有限公司
"WZ"牌球阀	浙江五洲阀门有限公司
"龙跃"牌人造革	浙江龙跃科技有限公司
"飞雕"牌86、118系列墙壁开关插座	温州飞雕电器有限公司
"康尔达"牌阳图PS版	温州康尔达印刷器材有限公司
"爱好"牌书写笔	温州市爱好笔业有限公司
"三雄麒"牌女鞋	浙江三雄麒鞋业有限公司
"宏得利"牌人造革	温州市宏得利合成革有限公司
"康德莱"牌一次性使用注射针/静脉输液针	浙江康德莱医疗器械股份有限公司
"KCM"牌闸阀	凯喜姆阀门有限公司
"江一"牌DTD调节型耐高温金属密封蝶阀	江南阀门有限公司
"江一"牌电液联动快速关闭阀	江南阀门有限公司
"大森"牌女皮鞋	大森鞋业有限公司
"邦得利"牌PVC人造革	温州市百得利制革有限公司
"瓯通"牌撑开式金属密封球阀	浙江石化阀门有限公司
"远程"牌不锈钢无缝钢管	温州市江南钢管制造有限公司
"日丰"牌打火机	温州市日丰打火机有限公司
"天丰"牌书写笔	温州市天丰文具有限公司
"环球"牌活动铅笔	温州环球笔业有限公司
"丰业"牌不锈钢棒	浙江丰业集团有限公司
"青特"牌不锈钢棒	浙江青山特钢有限公司
"奥古斯都"牌皮鞋	温州奥古斯都鞋业有限公司
"浙工"牌高温高压闸阀	浙江华东阀门有限公司
"明泰"牌高强度紧固件	浙江明泰标准件有限公司

续表1：

产品名称	企业名称
“泰昌”牌500kV及以下输电线路铁塔	温州泰昌铁塔制造有限公司
“中五”牌不锈钢无缝钢管	浙江五星钢管制造有限公司
“永源”牌铜带	温州市宏源铜业有限公司
“永中”牌普通黄铜带	温州市五星铜材有限公司
“华康”牌合成革	温州市华康合成革有限公司
“海一角”牌办公家具	浙江海一角装潢家私有限公司
“佳联”牌树脂眼镜镜片	浙江东方光学眼镜有限公司
“伊利康”牌生物体外诊断载脂蛋白试剂	浙江伊利康生物技术有限公司
“三杉”牌眼镜架	温州三杉光学有限公司
“鑫雅”牌有机颜料	温州鑫雅精细化工有限公司
女式皮鞋	浙江特斯亚鞋业有限公司
卫生间附属配件	温州意得利洁具有限公司
液位计	温州海米特集团有限公司
女式皮鞋	浙江大自然鞋业有限公司
皮鞋	浙江剑派鞋业有限公司
PU合成革	浙江金大利皮革有限公司
开关、插头插座	温州市天河塑胶电器厂
“灵昆”牌文蛤	温州市华洋水产有限公司
“雁荡山”牌PVC热稳定剂系列（复）	温州天盛塑料助剂有限公司
“（图形）”中药提取-浓缩-纯化设备	浙江温兄机械阀业有限公司
“（图形）”荧光灯灯具	浙江奥司朗照明电器有限公司
“森脉”牌不锈钢丝	温州市森脉特钢有限公司
“（图形）”衬氟球阀	浙江有氟密阀门有限公司

续表2：

产品名称	企业名称
“合力”牌PU合成革	温州合力革业有限公司
“（图形）”聚氨酯湿法合成革	温州华都皮革有限公司
“（图形）”蝶阀	浙江生贵阀门有限公司
“罗东”牌农药毒死蜱	浙江东风化工有限公司
“爱麟斯”牌胶粘皮鞋	浙江爱麟斯鞋业有限公司
“（图形）”人造革/合成革	温州市新兄弟人造革有限公司
“（图形）”闸阀	浙江精工阀门厂
“隆兴”牌合成革	温州隆兴皮革有限公司
“威腾”牌球阀	浙江威腾阀门有限公司
“东正”牌碟阀	浙江东正阀门管件有限公司
“埃尼斯”牌球阀	浙江埃尼斯阀门有限公司
“昊宇”牌喷淋杀菌隧道	温州市天宇轻工机械有限公司
“Bokang”牌血压计（表）	温州市博康仪表有限公司
“宏得利”牌人造革用聚氨酯树脂	温州市宏得利树脂有限公司
球阀	浙江华夏阀门有限公司
敞开式盲板	浙江东亚阀门有限公司
旋进旋涡流量计	浙江省富马仪表有限公司
合成革	温州市新祥合成革有限公司
合成革	温州强丰合成革有限公司
涤纶针织合成革基布	浙江格林兰印染有限公司
酱鸭舌	温州市初旭食品有限公司
钛及钛合金蝶阀	浙江维都利阀门制造有限公司
合成革	温州市华峰人造皮有限公司
卫生间附属配件	浙江尼利斯洁具有限公司
高强度紧固件	浙江裕泰紧固件制造有限公司

重要文件

重要文件选载

中共龙湾区委
关于加强和改进新形势下党的建设的
实施意见

（2010年1月6日中共温州市龙湾区委六届七次全体（扩大）会议通过）

为认真贯彻落实党的十七届四中全会精神，根据《中共中央关于加强和改进新形势下党的建设若干重大问题的决定》精神和省委、市委有关工作要求，结合龙湾实际，就加强和改进新形势下党的建设，制订以下实施意见。

一、加强和改进新形势下党的建设的重要性

（一）增强加强和改进新形势下党的建设的责任感。党的十七届四中全会通过的《决定》，深刻分析了党的建设面临的新形势新任务，认真总结我们党执政60年来加强自身建设的基本经验，明确提出了加强和改进新形势下党的建设的总体要求、目标任务、重要举措，是在新的历史起点上，推进党的建设新的伟大工程的纲领性文件。各级党组织和广大党员干部要把学习贯彻党的十七届四中全会精神作为当前和今后一个时期的重要政治任务，把思想和行动统一到中央和省委、市委的决策部署上来，确保党的建设各项部署落到实处。

（二）增强加强和改进新形势下党的建设的紧迫感。加强和改进新形势党的建设是全面贯彻十七大精神，深入贯彻落实科学发展观，有效应对国际金融危机冲击，抓紧解决党内存在突出问题的迫切要求。当前，龙湾发展已进入全面提升工业化、城市化、市场化重要时期，经济进入加快转型升级的关键时期，社会发展进入转型期，城市建设处于大开发大建设攻坚期。当前，龙湾发展任务比以往任何时候都繁重，发展情况比以往任何时候更复杂，人民群众对发展的质量要求比以往任何时候更强烈。全区各级党组织和广大党员必须进一步加强和改进自身建设，适应新形势、接受新挑战，更好带领全区人民聚精会神搞建设、一心一意谋发展，加快宜商宜居的现代化滨海新城区建设。

（三）增强加强和改进新形势下党的建设的危机感。近年来，我区高度重视加强党的自身建设，以党的执政能力和先进性为主线，深入开展学习实践科学发展观活动，以改革创新精神，全面推进党的思想建设、组织建设、作风建设、制度建设和反腐倡廉，积累了许多经验，取得了新的成绩。同时，要清醒认识到党的建设所处环境，社会政治环境发生深刻变化，党内还存在不适应新形势、新任务要求，不符合党的性质和宗旨的问题；要清醒认识到党要管党、从严治党的任务比过去更加繁重。全区各级党组织和广大党员必须居安思危，增强忧患意识，常怀忧党之心，恪尽兴党之责，必须勇于变革、勇于创新，不断研究新情况，认真解决新问题，努力抓好党的建设各项工作，更好地彰显各级党组织的创造力、凝聚力和战斗力。

二、进一步明确加强和改进新形势下党的建设的指导思想和主要任务

（四）指导思想。坚持邓小平理论和“三个代表”重要思想为指导，深入贯彻科学发展观，全面落实党的十七大关于党的建设总体部署，认真贯彻落实党的十七届四中全会精神，紧密结合龙湾科学发展实际，着眼于继续解放思想、坚持改革开放、推动科学发展、促进社会和谐；着眼于提高党的执政能力、保持和发展党的先进性；着眼于增强全区各级党组织和广大党员为党和人民事业不懈奋斗的使命感和责任感；着眼于保持党同人民群众的血肉联系，坚持以科学理论指导党的建设，以科学制度保障党的建设，以科学方法推进党的建设，突出重点、突破难点，全面推进思想、组织、作风、制度和反腐倡廉建设，提高党的建设科学化水平，为建设宜商宜居的现代化滨海新城区提供坚强保证。

（五）主要任务。以思想理论建设为根本，以建设学习型党组织为抓手，不断提高运用科学理论改造主观世界和客观世界的能力，切实提高广大党员干部的思想政治水平；以发展党内民主为重点，增强各级党组织的创新活力和团结和谐；坚持德才兼备、以德为先的用人标准，切实提高选人用人公信度，努力造就一支高素质干部队伍；进一步加强基层党组织建设，充分发挥基层党组织战斗堡垒作用和广大党员先锋模范作用；全面加强思想作风、学风、工作作风、领导作风和生活作风建设，以优良党风促政风带民风；加快推进惩治和预防腐败体系建设，把反腐倡廉建设放在更加突出的位置，提高党员干部拒腐防变能力。

三、建设学习型党组织，努力提高

广大党员干部的思想政治水平

（六）推进中国特色社会主义理论体系的学习。组织和引导广大党员干部深入学习领会中国特色社会主义理论体系，实践、推动工作。社会主义核心价值体系学习，做到乐学、勤学、善学、学以致用，并将纳入到党员干部理论学习、教育培训重要内容。领导干部要做读书学习的表率，以自身的示范作用推进学习型党组织和学习型社会建设。认真总结深入学习实践科学发展观活动的经验，形成有利于学习研究和贯彻落实科学发展观的体制机制。加大理论宣传，依托《今日龙湾》、《龙湾政研》、龙湾新闻网等媒体和刊物，通过刊发理论文章、创作专题节目等形式，增强理论宣传的渗透力。发挥基层理论宣讲骨干和各种宣讲平台的作用，认真组织开展“当代中国马克思主义大众化年”，深入开展理论政策宣传进机关、进社区、进农村、进学校、进企业活动。积极探索和运用网络进行理论和形势政策宣传，深化“社科普及周”等社科品牌建设，增强理论说服力和感召力，发挥科学理论教育引导群众的作用。

（七）建立健全党员干部理论学习制度。健全和完善党委（党组）中心组学习制度，制定实施《关于加强党委（党组）中心组理论学习实施意见》，科学编制年度计划，不断丰富学习内容、创新学习方式、规范学习管理。建立健全党员干部学习考核激励制度和新任领导干部学习培训制度，完善领导干部述学、评学、考学办法。加强对党员干部理论学习的考核，把理论素养和学习能力作为选拔任用领导干部重要依据。坚持领导干部带头学习制度，做到带头制定学习计划、带头参加集中学习、带头作中心发言、带头宣传、带头撰写调研文章和心得体会。区委中心组理论学习每年不少于12天，区委常委会、区各部门党委（党组）、各镇(街道)班子每年至少举办2次专题学习会或读书会，各级党委(党组)每届任期内开展2次以上坚定理想信念为主题的集中教育，领导干部每年要集中学习一周，党员每年参加党组织教育时间不少于6天。各单位党委(党组)主要负责同志作为中心组学习第一责任人，要切实担负起领导责任，抓好中心组学习。坚持领导干部形势政策宣讲制度，实行领导干部讲学制，推动科（局）级以上领导干部深入基层开展形势政策宣讲。

（八）组织开展学习型党组织创建活动。广泛组织开展学习型党组织创建活动，整合各类学习资源，深入抓好“一报一网一刊”学习平台建设。依托基层党校、市民学校、社区学校、农村党员干部远程教育网等党员教育阵地，组织开展党员干部理论大培训活动，举办学习贯彻党的十七届四中全会精神培训班及宣传活动。开展“一带五建”活动，以学习型领导班子建设为龙头，示范带动学习型机关、企业、社区、农村、学校建设，推动学习型社会建设。组织开展全民读书月活动，在机关建设一批“休闲书吧”，开展“强素质 树形象”机关干部读书活动；在农村规划建设一批“农家书屋”；在企业推广建立各种形式的“职工书屋”；在社区建设一批“书画长廊”；在学校开展“书香校园”建设。继续办好“滨海论坛”、理论在线等学习交流平台。组织开展学习型党组织评选活动。在《今日龙湾》开设专栏，加大宣传力度，为开展学习型党组织创建活动营造浓厚舆论氛围。

四、坚持和健全民主集中制，推进党内民主建设

（九）改善党的领导方式和民主决策机制。坚持发挥党委总揽全局、协调各方的领导核心作用，支持人大、政府、政协、司法机关和人民团体依照法律和各自章程独立负责、协调一致地开展工作。坚持和完善人民代表大会制度、中国共产党领导的多党合作和政治协商制度，认真落实人大、政协领导参加有关会议制度和人大、政协党组向同级党委请示报告制度。支持和完善民主党派、工商联和无党派人士的协商通报、谈心交友和同调研制度，促进科学决策民主决策。加强党对统一战线领导、促进政党、宗教、阶层、海内外同胞关系的和谐。加强和改进党的群众工作，发挥工青妇等人民团体联系和服务群众作用。健全和规范区委常委会向全委会定期报告工作制度，坚持区委常委会经济分析制度，健全重大决策、重大项目沟通协调制度，不断完善领导经济工作的体制机制。完善常委会、全委会议议事规则和决策程序，推行和完善集体讨论决定重大事项和重要干部任用票决制。加强党委决策咨询工作，探索领导、专家和社会听证相结合的科学化、民主化决策办法，做好重大问题前瞻性、对策性研究。落实重大决策报告制度，健全决策失误纠错改正机制和责任追究制度。

（十）完善党的代表大会制度。改善党代表大会代表结构，提高基层一线代表比例。扩大党代表大会代表对提名推荐候选人的参与，建立党代表大会代表提案制度。落实和完善党代表大会代表任期制，建立健全代表参与重大决策、参加重要干部推荐和民主评议、列席党委有关会议、调研视察、联系党员群众等制度，积极拓展发挥代表作用的途径和形式。健全完善集体领导、科学分工、权责统一、协调高效常委分工负责制，以明确权责为重点，理顺区委常委会和全委会的关系。健全各级党委重大决策部署执行情况定期督查制度和纪律保障机制，加大重点工作落实监督检查力度，保证政令畅通。

（十一）完善党内基层民主实现渠道。改进选举工作，完善基层党组织“两推一选”办法，推行基层党组织领导班子成员由党员和群众公开推荐与上级党组织推荐相结合的方式。试行基层党组织公推直选制度，扩大公推直接选举范围。改进和规范选举程序和投票方式，完善候选人介绍办法。建立健全重大事务和重大决策听证咨询制度，积极推行民主恳谈会、民主听证会、民情接待日、民情e站和党员议事会等制度。建立健全党员定期评议基层党组织班子成员和党员向党的领导机关质询、投诉、举报制度。建立健全农村党组织双向汇报制度，即党支部向党员汇报年度工作、党员向党支部汇报思想和工作情况。建立党务公开制度，把党章、党

内法规和上级党委要求公开的，以及党的建设、重大事项、党员群众反映较多的热点难点问题作为重点内容，规范程序和形式，落实责任。坚持实行发展党员、干部任前、干部实绩公示制。

五、加强领导干部队伍建设，建设一支高素质干部队伍

（十二）坚持正确的用人标准和导向。坚持德才兼备、以德为先的用人标准，突出德在干部标准中的优先地位和主导作用。树立注重科学发展、崇尚实干、重视基层、鼓励创新、群众公认的用人导向，大力选拔真正想干事、能干成事的干部，提高用人公信度。进一步规范领导干部岗位职责，健全领导班子和领导干部考核评价机制，认真落实中央、省、市有关党政领导班子和领导干部考核办法。加强干部经常性考察工作，落实领导干部任用延伸考核办法。研究制定考察领导干部品德修养具体办法，明确评价干部德的内容和重点，注重从履行岗位职责、完成急难险重任务、关键时刻表现、对待个人名利等方面考察和识别干部德的表现。。探索制定干部德的评价标准，不断完善考察干部的途径。按照以岗定责、以责为据考核方式，健全领导干部岗位职责履行情况信息收集分析机制。

（十三）规范干部民主推荐和初始提名制度。按照“主体清晰、程序科学、责任明确”的要求，完善区委全委会推荐。探索等额推荐和差额推荐、定向推荐和非定向推荐、一次推荐和多次推荐、动议性推荐和非动议性推荐相结合等方式，进一步规范和完善民主推荐工作。对民主推荐结果进行分类分析、量化评价，切实增强民主推荐的科学性和真实性。

（十四）加大竞争性选拔干部工作力度。坚持民主、公开、竞争、择优原则，推进公开选拔、竞争上岗、公推公选等竞争性选拔干部方式的制度化、规范化、经常化，提高竞争性选拔干部在提拔干部总数中的比例。改进竞争性选拔干部的方式方法、强化实绩导向、注重能力水平、体现人岗相适，合理设定量化评价的指标内容，扩大群众有序参与，提高干部遴选的科学性、透明度和群众满意度。加强对选拔出的干部和入围人选的跟踪培养。

（十五）加强年轻干部队伍建设。研究制定年轻干部培养任用工作规划，加强年轻干部理论培训和党性锻炼。规范年轻干部上挂、下派、外派等工作，注重在重大事件、重点项目、重要工作中锻炼和使用干部，逐步形成“面向基层、双向交流”的年轻干部培养和选拔任用机制。探索破格提拔年轻干部的途径，拓宽年轻干部选拔渠道。加强妇女干部、少数民族干部、党外干部培养选拔，做到系统培养、择优使用。加强基层工作的一线党政干部培养力度，区直机关招录具有两年以上基层工作经历人员的比例，要逐步占到新录用公务员的三分之二以上。加大大学生村官选拔培养力度，优秀大学生村干部要列入镇（街道）后备干部培养范围。镇（街道）机关公务员主要从优秀村干部、大学生“村官”人员中招录。落实领导班子配备年轻干部的有关规定，保证领导班子合理的年龄结构。加强后备干部的培养和使用，突出后备干部党性锻炼和实践锻炼，提高后备干部解决实际问题的能力。坚持优进绌退，实行后备干部动态管理。

（十六）创新完善党管人才的领导体制机制。坚持党管人才原则，实施人才发展战略，制订人才队伍中长期规划。围绕推进沿海产业带建设和提升十大传统支柱产业目标，创新人才工作体制机制，落实人才培养、引进使用、评价等激励政策措施，激发各类人才创造力。更加注重创新型人才引进，统筹抓好各类人才队伍建设，不断优化人才创业创新环境，着力营造尊重创新、崇尚创业、支持创优的良好氛围。建立和完善高校毕业生到农村和社区工作长效机制，鼓励大学生村官面向基层创业，使他们下得去、留得住、干得好、流得动。

（十七）健全干部管理机制。加强干部宏观管理，研究制定从严管理干部的制度，按照“一级抓一级、一级对一级负责”的原则，对镇（街道）党政、区直部门和区直部门所属二级机构等单位主要负责人实行重点配备、重点管理、重点教育、重点监督。进一步加强对领导干部工作圈、生活圈、交际圈的考察和监督，认真落实领导干部述职述廉、谈心谈话、诫勉谈话和函询等制度，对干部出现的苗头性和倾向性问题做到早发现早提醒早纠正。严格执行问责制度，及时调整不胜任、不称职的干部。坚持完善领导干部分类评议量化排名、拟提任领导干部重大事项报告、新提任领导干部胜任度评价等制度，切实提高领导干部责任意识和危机意识。健全领导干部职务任期制度和正常退出机制，规范退出领导岗位干部的管理工作。坚持对镇（街道）党政正职进行公开民主测评，对任用不当和公信度低的干部进行调整。建立健全干部职务与职级并行制度，实行干部职级与待遇挂钩。加大中层干部交流工作力度，推进镇（街道）之间、镇（街道）与区直部门之间的领导干部和中层以下干部的交流。继续推行以警示性交流和培养性交流相结合的中层以下干部交流工作，切实推进执纪执法、干部人事、审计、项目审批和资金管理等岗位中层干部的轮岗工作。探索建立党政机关、事业单位人员正常交流机制，选调事业单位优秀人员到党政机关任职，推荐党政机关干部到事业单位任职。

六、加强基层党组织建设，夯实党执政的组织基础

（十八）加强基层党组织书记队伍建设。加强镇（街道）党（工）委书记的任用、配备和管理，突出抓好镇（街道）党（工）委书记的能力建设和作风建设，有效激励镇（街道）党（工）委书记安心在基层干事创业。把村党组织书记队伍建设放在更加突出的位置，配好、带好、管好村党支部书记。打破地域、身份、职业界限，通过下派、回请、公开招聘、选派机关事业单位后备干部和退出领导岗位干部担任村党支部书记等途径，选好配强村党支部书记。加强对村党组织书记教育培训，每年举办一次村党组织书记培训。各级党组织要为村党组织书记大胆开展工作创造更

好的条件，使他们真正成为农村基层党组织发挥领导核心作用的骨干力量。建立健全村干部岗位目标责任制考核和激励保障机制，落实村干部工资保险、生活补助政策和政治待遇，激励基层党员干部工作积极性和创造性。

（十九）推进村级和社区党组织建设。认真抓好农村基层组织建设"1+15"文件的落实，以深化"五帮五促"活动为载体，切实提升村级组织战斗力。深化"五位一体"后进村整治模式，探索建立后进村整治的长效机制。开展示范村创建活动，树立一批先进典型。优化基层党组织设置方式，党员50人以上要建立党总支，100人以上要建立党委，按照地域、产业、年龄、流动性等分设若干支部。村级组织重大事项实行"四议两公开"工作法，进一步深化完善党领导的村级民主自治机制。积极做好"网格化"管理、组团式服务、扩大党员参与面。稳步推进村企、村村、村校联建，推动基层党建活动联办、党员共育、优势互补、资源共享、互助共进。继续抓好基层党组织活动场所建设和加快农村党员远程教育终端端点建设，把远程教育网络建成党员学习教育平台、民生服务平台和政策法规宣传平台。按照"三有一化"要求，以"和谐社区"创建为目标，开展党建工作示范社区评选活动，推进社区党员服务中心建设。积极探索社区党组织、居委会、业主委员会和物业管理公司"四位一体"管理机制，推进城市社区党组织建设。

（二十）统筹抓好非公有制企业和新社会组织党组织建设。实施拓面提质工程，深化"活力和谐企业"建设，进一步培育非公有制企业党建工作品牌。按照党委领导、区域统筹、尊重主体、共促和谐的目标要求，以组织共建、设施共享、党员共管、活动共抓为基本形式，开展以推动发展、凝聚人心、促进和谐为主要目标的主题实践活动。以示范点创建和星级党员服务中心评选为抓手，推进区域化党建工作。健全企业党组织书记和企业主定期教育培训制度、重点企业党组织书记例会制度，进一步推进企业党组织班子与董事会成员"双向进入、交叉任职"。理顺党组织隶属关系，积极创新活动载体，拓展党组织作用发挥平台。加强新社会组织党组织建设，提高党组织组建率和覆盖面。发挥机关党组织的协助监督作用，发挥科技、文化、卫生、体育、中小学等事业单位党组织的政治核心作用。加强基层单位党组织书记队伍建设，全面开展创先争优活动。坚持和完善"三会一课"制度，推进基层单位党组织工作信息化。

（二十一）建立健全党员教育管理机制。建立健全党员管理教育和服务长效机制，积极推行党员政治日制度，加强党员意识教育，增强党员光荣感和责任感，保持党员队伍先进性的内在动力。探索发展党员新机制，注重质量，优化结构，严格落实发展党员培训制、票决制、公示制、预审制、责任追究制"五项制度"。重视在高知识群体、大学生等领域的优秀青年中发展党员，积极做好新经济组织和新社会组织党员发展工作。实施发展党员工作预警制，定期向基层党委通报发展党员情况。建立基层党员轮训制度，拓宽党员受教育渠道。健全完善党员双向承诺制度，探索建立党员在居住地发挥作用机制。严格党内组织生活，完善党员"双评"制度，深化党员先进性承诺和党员志愿服务活动，及时处置不合格党员。创新流动党员动态管理机制，广泛开展党员"三找"活动。建立流动党员数据库和流动党员档案。以镇（街道）、园区（基地）为管理单位，以村（居）、企业为网格单位，灵活设置流动党组织，健全网格化组织管理体系。开展"双联双管"活动，党组织与党员、党组织与党组织双向联系，流入地日常管理与流出地跟踪管理，确保流动党员能过上正常的组织生活。构建流动党员维权互助平台，引导合理合法解决矛盾纠纷。建立固定党员联系流动党员制度，试行以流入地、流出地党组织"双向推荐、双向征求、双向公示"为主要内容的流动人员"双向培养"入党制度，把流动人员中的优秀分子及时吸收到党内。积极探索网络党建工作新领域，建立党内信息资源库，开设信息宣传、远程教育、党员论坛、社会调查与监督站，开展网上组织生活、党务公开、在线教育、交纳党费、交流思想活动。

七、大力弘扬党的优良作风，促进领导干部作风建设

（二十二）弘扬理论联系实际的思想作风。尊重和鼓励基层干部群众创业创新，总结推广人民群众在实践中创造的成功经验。积极推进发展理念、思路、举措和领导方法创新，着力转变不符合科学发展的思想观念，解决影响制约龙湾科学发展的突出问题。建立健全领导班子务虚会制度，区、镇（街道）、部门领导班子每年要举行1次以上务虚会，分析研究宏观发展形势和客观发展规律，对本地区本部门发展中的重大问题进行战略性前瞻性研讨，对工作中存在问题进行剖析，寻找解决问题的思路和方法。针对不同时期党员干部思想上存在的突出问题，开展解放思想大讨论活动，统一思想，转变观念，提高引领科学发展能力和水平。

（二十三）弘扬真抓实干的工作作风。各级领导干部始终要保持强烈事业心和责任感，出硬招、出实招，办实事、求实效。以雷厉风行、求真务实的工作风貌，以科学创新和开拓进取的精神，以敢于直面矛盾和克难攻坚的工作作风，破解发展中的难题。建立健全工作责任制，完善目标责任制管理，严格执行重大事项督办制，真正把各项工作任务落到实处。大力精简会议、文件，简化公务接待，严格规范各种检查、评比达标和表彰活动。规范区级领导出席各类庆典活动，减少领导应酬。严格控制领导干部外出学习考察次数和规模，使领导干部更多精力投入到各项工作的解决和落实中。大力推进节约型机关建设，倡导厉行节约，压缩行政办公经费支出，降低行政成本，把有限财力更多用在发展经济和改善民生上。领导干部要带头抵制铺张浪费，自觉抵御不良思想观念和生活方式的侵蚀，培养正派、健康的生活情趣，坚持克服形式主义、官僚主义、拜金主义、享乐主义。

（二十四）弘扬密切联系群众的领导作风。牢固树立宗旨意识，问政于民，问需于民，问计于民，使各项决策和工作更加符合群众意愿。健全领导干部联系群众和村企、蹲点调研、民情沟通、挂钩帮扶、项目联系等制度，帮助基层和企业解决实际问题。领导干部要围绕全局性、前瞻性问题，深入基层开展调查研究，并形成调研成果，为党委政府民主决策、科学决策提供依据。区党政领导班子成员每年下基层调研不少于2个月、下访或约访2次以上，到联系点调研不少于4次；区机关部门和镇（街道）党政领导班子成员每年下基层调研不少于3个月，到基层单位蹲点调研不少于一周，并把调查研究工作列入领导干部和部门年度工作目标考核内容。坚持把保障和改善民生摆在突出位置，建立社会化维权机制、市场化服务机制和经常性帮扶机制，下大力气解决基层群众反映的热点难点问题，真正为群众办实事、办好事。加强和改进信访工作，健全领导干部定期接访、约访和下访制度，信访联席会议制度和信访包案制度，进一步完善矛盾纠纷排查和化解机制，维护群众正当权益。经常性组织开展民主恳谈、民主听证，畅通群众意愿表达渠道。

（二十五）弘扬批评和自我批评的良好作风。增强党内生活原则性和实效性，坚决反对上下级和干部之间逢迎讨好、相互吹捧，坚决反对党内生活庸俗化。完善领导干部双重组织生活会制度，领导班子要开展严肃认真的批评和自我批评，提高民主生活会质量。建立党性定期分析制度，把党性分析作为民主生活会主要内容，把作风状况作为党性分析重要内容。领导干部特别是主要领导干部要坚持原则、敢抓敢管，勇于揭露和纠正缺点错误，及时提出改进工作的要求和建议。反对自由主义、个人主义、本位主义，克服好人主义。保护坚持党性原则的党员，不准压制批评，严禁打击报复。深入开展讲党性、重品行、作表率活动，教育引导领导干部加强党内生活锻炼，自觉遵守党章。健全通过民意调查、征求解决批评意见制度，积极进行整改。

八、深入推进反腐倡廉建设，提高干部拒腐防变的能力

（二十六）加强廉洁从政教育。创新和改进党性党风廉政教育内容和方法，把党内廉政教育列入干部培训教育计划，有针对性地开展助廉、警示、提醒三大系列教育，开展丰富多彩的廉政文化创建活动，增强教育的影响力、渗透力和感召力。认真抓好领导干部廉洁自律各项规定的贯彻落实，深化“五整治、七一律”专项活动，依法依纪查处和整治领导干部利用职务上的便利为本人或特定关系人谋取不正当利益行为。领导干部要严格要求自己，管好配偶子女和身边工作人员，主要领导干部还要管好班子、带好队伍。完善党员领导干部个人有关事项报告制度，把住房、投资、配偶子女从业等情况列入报告内容。进一步规范离退休领导干部在企业和社会团体的任职行为。领导干部不得参加影响公正执行公务的各种社交活动。

（二十七）加大查办案件工作力度。坚持有案必查、有贪必反、有腐必惩，保持惩治腐败高压态势，坚决查处违纪违法案件。严肃查办发生在领导机关和领导干部中滥用职权、贪污贿赂、腐化堕落、失职渎职的案件。严肃查办利用人事权、行政执法权、行政审批权索贿受贿、徇私舞弊的案件。重点查处土地征用、拆迁安置、房地产开发、工程建设、政府投资工程等领域的违纪违法案件，农村基层党员干部的违纪违法案件，行政不作为乱作为和严重影响发展软环境的案件。健全完善查办案件工作组织协调机制，加强执纪执法机关协同配合，形成整体合力，提高办案质量和水平。完善实名举报优先处理反馈制度，健全网络举报和受理机制、网络信息收集和处置机制。加强绿色免邮资信访举报和“12388”举报热线建设，发放“廉情监督举报卡”，不断拓宽群众投诉的渠道和案件线索来源。完善重大案件剖析制度和通报制度，充分发挥查办案件的惩戒和治本功能。

（二十八）健全完善制约和监督机制。加强对行政审批、干部人事、执法司法、要素支配等方面权利行使的监督。建立健全决策权、执行权、监督权相互制约相互协调的权力结构和运行机制，推进权力运行科学化、程序化和透明化。深入开展机关效能建设，健全和落实服务承诺制、首问责任制、执法过错责任追究制、限时办结制、评议考核等五项效能监督机制。全面推进行政审批“两集中、两到位”改革，开辟绿色通道，提高审批效能。深化和改进满意单位的评议活动，实施“满意科长”工程，解决“中梗阻”问题。实施部门站所（窗口）效能建设“增光提效”工程，增加办事效能和透明度，率先提高重点领域、重点环节的工作效能。积极探索监督关口前移的有效方式，推进廉政风险防范机制建设。推行党政领导干部问责制、廉政承诺制、行政执法责任制，全面贯彻落实中央《关于实行党政领导干部问责的暂行规定》和各级党委政府重大决策部署执行不力实行问责的办法。加大治庸治懒治散力度，完善奖惩分明的考核体系，严肃追究推诿扯皮、效能低下、慵懒散的人和事，提高干部队伍执行力。坚持党内监督与党外监督、专门机关监督与群众监督相结合，发挥好舆论监督作用，增强监督合力和实效。开展工程建设领域专项治理，促进建设市场健康有序发展。实施村级党风廉政“321”工程，加强村级资金、资产、资源的管理。完善镇（街道）招投标暂行办法，加强标后管理。充分发挥村级民主监督组织的作用，规范和完善村务监督委员会的运行。

（二十九）落实惩防和预防腐败体系建设和制度创新。认真落实《关于建立健全惩防和预防腐败体系2008年–2012年工作规划》。严格执行党风廉政建设责任制。各级党委、政府至少每半年要专题分析和研究1次党风廉政建设工作。认真落实领导干部“一岗双责”，明确各级党政领导作为党风廉政建设第一责任人的责任，并纳入领导干部实绩考核范围。加大制度改革创新力度，建立健全防治腐败的规章制度。实施干部保护教育防范和制度防范“双防

范”工程，重点抓好政府投资工程、公共行政审批、公共资金管理、公共资源配置、公务运行成本、公共服务效率、国有资产保值、农村基层和民生权力保障等十大重点领域惩防体系建设。深化行政管理体制、投资体制、预算管理制度改革，建立健全政府非税收入管理体系。严格执行党政领导干部经济责任审计制度。规范行政处罚自由裁量权，认真清理“小金库”。规范工资福利制度，推行“阳光工资”。加强反腐倡廉制度执行情况的监督检查，强化各项制度的执行，坚决维护制度的严肃性和权威性。

九、加强党的建设工作领导，把各项任务落到实处

（三十）全面执行党建工作责任制。建立健全区委常委会研究党建工作制度，党建工作领导小组及其办公室要切实加强对党建工作的领导和协调。各级党组织书记要切实履行抓党建第一责任人职责，要认真落实抓班子、带队伍的责任，亲自研究、亲自部署党建工作，认真解决党建工作中存在的突出问题。镇（街道）党（工）委书记要认真履行基层党组织建设的直接责任人职责，重点抓好基层党建工作落实。落实党建工作考核综合评价体系，加强分类指导、统筹协调、监督检查。建立镇（街道）党（工）委书记党建工作双向述职评议制度，区委每年组织镇（街道）党（工）委书记，向区委常委会报告基层党建工作情况并进行民主测评。各镇（街道）党（工）委书记还要向党员干部述职并接受评议。双向述职评议结果作为年度考核的重要内容和依据。健全落实党建工作责任追究制度，对党建工作薄弱、存在问题较多、攻坚破难作用发挥不好的党组织要追究领导班子特别是书记的责任。

（三十一）营造齐抓共管的党建格局。建立健全党委统一领导、部门齐抓共管、一级抓一级、层层抓落实的党建工作格局。各级党委（党组）要紧紧围绕党的中心工作，坚持把党的建设与经济建设、政治建设、文化建设、社会建设、生态建设统筹考虑，统一部署，整体推进。纪检部门要充分发挥党内监督的职能作用，积极协助党委研究部署、督促落实反腐倡廉建设。组织部门要做好党建工作领导小组的日常事务，抓好党建工作的部署督促检查和考核激励等工作。宣传部门要认真做好新形势下的宣传工作，加强舆论引导，营造加强和改进新形势下党的建设浓厚氛围。相关各部门要根据职责分工，紧密结合实际，完成各项党建工作，形成整体工作合力。

（三十二）提高党建工作保障水平。建立健全以财政投入为主，党费支出为补充的党建工作经费保障制度，不断夯实物质基础。认真落实省委、市委有关文件精神，基层党建工作经费和村级组织活动场所建设经费等要纳入财政预算，党费的使用重点要向基层党组织倾斜，为基层党组织开展工作提供有力保障。加强党建工作调研，推进党建理论制度方法创新。加强制度建设，逐步形成内容完备、结构合理、功能健全、科学管人用人的党建制度体系，保障党的建设的稳定性、长期性。

中共龙湾区委
关于推进生态文明建设的实施意见

（2010年8月23日中国共产党温州市龙湾区第六届委员会第八次全体会议通过）

为深入贯彻落实省委十二届七次全会和市委十届九次全会精神，根据《中共浙江省委关于推进生态文明建设的决定》和《中共温州市委关于推进生态文明建设的实施意见》要求，结合龙湾实际，就推进生态文明建设提出如下实施意见。

一、总体要求和主要目标

（一）总体要求。以邓小平理论和“三个代表”重要思想为指导，以科学发展观为统领，深入实施生态环境优先，坚持生态建设与经济发展并重、文化引领与制度保障并施、源头预防与综合治理并用、整体推进和重点突破并行、党政推动与全民参与并举“五项原则”，以深入实施生态文化培育、产业提升、污染整治、塘河清水、空气清新、环境清洁、城区绿化、设施保障“八大工程”为重点，切实强化组织领导、规划引领、机制建设、要素支撑“四大保障”，加快形成节约能源资源和保护生态环境的产业结构、增长方式和消费模式，加快构筑建设资源节约型和环境友好型城区的发展理念、政策体系和工作机制，努力建设宜商宜居现代化滨海新城区。

（二）主要目标。到2015年，全区80%镇（街道）达到市级生态乡镇标准，50%的镇（街道）达到省级生态乡镇标准，基本实现生态环境持续改善、生态经济稳步发展、生态文化日益繁荣、体制机制日趋完善，成为全市生态文明建设的先行区；到2020年，全区各镇（街道）基本达到省级生态乡镇标准，生态区建设基本达到省级标准，基本实现生态环境良好、生态经济发达、生态文化繁荣、人与自然和谐的宜商宜居现代化滨海新城区。

“十二五”时期的主要目标是：

——生态环境持续改善，宜商宜居水平明显提高。主要污染物排放得到有效控制；污水集中处理率达到95%；城镇和农村生活垃圾无害化处理率分别达到95%和75%；地表水功能区水质达标率达到80%；空气优良率达到90%，人均公共绿地面积达到15平方米；公众对生态环境质量满意率达到85%。

——生态经济稳步发展，产业结构不断优化。服务业增加值占地区生产总值比重达到40%以上，高新技术产业增加值占工业增加值比重达到35%以上；单位地区生产总值综合能耗下降指标顺利完成，单位地区生产总值水耗降到85立方米/万元；循环经济形成规模，清洁生产普遍推行，生态经济成为新的经济增长点。

——生态文化日益繁荣，生态文明理念深入人心。中小学生节能环保宣传教育普及率达到100%；绿色创建活动广泛开展，基本形成节能环保的生产方式、健康文明的生活模式、爱护生态的社会风尚。

——体制机制日趋完善，制度保

障不断强化。全面落实生态环境保护制度，生态文明规划、生态环境补偿机制、市场化配置机制、领导干部考评机制、要素支撑体系不断完善，生态文明建设的制度化、规范化、长效化不断加强。

二、工作任务

（一）实施生态文化培育工程。

1．加强生态文明理念教育。加强生态文明建设的调查与研究，积极谋划符合龙湾实际的对策措施，为生态文明建设提供理论和工作指导。积极运用多种教育手段和大众传媒工具，广泛宣传科学发展观和生态文明观，研究制订生态文明建设道德规范，大力倡导生态文明理念和生态伦理道德。依托滨海论坛、各级理论中心组学习等教育平台，加强对各级领导干部的生态文明教育，增强领导干部实践生态文明的自觉性和主动性，引导各级领导干部牢固树立“生态环境就是生产力，生态建设就是最大的民生”的执政理念。加强对学生的生态文明教育，开设生态环境课程，开展生态环境实践活动，培养生态文明从小抓起的教育环境。积极开展生态文化进农村、进社区、进企业、进校园、进家庭活动，普及公众生态知识教育，提升全社会的生态文明素养。加大生态文化艺术产品创作，推出一批群众喜闻乐见的生态文化艺术作品。

2．广泛开展生态文明创建。以创建省级文明城区和温州创建国家卫生城市、环保模范城市为契机，扎实推进生态区、生态镇（街道）、生态村创建工作，进一步扩大创建覆盖面，提高创建质量，培育精品亮点。全面开展绿色企业、绿色社区、绿色机关、绿色学校、绿色医院、绿色饭店、绿色家庭等绿色系列创建活动，培育绿色“社会细胞”。 加强各类生态创建的动态管理，建立健全退出机制。组织开展生态志愿者在行动、环保人物评选等活动，引导党员干部、大中学生及社会各界积极参与生态文明创建。积极组织开展“世界环境日”、“中国水周”、“中国土地日”、“植树节”、“浙江生态日”、“保护母亲河”等重要时节的纪念和宣传活动，引导人民群众不断强化生态环保意识。

3．加快建设生态文化载体。充分发挥市民活动中心、图书馆、文化馆、文化水街、博物馆、科技馆等文化设施在生态文化传播中的作用，使其成为弘扬生态文化的重要阵地。以河泥荡文化公园、钟秀园和市民广场为重点，加快建设区、镇、村三级生态文化公园，使其成为弘扬生态文化的重要平台。加快建设一批以绿色企业、绿色社区、生态村为主体的生态文化宣传教育基地，深入开展生态文明宣传教育和知识普及等主题宣传实践活动。开发和保护生态文化资源，建设一批生态文化保护区。

4．倡导健康文明的生活方式。深入开展“共享低碳生活，共建生态文明”系列活动，积极引导居民选择使用节能、节水型设备，选择公共交通、非机动车等交通工具出行，在全社会倡导俭朴节约的低碳生活。积极引导鼓励绿色消费，提倡健康节约的饮食文化，反对铺张浪费，抵制高能耗排放产品和过度包装商品，限制一次性用品的使用。完善购买无公害、绿色和有机产品的激励政策，积极推行绿色采购和绿色销售。广泛开展爱国卫生运动和全民健身活动，全面加强人口和计生工作，促进人口均衡良性发展，加强疾病防控，推行室内公共场所禁烟，不断提高群众健康文明水平。

（二）实施产业提升工程。

1．加快沿海产业带大平台建设。把沿海产业带作为我区经济转型升级的大平台和城市拓展的新空间，坚持工业化和城市化双轮驱动，以高端产业功能和现代城市功能培育为导向，加快推进沿海产业带大平台建设。进一步优化沿海产业带发展规划，正确处理产业发展与城市建设的关系，使产业发展和生产、生活、生态相统一。全力推进民科基地建设，制订产业发展导向目录，严格准入制度，优先发展先进装备制造业、生物医药、新材料、节能环保与新能源等高新技术产业，鼓励发展低污染、低能耗、高效益的高端传统优势产业。加快教育、卫生、体育等公共配套设施建设，努力打造产业高端化、资源低耗化、环境生态化、功能配套化的产业新城，使其成为高效低碳的转型升级先行区和经济新的增长极，成为全区生态文明建设的示范区。

2．大力发展现代服务业。制订并实施全区三产发展规划，把发展现代服务业作为产业提升的战略重点，加快构建现代服务业产业体系。依托城市中心区建设，加快总部商务园、城市综合体、大型商贸购物中心建设，打造现代高端商贸商务平台。依托产业优势，加快金属材料、五金装饰、阀门、合成革、不锈钢、水暖洁具等专业市场，做大做强文化用品市场，改造提升农贸市场，打造区域市场群。依托立体交通优势，加快规划建设空港物流基地、灵昆码头仓储物流中心和民科基地物流配套区，加快机场大道、瓯海大道及温州大道沿线物流配送体系建设，打造区域物流平台。依托区位优势，全力推动状蒲片融入滨江商务区，加快永中商贸街区改造和永梅路商业街整治，打造区域商贸网络。大力培育新兴服务业，优先发展现代金融、楼宇经济、科技研发、文化创意、旅游会展、信息咨询等现代服务业。出台“退二进三”实施方案和扶持政策，加快状蒲片、永中片、工业园区“退二进三”试点，以点带面推进全区“退二进三”步伐。大力发展生态旅游业，以旅游强镇和旅游特色村创建为载体，依托大罗山、灵昆海岛、田园风光、文化特色及经济特色，大力发展生态休闲游、生态观光游、滨海度假游、文化访古游、经济探秘游等特色旅游，进一步打响“山海龙湾、都市休闲”品牌。

3．大力改造提升传统产业。以改造提升十大传统产业为突破口，深入实施《工业转型升级实施意见》和《传统产业改造提升方案》，进一步优化产业功能规划和空间布局，引导产业向工业功能区集聚。实施产业发展分类指导政策，加快传统产业结构调整，提升鼓励类产业发展水平，引导限制类产业升级改造和有序退出，坚决淘汰禁止类产业。大力发展高新产业，加快培育产业集群，促进传统优势产业升级。加强行业准入评估，建立产业退出机制，进一步优化产业结构。鼓励支持企业开展技术创新、产品创新、管理创新、品牌创新，促进高新技术和先进设备应用，改造提升不锈钢、食品药品机械、合成革、阀门、水暖洁具等传统优势产业，实现传统产业高端化和生态化。建立健全以扶持大企业，引进大项目为核心的发展机制，完善以企业整合重组为重点的产业鼓励政策，加快培育一批行业龙头企业。规范提升现有成型工业园区（基地），加快工业化改造。完成温州工业园区和温州农业对外综合开发区环境综合整治，完善环境基础设施，强化功能性建设，实行集中供热、供气和废水集中处理，基本实现企业清洁生产。优化空间布局，开展区域环境影响评价，引导企业实行技术改造，对限期治理不达标的企业实行关停转。全力推进阀门、标准产房、电压电器、水暖洁具、电镀等基地的生态化改造，促进工业基地向生态园区转变。同时，将混杂在城区和农村的工业企业引入工业园区（基地）。

4．大力发展生态农业。以高效、生态为目标，调整农业产业结构，进一步优化农业功能区布局。大力发展现代生态农业，加大优势特色农产品基地建设力度，做优做强杨梅、蔬菜瓜果、畜牧养殖等特色农业，扶持发展花卉、苗木、园艺等新兴产业。积极发展农产品加工流通业，鼓励农产品深加工、精加工，提高农产品附加值，全力推进农业产业化发展。加强农产品质量安全监管，加快发展无公害农产品、绿色食品、有机食品。积极参与国家、省、市级名牌农产品的创评活动，形成一批具有较强竞争力的绿色品牌，增强农产品市场竞争力。

5．大力发展循环经济。制订出台循环经济发展政策，深入实施循环经济行动方案。大力发展循环服务业，鼓励服务行业开展绿色改造，降低服务业能耗、物耗。建立健全循环工业体系，开展工业循环经济试点工作，培育一批循环经济示范企业、示范基地和示范园区，加快形成废物循环利用的企业链、产业链、价值链，推动形成企业小循环、园区中循环、产业大循环系统。大力发展农业循环经济，构建“农、林、牧、渔”农业生态链，形成种养结合的循环农业发展模式。积极推广生态住宅建设，鼓励使用绿色材料、绿色能源、绿色产品。加强资源的综合利用和再生利用，推进工业“三废”综合利用项目建设，推广废弃物资源化、产业化、市场化运作。积极引导企业进行清洁生产，对化工、电镀、制革、印染等重点行业和使用有毒有害材料生产的企业，依法实行强制性清洁生产审核。鼓励支持企业开展ISO 14000环境管理体系认证。

6．加强能源资源节约。深入开展低碳技术、低碳企业试点工作，积极推新技术、新材料、新工艺、新能源的应用，推进节能和新能源开发。全面加强各领域、各环节的节能、节材、节水、节地工作，切实抓好工业、生活、建设、交通等领域节能，重点改造和淘汰冶金、化工等行业高能耗设备，加强工业余热利用，着力提高能源利用效率，促进单位GDP能耗持续下降。大力开发利用水能、风能、太阳能、生物质能等可再生能源。推进各领域节材工作，加强原材料消耗管理，大力推广使用可再生材料。全面加强水资源可持续利用，实行最严格的水资源管理制度，推动各领域节水。加大工业废水回收再利用和中水回用项目建设，鼓励使用回用水和再生水。实施重点农业灌区节水改造，努力降低单位地区生产总值水耗。严格实行土地用途管制，控制建设用地和工业用地的集约利用规模，优化用地结构，鼓励企业实行“零增地”技改。完善土地闲置退出机制，加大存量建设和用地挖潜力度。加快农村经营性建设用地流转，规范农村二、三产留地开发管理，挖掘山地、“三地”资源潜力。有效整合城镇闲散用地，积极开发利用地下空间，提高土地集约利用水平。

（三）实施污染整治工程。加大污染物减排治理力度，完成并深化省“811”新三年行动。继续实行二氧化硫、化学需氧量排放总量控制，启动对氮氧化物、氨氮等污染物的总量控制，落实新建项目污染物排放增量替代措施，严格控制重金属和有机污染物等有毒有害污染物排放，提高飞行监测达标率。加强对重点污染行业、企业的污染物总量排放控制，扎实开展工业污水“进管达标、处理提标”专项行动，确保“十二五”期间主要污染物减排指标顺利完成。切实强化危险废物、医疗废物、电子废物、生活垃圾、餐厨废弃物等固体物污染的防治和处理。按照“搬迁一批、关停一批、转型一批、提升一批”的原则，全面深化合成革、电镀、拉丝、不锈钢拉管、熔炼、酸洗等行业污染整治。建立农业面源污染监测体系，防止农药、化肥过量使用。严格执行畜牧禁限养制度，有效控制畜禽养殖面源污染。

（四）实施塘河清水工程。按照“科学治河、全民治河、依法治河”的原则，全面实施并深化塘河综合治理规划，采取河岸清障拆违、截污纳管、河面保洁、河床清淤、河水生态修复、控制新增污染源等措施，全力改善塘河水质，恢复河流自然形态。深入开展沿河企业截污纳管专项行动，进一步提高纳管率，强化沿塘河污染源防治和监管，确保污水达标排放，逐步消除塘河黑臭现象。加快沿河生态景观建设，以沿河公园为节点，以沿河绿色生态景观为纽带，以塘河文化为内涵，加快沿河景观绿化和休闲筑品建设，重塑集人文、景观、生态为一体的“母亲河”形象。

（五）实施空气清新工程。深入开展以除臭气为重点的“清净行动”，切实强化大气污染防治。加大对合成革、铸造、化工等重点行业、重点企业废气污染专项整治，进一步降低大气污染物排放量，推进工业固废除臭整治，实现工业企业多因子全面达标排放。加强对温州工业园区等大气污染重点部位整治，加快大气污染严重企业的搬迁步伐，改善重点区域大气环境。大力推进甲胺等有机废气污染治理，实行工业锅炉燃煤燃油脱硫处理，加快启动区域集中供热工程。大力推进污水、垃圾处理设施除臭整治，有效控制城区臭源。严格控制餐饮业油烟、交通运输扬尘、建筑施工扬尘、机动车尾气等污染物排放。深入实施清洁能源工程，大力推广使用清洁能源。

（六）实施环境清洁工程。大力推进农村环境保护年活动和村庄整治工程，以“五整治一提高”为重点，加大农村环境整治投入力度，加强保洁队伍建设，健全市场化保洁机制，完善“户送、村收、镇（街道）运、区处理”的垃圾处理模式，提高农村生活垃圾收集覆盖率和无害化处理率。加快农村危旧房改造和新社区建设，切实解决农村环境卫生脏乱差问题，着力打造房屋美化、河道净化、卫生洁化、村庄绿化的农村人居环境。全力推进城区环境卫生整治大会战，努力实现城区环境整洁、美观、有序。深入开展市容环境综合整治，全面深化文明精品街创建工作，加强背街小巷的环境治理，着力打造市容环境精品带。继续开展清障拆违大行动，集中解决“三沿二侧”违法占地、违法建设等突出问题。深入开展交通秩序大整治，重点解决城区主干道和重点区域交通拥堵、混乱问题。

（七）实施城区绿化工程。

1．加强绿地建设。深入开展“绿满龙湾”行动，大幅度提高绿化率和人均占有绿地面积。按照“城区氧吧、观光胜地”的要求，以灵昆岛、永强丁山海堤、平原水网、农田防护林建设为重点，扩大生态公益林面积，构筑绿色生态屏障。按照“绿色江河，生态长廊”要求，以大罗山环线、民科基地三甲河、沿海海堤、塘河水岸为重点，构建绿色生态走廊。按照“绿在城中，城在绿中”的要求，以河泥荡公园和钟秀园等城区绿地公园为重点，构建城区广场绿片。按照“绿荫大道、景观大道”的要求，以中心区中央道路网、机场大道、瓯海大道、江滨路龙湾段、永强大道等城市主干道为重点，建设城区道路生态绿带。按照“见空造绿、拆违还绿”的要求，以村庄、住宅区、厂区、学校、工业园区（基地）、商务楼宇、城市功能区块为重点，建设城区生态绿地斑点。大力支持大罗山生态园和大岙溪生态农业观光园开发，发挥其城市“绿肺”功能。

2．加强生态修复。以自然生态保护为重点，加强生态修复、生态涵养和生态抚育，不断恢复和维持生态功能。全力抓好水环境生态修复，采取工程清淤、常态化清淤和截污纳管相结合的方式，深入开展重点河道污染整治，尽快恢复水体应有功能。全力推进土壤、山地修复，开展污染耕地及垃圾填埋场的环境修复，提高废弃矿山治理率，消除山体地质灾害隐患。采取“拆、迁、绿”的方法，加强“青山白化”治理，建设一批生态墓地，推进生态殡葬。强化海洋生态保护，制订海洋生态环境保护制度，建立健全入海污染物总量控制、排污收费等配套制度，实现保护和开发并举，环境效益和经济效益并重。全面深化海岸保护，加强涉海项目监管、评价和管理。科学开发利用海涂资源，建立健全滩涂保护管理机制，不断改善滩涂、近海海域的生态环境。

（八）实施设施保障工程。加快编制并实施环保基础设施建设规划，进一步推进城乡基础设施统筹规划、同步建设、资源共享。加快区垃圾处理中心和镇（街道）垃圾中转站、村（居）垃圾坞、生态公厕等环卫设施建设。加快污染处理设施建设，健全并完善工业固体废物、医疗废物处置体系，提高危险废物无害化综合利用处置率。进一步加快东片排污管网建设，启动状蒲片和工业园区排污管网（二期）改造和截污纳管。加快启动东片污水处理厂（二期）工程建设，大力推进东片污水处理厂技术改造，提高污水处理能力，确保满负荷运转和达标排放。全面推进镇（街道）污水处理设施建设，确保2015年城镇污水处理设施全覆盖。加快状元电镀中心搬迁工作，进一步完善蓝田标准厂房拉管基地和蒲州拉丝基地污染整治设施。推进环保基础设施建管体制创新，建立建管并重、建管分离的长效管护机制，成立统一协调机构，建立专业化管护队伍，实现各部门、各区域基础设施建设和管理相互衔接、统一管理，提高设施运行效益。

三、保障措施

（一）强化组织领导。各级党委、政府要切实将生态文明建设工作摆上重要位置，建立健全组织领导和工作协调机构，定期召开专题会议，研究部署工作任务，各级领导干部要严格落实环保“一票否决”制，抓好各项工作任务的协调和督促。人大要加强执法检查和工作监督。政协要为生态文明建设献计献策。区生态办要充分发挥组织协调和督促检查的作用。各相关部门要明确职责、相互配合，形成齐抓共推的工作合力。各民主党派、工商联和各级人民团体要动员社会各界人士，积极投身生态文明建设。各行业协会要充分发挥好桥梁纽带作用，引导企业做好节能环保工作。要进一步发挥民间环保组织、生态文明志愿者队伍的积极作用，多层次搭建政府与公众沟通对话平台，努力形成全社会关心、支持、参与和监督生态文明建设的良好氛围。同时，要建立健全生态经济、生态文化、生态环境“三位一体”的社会综合评价体系，把生态文明建设纳入区委、区政府重点工作督查内容，实施分解任务、跟踪督查、定期通报、年度考核。

（二）强化规划引领。加快编制各类生态文明建设规划和生态功能区规划，研究制订“十二五”时期生态文明建设配套政策及工作方案。根据龙湾资源环境承载力、生态环境敏感度和生态服务功能空间分异规律，实行差别化区域发展和环境管理政策，合理划分重点开发区、优化开发区、限制开发区和禁止开发区。在资源环境承载能力较强，经济和人口集聚条件较好的区域实行重点开发，严格控制污染物排放总量，努力实现增产不增污；在资源环境承载能力较弱、土地开发密度较高的区域实行优化开发，优化产业结构，集约利用资源，努力实现增产减污；在资源环境承载力较弱、人口和经济集聚条件较差的区域，将其作为生态功能区，坚持环境优先，实行限制开发；在自然保护区等具有特殊保护价值的区域，实行禁止开发，严格控制人为因素对自然生态的干扰，严禁不符合规定的开发活动。

（三）强化机制建设。要严格实行环境保护制度。完善环境评价和环境准入制度，制订并严格执行排污收费标准和工程治污标准。健全污染物排放总量控制及排污许可证制度，严格执行能耗标准和能耗定额管理，凡是排污严重超标的企业一律停产整改，凡是“十五小”一律取缔，凡是不符合环保要求的项目一律禁止建设。严格实行环境责任行政问责制，对发生重大环境责任事故的领导干部，实行严格的行政问责和责任追究。加大环境执法检查力度，对超标排污、违法偷排企业从重从快处罚，对情节严重的责任人追究刑事责任。以环境资源有偿使用为核心，探索建立“谁收益、谁补偿”的生态补偿机制，逐步扩大生态补偿机制受益面。健全市场化要素配置机制，深入推进土地、水、电等基础性要素的市场化配置，逐步建立反映资源稀缺程度、环境损害成本的价格形成机制。建立健全分类差别水电价制度、居民生活用水用电阶梯价格制度和企业超额用水用电加价制度。建立政策落实监测机制，强化对各项政策措施贯彻情况的监督检查。加强对新建、改扩建项目能评和环评工作，切实控制新增污染源。有效推进非工业重点领域节能监测，加强对合成革、印染等重点行业和重点能耗企业的监测管理力度，完善环保在线监测监控系统建设，对重点企业、重点部位实行全天候的监控。加强地表水、近岸海域和空气环境质量的监控，及时掌控环境质量状况。完善信息公开制度，及时公布生态环境质量、污染整治、企业环境行为等信息。

（四）强化要素支撑。建立生态文明建设多元化资金投入机制，加大对生态文明建设的投入。将生态文明建设资金纳入财政预算，支持重大生态环保基础设施、城乡基础设施和公共服务设施建设，统筹安排生态农业开发、生态旅游开发、污染防治、水土保持、河道整治、绿化造林、企业清洁生产技术改造等项目资金，确保生态文明建设的持续开展。鼓励民间资本和社会资金参与生态环保基础设施建设和经营，积极推进生态建设和环境保护项目市场化。建立生态文明建设投资奖励基金，引导企业推行清洁生产和节能改造。鼓励金融机构加大对生态文明建设的信贷支持力度，支持生态产业项目金融贷款。切实落实有关发展生态经济、改善生态环境、加强资源节约的各项金融税惠政策，加大对生态产业、循环经济、节能减排的政策扶持力度。完善政府采购制度，优先采购列入政府“环境标志产品采购清单”和“节能产品采购清单”的产品。以提高自主创新能力为目标，建立健全以企业为主体、市场为导向，产学研相结合的技术创新体系。编制环保产业目录，大力发展环保科技和产业。积极引进和利用国内外关键共性技术，着力突破生态建设、环境保护、清洁生产、绿色产业等领域的技术瓶颈，推进生态科技成果产业化。构建环保公共科技创新服务平台，抓好重大项目科技攻关，重点推进民科基地科技产业园科技孵化器建设和传统优势产业科技研发平台建设。进一步完善人才培养引进机制，积极引进国内外高层次环保生态科技人才，开展跨地区、跨领域科技合作。加大环境科技投入力度，建立环保科技引导资金，鼓励民间资金进入环保科技研发领域，组织实施一批重大环保和循环经济科技项目，为环境质量改善提供科技支持。

重要文件目录

表163：　2010年龙湾区委（区委办）重要文件目录

文　号	文件标题
温龙委〔2010〕2号	关于加强和改进新形势下党的建设的实施意见
温龙委〔2010〕3号	关于推进生态文明建设的实施意见
温龙委发〔2010〕6号	关于加快农村住房改造建设的若干意见
温龙委发〔2010〕33号	关于区委常委会创建学习型领导班子的实施意见
温龙委发〔2010〕34号	关于深入开展学习型党组织创建活动的实施意见
温龙委发〔2010〕35号	关于开展“转作风 提效能 优环境 促发展”作风建设年活动的实施意见
温龙委发〔2010〕37号	关于印发《中共温州市龙湾区委理论学习中心组2010年学习计划》的通知
温龙委发〔2010〕42号	关于开展“区领导领衔破解重点难点问题”活动的通知
温龙委发〔2010〕43号	关于成立区“十二五”规划编制工作领导小组的通知
温龙委发〔2010〕47号	关于增强科技自主创新能力促进创新型城区建设的若干规定
温龙委发〔2010〕48号	关于印发《龙湾区2010年区属部门反腐倡廉建设责任分工》的通知
温龙委发〔2010〕53号	关于进一步加强区委常委会作风建设的若干规定
温龙委发〔2010〕59号	关于进一步深化《中国共产党党员领导干部廉洁从政若干准则》学习贯彻工作的意见
温龙委发〔2010〕64号	关于印发《龙湾区深入学习贯彻干部选拔任用工作四项监督制度进一步提高选人用人公信度的实施意见》的通知
温龙委发〔2010〕68号	关于成立区防洪减灾能力建设领导小组的通知

续表1：

文 号	文件标题
温龙委发〔2010〕69号	关于开展“招才引智年”活动的实施意见
温龙委发〔2010〕70号	关于加强和改进新时期侨联工作的意见
温龙委发〔2010〕75号	关于成立区“六城联创”活动领导小组等机构的通知
温龙委发〔2010〕76号	关于进一步加强安全生产工作的实施意见
温龙委发〔2010〕79号	关于加快总部经济园开发建设的若干意见（试行）
温龙委发〔2010〕81号	关于进一步加强农村集体资金、资产、资源管理的意见（试行）
温龙委发〔2010〕88号	关于成立区统筹城乡综合改革领导小组的通知
温龙委发〔2010〕89号	关于深入开展“六城联创”活动的实施意见
温龙委发〔2010〕91号	关于成立区文化建设领导小组的通知
温龙委发〔2010〕92号	关于认真做好2011年村级组织换届选举工作的意见
温龙委办发〔2010〕4号	关于印发《基层基础建设分类管理实施方案（试行）》的通知
温龙委办发〔2010〕12号	关于印发《区委六届七次全会〈实施意见〉任务分解方案》的通知30号　关于建立新闻发言人制度的通知
温龙委办发〔2010〕34号	关于印发《龙湾区治理慵懒散“六个一律”规定》的通知
温龙委办发〔2010〕36号	关于转发《温州市龙湾区机关进一步规范公务员津贴补贴实施办法》的通知
温龙委办发〔2010〕40号	关于成立区“转作风、提效能、优环境、促发展”作风建设年活动领导小组的通知
温龙委办发〔2010〕51号	关于印发《内外龙湾人互动发展实施意见》的通知
温龙委办发〔2010〕54号	关于印发《龙湾区社会抚养费征收使用有关问题补充规定》的通知
温龙委办发〔2010〕55号	关于进一步明确机关部门人口和计划生育工作职责的通知
温龙委办发〔2010〕56号	关于印发《龙湾区村（居）计划生育服务员管理办法》的通知
温龙委办发〔2010〕58号	关于建立温州市龙湾区新的社会阶层人士统战工作联系会议制度的通知
温龙委办发〔2010〕60号	关于印发《龙湾区农村工作指导员管理办法》的通知
温龙委办发〔2010〕65号	关于印发《温州市龙湾区两新组织党建工作联席会议制度》的通知
温龙委办发〔2010〕70号	印发《关于切实改进厅局级领导同志来龙湾考察调研接待工作的实施办法》的通知
温龙委办发〔2010〕71号	关于切实改进和规范区领导到基层调研接待工作的意见
温龙委办发〔2010〕74号	关于建立区民主党派、无党派联系区重点工作制度的通知
温龙委办发〔2010〕77号	关于印发《龙湾区村（居）计划生育工作黄牌警告制度》的通知
温龙委办发〔2010〕81号	关于转发《温州市国家工作人员利益冲突回避暂行办法》的通知
温龙委办发〔2010〕85号	关于在全区领导干部中全面推行“一线工作法”的通知
温龙委办发〔2010〕90号	关于进一步规范突发公共事件应急预案体系建设的通知
温龙委办发〔2010〕91号	转发《区委组织部 区委宣传部关于深入开展以“双争一满意”为主要内容的创先争优活动的实施意见》的通知
温龙委办发〔2010〕93号	关于加强村级集体老年事业经费管理的通知
温龙委办发〔2010〕95号	关于成立区委创先争优活动领导小组的通知
温龙委办发〔2010〕98号	关于组织开展学习型党组织“双百结对、帮学共建”活动的通知
温龙委办发〔2010〕105号	关于支持民主党派、无党派人士开展社会调研活动的通知
温龙委办发〔2010〕107号	关于进一步加强殡葬改革工作的通知
温龙委办发〔2010〕108号	关于成立区“服务企业、服务基层”专项行动领导小组的通知
温龙委办发〔2010〕118号	关于成立龙湾区总部经济发展工作领导小组的通知
温龙委办发〔2010〕128号	关于印发《龙湾区加强人口和计划生育基层基础工作若干规定》的通知
温龙委办发〔2010〕129号	关于深入开展“春泥计划”工作的实施意见
温龙委办发〔2010〕136号	关于在全区村级组织中全面推行“四议两公开”工作法的通知
温龙委办发〔2010〕144号	关于开展“党建带侨建”工作的意见
温龙委办发〔2010〕146号	关于印发《龙湾区固定资产投资百日攻坚活动实施方案》的通知
温龙委办发〔2010〕155号	关于印发《龙湾区“十二五”人才发展规划编制工作方案》的通知
温龙委办发〔2010〕162号	关于印发《龙湾区事业单位岗位设置管理工作方案》的通知

续表2:

文 号	文件标题
温龙委办发〔2010〕169号	关于印发《龙湾区人口和计划生育“强基创优工程”建设实施方案》的通知
温龙委办发〔2010〕174号	关于规范农村土地承包经营权流转 促进农业规模经营的实施意见
温龙委办发〔2010〕175号	关于印发《龙湾区村级财务审计工作联席会议制度》的通知
温龙委办发〔2010〕179号	转发《关于严肃村级组织换届选举纪律的通知》
温龙委办发〔2010〕180号	关于成立龙湾区商务开发工作领导小组的通知
温龙委办发〔2010〕185号	关于开展法治建设基层基础工作“五大行动”的实施意见
温龙委办发〔2010〕195号	关于成立区深化城建体制改革领导小组的通知

表164: 2010年龙湾区人大常委会（办公室）重要文件目录

文 号	文件标题
温龙人大常〔2010〕1号	关于许可对区人大代表诸松华采取强制措施的决定
温龙人大常〔2010〕2号	关于林崇国等同志职务任免的通知
温龙人大常〔2010〕3号	关于丁加新等同志职务任免的通知
温龙人大常〔2010〕4号	关于季长伟同志职务任命的通知
温龙人大常〔2010〕5号	关于提请应增荣同志免职的议案
温龙人大常〔2010〕6号	关于提请孙晓瑜等同志职务任免的议案
温龙人大常〔2010〕7号	关于应增荣同志免职的通知
温龙人大常〔2010〕8号	关于孙晓瑜等同志职务任免的通知
温龙人大常〔2010〕9号	关于潘小平同志免职的通知
温龙人大常〔2010〕10号	关于王军启等同志职务任命的通知
温龙人大常〔2010〕11号	关于张夜尽同志免职的通知
温龙人大常〔2010〕12号	关于提请王长耀等同志职务任免的议案
温龙人大常〔2010〕13号	关于王长耀等职务任免的通知
温龙人大常〔2010〕14号	关于张敏等职务任免的通知
温龙人大常〔2010〕15号	关于周春联免职的通知
温龙人大常〔2010〕16号	关于批准龙湾区2009年度地方财政决算的决议
温龙人大常〔2010〕17号	关于罢免吴庆亮温州市第十一届人民代表大会代表职务的决定
温龙人大常〔2010〕18号	关于接受吴庆亮辞职请求的决定
温龙人大常〔2010〕19号	关于罢免吴庆亮温州市第十一届人民代表大会代表职务情况的报告
温龙人大常〔2010〕20号	关于提请林丹艳等同志职务任命的议案
温龙人大常〔2010〕21号	关于调整区六届人大常委会代表资格审查委员会组成人员的议案
温龙人大常〔2010〕22号	关于区六届人大代表补选的实施方案
温龙人大常〔2010〕23号	关于伊柏峰等职务任免的通知
温龙人大常〔2010〕24号	关于林丹艳等职务任命的通知
温龙人大常〔2010〕25号	关于方晗职务任命的通知
温龙人大常〔2010〕26号	关于方宏斌等职务任免的通知
温龙人大常〔2010〕27号	关于叶挺等职务任免的通知
温龙人大常〔2010〕28号	关于许可对区人大代表纪孟光、范锦涛采取强制措施的决定
温龙人大常〔2010〕29号	关于表彰2010年度全区人大工作各项先进的决定
温龙人大常办〔2010〕1号	关于交办龙湾区水利局工作情况评议意见的函
温龙人大常办〔2010〕2号	关于交办区民政局工作情况评议意见的函
温龙人大常办〔2010〕3号	关于印发《温州市龙湾区人大常委会2010年度监督工作计划》的通知

续表1：

文号	文件标题
温龙人大常办〔2010〕4号	关于印发《温州市龙湾区人大常委会2010年度工作要点》的通知
温龙人大常办〔2010〕5号	关于许可对温州市龙湾区第六届人民代表大会代表诸松华采取强制措施的批复
温龙人大常办〔2010〕6号	关于召开区六届人大常委会第二十三次会议的通知
温龙人大常办〔2010〕7号	关于对区六届人大四次会议第6号代表议案进行工作调研的通知
温龙人大常办〔2010〕8号	关于开展对永兴农业示范园区建设和保护情况视察的通知
温龙人大常办〔2010〕9号	关于对全区体育工作进行视察的通知
温龙人大常办〔2010〕10号	关于对区六届人大四次会议第13号代表议案进行工作调研的通知
温龙人大常办〔2010〕11号	关于对区六届人大四次会议第12号代表议案进行工作调研的通知
温龙人大常办〔2010〕12号	关于做好区六届人大四次会议代表建议办理工作的通知
温龙人大常办〔2010〕13号	关于召开第14次镇（街道）人大工作联席会议的通知
温龙人大常办〔2010〕14号	关于开展人大机关"作风建设年"活动的实施意见
温龙人大常办〔2010〕15号	关于要求增设区人大机关中层领导职数的请示
温龙人大常办〔2010〕16号	关于开展温瑞塘河综合整治视察活动的通知
温龙人大常办〔2010〕17号	关于召开区人大宣传信息工作会议的通知
温龙人大常办〔2010〕18号	关于2010年第一季度人大信息录用情况的通报
温龙人大常办〔2010〕19号	关于组织参加全省水污染防治执法检查电视电话会议的通知
温龙人大常办〔2010〕20号	关于交办永兴农业示范园区保护和建设工作审议意见的函
温龙人大常办〔2010〕21号	关于交办龙湾区开展体育工作情况审议意见的函
温龙人大常办〔2010〕22号	关于交办《关于加强外来流动人口管理议案》审议意见的函
温龙人大常办〔2010〕23号	关于交办《关于整治"四小车"加强城市管理议案》审议意见的函
温龙人大常办〔2010〕24号	关于交办《加快建设环山公路议案》审议意见的函
温龙人大常办〔2010〕25号	关于对我区第三产业发展情况进行视察的通知
温龙人大常办〔2010〕26号	关于要求设置区人大常委会代表培训中心岗位职数的报告
温龙人大常办〔2010〕27号	关于举办2010年第一期代表培训班的通知
温龙人大常办〔2010〕28号	关于召开区六届人大常委会第二十四次会议的通知
温龙人大常办〔2010〕29号	关于开展法院行政审判工作视察的通知
温龙人大常办〔2010〕32号	关于成立区人大常委会机关创建学习型党支部工作领导小组的通知
温龙人大常办〔2010〕33号	关于做好温州市第六届人大理论研讨会论文征集工作的通知
温龙人大常办〔2010〕34号	关于组织开展地下管网建设与维护情况调查的通知
温龙人大常办〔2010〕35号	关于召开区六届人大代表要求破解旧村改造征地难建议督办会议的通知
温龙人大常办〔2010〕36号	关于交办区人民法院行政审判工作情况审议意见的函
温龙人大常办〔2010〕37号	关于交办区第三产业发展情况审议意见的函
温龙人大常办〔2010〕38号	关于召开区六届人大常委会第二十五次会议的通知
温龙人大常办〔2010〕39号	关于对区环境保护局进行工作评议的通知
温龙人大常办〔2010〕44号	关于召开"一府两院"半年工作报告会的通知
温龙人大常办〔2010〕45号	关于交办区环境保护局工作情况评议意见的函
温龙人大常办〔2010〕46号	关于交办龙湾区本级2009年度财政预算执行及其他财政收支情况审计工作报告审议意见的函
温龙人大常办〔2010〕47号	关于对全区重点工程建设情况进行视察的通知
温龙人大常办〔2010〕48号	关于对温州民营经济科技产业基地（龙湾）建设进展情况进行视察的通知
温龙人大常办〔2010〕49号	关于开展妇女权益保障法执法检查的通知
温龙人大常办〔2010〕50号	关于召开区六届人大常委会第二十六次会议的通知
温龙人大常办〔2010〕51号	关于提请罢免吴庆亮温州市第十一届人民代表大会代表职务的议案
温龙人大常办〔2010〕52号	关于对区安监局开展工作评议的通知

续表2：

文　号	文件标题
温龙人大常办〔2010〕53号	关于召开2010年代表建议办理工作评议会的通知
温龙人大常办〔2010〕54号	关于开展《中华人民共和国食品安全法》执法检查活动的通知
温龙人大常办〔2010〕55号	关于交办《中华人民共和国妇女权益保障法》贯彻实施情况审议意见的函
温龙人大常办〔2010〕56号	关于交办温州民营经济科技产业基地（龙湾）开发建设情况审议意见的函
温龙人大常办〔2010〕57号	关于交办重点工程建设情况审议意见的函
温龙人大常办〔2010〕58号	关于开展对温瑞塘河综合整治工作进行视察的通知
温龙人大常办〔2010〕60号	关于召开区六届人大常委会第二十七次会议的通知
温龙人大常办〔2010〕61号	关于组织省人大代表温州中心组第二小组视察活动的函
温龙人大常办〔2010〕62号	关于组织参加全省贯彻落实《关于加强检察机关法律监督工作的决定》电视电话会议的通知
温龙人大常办〔2010〕67号	关于组织开展市人大代表会前视察活动的通知
温龙人大常办〔2010〕68号	关于召开133号建议落实督办会议的通知
温龙人大常办〔2010〕69号	关于要求增设区人大机关中层领导职数的请示
温龙人大常办〔2010〕71号	关于召开区六届人大常委会第二十八次会议的通知
温龙人大常办〔2010〕72号	关于召开区六届人大常委会第八十七次主任会议的通知
温龙人大常办〔2010〕73号	关于交办检查《中华人民共和国食品安全法》实施情况报告审议意见的函
温龙人大常办〔2010〕74号	关于交办检查《浙江省温瑞塘河保护管理条例》实施情况报告审议意见的函
温龙人大常办〔2010〕75号	关于交办区安全生产监督管理局工作情况评议意见的函
温龙人大常办〔2010〕76号	关于召开第十六次镇（街道）人大工作联席会议的通知
温龙人大常办〔2010〕77号	关于开展2010年度人大工作先进评选活动的通知
温龙人大常办〔2010〕78号	关于组织区人大代表开展会前视察活动的通知
温龙人大常办〔2010〕79号	关于组织推荐温州市龙湾区第六届人民代表大会第五次会议旁听人员的通知

表165：　2010年龙湾区政府（区府办）重要文件目录

文　号	文件标题
温龙政发〔2010〕1号	关于表彰龙湾区首届文学艺术奖的通报
温龙政发〔2010〕2号	关于表彰2009年度区行政审批工作先进单位和先进个人的通报
温龙政发〔2010〕3号	关于胡笑笑辞去公职的批复
温龙政发〔2010〕4号	关于周红东辞去公职的批复
温龙政发〔2010〕5号	关于下达2010年区重点建设项目年度计划的通知
温龙政发〔2010〕6号	关于表彰2009年度工业系统先进单位和先进个人的通报
温龙政发〔2010〕7号	关于表彰2008年度获省、市商标品牌称号和2009年度新获国家、省、市各类品牌称号企业、协会的通报
温龙政发〔2010〕8号	关于表彰2009年度全区统计工作先进单位和先进个人的通报
温龙政发〔2010〕9号	关于表彰2009年度安全生产工作先进单位和先进个人的通报
温龙政发〔2010〕10号	关于表彰2009年度第三产业发展先进单位和先进个人的通报
温龙政发〔2010〕11号	关于表彰2009年度安食品安全目标管理责任制考核先进集体和先进个人的通报
温龙政发〔2010〕12号	关于表彰2009年“两网一规范”建设工作先进集体和先进个人的通报
温龙政发〔2010〕13号	关于表彰龙湾区2009年度慈善捐赠先进单位和先进个人的通报
温龙政发〔2010〕14号	关于同意将温州市飞龙洁具有限公司确定为区级挂牌督办重大火灾隐患单位的批复
温龙政发〔2010〕15号	关于下达2010年度河道疏浚项目计划的通知
温龙政发〔2010〕16号	关于同意办理永中振盛砂轮管件厂树脂结合剂砂轮生产线相关手续的批复
温龙政发〔2010〕17号	关于表彰2009年龙湾区科学技术奖的通报
温龙政发〔2010〕18号	关于表彰2009年度先进基层人武部和优秀专武干部的通报
温龙政发〔2010〕19号	关于表彰2009年度区人大代表建议政协提案办理工作先进单位和先进个人的通报

续表1:

文 号	文件标题
温龙政发〔2010〕20号	关于表彰2009年度劳动保障工作先进集体和先进个人的通报
温龙政发〔2010〕21号	关于2009年度劳动保障诚信示范企业的通报
温龙政发〔2010〕22号	关于抓好2010年粮食生产的通知
温龙政发〔2010〕23号	关于印发龙湾区“十二五”规划编制工作实施方案的通知
温龙政发〔2010〕24号	关于飞云江三桥龙湾段接线工程坟墓迁移登记的通告
温龙政发〔2010〕25号	关于授予黄丽秋等25人龙湾区第二批“名校长名教师名班主任”荣誉称号的决定
温龙政发〔2010〕26号	关于表彰2009年度政务信息工作先进单位和个人的通报
温龙政发〔2010〕27号	关于龙湾城市中心区永中街道范围内拆迁补偿须知的批复
温龙政发〔2010〕28号	关于成立温州五金装饰市场项目协调小组的通知
温龙政发〔2010〕29号	关于表彰2009年度依法行政工作先进单位及先进个人的通报
温龙政发〔2010〕30号	关于构建行政权力阳光运行机制的实施意见
温龙政发〔2010〕31号	关于准许举办划龙舟活动具体水域的通告
温龙政发〔2010〕32号	关于表彰2009年度消防安全工作先进单位和先进个人的通报
温龙政发〔2010〕33号	关于调整永兴街道五溪村搬迁改造工作指挥部成员的批复
温龙政发〔2010〕34号	关于调整全区城乡居民最低生活保障标准的通知。
温龙政发〔2010〕35号	关于表彰龙湾区第三届职业技能比武大赛获奖单位和个人的通报。
温龙政发〔2010〕36号	关于同意实施温州市龙湾区地质灾害防治规划的批复
温龙政发〔2010〕37号	关于同意区电镀整治标准厂房基地招租方案的批复
温龙政发〔2010〕38号	关于永中街道桥北村周文等9户村民的农村私人建房用地手续重新办理审批的批复
温龙政发〔2010〕39号	关于同意区电镀整治标准厂房基地入园方案的批复
温龙政发〔2010〕40号	转发市政府关于加快推进养老服务体系建设的意见的通知
温龙政发〔2010〕41号	关于同意设立状元镇龙跃社区居民委员会的批复
温龙政发〔2010〕42号	关于同意合成革行业排污许可证发放规定的批复
温龙政发〔2010〕43号	关于对非法鉴定胎儿性别等计划生育违法行为实行举报奖励制度的通知
温龙政发〔2010〕44号	关于印发龙湾区村级公益事业建设一事一议财政奖补实施办法（试行）的通知
温龙政发〔2010〕45号	关于进一步加大工作力度确保实现“十一五”污染减排目标的实施意见
温龙政发〔2010〕46号	关于进一步加大工作力度打好“十一五”节能降耗攻坚战的实施意见
温龙政发〔2010〕47号	关于同意调整龙湾区公办幼儿园收费标准的批复
温龙政发〔2010〕48号	关于温州市龙湾天河金鹤塑料加工厂“6·13”员工触电事故调查情况的批复
温龙政发〔2010〕49号	关于温州市强宇管件有限公司“7·17”员工机械伤害事故调查情况的批复
温龙政发〔2010〕50号	关于温州市新太阳景观艺术装饰工程有限公司“7·2”员工触电事故调查情况的批复
温龙政发〔2010〕51号	关于同意龙湾区农村环境保护规划的批复
温龙政发〔2010〕52号	关于区城市建设投资有限公司董事长任职的批复
温龙政发〔2010〕53号	关于同意温州市东片防洪一期工程房屋拆迁实施须知的批复
温龙政发〔2010〕54号	关于批转2009年龙湾区渔业用油油价补贴发放工作实施方案的通知
温龙政发〔2010〕55号	关于成立温州市城市东片防洪工程建设永中街道指挥部的批复
温龙政发〔2010〕56号	关于调整区征兵工作领导小组和征兵办公室成员的通知
温龙政发〔2010〕57号	关于温州市龙湾永兴——宁法兰厂“8·16”外来人员触电事故调查的批复
温龙政发〔2010〕58号	关于同意温州市龙湾区中心区块人民防空规划的批复
温龙政发〔2010〕59号	关于全面推进基层农业公共服务体系建设的实施意见
温龙政发〔2010〕60号	关于同意区残疾人小康阳光庇护中心主管部门的批复
温龙政发〔2010〕61号	关于期限上缴问题乳粉的通告
温龙政发〔2010〕62号	关于做好2011年中心城区范围申报国务院批准城市建设用地有关工作的通知

续表2：

文　号	文件标题
温龙政发〔2010〕63号	关于成立沙城镇沙河小流域治理建设指挥部的批复
温龙政发〔2010〕64号	关于表彰全区2009年度无偿献血先进集体和先进个人的通知
温龙政发〔2010〕65号	关于温州市龙湾区瑶溪永宏钢管厂“8·5”员工死亡事故调查情况的批复
温龙政发〔2010〕66号	关于强丰环保科技有限公司“8·8”员工触电事故调查情况的批复
温龙政发〔2010〕67号	关于表彰2009年度冬季征兵工作先进单位和个人的通报
温龙政发〔2010〕68号	2010年冬季征兵命令
温龙政发〔2010〕69号	关于同意办理温州弘力砂轮制造有限公司树脂结合剂砂轮生产线相关手续的批复
温龙政发〔2010〕70号	关于转发温州市关于进一步加强市区转而未供土地专项清理工作的通知
温龙政发〔2010〕71号	关于天城围垦沙城片村级政策处处理实施细则的通知
温龙政发〔2010〕72号	关于天城围垦天河片村级政策处理实施细则的通知
温龙政发〔2010〕73号	关于调整区政府领导分工的通知
温龙政发〔2010〕74号	关于温州市飞云洁具有限公司重大火灾隐患摘牌的批复
温龙政发〔2010〕75号	关于温州市大华皮革有限公司“8·29”员工触电事故调查情况的批复
温龙政发〔2010〕76号	关于同意核销2010年第二批区级重大安全事故隐患挂牌整治单位的批复
温龙政发〔2010〕77号	关于温州市龙湾海滨金源建材经营部“11·19”立式储存罐内粉煤灰坍塌事故调查报告的批复
温龙政发〔2010〕78号	关于命名龙湾区第十一届名牌商标的通知
温龙政发〔2010〕79号	关于进一步加快学前教育改革与发展的实施意见
温龙政发〔2010〕80号	关于进一步明确永昌堡保护区域立面整饬有关问题的通知
温龙政发〔2010〕81号	关于调整龙湾区新型农村合作医疗制度有关政策的通知
温龙政发〔2010〕82号	关于同意灵昆镇土地开发项目立项的批复
温龙政办发〔2010〕1号	转发卫生部关于乡镇（街道）甲型H1N1流感防控指南（试行）的通知
温龙政办发〔2010〕2号	转发卫生部机关企事业单位甲型H1N1流感防控指南（试行）的通知
温龙政办发〔2010〕3号	关于建立龙湾区粉尘与高毒物品危害治理专项行动领导小组的通知
温龙政办发〔2010〕4号	关于在全区开展“重剑一号”消防大清剿集中统一行动的通知
温龙政办发〔2010〕5号	转发温州市人民政府办公室关于深刻吸取瑞安1·6较大火灾事故教训切实做好消防安全工作的紧急通知
温龙政办发〔2010〕6号	关于建立龙湾区深化医药卫生体制改革领导小组的通知
温龙政办发〔2010〕7号	关于做好2010年春运工作的通知
温龙政办发〔2010〕8号	关于龙湾二期围涂工程建设招投标工作领导小租的通知
温龙政办发〔2010〕9号	关于调整温州市城市东片防洪工程建设指挥部的通知
温龙政办发〔2010〕10号	关于公布2010年第一批区级重大安全事故隐患挂牌整治单位的通知
温龙政办发〔2010〕11号	关于开展“重剑2号”消防安全大行动的通知
温龙政办发〔2010〕12号	关于开展人员密集场所消防安全大整治活动的通知
温龙政办发〔2010〕13号	关于成立区人民政府纠正行业不正之风办公室的通知
温龙政办发〔2010〕14号	关于开展民间非法集资活动专项排查工作的通知
温龙政办发〔2010〕15号	转发温州市人民政府办公室关于公布温州市2010年政府采购目录及标准的通知
温龙政办发〔2010〕16号	关于开展“重剑3号”消防安全大行动的通知
温龙政办发〔2010〕17号	关于做好2009年度依法行政考核工作的通知
温龙政办发〔2010〕18号	关于对2009年度办公室获得各种荣誉称号的先进个人进行表彰的通报
温龙政办发〔2010〕19号	关于成立温州市龙湾区人民政府办公室妇女委员会的通知
温龙政办发〔2010〕20号	转发温州市人民政府办公室关于加快推进乡镇（街道）安全生产监管机构执法规范化建设意见的通知
温龙政办发〔2010〕21号	关于印发龙湾区药品安全专项整治工作实施方案的通知
温龙政办发〔2010〕22号	关于印发龙湾区全面推进落实特种设备安全主体责任工作实施方案的通知
温龙政办发〔2010〕23号	关于成立区府办“转作风 提效能优环境 促发展”作风建设年活动领导小组的通知

续表3:

文　号	文件标题
温龙政办发〔2010〕24号	关于印发开展“转作风 提效能 优环境 促发展”作风建设年活动实施方案的通知
温龙政办发〔2010〕25号	关于表彰龙湾区十佳科技人才突出贡献奖的通报
温龙政办发〔2010〕26号	关于表彰龙湾区五佳科技型示范企业的通报
温龙政办发〔2010〕27号	关于开展行政审批流程再造工作的通知
温龙政办发〔2010〕28号	关于成立龙湾区实施基本药物制度工作委员会的通知
温龙政办发〔2010〕29号	关于印发龙湾区人民政府政务督查工作规则的通知
温龙政办发〔2010〕30号	关于印发龙湾区人民政府政务督查工作考核试行办法的通知
温龙政办发〔2010〕31号	转发市政府办公室关于切实做好2010年清明节期间有关工作的通知
温龙政办发〔2010〕32号	转发浙江省政府办公厅关于继续深入开展“安全生产年”活动的通知
温龙政办发〔2010〕33号	关于建立龙湾区土地卫片执法检查工作领导小组的通知
温龙政办发〔2010〕34号	关于调整龙湾区查处取缔无证无照经营工作领导小组成员的通知
温龙政办发〔2010〕35号	关于成立高速公路计重收费和不停车收费协调工作领导小组的通知
温龙政办发〔2010〕36号	关于举办龙湾区第三届职业技能比武大赛的通知
温龙政办发〔2010〕37号	关于调整龙湾区全面推进依法行政工作领导小组成员的通知
温龙政办发〔2010〕38号	关于印发龙湾区2010年度新型农村合作医疗制度实施办法补充意见的通知
温龙政办发〔2010〕39号	关于公布龙湾区第四批区级非物质文化遗产名录和第一批区级非物质扩展项目名录推荐名单的通知
温龙政办发〔2010〕40号	关于印发龙湾区2010年第三产业发展目标考核办法的通知
温龙政办发〔2010〕41号	关于印发龙湾区2010年度服务业重点行业发展工作及分工的通知
温龙政办发〔2010〕42号	关于做好“防灾减灾日”有关工作的通知
温龙政办发〔2010〕43号	关于印发龙湾区迎接2010年全国干线公路养护与管理检查工作方案的通知
温龙政办发〔2010〕44号	关于人民防空警报试鸣的通知
温龙政办发〔2010〕45号	关于进一步落实市级以上重大事故隐患整治工作的通知
温龙政办发〔2010〕46号	关于继续深入开展安全生产年活动的通知
温龙政办发〔2010〕47号	关于调整区招生委员会成员的通知
温龙政办发〔2010〕48号	关于调整防汛防旱指挥部成员的通知
温龙政办发〔2010〕49号	关于印发2010年龙湾区十小行业质量安全整治与规范工作实施意见的通知
温龙政办发〔2010〕50号	关于举办龙湾区第六届音乐舞蹈节的通知
温龙政办发〔2010〕51号	关于开展加强社会主义新农村建设消防工作的指导意见贯彻情况专项检查的通知
温龙政办发〔2010〕52号	关于成立区政府办公室保密工作领导小组的通知
温龙政办发〔2010〕53号	关于落实2010年度住房公积金扩面任务的通知
温龙政办发〔2010〕54号	关于调整龙湾区全民科学素质工作领导小组成员的通知
温龙政办发〔2010〕55号	关于印发龙湾区食品安全示范区建设实施方案的通知
温龙政办发〔2010〕56号	关于印发区府办2010年反腐倡廉建设责任分工工作计划的通知
温龙政办发〔2010〕57号	关于印发2010年度依法行政工作考核内容和评分细则的通知
温龙政办发〔2010〕58号	关于2009年度消防安全目标管理责任制考核情况的通报
温龙政办发〔2010〕59号	关于印发龙湾区构筑社会消防安全“防火墙”工程实施方案的通知
温龙政办发〔2010〕60号	关于成立区综合应急救援大队的通知
温龙政办发〔2010〕61号	关于认真做好2010年种粮农民农资综合直补资金兑付工作的通知
温龙政办发〔2010〕62号	关于自爱全办开展读书月系列活动的通知
温龙政办发〔2010〕63号	关于印发综合材料起草审核规则的通知
温龙政办发〔2010〕64号	关于开展整治非法用工打击违法犯罪专项行动的通知
温龙政办发〔2010〕65号	关于成立龙湾区现代农业综合园区建设领导小组的通知
温龙政办发〔2010〕66号	印发贯彻落实区六届人大四次会议代表团关于政府工作审议意见责任分工方案的通知

续表4：

文号	文件标题
温龙政办发〔2010〕67号	关于下达2010年度城乡社区事务项目支出预算安排的通知
温龙政办发〔2010〕68号	关于印发龙湾区部门小额工程建设项目管理暂行办法的通知
温龙政办发〔2010〕69号	关于调整区政府办公室主任和副主任工作分工的通知
温龙政办发〔2010〕70号	关于建立温瑞塘河义务保护河监督管理机制的通知
温龙政办发〔2010〕71号	关于印发2010年龙湾区整治违法排污企业保障群众健康环保专项行动工作方案的通知
温龙政办发〔2010〕72号	关于公布2010年第二批区级重大安全事故隐患挂牌整治整治单位的通知
温龙政办发〔2010〕73号	关于建立永中机床市场地块改造提升项目协调小组的通知
温龙政办发〔2010〕74号	关于建立龙湾区农业标准化工作协调会议制度的通知
温龙政办发〔2010〕75号	关于印发2010年龙湾区查处取缔无证无照经营整治工作考核办法的通知
温龙政办发〔2010〕76号	关于调整龙湾区创建劳动关系和谐企业活动领导小组的通知
温龙政办发〔2010〕77号	关于组织开展全区重剑5号消防安全行动的紧急通知
温龙政办发〔2010〕78号	关于尽快组建消防安全管理工作站的通知
温龙政办发〔2010〕79号	关于调整全区“转而未供”土地专项清理工作领导小组成员的通知
温龙政办发〔2010〕80号	关于印发龙湾区流动人口基础信息百日大排查专项行动实施方案的通知
温龙政办发〔2010〕81号	关于开展重剑5号消防安全行动督查活动的通知
温龙政办发〔2010〕82号	关于切实做好双夏生产的通知
温龙政办发〔2010〕83号	关于印发龙湾区2010年度地质灾害防治方案的通知
温龙政办发〔2010〕84号	关于印发2010年龙湾区整治违法排污企业保障群众健康环保专项动动“三个一”活动方案的通知
温龙政办发〔2010〕85号	关于印发龙湾区城乡环境卫生考核办法的通知
温龙政办发〔2010〕86号	关于调整龙湾区科三经费重大项目审定小组成员的通知
温龙政办发〔2010〕87号	关于印发龙湾区汛期地质灾害隐患再排查紧急行动实施方案的通知
温龙政办发〔2010〕88号	关于调整区企业信用工程建设领导小组成员的通知
温龙政办发〔2010〕89号	关于印发龙湾区农村住户调查样本轮换工作实施方案的通知
温龙政办发〔2010〕90号	关于成立龙湾区创建浙江省扶残助残爱的城区工作领导小组的通知
温龙政办发〔2010〕91号	关于成立龙湾区强农惠农资金专项清查工作领导小组的通知
温龙政办发〔2010〕92号	关于建立龙湾区城市中心区学校工程建设指挥部的通知
温龙政办发〔2010〕93号	关于实行行政审批无偿代办服务的通知
温龙政办发〔2010〕94号	关于建立龙湾区污水纳管排放排查工作领导小组的通知
温龙政办发〔2010〕95号	关于进一步加强查处取缔无证无照经营工作的通知
温龙政办发〔2010〕96号	关于认真做好规范性文件清理工作的通知
温龙政办发〔2010〕97号	关于开展2010年度行政许可案卷和行政处罚案卷评查工作的通知
温龙政办发〔2010〕98号	关于做好永强海城片工业企业污水纳管排放工作的通知
温龙政办发〔2010〕99号	关于印发温州市龙湾区2010年污染减排应急预案的通知
温龙政办发〔2010〕100号	关于印发2010年龙湾区节能降耗预警调控方案的通知
温龙政办发〔2010〕101号	关于批转龙湾区电力迎峰度夏期间第一期企业有序用电方案的通知
温龙政办发〔2010〕102号	关于批转龙湾区2010年污染减排第一期规上重点耗煤企业限产方案的通知
温龙政办发〔2010〕103号	关于做好全区贸易统计工作的通知
温龙政办发〔2010〕104号	关于成立温州农业对外综合开发区旅游观光区开发建设指挥部的通知
温龙政办发〔2010〕105号	关于转发2010年浙江省中央财政双季晚稻增施肥催早熟防病虫补助资金实施意见的通知
温龙政办发〔2010〕106号	关于建立健全“十小”行业质量安全监管长效机制的通知
温龙政办发〔2010〕107号	关于印发龙湾区劳动保障监察网格化管理实施方案的通知
温龙政办发〔2010〕108号	关于成立龙湾区城乡居民社会养老保险工作领导小组的通知
温龙政办发〔2010〕109号	转发温州市人民政府办公室关于转发温州市区开展省级灭鼠先进城区达标复查活动实施方案的通知

续表5：

文　号	文件标题
温龙政办发〔2010〕110号	关于做好气象防灾减灾示范镇（街道）建设工作的通知
温龙政办发〔2010〕111号	关于成立第四届中国（温州）特色农业博览会龙湾区展团筹备领导小组的通知
温龙政办发〔2010〕112号	关于调整区新型农村合作医疗管理委员会成员的通知
温龙政办发〔2010〕113号	关于印发龙湾区申报浙江省金融创新示范区工作方案的通知
温龙政办发〔2010〕114号	关于公布龙湾区第六届音乐舞蹈节获奖名单的通知
温龙政办发〔2010〕115号	关于印发龙湾区2010年鼓励开发型经济发展若干扶持措施的通知
温龙政办发〔2010〕116号	关于印发龙湾区企业信用工程建设工作考核办法的通知
温龙政办发〔2010〕117号	关于在节能减排有序用电期间不得使用自备发电机的通知
温龙政办发〔2010〕118号	关于开展新中国人民防空事业创立60周年宣传月活动的通知
温龙政办发〔2010〕119号	关于印发第四届中国（温州）特色农业博览会龙湾区展团筹备工作方案的通知
温龙政办发〔2010〕120号	关于加快温瑞塘河龙湾区域畜牧业整治的通知
温龙政办发〔2010〕121号	关于转发龙湾区个体工商户工商税务联合办理办证实施方案的通知
温龙政办发〔2010〕122号	关于批转龙湾区节能降耗第二期企业有序用电方案的通知
温龙政办发〔2010〕123号	关于开展平安攻坚火灾隐患排查整治专项行动的通知
温龙政办发〔2010〕124号	关于印发龙湾区煤炭经营秩序专项整治工作方案的通知
温龙政办发〔2010〕125号	关于成立龙湾区平原绿化规划编制工作小组的通知
温龙政办发〔2010〕126号	关于下达2010年全区无偿献血工作任务的通知
温龙政办发〔2010〕127号	关于编制2011年龙湾区部门预算的通知
温龙政办发〔2010〕128号	关于成立龙湾区第一次水利普查领导小组的通知
温龙政办发〔2010〕129号	关于印发龙湾区两豆质量安全专项整治工作方案的通知
温龙政办发〔2010〕130号	关于批转龙湾区节能降耗第二期企业有序用电补充方案的通知
温龙政办发〔2010〕131号	关于批转龙湾区2010年污染减排第二期规上重点耗煤企业限产方案的通知
温龙政办发〔2010〕132号	关于公布2010年第三批区级重大安全事故隐患挂牌整治单位名单的通知
温龙政办发〔2010〕133号	关于落实温州市法治政府建设指标体系（试行）2010年度考核目标的通知
温龙政办发〔2010〕134号	关于成立温州金属现代物流中心建设工作领导小组的通知
温龙政办发〔2010〕135号	关于成立龙湾区山洪灾害防治非工作工程措施建设领导小组的通知
温龙政办发〔2010〕136号	关于印发天城围垦沙城片村级政策处理实施细则的通知
温龙政办发〔2010〕137号	关于印发天城围垦天河片村级政策处理实施细则的通知
温龙政办发〔2010〕138号	关于转发对无证无照经营采取断电断力断网措施实施方案的通知
温龙政办发〔2010〕139号	关于批转龙湾区节能降耗第三期企业有序用电方案的通知
温龙政办发〔2010〕140号	关于印发龙湾区气象灾害防御应急预案的通知
温龙政办发〔2010〕141号	关于印发开展创建省级示范行政审批服务中心活动实施意见的通知
温龙政办发〔2010〕142号	关于加强地沟油整治和餐厨废弃物管理的通知
温龙政办发〔2010〕143号	关于印发龙湾区总部经济园招商引资暂行规定的通知
温龙政办发〔2010〕144号	关于落实2009年度冬季推移重点安置对象安置工作的通知
温龙政办发〔2010〕145号	关于成立永强中学拆建工程建设指挥部的通知
温龙政办发〔2010〕146号	关于批转龙湾区节能降耗第三期企业有序用电补充方案的通知
温龙政办发〔2010〕147号	关于批转龙湾区2010年污染减排第三期规上重点耗煤企业限产方案的通知
温龙政办发〔2010〕148号	关于印发龙湾区农村集体资金、资产、资源管理办法的通知
温龙政办发〔2010〕149号	关于成立国家火炬计划龙湾阀门特色产业基地建设领导小组的通知
温龙政办发〔2010〕150号	关于印发龙湾区企业信用信息管理办法的通知
温龙政办发〔2010〕151号	关于印发龙湾区十小行业规范提升规划的通知
温龙政办发〔2010〕152号	关于印发龙湾区护窑维权工作实施方案的通知

续表6：

文　号	文件标题
温龙政办发〔2010〕153号	关于建立龙湾区护密维权工作联席会议制度的通知
温龙政办发〔2010〕154号	关于成立永强中学拆建工程建设领导小组的通知
温龙政办发〔2010〕155号	关于印发龙湾区农村社区建设布局规划的通知
温龙政办发〔2010〕156号	关于公布第四批专利示范企业名单的通知
温龙政办发〔2010〕157号	关于调整龙湾二期围涂工程建设招投标工作领导小组的通知
温龙政办发〔2010〕158号	关于推荐龙湾区第一届突发公共事件应急管理专家的通知
温龙政办发〔2010〕159号	关于征集应急管理工作典型案例的通知
温龙政办发〔2010〕160号	关于加快推进残疾人社会保障体系和服务体系建设的通知
温龙政办发〔2010〕161号	关于印发龙湾区工程建设项目违规行为责任追究细则的通知
温龙政办发〔2010〕162号	关于印发龙湾区小额工程项目建设运作流程规定的通知
温龙政办发〔2010〕163号	转发省政府关于贯彻落实国务院《政府参事工作条例》的实施意见的通知
温龙政办发〔2010〕164号	关于公布行政规范性文件清理结果的批复
温龙政办发〔2010〕165号	关于下达冬明春国家森林城市创建绿化造林任务的通知
温龙政办发〔2010〕166号	关于开展龙湾区温瑞塘河流域畜牧业整治验收工作的通知
温龙政办发〔2010〕167号	关于印发龙湾区2010～2012年消除麻疹工作实施方案的通知
温龙政办发〔2010〕168号	关于建立区“转而未供”土地专项清理工作小组并开展集中办公的通知
温龙政办发〔2010〕169号	关于批转龙湾区节能降耗第四期企业有序用电方案的通知
温龙政办发〔2010〕170号	关于印发龙湾区深化医药卫生体制改革2010～2011年重点任务实施计划和龙湾区医药卫生体制五项重点改革及2010年工作安排的通知
温龙政办发〔2010〕171号	关于印发龙湾区关于深化医药卫生体制改革实施意见的通知
温龙政办发〔2010〕172号	关于印发龙湾区流动人口居住证制度实施办法的通知
温龙政办发〔2010〕173号	关于调整龙湾区新型农村合作医疗制度有关政策的通知
温龙政办发〔2010〕174	关于成立瓯飞滩围垦（促淤）项目前期工作领导小组的通知
温龙政办发〔2010〕175	关于认真落实全区“学比赶超”活动精神扎实推进十大项目建设的通知
温龙政办发〔2010〕176	关于开展农民工工资支付专项检查的通知
温龙政办发〔2010〕177	关于行政许可和行政处罚案卷评查结果的通报
温龙政办发〔2010〕178	关于组织开展2010年度第三产业发展目标考核工作的通知
温龙政办发〔2010〕179	关于印发龙湾区节能降耗财政专项资金管理办法的通知
温龙政办发〔2010〕180	关于印发龙湾区区长质量奖评审管理办法的通知
温龙政办发〔2010〕181	关于印发龙湾区科技人才（新龙）公寓租赁使用管理暂行办法的通知

表166：　2010年政协龙湾区委员会（办公室）文件目录

文　号	文件标题
温龙政协〔2010〕1号	关于同意王胜耀同志辞去区政协第三届常务委员职务的决定
温龙政协〔2010〕2号	关于免去诸松华同志职务的决定
温龙政协〔2010〕3号	关于增补徐国信同志为政协第三届温州市龙湾区委员会委员的决定
温龙政协〔2010〕4号	关于公布政协第三届温州市龙湾区委员会第四次会议选举结果的通知
温龙政协〔2010〕5号	关于开展“转作风 提效能 优环境 促发展”作风建设年活动的实施方案
温龙政协〔2010〕6号	关于林钢等同志职务任免的决定
温龙政协〔2010〕7号	关于增补林钢等同志为政协第三届温州市龙湾区委员会委员的决定
温龙政协〔2010〕8号	关于印发《2010年统一派驻民主监督员工作方案》的通知
温龙政协〔2010〕9号	关于印发《对区社保分局开展全程民主监督的实施方案》的通知
温龙政协〔2010〕10号	关于村级老年人协会规范化建设的建议案

续表：

文　号	文件标题
温龙政协〔2010〕11号	关于将政协第三届温州市龙湾区委员会社会与法制委员会更名为社会法制民族宗教委员会的请示
温龙政协〔2010〕12号	关于召开政协第三届温州市龙湾区委员会第五次会议的决定
温龙政协〔2010〕13号	关于政协第三届温州市龙湾区委员会委员调整增补的决定
温龙政协〔2010〕14号	关于娄向阳同志职务任免的决定
温龙政协〔2010〕15号	关于表彰2010年度优秀提案和提案先进个人的通报
温龙政协办〔2010〕1号	关于召开惠民实事项目通报会的通知
温龙政协办〔2010〕2号	关于印发永昌堡保护工作情况的视察报告的通知
温龙政协办〔2010〕3号	关于印发龙湾区旧村改造工程进展情况的视察报告的通知
温龙政协办〔2010〕4号	关于召开区政协三届十六次常委会的通知
温龙政协办〔2010〕5号	关于印发政协温州市龙湾区委员会2010年工作要点和主要工作安排的通知
温龙政协办〔2010〕6号	关于对村级老年人协会规范化管理工作开展视察的通知
温龙政协办〔2010〕7号	关于组织委员外出学习考察的通知
温龙政协办〔2010〕8号	关于召开民主监督区社保分局工作暨统一派驻民主监督员动员大会的通知
温龙政协办〔2010〕9号	关于成立民主监督区社保分局工作领导小组的通知
温龙政协办〔2010〕10号	关于成立创建学习型党组织工作领导小组的通知
温龙政协办〔2010〕11号	龙湾区政协机关深入开展学习型党组织创建活动的实施方案
温龙政协办〔2010〕12号	关于聘请高雍和等同志为区政协特邀信息员的通知
温龙政协办〔2010〕14号	关于召开区政协三届十九次常委会的通知
温龙政协办〔2010〕15号	关于印发《政协温州市龙湾区委员会关于委员履行职责的若干规定（试行）》的通知
温龙政协办〔2010〕16号	关于召开区政协委员培训会议的通知
温龙政协办〔2010〕17号	关于要求划拨全市政协科教文卫体委工作座谈会专项经费的请示
温龙政协办〔2010〕18号	关于龙湾区人口计划生育工作的视察报告
温龙政协办〔2010〕19号	关于印发村级老年人协会规范化建设工作的调研报告的通知
温龙政协办〔2010〕20号	关于区政协三届四次会议重点提案办理情况民主测评结果的通报
温龙政协办〔2010〕21号	关于召开区政府工作通报会暨健康知识专题讲座的通知
温龙政协办〔2010〕24号	关于要求划拨浙江省“兰亭奖”中小学生书法大赛龙湾分赛区2010年专项经费的请示
温龙政协办〔2010〕25号	关于对《中华人民共和国残疾人权益保障法》贯彻落实情况进行视察的通知
温龙政协办〔2010〕26号	关于召开区政协三届二十次常委会的通知
温龙政协办〔2010〕27号	关于印发龙湾区道路交通建设情况的视察报告的通知
温龙政协办〔2010〕29号	关于印发推进内外龙湾人互动发展的调查与思考的通知
温龙政协办〔2010〕30号	关于征集2011年度工作重点和提案参考题目的函
温龙政协办〔2010〕31号	关于征集区政协三届五次会议提案的通知
温龙政协办〔2010〕32号	关于印发龙湾区贯彻落实《中华人民共和国残疾人权益保障法》情况的视察报告的通知
温龙政协办〔2010〕33号	关于召开区政协三届二十一次常委会的通知
温龙政协办〔2010〕34号	关于召开政协第三届温州市龙湾区委员会第五次会议的通知

附 录

机构简称与全称对照表

简称	全称
浙江省委	中国共产党浙江省委员会
浙江省政府	浙江省人民政府
温州市委	中国共产党温州市委员会
温州市政府	温州市人民政府
龙湾区委	中国共产党龙湾区委员会
龙湾区人大	龙湾区人民代表大会
龙湾区政府	龙湾区人民政府
龙湾区政协	政协龙湾区委员会
龙湾区委办	中国共产党龙湾区委员会办公室
龙湾区人大办	龙湾区人民代表大会常务委员会办公室
龙湾区府办	龙湾区人民政府办公室
龙湾区法制办	龙湾区人民政府法制办公室
龙湾区民防办	龙湾区人民防空办公室
龙湾区纪委	中国共产党龙湾区纪律检查委员会（监察局）
龙湾区人武部	中国人民解放军浙江省温州市龙湾区人民武装部
龙湾区委组织部	中国共产党龙湾区委员会组织部
龙湾区委宣传部	中国共产党龙湾区委员会宣传部
龙湾区委统战部	中国共产党龙湾区委员会统战部
龙湾区侨办	龙湾区人民政府侨务办公室
龙湾区台办	龙湾区人民政府台湾事务办公室
龙湾区委政法委	中国共产党龙湾区委员会政法委员会
龙湾区直机关党工委	中国共产党龙湾区委员会直属机关工作委员会
龙湾区委老干部局	中国共产党龙湾区委员会老干部局
龙湾区关工委	龙湾区关心下一代工作委员会
龙湾区关工委办	龙湾区关心下一代工作委员会办公室
龙湾区史志办	龙湾区党史区志办公室
龙湾区文明办	龙湾区精神文明建设委员会办公室
龙湾区法院	龙湾区人民法院
龙湾区检察院	龙湾区人民检察院
龙湾区发改局	龙湾区发展和改革局
龙湾区三产办	龙湾区第三产业办公室
龙湾区沿海办	龙湾区沿海产业带建设协调委员会办公室

续表1：

简　称	全　称
龙湾区住建局	龙湾区住房和城乡建设局
龙湾区协作办	龙湾区人民政府经济技术协作办公室
龙湾区民宗局	龙湾区民族宗教事务局
龙湾区文广新局	龙湾区文化广电新闻出版局
龙湾区计生局	龙湾区人口和计划生育局
龙湾区安监局	龙湾区安全生产监督管理局
龙湾区体育局	龙湾区体育事业发展局
龙湾区旅游局	龙湾区风景旅游管理局
龙湾区外经贸局	龙湾区对外贸易经济合作局
龙湾区审管办	龙湾区行政审批管理办公室（审批中心）
龙湾区流管局	龙湾区流动人口服务管理局
龙湾区房改办	龙湾区住房制度改革办公室
龙湾中心区建设指挥部	龙湾城市中心区开发建设指挥部
龙湾区海涂围垦指挥部	龙湾区海涂围垦工程建设指挥部
龙湾区温瑞塘河指挥部	龙湾区温瑞塘河治理工程建设指挥部
龙湾区温瑞塘河保护管委会	龙湾区温瑞塘河保护管理委员会
龙湾区永昌堡管委会	龙湾区永昌堡保护修建管理委员会
龙湾区个民协	龙湾区个体劳动者协会与龙湾区民营企业协会
龙湾行政执法分局	温州市城市管理行政执法局龙湾分局
龙湾地税分局	温州市地方税务局龙湾税务分局
龙湾国税分局	温州市国家税务局龙湾税务分局
温州开发区海关	温州经济技术开发区海关
龙湾工商分局	温州市工商行政管理局龙湾分局
龙湾规划分局	温州市规划局龙湾分局
龙湾国土分局	温州市国土资源局龙湾分局
龙湾房管分局	温州市房产管理局龙湾分局
龙湾质监分局	温州市质量技术监督局龙湾区分局
龙湾供电分局	温州电力局龙湾供电分局
龙湾社保分局	温州市劳动和社会保障局龙湾社保分局
龙湾食药监分局	温州市食品药品监督管理局龙湾分局
温州高速公路交警支队	浙江省公安厅高速公路交警总队温州支队
温州市交警三大队	温州市公安局交警支队三大队
温州市公积金龙湾管理部	温州市住房公积金管理中心龙湾管理部
龙湾电信分局	电信温州分公司龙湾分局
龙湾邮政区局	温州市邮政局龙湾区局
团区委	中国共产主义青年团龙湾区委
龙湾区妇联	龙湾区妇女联合会
龙湾区科协	龙湾区科学技术协会
龙湾区侨联	龙湾区归国华侨联合会
龙湾区残联	龙湾区残疾人联合会
龙湾区工商联	龙湾区工商业联合会
民革龙湾总支	中国国民党革命委员会温州市龙湾区总支委员会
民盟龙湾总支	中国民主同盟温州市龙湾区总支委员会

续表2:

简　称	全　称
民建龙湾总支	中国民主建国会温州市龙湾区总支委员会
民进龙湾支部	中国民主促进会温州市龙湾区支部委员会
农工党龙湾支部	中国农工民主党温州市龙湾区支部委员会
致公党龙湾支部	中国致公党温州市龙湾区支部委员会
九三学社龙湾支社	九三学社温州市龙湾区支社
农行龙湾支行	中国农业银行龙湾支行
工行龙湾支行	中国工商银行龙湾支行
建行龙湾支行	中国建设银行龙湾支行
中行龙湾支行	中国银行龙湾支行
人保龙湾支公司	中国人民财产保险股份有限公司龙湾支公司
人寿龙湾支公司	中国人寿保险股份有限公司龙湾支公司
龙湾区边防大队	龙湾区公安边防大队
永中街道党工委	中国共产党永中街道工作委员会
永中街道人大工委	龙湾区人大常委会永中街道工作委员会
蒲州街道党工委	中国共产党蒲州街道工作委员会
蒲州街道人大工委	龙湾区人大常委会蒲州街道工作委员会
海滨街道党工委	中国共产党海滨街道工作委员会
海滨街道人大工委	龙湾区人大常委会海滨街道工作委员会
永兴街道党工委	中国共产党永兴街道工作委员会
永兴街道人大工委	龙湾区人大常委会永兴街道工作委员会
海城街道党工委	中国共产党海城街道工作委员会
海城街道人大工委	龙湾区人大常委会海城街道工作委员会
状元镇党委	中国共产党状元镇委员会
状元镇人大	龙湾区状元镇人民代表大会
状元镇政府	状元镇人民政府
瑶溪镇党委	中国共产党瑶溪镇委员会
瑶溪镇人大	龙湾区瑶溪镇人民代表大会
瑶溪镇政府	瑶溪镇人民政府
沙城镇党委	中国共产党沙城镇委员会
沙城镇人大	龙湾区沙城镇人民代表大会
沙城镇政府	沙城镇人民政府
天河镇党委	中国共产党天河镇委员会
天河镇人大	龙湾区天河镇人民代表大会
天河镇政府	天河镇人民政府
灵昆镇党委	中国共产党灵昆镇委员会
灵昆镇人大	龙湾区灵昆镇人民代表大会
灵昆镇政府	灵昆镇人民政府
龙湾区消费委	龙湾区消费者委员会
民科基地（龙湾）建设指挥部办公室	温州民营经济科技产业基地（龙湾）开发建设指挥部
综治中心	社会治安综合治理工作中心
纪工委	中国共产党纪律检查工作委员会
财经工委	财政经济工作委员会

缩略语与其注解对照表

简　称	注　解
市“百龙企业”培育计划	选择约100家成长性好或极具发展潜力的行业龙头企业进行重点扶持培育，通过龙头企业的发展和产业链的延伸，带动上下游配套企业共同发展，从而带动行业整体水平的提升。
“三位一体”基层农业公共服务体系	集农技推广、动植物疫病防控、农产品质量监管于一体的基层农业公共服务体系。
义务教育阶段“两免一补”政策	国家财政免除义务教育阶段学生学费和课本费，向家庭困难学生发放教育券和营养餐。
农村药品“两网一规范”	农村药品监督网、药品供应网和农村医疗机构用药规范化。
行政审批“两集中、两到位”改革	部门的行政审批职能向一个科室集中，行政审批科室向审批服务中心集中；部门行政审批事项集中进入审批服务中心落实到位，部门对窗口工作人员授权到位。
行政权力阳光运行机制	依托政府门户网站平台，建立一个网上政务大厅、一套行政权力业务系统以及行政权力电子监察和法制监督系统，具备网上公开、办事、监督三大功能，确保行政权力依法、公开、规范、高效运行。
六城联创	市委、市政府于2010年10月提出，以全国文明城市创建为龙头，联动推进国家园林城市、国家森林城市、国家卫生城市、国家环保模范城市和国家历史文化名城创建活动，确保3年基本实现联创指标，5年全面创成。
双十工程	十大建设工程：城市综合体、龙湾民科基地建设、总部经济园、专业市场群、空港经济区、村级三产留地开发、交通道路网、围垦造地、城中村改造、永昌堡修复等工程。十大民生工程：温州新奥体中心、附二医龙湾分院、保障性住房、公园绿地、永强中学迁扩建、区图书馆、东片防洪、塘河整治、科技创新中心、农贸市场提升等工程。
瓯飞围涂工程	规划围涂面积44.4万亩，堤线从龙湾海滨围涂工程北围堤东端开始，向东南沿灵昆和浅滩围涂工程南堤大致平行方向延伸至小霓屿岛与凤凰山岛连线位置，转向西南至凤凰山岛，再转向西接丁山二期南围堤东端，堤线总长45.6公里。
投资率	一定时期（年度）内总投资占地区生产总值的比率。
五类百项千亿工程	实施基础设施建设、社会事业发展、现代服务业创新、工业优化提升、生态环境优先等五个大类106个重大项目，实现“十二五”投资超千亿元的目标。
国务院“新36条”	国务院出台的《关于鼓励和引导民间投资健康发展的若干意见》（国发〔2010〕13号），该文件共有36条意见，鼓励民间投资进入法律法规未明确禁止准入的行业和领域。
粮食生产功能区	以提高粮食综合生产能力为核心，通过完善农田基础设施、提高农田地力水平、健全农业服务体系、创新生产经营机制、推广先进适用技术等多种措施，建设具有相对连片规模的粮食生产基地。
生态文明建设“八大工程”	生态文化培育、产业提升、污染整治、塘河清水、空气清新、环境清洁、城区绿化、设施保障。
三分三改	政经分开、资地分开、户产分开和股改、地改、户改。政经分开：把村“两委”组织与村级集体经济组织分开；资地分开：把土地资产与非土地资产分开，使得非土地资产能够正常自由流动；户产分开：把户口与产权关系分开，使农民在农村所享有的各项权益不因户口转换而改变。股改：对村级集体经济中的非土地资产进行股份制改革；地改：农用地“三不变”流转，宅基地助农民进城，建设用地同国有入市；户改：户籍制度改革。
强基创优工程	是从2010年起到2014年在全市范围内分步、分类推进人口计生基层基础建设的一项计划。重点包括五项内容：推行网格化管理模式，强化村级利益导向机制，实行分类评估、重点列管制度，建立完善人口计生工作“政治、经济（资源）、责任三捆绑”制度，加强计生队伍职业化建设。
综治网格化管理	指依托统一的管理手段以及数字化的综治信息平台，将全区行政管理区域按照一定的标准划分成为单元网格，开展社会治安综合治理工作。
安全生产“三大员”	指每个企业要在公司、车间、班组三个层面建立安全生产指挥员、安全员、应急处置员，形成一个安全生产管理系统。
“十小”行业质量安全整治与规范	指以农村为重点的“食品加工小作坊、小食杂店、小餐饮店、小药店（小诊所）、小农资店、小菜场、小音像店、小美容美发店、小客运、小液化气供应点”等“十小”行业质量安全整治与规范工作。
城市综合体	指将城市中的商业、办公、居住、旅店、展览、餐饮、会议、文娱和交通等城市生活空间的三项以上进行组合，并在各部分间建立一种相互依存、相互助益的能动关系，从而形成一个多功能、高效率的现代商贸业综合体。

续表1:

简　　称	注　　解
低碳经济	指在可持续发展理念指导下，通过技术创新、制度创新、产业转型、新能源开发等多种手段，尽可能地减少煤炭、石油等高碳能源消耗，减少温室气体排放，达到经济社会发展与生态环境保护双赢的一种经济发展形态。
365安全生产行动计划	指省委、省政府《关于进一步加强安全生产工作的意见》中提出的工作载体，即从2009年起，以“三个确保”为目标，突出“六大重点领域”，强化“五项安全措施”，全面加强安全生产工作。
三大会战	三大会战指工业基地建设大会战、城市建设攻坚大会战、环境污染整治大会战。
“四大战役”	园林绿化、城中村改造、污染物排放整治、历史文化街区保护提升
小额贷款公司	是指依法设立，不吸收公众存款，经营小额贷款业务，自主经营、自负盈亏、自我约束、自担风险的有限责任公司或股份有限公司。
转而未供	指农用地转用、征收批准后还没有供地的土地。转而未供土地不仅造成了土地资源的浪费，直接影响经济社会的持续健康发展，而且也影响了耕地保护和土地管理责任制的落实。
三个一批	指建立一批民工子弟学校、调整一批公办校网、取缔一批非法办学点，实现外来务工人员子女安全、充分就学。
种文化	指农民群众像种庄稼一样，普遍、经常性地开展自娱自乐的文化体育活动，把文化的“种子”“种”入乡村大地，让它生根、发芽、开花、结果。
电子监察系统	指利用计算机网络等信息化手段建立的，专门用于监督各行政部门行政审批实施情况的系统。系统主要功能是对各行政审批事项的办理过程实施综合监察、程序监察、时限监察、收费监察、预警纠错、绩效评估等。同时，该系统还具有向社会公众和企业提供各种相关信息服务功能。
“811”环境保护新三年行动	指浙江省从2008年初开始实施的环境污染整治计划。“8”是指8个方面的任务和目标，“11”即指11项政策保障措施，也指11个省督办的重点环境问题。
通天房	指建筑层数在三层（含）以上、七层（含）以下，从首层至顶层只设置一部疏散楼梯，大部分房间门直接开向楼梯间，其中二层（含）以上使用功能均为居住用房且其中部分或全部居住用房用于出租的民房建筑。
一般公共服务支出	反映政府提供一般公共服务的支出，如：人大、政协、区府、纪委、统计、审计等方面的支出。
“双师型”教师	指高职教育对专业课教师的一种特殊要求，即要求专业课教师具备两方面的素质和能力：一要类似文化课教师那样，具有较高的文化和专业理论水平，有较强的教学、教研及教学能力和素质；二要类似工程技术人员那样，有广博的专业基础知识，熟练的专业实践技能，一定的组织生产经营和科技推广能力，以及指导学生创业的能力和素质。
“三限”政策	指政府举办的公办高中在完成本年度招生计划的前提下，可以招收一定数量的择校生，但必须严格限人数、限分数、限钱数。
五大重点	一是加强农村基层党风廉政建设；二是加强领导干部廉洁自律工作；三是扎实开展作风建设年活动；四是做好执法纠风工作；五是做好信访和案件查处工作。
一带五建	即以学习型领导班子建设为龙头，示范带动学习型机关党组织、农村党组织、社区党组织、企业党组织和学校党组织的创建，
五强五重	一是以“强核心、重引领”为主题的学习型领导班子创建活动；二是以“强制度、重创新”为主题的学习型党组织创建活动；三是以“强能力、重奉献”为主题的党员干部系列学习教育活动；四是以“强阵地、重交流”为主题的平台促学活动；五是以“强示范、重氛围”为主题的评优评先活动。
“六个化”目标	管理规范化、装卸机械化、保粮科学化、计量电子化、路面硬质化、库区生态化
六个坚决杜绝	坚决杜绝特殊人员和群体性苗头出现漏管、脱管现象，坚决杜绝发生赴市省上访特别是非正常进京访，坚决杜绝发生集体越级访和群体性事件，坚决杜绝内外敌对势力插手利用信访案件制造事端或因信访问题引发恶性事件，坚决杜绝发生重大治安案件和灾害性事故，坚决杜绝危及奥运安全的危爆物品从县内或途经该县进入北京。

续表2：

简　称	注　解
四议两公开	“四议”即党支部会议提议、“两委”会商议、党员大会审议、村民代表大会决议；“两公开”即决议公开、实施结果公开。
五位一体	抓好一个主体，落实四项措施。一个主体即乡镇、街道党委（党工委），明确乡镇、街道党委书记是第一责任人，充分发挥好基层党委在帮扶“后进村”中的主体作用；四项措施即区领导联村、区党政领导各联系一个后进村，实行疑难问题包案；区属部门帮村，积极利用区属部门职能，以思路带动、政策促动、项目推动，加快转化；强企扶村，发挥企业资金、管理、人才优势帮扶转化；强村助村，通过制度共建、信息共享等方式，进行结对帮扶，加强示范村和后进村交流沟通，共同致力转化。
两非	非医学需要的胎儿性别鉴定、非医学需要的人工终止妊娠
迹地	指森林火烧、采伐、病虫害除治后，没有及时更新所造成的无林地，俗称青山“癞痢头”
三农	农村、农业、农民
低保对象	家庭年人均纯收入低于该地低保标准的家庭
“五保”	保吃、保穿、保医、保住、保葬（孤儿为保教）
“门前三包”	包门前卫生、包门前绿化、包门前秩序
三资	农村集体经济中的资金、资产、资源
三沿	城郊铁路沿线、高速公路、104国道沿线
六进	指进企业、进农村、进社区、进机关、进学校、进军营
计生	计划生育
“两会”	人民代表大会和人民政治协商会议
综治	社会治安综合治理工作
规模以上企业	指年产值500万元以上企业
民科基地	温州民营经济科技产业基地
“四大战略”	产业强区、城建亮区、文化育区、和谐立区
安全生产“三项行动”	指安全生产执法行动、治理行动、宣传教育行动
“两抢一盗”	指抢劫、抢夺、盗窃（包括入室盗窃和盗窃机动车）等三类多发性侵财案件。
三礼	指礼品、礼金、有价证券。
“五老”	老干部、老战士、老专家、老教师、老模范
“四大整治”	指温瑞塘河整治、市容环境整治、违法建筑整治和交通秩序整治
两网一规范	指建立健全规范的农村药品监管网络、药品供应网络，实现农村基医疗机构药品质量规范化管理。
非遗	非物质文化遗产

索 引

图索引

表索引

主题索引

一画

二画

三画

四画

五画

六画

七画

八画

九画

十画

十一画

十二画

十三画

十四画

十五画以上